Bildungsbericht für Deutschland

Kultusminister KONFERENZ

Dieser Bericht wurde im Auftrag der Ständigen Konferenz der Kultusminister der Länder in der Bundesrepublik Deutschland erstellt. Die in dem Bericht dargestellten Ergebnisse und Interpretationen liegen in der alleinigen Verantwortung der Verfasserinnen und Verfasser.

Die Autoren
Prof. Dr. Hermann Avenarius (Sprecher), DIPF, Frankfurt am Main
Prof. Dr. Hartmut Ditton, Ludwig-Maximilians-Universität München
Dr. habil. Hans Döbert, DIPF, Berlin
Prof. Dr. Klaus Klemm, Universität Duisburg-Essen
Prof. Dr. Eckhard Klieme, DIPF, Frankfurt am Main
Matthias Rürup (Koordination), DIPF, Frankfurt am Main
Prof. Dr. Heinz-Elmar Tenorth, Humboldt-Universität zu Berlin
Prof. Dr. Horst Weishaupt, Universität Erfurt
Prof. Dr. Manfred Weiß, DIPF, Frankfurt am Main

gemeinsam mit
Prof Dr. Hans-Peter Füssel, DIPF, Frankfurt am Main
Prof. Dr. Olaf Köller, Universität Erlangen-Nürnberg
Prof. Dr. Dr. Rainer H. Lehmann, Humboldt-Universität zu Berlin

unter Mitwirkung von
Dr. Isabell van Ackeren, Universität Duisburg-Essen
Bettina Arnoldt, Ludwig-Maximilians-Universität München
Bernhard Babic, Ludwig-Maximilians-Universität München
Jutta Laukart, DIPF, Berlin
Corinna Preuschoff, DIPF, Frankfurt am Main
Falk Radisch, DIPF, Frankfurt am Main
Claudia Schmidt, Universität Erfurt
Ursula Schulzeck, Universität Erfurt
Magdalena Zehme, Ludwig-Maximilians-Universität München

Layout der Abbildungen
Polarlicht Mediengestaltung GmbH, Wiesbaden

Federführung: Deutsches Institut für Internationale Pädagogische Forschung (DIPF), Frankfurt am Main / Berlin

Bildungsbericht für Deutschland

Erste Befunde

Leske + Budrich, Opladen 2003

Gedruckt auf säurefreiem und alterungsbeständigem Papier.

Die Deutsche Bibliothek – CIP-Einheitsaufnahme
Ein Titeldatensatz für die Publikation ist bei Der Deutschen Bibliothek erhältlich

ISBN 978-3-8100-4060-2 ISBN 978-3-322-90533-8 (eBook)
DOI 10.1007/978-3-322-90533-8

Auf dem richtigen Weg

Die Qualitätssicherung und -entwicklung des Bildungssystems stehen seit einigen Jahren im Zentrum der öffentlichen und bildungspolitischen Diskussion in der Bundesrepublik Deutschland. Die Kultusministerkonferenz hat daher im Februar 2002 beschlossen, die Öffentlichkeit künftig systematisch, umfassend und kontinuierlich über wichtige Daten und Entwicklungen im Bildungswesen der Bundesrepublik Deutschland zu informieren.

Mit dem „Bildungsbericht für Deutschland: Erste Befunde" liegt nun ein erster Schritt für eine solche Bildungsberichterstattung vor. Die Kultusministerkonferenz dokumentiert mit diesem ersten Bericht die bereits vollzogenen und eingeleiteten Reformen im Schulbereich in den Ländern und legt damit zugleich Rechenschaft über ihre eigene Arbeit ab. Diese Daten gibt es, weil die Kultusministerkonferenz sie haben wollte. Es kann nur noch einmal betont werden: die Kultusministerinnen und Kultusminister wollten und wollen auf diesen Prüfstand. Sie haben sich eben nicht an denen orientiert, die gesagt haben: *„Das Schwein wird durch Wiegen nicht fett."* Das ist ebenso richtig wie: Der Patient wird durch Blutanalyse nicht gesund. Natürlich nicht. Aber die tiefgreifende, auf empirische Daten sich stützende Analyse ist Voraussetzung für zielgerichtetes Handeln.

Mit dieser Art der Bildungsberichterstattung durch unabhängige Wissenschaftlerinnen und Wissenschaftler betritt die Kultusministerkonferenz Neuland. Deshalb kann der vorliegende Bericht nur „erste Befunde" liefern. Er konzentriert sich auf das allgemein bildende Schulwesen, denn dort werden die Voraussetzungen für das Weiterlernen in der beruflichen Bildung, an den Hochschulen und in der Weiterbildung geschaffen: Schulische Bildung legt den Grundstein für die persönliche und berufliche Entwicklung der Kinder und Jugendlichen sowie für ihre aktive Teilnahme am gesellschaftlichen Leben.

Der „Bildungsbericht für Deutschland" bereitet wesentliche bildungsstatistische Daten übersichtlich auf, analysiert systematisch ausgewählte Ergebnisse der Schulleistungsuntersuchungen TIMSS, PISA und IGLU, setzt die deutschen Daten in Beziehung zu vorliegenden internationalen Untersuchungen wie „Education at a Glance" der OECD, enthält gezielte Hinweise zur Weiterentwicklung unseres Bildungssystems und leistet damit einen wichtigen Beitrag zu einer empirisch fundierten bildungspolitischen Debatte in Deutschland.

Der Bericht bestätigt erneut vier große Herausforderungen für das deutsche Bildungswesen: Die Kultusministerinnen und Kultusminister müssen sich auf anspruchsvolle gemeinsame Bildungsziele und Standards verständigen und Verfahren entwickeln, mit denen die Wirksamkeit unseres Bildungssystems regelmäßig systematisch überprüft werden kann. Für Bildung und Erziehung müssen ausreichende Ressourcen bereitgestellt und diese optimal genutzt werden. Es ist noch stärker darauf zu achten, dass die Bildungschancen aller gewahrt werden und eine wirksamere individuelle Förderung erfolgt.

Die Darstellung der Maßnahmen der Länder zur Qualitätsentwicklung und Qualitätssicherung verdeutlicht, dass die Bildungspolitik in den Ländern diese Herausforderungen im Rahmen der beschlossenen sieben Handlungsfelder umfassend, aktiv und mit hohem Reformtempo aufgegriffen hat.

Der erste Bildungsbericht für Deutschland ist ein wesentlicher Baustein zum Aufbau eines umfassenden nationalen Bildungsmonitorings der Länder. Er fügt sich ein in die bisherigen gemeinsamen Initiativen der Länder zur Qualitätsentwicklung und Qualitätssicherung. Mit den demnächst vorliegenden Bildungsstandards werden als nächster Schritt für alle Länder verbindliche Zielsetzungen mit hohen Qualitätsansprüchen formuliert. Derartige Bildungsstandards bilden eine wesentliche Grundlage zur Verbesserung der Wirksamkeit des Unterrichts, indem sie Bildungsziele transparent machen und die Vergleichbarkeit der Ergebnisse fördern. Zur Überprüfung der Einhaltung der nationalen Bildungsstandards wird die Kultusministerkonferenz in den nächsten Monaten eine unabhängige wissenschaftliche Einrichtung aufbauen.

Weitere Befunde für den schulischen Bereich, aber auch zu anderen Bereichen des Bildungswesens, werden in den kommenden Jahren Eingang in die Bildungsberichterstattung finden. Dank gilt allen, die mit groflem Engagement und in sehr kurzer Zeit an der Erarbeitung dieses ersten Berichts mitgewirkt haben.

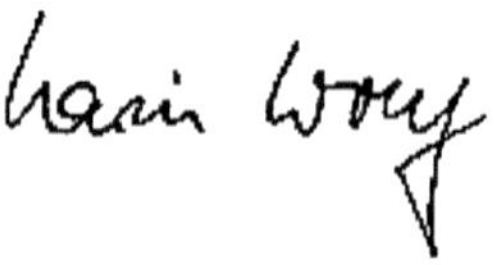

Karin Wolff
Präsidentin der Kultusministerkonferenz

Vorwort

Seit einiger Zeit steht das Bildungswesen wieder im Blickpunkt des öffentlichen Interesses. Hierzu haben vor allem die internationalen Vergleichsuntersuchungen TIMSS, PISA, IGLU wie auch die innerdeutsche Ergänzungsstudie PISA-E beigetragen. Dabei ist deutlich geworden, dass wir über Stand und Entwicklung unseres Bildungssystems zwar manche Einzelheiten wissen, dass aber eine systematische Gesamtschau fehlt.

Vor diesem Hintergrund hat die Kultusministerkonferenz beschlossen, künftig über wichtige Daten und Entwicklungen im deutschen Bildungswesen regelmäßig Bericht zu erstatten. Im Januar 2003 erteilte sie einem Konsortium unter Federführung des Deutschen Instituts für Internationale Pädagogische Forschung (DIPF) den Auftrag, bis Ende August dieses Jahres erste Befunde zur Situationsanalyse des deutschen Bildungswesens zu präsentieren.

Das Konsortium legt mit diesem Band die Ergebnisse seiner Arbeit an einem Bildungsbericht für Deutschland vor, die es gemeinsam verantwortet. Die Darstellung konzentriert sich, auftragsgemäß und bedingt durch die Kürze der verfügbaren Zeit, auf das allgemein bildende Schulwesen.

Das Konsortium dankt Heike Balzer, Friedericke Bothe, Rolf Diesing, Jens Golbach, Dr. Gisela Helbig, Doreen Holtsch, Sibylle Krüger, Angelika Marhauser, Stefan Roth, Jörg Schattschneider, Claudia Schuchart und Walter Zinßmeister für ihre Mitwirkung.

Frankfurt am Main, August 2003

Inhaltsverzeichnis

Inhaltsverzeichnis

Abkürzungsverzeichnis

Im folgenden Bericht werden in den Tabellen und Abbildungen wiederholt die Namen der Länder in der Bundesrepublik Deutschland sowie der verschiedenen Schulformen abgekürzt wiedergegeben. Die Abkürzungen bedeuten:

Länder und Regionen

BW	Baden-Württemberg	BY	Bayern
BE	Berlin	BB	Brandenburg
HB	Bremen	HH	Hamburg
HE	Hessen	MV	Mecklenburg-Vorpommern
NI	Niedersachsen	NW	Nordrhein-Westfalen
RP	Rheinland-Pfalz	SL	Saarland
SN	Sachsen	ST	Sachsen-Anhalt
SH	Schleswig-Holstein	TH	Thüringen
D	Deutschland		
AL	Alte Länder	NL	Neue Länder
StS	Stadtstaaten	FIL	Flächenländer

Schulformen, Schulstufen

GS	Grundschule	HS	Hauptschule
RS	Realschule	OS	schulformunabhängige Orientierungsstufe
SMB	Schulen mit mehreren Bildungsgängen	IGS	Integrierte Gesamtschule
GY	Gymnasium		
PS	Primarstufe		
Sek I	Sekundarstufe I	Sek II	Sekundarstufe II

Vorklärungen zum Bildungsbericht: Leitgedanken und Strukturierung

Mit der Vorlage eines ersten ‚Nationalen Bildungsberichts' wird in Deutschland Neuland betreten. Dies beinhaltet Risiken, aber vor allem auch Gestaltungschancen. Zur Nutzung dieser Chancen bedurfte es seitens des Konsortiums zweier wichtiger Vorklärungen: Es mussten ein die Darstellung durchziehender Leitgedanke, ein ‚roter Faden', entwickelt und eine Grundstruktur der Berichterstattung festgelegt werden. Das Ergebnis dieser Vorüberlegungen soll dem eigentlichen Bericht vorangestellt werden.

1. Drei Leitgedanken: Individuelle Lebenschancen, gesellschaftlicher Wohlstand und sozialer Zusammenhalt

Dieser Bildungsbericht geht von drei Grundannahmen aus: Damit Menschen ihren Platz in der Gesellschaft einnehmen und in ihr mitwirken können, bedürfen sie der Bildung. Auch ist sicher: Gesellschaften, die in der Welt bestehen und die die Welt mitgestalten wollen, sind auf die bestmögliche Bildung all ihrer Menschen angewiesen. Schließlich gilt: Gesellschaften, die in ihrer Zusammensetzung von kultureller und sozialer Heterogenität geprägt sind, müssen das Zusammenleben ihrer Mitglieder bereits in deren Bildungsprozessen vorbereiten. Umgekehrt bedeutet dies: Der Verzicht auf die Entfaltung – auch durch Bildung – aller individuellen Kräfte drängt den Einzelnen ins gesellschaftliche Abseits, das Zurückfallen einer Gesellschaft im Bildungswettlauf schmälert ihre Möglichkeit im Konzert der Regionen und Länder, der Verzicht auf Bildung, die auf ein friedvolles Zusammenleben angelegt ist, fördert den Zerfall der Gesellschaft. Diese Zusammenhänge verbieten es, Bildung auf den Erwerb kognitiver Qualifikationen zu reduzieren. Stattdessen muss Bildung verstanden werden als ein Prozess, in dessen Verlauf Menschen sich kognitive und soziale Kompetenzen aneignen und in dem sie zu Wertorientierungen finden.

Auch wenn es hier nicht darum gehen kann, den Zusammenhang zwischen der Teilhabe an so verstandener Bildung einerseits und der Zukunftsfähigkeit von Menschen sowie von Gesellschaften andererseits im Einzelnen zu entfalten, sollen gleichwohl die Grundlinien, die diesen Zusammenhang auszeichnen, skizziert werden – diesen Bildungsbericht einleitend und seinen ‚roten Faden' ankündigend.

Bildung eröffnet individuelle Lebenschancen

Eine gute Schul- und Berufsbildung ist für junge Menschen mehr denn je zur unverzichtbaren Voraussetzung für individuelle Entfaltung und für Teilhabe am Leben der Gesellschaft geworden. Dies gilt für einen gelingenden Einstieg in das Erwerbsleben gleichermaßen wie für die Entfaltung im beruflichen Alltag. Die Auswirkungen der ‚Höhe' des Schulabschlusses auf das Erwerbsleben sind unverkennbar: Sie zeigen sich beim Eintritt in eine Berufsausbildung, bei der Teilhabe an Erwerbsarbeit und beim erzielbaren Einkommen. Gerade in Phasen des Ausbildungsplatzmangels wird deutlich, wie stark die Chancen, einen Ausbildungsplatz zu erhalten, mit dem erworbenen Schulabschluss zusammenhängen. Die Verbindung zwischen Schulbildung und Ausbildungschancen setzt sich in dem ebenso beachtlichen Zusammenhang zwischen Ausbildungsabschluss und Arbeitslosigkeit fort. Schließlich schlagen sich Schul- und Berufsausbildung im erzielbaren Einkommen nieder.

Der individuelle Nutzen von Bildung bleibt aber keineswegs auf den im engeren Sinne ökonomischen Bereich beschränkt. Die Teilhabe an Bildung stellt den Einzelnen soziale und kognitive Kompetenzen zur Verfügung, die als Orientierungswissen in einem komplexer werdenden Alltag von hoher Bedeutung sind. Auch im Bereich der politischen Partizipation findet sich ein unübersehbarer Zusammenhang zwischen dem Interesse und der Fähigkeit, sich am gesellschaftlichen Leben zu beteiligen, und den jeweils erreichten Bildungsabschlüssen.

Bildung sichert gesellschaftlichen Wohlstand

Die weiter wachsende Einbindung Deutschlands in die europäische Staatengemeinschaft und in die weltweiten wirtschaftlichen Verflechtungen – zumeist mit dem Schlagwort ‚Globalisierung' belegt – stärken die Bedeutung, die der Qualität der Bildung in der Gesellschaft zugemessen wird. Alle verfügbaren Signale deuten darauf hin, dass in entwickelten Wirtschaften wie der deutschen die Nachfrage nach qualifizierten und hoch qualifizierten Arbeitskräften kontinuierlich ansteigen, während zugleich das verfügbare Beschäftigungsvolumen für gering oder beruflich gar nicht Qualifizierte von Jahr zu Jahr sinken wird.

Jeder Versuch, diese Entwicklung zu verstehen, landet bei einer Auseinandersetzung mit dem Prozess der Globalisierung. Aus dem vielfältigen Chor derer, die sich dieser Auseinandersetzung stellen, lassen sich zwei Feststellungen zu Merkmalen der Globalisierung herausarbeiten. Zum einen wird gesagt, das Zeitalter der Globalisierung werde von einem in seinem Ausmaß bisher nicht gekannten Austausch von Gütern, Dienstleistungen und Kapital auf den Weltmärkten, präziser formuliert: auf einem Weltmarkt gekennzeichnet. Und weiter scheint unumstritten zu sein, dass der Austausch von Menschen, Gütern, Dienstleistungen und Kapital in Zeiten der Globalisierung von einem in seinem Tempo bisher unvorstellbarem Austausch von Wissen und vom Aufbau einer weltweiten Wissensgesellschaft, die den Wert von Wissen an dessen weltweiter Nützlichkeit bemisst, begleitet sein wird.

Hinsichtlich der Folgen, die dieser Prozess für die beteiligten Menschen hat, gehen die Einschätzungen weit auseinander. Aber auch, wenn man den gelegentlich vorgetragenen Schreckensszenarien nicht folgen mag und eher vorsichtigen Analysen folgt, bleibt als Resümee die Erwartung einer Aufteilung der Erwerbstätigen in Globalisierungsgewinner und Globalisierungsverlierer. Die unqualifizierten Arbeiter der reichen Länder werden in einer Zeit, in der die Nachfrage nach unqualifizierter Arbeit abrupt zusammenbricht, die Verlierer stellen. Diese Einschätzung wird durch die vorliegenden Arbeitsmarktanalysen und auch durch die aktuellen Prognosen zum Qualifikationsbedarf in Deutschland gestützt: In Deutschland wird auf mittlere und lange Sicht nicht die Arbeit, wohl aber die Arbeit für gar nicht oder gering Qualifizierte ausgehen. Gleichzeitig wird der Arbeitsmarkt für höher und hoch Qualifizierte eine wachsende Nachfrage bieten. Wenn das Bildungssystem Deutschlands diese Nachfragestruktur nicht angemessen bedienen kann, wird fehlende Bildung und Ausbildung zu einer bedrohlichen Wachstumsbremse. Angesichts dieser Perspektive, die die in Deutschland insgesamt und in den neuen Ländern besonders scharf eintretende demographische Verknappung noch schärfer konturiert, kann Deutschland gar nicht darauf verzichten, alle Heranwachsenden so qualitativ hochwertig wie eben nur möglich zu bilden und auszubilden.

Bildung fördert den sozialen Zusammenhalt in der Gesellschaft

Die Gesellschaft in Deutschland ist kulturell und sozial von großer Heterogenität geprägt. Dies bietet den Menschen Chancen: Die Möglichkeiten zur individuellen Lebensgestaltung nehmen zu. Zugleich aber verlieren gemeinsame Grundlagen des Zusammenlebens an Selbstverständlichkeit. Es müssen daher Wege zur Sicherung des sozialen Zusammenhalts gefunden werden. Dies erfordert die Mitwirkung aller Mitglieder ebenso wie die der Institutionen der Gesellschaft. Dem Bildungssystem kommt dabei eine hervorgehobene Bedeutung zu: Es ist der einzige Ort, an dem junge Menschen unabhängig von ihrer Herkunft und von ihrem persönlichen Hintergrund einige Zeit ihres Lebens gemeinsam verbringen. Ihm, dem Bildungssystem, bietet sich daher die Chance, nachhaltig die Grundlagen für ein ziviles Zusammenleben zu schaffen. Es muss daran arbeiten, die ihm anvertrauten jungen Menschen so zu bilden, dass sie bereit und fähig sind, für sich, für andere und für die Gesellschaft insgesamt Verantwortung zu übernehmen. In dem Maße, in dem Bildungssystem dies gelingt, fördert es den sozialen Zusammenhalt der Gesellschaft.

Daraus folgt: Gleichheit bei der Teilhabe an Bildung, Erreichung anspruchsvoller Ziele und ein optimaler Ressourceneinsatz sind unverzichtbar.

Wenn diese Prämissen gültig sind, wenn ein Land die bestmögliche Bildung und Ausbildung aller braucht und wenn jeder Einzelne und jede Einzelne ohne die Entfaltung aller Potenziale in seiner Teilhabe an der Gesellschaft begrenzt bleibt, dann ist Deutschland mit seinem Bildungssystem vierfach herausgefordert:

- Das Land muss sich auf qualitativ anspruchsvolle Ziele seines Bildungssystems verständigen, es muss die erwartete Qualität der Ergebnisse seiner Bildungsanstrengungen formulieren.
- Das Land muss Verfahren entwickeln, mit denen es überprüfen kann, ob die zur Zielerreichung eingeschlagenen Wege zielführend sind. Es muss nach der Effektivität seines Bildungssystems fragen.
- Das Land muss, zumal dann, wenn seine Ressourcen – die Zeit- wie die Geldressourcen – knapp sind, sicherstellen, dass diese Ressourcen optimal genutzt werden. Es muss nach der Effizienz seines Bildungssystems fragen.
- Das Land muss schließlich darauf achten, ob es ihm gelingt, in seinem Bildungssystem alle auf- und auch alle mitzunehmen: die Heranwachsenden aus allen Schichten, die Kinder mit und ohne Migrationsgeschichte, die Mädchen und Jungen, die jungen Menschen in industriellen Ballungsgebieten und die aus ländlichen Regionen. Es muss seinen Menschen beim Zugang und bei der Realisierung gleiche Bildungschancen bieten.

Mit diesen vier Anforderungen – von hohen Qualitätsansprüchen geprägte Zielsetzungen, Anbahnung effizienter Wege, effektiver Ressourceneinsatz und Gleichheit bei der Teilhabe an Bildung – sind vier zentrale Aspekte vorgegeben, auf die dieser Bildungsbericht immer wieder zurückkommen wird, die seinen ‚roten Faden' darstellen.

2. Ein Strukturierungsvorschlag: Kontext, Prozess und Wirkung institutionalisierter Bildung

Die Verfolgung dieses ‚roten Fadens' der Berichterstattung bedarf einer Strukturierung des Berichts. Das Konsortium hat sich diesbezüglich – in Anlehnung an und in Erweiterung der international gebräuchlichen Input-/Prozess-/Outputmodelle – dazu entschieden, drei große Berichtsbereiche zu unterscheiden und diese um einen vierten zu ergänzen. Der Bildungsbericht beginnt mit einer Darstellung ausgewählter Bereiche des Kontextes, innerhalb dessen sich institutionelles Lehren und Lernen in Deutschland vollzieht (Teil A). Der Kontext (dieser Begriff erscheint den pädagogischen Bedingungen angemessener als der Begriff ‚Input') umfasst die wesentlichen Merkmale von Umwelten von Bildungssystemen und der sich in ihnen vollziehenden Bildungsprozesse. Daran schließt sich die Berichterstattung zu wichtigen Feldern des Prozesses institutionalisierter Bildung und der Steuerung dieses Prozesses an (Teil B). Schließlich werden in einem dritten Teil zentrale Befunde zur Wirkung (dieser Begriff steht an der Stelle des Begriffes ‚Output') von Bildung und Ausbildung in Deutschland referiert (Teil C). Dabei geht es um die vielfältigen kognitiven und erzieherischen Effekte institutionalisierten Lernens. Angesichts des Umbruchs, in dem sich das deutsche Bildungswesen derzeit befindet, hat sich das Konsortium entschieden, aktuelle Veränderungstendenzen im deutschen Bildungswesen, wie sie in den sechzehn Ländern nicht zuletzt in Reaktion auf die Befunde der großen internationalen Vergleichsstudien eingeleitet wurden, nicht jeweils diesen drei Bereichen zuzuordnen, sondern in einem vierten, eigenen Berichtsteil zu referieren. In diesem Teil wird eine systematisierende Darstellung der Maßnahmen, die die Länder zur Qualitätsentwicklung und -sicherung ergriffen haben, versucht. Diese Darstellung stützt sich ausschließlich auf eine Auswertung von Angaben der Länder (Teil D).

Bei der Berichterstattung über den Kontext des deutschen Bildungssystems wird zwischen einem äußeren und einem inneren Kontextring unterschieden: Zu dem äußeren Ring werden die vier großen Entwicklungsbereiche der Demographie, des Beschäftigungssystems, der öffentlichen Haushalte und der Bildungsausgaben gerechnet. Zu dem inneren Ring zählen die Bereiche der Struktur des Bildungswesens sowie der der Verfügbarkeit seiner Angebote ebenso wie die Bereiche Zeitressourcen, die das Bildungssystem nutzen kann, der Lernausgangslagen derer, die im Bildungssystem lernen, und – nicht zuletzt – der Bereich der Lehrenden, die im Bildungssystem tätig sind.

Aus der Fülle dessen, was den Prozess des Lernens in Institutionen bestimmt, wurden insgesamt sieben Felder ausgewählt, Felder, denen nach der Einschätzung des Konsortiums eine besondere Prominenz für die Erzielung von Wirkungen schulischen Lernens zukommt. Im Einzelnen sind dies die Bereiche der inhaltlichen Prozesssteuerung über Stundentafeln, Lehrpläne und Bildungsstandards, der Nutzung der den Institutionen verfügbaren Ressourcen im Umgang mit Schüler-Lehrer-Relationen und Klassenfrequenzen sowie mit der Ausstattung der Schulen, der Schulleitung und ihrer Kooperation mit den Kollegien und der Kooperation in den Kollegien, der Unterrichtsstile und des Unterrichtsklimas, der Lernentwicklung und ihrer Bewertung und schließlich der größeren Selbstständigkeit der einzelnen Bildungseinrichtungen.

Hinsichtlich der Wirkungen des Bildungssystems unterscheidet die Berichterstattung fünf bedeutsame Felder: Berichtet werden im Bildungssystem erreichte und nicht erreichte Abschlüsse, die damit einhergehenden Verteilungseffekte, erworbene Kompetenzen, soweit dies die Befunde der großen Leistungsstudien zulassen, angeeignete Einstellungen, ebenfalls gestützt und begrenzt durch die Befunde darauf zielender neuerer Studien und, mit Blick auf langfristige Wirkungen, Erträge der Teilhabe an Bildung – Erträge in unterschiedlichen Bereichen gesellschaftlicher Teilhabe, des Erwerbslebens und der persönlichen Lebensgestaltung.

Dies alles wird beschlossen mit einem vierten Berichtsteil, in dem die aktuellen Bemühungen, derer sich die Länder zur Verbesserung ihres Bildungswesens derzeit unterziehen, im Spiegel ihrer eigenen Darstellung präsentiert werden (Teil D). Diese Präsentation orientiert sich an den Handlungsfeldern, die die Kultusministerkonferenz im Dezember 2001 – noch geschockt durch die kurz zuvor präsentierten PISA-Befunde – formuliert hat.

Bei der Bearbeitung des so strukturierten Bildungsberichts verfuhr das Konsortium auf vierfache Weise pragmatisch:

- Ohne durchgängig gesicherte Erkenntnisse darüber, welche Elemente aus den Bereichen Kontext, Prozess und Wirkung mit welchem Gewicht für Bildung bedeutsam sind, wurde eine Auswahl einzelner Elemente getroffen – z.T. gesteuert von Plausibilitätsüberlegungen und auch vom Aspekt der Verfügbarkeit von Informationen.
- Obwohl es als unstrittig gelten kann, dass der Zusammenhang zwischen den Bereichen Kontext, Prozess und Wirkung nicht im Sinn einer schlichten Produktionsfunktion begriffen werden kann, sondern dass es sich hierbei eher um einen zirkulären Prozess handelt, einen Prozess, bei dem z.B. die Wirkung des Lernens in der Grundschule zum Kontext des Lernens in der Eingangsphase der weiterführenden Schulen wird, folgt die Darstellung dem linearen Muster. Sie verfährt aus pragmatischen Gründen so, will damit aber keine linearen Zusammenhänge suggerieren, derart, dass aus dem Kontext der Prozess und aus diesem wiederum die Wirkung erwüchse.
- Für die Präzision der Berichterstattung wäre es von besonderem Wert, aus einem Reservoir entwickelter Indikatoren schöpfen zu können. Da jedoch ein tragfähiges Tableau etablierter Indikatoren bislang fehlt, musste der pragmatische Weg der Annäherung an quantifizierte Maße und Indikatoren gewählt werden.
- Begrenzt durch die nur knapp zur Verfügung stehende Zeit – von Auftragserteilung bis zur Abgabe des Berichts verging nur etwa ein halbes Jahr – und durch einen hierin eindeutigen Auftrag, beschränkt sich dieser erste nationale Bildungsbericht im Kern auf den schulischen Teil des Bildungssystems. ‚Ausflüge' in vor- und nachgelagerte Bildungsbereiche wurden nur da einbezogen, wo es für das Verständnis des zum Schulbereich Berichteten wesentlich erschien.

Teil A:
Kontextqualitäten

Teil A: Kontextqualitäten

Bildung, wo immer sie stattfindet, vollzieht sich in einem Kontext, von dem sie abhängt und den sie beeinflusst. Ein Bericht über das Bildungssystem Deutschlands geriete naiv, bezöge er diesen Kontext nicht ein.

Auch wenn es schwierig und durchaus strittig zu erörtern ist, welche Kontextfaktoren zu bedenken sind, wenn man über den Zustand und die Perspektiven eines Bildungssystems berichten und eine Grundlage für seine Beurteilung liefern will, kann dies doch als unstrittig gelten: Demographische Entwicklungen (A1.1) wirken über ihre Bedeutung für die Entwicklung der Zahl der Lernenden ebenso wie über die von ihnen ausgehende Nachfrage nach künftigen Erwerbstätigen mit unterschiedlichen Qualifikationen unmittelbar und mittelbar auf das Bildungssystem. Dies gilt in gleicher Weise hinsichtlich quantitativer und struktureller Merkmale und Entwicklungsperspektiven im Beschäftigungssystem (A1.2). Ob den Absolventen des Bildungssystems ein Beschäftigungssystem gegenübersteht, das unter ihnen auswählen kann, oder ob umgekehrt die Absolventen – alle oder die einzelner Qualifikationsstufen – unter alternativen Angeboten wählen können, wirkt zurück bis in die Seminare der Hochschulen und in den Unterricht in Hauptschulklassen. Schließlich ist unbezweifelbar: Die ökonomische Stärke oder Schwäche eines Landes, die Verteilung des gesellschaftlichen Wohlstands zwischen öffentlichen und privaten Haushalten (A1.3), das Gewicht, das Parlamente innerhalb ihrer Haushalte dem Bildungswesen und innerhalb dieses Bildungssystems einzelnen seiner Teilbereiche zumessen (A2) – dies alles eröffnet oder verschließt Entwicklungsspielräume für Bildung in einem Land.

Innerhalb dieses äußeren Kontextringes des Bildungssystems – markiert durch die Überschriften Demographie, Beschäftigungssystem, Ökonomie und Bildungsausgaben – findet sich ein innerer Ring von Kontextfaktoren, die gleichermaßen den Zustand und die Entwicklung des Bildungssystems bedingen und zugleich von ihm beeinflusst werden.

Zu diesen Kontextfaktoren rechnet das Konsortium zum einen die strukturelle Verfasstheit eines Bildungssystems (A3) und die Verfügbarkeit und Erreichbarkeit der unterschiedlichen Bildungsangebote (A4). Ob ein Bildungssystem in seinem eigenen Selbstverständnis im vorschulischen Bereich einsetzt, ob es seine Lernenden nach welchen Kriterien auch immer sortiert, ob es seine Angebote für jeden und an jedem Ort erreichbar zur Verfügung stellt, dies hat Folgen für Lehren und Lernen: Es bestimmt die Anspruchshöhe auf den unterschiedlichen Stufen des Bildungssystems, es beeinflusst die Balance zwischen Fördern und Auslesen, es schlägt sich im Klima des Unterrichts nieder, es wirkt sich auf das Volumen der ‚Bildungsproduktion' des Landes aus.

Den Kontextfaktoren, die der Bericht dem inneren Kontextring zuordnet, ist auch die Ressource Zeit, die Bildungsprozessen eingeräumt wird, zuzuzählen (A5). Der Zeitverbrauch durch Bildung drückt sich in den Lebensjahren aus, die Einzelne im Bildungssystem verbringen. Er wird ebenso deutlich in der Verteilung von Bildungszeit auf die Biographie der Menschen: Es macht einen Unterschied, ob die Heranwachsenden ihre Bildungszeit am Start ihres Lebens ‚verbrauchen' – in der Absicht des ‚Lernens auf Vorrat' – oder ob sie im Verlauf des Lebens immer wieder auf Lerngelegenheiten stoßen und so in ihrer Kompetenzentfaltung mit aktuellen Entwicklungen Schritt halten können.

Schließlich rechnet der hier vorgelegte Bildungsbericht Lernende (A6) und Lehrende (A7) ebenfalls zu Kontextfaktoren von Bildung: Welche Lernenden in ein Bildungssystem eintreten, mit welchem sozialen Hintergrund, mit welcher Migrationsgeschichte, mit welchen – wo immer – bereits erworbenen Kompetenzen sie in das Bildungssystem und in einzelne seiner Stufen eintreten, bestimmt dieses System und seine Arbeit ebenso wie das, was die Lehrenden mitbringen, wenn sie ihren Beruf ausüben. Ob Lehrer und Lehrerinnen[1] qualifiziert ausgebildet wurden, wie sie zeitlich belastet sind und wie der Einsatz ihrer Arbeitszeit gesteuert wird, ob durch einen kontinuierlichen Zufluss junger Lehrerinnen und Lehrer die Innovationskraft des Systems am Leben gehalten wird: Dies sind Einflussfaktoren, die weit in den Alltag von Bildungsprozessen hineinragen.

Es kann an dieser Stelle noch nicht darum gehen, die Ergebnisse der Berichterstattung zu den so ausgewählten Kontextbereichen vorwegnehmend zu berichten, aber es sollen gleichwohl einige zentrale Befunde den Berichten in den folgenden sieben Abschnitten vorangestellt werden. Dies kann die Aufmerksamkeit der Leserinnen und Leser auf solche Ergebnisse der Analysen lenken, die den Berichterstattern besonders bedeutsam erscheinen:

- Der demographische Rückgang stellt große Anforderungen an das Schulsystem, eröffnet aber auch Spielräume für Neugestaltung.
- Die absehbare Schrumpfung der Zahlen derer, die aus dem Bildungs- und Ausbildungssystem in Beschäftigung wechseln, erfordert eine breite und hohe Qualifikation aller. Auch deshalb ist es unverzichtbar, allen Heranwachsenden gleiche Bildungschancen zu bieten.
- Die Entwicklung der öffentlichen Haushalte und das – im internationalen Vergleich – geringe Gewicht der öffentlichen Bildungsausgaben gefährdet die Umsetzung intendierter Reformen des Bildungssystems. Umso wichtiger sind ein zielführender, effektiver Mitteleinsatz und ein optimierender, effizienter Umgang mit den verfügbaren Ressourcen.
- Die Unterschiede bei der ökonomischen Kraft ‚reicher' und ‚armer' Länder verstärken auch im Bildungsbereich Tendenzen der Auseinanderentwicklung der Regionen. Die Wahrung gleichwertiger Lebensverhältnisse überall in Deutschland wird schwieriger.
- In der Vielfalt schulstruktureller Ausprägungen in den deutschen Ländern noch ein deutsches Schulsystem zu erkennen fällt schwer.
- Deutschlands Schülerinnen und Schüler beginnen im internationalen Vergleich spät mit zielgerichtetem Lernen, verbringen viele Lebensjahre in Bildungseinrichtungen, in denen sie zugleich zeitlich wenig gefordert werden. Dies sind wenig förderliche Voraussetzungen für die Erreichung anspruchsvoller Bildungsziele.
- Deutschlands Schulen werden – im Osten des Landes dramatisch, im Westen eher gemäßigt – mit sinkenden Schülerzahlen konfrontiert sein, bei gleichzeitig starker sozialer und wachsender migrationsspezifischer Heterogenität. Angesichts dieser Perspektive stellt die Zielsetzung, den Heranwachsenden aus allen Schichten, Ethnien und Regionen gleiche Bildungschancen zu bieten, eine riesige Herausforderung an das Bildungssystem und an die dieses System tragende Gesellschaft dar.

---

1 Wir haben uns im Allgemeinen darum bemüht, bei den Personen- und Funktionsbezeichnungen sowohl die weibliche als auch die männliche Form zu verwenden. Das erwies sich jedoch manchmal, vor allem bei der Beschreibung statistischer Zusammenhänge, als schwierig. In diesen Fällen gelten die maskulinen Bezeichnungen für Männer und Frauen in gleicher Weise.

- Das Personal im Vorschulbereich verfügt – anders als nahezu überall im Ausland – über keine akademische Ausbildung. Die tatsächliche Arbeitsbelastung der akademisch qualifizierten Lehrer und Lehrerinnen wird durch das Deputatsystem nur wenig flexibel gesteuert. Die zyklischen Erneuerungsprozesse der Schulkollegien, das Auf und Ab bei den Einstellungszahlen junger Lehrer und Lehrerinnen, wirkt altershomogenisierend. Dies bleibt nicht ohne Folgen für die Innovationskraft der Schulen. Exzellente Ergebnisse sind im Bildungssystem nicht ohne exzellentes, kontinuierlich nachwachsendes und klug eingesetztes Personal erreichbar.

A1 Rahmenbedingungen: Demographie, Arbeitsmarkt, Wirtschaft

Die Entwicklung des Bildungssystems ist eingebettet in allgemeine gesellschaftliche Prozesse. Sie legen Rahmenbedingungen für das Bildungswesen fest, die nicht oder nur innerhalb enger Grenzen durch die Bildungspolitik und -planung beeinflusst werden können. Sie prägen in vielfältiger Weise als komplexe ökonomische, soziale und kulturelle Kontextbedingungen die Ausstattung des Bildungswesens und dessen Leistungen für die Gesellschaft. Die maßgeblichen externen Faktoren, auf die sich Bildungsplaner und -politiker einstellen müssen, sind die demographische Entwicklung (A1.1), die Entwicklung des Beschäftigungssystems (A1.2), die ökonomische Entwicklung und die damit verbundene Ausstattung des Staates mit Finanzmitteln (A1.3). Diese quantitativ bestimmbaren Rahmenbedingungen für die Entwicklung des Bildungswesens werden in den folgenden Abschnitten dargestellt. Ohne deren angemessene Berücksichtigung lassen sich inter- und intranationale Unterschiede in der Leistungsfähigkeit von Bildungssystemen nicht zureichend erklären und in ihrer Entwicklung beeinflussen.

A1.1 Die demographische Entwicklung

Die Teilhabe an Bildung ist abhängig von der Bevölkerungszahl und -dichte. Deshalb sind demographische Entwicklungen für das Bildungswesen von großer Bedeutung. Unter den demographischen Daten ist die Geburtenentwicklung für das Bildungssystem von besonderer Relevanz. Die Geburtenzahlen legen den Kapazitätsbedarf für das Schulwesen während der 9- bis 10-jährigen Pflichtschulzeit mit Vollzeit-Schulbesuch weitgehend fest und sind auch für den Kapazitätsbedarf der anderen Bildungsbereiche von maßgeblichem Einfluss. Die Geburtenentwicklung ist abhängig von gesellschaftlichen Entwicklungen und der Veränderung von Werthaltungen und Lebenseinstellungen. Neben der Geburtenentwicklung werden die demographischen Prozesse von der Entwicklung der Lebenserwartung, der Sterbefälle und der Bilanz der Außenwanderungen beeinflusst.

In Deutschland wurde die Bevölkerungsentwicklung nach dem Zweiten Weltkrieg vornehmlich von Wanderungen und nicht von der natürlichen Bevölkerungsentwicklung (Geburten und Sterbefälle) bestimmt. Westdeutschland verzeichnete in den ersten 15 Jahren nach dem 2. Weltkrieg einen Zuwachs von zehn Millionen Einwohnern (1946: 46,2 Millionen; 1961: 56,2 Millionen) durch den Zuzug von Vertriebenen und Flüchtlingen. Nach dem Bau der Berliner Mauer war der weitere Bevölkerungszuwachs wiederum überwiegend auf Wanderungsgewinne, diesmal von Ausländern und Aussiedlern, zurückzuführen: Die ausländische Wohnbevölkerung expandierte von knapp 700 Tausend im Jahre 1961 auf 7,3 Millionen im Jahre 2000. Seit 1980 kamen etwa 3 Millionen Aussiedler in die Bundesrepublik. Die westdeutsche Bevölkerung nahm dadurch von 50,3 Millionen Einwohnern 1950 auf 67,1 Millionen im Jahr 2000 zu.

Die Bevölkerung der DDR – 1950 noch 18,4 Millionen Einwohner – nahm während der 1950er-Jahre durch die Flüchtlinge stark (um 1,2 Millionen) und in der Folgezeit bis zur

„Wende" weiterhin kontinuierlich ab. Seit 1990 ist die Zahl der Einwohner auf dem Gebiet der
ehemaligen DDR nochmals – vor allem auch durch Abwanderungen nach Westdeutschland – um 1,5 Millionen zurückgegangen und betrug 2000 nur noch 15,1 Millionen (vgl. Tabelle A1/1).

Tabelle A1/1 Bevölkerungsentwicklung seit 1950, in Millionen Einwohner (Jahresdurchschnitte)

Jahr	Deutschland insgesamt		Früheres Bundesgebiet[2]		Neue Länder[2]	
	insgesamt	darunter Ausländer[1]	insgesamt	darunter Ausländer[1]	insgesamt	darunter Ausländer[1]
1950	68,4		50,3		18,4	
1960	72,7		55,4	0,7	17,2	
1970	77,8		60,7	2,6	17,1	
1980	78,3	4,5	61,5	4,6	16,7	
1990	79,4	5,3	63,3	5,2	16,1	0,1
1995	81,8	7,3	66,3	7,0	15,5	0,3
2000	82,3	7,3	67,1	6,9	15,1	0,4
2000			*65,0*[2]	*6,5*[2]	*13,8*[2]	*0,3*[2]
2002	*82,5*	*7,3*	*65,5*[2]	*6,6*[2]	*13,6*[2]	*0,3*[2]

1 Angaben für 1960 stammen aus der Volkszählung von 1961; 1970 Ergebnis der Volkszählung; ab 1980 Angaben aus dem Ausländerzentralregister.

2 Nach Veränderung der Berliner Stadtbezirke können die Daten für die ehemals Ostberliner bzw. Westberliner Gebiete nicht mehr getrennt ausgewiesen werden, die Tabelle enthält deshalb in der zweiten Zeile für 2000 und für 2002 Werte ohne Berlin.

Quelle: Statistisches Bundesamt: Statistisches Jahrbuch. Stuttgart: 1995, S. 46; Statistisches Bundesamt (Hrsg.): Datenreport. Bonn: 2002, S. 29.

Die Geburtenentwicklung wurde in den letzten Jahrzehnten sehr stark von dem Wandel der Lebensverhältnisse und dem damit verbundenen veränderten Stellenwert der Familie und gewandelten Lebensplanungen von Frauen bestimmt. Dadurch sind die durchschnittliche Familiengröße und der Anteil von Haushalten mit Kindern stark rückläufig. Von den Frauen haben inzwischen zeitlebens nur noch etwa drei Viertel wenigstens ein Kind, mit weiter rückläufiger Tendenz. Mit diesen Veränderungen geht ein Wandel der Familienformen einher. Nichteheliche Lebensgemeinschaften und Alleinerziehende haben eine zunehmende Bedeutung als Sozialisationsumwelten von Kindern. Allerdings wachsen noch etwa 85% der Kinder am Ende der Grundschule[1] und 75% der 15-Jährigen[2] in Familien mit beiden leiblichen Eltern auf. Auch haben mehr als 80% der Kinder Geschwister[3].

Der in den 1960er-Jahren einsetzende Geburtenrückgang in Deutschland lässt sich als Wirkung des gesellschaftlichen Wandels auf das generative Verhalten deuten. Die zusammengefasste Geburtenziffer[4] ging in Westdeutschland zwischen 1965 und 1985 von 2,51 auf 1,28 zurück; 2000 betrug sie 1,41. Auf dem Gebiet der ehemaligen DDR kam es bis

1 Wilfried Bos/Eva-Maria Lankes/Manfred Prenzel/Knut Schwippert/Gerd Walther/Renate Valtin (Hrsg.): Erste Ergebnisse aus IGLU. Schülerleistungen am Ende der vierten Jahrgangsstufe im internationalen Vergleich. Münster: 2003, S. 269.

2 Deutsches PISA-Konsortium (Hrsg.): PISA 2000. Basiskompetenzen von Schülerinnen und Schülern im internationalen Vergleich, Opladen 2001, S. 335.

3 Die PISA-Studie (vgl. die vorausgegangene Fußnote) nennt unter den 15-Jährigen 13% Einzelkinder. Unter den Viertklässlern der IGLU-Studie sind 19% (mit deutlichen Ost-West-Unterschieden) Einzelkinder (vgl. Wilfried Bos u.a. 2003 (a.a.O.)

4 Sie bezeichnet die Summe der altersspezifischen Fruchtbarkeitsziffern. Sie ist eine um die Veränderungen der Altersgliederung bereinigte Ziffer, die angibt, wie viel Kinder eine Frau im Laufe ihres Lebens zur Welt bringen würde, wenn die Geburtenverhältnisse des jeweiligen Jahres konstant blieben.

1980 nochmals zu einem stärkeren Geburtenanstieg (1975: 182.000; 1980: 245.000 Geburten), der auf familienpolitische Maßnahmen zurückgeführt wird. Ab 1990 verzeichneten die neuen Bundesländer einen als Folge des „Wendeschocks" anzusehenden historisch beispiellosen Geburtenrückgang auf etwa vierzig Prozent der Geburtenzahlen von 1989. Der seit 1995 wieder zu beobachtende Geburtenanstieg liegt aber unter den Erwartungen, bis 2000 haben die Geburten (ohne Berlin) erst 54% des Niveaus vor der Wiedervereinigung erreicht und sind seitdem bis 2002 wieder rückläufig. Die zusammengefassten Geburtenziffern stiegen in der DDR zwischen 1975 und 1980 von 1,5 auf 1,9 an und sanken Anfang der 1990er-Jahre auf 0,8 ab. Im Jahr 2000 lag sie bei 1,15 und war damit immer noch äußerst niedrig[5]. Selbst wenn die Geburtenhäufigkeit der Frauen in den neuen Bundesländern in den nächsten Jahren das westdeutsche Niveau erreichen sollte, muss von einer stagnierenden Geburtenzahl ausgegangen werden, weil gegenwärtig etwa 20% der Frauen zwischen 18 und 25 Jahren die neuen Länder verlassen. Durch diese Abwanderung – die bei Männern bei weitem nicht so stark ausgeprägt ist – müssen die Erwartungen in die Geburtenentwicklung in den neuen Ländern deutlich nach unten korrigiert und die gegenwärtigen Prognosen überarbeitet werden.

Tabelle A1/2 Geburtenentwicklung seit 1950, Lebendgeborene in Tausend

Jahr	Deutschland insgesamt	Früheres Bundesgebiet[1]	Neue Länder[1]
1950	1117	813	304
1955	1113	820	293
1960	1262	969	293
1965	1325	1044	281
1970	1047	811	237
1975	782	601	182
1980	866	621	245
1985	814	586	228
1990	906	727	178
1995	765	681	84
2000	767	656	111
2000[1]		*636*	*101*
2001[1]	*734*	*608*	*98*
2002[1]	*719*	*594*	*96*

1 Nach Veränderung der Berliner Stadtbezirke können die Daten für die ehemals Ostberliner bzw. Westberliner Gebiete nicht mehr getrennt ausgewiesen werden, die Tabelle enthält deshalb in der zweiten Zeile von 2000 und ab 2001 für die Spalten ‚Früheres Bundesgebiet' und ‚Neue Länder' Werte ohne Berlin.

Quelle: Statistisches Bundesamt 1995 (a.a.O.), S. 46; Statistisches Bundesamt 2002 (a.a.O.), S. 38; Daten ohne Berlin: Statistisches Bundesamt

In den bisherigen Angaben sind die Geburten von Ausländern einbezogen, deren Geburtenrate sich schon weitgehend an die der Deutschen angeglichen hat. Im Durchschnitt der Jahre von 1974 bis 1999 hatten stets mehr als 10% der Lebendgeborenen eine ausländische Staatsangehörigkeit. Für die Bildungsplanung und -politik ist die Angabe der Staatsangehörigkeit aber zunehmend weniger aussagekräftig, weil Aussiedlerkinder ohne Deutschkenntnisse beispielsweise nicht erfasst werden und seit 2000 auch ein Teil der Kinder mit auslän-

5 KMK: Schule in Deutschland. Zahlen, Fakten, Analysen. Bonn: 2002, S. 14-15.

dischen Eltern[6]. Die PISA- und die IGLU-Studie belegen übereinstimmend, dass inzwischen etwa 22% der in Deutschland aufwachsenden Kinder einen Migrationshintergrund in der Weise haben, dass wenigstens ein Elternteil nicht in Deutschland geboren wurde[7]. Dies ist auch ein Hinweis auf die zunehmende Multikulturalität der Sozialisationsbedingungen von Kindern und Jugendlichen – insbesondere in den westdeutschen Großstädten.

Im Ergebnis führte die Geburtenentwicklung seit Mitte der 1970er-Jahre in der Bundesrepublik zu einer der weltweit niedrigsten Geburtenraten. Eine Bestandserhaltung der Bevölkerung wird über sie nicht gesichert. Um so wichtiger ist es, über eine qualifizierte Ausbildung der Jugendlichen die Innovationsfähigkeit der Gesellschaft zu erhalten.

Wie werden sich die für das Bildungswesen vor allem bedeutsamen jüngeren Altersgruppen in der Zukunft entwickeln? Über eine Fortschreibung der zurückliegenden Geburtsjahrgänge, eine Vorausschätzung der weiteren Geburtenentwicklung und Annahmen über die Entwicklung der Außenwanderungen lassen sich für die verschiedenen Bildungsbereiche die voraussichtlichen Einwohnerzahlen in den bedeutsamen Altersgruppen und davon abgeleitet die Schüler- und Studierendenzahlen in den einzelnen Bildungsphasen bestimmen[8].

In der Bundesrepublik Deutschland werden die Schülerzahlen nach einer Vorausberechnung der Kultusministerkonferenz in den nächsten zwanzig Jahren insgesamt rückläufig sein. Lediglich für den Sekundarbereich II der allgemein bildenden Schulen ist bis ca. 2006 noch ein Anstieg der Schülerzahlen um etwa 5% zu verzeichnen. Im Sekundarbereich II entsprechen die Schülerzahlen 2020 etwa 87% der Schülerzahlen von 2001.

Der größte Rückgang der Schülerzahlen wird bis 2020 in der Sekundarstufe I erwartet, dann wird die Schülerzahl nur noch 75% des Jahres 2001 betragen. Bis zum Jahr 2015 verringern sich die Schülerzahlen im Primarbereich auf etwa 85% der Schülerzahlen von 2001 und werden in den darauf folgenden fünf Jahren annähernd konstant bleiben. In den Sonderschulen wird die Schülerzahl für Deutschland insgesamt am gleichmäßigsten über den Zeitraum verteilt abnehmen, im Jahr 2020 wird sie ca. 82% der Schülerzahl von 2001 betragen.

Diese allgemeine Entwicklung verläuft in den alten Ländern ähnlich (vgl. Tabelle A1/3)[9], hier werden die Schülerzahlen in der Sekundarstufe II zunächst noch deutlicher steigen und der Rückgang in der Sekundarstufe I fällt etwas geringer aus. Die stärkste prozentuale Ver-

6 Durch das geänderte Ausländerrecht zum 1.1.2000 erwerben nicht nur Kinder mit wenigstens einem deutschen Elternteil die deutsche Staatsangehörigkeit, sondern auch Kinder ausländischer Eltern, wenn zumindest ein Elternteil seit mindestens acht Jahren rechtmäßig in Deutschland lebt und eine Aufenthaltsberechtigung oder eine seit drei Jahren unbefristete Aufenthaltserlaubnis besitzt (ausführlicher wird dieser Gesichtspunkt im Kapitel A5 behandelt).

7 Wilfried Bos/Eva-Maria Lankes/Manfred Prenzel/Knut Schwippert/Gerd Walther/Renate Valtin (Hrsg.): Erste Ergebnisse aus IGLU. Schülerleistungen am Ende der vierten Jahrgangsstufe im internationalen Vergleich. Münster: 2003, S. 277;
Deutsches PISA-Konsortium (Hrsg.): PISA 2000. Basiskompetenzen von Schülerinnen und Schülern im internationalen Vergleich, Opladen 2001, S. 341.

8 Die hier verwendeten Daten der Schülerzahlenvorausschätzung der KMK (KMK: Vorausberechnung der Schüler- und Absolventenzahlen 2000 bis 2020. Statistische Veröffentlichungen der KMK, Nr. 122. Bonn: 2002) berücksichtigt die nicht mehr aktuelle 9. koordinierte Bevölkerungsvorausberechnung des Statistischen Bundesamtes und sieht jährliche Wanderungsgewinne von 150.000 Personen vor. Im früheren Bundesgebiet werden hinsichtlich der Geburtenhäufigkeit die Verhältnisse 1995-1997 über den Prognosezeitraum als konstant angenommen. Die Vorausschätzung der Geburtenentwicklung in den neuen Ländern geht von einer Angleichung der Geburtenhäufigkeit an die Situation in den alten Ländern bis 2005 aus.

9 Die Daten finden sich ausführlich in Tabelle A1/8 im Anhang.

ringerung der Schülerzahlen wird in den alten Ländern im Primarbereich erwartet, hier hat die rückläufige Entwicklung bereits begonnen. Grund dafür sind die geburtenschwachen Jahrgänge seit Mitte der 70er Jahre, die jetzt zur Elterngeneration werden.

Tabelle A1/3 Entwicklung der Schülerzahlen in den alten und neuen Ländern im Primarbereich und der Sekundarstufe I 1991-2020 (1991-2000 Ist, ab 2005 Soll)

Jahr	Alte Länder		Neue Länder (mit Berlin)	
	Primarstufe	Sekundarstufe I	Primarstufe	Sekundarstufe I
1991	2.513.322	3.420.933	924.126	1.243.909
1995	2.799.090	3.739.198	885.035	1.327.218
2000	2.901.105	4.074.311	493.542	1.255.312
2005	2.745.030	4.186.925	469.780	775.460
2010	2.443.870	3.958.325	504.930	681.270
2015	2.228.960	3.559.020	547.710	744.030
2020	2.207.430	3.253.830	553.130	801.960

Quelle: Statistische Veröffentlichungen der KMK, Nr. 162, Vorausberechnung der Schüler- und Absolventenzahlen 2000 bis 2020, 2002

Völlig anders, teilweise entgegengesetzt zum Verlauf in den alten Ländern und in den Schwankungen weitaus dramatischer ist die voraussichtliche Entwicklung in den neuen Ländern. In der Primarstufe ist derzeit das Schülertief erreicht, es ist bis 2015 mit einem Anstieg der Schülerzahlen um ein Drittel (im Vergleich zu 2001) und danach nur noch mit einem moderaten Anstieg der Schülerzahl zu rechnen. In der Sekundarstufe I und an den Sonderschulen wird das Schülerzahlentief infolge des Geburteneinbruchs nach der Wiedervereinigung erst im Jahr 2008 mit weniger als der Hälfte der Schüler in der Sekundarstufe I und ca. 73% der Sonderschüler des Bezugsjahres 2001 erreicht sein. In der Sekundarstufe II wird der Tiefstpunkt dementsprechend fünf Jahre später auf ähnlich niedrigem Niveau wie in der Sekundarstufe I erreicht.

Nach 2008 bzw. 2012 werden die Schülerzahlen in der Sekundarstufe I und II und an den Sonderschulen wieder leicht ansteigen. Bis 2020 wird mit höchstens zwei Drittel des gegenwärtigen Niveaus gerechnet. Zu berücksichtigen ist, dass die den Vorausschätzungen zugrunde liegenden Geburtenprognosen die Abwanderung junger Frauen nicht ausreichend berücksichtigen und voraussichtlich noch nach unten korrigiert werden müssen.

Diese Vorausschätzungen gehen von den gegenwärtigen Quoten der Bildungsbeteiligung aus. Durch Veränderungen der Bildungsnachfrage kann vor allem die Entwicklung in der Sekundarstufe II beeinflusst werden. Offen ist auch die Entwicklung des Sonderschulbereichs im Verhältnis zu Maßnahmen sonderpädagogischer Förderung im allgemein bildenden Schulwesen.

Die gegenwärtig absehbaren Entwicklungen im Schulwesen lassen für das duale Ausbildungssystem in Westdeutschland in den nächsten fünf Jahren und für den Hochschulbereich bis 2010 eine steigende Zahl von Zugangsberechtigten erwarten. Danach werden auch das Berufsbildungssystem und das Hochschulwesen von der rückläufigen demographischen Entwicklung erfasst. Dies ergibt eine Betrachtung der voraussichtlichen Entwicklung der Zahl der Schulabsolventen mit Hauptschul- und Realschulabschluss und der Studienberechtigten mit Hochschul- und Fachhochschulreife (vgl. Tabelle A1/5 und Tabelle A1/6 im Anhang). In Deutschland insgesamt wird es zunächst bis 2005 zu einem Anstieg der Absolventen mit Haupt- und Realschulabschluss und bis 2008 mit Fachhoch- oder

Hochschulreife kommen, danach wird deren Zahl kontinuierlich abnehmen und langfristig unter das heutige Niveau fallen.

In den alten Ländern allerdings wird die Zahl der Studienberechtigten bis 2020 immer über der des Jahres 2000 liegen, und es ist mit einem höheren Anstieg (bis 2010) als in den neuen Ländern zu rechnen. Bis 2007 wird hier auch noch die Zahl der Absolventen mit Haupt- und Realschulabschluss zunehmen. In den neuen Ländern setzt sich hingegen die stark rückläufige Entwicklung der Schülerzahlen in der Sekundarstufe fort. Bis 2010 wird sich die Zahl der Absolventen mit Haupt- und Realschulabschluss halbiert haben und 2013 wird mit ca. 52% der Zahl von Studienberechtigten des Jahres 2000 ein Tiefpunkt erreicht, danach steigen die Absolventenzahlen wieder langsam an.

Tabelle A1/4 Entwicklung der Zahl der Absolventen aus allgemein bildenden Schulen mit Haupt- und Realschulabschluss und der Studienberechtigten (aus allgemein bildenden und beruflichen Schulen) 2000-2020 (2000=100)

Jahr	Alte Länder			Neue Länder (mit Berlin)		
	Hauptschulabschluss	Realschulabschluss	Hochschulreife	Hauptschulabschluss	Realschulabschluss	Hochschulreife
2000	100,0	100.0	100,0	100,0	100,0	100,0
2005	111,4	111,9	106,0	84,6	90,8	97,8
2010	104,4	109,0	117,4	46,3	48,7	67,7
2015	99,2	103,5	109,4	55,1	56,0	56,9
2020	87,4	91,4	101,6	58,0	61,3	62,1

Quelle: Statistische Veröffentlichungen der KMK, Nr. 162, Vorausberechnung der Schüler- und Absolventenzahlen 2000 bis 2020, 2002

Dem dualen Ausbildungssystem in Westdeutschland steht – unter konstanten Nachfragebedingungen – in den nächsten Jahren eine weiter steigende Ausbildungsnachfrage bevor, während in Ostdeutschland – vor allem nach 2006 – die Ausbildungsnachfrage stark zurückgehen wird. Geht man davon aus, dass der Anteil derjenigen Studienberechtigten, die auch tatsächlich ein Studium aufnehmen, konstant bleibt, dann lässt die Tabelle A1/4 auch auf die Entwicklung der Studienanfänger schließen. Die Entwicklung der Studierquote und des Zeitpunkts einer Studienaufnahme zeigte in der Vergangenheit allerdings einen uneinheitlichen Verlauf, der auch Voraussagen sehr unsicher macht.

Die Geburtenentwicklung hat weit reichende Folgen über das Bildungswesen hinaus. Nach der jüngst veröffentlichten 10. koordinierten Bevölkerungsvorausschätzung des Statistischen Bundesamtes[10] wird die gesamte Wohnbevölkerung von 82 Millionen Einwohnern im Jahre 2000 bis auf 67 bis 75 Millionen im Jahr 2050 zurückgehen. Aus der demographischen Entwicklung werden sich Konsequenzen für viele gesellschaftliche Bereiche ergeben. Vor allem wird eine Verlagerung von öffentlichen Aufgaben auf die wachsende Gruppe der Alten notwendig werden, denn die Zahl der über 65-Jährigen wird sich nach einer mittleren Prognosevariante von 14,1 Mio. 2001 auf 22,2 Mio. 2050 erhöhen. Der Anteil dieser Altersgruppe an der Gesamtbevölkerung wird von gegenwärtig 17,1% auf 29,6% ansteigen. Zugleich wird die Bevölkerung im Erwerbsalter zwischen 20 und 64 Jahren um 10,3 Mio. zurückgehen und ihr Anteil an der gesamten Bevölkerung sich von 62% auf 54,3% verringern. Die Konstellationen am Arbeitsmarkt werden sich in den nächsten Jahrzehnten dadurch tief

10 Statistisches Bundesamt: Bevölkerung Deutschlands bis 2050: 10. koordinierte Bevölkerungsvorausberechnung. Wiesbaden: 2003

greifend verändern, denn es sind die jüngeren Jahrgänge der Erwerbsbevölkerung, die durch niedrigere Jahrgangsstärken diese Entwicklung auslösen.

A1.2 Arbeitsmarkt- und Beschäftigungsentwicklung

Eine Aufgabe des Bildungswesens ist es, den Übergang in eine Berufstätigkeit vorzubereiten. Ob dieser Wechsel aber gelingt, hängt entscheidend nicht nur vom Bildungswesen, sondern auch von der Aufnahmefähigkeit des Arbeitsmarktes ab. Die DDR versuchte, über die staatliche Steuerung der Ausbildungsmöglichkeiten und eine Beschäftigungsgarantie eine Abstimmung zwischen Bildungs- und Beschäftigungssystem zu erreichen. Die Folge waren jedoch abnehmende Innovationsfähigkeit und sinkende Produktivität.

Im jetzigen Bundesgebiet wird die Arbeitsmarktentwicklung nicht staatlich gesteuert, sondern durch Angebot und Nachfrage in Abhängigkeit von der wirtschaftlichen Entwicklung bestimmt. Nach dem wirtschaftlichen Aufschwung in Westdeutschland bis Ende der 1950er-Jahre konnte in den 1960er-Jahren der Bedarf an Arbeitskräften sogar nur über die Anwerbung ausländischer Arbeitskräfte befriedigt werden. Seit 1974 gibt es jedoch mehr Arbeitslose als offene Stellen. 1983 wurde im Jahresdurchschnitt deutlich die Zahl von zwei Millionen Arbeitslosen überschritten. An diesem hohen Niveau der Arbeitslosigkeit hat sich seither nichts geändert. Nach der Wiedervereinigung stieg die Gesamtzahl der Arbeitslosen durch die Probleme des wirtschaftlichen Strukturwandels in den neuen Ländern nochmals erheblich an. 2002 betrug die Gesamtzahl der Arbeitslosen im Jahresdurchschnitt über vier Millionen (2,6 Mio. Westdeutschland, 1,4 Mio. Ostdeutschland). Dabei ist zu berücksichtigen, dass sich die Zahl der Ausländer unter den abhängig Beschäftigten seit dem Anwerbestopp 1973 (bis 1985) um über 900.000 verringert hatte und erst seit 1989 wieder nennenswert angestiegen ist.

Deutschland lag 2001 mit seiner Arbeitslosenquote über dem Durchschnitt der 15 EU-Staaten. Nur vier EU-Staaten wiesen höhere Arbeitslosenquoten als Deutschland auf.

Innerhalb Deutschlands bestehen deutliche Unterschiede in der Arbeitslosenquote vor allem zwischen den alten (7,9%) und den neuen (18,0%) Ländern. Aber auch zwischen den alten Ländern sind die Unterschiede groß. Während Baden-Württemberg mit der besten Arbeitsmarktsituation (im Jahresdurchschnitt 2002) eine Arbeitslosenquote von 5,4% aufweist, ist der Anteil Arbeitsloser an allen Erwerbspersonen in Bremen (12,6%) mehr als doppelt so hoch (vgl. Tabelle A1/5).

Der technische Fortschritt in den Produktions- und Fertigungsverfahren, eine zunehmende Automatisierung und Rationalisierung der Produktion sowie die gewandelte Nachfrage nach Gütern und Dienstleistungen haben viele Berufe bzw. Berufsbereiche verändert. Waren im Jahr 1960 im früheren Bundesgebiet noch 48% der Erwerbstätigen im produzierenden Gewerbe (sekundärer Sektor) tätig, so sind es im Jahr 2002 noch 32%. Ein deutlicher Rückgang ist auch im primären Sektor (Land- und Forstwirtschaft, Fischerei) feststellbar. Im Jahr 1960 arbeiteten noch knapp 12% der Erwerbstätigen des früheren Bundesgebietes in diesem Wirtschaftsbereich, im Jahr 2002 sind es noch 2,5% in Ost- und Westdeutschland. Einen Zuwachs hat hingegen der so genannte tertiäre Sektor (Dienstleistungen) zu verzeichnen. Seit 1960 hat sich der Anteil der Erwerbstätigen in diesem Sektor verdoppelt. Im April 2001 arbeiteten rund 65% der Erwerbstätigen der Bundesrepublik Deutschland in diesem Sektor. Der Wandel zur Dienstleistungsgesellschaft, verbunden mit steigenden Ausbildungserwartungen an die Beschäftigten, vollzieht sich innerhalb des Bundesgebietes nicht einheitlich. Zwischen den Ländern gibt es deutliche Unterschiede. Insbesondere in den Stadtstaaten hat der produzierende Sektor nur noch eine untergeordnete Bedeutung.

Die Arbeitsmarktlage wird einerseits durch das Angebot an Arbeitskräften (Erwerbspersonenpotential) bestimmt, andererseits durch den Arbeitskräftebedarf des Beschäftigungssystems. Auf die Entwicklung des Arbeitskräfteangebots wirken sich neben demographischen Faktoren (Einwohnerzahl in den entsprechenden Jahrgängen und Außenwanderungsbilanz) und der Entwicklung der Bildungsbeteiligung insbesondere die Quote der Frauenerwerbstätigkeit aus. Der Arbeitskräftebedarf wird entscheidend vom Wirtschaftswachstum, dem Produktivitätsanstieg und von Regelungen der Arbeitszeit bestimmt.

Tabelle A1/5 Arbeitslose in den Ländern der Bundesrepublik Deutschland / Jahresdurchschnitt 2002 in % (Wohnortprinzip)

	Bestand insgesamt	Arbeitslosenquote (bez. auf alle zivilen Erwerbspersonen)
Baden-Württemberg	294.905	5,4
Bayern	386.545	6,0
Berlin	288.319	16,9
Brandenburg	237.831	17,5
Bremen	40.532	12,6
Hamburg	77.475	9,0
Hessen	213.583	6,9
Mecklenburg-Vorpommern	169.747	18,6
Niedersachsen	361.640	9,2
Nordrhein-Westfalen	812.330	9,2
Rheinland-Pfalz	143.665	7,2
Saarland	45.422	9,1
Sachsen	405.250	17,8
Sachsen-Anhalt	260.390	19,6
Schleswig-Holstein	121.581	8,7
Thüringen	201.103	15,9
Bundesrepublik Deutschland	4.060.317	9,8
Bundesgebiet West	2.648.837	7,9
Bundesgebiet Ost	1.411.480	18,0

Quelle: Bundesanstalt für Arbeit: http://www.arbeitsamt.de/hst/services/statistik/detail/index.html

Projektionen des Arbeitskräfteangebots und -bedarfs zeigen, dass sich die Arbeitsmarktlage erst langfristig nennenswert entspannen dürfte. Auch unter dieser Perspektive wird die Arbeitsmarktsituation in den neuen Ländern schwieriger bleiben. Dort wird auch 2015 noch mit einem Arbeitskräfteüberhang gerechnet, während in den alten Ländern bis dahin ein Arbeitskräftemangel erwartet wird[11].

Diese Projektionen sind mit großen Unsicherheiten behaftet. In die Berechnung des Angebots gehen zum Beispiel Annahmen über einen weiteren Anstieg der Erwerbsquoten von Frauen ein. Dann wird von einem über dem Produktivitätsanstieg liegenden Wirtschaftswachstum – als Voraussetzung für einen Anstieg des Arbeitskräftebedarfs – und von einem

11 Bund-Länder-Kommission für Bildungsplanung und Forschungsförderung: Zukunft von Bildung und Arbeit. Perspektiven von Arbeitskräftebedarf und -angebot bis 2015. (Materialien zur Bildungsplanung und zur Forschungsförderung 104), Bonn: 2002.

unveränderten Anteil von Teilzeit-Arbeitsplätzen ausgegangen. Bezogen auf die Erwerbsbeteiligung von Frauen ist zu beachten, dass gegenwärtig große Unterschiede zwischen den alten und den neuen Ländern bestehen. Während die Erwerbsquote der Frauen (Mikrozensus 2001) in Ostdeutschland 72,5% beträgt, ist der Anteil der weiblichen Erwerbspersonen an der Bevölkerung im Alter von 15 bis unter 65 Jahre mit 63,2% in den alten Ländern wesentlich niedriger.

Für die weitere Entwicklung des Bildungswesens von besonderer Bedeutung ist der qualifikationsspezifische Arbeitskräftebedarf. Hinweise darauf liefert zunächst die Qualifikationsstruktur der deutschen Bevölkerung im internationalen Vergleich. Das Ausbildungsniveau der Bevölkerung wird erfasst über die allgemein bildenden und beruflichen Bildungsabschlüsse der erwachsen Bevölkerung und vermittelt als indirekte Kennzahl Informationen über den Bestand an Humankapital, d. h. die verfügbaren Kenntnisse und Fähigkeiten der Erwerbsbevölkerung[12]. Angesichts steigender Qualifikationsanforderungen aufgrund eines fortschreitenden Bedeutungszuwachses sekundärer Dienstleistungstätigkeiten (Forschung und Entwicklung, Organisation und Management, Beraten, Betreuen, Lehren, Publizieren) steigt insbesondere der Bedarf der Wirtschaft nach hochqualifizierten Beschäftigten. Deshalb ist vor allem der Anteil der Hochqualifizierten an der Erwerbsbevölkerung (Qualifikationspotential) und den Beschäftigten (Qualifikationsnachfrage des Arbeitsmarkts) von Interesse.

Tabelle A1/6 Bevölkerung im Alter von 15 und mehr Jahren nach beruflichem Bildungsabschluss in den Ländern (April 2001)

Land	Lehr-/Anlern-ausbildung	Fachschul-abschluss	Fachschul-abschluss in der DDR	Fachhoch-schul-abschluss	Hochschul-abschluss	Promotion	ohne Angabe zur Art des Ab-schlusses	ohne beruflichen Bildungs-abschluss
BW	46,5	8,4	0,3	4,4	5,8	1,1	1,6	31,9
BY	50,8	7,4	0,3	3,7	5,6	0,9	2,6	28,8
BE	45,6	5,6	3,4	4,7	11,0	1,6	1,0	27,2
BB	55,3	6,4	6,8	3,7	6,2	0,7	0,7	20,2
HB	51,4	5,5	/	3,9	5,9	/	3,2	29,3
HH	48,3	4,5	0,5	5,0	9,3	1,2	3,2	28,4
HE	50,9	6,5	0,3	4,4	7,1	1,2	1,9	27,8
MV	55,9	5,5	7,5	2,7	5,2	0,7	/	22,2
NI	54,7	6,0	0,3	2,9	5,2	0,6	1,4	28,8
NW	51,5	5,8	0,3	3,4	5,3	0,8	2,0	31,0
RP	50,4	7,0	0,2	3,3	4,5	0,9	1,2	32,5
SL	53,6	5,8	/	3,1	4,5	/	1,5	30,9
SN	57,2	6,4	6,7	3,4	6,4	0,7	0,8	18,4
ST	58,0	5,5	6,0	3,7	5,0	0,5	0,6	20,7
SH	54,1	7,0	0,3	3,6	5,5	1,0	2,7	25,8
TH	57,2	6,0	7,2	3,7	5,5	0,6	1,8	17,8

Quelle: Mikrozensus, Statistisches Bundesamt

Der Anteil der Bevölkerung im Alter zwischen 25 und 64 Jahren, der über einen Abschluss im Tertiärbereich verfügt, schwankt in den OECD-Staaten zwischen 9% in Portugal und 41%

12 Christian Lutz/Bernd Meyer/Peter Schnur/Bernd Zika: Projektion des Arbeitskräftebedarfs bis 2015. Modellrechnungen auf Basis des IAB/INFORGE-Modells. In: Mitteilungen aus der Arbeitsmarkt- und Berufsforschung 35, 2002, H. 3, S. 305-330.

in Kanada. In Deutschland beträgt der Anteil der Bevölkerung im Erwerbsalter mit einem Hochschulabschluss 23%. Damit fällt Deutschland insbesondere hinter führende Industriestaaten, aber auch hinter eine Reihe europäischer Staaten zurück. Noch einmal deutlich geringer sind die Anteile der Bevölkerung mit tertiärem Bildungsabschluss allerdings in Staaten wie Österreich (14%) oder Italien (10%)[13].

Im Jahr 2001 gab es auch innerhalb Deutschlands große Unterschiede im Anteil von Hochqualifizierten (gemessen am Anteil der Personen mit abgeschlossenem Fachhochschul- und Hochschulabschluss, einschließlich Promotion) an der Bevölkerung im Alter von 15 und mehr Jahren (vgl. Tabelle A1/6).

Rheinland-Pfalz, vor Mecklenburg-Vorpommern (8,6%) und dem Saarland (7,6%) weisen die niedrigsten Akademikeranteile an der Bevölkerung unter den Ländern auf. Der vergleichsweise geringe Anteil an Hochqualifizierten in den genannten Ländern ist zwar auch als Folge niedriger Beteiligungsquoten in Bildungsgängen, die für einen Hochschulbesuch qualifizieren sowie den daraus resultierenden niedrigen Quoten von Hochschulabsolventen anzusehen. Daneben ist aber auch eine Abwanderung Hochqualifizierter zu vermuten, weil diese Berufsgruppe besonders mobil ist und sich am überregionalen Arbeitsstellenangebot orientiert. Zu diesen Prozessen fehlen aber statistische Informationen. Im Ost-West-Vergleich ist vor allem der deutlich höhere Bevölkerungsanteil ohne Berufsabschluss in den westdeutschen Ländern auffällig.

Abbildung A1/1 Erwerbstätige (ohne Auszubildende) in Deutschland nach Tätigkeitsniveau in %

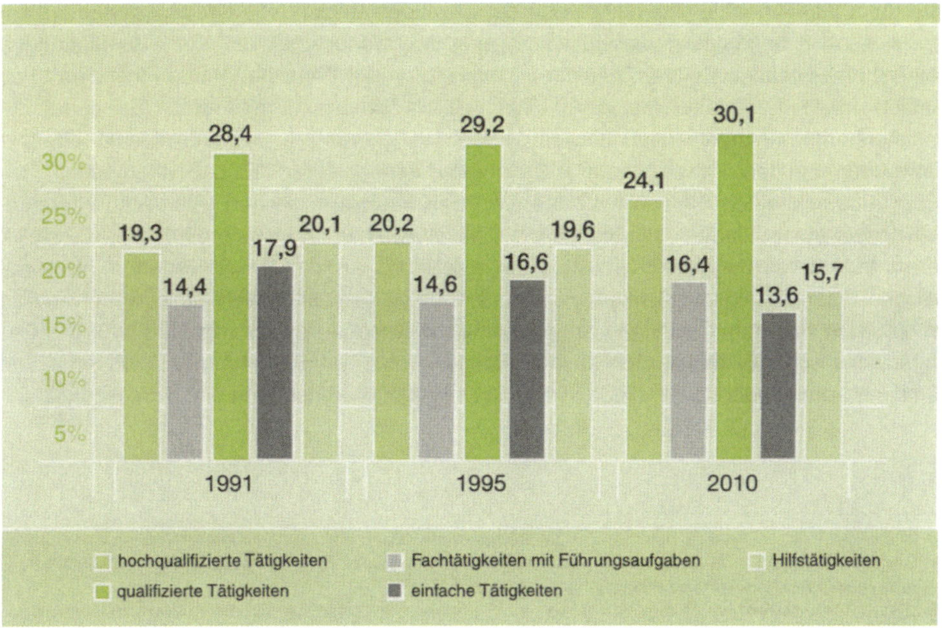

Quelle: Alexander Reinberg Markus Hummel: Steuert Deutschland langfristig auf einen Fachkräftemangel zu? In: IAB-Kurzbericht Nr. 9/2003, S. 3

Projektionen des Arbeitskräftebedarfs differenziert nach Qualifikationsniveau haben zum Ergebnis, dass hochqualifizierte Tätigkeiten zunehmen und einfache Fach- und Hilfstätigkeiten

13 OECD: Bildung auf einen Blick. OECD-Indikatoren 2002. Paris: 2002, S. 57.

weiter abnehmen werden (vgl. Abbildung A1/1). Auch in Zukunft werden die Erwerbstätigen ohne Berufsausbildung die größte Problemgruppe auf dem Arbeitsmarkt sein. Es ist anzunehmen, dass sie gegenwärtig immer noch etwa 15% der Erwerbsbevölkerung in den jüngeren Altersgruppen ausmachen. Günstig werden die Beschäftigungsaussichten von Absolventen des dualen Systems und mit Fachhochschulabschluss eingeschätzt. Für die Universitätsabsolventen werden sich ebenfalls die Arbeitsmarktsaussichten zunehmend günstiger entwickeln. Auch bei schwierigen Arbeitsmarktbedingungen haben sie in der Vergangenheit eine hohe Flexibilität bei der beruflichen Verwertung ihrer Abschlüsse bewiesen. Zu denken ist beispielsweise an die vielen Lehrer, die keine Anstellung im Schuldienst erhielten. Die Arbeitsmarktaussichten der Hochschulabsolventen werden noch durch zwei weitere Bedingungen begünstigt: Die Bildungsexpansion hat sich kaum bis zu den Hochschulabsolventen durchgesetzt. Der Anteil Hochqualifizierter unter der Altersgruppe der 25- bis 34-Jährigen stagniert. Zusätzlich ist längerfristig ein Rückgang der Bevölkerung in dieser Altersgruppe vorauszusehen. Dadurch ist in zehn Jahren mit einem Rückgang an hochqualifizierten Arbeitskräften zu rechnen. Eine dann entstehende Lücke an Fachkräften ist durch weiter abnehmende Jahrgangsbreiten der folgenden Jahrgänge kaum noch zu schließen[14].

A1.3 Wirtschaft und Finanzen

Inter- und intranationale Unterschiede in der Leistungsfähigkeit von Bildungssystemen lassen sich ohne angemessene Berücksichtigung ihrer wirtschaftlichen Kontextbedingungen keiner befriedigenden Erklärung zuführen. Indikatoren der Wirtschafts- und Finanzkraft von Gebietseinheiten verweisen auf deren Fähigkeit, „in Bildung zu investieren". Ein enger Zusammenhang zwischen wirtschaftlichem Wohlstand, gemessen am Bruttoinlandsprodukt je Einwohner, und den Aufwendungen je Bildungsteilnehmer ist für OECD-Staaten belegt[15]. In PISA 2000 schneiden Staaten mit höherem Pro-Kopf-Einkommen im Durchschnitt tendenziell besser ab als Staaten mit niedrigerem Volkseinkommen[16]. Im innerdeutschen Vergleich liefern Indikatoren der Wirtschafts- und Finanzkraft der Länder Hinweise darauf, inwieweit bei den Finanzierungsmöglichkeiten „Gleichwertigkeit der Lebensverhältnisse" verwirklicht ist. Zugleich sind damit wichtige sozioökonomische Kontextfaktoren erfasst, die für das Gelingen schulischer Bildungsprozesse in vielfältiger Weise von Bedeutung sind: als darin zum Ausdruck kommende Unterschiede in den Sozialisationsbedingungen und Arbeitsverhältnis-

14 Alexander Reinberg/Markus Hummel: Zur langfristigen Entwicklung des qualifikationsspezifischen Arbeitskräfteangebots und -bedarfs in Deutschland – Empirische Befunde und aktuelle Projektionsergebnisse. In: Mitteilungen aus der Arbeitsmarkt- und Berufsforschung 35, 2002, H. 4, S. 580-600.

15 Die Korrelationskoeffizienten liegen zwischen r = .85 (Primar- und Tertiärbereich) und .90 (Sekundarbereich) und kennzeichnen damit einen hohen Zusammenhang. Anzunehmen ist, dass wechselseitige Effekte zwischen ökonomischem Wohlstand und Bildungsaufwendungen bestehen.

16 Auch für die damit korrelierenden Aufwendungen je Schüler zeigt sich ein positiver Zusammenhang mit den durchschnittlichen Kompetenzniveaus. Geringere/höhere Ausgaben je Schüler sind jedoch nicht automatisch mit geringeren/höheren Schulleistungen gleichzusetzen. Es gibt Länder, die deutlich höhere oder niedrigere Durchschnittsergebnisse in PISA aufweisen als bei ihren Aufwendungen je Schüler eigentlich zu erwarten wäre (vgl. OECD: Lernen für das Leben. Erste Ergebnisse der internationalen Schulleistungsstudie PISA 2000. Paris: 2001, S. 106-109).

sen in der Schule, den Bildungsaspirationen sowie der Wertschätzung und Unterstützung schulischen Lernens durch die Elternhäuser[17].

A1.3.1 Wirtschaftskraft

Das *Bruttoinlandsprodukt* ist eine zentrale Kenngröße der Volkswirtschaftlichen Gesamtrechnung. Es gibt in zusammengefasster Form ein Bild der wirtschaftlichen Leistung einer Gebietseinheit in einer Periode. Das Bruttoinlandsprodukt misst den Wert der im Inland erzeugten Produkte und Leistungen – nach Abzug der Vorleistungen – zu Marktpreisen. Das *Bruttoinlandsprodukt je Einwohner* ist ein Indikator des wirtschaftlichen Wohlstands eines Landes[18].

Der Vergleich der Entwicklung des Bruttoinlandsprodukts einiger wichtiger Industrienationen zeigt (vgl. Abbildung A 1/2), dass Deutschland zwischen 1995 und 2002 mit einem Anstieg von 10,2% in Europa das Schlusslicht bildete. Der Abstand zu Großbritannien beträgt fast zehn, zu Frankreich über sieben Prozentpunkte. Eine Trendwende, die zu einer nachhaltigen Verbesserung der Beschäftigungslage und der Situation der öffentlichen Haushalte führen würde, ist nicht in Sicht.

Abbildung A1/2 Zu- bzw. Abnahme des (realen) Bruttoinlandsprodukts, 2002/1995 u. 2002/2001

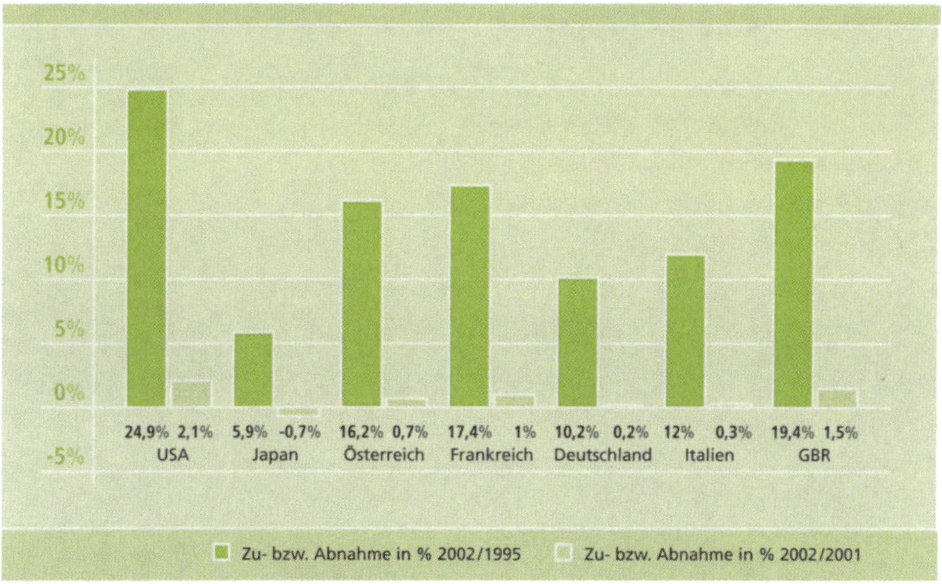

OECD: Main Economic Indicators. Paris: OECD 2003 (www.oecd.org/pdf/M00018000/ M00018516.pdf, Stand: August 2003).

17 Deutsches PISA-Konsortium (Hrsg.): PISA 2000 – Die Länder der Bundesrepublik Deutschland im Vergleich. Opladen: 2002.

18 Für die Interpretation des Bruttoinlandsprodukts und darauf basierender Indikatoren ist der Hinweis wichtig, dass darin nur die „offizielle" Wertschöpfung erfasst ist, nicht jedoch das Produktionsergebnis der Schattenwirtschaft, das – bei insgesamt steigender Tendenz – zwischen den Ländern im Umfang stark differieren dürfte. Schätzungen zufolge liegt der Anteil der schattenwirtschaftlichen Wertschöpfung in Deutschland mittlerweile bei ca. 16% des Bruttoinlandsprodukts; Mitte der 70er Jahre lag der Anteil lediglich bei 6% (vgl. Hans-Werner Sinn: Die Rote Laterne. In: Ifo Schnelldienst 23. 2003, S. 6).

Ein günstigeres Bild zeigt sich für Deutschland beim Bruttoinlandsprodukt je Einwohner (vgl. Abbildung A 1/3). Allerdings kam es in den 1990er-Jahren als Folge der Wiedervereinigung und des stärkeren Wirtschaftswachstums in anderen Ländern zu einer Positionsverschlechterung.

Abbildung A1/3 BIP pro Kopf (in US-Dollar, kaufkraftbereinigt)

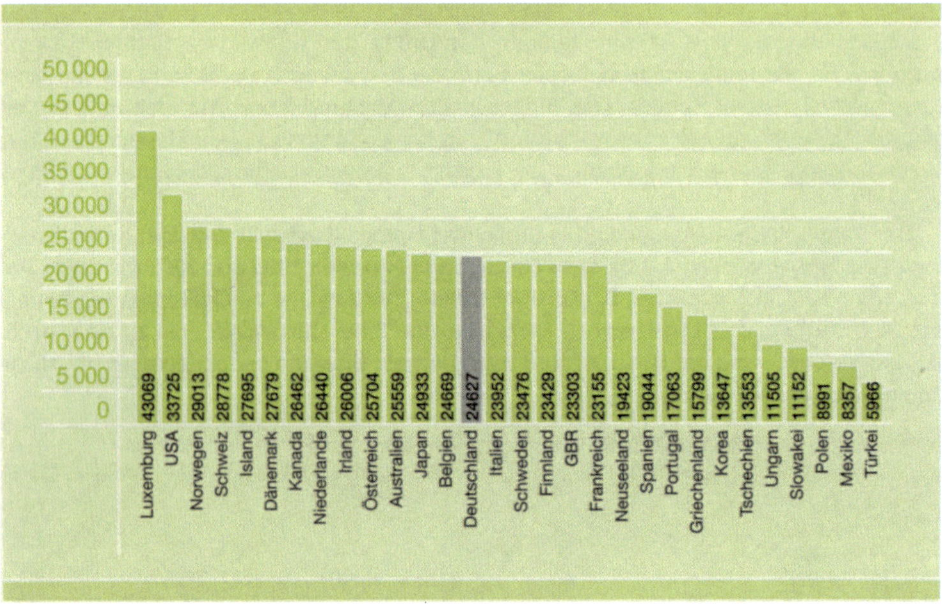

OECD: Bildung auf einen Blick. OECD-Indikatoren 2002. Paris: 2002

Abbildung A1/4 Bruttoinlandsprodukt nach Ländern, 2001

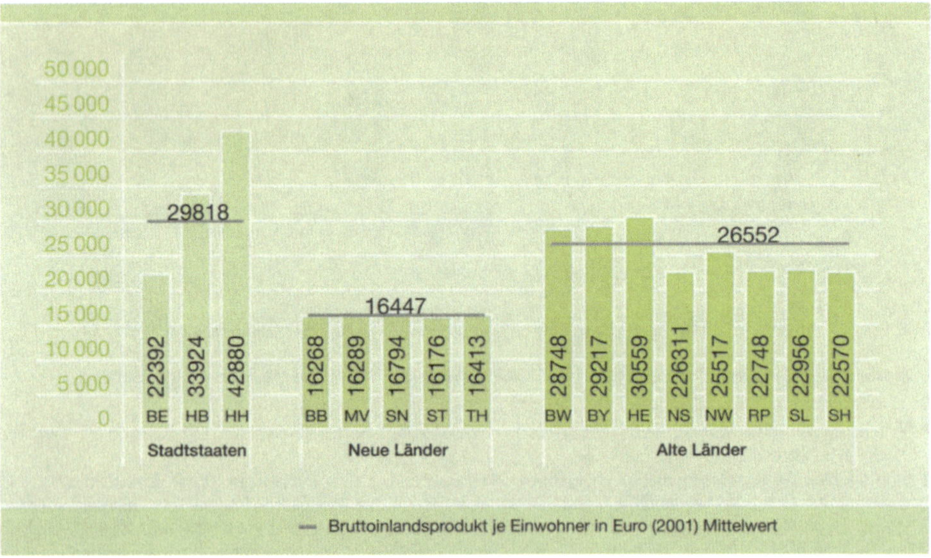

Quelle: Statistisches Bundesamt: Fachserie 14/Reihe 3.1 - Finanzen und Steuern - Rechnungsergebnisse des öffentlichen Gesamthaushalts. Stuttgart: 2002.

Auch innerhalb Deutschlands differieren Wirtschaftskraft und Wohlstand zwischen den Ländern beträchtlich (vgl. Abbildung A 1/4). Ins Auge fällt insbesondere das nach wie vor bestehende West-Ost-Gefälle: Mit knapp 26.600 Euro verfügten 2001 die alten Länder über ein durchschnittliches Bruttoinlandsprodukt je Einwohner, das um mehr als 60% das der neuen Länder übersteigt. Der über dem Bundesdurchschnitt liegende Wert der Stadtstaaten (29.818 Euro) hängt vor allem mit der Spitzenposition Hamburgs zusammen. Mit 42.880 Euro je Einwohner wird dort ein wirtschaftliches Wohlstandsniveau erreicht, das um 165% über dem Sachsen-Anhalts (16.176 Euro), dem bundesdeutschen Schlusslicht, und immerhin noch um fast 90% über dem Wert von Schleswig-Holstein (22.570 Euro), dem alten Bundesland mit dem niedrigsten Bruttoinlandsprodukt je Einwohner, liegt.

A1.3.2 Finanzkraft

Die im innerdeutschen Ländervergleich deutlich gewordenen Unterschiede in der wirtschaftlichen Leistungsfähigkeit der Länder korrespondieren mit entsprechenden Unterschieden in der Finanzkraft (vgl. Abbildung A1/5).

Im Jahr 2001 nahm Hamburg als wirtschaftsstärkster Standort je Einwohner mehr als 4.000 Euro an Steuern ein – fast doppelt so viel wie Thüringen (2.102 Euro) und Sachsen-Anhalt (2.149 Euro). Müssten die finanzschwachen Länder mit den ihnen zur Verfügung stehenden Steuereinnahmen auskommen, bliebe dies nicht ohne Auswirkungen insbesondere auf die Ressourcenausstattung ihrer Bildungssysteme. Das – 2001 durch das „Maßstäbegesetz“ auf eine neue Basis gestellte – Finanzausgleichssystem in Deutschland trägt den Disparitäten in der primären Finanzausstattung der Länder Rechnung und sorgt für eine Angleichung der für die Aufgabenerfüllung erforderlichen Mittel. Welche Bedeutung dem horizontalen und vertikalen Finanzausgleich zukommt, verdeutlicht in Abbildung A1/5 der Vergleich der Einnahmensituation der Länder vor und nach Erhalt von Bundesergänzungszahlungen und Transfers im Rahmen des Länderfinanzausgleichs. Schlusslicht Thüringen kann seine Einnahmen um 38% verbessern, die Pro-Kopf-Einnahmen erreichen 75% des Niveaus von Hamburg; real dürfte der Abstand wegen bestehender Kaufkraftunterschiede noch geringer ausfallen. Dass die Korrektur der Einnahmenverteilung nicht zuletzt dem Bildungsbereich zugute kommt, belegen etwa im Schulbereich die relativ geringen Unterschiede bei zentralen Parametern der Ressourcenausstattung[19].

19 Zu den Themen Schüler-Lehrer-Relation und Klassengröße: vgl. Kapitel B2.

Abbildung A1/5 Steuereinnahmen je Einwohner vor und nach Länderfinanzausgleich, 2001

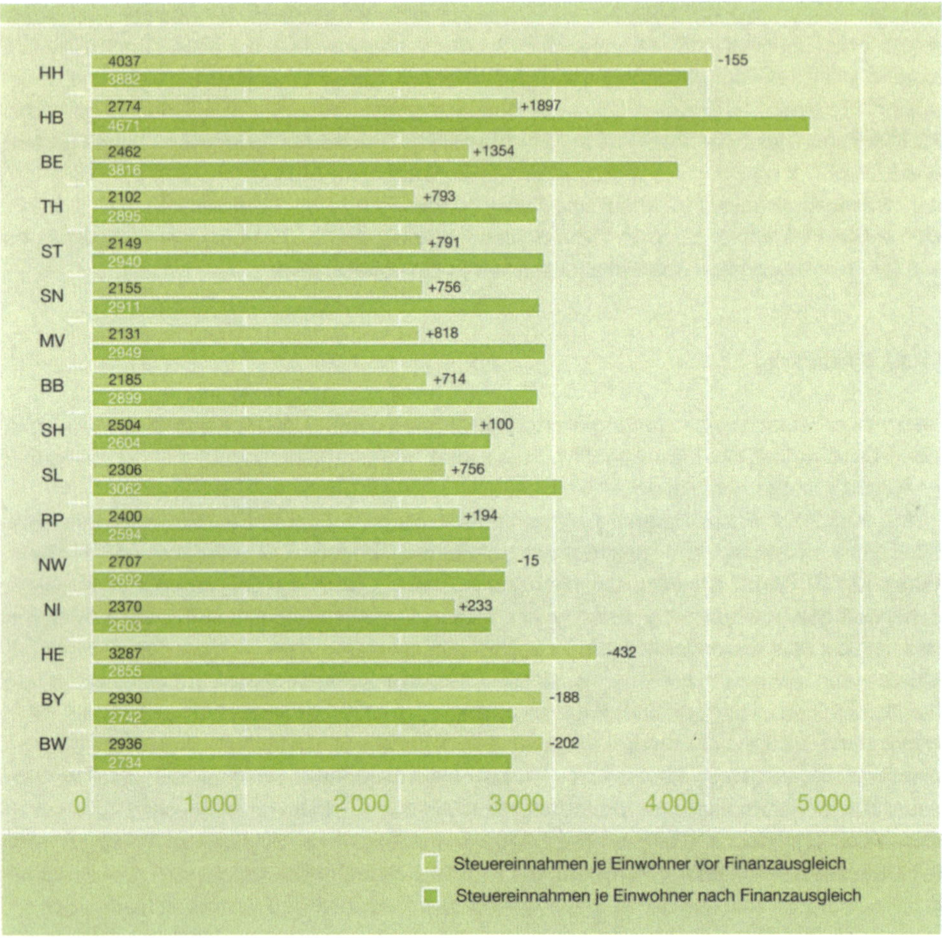

Quelle. Statistisches Bundesamt: Fachserie 14/Reihe 3.1 - Finanzen und Steuern - Rechnungsergebnisse des öffentlichen Gesamthaushalts. Stuttgart: 2002.

Haushaltsstruktur und -belastungen

Abbildung A1/6 zeigt die Anteile ausgewählter Ausgabenbereiche am staatlichen Gesamthaushalt. Die Soziale Sicherung stellt den mit Abstand gewichtigsten Ausgabenbereich dar. Mit einem Anteil von 56% wird der für Schulen, Hochschulen und das übrige Bildungswesen um das Sechsfache übertroffen. Ein anderes Bild der Haushaltsstruktur ergibt sich bei Betrachtung der einzelnen Gebietskörperschaften. Zum Ausdruck kommt darin die Kompetenz- und Lastenverteilung auf Bund, Länder und Gemeinden. Für die öffentliche Bildungsfinanzierung kommt den Ländern und Gemeinden zentrale Bedeutung zu (vgl. im Einzelnen Kapitel A2).

Abbildung A1/6 Anteile ausgewählter Aufgabenbereiche an den Gesamtausgaben der öffentlichen Haushalte. 1999

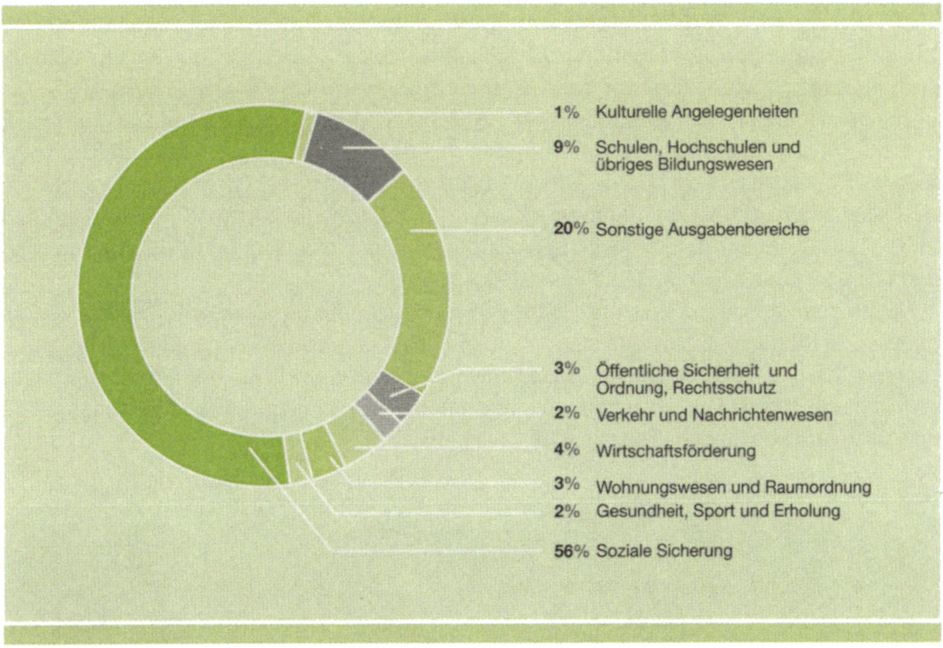

Quelle: Statistisches Bundesamt: Fachserie 14/Reihe 3.1 - Finanzen und Steuern - Rechnungsergebnisse des öffentlichen Gesamthaushalts. Stuttgart: 2002

Im Durchschnitt der Länder entfällt mehr als ein Viertel der Nettoausgaben von Land, Gemeinden und Zweckverbänden auf den Bildungsbereich (Schulen, Hochschulen, übriges Bildungswesen), knapp ein Fünftel wird für Soziale Sicherung aufgewendet und etwa jeder zehnte Euro für den Ausgabenbereich „Öffentliche Sicherheit und Ordnung, Rechtsschutz". Ungeachtet der Tatsache, dass die Länder die gleichen Aufgaben zu erfüllen haben, zeigen sich strukturelle Unterschiede in den Haushalten, die mit differenten politischen Prioritätensetzungen, vor allem aber mit unterschiedlichen Ausgabenverpflichtungen zusammenhängen. Ins Auge fallen dabei vor allem die beträchtlichen Unterschiede im Schuldenstand bzw. den Zins- und Tilgungszahlungen sowie den Ausgaben für Soziale Sicherung. Die Handlungsmöglichkeiten der Länder werden dadurch in höchst differenter Weise beeinträchtigt.

Schuldenstand, Aufwendungen für Soziale Sicherung, Zins- und Tilgungszahlungen

Unter den Flächenländern der ehemaligen Bundesrepublik reicht die Streubreite bei den *Schulden je Einwohner* von 2.500 Euro in Bayern bis 6.640 Euro im Saarland (vgl. Tabelle A1/7). Die besondere Problemlage der Stadtstaaten wird daran deutlich, dass ihr Schuldenstand pro Kopf mit 11.300 Euro mehr als doppelt so hoch ausfällt wie die durchschnittliche Pro-Kopf-Verschuldung der alten Länder (4.800 Euro). Auffallend ist weiterhin, dass innerhalb eines Jahrzehnts die neuen Länder eine durchschnittliche Verschuldung pro Kopf erreicht haben, die bereits das Durchschnittsniveau der alten Flächenländer um 10% übersteigt. Sachsen ist das einzige ostdeutsche Bundesland, das mit 3.550 Euro deutlich darunter liegt.

Die Unterschiede in der Verschuldung pro Kopf zwischen den Ländern führen zu entsprechenden Abweichungen bei dem für *Schuldendienste* (Zahlungen für Zinsen und Tilgung) aufzuwendenden Anteil an den Gesamtausgaben der Länder (vgl. Tabelle A1/7). In Bayern belaufen sich die Beträge, die für die Bedienung der Schulden aufzubringen sind, auf rund 5% der Gesamtausgaben, in durchschnittlich verschuldeten Flächenländern wie Niedersachsen, Hessen und Nordrhein-Westfalen auf 11% bis 14%. Mehr als ein Viertel des Gesamthaushalts entfällt im Saarland (27,0%), in Schleswig-Holstein (25,5%), Hamburg (26,5%) und Sachsen-Anhalt (30,5%) auf Zins- und Tilgungszahlungen. In Bremen werden dadurch sogar über 40% der Haushaltsmittel gebunden.

Neben dem Schuldendienst sind es die Aufwendungen für die *Soziale Sicherung,* die die Landes- und Kommunalhaushalte stark – und in höchst unterschiedlichem Maße – belasten. Betrugen 2001 die Ausgaben für Soziale Sicherung je Einwohner 430 Euro in Baden-Württemberg und 447 Euro in Bayern, so mussten die Stadtstaaten Beträge zwischen 1.100 und 1.300 Euro aufwenden (Tabelle A1/7).

Tabelle A1/7 Schuldenstand, Aufwendungen für Soziale Sicherung, Zins- und Tilgungszahlungen

	Schulden der öffentlichen Haushalte je Einw. in Euro (2001)	Ausgaben für Soziale Sicherung je Einwohner (2001)		Zins- und Tilgungszahlungen (2000)	
		je Einwohner	Anteil an den öffentlichen Gesamtausgaben	je Einwohner	Anteil an den öffentlichen Gesamtausgaben
Baden-Württemberg	3.712	430	11	484	11,3
Bayern	2.502	447	12	209	4,8
Berlin	11.339	1.284	30	1.316	19,8
Brandenburg	5.884	505	15	954	20,5
Bremen	13.476	1.133	26	2.815	40,3
Hamburg	10.276	1.173	22	1.493	26,5
Hessen	5.040	645	15	597	12,8
Mecklenburg-Vorpommern	5.770	597	18	686	14,4
Niedersachsen	5.635	587	18	443	11,1
Nordrhein-Westfalen	5.974	676	17	596	14,3
Rheinland-Pfalz	5.920	531	16	738	18,5
Saarland	6.641	628	21	1.159	27,0
Sachsen	3.553	538	18	346	8,0
Sachsen-Anhalt	6.774	621	19	1.444	30,4
Schleswig-Holstein	6.608	646	19	987	25,5
Thüringen	5.988	499	16	714	15,3
Deutschland	**5.353**	**609**	**16**	**632**	**14,7**
Alte Länder	4.819	564	15	521	12,3
Neue Länder	5.311	548	18	775	16,9
Stadtstaaten	11.268	1.234	27	1.527	24,0

Quelle: Statistisches Bundesamt: Fachserie 14/Reihe 3.1 - Finanzen und Steuern - Rechnungsergebnisse des öffentlichen Gesamthaushalts. Stuttgart: 2001; Statistisches Bundesamt: Statistisches Jahrbuch. Stuttgart: 2002

Entsprechend unterschiedlich fällt auch der Anteil des Sozialbudgets am Gesamthaushalt der Länder und Gemeinden aus. Während die mit sozialen Problemen stark belasteten Stadtstaaten 2001 im Durchschnitt mehr als ein Fünftel ihrer Finanzmittel für Soziale Sicherung aufwenden mussten, beansprucht der Sozialhaushalt in Baden-Württemberg und Bayern nur etwas mehr als zehn Prozent des Etats. Der geringe durchschnittliche Unterschied zwischen alten und neuen Ländern sollte nicht darüber hinwegtäuschen, dass das relative Volumen der insgesamt aufzuwendenden staatlichen Sozialtransfers in Ostdeutschland aufgrund der wesentlich höheren Arbeitslosigkeit deutlich über dem Westniveau liegt: Der Anteil der Bezieher von Arbeitslosengeld und -hilfe an allen Erwerbspersonen war zu Beginn des Jahres 2003 in Ostdeutschland mit 18,7% mehr als doppelt so hoch wie in Westdeutschland (7,8%).

Für das Bildungswesen ergibt sich aus der Bevölkerungsentwicklung ein Rückgang des Kapazitätsbedarfs, der als Chance zur Gestaltung der bildungspolitischen Entwicklung genutzt werden kann. Bezogen auf das Beschäftigungssystem ergibt sich die Aufgabe, bei einer zunächst stagnierenden und später rückläufigen Zahl von Absolventen des Bildungssystems über eine Verbesserung der Qualität der Ausbildung die Innovationsfähigkeit des Beschäftigungssystems zu sichern. Die zunehmende Multikulturalität der Gesellschaft stellt eine zusätzliche Herausforderung dar, die Integration der unterschiedlichen gesellschaftlichen Gruppen intensiver zu unterstützen.

Für das Bildungswesen entstehen durch die mittelfristig absehbaren veränderten Konstellationen am Arbeitsmarkt zusätzliche Qualifizierungsaufgaben: Der Anteil Unqualifizierter muss gesenkt werden, weil diese eine wichtige Problemgruppe des Arbeitsmarkts darstellen. Dies sehen auch die Benchmarks der EU vor. Unter den abnehmenden Absolventenjahrgängen der Zukunft ist ein zunehmender Anteil zu Hochschulabschlüssen zu führen, um dem steigenden Bedarf an hochqualifizierten Arbeitskräften zu entsprechen. Weiterbildung wird eine noch größere Bedeutung erhalten, damit Qualifikationsnachfrage und -angebot übereinstimmen.

Die künftig noch wachsende Bedeutung des Bildungswesens für die Sicherung des gesellschaftlichen Wohlstands sollte dazu beitragen, dessen Ausstattung mit öffentlichen Finanzmitteln zu verstärken. Die im innerdeutschen Ländervergleich deutlich gewordenen Disparitäten in den wirtschaftlichen Rahmenbedingungen nähren jedoch die Befürchtung, dass ein weiteres Auseinanderdriften nicht folgenlos für Qualität und Chancengleichheit bleiben wird. Als besonders Besorgnis erregend muss die Haushaltsschieflage angesehen werden, in die einige Länder geraten sind. Die weiterhin ungünstigen konjunkturellen Perspektiven dürften ihren Handlungsspielraum weiter einengen. Einige der als „Antwort auf PISA“ geplanten und zum Teil bereits eingeleiteten Reformmaßnahmen könnten dadurch beeinträchtigt werden.

A2 Bildungsausgaben

Die finanziellen Mittel, die in Deutschland jährlich für Bildungszwecke aufgebracht werden, sind erheblich: Einschließlich der Ausgaben für Forschung und Entwicklung wurden im Jahr 2000 von öffentlichen Haushalten für Bildung, Forschung und Wissenschaft 115,3 Mrd. Euro ausgegeben (ohne Ausgaben für Forschung und Entwicklung und für sonstige Bildungs- und Wissenschaftsinfrastruktur: 95,2 Mrd. Euro). Dieser an sich schon beachtliche Betrag – zum Vergleich: der Verteidigungshaushalt belief sich im gleichen Jahr auf etwa 25 Mrd. Euro – enthält all die Ausgaben noch nicht, die von Unternehmungen, von nichtöffentlichen Institutionen sowie von den Teilnehmern und deren Familien für Bildung erbracht wurden. Rechnungen, die die kaum erfassbaren Ausgaben für den Lebensunterhalt von Schülerinnen, Schülern und Studierenden außer Acht lassen, beziffern die öffentlichen und privaten Bildungsausgaben für 2000 auf 183,4 Mrd. Euro. Dies entsprach mit 9,1% nahezu einem Zehntel des Bruttoinlandsprodukts. Bildung, das zeigt die Größenordnung der Bildungsausgaben, hat ihren Preis. Die genauere Durchleuchtung dieses Preises geschieht im Folgenden so, dass zunächst genauer dargestellt wird, welche Ausgaben in Deutschland insgesamt für Bildung getätigt werden; daran schließt sich eine kurze Untersuchung der Frage an, wer diese Ausgaben aufbringt. In einem dritten Abschnitt wird dann betrachtet, wofür die Bildungsausgaben im Einzelnen aufgebracht werden. Abschließend werden die deutschen Bildungsausgaben mit denen anderer Länder verglichen.

A2.1 Einige Begriffsklärungen vorab

Zunächst muss geklärt werden, welche Bereiche von Bildung gemeint sind, wenn über ein Thema wie das der Bildungsausgaben gesprochen wird. Nach der in Deutschland derzeit gebräuchlichen Systematik setzt sich das Bildungsbudget aus den Ausgaben für öffentliche und private Kindergärten, Schulen und Hochschulen (ohne Forschungsausgaben), für die betriebliche Ausbildung im Rahmen des dualen Systems, für betriebliche Weiterbildung, für Unterrichtsverwaltung und für sonstige Bildungseinrichtungen (wie z.B. Einrichtungen der Jugendarbeit) und für die Förderung von Bildungsteilnehmern (wie z.B. im Rahmen des BAföG) zusammen. Dieses Bildungsbudget im engeren Sinne wird im Rahmen des Bildungsfinanzberichts, den die Bund-Länder-Kommission für Bildungsplanung und Forschungsförderung (BLK) jährlich veröffentlicht, um die Ausgaben für Forschung und Entwicklung im öffentlichen und im privaten Bereich sowie um die Ausgaben für die sonstige Bildungs- und Wissenschaftsinfrastruktur (wie z.B. für Museen) ergänzt. Die so insgesamt getätigten Ausgaben stellen das „Budget für Bildung, Forschung und Wissenschaft“ dar – unbeschadet der Frage, ob diese Ausgaben aus öffentlichen oder privaten Quellen stammen.

Der Begriff „Bildungsausgaben“ bedarf allerdings einer weiteren definitorischen Klärung: Unterschieden wird bei den Bildungsausgaben zwischen den Brutto- und den Nettoausgaben sowie den Grundmitteln. Bruttoausgaben sind alle Ausgaben, die im Zuge der Aufgabenerfüllung von einem Bereich des Haushalts einer Ebene (Bund, Länder, Gemeinden sowie Zweckverbände) insgesamt getätigt werden. Nettoausgaben stellen die um die Zahlungen aus Haushalten der gleichen oder anderer Ebenen (z.B. eines Landes an eine Kommune) verminderten Bruttoausgaben dar. Auf diese Weise werden „Doppelzählungen" vermieden, die sich zum Beispiel daraus ergeben könnten, dass im Schuletat eines Bundeslandes Schulbaumittel als Ausgaben ausgewiesen werden, die der Bezuschussung der Schulbaumaßnahmen einer Kommune dienen und die, da sie in den Haushalt dieser Kommune eingehen, dort noch einmal als Ausgaben erscheinen würden. Mit dem Begriff „Grundmittel" schließlich wird eine weitere Stufe der Ausdifferenzierung erreicht: Grundmittel sind die Nettoausgaben abzüglich der dem jeweiligen Aufgabenbereich zurechenbaren unmittelbaren Einnahmen.

Der Ausgabenbegriff bedarf aber noch einer weiteren Präzisierung: Während die Ausgaben für die Gehälter der im Bildungsbereich beschäftigten Beamten dem jeweiligen Bildungshaushalt unmittelbar zugeordnet werden, werden die Aufwendungen für Versorgungsleistungen (Pensionen) und Beihilfen der Beamten in einer von den einzelnen Bereichen losgelösten Oberfunktion für alle Beamten ausgewiesen. Daher ist eine Zuordnung der Versorgungsleistungen und Beihilfen für im Bildungsbereich aktuell oder ehemals Beschäftigte zu den Bildungsausgaben nicht möglich. Die Ausklammerung dieser Ausgaben produziert intern und erst recht bei internationalen Vergleichen erhebliche Verzerrungen, da die Ausgaben für die Renten- und die Krankenversicherung für im Bildungsbereich beschäftigte Arbeiter und Angestellte in die Personalausgaben des Bildungsbereichs einbezogen werden. Das führt dazu, dass ein Land mit einem im Vergleich zu einem anderen Land höheren Angestelltenanteil im Bildungsbereich gleichsam automatisch höhere Bildungsausgaben ausweist: Arbeitgeberanteile bei der Renten- und Krankenversicherung tauchen im Haushalt auf, Versorgungsleistungen für Beamte, die in eine Oberfunktion „ausgelagert" sind, erscheinen nicht. Um diese Verzerrung aufzuheben, ist die Bildungsfinanzberichterstattung der BLK für Bildungsplanung und Forschungsförderung neuerdings – auch in Anlehnung an internationale Gepflogenheiten – dazu übergegangen, die Personalausgaben für Beamte im Bildungsbereich durch „Zusetzungen" rechnerisch zu erhöhen: Diese Zusetzungen erhöhen die in die Personalausgaben des Haushalts einfließenden Gehaltsausgaben um einen Anteil an den Gehaltsausgaben, der an den Arbeitgeberbeiträgen zur Renten- und Krankenversicherung für Angestellte angelehnt ist.

Insgesamt lässt sich zu den im Folgenden präsentierten Daten zusammenfassend feststellen: Es werden – wo dies nicht eigens anders angekündigt wird – Bildungsausgaben als Grundmittel präsentiert, erhöht um die Zusetzungen für Versorgungs- und Beihilfeleistungen für Beamte. Bezug genommen wird dabei überwiegend auf die folgenden vier Quellen: auf den „Bildungsfinanzbericht", der jährlich von der BLK für Bildungsplanung und Forschungsförderung herausgegeben wird; auf die ebenfalls jährlich vom Statistischen Bundesamt vorgelegten „Rechnungsergebnisse der öffentlichen Haushalte für Bildung, Wissenschaft und Kultur"; auf die „Grund- und Strukturdaten", die das Bundesministerium für Bildung und Forschung jedes Jahr veröffentlicht, und auf die darin zusammengestellten Daten zum „Bildungsbudget"; und schließlich – soweit es um internationale Vergleiche geht – auf den Band „Bildung auf einen Blick – OECD Indikatoren", in dem die OECD im Jahresrhythmus unter anderem auch Informationen zu „Finanz- und Humanressourcen – Investitionen in die Bildung" zusammenträgt. Auch wenn sich aus den unterschiedlichen Definitionen und Abgrenzungen, die in diesen periodisch erscheinenden Publikationen verwendet werden, zahlreiche Schwierigkeiten ergeben, bietet die Zusammenschau dieser Quellen eine geeignete Grundlage für eine Analyse der Bildungsausgaben.

A2.2 Wie viel wird ausgegeben?

Das Budget für Bildung, Forschung und Wissenschaft lässt sich nach dem Durchführungs- und nach dem Finanzierungskonzept darstellen.

Die Darstellung nach dem Durchführungskonzept erfasst die für einzelne Bereiche des Bildungswesens getätigten Ausgaben unabhängig von der Frage, aus welchen (öffentlichen und privaten) Quellen diese Ausgaben finanziert werden; die Darstellung nach dem Finanzierungskonzept stellt die für die einzelnen Bereiche getätigten Bildungsausgaben so dar, dass die Finanzierungsquellen deutlich werden.

Vereinfacht gesagt, orientiert sich das Durchführungskonzept an der Frage „Was kommt in den einzelnen Bereichen des Bildungssystems an?“, während sich das Finanzierungskonzept an der Frage „Wo kommt das Geld, das den einzelnen Bereichen zur Verfügung steht, her?“ ausrichtet. Im Folgenden sollen zunächst die Bildungsausgaben nach dem Durchführungskonzept betrachtet werden.

2000 wurden für Deutschland insgesamt im Budget für Bildung, Forschung und Wissenschaft 183,4 Mrd. Euro ausgewiesen. Diese gemessenen und ausgewiesenen Ausgaben, die alle Quellen – private wie öffentliche – umfassen, enthalten allerdings nicht alle tatsächlich getätigten Ausgaben, zum Teil deshalb nicht, weil sie nicht gemessen werden, obwohl sie im Prinzip messbar wären, zum Teil aber auch deshalb nicht, weil es kein hinlänglich verlässliches Verfahren zur Erhebung eines Teils dieser Ausgaben gibt. Nicht enthalten sind in diesem Budget all die Ausgaben, die die Teilnahme an Bildungsprozessen erst möglich machen: die Ausgaben für den Lebensunterhalt während der Teilhabe an institutionalisierter Bildung – mit Ausnahme der Ausgaben, die im Rahmen der Vergabe von Förderungsgeldern (Schüler- und Studentenförderung) geleistet werden. Auch der wachsende Bereich der durch Spenden den Bildungseinrichtungen zufließenden Mittel ist in das so im Folgenden vorgestellte Bildungsbudget nicht aufgenommen. Schon gar nicht berücksichtigt ist dabei der Einkommensverlust, der für die Teilnehmer am Bildungssystem nach dem Ende der Schulpflichtzeit in Folge der Teilnahme an institutionalisierter Bildung entsteht. Nach diesen einschränkenden Hinweisen kann die Struktur des Budgets für Bildung, Forschung und Wissenschaft differenzierter betrachtet werden (vgl. Tabelle A2/1)[1].

Von den gesamten Ausgaben dieses Budgets in Höhe von 183,4 Mrd. Euro entfielen im Bezugsjahr (2000) mit 128,5 Mrd. Euro 70,1% auf das Bildungsbudget im engeren Sinne, das Ausgaben für Forschung und Entwicklung und Museen und Bibliotheken nicht umfasst. Von diesem Bildungsbudget wurden für den öffentlichen und privaten Vorschulbereich sowie für die Schulen und Hochschulen zusammen 78,3 Mrd. Euro, das entsprach 61% des Bildungsbudgets im engeren Sinn, ausgegeben. Dazu kamen 13,9 Mrd. Euro (10,8% dieses Bildungsbudgets) für die betriebliche Ausbildung, 9,3 Mrd. Euro (7,2% des Bildungsbudgets) für die betriebliche Weiterbildung und 9,6 Mrd. Euro (7,5% des Bildungsbudgets) für die Unterrichtsverwaltung sowie sonstige Bildungseinrichtungen (wie z.B. die der außerschulischen Jugendbildung oder für die Volkshochschulen und für Einrichtungen der politischen Bildung).

Zu diesen Ausgaben, die sich auf die Finanzierung des Bildungsprozesses beziehen, kommen weitere Ausgaben für die Förderung der Teilnehmer an diesem Prozess in Höhe von 12,6 Mrd. Euro (9,9% des Bildungsbudgets im engeren Sinn). Diese Förderungsausgaben setzen sich aus drei verschiedenen Förderungsformen zusammen: aus den „klassi-

1 Die ausführliche Aufstellung findet sich in den Tabellen A2/2 und A2/3 im Anhang.

schen" Förderungen wie zum Beispiel der Ausbildungsförderung (nach dem Bundesausbildungsförderungsgesetz), aus den Förderungsausgaben der Bundesanstalt für Arbeit, die während der Teilnahme an bestimmten Programmen insbesondere der beruflichen Bildung gewährt werden, sowie aus den Ausgaben, die in Form von Kindergeld wegen der Teilnahme an Bildung nach dem Erreichen des 18. Lebensjahres geleistet werden.

Tabelle A2/1 Budget für Bildung, Forschung und Wissenschaft – 2000 (Gesamtübersicht)

		Ausgaben der finanzierenden Bereiche in Mrd. Euro										
		Ausgaben des Staates										
						in %						
	Bereich	Bund	Länder	Gemeinden	zusammen	von insgesamt	des Bildungsbudgets	des BIP	Private	Ausland	gesamte Volkswirtschaft	Anteil des Staates am Budget
A	Ausgaben für den Bildungsprozess											
10	Öffentliche Vorschulen, Schulen, Hochschulen	1,1	54,0	10,0	65,1	56,5	68,4	3,2	2,2	0,0	67,3	96,7
20	Private Vorschulen, Schulen, Hochschulen	0,0	3,4	3,6	7,0	6,1	7,4	0,3	4,0	0,0	11,0	63,6
10+20	Öffentliche und private Vorschulen, Schulen, Hochschulen	1,1	57,4	13,6	72,1	62,5	75,7	3,6	6,2	0,0	78,3	92,1
30	Betriebliche Ausbildung im Rahmen der dualen Bildung	0,1	0,4	0,5	1,0	0,9	1,1	0,0	12,9	0,0	13,9	7,2
40	Betriebliche Weiterbildung der Unternehmen, privaten Organisationen ohne Erwerbszweck, Gebietskörperschaften	0,2	0,7	0,5	1,4	1,2	1,5	0,1	7,9	0,0	9,3	15,1
50	Sonstige Bildungseinrichtungen	6,2	1,8	1,3	9,3	8,1	9,8	0,5	0,3	0,0	9,6	96,9
60	Ausgaben von Schülern und Studierenden für Nachhilfe, Lernmittel und dergleichen	0,0	0,0	0,0	0,0	0,0	0,0	0,0	4,6	0,0	4,6	0,0
70	Ausgaben für den Bildungsprozess insgesamt	7,7	60,4	15,8	83,9	72,8	88,1	4,2	32,0	0,0	115,9	72,4
B	Förderung von Bildungsteilnehmern											
10	Bildungsförderung durch Gebietskörperschaften	0,7	1,1	1,3	3,0	2,6	3,2	0,1	1,3	0,0	4,3	69,8
20	Förderung von Bildungsteilnehmern durch die Bundesanstalt für Arbeit	5,2	0,0	0,0	5,2	4,5	5,5	0,3	0,0	0,0	5,2	100,0
40	Förderung von Bildungsteilnehmern insgesamt	7,2	2,4	1,7	11,3	9,8	11,9	0,6	1,3	0,0	12,6	89,7
A-B	**Bildungsbudget im engeren Sinn**	**14,9**	**62,7**	**17,9**	**95,2**	**82,6**	**100,0**	**4,7**	**33,3**	**0,0**	**128,5**	**74,1**
A-B	prozentuale Aufteilung der Ausgaben des Staates	15,7	65,9	18,8	100,0							
C 10	Ausgaben für Forschung und Entwicklung	7,7	8,1	0,1	15,9	13,8		0,8	33,6	1,1	50,6	31,4
D 20	Sonstige Bildungs- und Wissenschaftsinfrastruktur	1,3	1,4	1,5	4,2	3,6		0,2	0,1	0,0	4,3	97,7
A-D	**Ausgaben für Bildung, Forschung und Wissenschaft zusammen**	23,8	72,3	19,1	115,3	100,0		5,7	67,0	1,1	183,4	62,9
A-D	prozentuale Aufteilung der Ausgaben des Staates	20,6	62,7	16,6	100,0							

Quelle: Tabelle A2/3 (Anhang).

In dem Differenzbetrag zwischen dem Bildungsbudget im engeren Sinne und dem Budget für Bildung, Forschung und Wissenschaft sind unter anderem auch die aus den Hochschuletats herausgerechneten Ausgaben für Hochschulforschung enthalten (abweichend von der bei der OECD gebräuchlichen Version des Bildungsbudgets, in dem die Ausgaben für die Hochschulforschung dem Bildungsbudget zugerechnet werden).

Betrachtet man die grobe Struktur der öffentlichen und privaten Bildungsausgaben und beschränkt sich dabei auf das Bildungsbudget im engeren Sinne, so wird deutlich, dass nahezu zwei Drittel des Bildungsbudgets auf die Bereiche der vorschulischen Bildung, auf die Schulen und auf die Hochschulen entfallen. Innerhalb dieses Blocks nimmt der Bereich der allgemein bildenden und berufsbildenden Schulen mit 55,6 Mrd. Euro eine Spitzenposition ein, gefolgt von dem der Hochschulen mit 11,5 Mrd. Euro und dem der vorschulischen Erziehung mit 11,3 Mrd. Euro.

Wenn man das Gewicht, das eine Gesellschaft durch ihre Ausgabenpolitik dem Aufgabenbereich „Bildung" gibt, messen will, so greift man in der Regel auf die Berechnung des Anteils der Bildungsausgaben am Bruttoinlandsprodukt dieser Gesellschaft zurück, also des Anteils, den die Bildungsausgaben an der Summe aller in einer Volkswirtschaft produzierten und zu Marktpreisen bewerteten Waren und Dienstleistungen haben. Dieser Indikator für die Bedeutung der Bildungsausgaben beträgt bei den öffentlichen und privaten Bildungsausgaben, soweit letztere gemessen werden, 2000 in Deutschland beim Budget für Bildung, Forschung und Wissenschaft 9,1%, beim Bildungsbudget im engeren Sinne 6,3%[2].

A2.3 Wer finanziert die Bildungsausgaben?

Neben der im vorangehenden Abschnitt vorgeführten Betrachtung nach dem Durchführungskonzept steht die nach dem Finanzierungskonzept. Bei der damit eingenommenen Perspektive wird danach gefragt, woher das ausgegebene Geld stammt. Dabei wird prinzipiell zwischen öffentlichen und privaten Quellen unterschieden. Die öffentlichen Bildungsausgaben werden vom Bund, von den Ländern sowie von den Gemeinden (einschließlich der Gemeindeverbände und der Zweckverbände) getragen. Die privaten Bildungsausgaben werden im Wesentlichen von den privaten Haushalten, von den Unternehmen, den Kirchen, den Wohlfahrtsverbänden und den Gewerkschaften aufgebracht. Bezogen auf das gesamte Budget für Bildung, Forschung und Wissenschaft beträgt der öffentliche Anteil im Bezugsjahr 2000 an allen erfassten Ausgaben mit 62,9% nahezu zwei Drittel, bezogen auf das Bildungsbudget im engeren Sinne liegt dieser Anteil mit 74,1% bei drei Viertel des jeweiligen Ausgabenbudgets (vgl. Tabelle A2/1)[3]. Innerhalb dieser Budgets leisten die Länder den mit Abstand gewichtigsten Teil der öffentlichen Bildungsausgaben. Beim Bildungsbudget im engeren Sinne drückt sich die zentrale Bedeutung der Länder in ihrem Anteilswert von 65,9% deutlich aus. Hier folgen den Ländern die Gemeinden mit 18,8%; das Schlusslicht bildet hier der Bund mit 15,7%.

Der nichtöffentliche Teil – bei dem im Folgenden auf die insgesamt geringen aus dem Ausland aufgebrachten Ausgaben nicht weiter eingegangen wird – ist in den einzelnen Bereichen des Bildungswesens sehr unterschiedlich stark präsent. Betrachtet man die in Tabelle A2/1 zusammengefassten Aufgabenbereiche, so wird deutlich, dass der Bereich der Schul- und Hochschulbildung, unabhängig davon, ob er öffentlich oder privat getragen wird, zu deutlich mehr als 90% öffentlich finanziert wird. Erkennbar abgeschwächt ist das öffentliche Engagement im vorschulischen Bereich: Hier finanzieren Bund, Länder und Gemeinden nur 63,2%. Die private Finanzierung erfolgt hier zum Teil durch die Träger, zum Teil etwa im Kindergartenbereich durch Elternbeiträge. Besonders niedrig ist der staatliche Finanzierungsanteil mit 7,2% im Bereich des nichtschulischen Teils der dualen Ausbildung. Der hohe

2 Vgl. Tabelle A2/2 im Anhang.
3 Zu den Zahlenangaben im Detail vgl. auch Tabelle A2/3 im Anhang.

Anteil privater Finanzierung erklärt sich in diesem Bereich aus der Struktur der dualen Ausbildung, in der der schulische Teil in der Regel öffentlich, der betriebliche Teil dagegen privat getragen und finanziert wird. Dass hier überhaupt größere öffentliche Ausgaben zu verzeichnen sind, liegt daran, dass Bund, Länder und Gemeinden ihrerseits als Ausbilder auftreten und in dem Rahmen dann auch ihren betrieblichen Teil finanzieren. Ebenfalls niedrig ist mit 15,1% der öffentliche Finanzierungsanteil an der betrieblichen Weiterbildung, die vorwiegend durch Unternehmen, private Organisationen und Gebietskörperschaften getragen wird. Ursache dafür sind zum einen die Teilnehmerbeiträge, die im Bereich der Weiterbildung vielfach entrichtet werden müssen, zum anderen aber auch die Tatsache, dass diese Weiterbildung von Unternehmungen im eigenen Interesse getragen wird. Außerhalb des Bildungsbudgets im engeren Sinne engagiert sich der Staat – wie nicht anders erwartbar – mit zwischen 85 und 100% stark im Feld der Hochschulforschung und der Forschung in staatlichen und privaten, aber nicht auf Erwerbszwecke ausgerichteten Forschungseinrichtungen, mit weniger als 10% dagegen nur schwach im Bereich von Forschung in den Unternehmen.

Dieser knappe Überblick über den nichtöffentlich getragenen Teil der Bildungsausgaben macht implizit darauf aufmerksam, dass es bei der Finanzierung der Bildungsausgaben im Bereich der Erhebung von Gebühren, Beiträgen und Schulgeld bei den Bildungsteilnehmern in Deutschland eine Mischung von Gebühren- bzw. Beitragspflicht und Gebühren- bzw. Beitragsfreiheit gibt: Sieht man von ersten Ansätzen zur Einführung von Studiengebühren durch Einschreibgebühren und durch Gebühren für „Langzeitstudierende“ in einzelnen Bundesländern ab, so sind die allgemeine Schul- und Hochschulbildung und der schulische Teil der Ausbildung im dualen System gebührenfrei. In einem auffallenden Kontrast dazu ist Gebührenpflichtigkeit außerhalb dieser Bereiche weit verbreitet: Bei den Tageseinrichtungen für Kinder leisten Eltern in allen Bundesländern – wenn auch in sehr unterschiedlicher Höhe und sozial gestaffelt – durch Gebühren Beiträge zur Finanzierung dieser Einrichtungen. Im Bereich der beruflichen Erstausbildung befindet sich ein beachtlicher Teil der vollzeitschulischen berufsqualifizierenden Ausbildungsangebote (Berufsfachschulen und Schulen des Gesundheitswesens) in privater Trägerschaft. An vielen dieser Einrichtungen werden Schulgebühren erhoben. Auch bei der beruflichen Weiterbildung sind Gebühren eher die Regel als die Ausnahme. Diese Mischung zwischen Gebührenpflicht und -freiheit ist systematisch kaum begründbar, sondern überwiegend historisch gewachsen oder politisch begründet, wie sich an der Debatte um Studiengebühren zeigt.

So wie das Gewicht der Bildungsausgaben, die in einem Land insgesamt getätigt werden, durch ihren Anteil am Bruttoinlandsprodukt gemessen wird, so erfolgt dies auch für die öffentlich geleisteten Bildungsausgaben. Beim Budget für Bildung, Forschung und Wissenschaft insgesamt beträgt dieser Anteil 5,7% (innerhalb des Anteils der gemessenen öffentlichen und privaten Ausgaben von 9,1%), beim Bildungsbudget im engeren Sinne liegt er bei 4,7% (innerhalb eines Anteils der gesamten Ausgaben von 6,3%). Um verfolgen zu können, wie sich die Bedeutung öffentlicher Bildungsausgaben innerhalb Deutschlands im Verlauf der vergangenen Jahre entwickelt hat, müsste man auf die Entwicklung des Indikators „Bildungsausgaben in Prozent des Bruttoinlandsprodukts“ zurückgreifen können. Dies ist aber nur in sehr eingeschränkter Weise für längere Zeitreihen möglich, da sich im Verlauf der Jahre die Definition des Bildungsbudgets, also die Bestimmung der Ausgaben, die zum Bildungsbudget im engeren Sinne zu zählen sind, ebenso wie die Darstellung dieser Ausgaben gewandelt haben. Geändert haben sich in der in Tabelle A2/1 verwendeten Erfassung gegenüber den Erfassungen früherer Jahre bei den öffentlichen Ausgaben insbesondere die folgenden Elemente: Neu aufgenommen wurden rechnerische Zusetzungen, die bei den Personalausgaben für Versorgungsleistungen und Beihilfe vorgenommen wurden, und des Weiteren im Bereich der Förderung von Bildungsteilnehmern die Ausgaben, die die Bundesanstalt für Arbeit an Bildungsteilnehmer leistet, und die Kindergeldzahlungen, die an über 18-Jährige infolge ihrer Teilnahme an Bildung und Weiterbildung geleistet werden. Ausgegliedert wurden dagegen die Ausgaben des Staates für hochschulinterne Forschung.

Um nun gleichwohl längerfristige Entwicklungen verfolgen zu können, werden im Folgenden die Anteile der Bildungsausgaben am Bruttoinlandsprodukt auf der Basis der älteren Definition des Bildungsbudgets und der älteren Fassung der Personalausgaben verwendet. Der für 2000 in Tabelle A2/1 mitgeteilte Anteil der öffentlichen Bildungsausgaben am Bruttoinlandsprodukt in Höhe von 4,7% reduziert sich bei der gewandelten Definition und Zählweise auf 3,95%[4]. Die auf der Grundlage der älteren Definition und Erfassung der Bildungsausgaben im Folgenden analysierte Zeitreihe ist also nur unter der – allerdings plausiblen – Annahme aussagekräftig, dass sich bei den neu hinzugenommenen ebenso wie bei den neuerdings ausgegrenzten Ausgaben keine gegenüber den anderen Ausgabengruppen atypischen Entwicklungen vollzogen haben.

Betrachtet man nun die Entwicklung des Gewichts der Bildungsausgaben im früheren Bundesgebiet (bis 1990) und danach im vereinigten Deutschland, so zeigt sich, dass der Anteil der Bildungsausgaben am Bruttoinlandsprodukt von 1975 an (damals hatte dieser Anteil mit 5,1% seinen höchsten Stand im Nachkriegsdeutschland erreicht) deutlich abgesunken ist – auf nur noch 3,7% im Jahr 1990. Im vereinigten Deutschland kam es dann zunächst zu einem Wiederanstieg des Anteils bis auf 4,2% im Jahr 1995. Verursacht wurde dieser Wiederanstieg insbesondere durch steigende Bildungsausgaben, die in den neuen Ländern für den Schul- und Hochschulbereich sowie für Weiterbildungsmaßnahmen getätigt wurden. Seit 1996 sinkt der Anteil der Bildungsausgaben am Bruttoinlandsprodukt jedoch wieder kontinuierlich ab. Zur Beurteilung dieser Veränderungen bei den Anteilsquoten muss man sich vergegenwärtigen, dass – bezogen auf das Bruttoinlandsprodukt des Jahres 2000 – ein Prozentpunkt etwa 20 Mrd. Euro entspricht.

Die reduzierte Bedeutung der finanziellen Ausstattung des Bildungssystems, die in dem gesunkenen Anteil der Bildungsausgaben am Bruttoinlandsprodukt zum Ausdruck kommt, hat die einzelnen Bereiche des Bildungswesens unterschiedlich stark berührt. Für den Schulbereich insgesamt gilt, dass sich die Ausgaben je Schüler im Zeitraum von 1975 bis zum Beginn der neunziger Jahre erhöht haben. Dies erklärt sich insbesondere daraus, dass der Rückgang der Schülerzahlen, der die Schulentwicklung Westdeutschlands jahrelang geprägt hat, nicht zu einem entsprechenden Stellenabbau, sondern zu einer Verbesserung der Stellenausstattung der Schulen und damit zu einer Verkleinerung der Klassenfrequenzen geführt hat. Dieser Trend hat sich in den alten Ländern erst im Laufe der 1990er-Jahre umgekehrt.

Anders verlief die Entwicklung im Hochschulbereich: Die Ausgaben je Studierenden sanken von 1975 bis zum Ende der achtziger Jahre kontinuierlich: in Preisen von 1975 von 6.750 Euro auf nur noch 4.600 Euro. Überwiegend infolge der höheren Ausgaben in den neuen Ländern ist für die Jahre ab 1990 ein leichter Anstieg der realen Ausgaben – wiederum in Preisen des Jahres 1975 – auf 4.900 Euro (1998) zu beobachten.

4 Vgl. Tabelle A2/4 im Anhang.

A2.4 Wofür werden die öffentlichen Bildungsausgaben eingesetzt?

Ein neuerlicher Blick auf die Werte der Tabelle A2/1 zeigt, in welche Bereiche des Bildungswesens die öffentlich bereitgestellten Bildungsausgaben fließen. Vom gesamten öffentlichen Budget für Bildung, Forschung und Wissenschaft in Höhe von 115,3 Mrd. Euro gehen 82,6%, also 95,2 Mrd. Euro, in das Bildungsbudget im engeren Sinne. Wenn man die Aufteilung dieses Bildungsbudgets auf die einzelnen Bereiche betrachtet, wenn man also die 95,2 Mrd. Euro gleich 100% setzt, so ergibt sich das folgende Verteilungsmuster: Die Bereiche der vorschulischen Erziehung, der allgemein bildenden und berufsbildenden Schulen und der Hochschulen (ohne Hochschulforschung) erhalten gemeinsam mit 75,7% der Mittel mehr als drei Viertel des öffentlich getragenen Bildungsbudgets. In der Reihenfolge ihres „Ausgabengewichts" folgen mit 11,9% die Bereiche „Förderung" (u.a. nach dem Bundesausbildungsförderungsgesetz), „Sonstige Bildungseinrichtungen" (9,8%), „Betriebliche Weiterbildung der Unternehmen, privaten Organisationen ohne Erwerbszweck, Gebietskörperschaften" (1,5%) sowie „Betriebliche Ausbildung im Rahmen der dualen Ausbildung" (1,1%). Eine genauere Betrachtung des Ausgabenblocks für die öffentlichen und privaten Vorschulen, Schulen und Hochschulen zeigt, dass hier die allgemein bildenden und beruflichen Schulen zusammen die Spitzenposition einnehmen, gefolgt von den Hochschulen und der vorschulischen Erziehung.

Diese Gewichtsverteilung veranlasst, die Ausgabenbereiche „Schule", „Hochschule" und „Vorschulische Erziehung" noch einmal genauer zu betrachten: Abbildung A2/1[5] weist für den Bereich der Schulen aus, dass in Deutschland insgesamt im Jahr 2000 ein Schulplatz im öffentlichen Schulwesen öffentliche Ausgaben in Höhe von 4.300 Euro verursachte. Dieser Betrag teilte sich folgendermaßen auf: Personal 3.600 Euro, laufender Sachaufwand und Investitionen 400 bzw. 300 Euro. Ein länderspezifischer Vergleich dieser Ausgaben je Schulplatz macht auf beachtliche Unterschiede aufmerksam: Die Ausgaben differieren zwischen den Stadtstaaten (Durchschnitt: 4.400 Euro), den Flächenstaaten der alten Länder (Durchschnitt: 4.300 Euro) und denen der neuen Länder (Durchschnitt: 4.000 Euro). Die Unterschiede zwischen den Flächenstaaten der neuen und alten Länder erklären sich überwiegend aus den nach wie vor unterschiedlichen Lehrergehältern. Die Schülerplatzausgaben weichen aber auch zwischen den einzelnen alten Ländern – selbst bei Außerachtlassung der Stadtstaaten – stark voneinander ab: Baden-Württemberg und Bayern belegen mit 4.500 Euro den Spitzenplatz, Nordrhein-Westfalen, Rheinland-Pfalz und das Saarland bilden mit 4.200 Euro die Schlusslichter. Die im Vergleich der neuen Länder hohen Werte von Sachsen-Anhalt (4.300 Euro) und Thüringen (4.400 Euro) erklären sich durch die dort einbezogenen Kosten für die Horte.

Stärker noch weichen die Schulausgaben je Schulplatz voneinander ab, wenn man die Ausgaben für die Plätze in den einzelnen Schulformen vergleicht (vgl. Abbildung A2/1)[6]: Je öffentlichen Schulplatz werden im allgemein bildenden Schulsystem 4.600 Euro, in den beruflichen Schulen 3.200 Euro öffentlicher Mittel ausgegeben. Innerhalb der allgemein bildenden Schulen öffnet sich dabei eine Spannweite von 3.600 Euro bei den Grundschulen bis zu 10.900 Euro bei den Sonderschulen. Auffallend dabei ist, dass die Ausgaben für die Primarstufe am geringsten sind, dass danach die Ausgaben für die Schulen der Sekundar-

5 Vgl. auch die Tabellen A2/5 und A2/6 im Anhang.
6 Vgl. auch die Tabellen A2/5, A2/6 und A2/7 im Anhang.

stufe I (Hauptschulen, Realschulen) folgen und dass die Schulen mit Angeboten auch in der allgemein bildenden Sekundarstufe II (Gymnasien, Gesamtschulen) – sieht man von den Sonderschulen mit ihren besonders personalintensiven Aufgaben ab – die meisten Ausgaben erhalten. Auch innerhalb der beruflichen Schulen lässt sich eine bemerkenswerte Spannbreite zwischen den unterschiedlichen Schulformen (wie auch zwischen den Ländern) feststellen: Sie reicht (1999) im vollzeitschulischen Bereich von 4.397 Euro in der Fachoberschule bis hin zu 5.675 Euro in den Berufsfachschulen. Die je Schüler niedrigeren Ausgaben für die Berufsschule (2.096 Euro) erklären sich daraus, dass sich dort infolge des Teilzeitcharakters dieser Schulen mehrere Schüler einen Schülerplatz teilen.

Abbildung A2/1 Öffentliche Ausgaben je Schüler in Euro (Deutschland insgesamt)

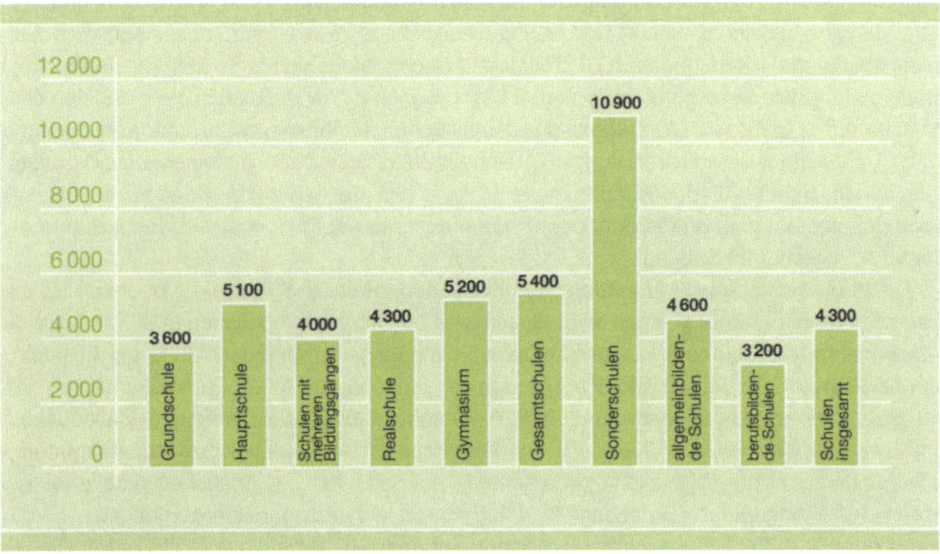

Quelle: siehe Tabelle A2/6 und A2/7 im Anhang

Bei den Hochschulausgaben finden sich bei der Höhe der öffentlichen Ausgaben ebenfalls beachtliche Unterschiede zwischen den Ländern: In Deutschland werden je Jahr (2000) für einen Studienplatz im gemeinsamen Durchschnitt aller Hochschultypen 7.280 Euro öffentlicher Mittel verausgabt[7]. Die Unterschiede zwischen den Flächenländern der alten Länder (7.010 Euro) sowie den Stadtstaaten (7.620 Euro je Platz) auf der einen und den neuen Ländern (8.610 Euro je Platz) auf der anderen Seite erklären sich überwiegend daraus, dass in den neuen Ländern die Zahl der Studierenden je Stelle deutlich geringer als in den Flächenstaaten der alten Länder ist. Die Unterschiede zwischen diesen Flächenstaaten – die Spanne reicht von dem Spitzenreiter Baden-Württemberg mit 8.740 Euro bis zum Schlusslicht Nordrhein-Westfalen mit 5.640 Euro – erklären sich ganz offensichtlich aus unübersehbaren Ausstattungsunterschieden zwischen den Hochschulen dieser Länder. Das bei Betrachtung der Ausgaben je Studierenden entstehende Bild einer starken regionalen Ausdifferenzierung wiederholt sich, wenn auch mit Verschiebungen zwischen den Ländern, bei einer Analyse der Ausgaben je Hochschulabsolvent.

7 Vgl. Tabelle A2/8 im Anhang.

Im Bereich der vorschulischen Erziehung fällt der im Vergleich zu den Schulen und Hochschulen hohe Anteil der privaten Finanzierung auf[8]: Von den insgesamt 11,4 Mrd. Euro, die 2000 für diesen Bereich verausgabt wurden, stammten nur 7,2 Mrd. Euro aus den öffentlichen Haushalten. Diese Mittel wurden zu etwa gleichen Anteilen auf die öffentlichen Einrichtungen und als öffentliche Unterstützung der privaten Träger auf die privaten Einrichtungen aufgeteilt. Der hohe Anteil der privaten Ausgaben erklärt sich, wie schon erwähnt, einerseits aus den Finanzierungsanteilen der privaten Träger an ihren Einrichtungen, andererseits aus den Gebühren, die von den Familien entrichtet werden.

A2.5 Was unterscheidet die deutschen Bildungsausgaben von denen anderer Länder?

Das bisher ausgebreitete Tableau der Bildungsausgaben in Deutschland lässt sich auf der Grundlage seiner Einordnung in vergleichbare Daten anderer Länder schärfer betrachten und analysieren. Deshalb sollen im Folgenden zu ausgewählten Bereichen entsprechende Daten aus dem Ausland präsentiert werden. Dies ist möglich, da die OECD seit einigen Jahren mit ihrer jährlich erscheinenden Veröffentlichung „Bildung auf einen Blick – OECD Indikatoren" (zuletzt: 2002) Informationen zu den Bildungssystemen der OECD-Mitgliedstaaten (darunter alle Mitgliedsländer der Europäischen Union) vorlegt.

Aus der Fülle vergleichbarer Aspekte der Bildungsausgaben werden die Teilbereiche herausgegriffen und hier präsentiert, in denen es in Deutschland Ausprägungen der Ausgabengestaltung gibt, die deutlich von denen anderer Staaten abweichen und die daher die Diskussion über Bildungsausgaben – gleichsam durch den verfremdenden Blick – anregen können. Dies sind die Bereiche „Bildungsausgaben in Prozent des Bruttoinlandprodukts", „Bildungsausgaben nach Ausgabenarten", „Verteilung der Bildungsausgaben auf die unterschiedlichen Stufen des Schulsystems" sowie „Ausgaben je Studienplatz und je Studierenden über die gesamte Studiendauer".

Das Gewicht, das öffentlichen Bildungsausgaben in Deutschland gegeben wird, wurde über den Anteil der Bildungsausgaben am Bruttoinlandsprodukt gemessen. In der aktuell gebräuchlichen Abgrenzung des Bildungsbudgets im engeren Sinne lag der Anteil der Bildungsausgaben am Bruttoinlandsprodukt bei den öffentlich getragenen Ausgaben bei 4,7% (vgl. Tabelle A2/1) und bei den öffentlich und privat getragenen Ausgaben bei 6,3% (vgl. Tabelle A2/2 im Anhang). Bei der Einordnung dieser Daten in das internationale Spektrum ergeben sich für diese beiden Indikatoren leicht modifizierte Werte, da die Zuordnung von Ausgaben zum Bildungsbudget international anders als in Deutschland erfolgt. International werden die Ausgaben für die betriebliche Weiterbildung ebenso wenig wie die Förderung von Bildungsteilnehmern durch die Bundesanstalt für Arbeit zum Bildungsbudget gerechnet. Andererseits zählen die Ausgaben für Forschung und Entwicklung in den Hochschulen in der internationalen Ausgabenstatistik zum Bildungsbudget. Aufgrund dieser Verschiebungen ergeben sich für Deutschland in der OECD-Statistik allerdings für das Jahr 1999 (neuere Daten liegen international noch nicht vor[9]). Anteilswerte der Bildungsausgaben am Bruttoinlandsprodukt von 4,3% (öffentliche Bildungsausgaben) bzw. von 5,5% (Bildungsausgaben

8 Vgl. Tabelle A2/3 im Anhang.
9 Vgl. Tabelle A2/9 im Anhang.

insgesamt). Mit diesen Werten liegt Deutschland bei den öffentlichen Bildungsausgaben deutlich unter dem Mittelwert aller OECD-Staaten (4,9%) und bei den Bildungsausgaben aus privaten und öffentlichen Quellen, bei denen sich ein OECD-Mittelwert wegen des Fehlens der Werte einzelner Staaten nicht problemlos bestimmen lässt, bei dem Durchschnittswert der meisten OECD-Staaten (5,5%). Bei dem Vergleich der Anteile der öffentlichen Bildungsausgaben fällt auf, dass gerade auch vergleichbar entwickelte Staaten mit einem – je Einwohner berechneten – vergleichbaren Bruttoinlandsprodukt wie zum Beispiel Österreich, Dänemark, Finnland, Frankreich, Schweden oder die Schweiz höhere Werte aufweisen und dass Deutschland seine Position gegenüber der Mehrheit dieser Staaten auch bei der Einbeziehung der privaten Quellen nicht nennenswert verbessern kann.

Bei der Einschätzung des vergleichsweise geringen Anteils, den in Deutschland die Bildungsausgaben am Bruttoinlandsprodukt einnehmen, sollte allerdings die demographische Komponente der Nachfrage nach Bildungsausgaben in die Betrachtung einbezogen werden. Wie Tabelle A2/9 (im Anhang) ausweist, ist der Anteil der Gruppe der Heranwachsenden, aus der die Bildungsteilnehmer überwiegend stammen, also der Anteil der 5- bis unter 30-Jährigen, an der Gesamtbevölkerung im internationalen Vergleich der niedrigste. Nur 29% der in Deutschland lebenden Bevölkerung gehörten 1999 zu dieser Altersgruppe – bei einem Mittelwert der OECD-Staaten von 35%. Das bedeutet, dass Deutschland seine Bildungsausgaben im Vergleich zu allen anderen OECD-Staaten für eine relativ kleinere Population einsetzen kann. Daraus lassen sich zwei – konträre – Schlüsse ziehen: Da die Bildungsbevölkerung klein ist, benötigt Deutschland im Vergleich zu anderen Staaten für Bildungsausgaben einen geringeren Anteil am Bruttoinlandsprodukt und behält dadurch für andere Aufgaben wie zum Beispiel die der Alterssicherung größere Handlungsspielräume. Oder: Da die Bildungsbevölkerung – relativ gesehen – so klein ist, kann Deutschland besonders viel je Schüler und Student ausgeben. Das muss Deutschland auch tun, so kann argumentiert werden, da eine nur „spärlich" nachwachsende Generation besonders gut ausgebildet sein muss, wenn die wirtschaftliche Zukunft nicht gefährdet werden soll. Wie immer man es auch wendet: Das Verhältnis der Bildungs- zur Gesamtbevölkerung ist bei der Bewertung der deutschen Bildungsausgaben vor dem Hintergrund der OECD-Vergleichsdaten einzubeziehen.

In einem weiteren Bereich, bei der Aufteilung der Bildungsausgaben auf Ausgabenarten, fallen die deutschen Werte im Konzert internationaler Daten auf[10]. Einerseits deckt sich die Aufteilung der deutschen Bildungsausgaben auf laufende Ausgaben (92,3%) und auf investive Ausgaben (7,7%) mit den Durchschnittsdaten der OECD-Staaten. Andererseits weicht Deutschland bei der Aufteilung der laufenden Ausgaben auf Personalausgaben und auf sächliche Ausgaben deutlich vom internationalen Durchschnitt ab. Deutschland gibt 88,8% seiner laufenden Ausgaben für Personal und 11,2% für sächliche Aufgaben aus. Die durchschnittlichen OECD-Vergleichswerte liegen bei 80,3% bzw. 19,7%. Konkret bedeutet dies, dass in Deutschland – im internationalen Vergleich – deutlich geringere Ausgabenanteile zum Beispiel für Lehr- und Lernmittel verwendet werden. Der hohe Anteil der Personalausgaben schlägt sich jedoch weniger in einer quantitativ guten Ausstattung der Schulen mit Lehrpersonal, sondern mehr in – international gesehen – überdurchschnittlich hohen Gehältern nieder. Im Sekundarbereich I zum Beispiel erhielt im Jahr 2000 ein deutscher Lehrer nach 15 Jahren Dienstzeit ein Jahresgehalt von etwa 40.500 US-Dollar (Kaufkraftparität). Er

10 Vgl. Tabelle A2/10 im Anhang.

wird dabei nur noch von seinen Kollegen in der Schweiz und in Japan übertroffen – der Mittelwert der OECD-Staaten liegt bei 31.200 US-Dollar (Kaufkraftparität). Genauere Analysen darüber, wie sich die Lehrergehälter in den einzelnen Vergleichsländern in die Gehaltsstruktur – insbesondere in die anderer akademisch qualifizierter Berufsgruppen – einordnen, stehen noch aus.

International gesehen kann es nahezu als Normalfall gelten, dass die Ausgaben je Schüler mit ihrem Alter ansteigen[11]: Für den Mittelwert der OECD-Staaten, deren Daten sich hierfür auswerten lassen, gilt, dass die Ausgaben je Schulplatz im Bereich der Sekundarstufe I bei 126% und in dem der Sekundarstufe II bei 143% der Ausgaben für einen Schülerplatz in der Primarstufe ausmachen. Während nun aber einige Staaten deutlich unterhalb dieses parallel zum Alter der Schüler verlaufenden Anstiegs bleiben (dies gilt insbesondere für die skandinavischen Staaten Dänemark, Finnland und Schweden), übersteigen die deutschen Werte für den Sekundarbereich II den OECD-Durchschnittswert mit 265% deutlich. Dieser im Vergleich zu anderen Staaten starke Ausgabenanstieg bei den Bildungsgängen der Sekundarstufe II wird allerdings überwiegend durch die betrieblichen Nettoausgaben für die Ausbildungsvergütung verursacht. Wenn man die Ausgabensteigerung im allgemein bildenden Schulwesen – auf der Grundlage der deutschen Ausgaben je Schulplatz[12] – berechnet, so ergibt sich eine deutlich abgeflachte Entwicklung. Bezogen auf die 3.426 Euro der Grundschule steigern sich die Ausgaben für die gymnasiale Oberstufe (herangezogen werden die vergleichbaren Ausgaben für das Fachgymnasium in Höhe von 5.624 Euro) auf 164%. Damit liegt die Ausgabensteigerung entlang der Schulstufen – was den Sekundarbereich II angeht – zwar immer noch oberhalb des Durchschnitts der OECD-Staaten (143%), übertrifft diese aber weitaus weniger drastisch. Umverteilungsmöglichkeiten von der allgemein bildenden Sekundarstufe II in den Bereich der Grundschule, die in den Debatten nach Erscheinen der PISA-Studie erörtert und zum Teil auch vorgeschlagen wurden, ergeben sich vor diesem Hintergrund nur sehr abgeschwächt.

Die Politik der akzentuierten Ausgabensteigerung parallel zum Aufstieg von Bildungsstufe zu Bildungsstufe findet im Hochschulbereich ihre Fortsetzung: Auch bei den Ausgaben je Studienplatz im Bereich der mindestens dreijährigen Studiengänge (in Deutschland sind dies alle Studiengänge an Fachhochschulen und Universitäten) liegt das Land mit seinem Durchschnittswert von etwa 11.200 US-Dollar (Kaufkraftparität)[13] in der europäischen Spitzengruppe[14]. Die Akzentuierung der Ausgabenpolitik zu Gunsten der Studierenden, die hier zum Ausdruck kommt, wird noch deutlicher, wenn die kumulierten Ausgaben für eine Bildungskarriere in einer Hochschule betrachtet werden[15]: Frankreich mit Ausgaben je Studienplatz in Höhe von etwa 7.700 US-Dollar gegenüber etwa 11.200 US-Dollar in Deutschland gibt bei einer durchschnittlichen Studiendauer von 5,3 Jahren ungefähr 40.900 US-Dollar (Kaufkraftparität) für den einzelnen Studierenden von Beginn bis zum Examen seines

11 Vgl. Tabelle A2/11 im Anhang.

12 Vgl. Tabelle A2/7 im Anhang.

13 Vgl. Tabelle A2/12 im Anhang.

14 Der Unterschied dieser Ausgaben je Studienplatz zu dem in Tabelle A2/8 für das Jahr 2000 mitgeteilten Wert von 7.280 Euro erklärt sich durch das andere Bezugsjahr, insbesondere aber durch die in der internationalen Berichterstattung gegenüber der innerdeutschen Berichterstattung andere Definition der Hochschulausgaben sowie dadurch, dass nicht mit aktuellen Wechselkursen, sondern mit Kaufkraftparitäten von Euro in US-Dollar umgerechnet wird.

15 Vgl. Tabelle A2/12 im Anhang.

Studiums aus, die Deutschen mit der Durchschnittsstudiendauer von sechs Jahren geben für jeden Studierenden bis zum Examen knapp 67.400 US-Dollar (Kaufkraftparität) aus.

Der Blick auf die deutschen Bildungsausgaben macht aus der international vergleichenden Perspektive auf wichtige deutsche Besonderheiten aufmerksam: Deutschland widmet einen eher geringen Teil seines nationalen Wohlstands dem Aufgabenfeld Bildung; Deutschland konzentriert seine Bildungsausgaben stärker als andere Staaten auf Personalausgaben – und dies weniger zu Gunsten eines großen Personalvolumens und mehr zu Gunsten vergleichbar günstiger Gehälter; Deutschland verfolgt beim Einsatz seiner ökonomischen Ressourcen eine Ausgabenstrategie, die ältere Bildungsteilnehmer – erheblicher als dies in anderen Staaten geschieht – bevorzugt; und schließlich: Deutschland streckt seine Bildungsausgaben über – international gesehen – eher lange Phasen der Biographie seiner Bildungsteilnehmer.

A3 Struktur des Bildungssystems

In den einzelnen Bildungsbereichen bestehen in Deutschland länderspezifische Unterschiede in den Angebotsstrukturen. Die Vielfalt der Bildungsstrukturen wird durch das Selbstverwaltungsrecht der Kommunen und dem damit verbundenen kommunalen Einfluss auf das

Abbildung A3/1 Grundstruktur des Bildungswesens in der Bundesrepublik Deutschland

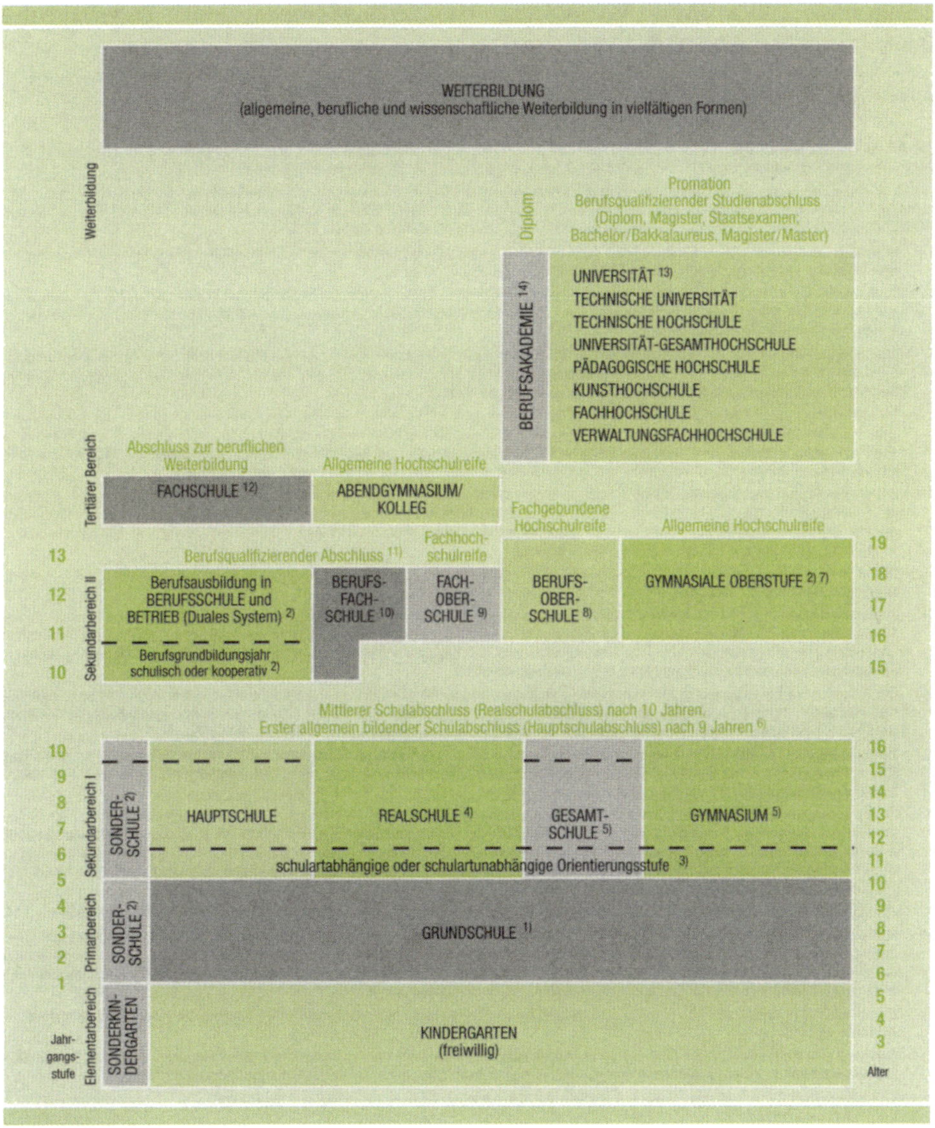

Bildungsangebot – mit Ausnahme der Hochschulen – noch verstärkt. Doch ist das Ausmaß staatlicher Verantwortung in den einzelnen Bildungsbereichen sehr unterschiedlich.

Insbesondere im Bereich der Vorschulerziehung hat der Staat nur eine subsidiäre Funktion, aber auch der Weiterbildungsbereich ist durch eine starke Trägerpluralität gekennzeichnet. Demgegenüber wird das Schul- und Hochschulwesen vornehmlich öffentlich verantwortet. In der beruflichen Bildung sieht die duale Ausbildung die Kooperation von Privatwirtschaft und Staat vor. Grundlage der nachfolgenden näheren Erläuterungen zu den strukturellen Gegebenheiten in den Bereichen des Bildungswesens bildet die von der Kultusministerkonferenz erarbeitete „Grundstruktur des Bildungswesens in der Bundesrepublik Deutschland" (vgl. Abbildung A3/1).

Anmerkungen zur Abbildung A3/1

Die Abbildung des Sekundarbereichs I orientiert sich an der Verteilung der Schülerzahlen in der Jahrgangsstufe 8 für das Jahr 2000 im Bundesdurchschnitt: Hauptschule 22,4%, Realschule 24,3%, Gymnasium 29,4%, integrierte Gesamtschule 9,2%.

Die Durchlässigkeit zwischen den Schularten und die Anerkennung der Schulabschlüsse sind bei Erfüllung der zwischen den Ländern vereinbarten Voraussetzungen grundsätzlich gewährleistet. Die Dauer der Vollzeitschulpflicht (allgemeine Schulpflicht) beträgt neun Jahre, in fünf Ländern zehn Jahre, und die anschließende Teilzeitschulpflicht (Berufsschulpflicht) drei Jahre.

1 In einigen Ländern bestehen besondere Formen des Übergangs vom Kindergarten in die Grundschule (Vorklassen, Schulkindergärten). In Berlin und Brandenburg umfasst die Grundschule 6 Jahrgangsstufen.

2 Beschulung von Behinderten entsprechend den Behinderungsarten in Sonderformen der allgemein bildenden und beruflichen Schulen, teilweise auch integrativ zusammen mit Nichtbehinderten. Schulbezeichnung nach Landesrecht unterschiedlich (Sonderschule / Schule für Behinderte / Förderschule).

3 Die Jahrgangsstufen 5 und 6 bilden unabhängig von ihrer organisatorischen Zuordnung eine Phase besonderer Förderung, Beobachtung und Orientierung über den weiteren Bildungsgang mit seinen fachlichen Schwerpunkten. In einigen Ländern ist die Orientierungsstufe oder Förderstufe als eigenständige Schulart eingerichtet.

4 Die Bildungsgänge der Hauptschule und der Realschule werden auch an Schularten mit mehreren Bildungsgängen mit nach Ländern unterschiedlichen Bezeichnungen angeboten. Hierzu zählen die Mittelschule (Sachsen), Regelschule (Thüringen), Sekundarschule (Sachsen-Anhalt), Erweiterte Realschule (Saarland), Integrierte Haupt- und Realschule (Hamburg), Verbundene Haupt- und Realschule (Hessen, Mecklenburg-Vorpommern) und Regionale Schule (Rheinland-Pfalz) sowie die Gesamtschule.

5 Der Bildungsgang des Gymnasiums wird auch an Gesamtschulen angeboten. In der kooperativen Gesamtschule sind drei Bildungsgänge (Bildungsgänge der Hauptschule, Realschule und des Gymnasiums) pädagogisch und organisatorisch zusammengefasst, in der integrierten Gesamtschule bilden sie eine pädagogische und organisatorische Einheit. Die Einrichtung von Gesamtschulen ist nach dem Schulrecht der Länder unterschiedlich geregelt.

6 Die allgemein bildenden Schulabschlüsse nach Jahrgangsstufe 9 und 10 tragen in einzelnen Ländern besondere Bezeichnungen. Nachträglicher Erwerb dieser Abschlüsse an Abendschulen möglich.

7 Zugangsvoraussetzung ist die formelle Berechtigung zum Besuch der Gymnasialen Oberstufe, die in der Regel nach Jahrgangsstufe 10 erworben wird. Der Erwerb der Allgemeinen Hochschulreife erfolgt in der Regel nach 13 aufsteigenden Schuljahren. In Sachsen und Thüringen wird die Allgemeine Hochschulreife bereits nach zwölf Jahren erworben, in anderen Ländern gibt es Angebote mit achtjährigem gymnasialem Bildungsgang, z.T. als Schulversuche.

8 Die Berufsoberschule besteht bisher nur in einigen Ländern und bietet Absolventen mit Mittlerem Schulabschluss und abgeschlossener Berufsausbildung bzw. fünfjähriger Berufstätigkeit die Möglichkeit zum Erwerb der Fachgebundenen Hochschulreife. Bei Nachweis von Kenntnissen in einer zweiten Fremdsprache ist der Erwerb der Allgemeinen Hochschulreife möglich.

9 Die Fachoberschule ist eine 2-jährige Schulart, die aufbauend auf dem Mittleren Schulabschluss mit Jahrgangsstufe 11 und 12 zur Fachhochschulreife führt. Für Absolventen mit Mittlerem Schulabschluss und einer beruflichen Erstausbildung ist der unmittelbare Eintritt in Jahrgangsstufe 12 der Fachoberschule möglich.

10 Berufsfachschulen sind berufliche Vollzeitschulen verschiedener Ausprägung im Hinblick auf Zugangsvoraussetzungen, Dauer und Abschlüsse. Besondere Form der 2-jährigen Berufsfachschule mit einem Mittleren Schulabschluss als Zugangsvoraussetzung, die zum Abschluss *staatlich geprüfter Assistent* führt, sowie die ein- oder zweijährige Berufsfachschule zur Vermittlung einer beruflichen Grundbildung. In Verbindung mit dem Abschluss eines mindestens zweijährigen Bildungsgangs kann unter bestimmten Voraussetzungen die Fachhochschulreife erworben werden.

11 Zusätzlich zum berufsqualifizierenden Abschluss ggf. Erwerb des Hauptschulabschlusses oder des Mittleren Schulabschlusses.

12 Fachschulen dienen der beruflichen Weiterbildung (Dauer 1-3 Jahre) und setzen grundsätzlich den Abschluss einer einschlägigen Berufsausbildung in einem anerkannten Ausbildungsberuf und eine entsprechende Berufstätigkeit voraus. Unter bestimmten Voraussetzungen ist zusätzlich der Erwerb der Fachhochschulreife möglich. Nach der Internationalen Standardklassifikation des Bildungswesens (ISCED97) werden die Fachschulen dem tertiären Bereich zugeordnet.

13 Einschließlich Hochschulen mit einzelnen universitären Studiengängen (z.B. Theologie, Philosophie, Medizin, Verwaltungswissenschaften, Sport).

14 Die Berufsakademie ist eine Einrichtung des tertiären Bereichs in acht Ländern, die eine fachwissenschaftliche Ausbildung an einer Studienakademie mit einer praktischen Berufsausbildung in einem Betrieb im Sinne eines dualen Systems verbindet.

Stand: Dezember 2001 (Quelle: Sekretariat der Kultusministerkonferenz: www.kmk.org/doku/de-2001.pdf)

A3.1 Vorschulisches Betreuungsangebot

Nach dem Grundgesetz hat der Bund die Gesetzgebungskompetenz für die öffentliche Fürsorge (Art. 74 Abs. 1 Nr. 7) und damit auch für die vorschulische Erziehung in Tageseinrichtungen für Kinder. Nach dem Kinder- und Jugendhilfegesetz (Sozialgesetzbuch VIII) sind die Kommunen als öffentliche Träger der Jugendhilfe verpflichtet, Kindergartenplätze zur Verfügung zu stellen. An der Finanzierung der Vorschulerziehung beteiligen sich die Träger, die Kommunen und in der Regel auch die Eltern über Kindergartenbeiträge. Hinsichtlich der Trägerschaft der Einrichtungen ist das Subsidiaritätsprinzip zu wahren und die Zusammenarbeit mit den freien Trägern der Jugendhilfe zu suchen. Dennoch ist in den neuen Ländern (angeführt von Brandenburg) der Anteil öffentlich getragener Vorschuleinrichtungen deutlich höher als in den alten Ländern; er übersteigt sogar den Anteil von Einrichtungen freier Träger (vgl. Abbildung A3/2).

Durch eine Novellierung des Kinder- und Jugendhilfegesetzes besteht seit 1996 für alle Kinder im Alter von drei Jahren bis zum Schuleintritt ein Rechtsanspruch auf einen für die Eltern in der Regel kostenpflichtigen Kindergartenplatz. Dieser gesetzlich garantierte Anspruch wird bereits durch einen Halbtagsplatz erfüllt. Für die Sechsjährigen, die schulpflichtig, aber noch nicht schulfähig sind, bestehen Schulkindergärten, Vorklassen oder ähnliche Angebote für eine schulvorbereitende Förderung, meist als schulische Angebote[1].

Abbildung A3/2 Trägerschaft von Betreuungseinrichtungen für Kinder (1998) nach Ländern

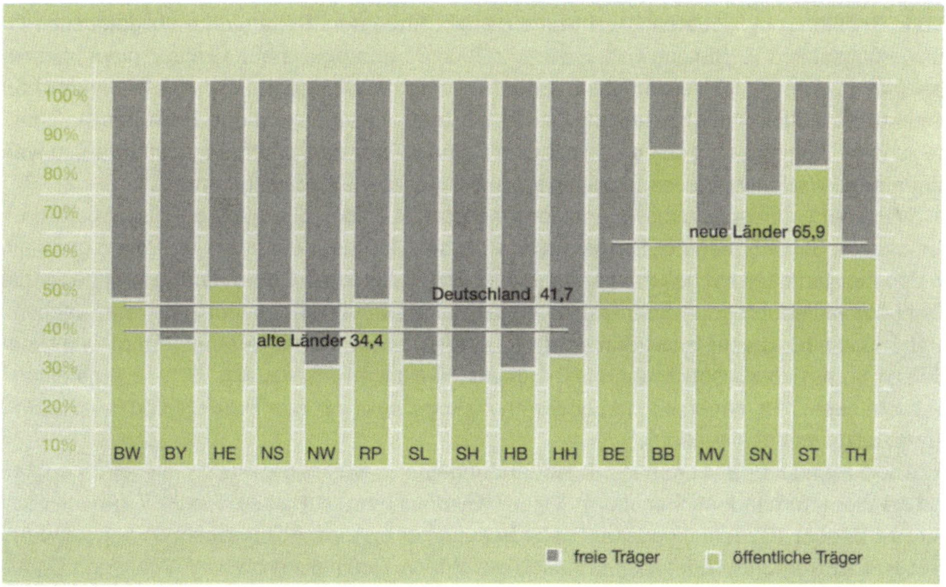

Quelle: Statistisches Bundesamt

1 Einzelne Länder ersetzen diese Angebote inzwischen durch unterschiedliche Formen einer neu gestalteten Schuleingangsphase.

A3.2 Schulstruktur

Die Gestaltung des Schulwesens ist Aufgabe der einzelnen Länder, die sich über die Kultusministerkonferenz untereinander abstimmen. Das Hamburger Abkommen der Ministerpräsidenten der Länder und weitere Beschlüsse der KMK dienen einer gewissen Vereinheitlichung des Schulwesens. Dennoch weist die Schulstruktur in den sechzehn Ländern deutliche Unterschiede auf (vgl. Abbildung A3/3). Es gibt – insbesondere im Sekundarbereich – kaum zwei Länder, die sich hinsichtlich der angebotenen Schulformen gleichen. Neben dem drei- bis viergliedrigen (mit oder ohne IGS) Schulsystem in der Sekundarstufe gibt es zweigliedrige Systeme oder konträr hierzu fünf- bis sechsgliedrige[2]. Allein diese strukturelle Pluralität erschwert einen Vergleich zwischen den Ländern und den Schulwechsel von Schülern zwischen den Ländern. Zusätzlich unterscheiden sich die Dauer der Grundschulzeit und auch die Dauer der Vollzeitschulpflicht (vgl. Kapitel A5). Die Grundschulzeit, in der alle Schüler – mit Ausnahme der Sonderschüler (ca. 3% bis 4% der Altersjahrgänge im Grundschulalter) – gemeinsam unterrichtet werden, dauert in Brandenburg und Berlin sechs Jahre[3], in allen anderen Ländern vier Jahre. Damit zählt Deutschland im internationalen Vergleich zu den Staaten, in denen die Sekundarstufe sehr früh beginnt. In den meisten anderen europäischen Staaten dauert die Grundschule wenigstens sechs Jahre, teilweise existiert ein Gesamtschulsystem ohne äußere Differenzierung in der Sekundarstufe I.

In Sachsen-Anhalt und in Bremen wird zwischen der Grundschule und den Schulformen der Sekundarstufe die Orientierungsstufe als eigenständige Schulform, mit den Jahrgängen 5 und 6, geführt. In Niedersachsen wurde die seit Ende der 1970er-Jahre obligatorische Orientierungsstufe mit Wirkung vom Schuljahr 2004/05 an abgeschafft, Bremen plant, diesem Beispiel zu folgen. In Hessen kann eine schulformunabhängige Förderstufe eingerichtet werden, die Schulen mit Förderstufe geben diese aber zunehmend auf. Bestehende Ansätze zu einer Verlängerung der gemeinsamen Schulzeit vor dem Übergangsverfahren zu weiterführenden Schulen werden folglich gegenwärtig wieder rückgängig gemacht.

Nach der Grundschule bzw. der Orientierungsstufe ist der Übergang der Schüler auf weiterführende Schulformen der Sekundarstufe I in allen Ländern durch ein Verfahren geregelt. In den meisten Ländern haben inzwischen die Eltern das letzte Entscheidungsrecht über die Wahl der weiterführenden Schule (Ausnahmen sind Baden-Württemberg, Bayern, Sachsen und Thüringen). Dieser Entscheidung geht in allen Ländern eine Beratung/Empfehlung der Schule voraus. Insbesondere für die Schüler, die nicht die von der Schule empfohlene Schulart besuchen, sehen einige Länder nach dem Übergang eine Probezeit oder verschärfte Versetzungsregelungen vor.

Die Sekundarstufe ist in nahezu jedem Bundesland anders organisiert. Die einzige in allen Ländern vorhandene Schulform ist das Gymnasium (ab Klasse 5 oder 7, Abitur nach Klasse 12 oder 13). Allerdings variiert die Schuldauer bis zum Abitur zwischen den Ländern. Neben Sachsen und Thüringen, die nach der Wiedervereinigung an der 12-jährigen Schulzeit bis zum Abitur bis heute festgehalten haben, gibt es neue Länder, die – nach einer kurzzeitigen Einführung einer verlängerten Gymnasialzeit – wieder zu der verkürzten Dauer des Gymnasiums zurückkehren (Mecklenburg-Vorpommern, Sachsen-Anhalt) und alte Län-

2 Bei dieser Bewertung bleiben die Sonderschulen und ggf. als Zusatzangebote gestattete aber nicht strukturbildende Schulformen in den Ländern unberücksichtigt (insbesondere einzelne Gesamtschulangebote).

3 In beiden Ländern gibt es Profilklassen an Gymnasien, die bereits mit dem 5. Schuljahrgang beginnen.

der, die grundsätzlich (Baden-Württemberg, Saarland) oder als Schulversuch eine verkürzte Gymnasialzeit vorsehen (inzwischen nahezu alle alten Länder).

Abbildung A3/3 Struktur des allgemein bildenden Schulwesens; Schuljahr 2002 (ohne Sonderschulen)

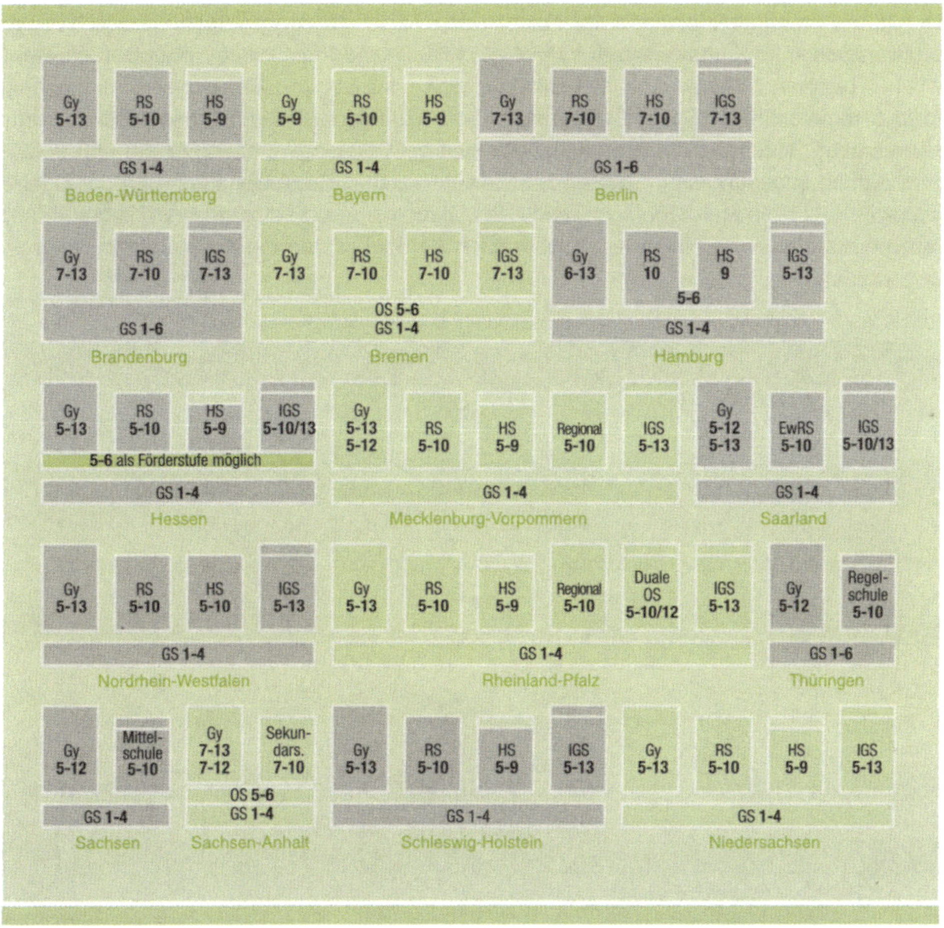

Quelle: Schulgesetze der Länder, Homepages der Kultusministerien der Länder, eigene Auswertung (Stand: Juli 2003)

Ein dreigliedriges Schulsystem, bestehend aus Hauptschule, Realschule und Gymnasium existiert in Baden-Württemberg und in Bayern. In den meisten anderen alten Ländern (in Berlin, Bremen, Hamburg, Hessen, Niedersachsen, Nordrhein-Westfalen und in Schleswig-Holstein) werden diese drei Schulformen durch ein im Allgemeinen aber nicht flächendeckendes Angebot an Integrierten oder Kooperativen (Additiven) Gesamtschulen – häufig als Ganztagseinrichtungen – ergänzt.

In Mecklenburg-Vorpommern, das als einziges neues Land zu Beginn der 1990er-Jahre ein dreigliedriges Schulsystem (ergänzt um ein nicht flächendeckendes Angebot an Integrierten Gesamtschulen) einführte, werden Haupt- und Realschule vornehmlich im Verbund, seit dem Schuljahr 2002/03 die Bildungsgänge Hauptschule und Realschule auch in integrierter Form, der Regionalen Schule, angeboten. In den neuen Ländern Sachsen, Sachsen-Anhalt und Thüringen besteht im Wesentlichen ein zweigliedriges Schulsystem aus Gymnasium und einer Schulform mit Haupt- und Realschulbildungsgängen. Brandenburg unterhält ein dreigliedriges Schulsystem mit Gesamtschule, Gymnasium und Realschule.

Auch im Saarland existiert die Hauptschule als eigenständige Schulform nicht mehr. Die Erweiterte Realschule bietet dort den Haupt- und Realschulbildungsgang an. Die vielfältigste Schullandschaft im Sekundarbereich I gibt es in Rheinland-Pfalz. Neben Hauptschule, Realschule, Regionaler Schule (die die Bildungsgänge Haupt- und Realschule in integrierter Form zusammenführt), IGS und Gymnasium wird hier mit der Dualen Oberschule eine bundesweit neue Schulform angeboten, mit der eine Verknüpfung von allgemeiner und beruflicher Bildung angestrebt wird. Neben Haupt- oder Realschulabschluss kann an der Dualen Oberschule in Rheinland-Pfalz (in zwölf Schuljahren) durch Kooperation mit beruflichen Schulen ein erster beruflicher Abschluss, nach 13 Schuljahren die Fachhochschulreife erlangt werden.

Tabelle A3/1 Verteilung der Schüler in Klassenstufe 8 auf die Schulformen in % (2001/02)

Land	HS	RS	SMB	GY	IGS	Freie Waldorf-schulen	Sonder-schulen
BW	33,2	33,8	0,0	30,2	0,5	1,4	0,9
BY	39,3	28,9	0,0	27,4	0,3	0,4	3,8
BE	11,5	22,2	0,0	33,4	28,6	0,6	3,8
BB	0,0	17,1	0,0	29,4	48,5	0,3	4,7
HB	22,1	26,8	0,0	29,8	15,4	1,1	4,7
HH	11,9	14,3	5,2	35,4	25,4	1,4	6,3
HE	18,1	28,0	0,0	32,1	16,4	0,6	4,8
MV	11,4	42,8	5,4	30,1	4,1	0,3	5,8
NI	30,3	33,0	0,5	27,1	3,6	0,5	4,9
NW	24,5	26,3	0,0	29,4	14,8	0,6	4,4
RP	27,7	24,1	11,0	28,4	4,3	0,4	4,0
SL	0,4	2,1	48,5	31,1	15,6	0,7	1,6
SN	0,0	0,0	61,8	32,7	0,0	0,2	5,3
ST	0,0	0,0	58,8	33,0	1,0	0,1	7,1
SH	29,3	32,9	0,0	26,8	5,8	1,0	4,1
TH	0,0	0,0	58,2	33,6	1,1	0,2	6,8
Deutschland	22,4	24,5	9,0	29,6	9,7	0,6	4,2
Alte Länder	28,6	28,5	1,6	29,1	7,7	0,7	3,8
Neue Länder	1,7	9,6	40,3	31,9	10,5	0,2	5,9

Quelle: Statistisches Bundesamt (www.destatis.de)

Die Bedeutung, die den vorgehaltenen Schulformen in den Ländern gemessen an dem sie besuchenden Schüleranteil zukommt, ist sehr unterschiedlich (vgl. Tabelle A3/1). Die Hauptunterschiede bestehen einerseits in der Bedeutung der Hauptschule (nur in Bayern[4]

4 Ab dem Schuljahr 2003/04 entfallen in Bayern die gemeinsamen Jahrgänge 5 und 6 an der Hauptschule. Die Realschule wird grundsätzlich ab Klasse 5 geführt. An allen Hauptschulen wird ein sogenannter M-Zug eingeführt, der ab Klasse 7 zur mittleren Reife führt.

und in Baden-Württemberg wird sie noch von mehr als einem Drittel der Schüler der 8. Klassenstufe besucht) als auch in der Rolle von Integrierten Gesamtschulen. In Brandenburg werden diese von mehr als der Hälfte der Schüler in der Sekundarstufe I besucht. Auch in den Stadtstaaten und in einigen Flächenländern entfällt ein hoher Schüleranteil auf Gesamtschulen, während sie in den anderen neuen Ländern, in Niedersachsen, Bayern und Baden-Württemberg nur punktuell angeboten werden und keinen nennenswerten Anteil an der Schülerschaft ausmachen. Der Hauptschulbildungsgang ist zudem unterschiedlich lang. In den Ländern, die eine zehnjährige Vollzeitschulpflicht vorschreiben (Berlin, Brandenburg, Bremen und Nordrhein-Westfalen), dauert er grundsätzlich bis zur Klasse 10, in anderen (außer in Hamburg) kann in einem freiwilligen zusätzlichen Schuljahr an der Hauptschule ein qualifizierter Hauptschulabschluss oder ein Realschulabschluss erworben werden.

In einigen Ländern kommt es auf diese Weise zu einer Entkopplung von Bildungsgang und Abschluss (vgl. C1.2). So übernimmt die Hauptschule bezüglich des erreichten Abschlusses zunehmend die Funktion der Realschule (in Nordrhein-Westfalen und Niedersachsen verlässt ca. ein Drittel der Schüler die Hauptschule mit Realschulabschluss), an Realschulen wird die Berechtigung zum Erwerb der gymnasialen Oberstufe erworben, während eine Reihe von Gymnasiasten die Schule nur mit mittlerem Abschluss verlässt.

Die Förderung von Schülern mit sonderpädagogischem Förderbedarf ist in Deutschland noch überwiegend Aufgabe der Sonderschulen. Diese werden in allen Ländern (mit verschiedenen Bezeichnungen) unterschieden in Sonderschulen für Lernbehinderte, Erziehungsschwierige und für Schüler mit körperlichen oder geistigen Behinderungen. Unterschiedlich ist der Schüleranteil, der an Sonderschulen (im bundesweiten Durchschnitt 90%) bzw. integrativ in Regelschulformen unterrichtet wird. Hier reicht die Spannweite integrativer Fördermaßnahmen zwischen den Ländern – nach den Angaben der KMK von 2% (Sachsen-Anhalt) bis zu 27% (Berlin)[5].

In der sonderpädagogischen Fachliteratur wird die integrative Unterrichtung von Schülern mit sonderpädagogischem Förderbedarf zumindest als eine pädagogisch vertretbare Form des Unterrichts, wenn nicht als generell anzustrebender Zustand diskutiert. Auch die Kultusministerkonferenz hat das zu fördernde Kind in den Mittelpunkt der Förderüberlegungen gerückt[6]: „Es ist derjenige Lernort zu wählen, der auf bestmögliche Art und Weise den Förderbedürfnissen des Kindes ... gerecht werden ... kann". Dennoch ist eine Stagnation der integrativen sonderpädagogischen Maßnahmen in den Ländern zu verzeichnen, soweit die Statistik dazu überhaupt zuverlässige Daten liefert.

Das Privatschulwesen spielt in Deutschland nur eine untergeordnete Rolle. Der Anteil von Schülern, die eine private allgemein bildende Schule besuchen beträgt im Bundesdurchschnitt etwa 6% (im Durchschnitt der OECD-Staaten 13,5%), knapp die Hälfte davon sind Gymnasiasten. Private Gymnasien in kirchlicher Trägerschaft konzentrieren sich vor allem in Bayern, Nordrhein-Westfalen und Teilen Niedersachsens. Privatschulangebote sind noch im Sonderschulbereich von überproportionaler Bedeutung, private Haupt- oder Realschulen werden nur regional in größerem Umfang angeboten[7]. In den neuen Ländern ist

5 Kultusministerkonferenz (KMK): Sonderpädagogische Förderung in Schulen. Bonn: 2002. Vgl. zu der zwischen den Ländern uneinheitlichen Definition und statistischen Abgrenzung die Ausführungen im Band: „Bildungsberichterstattung für Deutschland: Konzeption".

6 Kultusministerkonferenz (KMK): Empfehlungen zur sonderpädagogischen Förderung in den Schulen der Bundesrepublik Deutschland. Bonn: 1994.

7 Vgl. Tabelle A3/2 im Anhang.

das Privatschulangebot und damit der Anteil an Privatschülern im allgemein bildenden Schulwesen geringer als in den alten Ländern.

Unter den Schülern beruflicher Schulen ist der Privatschüleranteil mit ca. 7% (2001) höher als im allgemein bildenden Schulwesen. Dazu trägt die größere Zahl privater Ergänzungsschulen mit öffentlich nicht angebotenen Ausbildungsprogrammen bei. Im berufsbildenden Bereich ist der Anteil von Privatschülern in den neuen höher als in den alten Ländern; mehr als ein Drittel der Schüler einer Fachschule oder Berufsfachschule besuchen eine private Einrichtung[8].

Abbildung A3/4 Anteil der Schüler an privaten allgemein bildenden Schulen an allen Schülern an allgemein bildenden Schulen in % (Schuljahr 2000/01)

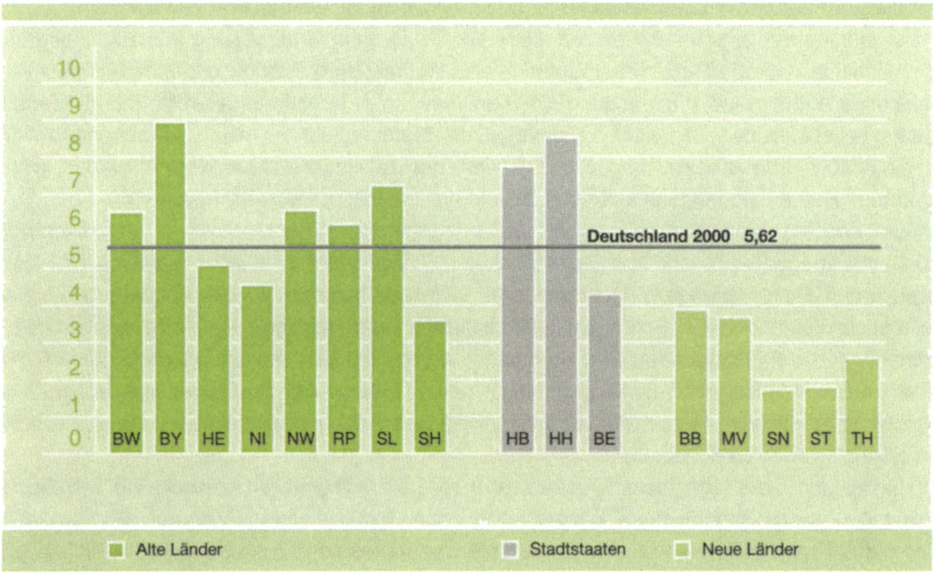

Quelle: Statistisches Bundesamt

A3.3 Struktur der beruflichen Bildung/beruflichen Erstausbildung

Die berufliche Erstausbildung findet in Deutschland vornehmlich im dualen System statt[9]. Die duale Berufsausbildung wird in derzeit ca. 390 anerkannten Ausbildungsberufen an zumeist zwei Lernorten vermittelt. Die praktische Berufsausbildung findet in den Betrieben (häufig ergänzt um weitere Lernorte, z.B. eine überbetriebliche Ausbildungsstätte) statt und wird durch fachtheoretischen, fachpraktischen und allgemein bildenden Unterricht in der Berufsschule ergänzt. Die Berufsschule des dualen Systems ist als Teilzeitunterricht organisiert. Die Ausbildungsordnungen der einzelnen Berufe sind im Berufsbildungsgesetz (BBiG) geregelt. Damit ist der betriebliche Teil der Berufsausbildung ebenfalls bundeseinheitlich geregelt. Die Angelegenheiten der Berufsschule werden, wie bei den allgemein bildenden Schulen, von den Ländern geregelt. Der betriebliche Teil der dualen Berufsausbildung wird

8 Vgl. Tabelle A3/3 im Anhang.
9 Bundesministerium für Bildung und Forschung (Hrsg.): Berufsbildungsbericht 2003. Bonn: 2003.

einzelbetrieblich – und damit privat – finanziert. Voraussetzung dieses Systems ist eine ausreichende Bereitschaft der Unternehmen, ihren Nachwuchs selbst auszubilden und die damit verbundenen Kosten zu tragen. In den letzten Jahren ist dies immer weniger der Fall: Nur noch 24% aller westdeutschen Betriebe bilden aus (gegenüber 30% noch 1990). In den neuen Ländern ist es bisher nicht gelungen, eine ausreichend leistungsfähige Betriebsstruktur als Grundlage des dualen Ausbildungssystems aufzubauen. Lediglich 20% der Betriebe bilden aus. Ein Drittel der Ausbildungsplätze in den neuen Ländern wird durch staatlich finanzierte Sonderprogramme bereitgestellt, und auch die betrieblichen Ausbildungsplätze werden häufig öffentlich bezuschusst.

Neben der Berufsausbildung im dualen System gibt es berufliche Vollzeitschulen. Unter ihnen dienen das Berufsvorbereitungsjahr, das Berufsgrundbildungsjahr sowie verschiedene Kurse an Berufsfachschulen der Ausbildungsvorbereitung. An Stelle einer dualen Berufsausbildung besteht die Möglichkeit, eine vollzeitschulische Berufsausbildung zu absolvieren. Zu den beruflichen Vollzeitschulen gehören die Berufsfachschulen und die Schulen für Berufe im Gesundheitswesen mit vollqualifizierenden Berufsausbildungen. *Fachoberschulen* vermitteln den Schülern eine erweiterte und vertiefte fachpraktische und fachtheoretische Bildung. Mit dem Bestehen der Abschlussprüfung wird die Fachhochschulreife erworben, die zum Besuch einer Fachhochschule berechtigt. *Berufsoberschulen* bauen auf einer Berufsausbildung oder Berufsausübung mit mittlerem Abschluss auf und verleihen nach bestandener Abschlussprüfung eine fachgebundene Hochschulreife, mit Ergänzungsprüfungen auch die allgemeine Hochschulreife. Hinzu kommen die *Fachgymnasien*, die die allgemeine Hochschulreife verleihen und den Schülern eine berufsbezogene Schwerpunktbildung ermöglichen.

Die Vielfalt der beruflichen Schulformen variiert zwischen den Ländern erheblich.

A3.4 Struktur der Hochschulen

Während die Situation im dualen System der Berufsausbildung und die Situation der beruflichen Vollzeitschulen für die Schulabgänger von vielen regionalen Zufälligkeiten bestimmt werden, ist die Angebotssituation für den Wechsel in das Hochschulsystem transparent und bundesweit abgestimmt. Durch den seit Jahrzehnten unter regionalpolitischen Zielsetzungen vollzogenen Ausbau des Hochschulsystems findet der Studienanfänger ein vergleichsweise regional ausgeglichenes Studienangebot vor.

Neben den wissenschaftlichen Hochschulen in ihren verschiedenen besonderen Ausprägungen (Universitäten, Technische Universitäten, Technische Hochschulen, Pädagogische Hochschulen, Kunst-, Musikhochschulen) gibt es ein regional gut ausgebautes System von Fachhochschulen. Das Modell der Gesamthochschule mit der Kombination von Studiengängen auf Universitäts- und Fachhochschulniveau gibt es nur noch in Kassel. Die Anzahl privater Hochschulen ist zwar beachtenswert (79 von insgesamt 350 Hochschulen im Jahr 2000). Sie erfassen aber nur eine geringe Zahl von Studierenden und bieten insgesamt nur ein schmales Fächerspektrum an.

A3.5 Struktur der Weiterbildung

Gemäß der Vierten Empfehlung der Kultusministerkonferenz zur Weiterbildung (2001) wird heute unter Weiterbildung „die Fortsetzung oder Wiederaufnahme organisierten Lernens nach Abschluss einer unterschiedlich ausgedehnten ersten Bildungsphase und in der Regel nach Aufnahme einer Erwerbs- oder Familientätigkeit" verstanden. Weiterbildung umfasst danach ganz unterschiedliche Bereiche wie etwa berufliche und betriebliche Weiterbildung, Fortbildung und Umschulung, politische Bildung, gewerkschaftliche Bildung, kulturelle Bildung und das Nachholen von Schulabschlüssen. Der Weiterbildungsbereich wird als vierte Säule des Bildungswesens neben dem Schul-, Hochschul- und dualen Berufsausbildungssystem angesehen und ist inzwischen, gemessen an den Teilnehmerzahlen, der größte Bildungssektor in Deutschland[10].

Die Weiterbildung hat sich aus unterschiedlichen gesellschaftlichen Gruppen heraus entwickelt und ist dadurch traditionell durch eine Vielfalt und Vielzahl von Anbietern (Trägerpluralität) gekennzeichnet. Neben den kommunal getragenen Volkshochschulen stehen die kirchliche Erwachsenenbildung der evangelischen und katholischen Kirche, die mit der Arbeiterbewegung verbundene gewerkschaftliche Erwachsenenbildung, die aus dem unternehmerischen Bereich entstandene Weiterbildung der Industrie- und Handels- sowie der Handwerkskammern, die politische Erwachsenenbildung und die lokaler „alternativer" Gruppen. Zu diesen Weiterbildungsträgern kommen Fernlehrinstitute, die innerbetrieblichen Weiterbildungsangebote größerer Unternehmen und die steigende Zahl kommerzieller Weiterbildungsanbieter hinzu. Übersichten sprechen inzwischen von mehr als 35.000 Einrichtungen in der Bundesrepublik. Die Hochschulen leisten durch wissenschaftliche Weiterbildung, u.a. in Kooperation mit Partnern aus der Wirtschaft, zusätzlich einen Beitrag zur regionalen Entwicklung.

Weiterbildung ist in Deutschland in geringerem Umfang durch den Staat geregelt als die anderen Bildungsbereiche. Den vielfältigen und sich rasch wandelnden Anforderungen an Weiterbildung kann am besten durch eine Struktur entsprochen werden, die durch Vielfalt und Wettbewerb der Träger und der Angebote gekennzeichnet ist. Durch die Pluralität der Trägerschaft soll den vielfältigen Interessen der Weiterbildungsteilnehmer entsprochen werden. Die Tätigkeit des Staates beschränkt sich im Bereich der Weiterbildung auf die Festlegung von Grundsätzen sowie auf Regelungen zur Ordnung und Förderung. Diese sind in Gesetzen des Bundes und der Länder festgeschrieben. Im Bereich der allgemeinen, öffentlich verantworteten und gestalteten Weiterbildung sind es vor allem die gesetzlichen Regelungen auf Landesebene (Weiterbildungsgesetze), die eine rechtliche, organisatorische und finanzielle Absicherung der Weiterbildung ermöglichen.

Durch die differenzierte Kompetenzstruktur ist die Entwicklung des deutschen Bildungssystems kaum zwischen den Bildungsbereichen zu koordinieren, und auch innerhalb der Bildungsbereiche zeigen sich divergierende Entwicklungsverläufe zwischen den Ländern. Betrachtet man das Bildungswesen aus der Perspektive der Bildungsbeteiligung der Nutzer[11], dann wird erkennbar, dass sich noch mit 20 Jahren knapp die Hälfte der Bevölkerung im Schul- und Hochschulsystem aufhält. Bezogen auf die Bildungsangebote entwickelte sich aus einer Vielzahl einzelner, meist punktueller Reformmaßnahmen ein differenziertes und

10 Bundesministerium für Bildung und Forschung (Hrsg.): Berichtssystem Weiterbildung 2000 (VIII). Bonn: 2003.

11 Vgl. Tabelle A 3/4 im Anhang.

zwischen den Ländern stark variierendes Bildungssystem. Große Unterschiede in der Angebotsdichte und Trägerstruktur bestehen im Vorschulbereich zwischen alten und neuen Ländern. Auch die Schulstrukturen weisen, abgesehen vom Gymnasium, eine für den Bürger kaum durchschaubare Vielfalt auf. Dazu trägt die zunehmende Entkopplung von besuchter Schulform und erreichtem Schulabschluss zusätzlich bei. Während die strukturellen Entwicklungen – zu denen auch die Auflösung der Orientierungsstufe in einigen Ländern gehört – im allgemein bildenden Schulwesen noch öffentlich diskutiert werden, finden die Funktionsprobleme des beruflichen Schulwesens kaum allgemeine Beachtung. Durch ein unzureichendes Angebot an betrieblichen Ausbildungsplätzen wird das berufliche Schulwesen immer mehr in die Lage versetzt, für Absolventen der Haupt- und Realschule ohne Ausbildungsplatz in ausreichendem Umfang weiterführende vollzeitschulische berufliche Bildungswege anzubieten, damit diese Jugendlichen nicht in eine Sackgasse geraten. Durch die staatlichen Unterstützungsmaßnahmen für das duale System, die zunehmende Finanzierung außerbetrieblicher Ausbildungsmöglichkeiten und durch Subventionierungen als Anreize für betriebliche Ausbildungsplätze werden bei der Bildungsfinanzierung grundlegende Aufgabenverteilungen in Frage gestellt; letztlich wird so die Grundlage des dualen Ausbildungssystems durch die Betriebe und Unternehmen ausgehöhlt. Dies wird vor allem im Vergleich mit dem bundesweit koordinierten und abgestimmten Angebot an Hochschulen deutlich, das allen Schulabsolventen mit Fachhoch- und Hochschulreife einen Studienplatz bereitstellt. Mit einer pluralen Trägerstruktur im Bereich der Weiterbildung sind zwar günstige Voraussetzungen für ein differenziertes Angebot an allgemeiner und beruflicher Weiterbildung gegeben. Offen muss hier allerdings noch bleiben, ob die an ein leistungsfähiges Weiterbildungssystem gestellten Erwartungen damit bereits erfüllt werden können.

A4 Regionale Verfügbarkeit von Bildungsangeboten

Institutionalisierte Bildungsprozesse sind an erreichbare Angebote von Kindergärten, Schulen, Hochschulen und Weiterbildungseinrichtungen gebunden. Deren regionale Verteilung und damit ihre gute und ausgewogene Erreichbarkeit ist eine wichtige Voraussetzung für die Verfolgung individueller Bildungsinteressen ebenso wie für Schaffung eines gut verteilten Angebots qualifizierter Absolventen des Bildungs- und Ausbildungssystems. Im Folgenden sollen daher die regionalen Verteilungsmuster von Bildungsangeboten des allgemein bildenden Schulwesens und des Angebots von Ausbildungsplätzen im Rahmen der dualen Ausbildung skizziert werden. Nicht berücksichtigt werden in diesem Bericht Angebotsverteilungen im Vorschulbereich, da dazu keine belastbaren Daten verfügbar sind. Auch wird nicht auf die regionale Erreichbarkeit von Hochschulangeboten und von Angeboten in der Weiterbildung eingegangen: In diesen Bereichen überlagern sich wohnortnahe Verfügbarkeit von Angeboten und spezialisierte, überregionale Nachfrage. Dadurch kann nur eine relative Bindung der Nachfrage an das regional verfügbare Angebot unterstellt werden; die Nachfrage ist weniger vom unmittelbar zugänglichen Angebot abhängig als in den anderen Bildungsbereichen[1]. Für den Hochschulbereich wurde dies auch aktuell detailliert dargestellt[2].

A4.1 Schulartspezifische Angebotsdichte

Chancengleichheit im Sinne gleichwertiger Zugangsmöglichkeiten zu Bildungsangeboten ist nur gegeben, wenn die verschiedenen Bildungsgänge in einer Region für alle Schüler in zumutbarer Entfernung erreichbar und in bedarfsgerechter Zahl vorhanden sind. Die Dichte eines Schulnetzes wird einerseits durch die Nachfrage nach bestimmten Schulformen, zum anderen durch die Einwohnerdichte und Siedlungsstruktur der Regionen beeinflusst. Andererseits ist die Nachfrage nach weiterführenden Schulformen (z.B. dem Gymnasium) aber auch abhängig von einem wohnortnah verfügbaren Angebot. In vielen Untersuchungen konnte nachgewiesen werden, dass weite Wege zu gymnasialen Schulangeboten insbesondere in bildungsferneren Schichten eine geringere Bildungsbeteiligung nach sich ziehen. Nicht zuletzt führte diese Erkenntnis zur Ausweitung des Angebots an Realschulen, Gymnasien und Gesamtschulen im Rahmen der Schulbauprogramme der 1960er-und 1970er-Jahre.

Nach dem Schülerrückgang der 1980er-Jahre in Westdeutschland, dem Geburteneinbruch in den neuen Ländern in den 1990er-Jahren und langfristig wieder rückläufigen Schülerzahlen auch in den alten Ländern lohnt es, die Frage nach der Zugänglichkeit des Schulangebots für die Schülerinnen und Schüler in der Bundesrepublik wieder aufzugreifen.

1 Dennoch sind auch im Bereich der Weiterbildung regionale Disparitäten von Bedeutung. Vgl. z.B. Oliver Böhm-Kasper/Horst Weishaupt: Regionale Strukturen der Weiterbildung. In: Alois Mayr/Manfred Nutz (Hrsg.): Nationalatlas Bundesrepublik Deutschland, Band 6 Bildung und Kultur, Heidelberg: 2002; S. 52-55.

2 Sekretariat der KMK: Die Mobilität der Studienanfänger und Studierenden in Deutschland von 1980 bis 2000. (Dokumentation 160), Bonn: KMK 2002.

Die Dichte des Schulangebotes – hier mangels Daten zur Erreichbarkeit von Schulangeboten gemessen an der durchschnittlichen Größe von Einzugsbereichen der Schulen eines Kreises[3] – nimmt bundesweit erwartungsgemäß mit der Siedlungsdichte ab; das gilt für alle Schulformen in allen Ländern. Dabei haben die Schulen in Kreisen mit vergleichbarer Siedlungsdichte im Wesentlichen ähnlich große Einzugsbereiche[4].

Tabelle A4/1 Durchschnittliche Einzugsbereichsgrößen in qkm nach Bildungsgang und Siedlungsdichte im Schuljahr 2000/2001 (Bundesdurchschnitt)

Siedlungsdichte	Grundschule	Gymnasium	Realschule	Hauptschule	Integrierte Gesamtschule
<= 100 Einwohner je qkm	52	363	107	88	642
< =1000 Einwohner je qm	20	124	72	47	740
> 1000 Einwohner je qkm	3	12	12	10	54

Quelle: Statistik regional 2002, eigene Berechnungen

Bei dem Vergleich zwischen den Regionen der Bundesrepublik müssen allerdings die siedlungsstrukturellen Unterschiede zwischen den Flächenländern und insbesondere auch zwischen West- und Ostdeutschland beachtet werden (vgl. Abbildung A4/1).

Während in den alten Ländern nur 12% der Kreise eine Siedlungsdichte von 100 Einwohnern je qkm und weniger aufweisen, sind es in den neuen Ländern ein Drittel aller Kreise (vgl. Tabelle 4/2). Durch den starken Geburtenrückgang können Regionen mit gleicher Bevölkerungsdichte in den neuen Ländern nur bei deutlich kleineren Schulen ein ähnlich dichtes Angebotsnetz wie in den alten Ländern halten, da die Dichte der schulrelevanten Bevölkerung nur ca. halb so hoch ist (vgl. Abschnitt A1).

Tabelle A4/2 Wohn- und Schulbevölkerung in den Kreisen der alten und neuen Länder (2000)

Siedlungsdichte	Alte Länder			Neue Länder		
	Anzahl Kreise	Bevölkerung im Grundschulalter[1] je qkm	Bevölkerung im Sekundarschulalter[2] je qkm	Anzahl Kreise	Bevölkerung im Grundschulalter[1] je qkm	Bevölkerung im Sekundarschulalter[2] je qkm
<= 100 Einwohner je qkm	38	4,1	5,3	36	1,7	4,7
< =1000 Einwohner je qm	227	10,6	13,7	65	4,3	11,3
> 1000 Einwohner je qkm	62	72	92,5	11	61,2	118,7

1 6- bis unter 10-Jährige
2 10- bis unter 15-Jährige

Quelle: Statistisches Bundesamt, https://www-genesis.destatis.de

---

3 Da über die tatsächlichen Einzugsbereiche von Schulen und damit die realen Schulwege der Schüler keine Daten zur Verfügung stehen (die Wohnorte von Schülern werden i.d.R. nicht über die Schulstatistik erfasst) wurde behelfsmäßig mit dem Quotienten aus Kreisfläche und der Anzahl von Schulangeboten als durchschnittlicher Fläche eines Schuleinzugsbereiches eines Kreises gerechnet. Empirische Untersuchungen in Mecklenburg-Vorpommern (Detlef Fickermann/Ursula Schulzeck/Horst Weishaupt: Die Kosten-Wirksamkeitsanalyse als methodischer Ansatz zur Bewertung alternativer Schulnetze. Bericht über eine Simulationsstudie. In: Zeitschrift für Pädagogik 46, 2000, H. 1, S. 61-80) zeigten, dass die jeweils größten Einzugsbereiche innerhalb der Kreise im Schnitt doppelt so groß sind, wie der hier verwendete fiktive Durchschnittswert.

4 Eine Ausnahme bilden Kreise mit geringerer Siedlungsdichte in Agglomerationsräumen. Diese Randgebiete großer Kernstädte (z.B. Hamburg, München, Leipzig, Berlin) weisen größere Einzugsbereiche für Grundschulen, Schulen mit Hauptschul- und/oder Realschulbildungsgang und Gymnasien auf als Kreise vergleichbarer Siedlungsdichte anderer Regionen, dafür ist in diesen Kreisen das Angebot an Integrierten Gesamtschulen dichter.

Abbildung A4/1 Siedlungsdichte in den Kreisen der Bundesrepublik Deutschland (2000)

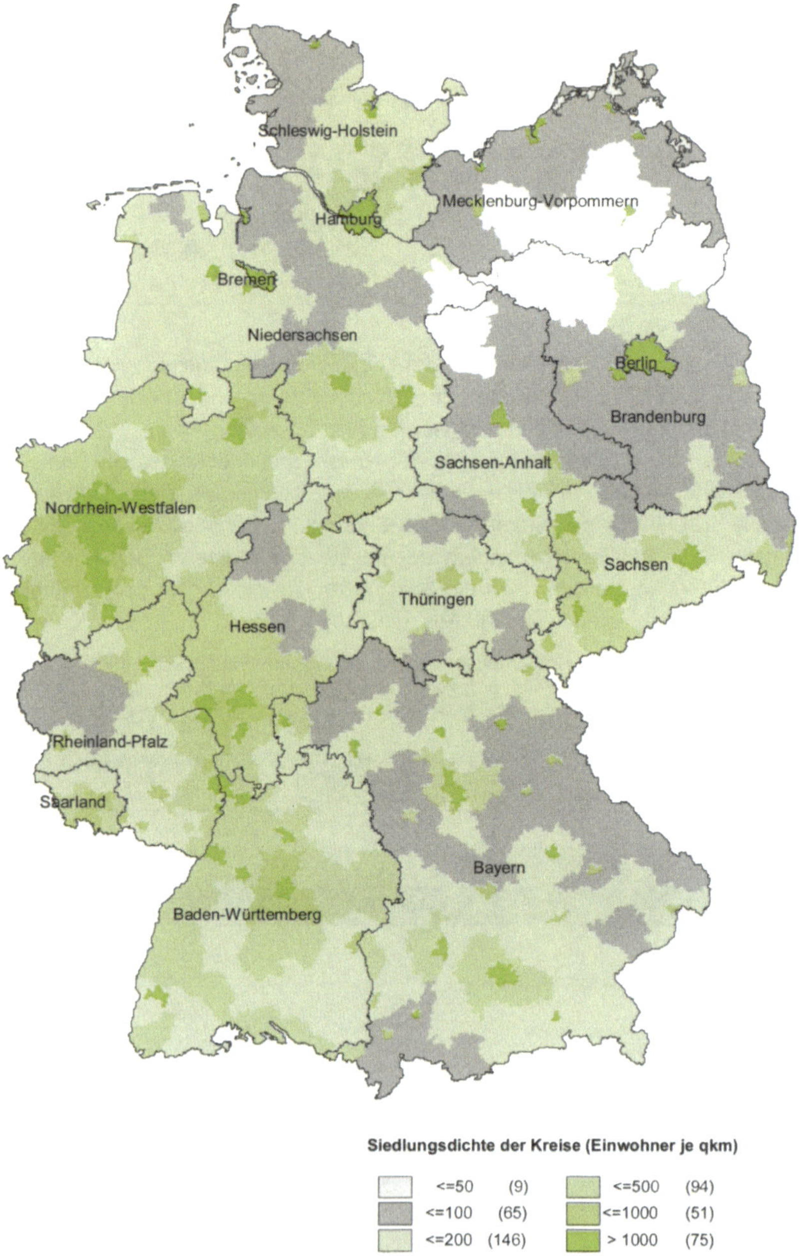

Quelle: Statistisches Bundesamt, www-genesis.destatis.de

Grundschule

Weite Schulwege sollten insbesondere im Grundschulbereich vermieden werden. Mit einer durchschnittlichen Größe der Einzugsbereiche von Grundschulen in ländlichen Gebieten der neuen Länder von 62 qkm ist dies kaum erreichbar. Während in den alten Ländern mit ländlich geprägten Regionen (Niedersachsen, Bayern) die Grundschulen in diesen Regionen durchschnittlich immerhin noch zwei Parallelklassen je Jahrgang aufweisen, wird in den neuen Ländern als Folge des Geburteneinbruchs Anfang der 1990er-Jahre in Kreisen mit vergleichbarer Siedlungsdichte mit durchschnittlich 28 Schülern je Jahrgang oft nur noch Einzügigkeit erreicht. Bei einem Aufkommen von nur 1 bis 2 Kindern im Grundschulalter je qkm in den Gebieten geringer Siedlungsdichte ist das Grundschulangebot an verschiedenen Standorten im ländlichen Raum nur mit jahrgangsübergreifend geführten Klassen wohnortnah zu erhalten.

Tabelle A4/3 Durchschnittliche Einzugsbereichsgrößen in qkm und durchschnittliche Schülerzahl je Grundschule in alten und neuen Ländern nach Siedlungsdichte 2000

in Kreisen mit Siedlungsdichte	Alte Länder: Durchschnittlicher Einzugsbereich in qkm	Alte Länder: Durchschnittliche Schülerzahl	Neue Länder: Durchschnittlicher Einzugsbereich in qkm	Neue Länder: Durchschnittliche Schülerzahl
	je Grundschulangebot		*je Grundschulangebot*	
Insgesamt	**18**	**209**	**34**	**119**
<= 100 Einwohner je qkm	43	177	62	114
< =1000 Einwohner je qm	19	205	25	117
> 1000 Einwohner je qkm	3,5	242	4	138

Für Brandenburg und Berlin sind in der Schülerzahl sechs Schuljahrgänge enthalten.

Quelle: Statistik regional 2002, eigene Berechnungen

Die hier aufgeführten Daten des Jahres 2000 stellen noch nicht den Endpunkt der Entwicklung dar. In den letzten zehn Jahren wurde in den neuen Ländern mehr als ein Drittel der Grundschulen geschlossen[5], die Entwicklung in den alten Ländern bei den nun ebenfalls sinkenden Schülerzahlen bleibt abzuwarten. Während dort aber nur bestimmte dünn besiedelte Regionen eines Landes mit Schulschließungen rechnen müssen, sind in Ostdeutschland ganze Länder betroffen. Bis auf die kreisfreien Städte weisen z.B. in Mecklenburg-Vorpommern alle Kreise weniger als 100 Einwohner je Quadratkilometer auf.

Hauptschule, Realschule, Schulen mit mehreren Bildungsgängen

Während es in der Erreichbarkeit von Schulen, die zum Haupt- oder Realschulabschluss führen, in den neuen Ländern wegen der fast durchgängigen Zusammenführung der beiden Bildungsgänge in einer Schulform nur geringe Unterschiede gibt, treten in den alten Ländern deutliche Disparitäten auf. Die Einzugsbereiche von Realschulen sind – außer in den Kernstädten – durchschnittlich zwei- bis dreimal größer als die von Hauptschulen, Schulwege zu

5 Vgl. Tabelle A4/9 im Anhang.

Realschulen damit – insbesondere in ländlichen Regionen – etwa anderthalb bis zweimal länger als zu Hauptschulen[6].

Zunehmend wird der Realschulabschluss auch an Hauptschulen abgelegt (vgl. Abschnitt C1.2 zur Entkopplung von Bildungsgang und Abschlussart). Auf diese Weise kann versucht werden, das fehlende Realschulangebot zu kompensieren. Während in Niedersachsen – mit relativ niedrigem Realschulangebot in den ländlichen Kreisen – jeder vierte Realschulabschluss an einer Hauptschule abgelegt wird, ist es in Bayern – mit ebenfalls niedrigem Realschulangebot im ländlichen Raum – nur jeder 14. bis 15. – weniger als 5% der Hauptschüler erlangen in Bayern einen Realschulabschluss. Die Option, Defizite des Schulangebots über Abschlussregelungen zu kompensieren, wird demnach von den Ländern in unterschiedlichem Maße genutzt.

Tabelle A4/4 Durchschnittliche Einzugsbereichsgrößen in qkm und durchschnittliche Schülerzahl je Hauptschulangebot in alten und neuen Ländern nach Siedlungsdichte 2000

in Kreisen mit Siedlungsdichte	Alte Länder		Neue Länder (ohne Brandenburg)		
	Durchschnittlicher Einzugsbereich in qkm	Durchschnittliche Schülerzahl	Durchschnittlicher Einzugsbereich in qkm	Durchschnittliche Schülerzahl	
	je Hauptschulangebot			Hauptschule	Schulart mit mehreren Bildungsgängen
Insgesamt	47	208	39	40	235
<= 100 Einwohner je qkm	75	168	63	49	132
< =1000 Einwohner je qm	49	205	34	22	272
> 1000 Einwohner je qkm	11	259	6	35	248

Quelle: Statistik regional 2002, eigene Berechnungen

Tabelle A4/5 Durchschnittliche Einzugsbereichsgrößen in qkm und durchschnittliche Schülerzahl je Realschulangebot in alten und neuen Ländern nach Siedlungsdichte 2000

in Kreisen mit Siedlungsdichte	Alte Länder		Neue Länder		
	Durchschnittlicher Einzugsbereich in qkm	Durchschnittliche Schülerzahl	Durchschnittlicher Einzugsbereich in qkm	Durchschnittliche Schülerzahl	
	je Realschulangebot			Realschule	Schulart mit mehreren Bildungsgängen
insgesamt	93	441	44	155	235
<= 100 Einwohner je qkm	223	340	76	173	132
< =1000 Einwohner je qm	98	453	33	125	272
> 1000 Einwohner je qkm	17	444	5	150	248

Quelle: Statistik regional 2002, eigene Berechnungen

Die Haupt- und Realschulangebote in den ländlichen Regionen der neuen Länder sind jetzt schon durchschnittlich nur einzügig, bei weiter sinkenden Schülerzahlen können eigenständige Angebote der Bildungsgänge bei Erhalt des derzeitigen Standortnetzes nicht mehr angeboten werden. Als eine Alternative zu Schulschließungen und damit zur Ausdünnung des

6 Dies schließt nicht aus, dass sich in Regionen mit einer niedrigen Besuchsquote der Hauptschule die Angebotsverhältnisse umkehren und die Realschule besser erreichbar ist als die Hauptschule.

Angebots[7] wird, beispielsweise in Thüringen, die Integration beider Bildungsgänge angestrebt.

Gymnasium

Während im Bundesdurchschnitt alle weiterführenden Bildungsgänge in Städten etwa gleich dicht angeboten werden, sind im ländlichen Raum die Einzugsbereiche gymnasialer Angebote durchschnittlich drei- bis viermal so groß wie die von Haupt- oder Realschulangeboten (vgl. Tabelle A4/1). Die Erreichbarkeit von gymnasialen Angeboten ist in alten und neuen Ländern für Regionen mit ähnlicher Siedlungsdichte vergleichbar.

Tabelle A4/6 Durchschnittliche Einzugsbereichsgrößen in qkm und durchschnittliche Schülerzahl je Gymnasium in alten und neuen Ländern nach Siedlungsdichte 2000

in Kreisen mit Siedlungsdichte	Alte Länder		Neue Länder	
	Durchschnittlicher Einzugsbereich in qkm	Durchschnittliche Schülerzahl	Durchschnittlicher Einzugsbereich in qkm	Durchschnittliche Schülerzahl
	je Gymnasialangebot		*je Gymnasialangebot*	
Insgesamt	106	727	173	671
<= 100 Einwohner je qkm	369	640	358	650
< =1000 Einwohner je qm	123	737	129	696
> 1000 Einwohner je qkm	12	724	14	636

Quelle: Statistik regional 2002, eigene Berechnungen

In ländlichen Regionen beträgt der durchschnittliche Radius eines idealisierten Einzugsgebietes (Kreis mit Gymnasium in der Mitte) mehr als zehn Kilometer. Damit sind für Schüler aus den Randgemeinden von Einzugsgebieten die Wege zu Gymnasien in den neuen Ländern mehr als doppelt so weit wie zu einer Schule, die den Realschulabschluss vergibt. In den alten Ländern ist der Unterschied weit geringer, weil auch das Realschulangebot dort räumlich konzentriert ist. Gymnasien sind in den Flächenländern der Bundesrepublik im Durchschnitt – außer in den Randgebieten der Kernstädte von Agglomerationsgebieten, die durchschnittlich vierzügige Gymnasien aufweisen – dreizügig. In den ländlichen Kreisen der alten Länder sind die Gymnasien etwas kleiner als in Regionen höherer Siedlungsdichte, in den neuen Ländern sind sie hingegen in dünn besiedelten Regionen sogar noch etwas größer als in den Kernstädten.

In den neuen Ländern haben die geburtenschwächsten Jahrgänge gerade die Sekundarstufe I erreicht (vgl. Abschnitt A1). Zweizügigkeit wird bei Erhalt des derzeitigen Standortnetzes vielerorts die Regel werden, und selbst diese kann vorübergehend für einige Standorte nicht mehr gewährleistet werden. Ohne eine langfristige Strategie zur Überbrückung des Schülertiefs kann die Schließung von Gymnasien in dünner besiedelten Gebieten mit der Konsequenz noch längerer Schulwege zu gymnasialer Bildung in den neuen Ländern kaum vermieden werden; dadurch könnte der Anspruch auf Chancengleichheit beim Bildungserwerb gefährdet werden[8].

7 Diese Ausdünnung des Angebots hat bereits eingesetzt; vgl. Tabelle A4/9 im Anhang.

8 Das Schulangebot wird in den meisten Ländern durch Integrierte Gesamtschulen ergänzt. Flächendeckend gibt es Gesamtschulen – außerhalb der Stadtstaaten – nur in den Flächenländern Brandenburg, Nordrhein-Westfalen

Sonderschulen

Bundesweite Analysen zur Erreichbarkeit von Sonderschulen sind nicht möglich, da entsprechende Daten nicht allgemein verfügbar sind. Schulen für Körper-, Seh- oder Hörbehinderte befinden sich in der Regel nur an einigen wenigen Standorten in den Ländern[9]. Sofern diese Schülerinnen und Schüler nicht integrativ beschult werden, was insbesondere nach der Grundschule eher die Ausnahme ist, müssen sie weite Wege zurücklegen oder in ein Internat aufgenommen werden. Insgesamt zeigen regional begrenzte Untersuchungen zum Sonderschulangebot, dass die regionale Verteilung der Schüler in den Sonderschulen teilweise extrem von der erwarteten Verteilung abweicht und ein flächendeckendes Versorgungsnetz, das insbesondere Kindern im ländlichen Raum mit sonderpädagogischem Förderbedarf eine adäquate Förderung garantiert, vielerorts nicht existiert. Ob und inwieweit die Vermutung berechtigt ist, dass das Angebot an sonderpädagogischen Einrichtungen auch auf die Zahl der diagnostizierten Schüler zurückwirkt, lässt sich aufgrund des gegenwärtigen Forschungsstandes nicht hinreichend beantworten.

A4.2 Ausbildungsstellenangebot

Die Bedingungen zur Fortsetzung der Ausbildung nach dem Abschluss einer allgemein bildenden Schule sind in Deutschland abhängig von der Art des Abschlusses. Während ein Hochschulstudium prinzipiell für jeden offen steht, der den dafür nötigen formalen Bildungsabschluss (Hochschul- oder Fachhochschulreife) nachweisen kann, garantiert ein Haupt- oder Realschulabschluss noch keinen Ausbildungsplatz. Wenn die Nachfrage an Ausbildungsplätzen insgesamt deren Angebot übersteigt, bleibt einem Teil der Absolventen von Haupt- und Realschulen der Einstieg in ein qualifiziertes Berufsleben verwehrt.

Ausbildungsstellenangebot und -nachfrage im dualen System

Um das nach der Berufsberatungsstatistik der Bundesanstalt für Arbeit verfügbare Ausbildungsstellenangebot von rund 586.000 Stellen bewarben sich in Deutschland im Jahr 2002 etwa 711.000 Jugendliche. Dies entspricht einer Angebots-Nachfrage-Relation von 82,4 Ausbildungsplätzen je 100 Bewerber. Für 125.000 Bewerber stand kein Ausbildungsplatz zur Verfügung. Im Vergleich zum Vorjahr hat sich die Situation noch verschärft (vgl. Tabelle A4/6), in diesem Jahr deutet sich eine weitere Verschärfung an. Nur in den Ländern Schleswig-Holstein, Hamburg, Baden-Württemberg, Saarland und Bayern konnte 2001 für jeden gemeldeten Bewerber ein Ausbildungsangebot zur Verfügung gestellt werden[10]. Aber auch von diesen Ländern wird der vom Bundesverfassungsgericht für eine ausreichende Ausbildungsplatzversorgung festgelegte Wert von 112 Plätzen für 100 Ausbildungsplatzbewerber nur teilweise erreicht.

---

und in Hessen. In den anderen Ländern werden Gesamtschulen vornehmlich punktuell in größeren Städten und Ballungszentren angeboten.

9 Karin von Spaun: Sonderschüler – besondere Schüler? In: Alois Mayr/Manfred Nutz (Hrsg.): Nationalatlas Bundesrepublik Deutschland, Band 6 Bildung und Kultur, Heidelberg: 2002; S. 44-45.

10 Für das Jahr 2002 stehen noch keine Daten für die Bundesländer zur Verfügung.

In den neuen Ländern (einschließlich Berlin) steht 2002 nur für gut jeden zweiten Bewerber (55%) ein Ausbildungsplatz zur Verfügung. Die Hälfte der Bewerber wird entweder in berufsvorbereitenden Maßnahmen „geparkt", muss sich umorientieren – etwa zu einer beruflichen Vollzeitschule – oder nach einem Ausbildungsplatz in den alten Ländern suchen. Da die Mehrzahl der Abwanderer nach der Ausbildung aufgrund der Arbeitsmarktsituation nicht in die neuen Länder zurückkehrt, wird die prekäre demographische Entwicklung in den neuen Ländern durch die Ausbildungsplatzsituation noch verschärft.

Tabelle A4/7 *Gemeldete Berufsausbildungsstellen und gemeldete Bewerber 2001/2002 nach Ländern*

	Gemeldete Berufsausbildungsstellen		Gemeldete Bewerber für Berufsausbildungsstellen		Gemeldete Ausbildungsstellen je 100 gemeldete Bewerber	
	10/2000 bis 9/2001	10/2001 bis 9/2002	10/2000 bis 9/2001	10/2001 bis 9/2002	10/2000 bis 9/2001	10/2001 bis 9/2002
Baden- Württemberg	86.705		82.438		105,2	
Bayern	105.315		94.039		112,0	
Berlin	19.673		31.869		61,7	
Brandenburg	19.555		36.863		53,0	
Bremen	6.618		7.503		88,2	
Hamburg	11.229		9.731		115,4	
Hessen	42.318		47.470		89,1	
Mecklenburg-Vorpommern	19.101		26.760		71,4	
Niedersachsen	59.007		66.151		89,2	
Nordrhein-Westfalen	125.635		141.928		88,5	
Rheinland-Pfalz	31.238		32.831		95,1	
Saarland	9.616		7.530		127,7	
Sachsen	33.475		62.510		53,6	
Sachsen-Anhalt	19.905		35.325		56,3	
Schleswig-Holstein	19.594		19.391		101,0	
Thüringen	22.064		35.458		62,2	
Deutschland	631.048	586.144	737.797	711.393	85,5	82,4
Alte Länder	497.275	465.051	509.012	491.237	97,7	94,7
Neue Länder (mit Berlin)	133.773	121.093	228.785	220.156	58,5	55,0

Quelle: Statistik der Bundesanstalt für Arbeit (BAA), www.arbeitsamt.de

Die Daten der Berufsberatungsstatistik zeichnen ein etwas anderes Bild als die im Berufsbildungsbericht veröffentlichte Ausbildungsbilanz, die alle Ausbildungsplatzbewerber unberücksichtigt lässt, die auf Vollzeit-Berufsschulen, in Praktika oder in ein freiwilliges soziales Jahr ausgewichen sind oder sich nicht mehr beim Arbeitsamt gemeldet haben. Dadurch weist die Ausbildungsbilanz des Berufsbildungsberichts[11] günstigere Relationen aus[12].

11 Bundesministerium für Bildung und Forschung (Hrsg.): Berufsbildungsbericht 2003, Bonn: 2003.

12 Vgl. Tab A4/10 im Anhang.

Unbesetzte Ausbildungsstellen und noch nicht vermittelte Bewerber

Das Verhältnis von unbesetzten Ausbildungsstellen und noch nicht vermittelten Bewerbern drückt aus, in welchem Umfang noch Ausbildungschancen für bisher erfolglose Bewerber zur Verfügung stehen (Stichtag 30. September).

Unterschiede hinsichtlich der Relation von unbesetzten Ausbildungsstellen und noch nicht vermittelten Bewerbern bestehen insbesondere zwischen den alten und den neuen Ländern. Während in den alten Ländern (ausgenommen sind Bremen und Hamburg) für jeden Ausbildungsplatz-Suchenden rechnerisch noch ein unbesetzter Platz zur Verfügung stand, war dies in den neuen Ländern bei weitem nicht der Fall. Hier übersteigt die Anzahl der unvermittelten Bewerber um mehr als das Zehnfache das noch verfügbare Angebot[13].

Als Gründe für freibleibende Ausbildungsstellen werden vor allem unerfüllte Wünsche und Vorstellungen der Bewerber hinsichtlich des Stellenangebots sowie unerfüllte Erwartungen der Ausbildungsbetriebe im Hinblick auf die Qualifikation der Bewerber angeführt[14].

Als Alternative zu einer Ausbildung im dualen System bietet sich eine Ausbildung in einer beruflichen Vollzeitschule an. Berufsfachschulen außerhalb des dualen Systems verzeichnen in den letzten Jahren steigende Schülerzahlen[15]. Wegen der Vielfalt der Schulformen und fachlichen Differenzierungen können aber kompensatorische Aufgaben – insbesondere im ländlichen Raum – nur sehr eingeschränkt übernommen werden. Prinzipiell könnte aber ein erweitertes Angebot beruflicher Vollzeitschulen nachhaltig zur Verbesserung der Bildungsoptionen von Schulabsolventen ohne Hochschulreife beitragen. Der Berufsbildungsbericht begründet im Übrigen die Zunahme der Schülerinnen und Schüler in vollzeitschulischen Ausbildungen insbesondere im Bereich der IT- und Medienberufe mit strukturellen Problemen im dualen Ausbildungssystem und Anpassungsschwierigkeiten an strukturelle Verschiebungen am Arbeitsmarkt: „Die großen Steigerungsraten verdeutlichen nicht nur den großen Bedarf der Wirtschaft an Fachkräften in diesem Bereich; sie zeigen auch, dass in Berufen mit hohen theoretischen Anforderungen vollzeitschulische Ausbildungen eine marktgängige Alternative darstellen können“[16].

Im Bereich des allgemein bildenden Schulwesens kann festgestellt werden, dass in ländlichen Regionen Deutschlands die Erreichbarkeit von Grundschulen zunehmend problematisch wird – zumal im Gebiet der neuen Länder. Für die weiterführenden Schulen zeichnen sich, was die Erreichbarkeit von Haupt- und Realschulangeboten angeht, im Gebiet der alten Länder größere regionale Unausgewogenheiten ab, die eine der Leistungsfähigkeit und den Bildungsinteressen der Schülerinnen und Schüler angemessene Wahl des Bildungsgangs erschweren. Darüber hinaus ist in ländlichen Regionen die Erreichbarkeit gymnasialer Bildungsangebote unzureichend. Dies erschwert die Realisierung gymnasialer Schulkarrieren.

Insgesamt lassen sich, was die Erreichbarkeit von Bildungs- und Ausbildungsangeboten angeht, erhebliche Unterschiede zwischen den alten und den neuen Ländern feststellen. So sind z.B. die Einzugsbereiche für Grundschulen und für Gymnasien (diese beiden Schulformen gibt es in allen Ländern in ähnlicher Form) in den neuen fast doppelt so groß wie in den

13 Vgl. Tab.A4/11 im Anhang.

14 Bundesministerium für Bildung und Forschung (Hrsg.): Berufsbildungsbericht 2002, Bonn: 2002, S. 19.

15 Bundesministerium für Bildung und Forschung (Hrsg.): Berufsbildungsbericht 2003, Bonn: 2003, S. 127.

16 Bundesministerium für Bildung und Forschung (Hrsg.): Berufsbildungsbericht 2002, Bonn: 2002, S. 22.

alten Ländern. Dies ist zum einen eine Folge siedlungsstruktureller Unterschiede, zum anderen aber auch des Geburteneinbruchs, der nach 1989 im Gebiet der neuen Länder eingesetzt hat. Da inzwischen die geburtenschwachen Jahrgänge die weiterführenden Schulen ‚erreicht' haben, setzt auch dort im Sekundarbereich eine Welle von Schulschließungen ein – mit der Folge der weiteren Ausdünnung des Schulangebots.

Mit dem zu erwartenden Rückgang der Schülerzahlen kann auch in den alten Ländern die Zugänglichkeit für alle Schulformen schlechter werden. Als Folge können sich die regionalen Disparitäten im Zugang zu schulischen Angeboten weiter vergrößern. In einer zunehmenden Zahl von Regionen entsteht ein kaum befriedigend lösbares Spannungsverhältnis zwischen der guten Erreichbarkeit und fachlichen Standards des Unterrichts und der organisatorischen Funktionalität des Schulangebots[17].

Die in den neuen Berufsbildungsbericht aufgenommenen regionalen Analysen[18] machen deutlich, dass viele ländliche Regionen (vor allem in den neuen Ländern), die um den Erhalt eines wohnortnahen Schulangebots kämpfen müssen, auch häufig Probleme mit einer angemessenen Ausbildungsplatzversorgung haben. Sie müssen sich in besonderer Weise um die Qualität des schulischen Angebots bemühen und werden dazu besonderer Hilfen bedürfen. Zugleich wird langfristig die Bestandsfähigkeit der noch erhaltenen Schulen weiter in Frage gestellt, wenn über unzureichende Ausbildungsmöglichkeiten die Jugendlichen zur Abwanderung veranlasst werden. Es entstehen folglich sich überlagernde Benachteiligungen, die einen regional differenzierenden Blick auf Bildungsgelegenheiten und -verläufe für die Zukunft nahe legen.

17 Vgl. dazu beispielhaft: Entwicklung der Schulen der Sekundarstufe I im ländlichen Raum des Landes Brandenburg. Bericht der Regierungskommission an die Landesregierung Brandenburg, Potsdam: 2000.

18 Bundesministerium für Bildung und Forschung (Hrsg.): Berufsbildungsbericht 2003, Bonn: 2003, S. 58ff.

A5 Bildungszeit

Mit Blick auf die „oberste, wichtigste und nützlichste Regel aller Erziehung" formulierte Rousseau: „Sie heißt nicht: Zeit gewinnen, sondern: Zeit verlieren!" Diese Maxime, dies lässt sich im Rückblick sagen, könnte ein Leitmotiv der auf Rousseau folgenden Schulentwicklung sein: Im Verlauf der zweihundert Jahre seither wurde der institutionalisierten Erziehung immer mehr Zeit eingeräumt: Der mit der Schulpflicht verbundene Entwicklungsprozess hat dazu geführt, dass immer mehr Kinder immer länger Schulen besuchen durften bzw. mussten. Im 19. Jahrhundert war dieser Prozess in Deutschland dadurch gekennzeichnet, dass an dessen Ende nahezu alle Kinder Schulen besuchten – zumeist und zumindest etwa acht Jahre lang. Im 20. Jahrhundert, vor allem in seiner zweiten Hälfte, zeichnete sich dieser Prozess dadurch aus, dass die Pflichtschulzeit im allgemein bildenden Schulsystem auf in der Mehrheit der westlichen Länder neun, in einer Minderheit zehn und in der DDR insgesamt zehn Jahre ausgedehnt wurde. Zudem wurden immer mehr Kinder auf ‚längere' Bildungswege wie die des Gymnasiums geschickt; auch absolvierten immer mehr junge Menschen im Anschluss an ihre Pflichtschulzeit eine Berufsausbildung in Vollzeitschulen oder im dualen System; schließlich wurden die Ausbildungs- ebenso wie die Unterrichtszeit im Rahmen des dualen Ausbildungssystems kontinuierlich erhöht – auf in der Mehrheit der Ausbildungsberufe dreieinhalb Jahre. Schulgeschichte, so lässt sich vergröbernd feststellen, ließe sich auch als die Geschichte einer kontinuierlich gesteigerten Inanspruchnahme von Lebenszeit durch öffentlich veranstaltete Bildung und Ausbildung schreiben.

Dieser „Zeitverbrauch" durch Bildung wurde im Verlauf der Geschichte zumeist und mehrheitlich, ganz auf den Spuren des eingangs zitierten Wortes von Rousseau, als Fortschritt, als Emanzipation begriffen. Mit der Inanspruchnahme von Bildungszeit verbunden war zum einen die Befreiung von Erwerbsarbeit: Schule trat neben und dann an die Stelle von Kinderarbeit. Zum andern wurde die Teilhabe an Bildung in einer eigens dafür reservierten Zeit zur Voraussetzung persönlicher Freiheit und Selbstbestimmung: Aufklärung, eben auch durch Bildung, so hatte es Kant 1784 geschrieben, wurde begriffen als der „Ausgang des Menschen aus seiner selbstverschuldeten Unmündigkeit".

Auf dem Hintergrund dieser doppelten Befreiung, aus Unmündigkeit nämlich wie auch von früher Erwerbsarbeit, wurde der säkulare Prozess der Ausdehnung von Bildungszeiten weithin als Bestandteil der Humanisierung der Gesellschaft begriffen. Der unaufhaltsam ansteigende Zeitverbrauch durch institutionalisierte Erziehung war (auch wenn er im Einzelnen jeweils gegen heftigen Widerstand durchgesetzt werden musste) letztlich so selbstverständlich geworden und gesellschaftlich so breit getragen, dass sich kaum systematische Bemühungen fanden, diesen Zeitverbrauch zu begründen, gar zu verteidigen. Bildungszeit ist den Institutionen der öffentlichen Erziehung gleichsam vor die Füße gefallen, ihr Gebrauch musste nicht eigens legitimiert werden. Erst neuerdings beginnt sich dies zu ändern: Die weiterhin expansive Tendenz beim Zeitverbrauch durch Bildung wird in Frage gestellt.

A5.1 Zur Kritik am expansiven Zeitverbrauch durch Bildung

Die Selbstverständlichkeit dieser Bewertung des Verbrauchs von Lebens- durch Bildungszeit gerät aus unterschiedlichen Blickwinkeln gleichermaßen ins Wanken:

- Aus der Perspektive junger Menschen verliert die immer mehr Zeit in Anspruch nehmende institutionalisierte Bildung Teile ihres emanzipativen Charakters. In einer Zeit (Schuljahr 2000/01), in der 84,4% aller (wahlmündigen) 18-jährigen noch Schüler oder Schülerinnen sind (27,1% in allgemein bildenden und 57,3% in berufsbildenden Einrichtungen[1]), türmt sich die Bildungszeit, die ja auch eine Zeit der Disziplinierung und der ökonomischen Abhängigkeit ist, je länger je mehr vor der biographisch längst überfälligen Selbstständigkeit auf. Je mehr Lebenszeit durch Teilhabe an Bildung in Anspruch genommen wird, umso mehr wird der Doppelcharakter von Bildungszeit deutlich: Bildungszeit ist ein Geschenk, da sie Raum für Selbstständigkeit und Selbstentfaltung gewährt. Zugleich aber setzt diese Bildungszeit, wenn sie ausufert, der Selbstständigkeit Grenzen.
- Angesichts der durch Kontraktion gekennzeichneten demographischen Entwicklung wird die hohe Absorptionsleistung, die das Bildungssystem mit seiner Inanspruchnahme von Lebenszeit in seinem Verhältnis zum Beschäftigungssystem leistet, zusehends in Frage gestellt. Spätestens in zwanzig Jahren, wenn an Stelle der derzeit (Ende 2001) etwa 9,5 Millionen jungen Menschen im Alter zwischen 20 und 30 Jahren in Deutschland – wenn kein deutlicher Wanderungsüberschuss zu verzeichnen sein wird – nur noch knapp 7,9 Millionen junge Erwachsene dieser Altersgruppe leben werden, wird sich der hohe zeitliche Aufwand für Schul- und Erstausbildung ökonomisch kaum mehr durchhalten lassen. Dies gilt ganz besonders für das Gebiet der fünf neuen Länder: An Stelle der jetzt noch knapp 1,6 Millionen im Alter von 20 bis unter 30 werden dort, wenn es nicht zu starken Zuwanderungen kommen sollte, in zwanzig Jahren nur noch 0,8 Millionen junge Erwachsene leben.
- Die Problematisierung der ausgedehnten Bildungs- und Ausbildungszeiten erhält durch die Beschleunigung der Wissensentwicklung und die Veralterung von Wissen zusätzliche Schubkraft. Die Verteilung der Bildungszeit auf die Lebenszeit mit einer langen und spät einsetzenden Lernphase in der Kinder- und Jugendzeit setzt darauf, ‚Vorratswissen' für das gesamte spätere Leben anzuhäufen. Dieses tradierte Modell wird mehr und mehr in Frage gestellt. Attraktiv werden Modelle, die den Einzelnen einen Wiedereintritt in Bildungs- und Ausbildungsprozesse ermöglichen, damit sie mit ihrer je individuellen Kompetenzentwicklung dem Wandel der Kompetenzanforderungen in ihrer Umwelt gerecht werden können. Dabei geht es nicht um eine ‚Rückgabe' von Bildungszeit an andere Verwendungsbereiche, sondern um eine andere Verteilung der historisch gewonnenen Lernzeit auf die Lebenszeit der Menschen.

1 Vgl. Kultusministerkonferenz (KMK): Schule in Deutschland – Zahlen, Fakten, Analysen. Bonn: 2002, S. 43 und S. 45.

A5.2 Zustandsbeschreibung zum Zeitverbrauch

Die im folgenden ausgebreiteten Daten zur Inanspruchnahme der Ressource Zeit durch das Bildungssystem können vor dem Hintergrund dieser sich aus vielen unterschiedlichen Quellen nährenden Infragestellung des in Deutschland tradierten Umgangs mit der Lebenszeit der Heranwachsenden gelesen werden:

- Unbeschadet der Tatsache, dass die Schulpflicht in Deutschland mit sechs Jahren beginnt, sind die Schülerinnen und Schüler in Deutschland bei ihrer Einschulung infolge der geltenden Stichtagregelungen und Zurückstellungen deutlich älter: Im Bundesdurchschnitt waren im Schuljahr 2000/01 etwa die Hälfte aller Kinder (51,1%) bei Schulbeginn älter als sieben Jahre[2]. In Deutschland schwankt die Pflichtschulzeit im allgemein bildenden Schulwesen zwischen neun und zehn Jahren[3]. In vier Ländern (in Berlin, Brandenburg, Bremen und in Nordrhein-Westfalen) besteht eine zehnjährige Schulbesuchspflicht, in den übrigen zwölf Ländern endet diese Schulpflicht nach dem neunten Schulbesuchsjahr. Dies führt dazu, dass der Anteil der Schüler und Schülerinnen am entsprechenden Altersjahrgang in der neunten Jahrgangsstufe bei 97,6% liegt, während der Anteil der Lernenden in der 10. Jahrgangsstufe am entsprechenden Altersjahrgang im Bundesdurchschnitt nur noch 76,2% ausmacht. Etwa ein Viertel der Schülerschaft verlässt damit nach neun Schulbesuchsjahren das allgemein bildende System.
- Unter den Fünfzehnjährigen blickt ein bemerkenswert hoher Anteil auf eine mindestens einmalige Klassenwiederholung zurück: In der Grundschule bleiben jährlich im Bundesdurchschnitt 1,9% aller Kinder sitzen, in den Schulen der Sekundarstufe I ereilt jährlich 4,2% aller Schülerinnen und Schüler dieses Geschick. Dieses im internationalen Vergleich hohe Ausmaß jährlicher Klassenwiederholungen führt dazu, dass in Deutschland – je nach Land – zwischen 11,2% (Brandenburg) und 35,7% (Schleswig-Holstein) aller Fünfzehnjährigen mindestens einmal eine Klasse wiederholt haben[4].
- Die, die über das 10. Schuljahr hinaus im allgemein bildenden Schulwesen weiter lernen und die allgemeine Hochschulreife anstreben, benötigen dazu je nach Bundesland und – in einzelnen Ländern – je nach Wahl der alternativ angebotenen Varianten nach vier Grundschuljahren weitere neun bzw. acht Schuljahre. Das durchschnittliche Alter der Abiturienten liegt im Gebiet der alten Länder mit überwiegend 13-jähriger Schulzeit bis zum Abitur bei 20,0 Jahren, im Gebiet der neuen Länder mit der mehrheitlich 12-jährigen Schulzeit bei 19,1 Jahren[5].
- Die Absolventen des allgemein bildenden Schulwesens benötigen, sofern sie eine Berufsausbildung im dualen System anstreben, zwischen zwei und vier Jahren Ausbildungszeit: Von allen jungen Leuten, die im Jahr 2001 eine Ausbildung aufgenommen haben, lernen 5% Berufe, die nach den geltenden Ausbildungsordnungen eine bis zu vierundzwanzig Monate umfassende Ausbildungszeit erfordern, 73% dagegen solche

---

2 Vgl. Ministerium für Schule, Wissenschaft und Forschung des Landes NRW: Einschulungspraxis, Klassenwiederholung und Schulformwechsel im internationalen und innerdeutschen Vergleich. Düsseldorf: 2002, S. 2f.

3 Vgl. dazu die Tabelle A5/1 im Anhang.

4 Vgl. dazu die Tabelle A5/2 im Anhang.

5 Vgl. Tabelle A5/1 im Anhang.

Berufe, die eine Ausbildungszeit von 30 bis 36 Monaten erfordern, und weitere 22% Ausbildungsberufe, die eine Ausbildungszeit von 42 Monaten voraussetzen[6].

- Die Schulabsolventen dagegen, die nach dem Erwerb der Hochschulreife ein Studium aufnehmen (an Fachhochschulen sind sie im Durchschnitt 22,5 Jahre, an Universitäten 21,0 Jahre alt), benötigen vom ersten Hochschulsemester bis zum ersten Hochschulexamen durchschnittlich an Fachhochschulen 5,4 Jahre, an Universitäten 6,7 Jahre. 2000 waren die Fachhochschulabsolventen durchschnittlich 28,5 Jahre alt, die Universitätsabsolventen dagegen 28,0[7].
- Etwa ein Viertel der jungen Leute, die die allgemeine Hochschulreife oder die Fachhochschulreife erworben haben, beginnen im Jahr 2001 nach dem Erwerb ihrer Hochschulreife eine Ausbildung im dualen System[8]. Diese Gruppe durchläuft also die Ausbildungsphase der Sekundarstufe II gleich doppelt; ein Teil von ihnen wird nach Abschluss der Berufsausbildung ein Studium aufnehmen.

Wenn man die Zeit, die die Heranwachsenden für Bildung am Beginn des 21. Jahrhunderts aufbringen, für die beiden quantitativ gewichtigsten Bildungswege darstellt (für den der dreieinhalbjährigen dualen Ausbildung nach Abschluss der 10. Klasse einer allgemein bildenden Schule und den des universitären Studiums nach dem Abitur, zu dessen Erreichung 13 Jahre erforderlich sind), so ergibt sich folgendes Bild: Deutschlands junge Männer und Frauen benötigen 13,5 Jahre bzw. 19,7 Jahre für ihre Schulbildung und für ihre berufliche Erstausbildung. Wenn diese beiden Gruppen nach ihrer Einschulung mit im Durchschnitt 6,8 Jahren ohne Klassenwiederholungen, ohne Wartezeiten und ohne Militär- oder Zivildienst ihren Ausbildungsweg begehen würden, so würden sie dabei 20,3 bzw. 26,5 Jahre alt werden. Wegen der genannten Zusatzzeiten sind die Absolventen dieser beiden Ausbildungsgruppen aber tatsächlich bei Berufsbeginn etwa 22 bzw. etwa 28 Jahre alt[9]. Dann erst können sie daran gehen, ihr auf Vorrat erworbenes Wissen in eine Erwerbstätigkeit einzubringen.

A5.3 Nutzung der Bildungszeit

Die tatsächliche Bildungszeit, die in dieser Lebenszeit ‚untergebracht' wird, ist – auch im internationalen Vergleich – eher gering. Dies ergibt sich daraus, dass auch infolge der in Deutschland nach wie vor vorherrschenden Halbtagsschule im internationalen Vergleich eher wenig Unterricht erteilt wird: Wenn man die durchschnittlich je Schuljahr erteilte Unterrichtszeit in Zeitstunden der Altersgruppe der Neun- bis Vierzehnjährigen heranzieht, so erhalten die deutschen Schülerinnen und Schüler 850 Stunden Unterricht; der entsprechende OECD-Durchschnittswert liegt bei 889 Stunden; die Niederlande, die hier in der internationalen Spitzengruppe liegen, erteilen ihren Kindern und Jugendlichen dieser Altersgruppe im Jahresdurchschnitt 1.033 Zeitstunden Unterricht[10].

6 A.a.O.

7 A.a.O., vgl. auch Bundesministerium für Bildung und Forschung (Hrsg.): Grund- und Strukturdaten 2001/02. Bonn: 2003, S. 184 und 274.

8 Eigene Berechnungen nach: Bundesministerium für Bildung und Forschung (Hrsg.): Berufsbildungsbericht 2003. Bonn: 2003, S. 83.

9 Vgl. Tabelle A5/1 im Anhang.

10 Vgl. OECD: Bildung auf einen Blick 2002. Paris: 2002, S. 314.

Bei einer innerdeutschen Betrachtung fallen, was das erteilte Unterrichtsvolumen angeht, nach KMK-Angaben erheblicher Länderunterschiede auf (vgl. Tabelle A5/3 im Anhang): Ein Lernender in Bayern erhält von der ersten bis zur 10. Klasse in der Realschule 294 ‚Wochenpflichtstunden' (Einzelheiten s. B1). Bei durchschnittlich 38 Wochen Unterricht je Jahr bedeutet dies ein Gesamtvolumen von 11.172 Unterrichtsstunden bis zum mittleren Bildungsabschluss. Derselbe Lernende würde in Berlin 261 ‚Wochenpflichtstunden' erhalten, also insgesamt 9.918 Unterrichtsstunden. Die Differenz von 1.254 Unterrichtsstunden, die hier erkennbar wird, entspricht dem Unterrichtsvolumen von etwas mehr als einem ganzen Schuljahr. Angesichts des Zusammenhangs, den die PISA-Studie zwischen der erbrachten Leistung und dem erhaltenen Unterrichtsvolumen ausweist[11], ein Zusammenhang, der international nicht belegt, im innerdeutschen Ländervergleich aber unübersehbar ist, stellt dies eine bedenkliche Ausdifferenzierung des in den einzelnen Ländern erteilten Unterrichtsvolumens dar.

Insgesamt zeigt sich, dass die in Deutschland für Bildung und Ausbildung am Start der je individuellen Bildungsbiographie von den Einzelnen eingesetzte Zeit durch ein bemerkenswertes Volumen an Lebenszeit, durch eine insgesamt eher geringe Ausnutzungsquote dieser Zeit und schließlich durch beachtliche länderspezifische Ausprägungen der bereit gestellten Lernzeit gekennzeichnet ist. Deutschland geht im Bildungsbereich mit der Lebenszeit seiner Heranwachsenden großzügig um.

11 Vgl. Deutsches PISA-Konsortium (Hrsg.): PISA 2000 – Die Länder der Bundesrepublik Deutschland im Vergleich. Opladen: 2002, S. 48.

A6 Lernausgangslage der Lernenden

Bei der Charakterisierung der Lernausgangslage der Lernenden oder genauer: derer, die in die jeweiligen Stufen des Bildungssystems eintreten, ist es sinnvoll, weiter auszuholen: Zunächst soll für die hier anstehende Fragestellung noch einmal an ausgewählte demographische und soziodemographische Daten erinnert werden; daran werden sich Daten über das Ausmaß der institutionalisierten vorschulischen Förderung anschließen; schließlich soll – gestützt auf die IGLU- und die PISA-Studie – etwas über die erworbenen Kompetenzen der in die Sekundarstufe I wechselnden Grundschulabsolventen sowie über die Schüler und Schülerinnen am Ende ihrer Pflichtschulzeit berichtet werden.

A6.1 Lernausgangslagen im ‚weiteren' Sinn: Demographische und Soziodemographische Aspekte

Folgt man den vorliegenden Bevölkerungsvorausschätzungen, so ergibt sich für Deutschland insgesamt und für die Gebiete der alten sowie der neuen Länder für die vor uns liegenden Jahre ein Bild, das durch sinkende Geburtenzahlen und deren Folgen für den altersstrukturellen Aufbau der in Deutschland lebenden Bevölkerung gekennzeichnet ist. Die demographische Entwicklung in den Altersgruppen, aus denen das ‚Angebot' der Schülerinnen und Schüler stammt, ist für das Bildungssystem doppelt bedeutsam: Zum einen bestimmt es die Ressourcennachfrage und die Standortentwicklung der kommenden Jahre; zum anderen, und das ist mindestens so folgenreich, ist zu erwarten, dass die Bildungseinrichtungen auf ein sich verknappendes Angebot mit veränderten qualitativen Ansprüchen reagieren. Wenn Schulen infolge ausbleibender Schülerzahlen von Verkleinerung oder gar Schließung bedroht sind, treten sie untereinander in Konkurrenz um die ‚knappen' Schüler und Schülerinnen. Dies kann, Erfahrungen aus früheren Schrumpfungsphasen im Westen Deutschlands stützen diese Vermutung, dazu führen, dass die Anforderungen an die Lernausgangslage der von den konkurrierenden Schulen umworbenen jungen Leute sinken. Wenn dies bei den Schulen nicht zum Absenken der angestrebten qualitativen Standards führen soll, bedarf es erheblicher pädagogischer Anstrengungen.

Die Heranwachsenden, die in den kommenden Jahren Schulen in Deutschland besuchen, werden wie auch schon gegenwärtig zu erheblichen Anteilen durch ihre Migrationsgeschichte geprägt sein (vgl. dazu auch Kapitel A1.1). Diese Migrationsgeschichte wurde im Rahmen der PISA-Untersuchung so erfasst, dass nicht nur nach dem Geburtsland der jeweiligen Jugendlichen, sondern auch nach dem der beiden Elternteile gefragt wurde. Auf der Basis dieser Zusatzinformationen wurde das Vorliegen eines Migrationshintergrundes dann als gegeben angenommen, wenn mindestens ein Elternteil außerhalb Deutschlands geboren wurde. So definiert, ergibt sich für die Fünfzehnjährigen – nur über diese Altersgruppe liefert die PISA-Untersuchung diese Informationen – in Deutschland im Frühsommer 2000 ein Migrationsanteil von 21,7% bei einem über die Staatsangehörigkeit definierten Ausländeranteil von nur 9,3% (vgl. Abbildung A6/1)[1]. Diese beachtliche Differenz, die sich

1 Vgl. dazu und zu den folgenden Daten ausführlicher Tabelle A6/1 im Anhang.

auch für die Altersgruppe der Grundschulkinder beobachten lässt[2], erklärt sich durch das ‚Hereinnehmen' der Eingebürgerten, der Aussiedler sowie der Asylbewerber und Flüchtlinge.

Eine regionale Ausdifferenzierung verweist darüber hinaus auf starke innerdeutsche Unterschiede: Im Gebiet der neuen Länder (unter Einschluss von Berlin) beträgt unter den Fünfzehnjährigen der Ausländeranteil lediglich 3,5%, der Anteil der Jugendlichen mit Migrationshintergrund dagegen 7,6%. Die entsprechenden Vergleichswerte für das Gebiet der früheren Bundesrepublik liegen bei 11,7% (Ausländeranteil) bzw. bei 27,1% (Anteil der jungen Menschen mit Migrationshintergrund).

Abbildung A6/1 Anteile der 15-Jährigen nach Staatsangehörigkeit und Migrationsgeschichte (2000)

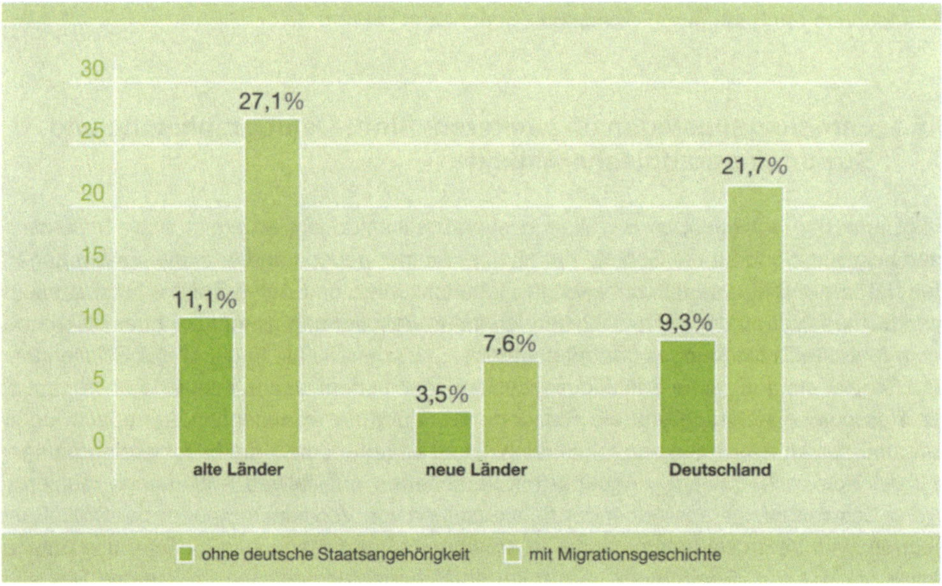

Quelle: vgl. Tabelle A6/1

Im Westen Deutschlands findet sich hinsichtlich der Anteile der Einwohner mit Migrationsgeschichte eine bemerkenswerte Spreizung zwischen den Ländern: Während in Schleswig-Holstein ‚nur' 14,3% der Fünfzehnjährigen eine Migrationsgeschichte aufweisen, gilt dies im kleinsten Bundesland Bremen für 40,7%. Hinter diesen – regional unterschiedlich verteilten – Anteilen von Jugendlichen mit Migrationsgeschichte verbirgt sich eine kaum vorstellbare kulturelle Vielfalt. Eine Studie, die im Jahr 2002 an allen Grundschulen der Ruhrgebietsstadt Essen durchgeführt wurde, kann dies exemplarisch an Hand der genutzten Sprachen verdeutlichen: In 28% der Familien der Grundschüler Essens werden zu Hause andere Sprachen als Deutsch gesprochen – und zwar insgesamt 109 unterschiedliche Sprachen[3].

2 Vgl. Wilfried Bos/Eva-Maria Lankes/Manfred Prenzel/Knut Schwippert/Gerd Walther/Renate Valtin (Hrsg.): Erste Ergebnisse aus IGLU. Schülerleistungen am Ende der vierten Jahrgangsstufe im internationalen Vergleich. Münster: 2003, S. 277.

3 Vgl. Rupprecht S. Baur/Emil Huber: Sprachenerhebung Essener Grundschulen. In: *www.uni-essen.de/daz-daf* vom 13.6.2002 (Stand: August 2003).

Zum Teil verbunden mit unterschiedlichen Migrationshintergründen, ganz wesentlich aber auch unabhängig von ihnen zeichnet sich die in Deutschland lebende Gesellschaft durch soziale Heterogenität aus: In der Gruppe der Fünfzehnjährigen (die mit hoher Plausibilität als repräsentativ für die anderen Altersgruppen der Schulbevölkerung angenommen werden kann) stammen 19,7% aus Familien, in denen der Haushaltsvorstand der Gruppe der an- und ungelernten Arbeiter und Arbeiterinnen bzw. 24,2% aus Familien, in denen der Haushaltsvorstand der Gruppe der Facharbeiter und Facharbeiterinnen zuzurechnen sind[4]. Dies erinnert daran, dass auch die Schule der kommenden Jahre und Jahrzehnte eine Schülerschaft aufnehmen wird, in der der mit Abstand größte Anteil aus eher bildungsferneren Schichten stammen wird, aus Schichten, die ihren Kindern deutlich geringer als andere Schichten familiäre Unterstützungspotentiale zur Verfügung stellen können.

Beides: die hohen Anteile der Lernenden mit Migrationshintergrund wie auch die hohen Anteile der Heranwachsenden aus eher bildungsfernen Schichten – dies hat die PISA-Studie noch einmal eindringlich belegt – konstituiert eine Lernausgangslage, die hohe Anforderungen an die Schulen stellt und weiter stellen wird.

A6.2 Lernausgangslagen im ‚engeren' Sinn: beim Schulstart, beim Wechsel in weiterführende Schulen und am Ende der Schulpflichtzeit

Bei ihrem Schulstart, der bei bundesdurchschnittlich 6,1% der Schulanfänger verspätet erfolgt[5], verfügt die überwiegende Mehrheit der Kinder in Deutschland über Kindergartenerfahrungen: Wenn man das Angebot an Kindergärten auf die Gruppe der Drei- bis unter Sechseinhalbjährigen bezieht[6], so bietet der Durchschnitt aller Bundesländer für etwa 90% der Kinder dieser Altersgruppe Kindergartenplätze an – allerdings mit starken länderspezifischen Unterschieden (vgl. Abbildung A6/2)[7]. Im Gebiet der neuen Länder stellt sich die Versorgungssituation infolge der geringen Geburtenzahlen der vergangenen Jahre deutlich günstiger, in dem der alten Länder dagegen ebenso deutlich ungünstiger dar (der besonders niedrige Hamburger Wert erklärt sich durch das gut ausgebaute parallele Angebot von Vorschulklassen). Bundesdurchschnittlich gilt für etwa 90% der Schulanfänger, dass sie im letzten Jahr vor ihrem Schuleintritt einen Kindergarten besucht haben. Aus der IGLU-Studie ist ersichtlich, dass etwa 70% der Schulstarter vor Schulbeginn mehr als zwei Jahre Kindergartenkinder waren[8]. Aus derselben Studie wissen wir auch[9], dass es einen unverkennbaren Zusammenhang zwischen der Dauer des Kindergartenbesuchs und der am Ende der Grundschulzeit festgestellten Lesekompetenz gibt – und zwar für die Kinder aus allen sozialen Schichten.

4 Vgl. Tabelle A6/2 im Anhang.
5 Vgl. zu den ‚verspäteten' Einschulungen Tabelle A6/4 im Anhang.
6 Vgl. dazu Tabelle A6/3 im Anhang.
7 Die Zahl der Kindergartenplätze wird nur alle vier Jahre statistisch erfasst. Die Ergebnisse der Erhebung von 2002 liegen noch nicht bundesweit vor. Anzunehmen ist – bedingt durch den gesetzlichen Auftrag zu einer ausreichenden Kindergartenplatzversorgung nach dem 8. Sozialgesetzbuch – eine deutliche Verbesserung der Versorgungssituation seit 1998.
8 Vgl. Wilfried Bos u.a (Hrsg.) 2003 (a.a.O.), S. 48.
9 A.a.O., S. 128f.

Erfolgreiche Karrieren in den ersten Jahren der Grundschule sind jenseits der sozialen Herkunft erheblich an die Schulfähigkeit der Kinder gekoppelt. Diese umfasst neben körperlichen (Größe, Gewicht, Körperproportionen, Motorik), motivationalen (Interesse, Leistungsbereitschaft, Selbstkontrolle, Ausdauer, Misserfolgstoleranz) und sozialen Merkmalen (befristete Trennung von Bezugspersonen, Umgang mit fremden Personen, Ansprechbarkeit in der Gruppe) vor allem kognitive Grundfähigkeiten[10]. Schülerinnen und Schüler mit höheren kognitiven Fähigkeiten können sich schneller auf neue Aufgaben einstellen, sie verfügen über effektivere Problemlösestrategien, erkennen leichter lösungsrelevante Regeln, verfügen über eine größere Verarbeitungskapazität und elaboriertere Gedächtnisstrategien. Neben einer genetischen Komponente sind es vor allem die Gelegenheitsstrukturen der Kinder in ihren Familien und in Institutionen wie Kindergärten und Schulen, die die Entwicklung der kognitiven Grundfähigkeit steuern. Wie sehr solche Grundfähigkeiten gerade für den Wissenserwerb in unbekannten Bereichen wichtig sind, zeigen Forschungsarbeiten im Bereich der Schule. Diese Untersuchungen zeigen auch, dass es über die Zeit zu einem Absinken der Effekte kognitiver Grundfähigkeiten auf Schulleistungen kommt und dass gleichzeitig die Rolle des Vorwissens wichtiger wird. Vorwissensdefizite behindern demzufolge erfolgreiche Schulkarrieren erheblich stärker als Beschränkungen in den kognitiven Grundfähigkeiten.

Abbildung A6/2 Kindergartenplätze je 100 Kinder im Alter von drei bis sechseinhalb Jahren (1998)

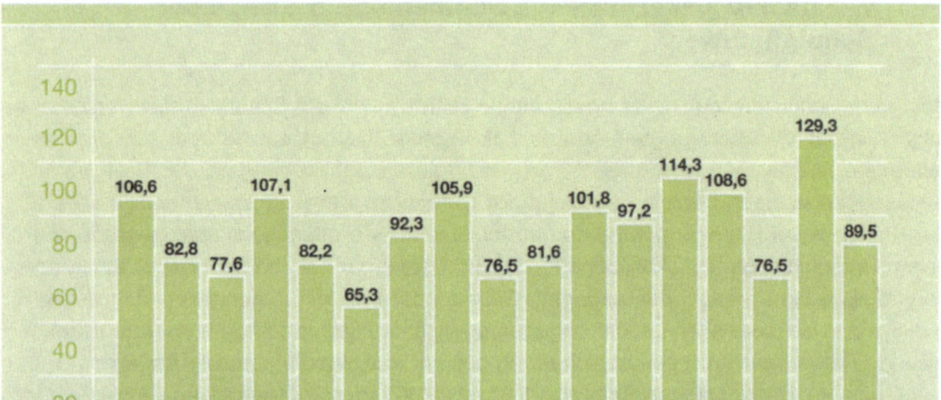

Quelle: Tabelle A6/3

Die in der Grundschule erworbenen fachlichen und sozialen Kompetenzen, gekoppelt mit den Ausprägungen in den kognitiven Grundfähigkeiten, stellen die Lernausgangslage beim Eintritt in die weiterführenden Schulen dar: Ausweislich der IGLU-Untersuchung[11] verfügen 10,3% der Viertklässler in Deutschlands Schulen nicht über Lesekompetenzen, die die ein-

10 Olaf Köller/Jürgen Baumert: Entwicklung von Schulleistungen. In: Rolf Oerter/Leo Montada (Hrsg.): Entwicklungspsychologie. Weinheim: [5]2002, S. 756-786.

11 Vgl. Abbildung C2/1.

fache Fähigkeit, „gesuchte Wörter in einem Text zu erkennen" übersteigen. Auch wenn Deutschlands Viertklässler damit besser dastehen, als die Schüler und Schülerinnen dieser Klasse in wichtigen europäischen Vergleichsstaaten wie Frankreich oder England, bedeutet dies doch, dass ein Zehntel der Grundschulabsolventen jener Risikogruppe zuzurechnen ist, die die „Schwelle zur textlichen Alphabetisierung"[12] nicht überschritten hat und die in den weiterführenden Schulen hochgradig vom Scheitern bedroht ist.

Für das Ende der Pflichtschulzeit (zumindest gilt dies für die Länder mit neunjähriger Pflichtschulzeit) bietet die PISA-Studie vergleichbare Informationen zur Lernausgangslage der Fünfzehnjährigen, die an der Schwelle zu den gymnasialen Oberstufen, den beruflichen Vollzeitschulen und den Bildungsgängen der dualen Berufsausbildung stehen: Auch für diese Altersgruppe kann die Lernausgangslage beim Wechsel in die Sekundarstufe II unter Zuhilfenahme der Verteilung der Schüler und Schülerinnen auf Kompetenzstufen im Lesen sowie in der mathematischen und naturwissenschaftlichen Grundbildung näherungsweise skizziert werden[13]. Auffallend dabei ist, dass zwischen etwa 18% und etwa 26% der Fünfzehnjährigen allenfalls die Kompetenzstufe I erreichen. Jugendliche, die auf diesem Kompetenzniveau als individueller Lernausgangslage für ihre berufliche Erstausbildung verharren, werden, so vermuten die PISA-Autoren[14], „erhebliche Schwierigkeiten beim Übergang in das Berufsleben" haben. Darauf wird in den Ausführungen zu ‚Wirkungsqualitäten' und dort insbesondere bei der Behandlung der Ausbildungsabbrecher im Rahmen der dualen Ausbildung noch zurückzukommen sein.

Insgesamt lässt sich festhalten: Die Zahl der Schüler und Schülerinnen, die Deutschlands Schulen künftig aufnehmen müssen, wird deutlich sinken. Die Lernenden in den Schulen des Landes werden sehr heterogen zusammengesetzt sein: heterogen hinsichtlich ihrer sozialen Herkunft wie auch hinsichtlich ihrer Migrationsgeschichten. Sie verfügen bei ihrem Schulbeginn in unterschiedlichem Ausmaß über vorschulische Lernerfahrungen, treten mit – auch im internationalen Vergleich – guten Lernergebnissen in die weiterführenden Schulen: Dort aber verlieren sie den Anschluss an internationale Qualitätsstandards und bilden in ihren Reihen eine viel zu große ‚Risikogruppe', eine Gruppe, die, was ihre Berufsbildungsfähigkeit angeht, gefährdet ist.

12 Wilfried Bos u.a. (Hrsg.) 2003 (a.a.O.), S. 131.
13 Vgl. Abbildung C2/2.
14 Deutsches PISA-Konsortium (Hrsg.): PISA 2000. Basiskompetenzen von Schülerinnen und Schülern im internationalen Vergleich. Opladen: 2001, S. 117.

A7 Lehrende

In Deutschland unterrichten zu Beginn des 21. Jahrhunderts an den allgemein bildenden und beruflichen Schulen nahezu 900.000 Lehrer und Lehrerinnen: knapp 500.000 (56%) davon vollzeitbeschäftigt, weitere knapp 300.000 (33%) teilzeitbeschäftigt und zusätzlich nahezu 100.000 (11%) stundenweise beschäftigt (vgl. Abbildung A7/1). Mit etwa 550.000 aller Lehrenden (61%) überwiegen die Frauen im Lehrberuf deutlich. Die überwiegende Zahl der Teilzeitbeschäftigten sind ebenfalls Frauen.

Abbildung A7/1 Lehrkräfte in Deutschland nach Beschäftigungsumfang in Prozent (2001)

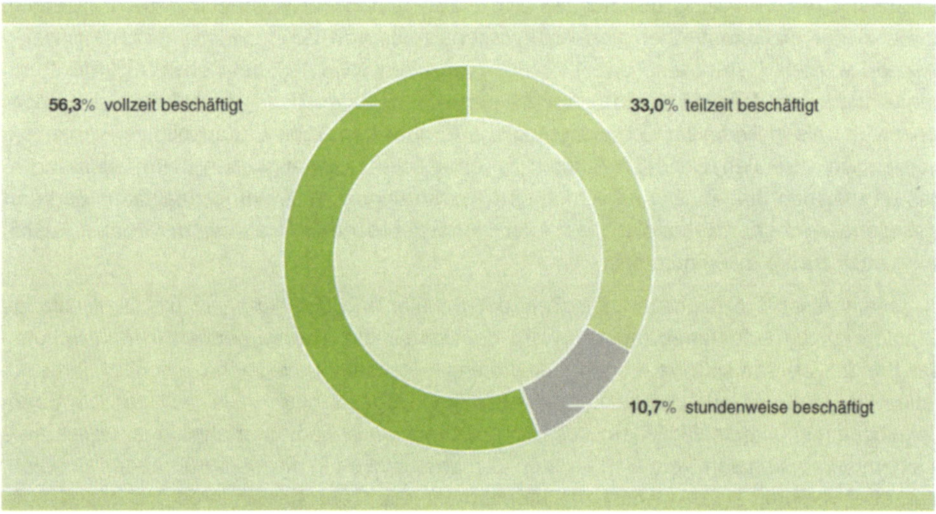

Quelle: vgl. Tabelle A7/1

A7.1 Qualifikationsstruktur der Beschäftigten in Kindertagesstätten und Ausbildung der Lehrer und Lehrerinnen

Eine Analyse der Qualifikationsstruktur der Beschäftigten in Kindertageseinrichtungen zeigt[1], dass bundesweit nicht von einer einheitlichen Ausbildung für dieses Tätigkeitsfeld ausgegangen werden kann: Weniger als zwei Drittel (61,5%) des derzeit beschäftigten Personals verfügt über eine Erzieherinnen- bzw. Erzieherausbildung. Der Anteil der geringer qualifizierten Kinderpfleger und Kinderpflegerinnen liegt bei 11,2%, der Anteil derer, die keinerlei abgeschlossene Ausbildung absolviert haben, bei 8,3%; lediglich 2,2% der in Kindertagesstätten Tätigen hat eine Hochschulausbildung. Mit dieser Qualifikationsstruktur weicht Deutschland deutlich von europäischen Standards ab: Die Ausbildung des Personals im

1 Vgl. Tabelle A7/2 im Anhang.

vorschulischen Bereich erfolgt in der überwiegenden Mehrheit der europäischen Länder in Hochschulen.

Das lehrende Personal der Schulen wird, anders als das des Vorschulbereichs, in Deutschland durchgängig an Universitäten und – in wenigen Fällen – an Pädagogischen Hochschulen ausgebildet. Dies erfolgt – bei allen besonderen landesspezifischen Ausprägungen – bisher nach einem für Deutschland insgesamt ähnlichen Muster: Nach einer Regelstudienzeit von – je nach angestrebtem Lehramt – sechs bis 9,5 Semestern setzen die Absolventen der Lehramtsstudiengänge nach dem ersten Staatsexamen ihre Lehrerausbildung in einer zweiten Ausbildungsphase, im Referendariat, fort. Nach dem zweiten Staatsexamen bewerben sie sich um eine Stelle im Schuldienst. Dieses in Deutschland tradierte Muster der Lehrerausbildung unterscheidet sich deutlich von dem der Lehrerbildung in der DDR: Dort war die fachpraktische Ausbildung in die Hochschulausbildung integriert, das Referendariat entfiel dadurch. Das heute, überwiegend nach westdeutschem Modell, überall in Deutschland praktizierte Muster der Lehrerbildung unterliegt derzeit, in den Ländern unterschiedlich stark ausgeprägt, einem Veränderungsprozess: Die wesentlichen Elemente der in einzelnen Ländern eingeleiteten bzw. angekündigten Lehrerausbildungsreformen sind dabei: gestufte Ausbildung nach dem Muster der BA- und MA-Struktur, Verstärkung der fachdidaktischen und erziehungswissenschaftlichen Anteile sowie Ausdehnung der Praxisphasen.

Die Ausbildung in der universitären Ausbildungsphase – nur vereinzelt wird noch, wie schon erwähnt, an Pädagogischen Hochschulen ausgebildet – ist im Prinzip in allen Ländern und für alle Lehrämter durch drei Elemente geprägt: Neben den überwiegenden fachwissenschaftlichen Studienanteilen stehen fachdidaktische und erziehungswissenschaftliche Studieninhalte: Dabei kann man – unter Vernachlässigung der länderspezifischen Ausdifferenzierungen – sagen, dass die erziehungswissenschaftlichen Studieninhalte in den Lehrämtern für die Grundschule bzw. für die Grund- und Hauptschule sowie für die Sonderschulen zwar nicht überwiegen, aber am stärksten ausgeprägt sind. In den Studienordnungen für das Lehramt am Gymnasium oder für diesem vergleichbare Lehrämter dagegen sind die erziehungswissenschaftlichen Studienanteile am wenigsten entwickelt. Ergänzt werden diese drei Studienanteile durch studienbegleitende Praktika, die in der Regel jedoch wenige Wochen nicht überschreiten[2].

Die bisher weitgehend homogene Lehrerausbildung mag erklären, dass „zwischen den Ländern der Bundesrepublik keine wesentlichen Unterschiede hinsichtlich der Unterrichtskultur bestehen“[3]. Die konstatierte Uniformität des Unterrichtsstils, die Klieme und Rakocky durch die Auswertungen der TIMS-Video-Studie und durch ihre Analyse der Schülerwahrnehmungen ihres Unterrichts im Rahmen der PISA-Erhebungen gestützt sehen, ist durchaus nicht selbstverständlich: Tatsächlich lassen sich im interkulturellen Vergleich zwischen den PISA-Staaten kulturspezifische Unterrichtsmuster beobachten[4].

2 Vgl. zu diesen Angaben insgesamt Tabelle A7/3 im Anhang.

3 Eckhard Klieme/Katrin Rakoczy: Unterrichtsqualität aus Schülerperspektive: Kulturspezifische Profile, regionale Unterschiede und Zusammenhänge mit Effekten von Unterricht. In: Deutsches PISA-Konsortium (Hrsg.): PISA 2000 – Ein differenzierter Blick auf die Länder der Bundesrepublik Deutschland. Opladen: 2003, S. 347.

4 A.a.O., S. 341.

A7.2 Altersstruktur und zyklische Einstellungsphasen im Lehrberuf

Die Lehrerkollegien in Deutschland, deren Mitglieder entweder nach dem Modell der DDR-Lehrerbildung oder dem der früheren und jetzigen Bundesrepublik ausgebildet wurden, setzen sich altersstrukturell sehr unterschiedlich zusammen (vgl. Abbildung A7/2):

Abbildung A7/2 Altersverteilung der Lehrkräfte in Prozent (2001)

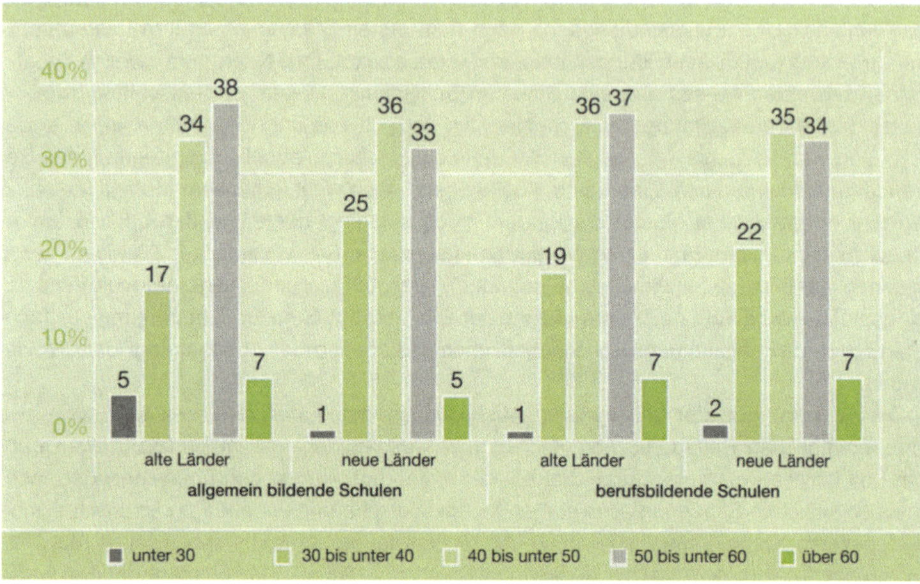

Quelle: vgl. Tabelle A7/4

Während in den alten Ländern (ohne Berlin) nur 22% der Lehrenden unter 40, dagegen aber 45% über 50 Jahre alt sind, gilt dies im Gebiet der neuen Länder (unter Einschluss von Berlin) für 26 bzw. für 38%. Eine der durchschnittlichen Situation in Deutschland vergleichbare Altersstruktur der Lehrerschaft weisen in Europa nur noch Italien und Schweden auf[5]. Aus dieser Altersstruktur ergeben sich im Westen des Landes in den kommenden Jahren hohe Pensionierungs- und hohe Einstellungszahlen, im Osten des Landes dagegen geringe Pensionszahlen und infolge des starken Rückgangs der Schülerzahlen noch geringere Einstellungszahlen. Für beide Teile des Landes führt dies zu Problemen für die Kollegien und ihre Qualifikation:

- Im Westen Deutschlands werden die Kollegien in den kommenden Jahren deutlich jünger werden; aufgrund der steigenden Einstellungszahlen wird es jedoch zu fachspezifischen Mangelsituationen und daher verstärkt zu fachfremd erteiltem Unterricht kommen. Insbesondere wird es im Bereich des berufsbildenden Schulwesens zu großen Schwierigkeiten bei der Bedarfsdeckung kommen. Dies macht es immer mehr notwendig, aus anderen als lehrenden Berufen ‚Seiteneinsteiger' in den Schuldienst aufzunehmen.

5 Vgl. OECD: Bildungspolitische Analyse 2002. Paris: 2002, S. 90.

- Im Osten des Landes werden die Kollegien in den kommenden Jahren im Durchschnitt deutlich altern. Nach Jahren sehr geringer Einstellungszahlen werden erst im kommenden Jahrzehnt wieder Einstellungen im großen Umfang zu erwarten sein. In Folge der aktuell eher geringen Berufsaussichten und der wahrgenommenen unfreiwilligen Teilzeitbeschäftigung vieler Lehrer und Lehrerinnen entscheiden sich die jungen studienberechtigten Schulabsolventen derzeit jedoch nur in sehr geringem Umfang für eine Lehramtsstudium, so dass erwartet werden muss, dass dann, wenn wieder junge Lehrer und Lehrerinnen gesucht werden, zu wenig ausgebildete Absolventen der Lehrerausbildung zur Verfügung stehen.

Zeitlich versetzt ‚leidet' Deutschland in seinen beiden Teilen unter den zyklischen Prozessen von Lehrermangel und -überschuss.

A7.3 Der Einsatz von Lehrenden in den Schulen

Der Einsatz der beschäftigten Lehrenden wird deutschlandweit über Pflichtstundendeputate gesteuert: In Abhängigkeit von dem studierten Lehramt und der Schulart, an der Lehrerinnen und Lehrer eingesetzt werden, sind diese zur Erteilung einer jeweils festgesetzten Zahl von Unterrichtsstunden verpflichtet. Diese Deputate reichen, je nach Lehramt, Schulart und Land von 23,5 bis zu 28 Unterrichtsstunden; in der Regel sind die Deputate an den Gymnasien am geringsten und an den Grundschulen am höchsten[6]. Derzeit werden die Pflichtdeputate in einzelnen Ländern über das im Schuljahr 2001/02 gültige Maß hinaus angehoben.

Wie Arbeitszeitstudien der Vergangenheit – zuletzt die von Mummert & Partner für Nordrhein-Westfalen vorgelegte – zeigen, macht die ‚reine' Unterrichtszeit der Lehrenden, je nach Schulart, nur 27% bis 40% der tatsächlichen Arbeitszeit aus[7]. Die für das ‚Publikum' sichtbare Lehrerarbeit im Unterricht wird begleitet von im engeren Sinne unterrichtsbezogenen Tätigkeiten wie dem Vor- und Nachbereiten sowie dem Korrigieren (30% bis 40%) und von Tätigkeiten, die in keinem unmittelbaren Bezug zum Unterricht stehen – wie z.B. Beraten, Verwalten und Entwickeln sowie der Teilnahme an Weiterbildung. Die Summe dieser letzten Gruppe von Tätigkeiten nimmt bei allen Lehrämtern und Schulformen immer zumindest 30% der Arbeitszeit in Anspruch. Da in Deutschlands Schulen Lehrer und Lehrerinnen bei ihrer Arbeit – anders als in vielen Nachbarstaaten – nur in sehr geringem Umfang von nicht lehrendem Personal unterstützt werden, gibt es in allen Ländern ein System von Deputatsermäßigungen, mit denen einzelnen Lehrern und Lehrerinnen ein Ausgleich für die Übernahme außerunterrichtlicher Aufgaben geschaffen werden soll. Dieses System führt dazu, dass nur – je nach Lehramt – zwischen 85 und 90% der je Lehrerstelle geltenden Deputatsstunden tatsächlich Unterrichtsstunden sind[8].

Die geltende Art des Einsatzes der Lehrerarbeit ist in den vergangenen Jahren verstärkt in die Kritik geraten: Sie sei, so wird vorgebracht, weder gerecht, was die Belastungsunterschiede zwischen den Lehrämtern und zwischen den unterschiedlichen Unterrichtsfächern

6 Vgl. dazu Tabelle A7/5 im Anhang.
7 Vgl. dazu Tabelle A7/6 im Anhang.
8 Vgl. Klaus Klemm: Zeit und Lehrerarbeit. In: Hans-Günter Rolff/Karl-Oswald Bauer/Klaus Klemm/Hermann Pfeiffer (Hrsg.): Jahrbuch der Schulentwicklung 9. Weinheim: 1996, S. 132f.

innerhalb der Lehrämter angehe, noch sei sie transparent, da dem ‚Publikum' das Ausmaß der außerunterrichtlichen Tätigkeit in der Regel verborgen bleibe. Vor diesem Hintergrund werden Modelle diskutiert und – neuerdings in Hamburg – auch umgesetzt, die von der Orientierung an Deputatsfestsetzungen abgehen. Dabei werden die unterschiedlichen Lehrertätigkeiten (die unterrichtsbezogenen wie die außerunterrichtlichen) mit Zeitwerten versehen, sodass die von den einzelnen Lehrenden tatsächlich geleistete Arbeit individuell angemessen zeitlich bewertet wird. Solche Faktorisierungsmodelle bedürfen allerdings noch der Erprobung; einstweilen sind sie umstritten.

Zusammenfassend lässt sich feststellen: Das Personal in Kindertagesstätten ist sehr unterschiedlich und insgesamt deutlich niedriger qualifiziert als in vergleichbaren Industriestaaten. Die Stärkung des Bildungsauftrags des Kindergartens verlangt eine Aufwertung und eine andere inhaltliche Ausrichtung der Ausbildung. Demgegenüber sichert die akademische Ausbildung der Lehrer eine angemessene Vorbereitung auf ihre beruflichen Aufgaben. Ihre berufliche Belastung ist jedoch von dem wenig flexiblen Steuerungsprinzip der deputatsorientierten Arbeitszumessung bestimmt, das sehr unterschiedliche Arbeitszeiten der Lehrer zur Folge hat. Ihre Rekrutierung erfolgt zudem in zyklischen Wellen, aus dem das Land nicht auszubrechen vermag. Dies erschwert einen kontinuierlichen Innovationszufluss in die Schulen.

Teil B:
Prozessqualitäten

Teil B: Prozessqualitäten

Die Gliederung des Bildungsberichts in drei Hauptteile folgt der Systematik von Kontext, Prozess und Wirkung. Der Begriff *Prozess* steht dabei für die Gesamtheit der Faktoren, durch die angestrebte Zielsetzungen in letztlich erreichte Ergebnisse transformiert werden. Als Prozessaspekte sind somit die konkreten Handlungsabläufe auf der Schul- und Unterrichtsebene innerhalb der Bildungseinrichtungen anzusehen. Die folgenden Abschnitte behandeln davon ausgehend Fragen der Gestaltung von Schule und Unterricht.

Es ist nicht immer leicht, Prozess eindeutig gegenüber Kontext abzugrenzen. Je nach Perspektive kann die Unterscheidung anders ausfallen. So gehört die räumlich-materielle und technische Ausstattung zwar zu den Inputfaktoren, ob und wie sie genutzt wird, ist jedoch ein Prozessaspekt. Es lag von daher nahe, beide Aspekte aufeinander bezogen darzustellen (Abschnitt B3). Ähnliches gilt für die Stundentafeln (B1) und den Einsatz personeller Ressourcen (B2): Hier sind die Schulen an Vorgaben bzw. durch die Setzung von Rahmenbedingungen gebunden. Innerhalb dieses Rahmens bleibt dennoch ein gewisser Handlungsspielraum, der von den Schulen genutzt werden kann. Im Hinblick auf den bundesweit erkennbaren Trend zu einer größeren Selbständigkeit der Schulen (B6) kommt es darauf an, die Beziehung von Entscheidungsspielräumen und durch allgemein verbindliche Regelungen gezogene Grenzen nachfolgend jeweils mit zu reflektieren – auch mit Blick auf die Gestaltung des Schullebens (B4) und des Unterrichts (B5).

Den Prozessteil in einen ersten Bildungsbericht für Deutschland aufzunehmen, erwies sich auf der Grundlage der genannten Systematik einerseits als folgerichtig, andererseits aber auch als nicht unproblematisch. Für eine systematisch vollständige Umsetzung wäre gefordert, den derzeitigen Stand der Lehr-/Lern-, Unterrichts-, Schul- und Bildungsforschung aufzuarbeiten, um die auf den unterschiedlichen Ebenen der Institution Schule ablaufenden Prozesse darzustellen und in ihrem wechselseitigen Bezug zu verdeutlichen – ein Forschungsprogramm von Jahren. Als weitere Besonderheit kommt hinzu, dass eine als verbindlich anerkannte Auswahl und Strukturierung von primären Einzelindikatoren, die über schulische Prozesse hinreichend verlässlich Auskunft geben, zwar schon mehrfach in Angriff genommen worden, derzeit aber weder aus der Forschung noch aus den internationalen oder nationalen Berichtssystemen ableitbar ist. Die nachfolgenden Ausführungen behandeln daher begründet ausgewählte Bereiche, über deren Bedeutung für schulische Prozesse Konsens besteht. Ein Anspruch auf Vollständigkeit im Einzelnen wird damit nicht erhoben. An mehreren Stellen wird vielmehr der Bedarf an weiterführender Forschung und an der Erhebung aussagekräftiger und vergleichbarer Daten zur Kennzeichnung der Prozessabläufe im deutschen Schulsystem deutlich erkennbar werden. So ist es im Folgenden nur bezüglich einiger Bereiche möglich, Vergleiche der Länder zu präsentieren, für andere Bereiche stehen die nötigen Informationen nicht zur Verfügung. Zum Teil werden, um zentrale Prozessdimensionen nicht zu übergehen, Befunde aus Erhebungen berichtet, die künftig feinerer Differenzierung und elaborierterer Erhebungsverfahren bedürfen.

Der rote Faden für die Darstellung im Berichtsteil Prozess ergibt sich in weiten Teilen aus der Berücksichtigung internationaler Vergleichsdaten. Dies erlaubt nicht nur die Verortung in einem übergreifenden Bezugsrahmen, sondern geht auch darauf zurück, dass in den internationalen Studien der Forschungsstand zu Schul- und Unterrichtsqualität und damit zu relevanten Prozessmerkmalen reflektiert und in die Datenerhebung einbezogen wird. Häufig zurückgegriffen wird daher auf Daten aus Erhebungen der OECD (Education at a Glance, PISA) und IEA (TIMSS, PIRLS/IGLU). Außerdem werden Ergebnisse aus umfassenden und repräsentativen, teils regelmäßig durchgeführten deutschen und länderspezifischen Erhebungen (Shell-Studien, IFS-Befragungen; LAU, BIJU, MARKUS) berichtet, die geeignet sind, das Bild von Schule in Deutschland abzurunden. Auf außerdem vorliegende Einzelstudien, die häufig spezifische Teilfragen feiner differenzieren, sie allerdings überwiegend anhand regional eng begrenzter Stichproben untersuchen, konnte nur an einigen Stellen zurückgegriffen werden, vorwiegend da, wo es angebracht erschien, markante Spezifika noch näher zu verdeutlichen.

Ohne die Ergebnisse im Einzelnen vorweg zu nehmen, sei schon einleitend eine Übersicht zum nachfolgenden Berichtsteil gegeben.

- Deutschlands Schüler werden mit einer im internationalen Vergleich eher durchschnittlichen Gesamtstundenzahl wie auch Stundenzahl in den Kernfächern unterrichtet. Die Anzahl und Vielfalt an Lehrplänen und Stundentafeln in den Ländern und Schulformen ist kaum mehr zu überschauen und die birgt die Gefahr der Ungleichheit bei der Teilhabe an Bildung. Die erwartete Wirkung als Instrument der Steuerung von Schule und Unterricht haben Stundentafeln und Lehrpläne damit nur zum Teil. Bildungsstandards können die Steuerung der schulischen Praxis überschaubarer, transparenter und verbindlicher machen.
- Die Klassengrößen sind in Deutschland etwas größer als im internationalen Vergleich, und die Schüler-Lehrer-Relationen sind etwas ungünstiger. Der populären Forderung nach kleineren Klassen steht der Kostenaufwand gegenüber. Auf Grund der Forschungslage ist zudem zweifelhaft, ob von kleineren Klassen die erhofften positiven Effekte ausgehen. Zu überlegen wären flexiblere Verteilungsmodelle, was die Möglichkeit einschließt, die einzelnen Schulen an Entscheidungen über Stundentafeln und Einteilungen der Lerngruppen stärker zu beteiligen.
- Im internationalen Vergleich sind die räumlich-materiellen Bedingungen der deutschen Schulen überdurchschnittlich. Die Ausstattung mit Computern und neuen Medien ist dagegen unterdurchschnittlich. Die Nutzung der vorhandenen Ausstattung ist insgesamt gering. Besonders bei Computern besteht eine Diskrepanz zwischen dem hohen Interesse der Schüler und dem sparsamen Einsatz an den Schulen.
- Das System der Lernmittelfreiheit läuft Gefahr, unter der Hand aufgehoben zu werden. Die öffentlichen Ausgaben für Lernmittel stagnieren, der privat finanzierte Anteil nimmt zu. Es ist zu prüfen, ob für sozial Schwache das zumutbare Maß inzwischen schon erreicht oder überschritten ist. Auch das hätte sichtbare Auswirkungen auf die Gleichheit bei der Teilhabe an Bildung. Die mittlere Ausleihzeit der Schulbücher beträgt inzwischen neun Jahre; der Bestand muss großteils als überaltert und unzureichend angesehen werden.
- Schulleitungen in Deutschland haben vergleichsweise wenig Spielraum in der Ausgestaltung ihrer Tätigkeit. Ein spezifisches Ausbildungsprofil ist nicht definiert; die Qualifizierung erfolgt in der Regel nach Amtsantritt und ist in den Ländern sehr unterschiedlich.

- Bei der Kooperation innerhalb der Kollegien haben Deutschlands Lehrer, wie auch der internationale Vergleich zeigt, einen deutlichen Nachholbedarf, besonders bezogen auf den Unterricht. Schülerpartizipation ist zwar rechtlich verankert, hat aus Sicht der Schüler aber keinen wirklich hohen Stellenwert. Kooperationen mit externen Partnern pflegen nahezu alle Schulen.
- Das Bild der Schule in der Öffentlichkeit hat in den Jahren nach TIMSS und PISA merklich gelitten, die Zufriedenheit mit Schule hat stark abgenommen.
- Die zeitliche Belastung der Lehrkräfte in Deutschland ist empirischen Studien zufolge relativ hoch und liegt über der vergleichbar ausgebildeter Beschäftigter im öffentlichen Dienst. Hierbei ist zu berücksichtigen, dass die Studien in aller Regel auf Selbstaufzeichnungen der Lehrkräfte beruhen. Die spezifische Tätigkeit des Berufs bringt besondere psychische Belastungen mit sich. Die den Lehrkräften zugewiesenen Unterrichtsaufgaben führen dazu, dass nur wenig Zeit für andere pädagogisch relevante Tätigkeiten, z.B. für Schülerberatung, übrig bleibt.
- Die Beanspruchung der Schülerinnen und Schüler durch die Schule ist insgesamt gleichfalls hoch, besonders die zeitliche Beanspruchung in den höheren Klassenstufen. Dennoch jobbt ein zunehmend größerer Anteil der Schüler.
- Das Unterrichtsklima an den deutschen Schulen scheint im Gesamtüberblick durch eine geringe Unterstützung, einen als hoch empfundenen Leistungsdruck und ein eher kühles Schüler-Lehrer-Verhältnis gekennzeichnet zu sein. Insgesamt entsteht der Eindruck einer vergleichsweise eng fixierten und traditionell geprägten Unterrichtskultur an deutschen Schulen, die über Fächer, Schulformen und Länder hinweg weitgehend homogen erscheint.
- Förder- oder Ergänzungsunterricht ist in Deutschland nicht sehr häufig, die Förderung von besonders leistungsstarken Schülern eher selten. Nachhilfe erhält ca. ein Fünftel der deutschen Schüler bereits in der Grundschule.
- Noten sind über Schulformen, Schulen und Schulklassen hinweg kaum vergleichbar. Da über Noten und Abschlüsse aber individuelle Lebenschancen mit geprägt werden, ist eine höhere Vergleichbarkeit anzustreben. Diese könnte durch eine engere Koppelung an Bildungsstandards sowie durch regelmäßige Vergleichsarbeiten auf Landesebene bzw. länderübergreifend erreicht werden.
- Im internationalen Vergleich wird den Schulen in Deutschland sehr wenig Selbstständigkeit zugestanden. Allerdings zeichnen sich in den letzten Jahren erhebliche Änderungen ab. Damit einher geht eine ebenfalls veränderte Auffassung von der Rolle der Schulaufsicht, die primär eine begleitende, unterstützende und beratende Funktion zu übernehmen hat.

B1 Stundentafeln, Lehrpläne, Bildungsstandards

Stundentafeln und Lehrpläne „steuern“ in Deutschland wesentlich den Unterricht. So jedenfalls ist die tradierte Vorstellung der Wirkung dieser beiden Steuerungsinstrumente. Dieses Verständnis der Rolle von Stundentafeln und Lehrplänen bei der Gestaltung von Bildungsprozessen ist eine Besonderheit des deutschen Schulsystems. Ob und wie diese Steuerungsfunktion bei der Gestaltung von Bildungsprozessen tatsächlich genutzt und wirksam wird, soll in diesem Abschnitt berichtet werden.

Dabei wird zugleich auf die Frage eingegangen, die vermeintliche oder tatsächliche Verschlechterung der schulischen Leistungen deutscher Schüler sei auch auf die ungünstiger gewordenen Proportionen zwischen den Kernfächern (Deutsch, Mathematik, 1. Fremdsprache, naturwissenschaftliche Fächer) sowie auf den geringer gewordenen Stundenanteil dieser Fächer am Gesamtstundenvolumen des Unterrichts zurück zu führen.

Im Folgenden werden daher zunächst ausgewählte Daten zum Stundenvolumen deutscher Schüler im internationalen Vergleich dargestellt, bevor auf Unterschiede zwischen den Ländern, Schulformen und Fächern, einschließlich einer Beschreibung der Besonderheiten und Flexibilisierungsmöglichkeiten hinsichtlich bestimmter Fächer bzw. Fachbereiche, eingegangen wird. Daran werden sich Aussagen und Befunde zur Rolle von Lehrplänen als Steuerungsinstrument bei der Prozessgestaltung sowie zu den Entwicklungsperspektiven, wie sie sich etwa durch Bildungsstandards auftun, anschließen.

B1.1 Stundentafeln als Instrument der Prozesssteuerung

B1.1.1 Stundenvolumen und Stundentafeln im internationalen und nationalen Vergleich

Die Mindestzahl an Unterrichtsstunden, die ein Schüler in Deutschland bis zum Ende der Klasse 9 absolviert haben muss, beträgt im gewichteten Durchschnitt der Länder und Schulformen 9100 Stunden. International, im gewichteten OECD-Durchschnitt, absolviert ein Schüler bis zum Ende der Klasse 9 hingegen etwa 9.500 Unterrichtsstunden. Im Durchschnitt der OECD-Staaten liegt die insgesamt vorgesehene Unterrichtszeit (bestehend aus Pflicht- und Nicht-Pflichtteil) für 9-11-Jährige bei 841 Stunden und für 12-14-jährige Schüler bei 936 Stunden pro Jahr. Deutschland liegt mit durchschnittlich 796 Stunden für 9-11-Jährige und 903 Stunden für 12-14-Jährige jeweils unterhalb des OECD-Durchschnittes. Die Unterschiede zwischen den Staaten der OECD sind beträchtlich und reichen bei den jüngeren Schülern von z.B. weniger als 700 Stunden in Finnland bis zu fast anderthalb mal soviel Stunden in Italien und für 12-14-Jährige von ca. 800 Stunden in Finnland (Türkei, Island) bis zu 1.148 in Österreich. Insgesamt ist die vorgesehene Unterrichtszeit im Klassenzimmer in den nordeuropäischen Staaten vergleichsweise geringer; dafür gibt es vermehrt zusätzliche Angebote, die auf spezielle Bedürfnisse einzelner Schüler ausgerichtet sind[1].

Auch die Unterschiede zwischen den Ländern in Deutschland, zwischen den verschiedenen Schulformen sowie den Fächern/Fächerbereichen[2] sind nicht unerheblich[3]:

Die Tabelle B1/1 gibt einen Überblick über das Fächer- und Stundenkontingent in den Klassenstufen 1 bis 4 der *Grundschule*. Auch wenn eine genaue Analyse und ein Vergleich über alle Länder wegen der unterschiedlichen und damit nicht kompatiblen Vorgaben in den einzelnen Ländern nur sehr eingeschränkt möglich sind, zeigt die Zusammenstellung doch deutliche Unterschiede in der Fächer- und Stundenverteilung in den Ländern.

Tabelle B1/1 Summe der Mindestwochenstunden der Klassenstufen 1 bis 4 der Grundschulen nach den allgemeinen Stundentafeln des Schuljahres 2002/03

	BW	BY	BE	BB	HB	HH	HE	MV	NI	NW	RP[5]	SL	SN	ST	SH	TH
Deutsch	26	14	27		21	16	20	28	20			21		21	24	22
Mathematik	19	10	20	18	20	15	20	22	20		20	19	19	20	20	20
Heimat- und Sachunterricht	12	7	12		12	11	12	12	12			13		12[1]	13	12
Schulgarten																4
Deutsch, Sachkunde				37							35		37			
Grundlegender Unterricht		32[3]				19[1]										
Deutsch, Mathematik, Sachkunde	57	63[2]	59	55	53	61[3]	52	62	52	52	55	53	56	53	57	58
Kunst, Musik, Werken	13	13	16	12	4	13	14	15	15	15		16	16	13	14	17
Sport	12	11	12	12	23[4]	10	12	11	12	12	29[6]	8	12	11	10	10
Religion, Ethik	8	10			5	4	8	4	8	8	10	8	7	8	8	8
Fremdsprache	8		4			4	4				2	4	2			
Schwerpunkte, Ergänzung		5		8	3	16			1					5		7
Gesamt	98	102	91	87	88	108	90	92	88	87	96	89	93	90	89	100

1 einschließlich Schulgarten
2 in Klasse 1 und 2 einschließlich Kunst und Musik
3 in Klasse 1 einschließlich Kunst und Musik
4 einschließlich Kunst und Musik
5 In Rheinland-Pfalz umfasst die Unterrichtsstunde in der Grundschule nicht wie in den anderen Ländern 45, sondern 50 Minuten. Mit Rücksicht auf die Vergleichbarkeit der Unterrichtsstunden wurden die wöchentlichen Unterrichtsstunden von 50 Minuten Dauer in fiktive 45-Minuten- Unterrichtsstunden umgerechnet.
6 einschließlich Musik, BTW

Quelle: Stundentafel-Erlasse der Länder, eigene Auswertung

Vergleicht man nur die Länder, welche die Fächer Deutsch und Mathematik separat[4] ausweisen, so erhalten die Grundschüler in Mecklenburg-Vorpommern die meisten Wochenstunden in diesen Fächern. In Mecklenburg-Vorpommern wird sowohl im Fach Deutsch als auch in Mathematik der meiste Unterricht erteilt. Das sind im Fach Deutsch acht Wochenstunden mehr als in Hessen und Niedersachsen. Überdurchschnittlich ist die entsprechende Stundenzahl auch in Berlin und Baden-Württemberg. In Mathematik ist die Spannweite zwi-

1 Vgl. OECD: Bildung auf einen Blick. OECD-Indikatoren 2002. Paris: 2002. Es ist nicht bis ins Detail nachzuvollziehen wie die OECD-Werte zustande kommen, insbesondere ist nicht eindeutig, welche Schuljahrgänge benutzt wurden und wie/ob der deutsche Durchschnitt gewichtet wurde. Ein Versuch, die Zahlen für Deutschland nachzurechnen, lieferte für beide Altersgruppen noch ca. 5% weniger Zeitstunden.

2 Die Aussagen konzentrieren sich im Folgenden auf Deutsch und Mathematik. Ein Ausblick auf weitere Fächer/Fächerbereiche wird im nachfolgenden Teilabschnitt angedeutet.

3 Da die KMK-gestützten Daten zu Unterrichtszeit und Stundentafeln, die beispielsweise im Abschnitt A5 verwendet wurden, nicht fachspezifisch ausdifferenziert sind, machte sich für diesen Abschnitt eine Darstellung auf der Grundlage der Stundentafelerlasse der Länder sowie eigener Berechnungen erforderlich.

4 Für das Fach Deutsch sind das zehn Länder, in Mathematik 13 Länder.

schen den Ländern nicht so groß. Den geringsten Stundenumfang weist hier Brandenburg auf. Insgesamt macht die Tabelle sichtbar, dass den Fächern Deutsch und Mathematik eine herausragende Bedeutung in der Stundentafel der Grundschule zukommt, dass aber auch die Unterschiede zwischen den Ländern in den beiden Fächern sowie die Unterschiede in der Gewichtung der anderen Fächer zum Teil erheblich sind.

Im Folgenden werden die Fächer- und Stundenverteilung in den Schulformen und Bildungsgängen der Sekundarstufe I dargestellt. Ein gemeinsamer Kernbereich an Fächern wurde seitens der KMK durch die Festsetzung eines gemeinsamen Stundenrahmens in der Sekundarstufe I gesichert[5].

Tabelle B1/2 *Summe der Mindestwochenstunden von Klasse 5 bis Klasse 9 für einen Hauptschulabschluss nach den allgemeinen Stundentafeln des Schuljahres 2002/03*

	BW	BY	BE	BB[1]	HB	HH	HE	MV	NI	NW	RP	SL	SN[1]	ST[1]	SH	TH[1]
Deutsch	23	24	23	21	22	20	22	25	20	12	24	25	22	22	22	22
Mathematik	21	24	24	19	22	20	22	23	20	20	20	24	22	22	22	21
Deutsch, Gesellschaftswissenschaften			3													
Deutsch, Englisch									4	18						
Musik, Kunst, Werken	13	18	16	15	19	14	10	15	16	16	8	14	16	13	17	17
Sport	14	20	15	15	15	12	14	12	4	4	14	10	12	12	15	13
Religion, Ethik	9	10		7	3	6	10	5	10	10	9	9	10	10	10	10
Fremdsprachen	18	17	19	19	19	20	19	20	18	10	17	18	22	18	16	19
Naturwissenschaften	13	12	12	19	15	20	16	13	6	15	17	15	20	20	14	21
Gesellschaftswissenschaften	14	13	16	15	16	15	16	13	6	15	16	15	21	15	14	18
Arbeitslehre, Wirtschaft, Technik	22	18	13	4	14	15	13	10		7	9	16		8	10	13
Sonstiges	2				2	5	1	5	41[2]	12[3]	2			2		2
Pflichtfächer	149	156	141	134	147	147	143	141	143	142	136	146	157	149	150	156
Wahlpflichtfächer			4	16	3		6	16	4	6	10		12	7		
Gesamt	149	156	145	150	150	147	149	157	147	148	146	146	157	149	150	156

1 Brandenburg: Gesamtschule, Sachsen: Mittelschule, Sachsen-Anhalt: Sekundarschule, Thüringen: Regelschule
2 Die Stundentafeln lassen der einzelnen Schule Verfügungsräume, für die einzelnen Fächergruppen (außer D, M, E) wird eine Mindest- und Höchstzahl von Stunden der Schuljahrgänge 7 bis 10 insgesamt vorgegeben. Die Schule kann über die Schuljahre 7 bis 10 insgesamt sieben Wochenstunden dorthin legen, wo sie einen besonderen Schwerpunkt ihrer Arbeit setzen will.
3 Den Schulen steht ein gewisser Spielraum zur Schwerpunktsetzung zur Verfügung.

Quelle: Stundentafel-Erlasse der Länder, eigene Auswertung

Der *Hauptschulbildungsgang* ist in den Ländern unterschiedlich gestaltet. Er beginnt in den meisten Ländern in Klasse 5[6]. Der freiwillige 10. Jahrgang an der Hauptschule wird nur betrachtet, soweit es die Hauptschule als eigenständige Schulform dafür gibt[7]. Die Stunden im Wahlpflichtbereich wurden in der Tabelle B1/2 nur dann separat ausgewiesen, wenn die Wahl nicht nur die Auswahl eines Fachs innerhalb einer bestimmten Fächergruppe (z.B.

5 Die Vereinbarung über die Schularten und Bildungsgänge im Sekundarbereich I (Beschluss der Kultusministerkonferenz vom 03.12.1993 i.d.F. vom 27.09.1996) bestimmt u.a. die Wochenstundenzahl für die Kernfächer sowie für die weiteren Pflicht- und Wahlpflichtfächer. Den Ländern bleibt darüber hinaus Freiraum für eigene Gestaltungen.

6 In den Ländern mit sechsjähriger Grundschulzeit (bzw. mit einer Orientierungsstufe) werden im Folgenden die Stunden betrachtet, die ein Hauptschüler oder ein Schüler, der in den Ländern mit bildungsgangübergreifenden Schulformen den Hauptschulabschluss anstrebt, mindestens von Klasse 5 bis zum Abschluss in Klasse 9 bzw. Klasse 10 erhält.

7 In Hamburg und Schleswig-Holstein ist die Einrichtung eines 10. Schuljahrgangs zwar laut Schulgesetz möglich, in der Stundentafel der Hauptschule aber nicht berücksichtigt.

Kunst oder Naturwissenschaften) beinhaltet. Die Gesamtstundenzahl, die ein Schüler bis zum Hauptschulabschluss nach der Klasse 9 in den Schuljahren 5 bis 9 gemäß den Stundentafeln mindestens zu absolvieren hat, bewegt sich in einer recht großen Spannweite (Unterschied: 11 Stunden). Gravierender als die Unterschiede im Gesamtvolumen sind allerdings die Differenzen im Stundenvolumen der beiden Fächer Deutsch und Mathematik sowie hinsichtlich der verschiedenen Fächerbereiche (z.B. Arbeitslehre/Wirtschaft/Technik, Naturwissenschaften, Gesellschaftswissenschaften, Religion/Ethik). Hier setzen die Länder deutlich unterschiedliche Schwerpunkte. Da für alle Länder gleichermaßen Informationen vorliegen, sind die Fächergruppen unter den Ländern, anders als im Grundschulbereich, in der Regel miteinander vergleichbar.

Die Spannweite der Summe der Wochenstundenzahlen von Klassenstufe 5 bis 10 beim *Realschulbildungsgang* liegt in derselben Größenordnung wie beim Hauptschulbildungsgang (vgl. Tabelle B1/3). Den meisten Unterricht bekommen die bayerischen Realschüler sowie die Schüler im Realschulbildungsgang in Sachsen und Thüringen.

Tabelle B1/3 Summe der Mindestwochenstunden von Klasse 5 bis Klasse 10 für einen Realschulabschluss nach den allgemeinen Stundentafeln des Schuljahres 2002/03

	BW	BY	BE	BB	HB	HH	HE	MV	NI	NW	RP	SL	SN	ST	SH	TH
Deutsch	25	26	26	25	26	24	25	26	15	23	24	27	26	25	26	26
Mathematik	24	22	26	23	26	24	24	25	23	23	24	27	26	26	26	23
Deutsch, Englisch									18							
Musik, Kunst, Werken	19	15	20	18	16	16	12	14	18	15	20	16	18	15	12	19
Sport	17	24	18	18	18	14	16	14	12	12	16	12	14	14	18	15
Religion, Ethik	11	12		8	4	8	12	6	12	12	11	11	12	12	10	12
Fremdsprachen	25	24	24	22	25	40[1]	24	24	15	25	25	24	25	21	25	24
Naturwissenschaften	18	20	20	23	22	24	21	23	19	19	19	19	26	26	21	28
Gesellschaftswissenschaften	21	22	21	18	23	16	21	21	18	21	19	18	26	19	16	23
Arbeitslehre, Wirtschaft, Technik	7	8	2	6	4	8	8	10	3			4		10	3	4
Sonstiges[2]		1			2	2	1	2	10	11	1			2		2
Pflichtfächer	167	174	157	161	166	152	164	165	163	161	159	158	173	170	160	176
Wahlpflichtfächer	12	18	18	20	16		13	16	12	18	17	18	16	8	23	12
Gesamt	179	192	175	181	182	176	177	181	175	179	176	176	189	178	180	188

1 In diesem Stundenanteil ist ein Wahlpflichtteil enthalten.
2 Unter diesem Begriff sind in der Regel Klassenleiter-, Ergänzungs- und Verfügungsstunden zusammengefasst. In Nordrhein-Westfalen und Niedersachsen hat die Einzelschule gewisse Spielräume zur Schwerpunktsetzung

Quelle: Stundentafel-Erlasse der Länder, eigene Auswertung

Die Länder mit den niedrigsten Stundenzahlen sind Berlin, Niedersachsen, Rheinland-Pfalz, Saarland und Hamburg. Betrachtet man die Länder mit den meisten Stunden insgesamt, so wird die hohe Gesamtstundenzahl durchaus auf unterschiedliche Art und Weise erreicht: in Bayern durch überdurchschnittlich viel Unterricht in Sport, in Sachsen durch eine hohe Stundenzahl im gesellschaftswissenschaftlichen Bereich und in Thüringen mit durchgängig hohen Stundenzahlen und dem Schwerpunkt Naturwissenschaften. Die Summe der Wochenstunden in Deutsch und Mathematik unterscheidet sich zwischen den Ländern weniger stark. Hinsichtlich des Wahlpflichtbereichs können die Schüler nicht nur zwischen den Fächern einer Fächergruppe wählen (z.B. Musik oder Kunst), sondern auch eigene Schwerpunkte (Sprache, Naturwissenschaft, Wirtschaft, Arbeitslehre) setzen. In Niedersachsen und Nordrhein-Westfalen haben die Schulen innerhalb von Mindest- und Maximalstunden einen beachtlichen Spielraum zur Setzung von Schwerpunkten. Die für die Einzelschule verfügbaren Stunden sind in der Tabelle unter Sonstige zusammengefasst.

Tabelle B1/4 Summe der Mindestwochenstunden von Klasse 5 bis Klasse 10 für Gymnasien nach den allgemeinen Stundentafeln des Schuljahres 2002/03

	BW	BY	BE	BB	HB	HH	HE	MV	NI	NW	RP	SL	SN	ST	SH	TH
Dauer Bildungsgang (Jahre)	8	9	9	9	9	9	9	8	9	9	9	8	8	8	9	8
Deutsch	24	24	24	25	26	23	25	26	15	22	22	25	25	24	25	25
Mathematik	23	22	24	23	26	23	24	27	23	21	22	25	26	24	24	22
Deutsch, Englisch									18							
Musik, Kunst, Werken	17	19	20	16	16	20	16	17	21	15	20	18	18	14	20	22
Sport	16	24	18	18	18	15	16	14	12	12	16	12	14	14	18	15
Religion, Ethik	11	12		8	4	8	12	6	12	12	11	12	12	12	8	12
Fremdsprachen	44	41	37	36	40	38	39	39	31	36	38	38	39	36	39	37
Naturwissenschaften	23	16	20	23	23	25	21	24	27	21	18	24	23	25	22	20
Gesellschaftswissenschaften	17	19	23	18	23	22	21	20	19	21	15	23	25	20	20	20
Arbeitslehre, Wirtschaft, Technik	1	3		4	4			11					1			4
Sonstiges					2		1	2	3	13	2			2		8
Pflichtfächer	176	180	166	171	182	174	175	186	181	173	164	177	183	171	176	185
Wahlpflichtfächer	8	10	9	11		3	4	9		6	12	15	12	12		10
Gesamt	184	190	175	182	182	177	179	195	181	179	176	192	195	183	176	195

Quelle: Stundentafelerlasse der Länder, eigene Auswertung

Abschließend sei die Summe der Wochenstundenzahlen von Klassenstufe 5 bis 10 der Sekundarstufe I der *Gymnasien*[8] betrachtet. In der Zusammenstellung (vgl. Tabelle B1/4) werden die Stunden verglichen, die alle Gymnasiasten eines Landes mindestens erhalten, unabhängig davon, welchen gymnasialen Zweig bzw. welches Gymnasium sie besuchen[9]. Aufgrund der unterschiedlichen Dauer des gymnasialen Bildungsganges unterscheidet sich natürlich auch die Stundenzahl, die bis Klasse 10 absolviert wird. Aber auch innerhalb der Länder mit achtjährigem Bildungsgang differiert die Summe der Wochenstunden teils erheblich (z.B. zwischen Sachsen-Anhalt, Baden-Württemberg einerseits und Mecklenburg-Vorpommern, Sachsen und Thüringen andererseits). Die Spannweite zwischen den Ländern mit neunjährigem gymnasialen Bildungsgang ist noch größer (etwa Berlin zu Bayern). Über alle Länder hinweg sind die Differenzen jedoch, trotz unterschiedlicher Anzahl von Schuljahren bis zum Abitur, nur unwesentlich größer als bei der Realschule. Auch die Differenz der Summe der Wochenstunden im Fach Deutsch entspricht der der Realschule. Im Fach Mathematik ist die Varianz zwischen den Ländern größer als im Fach Deutsch. Die Länder mit den niedrigsten Stundenzahlen im Fach Mathematik sind dieselben, die auch wenig Deutschstunden in den Stundentafeln ausweisen (Nordrhein-Westfalen und Rheinland-Pfalz); umgekehrt haben auch die Länder mit den meisten Deutschstunden die höchste Stundenzahl in Mathematik (Bremen, Mecklenburg-Vorpommern). Auffällig ist erneut der

8 Der Vergleich ist erschwert, weil zum einen durch die unterschiedliche Dauer des Bildungsganges (derzeit in sechs Ländern achtjährig) und zum anderen durch die Vielfalt der Gymnasien innerhalb einzelner Länder nur wenig kompatible Informationen vorliegen.

9 Die anderen Stunden wurden dem Wahlpflichtbereich zugeordnet, wobei diese Wahl schon mit der Auswahl der Schule erfolgt sein kann.

hohe Stundenanteil, den Gymnasien als Spielraum zur Schwerpunktsetzung in Nordrhein-Westfalen haben.

B1.1.2 Wesentliche Unterschiede zwischen den Ländern, Schulformen und Fächern

Insgesamt zeigt sich, dass in den *Ländern* mit höheren Stundenzahlen ein Schüler nach neun Schuljahren etwa 7% mehr Unterricht erhalten hat als in den anderen Ländern. Hauptschüler haben nach neun Jahren in Mecklenburg-Vorpommern (9.348) die meisten Unterrichtsstunden erhalten und Realschüler in Bayern (9.462); die wenigsten Stunden bis einschließlich Klasse 9 absolvieren Hauptschüler in Berlin (8892)[10] und im Saarland (8930), Realschüler in Berlin und Niedersachsen mit (je 8892). Für Gymnasien sind die Differenzen trotz der unterschiedlichen Dauer des Bildungsganges kaum größer als für die anderen Schulformen. Weitaus größer als die Unterschiede der Unterrichtszeit über die gesamten 9 Jahre sind diejenigen in den ersten vier Jahren. Hier entspricht die Differenz aus höchster auftretender Stundenzahl (Hamburg) und niedrigster (Brandenburg und Nordrhein-Westfalen) mit 24% dem Stundenvolumen eines ganzen Schuljahres in diesen beiden Ländern. Zum Ende der 9. Klasse haben Hamburger Schüler allerdings nur geringfügig mehr Unterricht als die Schüler der beiden anderen Länder erhalten. Ein Hauptschüler[11] oder ein Realschüler in den neuen Ländern hat nach neun Jahren durchschnittlich 2% mehr Unterrichtsstunden absolviert als einer in den alten Ländern. Bis zum Ende der Grundschulzeit werden keine Ost-West-Unterschiede deutlich.

Weniger deutlich als die Differenzen zwischen den Ländern fallen die zwischen den *Schulformen* aus. Im Schnitt hat ein Hauptschüler nur 65 Unterrichtsstunden weniger als ein Gymnasiast und 20 weniger als ein Realschüler. Dabei ist zu bedenken, dass sich in der Differenz von Haupt- und Realschülern zu den Gymnasiasten auch die verkürzte gymnasiale Schulzeit in einigen Ländern auswirkt.

Hinsichtlich der beiden Kernfächer Deutsch und Mathematik lässt sich, auch in Zusammenfassung bisheriger Aussagen, festhalten:

Im Fach *Deutsch* zeigen sich deutliche Unterschiede zwischen den Ländern. Insbesondere im Grundschulbereich sind die Unterschiede groß. Die Spannweite reicht hier von 20% (Hamburg) und 22% (Thüringen, Hessen) bis zu 30% (Berlin, Mecklenburg-Vorpommern) Anteil des Deutschunterrichts am Gesamtstundenvolumen. Auch in absoluten Stunden sind die Unterschiede zwischen den Ländern teils erheblich. Ein Grundschüler in Mecklenburg-Vorpommern hat 40% mehr Deutschunterricht als ein hessischer (und etwa soviel wie im Durchschnitt der OECD-Staaten). Die unterschiedliche Gewichtung des Deutschunterrichts wird in der Sekundarstufe I nur teilweise ausgeglichen. Die Länder, in denen der Deutschunterricht in der Grundschule das stärkste Gewicht hat, messen ihm in der Regel auch in der Sekundarstufe einen hohen Stellenwert zu. Die Unterschiede zwischen den Schulformen im

10 Bei diesen Zahlenangaben ist zu beachten, dass lediglich die nach der Stundentafel zu belegenden Mindest-Unterrichtsstunden gezählt worden sind. Wahlobligatorische Zusatzstunden wurden nicht erfasst. In Berlin fällt der Ethik- und Religionsunterricht, der in der Verantwortung der Religions- und Weltanschauungsgemeinschaften erteilt wird, in diesen Bereich.

11 In den Ländern ohne diese Schulform gelten die Schüler, die nach Klasse 9 die Schule verlassen, als Abgänger mit Hauptschulabschluss.

Sekundarbereich I fallen im Schnitt relativ gering aus, sind aber etwas größer als beim Fach Mathematik. Insgesamt hat das Fach Deutsch bis zum Ende der Klasse 9 mit etwa 1.700 Unterrichtsstunden einen Unterrichtsanteil von knapp 19%, in den Ländern variiert dieser von 17% bis 21%. In den neuen Ländern (ohne Berlin) liegt der Anteil des Fachs Deutsch am Gesamtunterricht im Durchschnitt um knapp 1% höher als in den alten Ländern, bei Grundschulen sogar um 2,6%.

Der Anteil des Fachs *Mathematik* beträgt an der Grundschule durchschnittlich 21%, an den weiterführenden Schulen bis zur 9. Klasse sowohl im (nach der jeweiligen Schülerzahl gewichteten) Durchschnitt der Länder als auch der verschiedenen Schulformen etwa 13,5% am gesamten Stundenvolumen. Insgesamt nimmt Mathematik bis zur 9. Klasse mit durchschnittlich 1.500 Unterrichtsstunden ca. 16,5% der (Pflicht-)Unterrichtszeit ein. Die Spannweite der Länder ist für die Grundschule am größten, sie liegt hier zwischen 18,5% und 24% Unterrichtsanteil. Im Durchschnitt der weiterführenden Schulformen (bis Klasse 9) variiert der Anteil zwischen den Ländern von 12% bis 16%. Die Unterschiede zwischen den Schulformen sind relativ gering, den höchsten Stellenwert, gemessen am Anteil des Unterrichts, hat das Fach an der Hauptschule mit 14,7%, am Gymnasium sind es 13,1%. Insgesamt über neun Schuljahre hinweg wird die unterschiedliche Gewichtung des Fachs in den Schulstufen der Länder teilweise wieder ausgeglichen. Unterschiede zwischen alten und neuen Ländern sind nicht bedeutsam.

Die beiden Kernfächer Deutsch und Mathematik machen zusammen einen Anteil von mehr als einem Drittel der Gesamtunterrichtszeit in den Schulen in Deutschland aus. Die beschriebenen Anteile der beiden Fächer an der Unterrichtszeit sind dabei über die Jahrzehnte deutscher Schulentwicklung erstaunlich konstant geblieben. Als ein frühes Beispiel für diese Fächer- und Stundenverteilung mag der „Lehrplan" des preußischen Unterrichtsminister FALK[12] vor mehr als 120 Jahren dienen, in dem eine verbindliche Bestimmung von Lehrgegenständen (Fächern) und eine jedem Gegenstand zugewiesene Zeitverteilung für die preußische Volksschule 1872 vorgenommen wurde. Schon im FALK'schen Lehrplan machten die Lehrgegenstände Deutsch und Rechnen von der Unterstufe bis zur Oberstufe im Mittel zusammen 50,3% (49,4%) des wöchentlichen Stundenvolumens aus (Unterstufe 68%, Oberstufe 40%/37,5%). Angesichts der Tatsache der deutlichen Erweiterung des Fächerspektrums ist das ein Beleg für die große Kontinuität in der Unterrichtung der beiden Fächer.

Ein Blick auf die internationale Situation hinsichtlich des Stundenanteils der beiden Fächer Deutsch und Mathematik macht allerdings auf eine zum Teil erheblich andere Schwerpunktsetzung in anderen Staaten aufmerksam. Die OECD gibt die Anteile der Fächergruppen an der Gesamtunterrichtszeit für die Altersgruppen der 9-11-jährigen und der 12-14-jährigen Schüler an. Der Anteil des Muttersprachunterrichts[13] für 9-11-jährige Schüler in

12 Vgl. Allgemeine Bestimmungen des Königlich Preußischen Ministers der geistlichen, Unterrichts- und Medicinal-Angelegenheiten vom 15. October 1872, betreffend das Volksschul-, Präparanden- und Seminarwesen. – In: Berthold Michael/Heinz-Hermann Schepp: Die Schule in Staat und Gesellschaft. Dokumente zur deutschen Schulgeschichte im 19. und 20. Jahrhundert. Göttingen/Zürich: 1993, S. 182.
Nach einer Darstellung allgemeiner organisatorischer Bestimmungen werden die Lehrgegenstände der Volksschule benannt, verteilt und mit spezifischen Zeitressourcen versehen. Ein Begründung für diese Verteilung findet sich auf den knapp zehn Seiten, auf denen sie vorgenommen wurde, nicht, jedoch wird mit ihr das minimalistische Fächerspektrum der so genannten Stiehl'schen Regulative von 1854 deutlich erweitert.

13 Muttersprachunterricht bezieht sich hier auf die gesprochene Landessprache.

Deutschland liegt laut OECD bei 20%; der OECD-Durchschnitt ist mit 24% deutlich höher. Geringer ist der Anteil der Muttersprache nur in Italien (die absolute Zahl der Stunden ist dort jedoch höher), in Portugal, der Türkei, Norwegen und Australien. Fast ein Drittel der Unterrichtszeit nimmt hingegen der Sprachunterricht der 9-11-Jährigen in Frankreich, Griechenland, den Niederlanden und in Mexiko ein. In absoluten Stunden hat z.B. ein deutscher Schüler dieser Altersgruppe nur 60% der Unterrichtsstunden eines griechischen in seiner Muttersprache. Ähnliche Werte ergaben sich auch beim Vergleich der Stundentafeln der ersten vier Jahre der Primarschulen der europäischen Staaten[14]. Auch für 12-14-jährige Schüler ist der Anteil des Sprachunterrichts unterdurchschnittlich. Der Anteil des Mathematikunterrichts in Deutschland liegt für die jüngere Schülergruppe mit 17% etwas über dem OECD-Durchschnittswert von 16%, für die ältere Schülergruppe entspricht er dem Durchschnitt von 13%. Insbesondere für die 9-11-Jährigen ist der Anteil des Mathematikunterrichts international sehr unterschiedlich, die Spannweite reicht hier von 10% in Italien (mit sehr großem Gesamtstundenvolumen) bis zu über 20% (Neuseeland, mittleres Gesamtstundenvolumen). Sowohl bezogen auf den Anteil des Mathematikunterrichts als auch auf die absolute Stundenzahl liegt Deutschland im Mittelfeld. Ähnliche Durchschnittswerte von 17% Anteil des Mathematikunterrichts ergaben sich auch beim Vergleich der Stundentafeln der ersten vier Jahre der Primarschulen der europäischen Staaten[15]. Bezogen auf die ersten vier Grundschuljahre, ist in Deutschland der Anteil des Mathematikunterrichts mit 21% allerdings überdurchschnittlich groß.

In sieben Ländern ist der Anfangsunterricht in einer *Fremdsprache* in der Stundentafel der Grundschule als Pflichtunterricht festgeschrieben, in Baden-Württemberg mit insgesamt acht Wochenstunden mit dem größten Stundenvolumen. Die Tendenz, Fremdsprachenunterricht bereits in der Grundschule einzuführen, nimmt zu. Die erste Fremdsprache wird von Klasse 5 bis zur Klasse 10 durchschnittlich mit insgesamt 24 oder 25 Wochenstunden unterrichtet. Das Erlernen einer zweiten Fremdsprache ist in der Haupt- und Realschule in der Regel eines von mehreren Angeboten des Wahlpflichtbereiches, im Gymnasium hingegen Pflichtfach. Im Durchschnitt der Länder hat ein Gymnasiast bis zur Klasse 10 mindestens 38,5 Wochenstunden Fremdsprachenunterricht erhalten, davon entfallen etwa 60% der Stundenzahl auf die erste Fremdsprache. Den meisten fremdsprachlichen Unterricht (44 Stunden) weist die Stundentafel in Baden-Württemberg (8-jähriges Gymnasium) auf, wo die 2. Fremdsprache bereits in der 6. Klasse einsetzt. Überdurchschnittlich hoch ist die Stundenzahl in diesem Bereich auch in Bayern (41 Stunden, 9-jähriges Gymnasium) und in Bremen (40 Stunden, 9-jährig), am niedrigsten in Nordrhein-Westfalen (9-jährig), Brandenburg (9-jährig) und Sachsen-Anhalt (8-jährig) mit jeweils 36 Stunden. Ein Zusammenhang zwischen der Dauer des Bildungsganges und dem Stundenumfang bis zur Klasse 10 besteht nicht. Insgesamt macht der Fremdsprachenunterricht im Länderdurchschnitt einen Anteil von bis zu 16% des Stundenvolumens in der Sekundarstufe I aus. Im OECD-Vergleich weist Deutschland damit beim Anteil des Fremdsprachenunterrichts überdurchschnittliche Werte aus. Im Primarbereich liegt der Anteil hingegen unter den internationalen Durchschnittwerten.

Eine Besonderheit des Unterrichts in Deutschland ist der Fächerbereich *Religion/Ethik:* Der Religionsunterricht ist an öffentlichen Schulen ordentliches Lehrfach, allerdings mit be-

14 Vgl. Datenbank „Eurybase" (www.eurydice.org/Eurybase).
15 Vgl. Datenbank „Eurybase" (*www.eurydice.org/Eurybase*).

stimmten Ausnahmen[16]. Die Teilnahme am Religionsunterricht ist freiwillig. Mehrere Länder haben für Schüler, die am Religionsunterricht nicht teilnehmen, Ethikunterricht als verbindliches alternatives Unterrichtsfach eingeführt[17]. Die Fächer Religion/Ethik werden in der Grundschule in einem Umfang von vier (Hamburg, Mecklenburg-Vorpommern) bis zehn (Bayern) Wochenstunden angeboten. In den Klassen 5 bis 10 wird der Fächerbereich mit insgesamt vier bis zwölf Stunden unterrichtet. Der größte Stundenumfang ist in den Ländern Niedersachsen, Nordrhein-Westfalen, Hessen, Bayern, Sachsen, Sachsen-Anhalt und Thüringen zu verzeichnen. In Brandenburg ist das Fach Lebensgestaltung-Ethik-Religionskunde (LER) mit sieben bzw. acht Wochenstunden Pflichtfach; doch sind Schüler, die stattdessen den von den Kirchen veranstalteten Religionsunterricht besuchen, von der Verpflichtung zur Teilnahme am Unterricht im Fach LER befreit. Im Durchschnitt werden in den Ländern mit achtjährigem gymnasialen Bildungsgang 1,3 Stunden mehr Religion bzw. Ethik unterrichtet als in denen mit neun Jahren bis zum Abitur. Die Zahl der Unterrichtsstunden ist an Realschulen und Gymnasien in allen Ländern (bis auf Schleswig-Holstein, wo an Gymnasien zwei Stunden weniger unterrichtet werden) nahezu identisch.

B1.1.3 Flexibilisierungsmöglichkeiten von Unterricht

Zur Erreichung pädagogischer Ziele in Schule und Unterricht sind auf Grund je spezifischer Bedingungen der Einzelschule zunehmend differenzierte Maßnahmen der Schulen auf der Basis verbindlicher Rahmenvorgaben nötig. International wird dem in einer Reihe von Staaten durch eine größere Selbstständigkeit der Einzelschule bei der Gestaltung von Prozessen in Schule und Unterricht seit längerem Rechnung getragen. Teil dieser größeren Selbstständigkeit ist es, auch mit den zentralen Vorgaben hinsichtlich der Lehrgegenstände und der Zeit, also den Stundentafeln, flexibel umzugehen. Im Folgenden wird daher zunächst angedeutet, wie international die in den jeweiligen Stundentafeln verankerten Flexibilisierungsmöglichkeiten für den Unterricht in der Einzelschule, hier am Beispiel des Wahlpflichtunterrichts berichtet, genutzt werden, bevor die Entwicklungen in Deutschland hinsichtlich des Spielraumes der Einzelschule bei der Organisation des Unterrichts auf der Grundlage der Stundentafeln betrachtet werden.

Im OECD-Vergleich ist der Anteil des Wahlpflichtunterrichts in Deutschland unterdurchschnittlich. Während für Deutschland in den Altersgruppen der 9-11-jährigen bzw. 12-14-jährigen Schüler ein Anteil von 4% bzw. 2% ausgewiesen wird, liegt der OECD-Durchschnitt bei 7% und 9%. In der jüngeren Altersgruppe sind es vor allem Australien (60%!), Finnland (14%), Island und Italien (je 16%) und Schottland (20%), die den Schulen oder den Schülern große Entscheidungsspielräume zugestehen. In der älteren Altersgruppe gibt es zwar in einem Viertel der OECD-Staaten keine Wahlmöglichkeit und in einem weiteren Drittel der Staaten ist der Stundenumfang des Wahlpflichtunterrichts kleiner als 10% des Gesamtvolu-

16 Die Regelung nach Art. 7 Abs. 3 des Grundgesetzes gilt nicht für bekenntnisfreie Schulen und für Länder (Bremen und Berlin), die unter die so genannte Bremer Klausel (Art. 141 GG) fallen.

17 In vier Bundesländern (Schleswig-Holstein, Nordrhein-Westfalen, Rheinland-Pfalz und Saarland) gibt es kein Ersatzfach für Religion in der Haupt- und Realschule. In einem weiteren Land (Bayern) gilt das nur für die Hauptschule; die Stundentafel für die Realschule weist das Fach Ethik aus.

mens. Dem steht aber eine Reihe von Staaten gegenüber, die ein Fünftel bis ein Viertel und mehr des Unterrichtsumfanges flexibel halten. Das sind insbesondere Belgien (flämischer Teil), Finnland, die Niederlande, Schottland und Australien.

Hinsichtlich des *Wahlpflichtunterrichts* ist die Situation in Deutschland sehr differenziert. Die Analyse der aktuellen Stundentafeln ergibt für den Grundschulbereich einen Anteil von etwa 3% (zu dem allerdings nur sieben der Länder beitragen). Im Sekundarbereich sind die Wahlmöglichkeiten stark von der Schulform abhängig und setzen in der Regel erst ab Klasse 7 ein. In einigen Ländern gibt es an den Schulen keinen Wahlpflichtunterricht; es gibt aber Schulen unterschiedlichen Profils (insbesondere Gymnasien). Der Anteil des Wahlpflichtunterrichts liegt an Hauptschulen (Klasse 5 bis 9) im Schnitt bei 2%, an Realschulen bei 8% und an Gymnasien bei 4% (jeweils Klasse 5 bis 10). Da in den meisten Ländern vor allem älteren Schülern Wahlmöglichkeiten gewährt werden, liegt der Anteil in den Klassen 9 und 10 deutlich höher, an Realschulen bei durchschnittlich 14% und an Gymnasien bei 8%. Hauptschüler haben in Mecklenburg-Vorpommern die größten Wahlmöglichkeiten (10%), in der Regel gehört dort das Wahlpflichtfach zum Bereich Arbeitslehre. Größer als 10% ist für Realschüler der Anteil des Wahlpflichtunterrichts in Berlin, Brandenburg, Schleswig-Holstein und im Saarland. In der Regel steht eine 2. Fremdsprache und der Bereich Arbeitslehre zur Wahl. Für Gymnasiasten ist der Anteil des Wahlpflichtunterrichtes im Saarland mit knapp 8% am größten, gefolgt von Rheinland-Pfalz (7%). Für die einzelnen Schulformen können de facto keine Ost-West-Unterschiede ausgemacht werden.

Gegenwärtig zeichnen sich Tendenzen ab, die Flexibilisierungsmöglichkeiten zu verstärken. Damit wird die herkömmliche Flexibilisierung über die eben beschriebenen *Wahlpflichtstunden* durch weitere Flexibilisierungsmöglichkeiten ergänzt. Im Rahmen von Maßnahmen mit eigener pädagogischer Akzentsetzung ergeben sich Freiräume für den Umgang mit den Stundentafeln; die Flexibilisierung der Stundentafel ist damit ein Mittel zur Erreichung pädagogischer Zielsetzungen. Zu diesen Maßnahmen gehören insbesondere *Strukturmaßnahmen*, die *Schulprogrammarbeit* als Folge aus der verstärkten Selbständigkeit der Einzelschule[18], Flexibilisierungsmöglichkeiten, die sich aus Bestimmungen in der *„neuen Generation" von Lehrplänen* ergeben, sowie Flexibilisierungsmöglichkeiten im *Kurswahlsystem der gymnasialen Oberstufe*. Nachfolgend werden diese verschiedenen Flexibilisierungsansätze etwas genauer beschrieben:

Die *flexible Eingangsphase in der Grundschule*[19] und die Möglichkeit der flexiblen Rhythmisierung des Unterrichts im Rahmen des Ausbaus von Ganztagsschulen gehören sicherlich zu den wichtigsten Strukturmaßnahmen, da sie in einer Reihe von Ländern eingeführt bzw. geplant wurden.[20]

Im Rahmen der gesetzlich verpflichtend eingeführten *Schulprogrammentwicklung* in Hamburg ist eine Abweichung von der Stundentafel möglich. In einer aktuellen inhaltsanalytischen Untersuchung der Schulprogramme in Hamburg geben tatsächlich auch 59% der Schulen an, dass sie curriculare Entwicklungsschwerpunkte in den Schulprogrammen setzen. Dies gilt besonders für Gesamtschulen und Gymnasien. Auch bei Fachcurricula sowie

18 Vgl. auch Kapitel B6.

19 Vgl. auch Teil D, Tabelle D2.

20 Des Weiteren gibt es eine Reihe von länderspezifischen Maßnahmen; dazu zählen das jahrgangsübergreifende Lernen wie es zur Zeit in Berlin als Schulversuch für die Jahrgangsstufen 1 bis 6 an 13 Schulen erprobt wird oder das Projekt Modus 21 (Schule in Verantwortung) in Bayern, bei dem unter der Bedingung, dass die Jahreswochenstunden eingehalten werde, die Stundentafel flexibilisiert werden kann.

bei der Profilbildung in der Umsetzung von Lehrplänen (21% der Schulen) finden sich besonders die Gesamtschulen wieder[21]. Derartige Ergebnisse sind in der Evaluation der Schulprogrammarbeit in Nordrhein-Westfalen nicht ausgewiesen. Die Schulprogrammarbeit wird eher fächerübergreifend gedacht – mehr im Kontext von „Erziehungsarbeit" und „Schulleben" –, der Unterricht wird weniger thematisiert[22]. In welcher Form in der Praxis Gestaltungsfreiräume genutzt werden, hängt offenbar wesentlich von der Implementierungsstrategie ab (Welche rechtlichen Regelungen bestehen? Mit welchem inhaltlichen Konzept wird operiert? Welche Empfehlungen und Hinweise werden in den Handreichungen gegeben?).

Aussagen über eine *flexiblere Gestaltung der Unterrichtszeit* finden sich auch *in verschiedenen Rahmenplänen*, etwa denen in Mecklenburg-Vorpommern, wo verbindliche Ziele und Inhalte für 60% der Unterrichtszeit ausgewiesen sind und die restliche Zeit in die Verantwortung des Lehrers gestellt ist, allerdings mit dem Zweck, sie zum Festigen des Gelernten oder zum Aufgreifen neuer Themen zu nutzen. In aktuellen Lehrplänen wird zudem fast ausnahmslos auf projektorientierten und fächerübergreifenden Unterricht hingewiesen, wenngleich ohne zeitliche Konkretisierung[23]. Im Grundschulbereich stellen die Stundentafeln teilweise nur Richtlinien dar, von denen abgewichen werden kann, wenn der Jahresstundenrahmen jedes Fachs gewährleistet wird (Brandenburg, Bremen, Sachsen) oder die Gesamtstundenzahl erhalten bleibt (z.B. Hamburg: zwei flexible Unterrichtsstunden können jedes Schuljahr auf vier Fächer verteilt werden). Im Saarland sind die Fächer Deutsch/Sachkunde sowie Kunst/Musik als Fächerblöcke zu verstehen, deren gemeinsame Wochenstundenanteile jeweils flexibel verwendet werden können. Für die Sekundarstufe I gibt es in Niedersachsen (Haupt- und Realschule), in Hessen und in Nordrhein-Westfalen Flexibilisierungsmöglichkeiten derart, dass für einige Fächergruppen eine Spannweite von Unterrichtsstunden für ein Jahr oder einen Zeitraum von mehreren Jahren und eine Gesamtstundenzahl vorgegeben wird. Der Spielraum, ein Fach oder eine Fächergruppe stärker zu gewichten, beträgt je Fächergruppe zwei bis vier Stunden. In Hessen sind für die Schulstufen maximale Abweichungen von der Stundentafel von ein bis zwei Wochenstunden je Fach und Schuljahr vorgegeben, wobei nicht mehr als zwei Stunden von der vorgegebenen Summe abgewichen werden darf. In Niedersachsen sind bei Berücksichtigung der Mindeststundenzahlen etwa 15 Wochenstunden von Klasse 7 bis 10 tatsächlich zwischen den Fächern zu verteilen; dabei gibt es keine Vorgaben für einzelne Fächer innerhalb der Bereiche Naturwissenschaften, Gesellschaftswissenschaften und Kunst. In Niedersachsen besteht die größte Flexibilität in der zeitlichen Verteilung des Unterrichts. In Nordrhein-Westfalen werden wie in Niedersachsen Mindest- und Maximalstunden für eine Fächergruppe und Schulstufen vorgegeben, zusätzlich gibt es aber auch für jedes Schuljahr Einschränkungen, und die Gewichtung der Fächer einer Fächergruppe ist festgelegt. Wie in Niedersachsen besteht der Spielraum in der fachlichen Gewichtung aus etwa 15 Wochenstunden (ca. 8% des Unterrichts), um die Gesamtmindeststundenzahl zu erreichen; zusätzlich können in Nordrhein-

21 Heinz Günter Holtappels/Sabine Müller/Frank Simon: Hamburger Schulprogramme – Schwerpunkte und Strukturen. Bericht über eine Inhaltsanalyse. In: Hamburg macht Schule, 2002, H. 5., S. 25-27.

22 Vgl. Landesinstitut für Schule (Hrsg.): Schulprogrammarbeit auf dem Prüfstand. Ergebnisse der Evaluation. Bönen: 2002.

23 Eine andere Form des fächerübergreifenden Unterrichts stellt die im hessischen Schulgesetz eröffnete Möglichkeit dar, Unterrichtsfächer als Lernbereich zusammenzufassen (beispielsweise Physik, Chemie und Biologie zum Lernbereich Naturwissenschaften).

Westfalen in allen Schulformen der Sekundarstufe I bei Einhaltung einer Gesamtstundenzahl die Pflichtstundenzahlen der einzelnen Schuljahre von der Schule (um zwei Stunden) variiert werden. In fast allen Ländern kann (oder soll) der Unterricht von Fächern mit nur einer Wochenstunde epochal erteilt werden, wobei die Summe innerhalb des Schuljahres gleich bleiben muss. Weitere Flexibilisierungsmöglichkeiten betreffen zum Beispiel die Gewichtung der Künste oder etwa an den Hauptschulen in Rheinland-Pfalz die Zuordnung einer Wochenstunde im Jahr entweder zum Fach Deutsch oder zu Englisch.

Verbindliche Rahmenrichtlinien zur *Gestaltung der gymnasialen Oberstufe* in den Bundesländern sind in entsprechenden Beschlüssen der KMK festgelegt[24]. Die diesbezüglichen Regelungen lassen Flexibilisierungsmöglichkeiten in folgenden Bereichen zu:

- Flexibilisierungsmöglichkeiten im Bereich des Wochenstundenumfangs (dazu gehören die Möglichkeit der Erhöhung des Wochenstundenumfangs in Grund- und Leistungskursen, wobei der Unterricht in Grundkursen im Umfang von mindestens zwei Wochenstunden, in Deutsch, Mathematik und Fremdsprachen mindestens drei Wochenstunden und der Unterricht in Leistungskursen im Umfang von mindestens fünf Wochenstunden, sofern drei oder mehr Leistungskursfächer zu belegen sind mindestens vier Wochenstunden, festgeschrieben ist),
- Flexibilisierungsmöglichkeiten im Bereich Religionslehre (für diesen Unterricht gelten jeweils die Bestimmungen der Länder; dies gilt auch für die Festlegung der Wochenstundenzahlen und der Zuordnung des Fachs zu einem Aufgabenfeld),
- Flexibilisierungsmöglichkeiten im Bereich des Fächerangebots (Möglichkeit der Zulassung des Fachs Sport als Leistungskurs und der Aufnahme neuer Fächer in das Fächerangebot, von Teilgebieten von Fächern oder übergreifende Fächer als Kursgegenstände im Wahlbereich durch die zuständige Schulaufsichtsbehörde),
- Flexibilisierungsmöglichkeiten im Bereich der Struktur der gymnasialen Oberstufe (Möglichkeit zur Verlagerung der einjährigen Einführungsphase in die Klasse 10 (Abitur in Klasse 12), Möglichkeit der Wahl der Unterrichtsgestaltung in der Einführungsphase (Unterricht im Klassenverband oder im Kurssystem), Möglichkeit zum Angebot spezifischer Lernarrangements in der Einführungsphase (Intensivkurse in Kernfächern, Auslandsaufenthalte, Betriebspraktika), Möglichkeit des jahrgangsübergreifenden Kurssystems in der zweijährigen Qualifizierungsphase, Bestimmung des Zeitpunktes der Festlegung der Schüler auf ihre Fächerkombination),
- Flexibilisierungsmöglichkeiten im Bereich der Verweildauer in der gymnasialen Oberstufe (Möglichkeit des verkürzten Durchgangs durch die gymnasiale Oberstufe nach Maßgabe der Lernentwicklung und der Leistungsfähigkeit des Schülers durch vorzeitiges Eintreten in die zweite Hälfte der Einführungsphase oder die Qualifikationsphase),
- Flexibilisierungsmöglichkeiten zur Ausgestaltung des Pflichtbereichs (Möglichkeit der Erhöhung der Gesamtzahl der Wochenstunden in den einzelnen Aufgabenfeldern (vorgeschrieben sind jeweils für vier Halbjahre: im sprachlich-literarisch-künstlerischen Aufgabenfeld insgesamt mindestens 28 Wochenstunden, im gesellschaftswissenschaftlichen Aufgabenfeld insgesamt mindestens 16 Wochenstunden, im mathematisch-naturwissenschaftlich-technischen Aufgabenfeld insgesamt mindestens 22 Wo-

24 Siehe v.a. die Beschlüsse vom 30.01.1981 i.d.F. vom 16.06.2000 („Die gymnasiale Oberstufe in den Ländern in der Bundesrepublik Deutschland") und vom 07.07.1972 i.d.F. vom 16.06.2000 mit Anlagen zum Stand der Fortschreibung vom 28.05.2003 („Vereinbarung zur Gestaltung der gymnasialen Oberstufe in der Sekundarstufe II").

chenstunden und in Sport insgesamt mindestens acht Wochenstunden) sowie Möglichkeit der Erhöhung der Anzahl der Leistungskurse, die zu belegen sind und der Festlegung zusätzlicher Bindungen für Kurse und Kurskombinationen (vorgeschrieben sind mindestens zwei Leistungsfächer); darüber hinaus besteht gemäß der Substitutionsregelung folgende Möglichkeit: sofern die in den Fächern Deutsch, Fremdsprache, Mathematik zu vermittelnden grundlegenden Kompetenzen in Grundkursen anderer Fächer curricular abgesichert sind, können bis zu vier solcher Kurse auf die Beleg- und Einbringungsverpflichtungen in den Fächern Deutsch, Mathematik, Fremdsprache angerechnet werden, in einem Fach jedoch nicht mehr als zwei Kurse).

Diese Beispiele deuten an, dass es bezüglich der Stundentafeln durchaus Gestaltungsmöglichkeiten für die Schulen, Fachkonferenzen und Lehrer gibt – auch wenn diese in den Ländern unterschiedlich angelegt werden und daher ungleich große Spielräume bieten. Am weitesten dürfte wohl der Vorstoß Baden-Württembergs bei der Einführung von Kontingentstundentafeln gehen: Dort wird es ab 2004 keine Stundentafeln mehr geben, die die einzelnen Stunden der Fächer je Jahrgang ausweisen. Stattdessen wird eine Kontingentstundentafel eingeführt. Sie legt die Gesamtzahl von Stunden für ein Fach, eine Fächergruppe oder einen Fächerverbund fest. Dabei kann die Schule in eigener Verantwortung die Verteilung der Stunden über die Jahre festlegen und eigene Schwerpunkte setzen. Dabei muss allerdings sicher gestellt sein, dass nach einem bestimmten Zeitabschnitt die vorgegebenen Bildungsstandards erreicht sind[25].

Insgesamt zeigt sich, dass es in Deutschland eine bemerkenswerte Konstanz der Fächer, insbesondere der Kernfächer, und der Verteilung der Fächer/Fächerbereiche in der Stundentafel gibt. In den letzten Jahrzehnten sind nur wenig neue Pflichtfächer hinzu gekommen (zu nennen sind hier vor allem die zunehmende Bedeutung der ersten Fremdsprache, überwiegend Englisch, zum Teil schon ab der Grundschule, die Schaffung des Fächerbereichs der informationstechnischen Grundlagenbildung sowie der Ausbau des Fächerbereichs Arbeitslehre/Wirtschaft/Technik[26] auch im Gymnasium). Das Fach Religion (bzw. der alternativ angebotene Ethikunterricht) ist in Deutschland Pflichtfach. International ist das eine Besonderheit. Angesichts des wachsenden Bevölkerungsanteils mit islamischem Glauben und des Fehlens eines islamischen Religionsunterrichts deutet sich hier bildungspolitischer Handlungsbedarf an. Diese Konstanz von Kernfächern geht in Deutschland aber zugleich mit einer offenkundigen Vielfalt der Stundentafeln sowie des Fächer- und Stundenvolumens in den Ländern einher, was die Gefahr der Ungleichheit bei der Teilhabe an Bildung in sich birgt. Schulform- bzw. bildungsgangübergreifende Stundentafeln sind eher die Ausnahme. Die Stundentafeln in Deutschland enthalten im internationalen Vergleich trotz zunehmender Freiräume der Einzelschule nur geringe Flexibilisierungsmöglichkeiten und auch diese werden relativ stark reglementiert.

25 Quelle: *www.leu.bw.schule.de/allg/lehrplan* (Stand: August 2003).

26 Einen innovativen Ansatz zur Entwicklung der individuellen Handlungskompetenz von Schülern stellt die Lernfeldkonzeption der KMK dar, die auch für die Weiterentwicklung dieses Fächerbereichs bedenkenswert ist. Lernfelder sind anders als Fächer thematische Einheiten, die sich vor allem an (beruflichen) Aufgabenstellungen und Handlungsabläufen orientieren.

B1.2 Lehrpläne[27] als Instrument der Prozesssteuerung

B1.2.1 Lehrpläne: Erwartung und Wirksamkeit

Im internationalen Vergleich ist der nach Schulformen hierarchisch gegliederte Sekundarbereich auffälligstes Merkmal des deutschen Schulsystems[28]. Diese Aufgliederung ist mit einer erheblichen Ausdifferenzierung von Lehrplänen begleitet. Deutschland dürfte weltweit das Land mit der größten Anzahl verbindlicher, den Unterricht in allen Schulformen und -stufen steuernder Lehrpläne sein.

Das gründet sich auf die Erwartung, dass Lehrpläne ein effektives Instrument zur Erreichung von Bildungszielen und zur Vorbereitung des Unterrichts sind. Die Lehrplandatenbank der KMK weist derzeit (Stand August 2003) insgesamt 4.403 Eintragungen (registrierte Lehrpläne)[29] aus. Verlässliche Daten zur tatsächlichen Zahl der gültigen Lehrpläne stehen nicht zur Verfügung, da die Zahl der Lehrpläne nicht mehr wissenschaftlich systematisch erfasst wird[30]. Bei grober Schätzung liegt die Zahl der aktuell gültigen Lehrpläne wohl bei weit mehr als 2.500. In den bei PISA erfolgreicheren Staaten gibt es häufig nur einen nationalen Lehrplan (National Curriculum), der auf kommunaler oder einzelschulischer Ebene zu untersetzen ist, der Leistungserwartungen benennt (mit entsprechenden Bildungsstandards kompatibel ist) und zum Teil mit darauf aufbauenden einheitlichen Testverfahren kombiniert ist.

Deutschland hat eine historisch fest verankerte Tradition staatlicher Lehrplanarbeit. In der Regel werden Lehrplankommissionen – überwiegend bestehend aus Lehrkräften und Wissenschaftlern – von Kultusministerien mit der Erstellung und Revision von Lehrplänen beauftragt. Seit den 1970er-Jahren fand dabei eine Auslagerung an die Landesinstitute statt. Mit der Einrichtung von Landesinstituten wurde die Organisation der Lehrplanarbeit wissenschaftlicher und professioneller. In den Jahre 1980 bis 1984 gab es ca. 900 Lehrplankommissionen. Drei- bis viertausend Mitglieder arbeiteten in diesem Zeitraum in den Lehrplankommissionen[31]. Auch wenn es gegenwärtig vermutlich weniger Kommissionen gibt, steht den Verwaltungen in allen Ländern nach wie vor für Lehrplanarbeit ein Stab von Mitarbeitern zur Verfügung[32].

---

27 Es finden sich unterschiedliche Bezeichnungen für Lehrpläne: Sie werden als Curricula, Richtlinien, Rahmenlehrpläne, Rahmenrichtlinien oder Bildungspläne bezeichnet. Die Bezeichnungen sagen etwas über die beabsichtigte Wirkung aus – beispielsweise ist bei Rahmenplänen eine eher orientierende Funktion intendiert –, lassen aber keinen Rückschluss auf die Inhalte und den formalen Aufbau zu. Der Begriff Curriculum findet eher im wissenschaftlichen Diskurs Verwendung und ist im schulpraktischen und administrativen Kontext weniger gebräuchlich.

28 Vgl. Deutsches PISA-Konsortium (Hrsg.): PISA 2000. Basiskompetenzen von Schülerinnen und Schülern im internationalen Vergleich. Opladen: 2001, S. 430.

29 Wobei zu berücksichtigen ist, dass in diese Zahl auch Entwurfsfassungen, klassenstufenbezogene Parzellierungen der Fachlehrpläne von Schulstufen sowie Aktualisierungen und Modifizierungen bereits vorliegender Pläne eingehen.

30 Ein Verzeichnis der Lehrpläne existiert seit der Einstellung des Kieler Lehrplanverzeichnisses – letztmalig 1989 erschienen – nicht mehr. Vgl. Henning Haft/Stefan Hopmann/Kurt Riquarts/Hans-Jürgen Waldow: Kieler Lehrplanverzeichnis. Stand Januar 1989. Kiel: 1989.

31 Henning Haft/Stefan Hopmann: Lehrplanarbeit in der Bundesrepublik Deutschland. Veränderungen zwischen 1970 und heute. In: Die deutsche Schule 79, 1987, S. 506-518.
Die Befragung von Mitgliedern in Lehrplankommissionen 1984/1985 ergab, dass in diesem Zeitraum die Hälfte aller Befragten an der Entstehung von Schulbüchern oder anderen Materialien mitgewirkt hat. Vgl. Henning Haft/Stefan Hopmann/Karl Frey/Roland Mackert/Peter Menck/Klaus Westphalen: Lehrplanarbeit in Kommissionen. Kiel: 1986, S. 77.

32 Zum Beispiel ist in den Haushalten einiger Länder explizit ein Posten der Landesinstitute für die Lehrplanarbeit ausgewiesen.

Lehrplanentwicklung und -revision ist in erster Linie ein von außen motivierter Prozess und kann nicht als von der pädagogischen Profession nachgefragte Dienstleistung verstanden werden. Ausschlaggebend für Lehrplanrevisionen sind vor allem bildungspolitisch-administrative Entscheidungen. Zentrales Motiv der Schulverwaltung ist die Reform bzw. Verbesserung der schulischen Unterrichtspraxis. Ergebnisse der empirischen Bildungsforschung zeigen, dass von den Lehrplanentwicklern besonders häufig Strukturänderungen (1985: 51%, 1995: 51%) als Grund für die Neugestaltung von Lehrplänen angeben werden. Die Bedeutung von Regierungswechseln bzw. Wechseln der Ministerin oder des Ministers (1985: 9%, 1995: 32%), gesellschaftliche Veränderungen (1985:°11%, 1995: 44%) und Anpassung an wirtschaftliche Gegebenheiten (1985: 10%, 1995: 27%) haben als Anlass von Lehrplanrevisionen in den 1990er-Jahren zugenommen. Die Bedeutung von neuen Ergebnissen der Wissenschaften hat dagegen im Vergleich zu 1985 stark abgenommen (1985: 30%, 1995: 11%)[33]. Nahezu alle Länder bieten bei der Einführung neuer Lehrpläne die Möglichkeit der öffentlichen Beteiligung durch Veröffentlichung im Internet, Anhörung gesellschaftlicher Gruppen, schriftliche Befragungen u.ä. an. Eine systematisch-wissenschaftliche Untersuchung der Implementierung findet jedoch in der Regel nicht statt.

Schaut man sich die Lehrpläne und die in ihnen enthaltenen Informationen und Angaben genauer an, dann fällt der enorme Seitenumfang der Lehrpläne auf[34]. Dabei machen in aktuellen Lehrplänen die fachspezifischen Inhalte oft den geringsten Umfang aus, meistens weniger als zehn Seiten. Die fachlichen Inhalte sind also schon sehr verdichtet und tendieren zu einem Minimalplan bzw. „Kernlehrplan". Zum zweiten wird sichtbar, dass die bildungstheoretischen Begründungen und didaktischen Überlegungen oftmals gegenüber den fachlichen Inhalten einen weit größeren Umfang einnehmen[35]. Und schließlich finden sich in aktuellen Lehrplänen zwar fast durchweg explizit formulierte Lernziele für Jahrgangsstufen, die Formulierung eindeutiger Leistungserwartungen, so z.B. in Form von Qualifikationsanforderungen zum Abschluss der Klasse 10, ist erst in Ansätzen vorhanden (etwa in den Brandenburger Rahmenlehrplänen). Aber selbst bei schulformübergreifenden Lehrplänen oder Rahmenplänen findet sich in der Regel in den Inhalten die schulformbezogene Differenzierung wieder.

Lehrpläne dienen zwar als Instrument zur Steuerung des Unterrichts, das Unterrichtsgeschehen selbst wird allerdings nicht unmittelbar beeinflusst; es handelt sich genau genommen nur um eine mittelbare Prozesssteuerung. Die direktere Steuerung erfolgt zum einen über Schulbücher – denn diese müssen lehrplankonform sein, um zugelassen zu werden – und zum anderen über weitere mitveröffentlichte Materialien wie z.B. Handreichungen, Schülermaterial oder Fortbildungsprogramme u.ä. Lehrer nutzen Lehrpläne meist in bestimmten Situationen z.B. bei Berufsantritt, bei Elternabenden und bei Visitationen der

33 Vgl. Jörg Biehl/Frank Ohlhaver/Kurt Riquarts: Sekundäre Lehrplanbindungen: Vergleichende Untersuchungen zur Entstehung und Verwendung von Lehrplanentscheidungen. Endbericht zum DFG-Projekt. Kiel: 1999.

34 Oelkers verweist in dieser Hinsicht auf zwei typische Beispiele: 1982 hatte der erste Band des Lehrplans für die Jahrgangsstufen 1 und 2 der Grundschule in Bayern einen Umfang von 501 Seiten. Die Bildungspläne für die allgemein bildenden Gymnasien in Baden-Württemberg umfassten 1999 mehr als 1000 Seiten. Vgl. Jürgen Oelkers: Lehrpläne als Steuerungsinstrument. Vortrag im Staatsinstitut für Schulpädagogik und Bildungsforschung. München: 1999.

35 Bildungstheoretische Begründungsleistungen stellen sich durchaus unterschiedlich dar, so z. B. als Legitimation für eine Differenzierung nach Schulformen. Einzelne Lehrpläne enthalten zudem zusätzliche Elemente, z. B. Erläuterungen zu Prinzipien der Lehrplanarbeit, Beispiele für die schulinterne Umsetzung u.ä.

Schulaufsicht. Die steuernde Wirkung des Unterrichts durch Lehrpläne erfolgt vor allem über die Stoffverteilung über das Schuljahr hinweg und für einzelne Unterrichtseinheiten – weniger jedoch für die einzelnen Unterrichtsstunden[36]. Wie der offizielle Lehrplan – mit Begleitmaterialien implementiert – durch die Lehrer interpretiert wird und schließlich im Unterricht umgesetzt wird, wurde bisher kaum systematisch-wissenschaftlich untersucht.

B1.2.2 Schulbücher als Instrument der Vorbereitung des Unterrichts

Die Zulassung und Einführung von Schulbüchern bzw. Lehr- und Lernmitteln wird in den Schulgesetzen davon abhängig gemacht, dass Schulbücher allgemeinen Verfassungsgrundsätzen entsprechen und mit den Lehrplänen übereinstimmen. Über die Genehmigung entscheidet das Kultusministerium, das sich in den meisten Ländern auf Gutachten von Sachverständigen stützt, die entweder vom Ministerium oder vom Landesinstitut beauftragt werden. Es gibt auch einige wenige Länder, wie Sachsen-Anhalt, Brandenburg und Bremen, in denen die Bücher für die gymnasiale Oberstufe von der Genehmigungspflicht ausgenommen sind und in denen die Schulen selbst über die Zulassung von Schulbüchern entscheiden können. Die Verfahren der Einführung genehmigter Schulbücher in der Schule selbst unterscheiden sich geringfügig: In der Regel sind es die Fachkommissionen, die die Auswahl der Schulbücher treffen[37]. Die Genehmigungsdauer ist nur in einigen Ländern festgelegt und umfasst den zeitlichen Rahmen von drei Jahren in Schleswig-Holstein und bis zu sechs Jahren in Niedersachsen und Sachsen-Anhalt. Untersuchungen zeigen, dass die tatsächliche Nutzungsdauer offenbar erheblich höher ist[38].

Lehrer richten sich in der Unterrichtsvorbereitung besonders stark an Schulbüchern aus. Dieser Sachverhalt wird durch empirische Befunde eindeutig bestätigt: Empirische Studien weisen einen ziemlich konstanten Wert auf: Um die 75-80% der Lehrer geben an, dass sie für die Unterrichtsplanung das in der Klasse eingeführte Schulbuch häufig nutzen[39]. Schulbücher sind aber nicht nur das Leitmedium zur Steuerung des Unterrichts, sondern sollen dem Schüler auch zur häuslichen Arbeit zur Verfügung stehen. Dazu liegen allerdings keine empirischen Studien vor. Schulbuchforschung muss ohnehin als eher randständig betrachtet werden, sie zeichnet sich durch ein theoretisches Defizit (keine Schulbuchtheorie), ein empirisches Defizit (kein Wissen über den Umgang mit Schulbüchern) und ein methodologisches Defizit (keine Verfahren und Instrumente für die Dimensionierung, Kategorienbildung, Evaluation von Untersuchungen zur Schulbuchforschung) aus[40]. Sie sollte erheblich stärker in

36 Wilof Vollstädt/Klaus-Jürgen Tillmann/Udo Rauin/Katrin Höhmann/Andrea Tebrügge: Lehrpläne im Schulalltag. Eine empirische Studie zur Akzeptanz und Wirkung von Lehrplänen in der Sekundarstufe I. Opladen: 1999.

37 In einzelnen Ländern kann die Entscheidungsbefugnis darüber auch bei der Gesamtkonferenz, einem paritätisch besetzten Schulausschuss oder auch beim Schulleiter liegen.

38 Vgl. Abschnitt B3.3.

39 Vgl. Jörg Biehl/Frank Ohlhaver/Kurt Riquarts: Sekundäre Lehrplanbindungen: Vergleichende Untersuchungen zur Entstehung und Verwendung von Lehrplanentscheidungen. Endbericht zum DFG – Projekt. Kiel: 1999.
Witlof Vollstädt: Unterrichtsplanung im Schulalltag. Ergebnisse einer empirischen Untersuchung. In: Pädagogik, 48, 1996, H. 4, S. 17-22.
Günter Hanisch: Die Verwendung des Schulbuchs zur Vorbereitung und im Unterricht – eine empirische Untersuchung. In: Richard Olechowski (Hrsg.): Schulbuchforschung. Frankfurt am Main u.a.: 1995, S. 242-245.

40 Peter Weinbrenner: Grundlagen und Methodenprobleme sozialwissenschaftlicher Schulbuchforschung. In: Richard Olechowski (Hrsg.): Schulbuchforschung. Frankfurt a.M. u.a.: 1995, S. 21.

den Kontext didaktischer und fachdidaktischer Fragestellungen, die insbesondere auf die Steuerung von Schule und Unterricht bezogen sind, eingebunden werden. Bisherige Schulbuchforschung ist meist auf Inhaltsanalysen von Schulbüchern beschränkt. Somit gibt es kein empirisch abgesichertes Wissen darüber, wie Schulbücher für die Unterrichtsvorbereitung seitens der Lehrer tatsächlich genutzt bzw. ob und wie oft Schulbücher von Schülern in der außerunterrichtlichen Zeit gebraucht werden.

Ungeklärt ist, inwieweit die neuen Medien eine Rolle bei der Unterrichtsplanung und -gestaltung spielen. Wissenschaftliche Literatur zu diesem Themenbereich bezieht sich meist auf Fragen der Medienkompetenz und den Einsatz neuer Medien in der Schule (Stichwort: Schulen ans Netz). Da sich aber in den Lehrerzeitschriften seit Mitte der 1990er-Jahre zunehmend Beiträge zum Einsatz von neuen Medien für die Unterrichtsvorbereitung finden, kann man davon ausgehen, dass neue Medien in der Unterrichtsvorbereitung an Bedeutung gewinnen.

Insgesamt lässt sich festhalten: Im Gegensatz zu den Stundentafeln, die auch unter historischer Perspektive eine recht hohe Konstanz aufweisen, wurden und werden Lehrpläne ständig geändert, erneuert oder modifiziert und weisen inzwischen eine wohl einmalige Anzahl und Vielfalt auf. Das ist die Folge der an Lehrpläne geknüpften direkten Steuerungserwartungen in Deutschland. Und möglicherweise ist das auch eine der Ursachen für die eher geringe Steuerwirkung der Lehrpläne. Eine größere Steuerwirksamkeit könnte auch bei diesem Instrument mit der Formulierung weniger, aber konkreter Vorgaben (ob als Kerncurricula oder Bildungsstandards) und der zunehmenden Entwicklung schulbezogener Curricula entstehen. Einen großen Einfluss auf die Unterrichtsvorbereitung der Lehrerinnen und Lehrer haben die Schulbücher. Das empirisch gesicherte Wissen über dieses Steuerungsinstrument steht allerdings in keinem Verhältnis zu seiner offensichtlichen Wirksamkeit.

B1.3 Bildungsstandards als Entwicklungsperspektive

In jüngster Zeit ist in der deutschen bildungspolitischen und wissenschaftlichen Diskussion häufiger vom Kerncurriculum die Rede. Kerncurricula können dabei zu einem wesentlichen Instrument werden, das inhaltliche Standards setzen hilft und eine Verständigung über unentbehrlich in der Schule zu vermittelnde Inhalte herbeiführt[41]. Auch solche in neuen Lehrplänen anzutreffende Begriffe wie „Basis schulischen Lernens“, „verlässliches Grundwissen“, „Orientierungswissen“ usw. weisen auf genau diese Bemühungen hin, Lehrpläne in Richtung Standardsetzung und inhaltliche Konzentration zu entwickeln.

International stellen Bildungsstandards ein zentrales Instrument innerhalb der Gesamtheit der Strategien und Maßnahmen zur Sicherung und Entwicklung von Qualität schulischer Arbeit dar. Sie formulieren konkret, verständlich und konzentriert auf die wesentlichsten Ziele der pädagogischen Arbeit bezogen verbindliche Anforderungen an das Lehren und Lernen in der Schule. Die wichtigsten Ziele werden als erwünschte Lernergebnisse ausgedrückt, insbesondere legen sie fest, welche Kompetenzen die Schüler bis zu einer bestimm-

41 Vgl. u.a.: Heinz-Elmar Tenorth (Hrsg.): Kerncurriculum Oberstufe. Mathematik – Deutsch – Englisch. Weinheim und Basel: 2001.

ten Jahrgangsstufe erworben haben sollen. Den Kompetenzen, die innerhalb eines Lernbereichs oder Fachs in Niveaustufen entwickelt werden sollen, kommt im Konzept der Bildungsstandards eine entscheidende Rolle zu: Sie stellen zum einen ein Referenzsystem für professionelles Handeln von Lehrkräften mit großen Freiräumen für innerschulische Lernplanung dar. Zum anderen können auf ihrer Grundlage Lernergebnisse vergleichbarer erfasst und bewertet werden. Sie lassen damit zugleich Aussagen zu, inwieweit das Schulsystem seinen Auftrag erfüllt hat (Systemmonitoring)[42].

Das Thema Bildungsstandards ist in Deutschland im Vergleich zu anderen Staaten verhältnismäßig spät in der öffentlichen Debatte aufgetaucht. Inzwischen zeigt sich, dass sie als innovatives Konzept von der Bildungspolitik aufgenommen und überraschend schnell und umfassend implementiert werden (vgl. Teil D). Einen ausgewiesenen wissenschaftlichen Diskurs zum Thema Bildungsstandards gibt es in Deutschland bisher kaum. Während es im bildungspolitischen und administrativen System Vorlagen gibt (für die Vereinbarung von Bildungszielen in Form von gesetzlichen Vorgaben, für die inhaltlichen Standards in Form von Lehrplänen), steht die Entwicklung von wissenschaftlichen Kompetenzmodellen, von Leistungsstandards und Bewertungsstandards in Deutschland noch am Anfang[43]. Der Kompetenzbegriff würde durch die Entwicklung wissenschaftlicher Kompetenzmodelle mit Methoden der psychometrischen Leistungsmessung – in Abweichung zum Kompetenzbegriff in der beruflichen Bildung/Erwachsenenbildung – erstmals eine empirische Fundierung gewinnen.

Für die künftige Entwicklung wird es deshalb darauf ankommen, dem Beispiel anderer Staaten zu folgen und den Schulen mehr Gestaltungsfreiraum – z. B. auch in der Entwicklung von schulbezogenen Lehrplänen – zuzubilligen; im Gegenzug muss dann aber die Steuerung durch Bildungsstandards intensiviert werden. Bildungsstandards könnten die inhaltliche Steuerung der schulischen Praxis und des Unterrichts transparent, verbindlich und letztlich auch überprüfbar machen und auf diese Weise wesentlich zur Entwicklung und Sicherung von Qualität beitragen.

---

42 Eckhard Klieme/Hermann Avenarius/Werner Blum/Peter Döbrich/Hans Gruber/Manfred Prenzel/Kristina Reiss/Kurt Riquarts/Jürgen Rost/Heinz-Elmar Tenorth/Helmut J. Vollmer: Zur Entwicklung nationaler Bildungsstandards. Eine Expertise. Frankfurt a. M.: 2003.

43 Gleichwohl kann auch auf weitere Vorleistungen zurückgegriffen werden: In Deutschland finden sich Standards für das Schulwesen in den Einheitlichen Prüfungsanforderungen in der Abiturprüfung (EPA's) und in den Standards für den Mittleren Schulabschluss in den Fächern Deutsch, Mathematik und erste Fremdsprache der KMK und in Ansätzen in den Lehrplänen der Länder.

B2 Einsatz personeller Ressourcen: Klassenfrequenzen und Unterrichtsstunden pro Klasse

Eine der zentralen Fragen bei der Gestaltung von Schule ist der Einsatz der personellen Ressourcen. Da Personal teuer ist, ist der Rahmen für Personalaufstockungen begrenzt, und es kommt umso mehr auf einen optimalen Personaleinsatz an. Eine entscheidende Rolle spielen hierbei vor allem die Klassengröße bzw. die Schüler-Lehrer-Relation und die erteilten Unterrichtsstunden pro Klasse (bzw. Schüler).

Die Klassengröße gibt die Zahl der Schülerinnen und Schüler an, die in einer Schulklasse gemeinsam unterrichtet werden. Zur Ermittlung der Schüler-Lehrer-Relation werden dagegen die Lehrkraft-Stellen in Vollzeitäquivalente (Vollzeitlehrer-Einheiten) umgerechnet und in Relation zu den Schülerzahlen gesetzt[1]. Dabei ist die Schüler-Lehrer-Relation das Produkt aus den erteilten Unterrichtsstunden je Vollzeitlehrer-Einheit (U/L)[2] und der Zahl der Schüler je Klasse (U/K), dividiert durch die erteilten Unterrichtsstunden je Klasse (U/K). Diese komplexe Beziehung lässt sich nur schwer bezüglich der Wirkungen der einzelnen Größen darstellen. Allerdings ergibt sich, dass die Zahl der Schüler *und* der Unterrichtsstunden je Klasse entscheidende Stellglieder sind, mit denen unterschiedliche Strategien beim Einsatz der personellen Ressourcen verfolgt werden können: Bei einer als relativ konstant anzunehmenden Gesamtrelation bleibt entweder die Möglichkeit, die Klassengröße zu reduzieren und dies durch eine geringere Zahl an Unterrichtsstunden zu kompensieren oder der umgekehrte Weg – mehr Unterrichtsstunden anzubieten und dafür größere Klassen in Kauf zu nehmen.

B2.1 Klassenfrequenzen und Schüler-Lehrer-Relationen im innerdeutschen und internationalen Vergleich

In einer aktuellen Veröffentlichung der KMK[3] werden die *Klassenfrequenzen* in Deutschland für den Zeitraum 1992 bis 2001 berichtet. Mit durchschnittlich 10 Schülern sind die Klassenfrequenzen in den Sonderschulen am geringsten, gefolgt vom Vorschulbereich mit 12,9 Kindern (Vorklassen und Schulkindergärten). Für die vorschulischen Einrichtungen ergibt sich im Zeitverlauf ein deutlicher Rückgang im Vergleich zu 1993. Ansonsten bewegen sich die zeitlichen Schwankungen in geringen Grenzen. Für den Primarbereich waren die Klassenfrequenzen im Jahr 1997 am höchsten; sie liegen im Jahr 2001 mit 22,2 Schülern wieder auf dem Niveau von 1993. Im Sekundarbereich I sind die Klassenstärken 2001 mit 24,8 Schülern dagegen höher als 1993 (24,1). In den Berufsschulen betragen die Klassenfrequenzen weitgehend konstant 20 Schüler. Größer als die zeitlichen Schwankungen sind die Unter-

1 Die Schüler-Lehrer-Relation wird nach folgender Formel berechnet: S/L = (U/L * S/K) / (U/K).

2 Anrechnungs- und Ermäßigungsstunden werden hierbei berücksichtigt.

3 KMK – Sekretariat der Ständigen Konferenz der Kultusminister der Länder in der Bundesrepublik Deutschland: Schüler, Klassen, Lehrer und Absolventen der Schulen 1992 bis 2001. Statistische Veröffentlichungen der Kultusministerkonferenz. Dokumentation Nr. 164. Bonn: 2002.

schiede in den Klassenstärken im Jahr 2001 zwischen den *Ländern*. Im Primarbereich finden sich die niedrigsten Werte (weniger als 19 Schüler) durchweg in den neuen Ländern (Mecklenburg-Vorpommern, Sachsen, Sachsen-Anhalt und Thüringen). Mit mehr als 23 Schülern überdurchschnittlich hoch sind die Werte in Bayern, Berlin und Hamburg. Ein etwas anderes Bild ergibt sich für die Sekundarstufe I. Hier finden sich zwar wiederum die niedrigsten Werte (max. 22,1 Schüler) für Mecklenburg-Vorpommern, Sachsen-Anhalt und Thüringen, die höchsten Werte (mehr als 26 Schüler) aber für Nordrhein-Westfalen und Schleswig-Holstein[4].

Ein Blick auf die Entwicklung der Schüler-Lehrer-Relationen in den 90er Jahren führt zu einem weitgehend ähnlichen Ergebnis. Auch hier sind die Schwankungen im Zeitverlauf insgesamt gering und entsprechen dem Muster, das für die Klassenfrequenzen dargestellt wurde. Günstigere Relationen im Vergleich von 1993 zu 2001 ergeben sich im vorschulischen Bereich (14,3 vs. 12,7), ungünstigere für den Sekundarbereich I (15,6 vs. 16,7) und den Sekundarbereich II (18,9 vs. 21,7)[5].

Ein *internationaler Vergleich* der Klassenfrequenzen und Schüler-Lehrer-Relationen wird durch die Unterschiede in den verwendeten Klassifikationen und Zuordnungen der Schulformen erschwert. In den Veröffentlichungen der KMK und des Statistischen Bundesamtes für Deutschland werden die Sonderschulen als eigenständige Schulform betrachtet, während sie in den Statistiken der OECD zum Sekundarbereich hinzugerechnet sind. In den Statistiken der OECD erscheinen aufgrund der günstigeren Betreuungsrelation in den Sonderschulen für Deutschland daher niedrigere Werte als in den Statistiken der KMK. Nicht einheitlich sind zudem die Zuordnungen der Schul- bzw. Berichtsjahre, für die von der OECD die Statistiken aufgeführt werden. Für das Jahr 2000 berichtet die OECD eine durchschnittliche Klassengröße für Deutschland im Primarbereich von 22,4 und im Sekundarbereich I von 24,6. Beide Werte liegen über den mittleren Werten in der OECD (21,9 und 23,6). Ebenso sind die Schüler-Lehrer-Relationen im Sekundarbereich I etwas (15,7 vs. 15,0) und im Primarbereich deutlich ungünstiger (19,8 vs. 17,7) als im Mittel der OECD-Staaten. Die Schüler-Lehrer-Relation für die Sekundarstufe II entspricht dagegen mit 13,9 dem OECD-Mittel[6].

Die auffällige Diskrepanz in der Lehrer-Schüler-Relation für den Primarbereich kann in Zusammenhang mit Befunden aus PIRLS/IGLU verdeutlicht werden: Im internationalen Vergleich zeigt sich, dass in fast allen Teilnehmerländern neben den Fach- bzw. Klassenlehrkräften zusätzliche Lehrkräfte im Primarbereich eingesetzt werden, insbesondere um Kinder mit Problemen beim Lesenlernen zu unterstützen. International können im Durchschnitt 54% der Schülerinnen und Schüler von einem solchen Angebot profitieren, in der europäischen Vergleichsgruppe sind es 63% der Schüler. Dagegen ist der Anteil in Deutschland mit 38% deutlich niedriger[7].

Angesichts gegenwärtiger Engpässe auf dem Lehrerarbeitsmarkt in Deutschland wäre die Frage zu untersuchen, ob und ggf. in welchem Umfang an den Schulen Probleme durch

4 Vgl. Tabelle B2/1 und Tabelle B2/2 im Anhang.
5 Vgl. Tabelle B2/3 und Tabelle B2/4 im Anhang.
6 OECD: Bildung auf einen Blick. OECD-Indicatoren 2002. Paris: 2002, Vgl. auch die Tabelle B2/5 und Tabelle B2/6 im Anhang.
7 Wilfried Bos/Eva-Maria Lankes/Manfred Prenzel/Knut Schwippert/Gerd Walther/Renate Valin (Hrsg.): Erste Ergebnisse aus IGLU. Schülerleistungen am Ende der vierten Jahrgangsstufe im internationalen Vergleich. Münster: 2003, S. 34.

einen Mangel an Lehrkräften bzw. durch fachfremd erteilten Unterrichtausgelöst werden. Gegenwärtig stehen hierzu nur Daten aus der Befragung der Schulleitungen in PISA zur Verfügung. Über einen Mangel an Lehrkräften allgemein berichten ca. 40% der Schulleitungen an Haupt- und Realschulen und ca. 13% der Schulleitungen an Gymnasien. Eine besonders schwierige Situation scheint an den Hauptschulen in den Fächern Chemie und Physik zu bestehen, an den Realschulen im Fach Deutsch[8]. Allerdings ist unklar, wie weit der Begriff „fachfremder Einsatz" von den Schulleitungen interpretiert wurde und welche Aussagekraft diesen Ergebnissen zukommt. Von daher wäre dringend zu wünschen, diese Frage mit umfangreicheren und härteren Daten differenzierter zu untersuchen.

Kleinere Klassen und eine geringere Schüler-Lehrer-Relation werden in der öffentlichen Diskussion immer wieder als Voraussetzung für bessere Lernbedingungen genannt und mit der Erwartung auf höheren Lernerfolg verknüpft. Hinzu kommt, dass Lehrkräfte große Klassen als einen der hauptsächlichen Belastungsfaktoren in ihrem Beruf empfinden. Die für Deutschland teilweise etwas höheren Klassengrößen geben daher immer wieder Anlass, kleinere Klassen einzufordern. Dem steht gegenüber, dass vorliegende Forschungsergebnisse Zweifel an der intuitiv plausiblen These aufkommen lassen, dass von kleineren Klassen per se positive Wirkungen zu erwarten sind[9].

Die Experimentalstudie STAR[10]

Einen besonderen Stellenwert in der Diskussion um die Klassengröße hat die Studie STAR (Student/Teacher Achievement Ratio), die in Tennessee durchgeführt wurde und deren Ergebnisse in den USA eine lebhafte Debatte ausgelöst haben. Dies ist zum einen auf die Anlage der Studie zurückzuführen. In STAR wurde erstmals ein der Fragestellung angemessenes experimentelles Design mit einer umfangreichen Stichprobe realisiert. Die Untersuchung bezieht sich auf die Primarstufe und erfasst in einer Längsschnitterhebung die Entwicklungsverläufe bis zum Ende der dritten Klassenstufe. Ergänzend wurden Daten bis zur siebten Klassenstufe erhoben. Die Studie ist damit ein ambitioniertes Unternehmen, um Effekte der Klassengröße in einem kontrollierten Design und unter Berücksichtigung längerfristiger Wirkungen zu überprüfen. Ein weiterer Grund für die hohe Beachtung der Studie sind die ermittelten Ergebnisse: STAR liefert Anhaltspunkte dafür, dass kleinen Klassen im Vergleich zu durchschnittlich großen Klassen (im Mittel 15 vs. 24 Schüler) ein leistungsfördernder und nachhaltig wirksamer Einfluss zukommt. Für die Probanden in den kleinen Klassen wurden bessere Ergebnisse in den Leistungsmessungen ermittelt. Zudem wurden in den kleinen Klassen eine verbesserte Lernhaltung der Schüler und weniger Disziplinprobleme festgestellt. Überwiegend waren die Effekte für Kinder aus Minderheitenfamilien und für Kinder aus einkommensschwachen Familien stärker ausgeprägt. Hinweise finden sich auch darauf, dass die positiven Effekte bis zur siebten Klasse nachweisbar bleiben und damit über die Phase des Experiments hinaus. Entsprechende Wirkungen für Schulklassen mit durchschnittlicher Schülerzahl, die eine zusätzliche Vollzeit-Lehrerhilfe erhielten (günstigere

8 Manfred Weiß/Brigitte Steinert: Institutionelle Vorgaben und ihre aktive Ausgestaltung – Die Perspektive der deutschen Schulleitungen. In: Deutsches PISA-Konsortium (Hrsg.), PISA 2000. Basiskompetenzen von Schülerinnen und Schülern im internationalen Vergleich. Opladen: S. 427-454, S. 437.

9 Karlheinz Ingenkamp/Hanns Petillon/Manfred Weiß: Klassengröße: Je kleiner desto besser? Weinheim: 1985.

10 Jeremy D. Finn/Charles M. Achilles: Tennessee's Class Size Study: Findings, Implications, Misconceptions. In: Educational Evaluation and Policy Analysis 21, 1999, H. 2, S. 97-109.

Lehrer-Schüler-Relation), wurden dagegen *nicht* festgestellt. Die Ergebnisse aus STAR scheinen inzwischen durch Studien in Tennessee und Wisconsin im Wesentlichen bestätigt zu werden. Kritisch ist zu der Studie anzumerken, dass Unzulänglichkeiten am experimentellen Design bestanden und die ermittelten Effekte im ersten Jahr der Teilnahme an dem Versuch am größten waren[11]. Im weiteren Verlauf des Versuchs nahmen die Effekte ab. Zu beachten ist außerdem, dass sich die Befunde auf Wirkungen *besonders kleiner Klassen* beziehen, deren Schülerzahl sehr weit unter den üblichen Durchschnittswerten liegt. Ob mit einer geringeren Reduzierung der Klassenfrequenzen ähnliche Wirkungen erzielt werden könnten, ist daher eine offene Frage. Berücksichtigt werden muss außerdem, dass Reduzierungen der Klassengrößen zu den kostenintensivsten Maßnahmen im Bildungswesen überhaupt gehören. Für die USA wurde ermittelt, dass eine Reduzierung der Klassenstärke auf durchschnittlich 18 Schüler erfordern würde, 100.000 zusätzliche Lehrer einzustellen. Die Klassenstärke läge damit immer noch weit über den Werten, für die in STAR nachhaltige Wirkungen berichtet werden. Hinzu käme, dass entsprechend viele Lehrkräfte ausgebildet und rekrutiert werden müssten. Insofern ist noch ein weiteres Argument aufzugreifen: Wirkungen wurden in STAR zwar im Gesamtdurchschnitt festgestellt, wie sich in Einzelvergleichen zeigt, aber nur in etwas mehr als der Hälfte der teilnehmenden Schulklassen. Auch sind die ermittelten Wirkungen keineswegs allzu groß. Unterschieden, die durch die Unterrichts- bzw. Lehrerqualität erzielt werden können, dürfte im Vergleich zu den in STAR ermittelten Effekten der Klassengröße ein wesentlich höherer Stellenwert zukommen. Von daher stellt sich die Frage, ob die erheblichen finanziellen Ressourcen, die reduzierte Klassengrößen erfordern würden, nicht gewinnbringender eingesetzt werden könnten.

Unklar bleibt in der Untersuchung auch, worauf die Wirkungen kleiner Klassen letztlich zurückzuführen sind. So zeigt STAR ebenso wie auch andere Studien, dass Lehrkräfte ihren Unterricht in kleinen Klassen nicht wesentlich ändern. Teils wurde auch ermittelt, dass Lehrkräfte in kleinen Klassen eine Tendenz zeigen, den Unterricht zu stark zu individualisieren und das Lehren und Lernen in der Gruppe zu sehr zu reduzieren, was dem Lernfortschritt insgesamt betrachtet nicht dienlich ist. Hinweise finden sich auch darauf, dass bei einer Neueinteilung der Unterrichtszeit, sofern sie überhaupt vorgenommen wird, die Priorität eher auf verstärkte Wiederholungen als auf die Einführung von neuem Stoff gelegt wird. Die Bedeutung kleinerer Klassen für die Unterrichtspraxis und die Wirkmechanismen sind insofern keineswegs geklärt. Für STAR wurde vermutet, dass in kleinen Klassen ein höheres Engagement der Schüler, eine bessere Nutzung der Unterrichtszeit durch geringere Disziplinprobleme sowie eine größere Wahrscheinlichkeit, dass sich die Schüler aktiv am Unterricht beteiligen, gegeben ist.

B2.2 Unterschiedliche Strategien des Einsatzes personeller Ressourcen

Bei einer realistischen Betrachtung ist davon auszugehen, dass der Spielraum für Erhöhungen der Unterrichtsstunden und Vollzeitlehrer-Einheiten, die zur Verfügung gestellt werden können, eng begrenzt ist. Von daher ist es wichtig, über Strategien zur Optimierung des Einsatzes der personellen Ressourcen nachzudenken. Am Beispiel des Primarbereichs wird

11 Vgl. die Beiträge in: Educational Evaluation and Policy Analysis 21, 1999, Heft 2.

im Folgenden gezeigt, dass hier durchaus Spielräume bestehen, die schon gegenwärtig genutzt werden[12].

Bundesweit waren dem Primarbereich im Jahr 2000 knapp 3,4 Mio. Schüler und knapp 165.000 Vollzeitlehrer-Einheiten zuzurechnen. Damit entfielen auf jede Vollzeitlehrer-Einheit 20,6 Schüler. Eine Reduzierung auf 20 Schüler je Vollzeitlehrer-Einheit würde die zusätzliche Bereitstellung von bundesweit mehr als 5.000 Lehrerstellen erfordern. Eine Verringerung der Schüller-Lehrer-Relation um ca. 10% (auf 18,5 Schüler) würde die Einstellung von etwa 18.800 Vollzeitlehrer-Einheiten notwendig machen. Den damit entstehenden erheblichen Kosten stünde ein unklarer Ertrag gegenüber.

Abbildung B2/1 Abweichungen Schüler/Klasse und Unterrichtsstunden/Klasse vom bundesdeutschen Durchschnitt

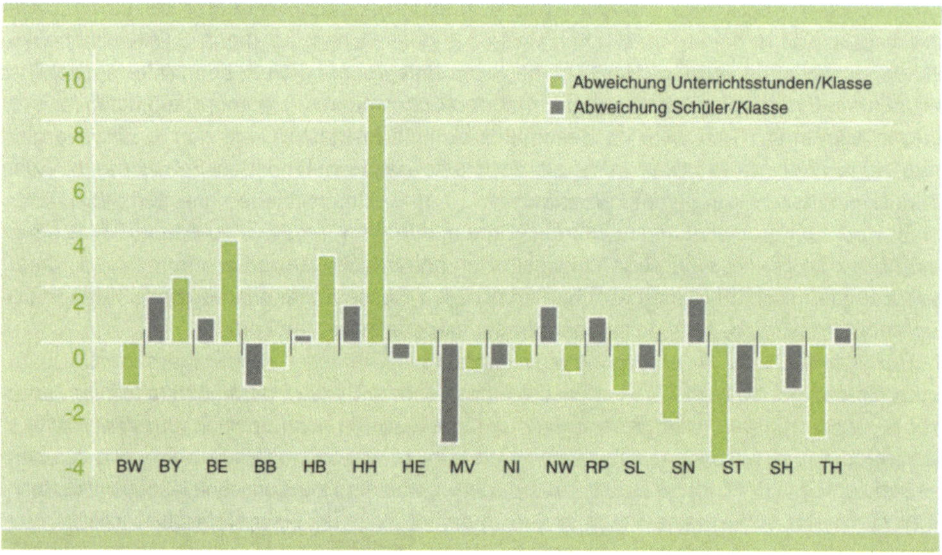

Quelle: Tabelle B2/7 (im Anhang)

Wie bereits erwähnt, sind die Klassengrößen und das Unterrichtsangebot in Bezug aufeinander zu sehen. Die Gesamtzahl der bereitgestellten Unterrichtsstunden kann nämlich unterschiedlich eingesetzt werden. Abbildung B2/1 zeigt hierzu die Abweichungswerte für „Schüler pro Klasse“ (S/K) und „Unterrichtsstunden pro Klasse“ (U/K) der Länder von den Durchschnittswerten in Deutschland. Als Hauptrelation in der Abbildung ist zu erkennen, dass die Abweichungen beider Bezugsgrößen in der Mehrzahl der Fälle in die „gleiche Richtung“ weisen, d.h. mehrheitlich sind sowohl S/K als auch U/K über- oder unterdurchschnittlich. Insofern finden sich zwei Hauptgruppen von Ländern: Einerseits Länder, die für eine überdurchschnittliche Zahl an Unterrichtsstunden pro Klasse größere Klassen in Kauf nehmen (Bayern, Berlin, Bremen und Hamburg). Auf der anderen Seite stehen Länder mit kleineren Klassen bei einer geringeren Zahl an Unterrichtsstunden pro Klasse (Brandenburg, Mecklenburg-Vorpommern, Saarland, Sachsen-Anhalt, Schleswig-Holstein). Damit wird auch ersichtlich, dass die Relationen nicht immer das Resultat beabsichtigter Strategien

12 Vgl. Tabelle B2/7 im Anhang.

sind, sondern auch das Ergebnis von Sachzwängen sein können. Speziell in den teilweise dünn besiedelten Regionen der neuen Länder besteht oft nicht die freie Wahl bei der Gestaltung der Klassenfrequenzen. Hier muss, nicht zuletzt auf Grund der rückläufigen Schülerzahlen, ein tragbarer und bezahlbarer Kompromiss gefunden werden, bei dem die Versorgung mit Unterricht, vertretbare Entfernungen und organisatorische Mindestgrößen für Schulen und Klassen gegeneinander abzuwiegen sind.

Flexible Strategien zum Einsatz personeller Ressourcen könnten dadurch gefördert werden, dass auf der Ebene der Einzelschule Entscheidungsmöglichkeiten über die Klassenbildung und Unterrichtsorganisation gegeben werden. Zumindest in Modellversuchen wird die Bildung flexibler Lerngruppen bereits erprobt. Natürlich müsste auch hier die Einrichtung *dauerhaft* kleiner Klassen mit einer Reduzierung des Unterrichtsangebots erkauft werden, was problematisch wäre. Vielversprechend dürfte jedoch die *Bildung wechselnder Lerngruppen* für unterschiedliche Phasen des Unterrichts sein (z.B. klassenübergreifender oder jahrgangsübergreifender Unterricht; „Vorlesungsbetrieb" im Wechsel mit kleinen Lerngruppen). Mit solchen Modellen wäre eine dem spezifischen Bedarf angepasste Verteilung der Unterrichtsstunden der Lehrkräfte zu erreichen, ohne dass das Unterrichtsangebot eingeschränkt werden müsste.

In einer Gesamtbilanz bleiben Zweifel an der populären These, dass mit kleineren Klassen regelmäßig bessere Lernbedingungen und ein höherer Lernerfolg einher gehen. Angesichts der erheblichen Kosten und der Folgewirkungen für die Rekrutierung und Ausbildung von qualifiziertem Lehrpersonal wäre eine generelle Senkung der Klassenfrequenzen weder finanzierbar noch realisierbar bzw. müsste über Einsparungen an anderer Stelle kompensiert werden (z.B. Reduzierung der erteilten Unterrichtsstunden oder der Investitionen in Lernmittel – vgl. B3). Von Bedeutung könnte es aber sein, in den ersten Jahrgangsstufen u.a. auch durch kleinere Lerngruppen für eine bessere Hinführung zum schulischen Lernen zu sorgen. Von Bedeutung wird es sein, eine angemessene Balance von individueller Förderung, Lernen in Kleingruppen und Unterricht mit der ganzen Klasse sowie klassenübergreifendem Unterricht zu finden. Ermöglicht könnte das werden, wenn den einzelnen Schulen mehr Entscheidungsfreiheit bei der Klassenbildung und der Unterrichtsorganisation gegeben würde.

B3 Sächliche Ressourcen und ihre Nutzung

Die folgenden Ausführungen beziehen sich auf die Ausstattung der Schulen mit sächlichen Ressourcen und auf deren Nutzung. Auf die räumlich-materiellen Bedingungen geht der erste Abschnitt ein. Die Verfügbarkeit und Nutzung von Computern wird als eigenständiger Aspekt im zweiten Abschnitt gesondert behandelt. Die Lernmittelausstattung und Lernmittelfreiheit ist Thema des dritten Abschnitts.

B3.1 Räumlich-materielle Ausstattung und ihre Nutzung

Das Bereitstellen einer geeigneten räumlichen und materiellen Infrastruktur ist eine Grundbedingung für die Gestaltung des Schul- und Unterrichtsbetriebes. Natürlich garantiert die Versorgung mit den erforderlichen Ressourcen nicht schon den Lernerfolg, u.a. auch deshalb nicht, weil von der Ausstattung nicht auf deren adäquate Nutzung geschlossen werden kann. Umfangreiche Informationen zu schulischen Ressourcen und zu ihrer Nutzung wurden in PIRSL/IGLU und in PISA erhoben. Überwiegend wurden die Schulleitungen nach eventuellen Beeinträchtigungen im Schul- und Unterrichtsbetrieb gefragt, die sich in ihrer Wahrnehmung aus Defiziten in der Ressourcenausstattung ergeben.

Zur Bestimmung der schulischen Ressourcen im *Primarbereich* wird in PIRLS/IGLU ein sehr weit definierter Index zur Verfügbarkeit von Schulressourcen gebildet. Befragt wurden die Schulleitungen zu Engpässen, die als Folge einer unzureichenden Ausstattung mit Unterrichtsmaterialien oder durch räumlich-materielle Bedingungen entstehen[1]. Gemessen an diesem Index können die Grundschulen in Deutschland im internationalen Vergleich als angemessen ausgestattet gelten. Etwa zwei Drittel der Schüler (68%) in Deutschland (international: 43%; EU-Staaten: 61%) besuchen Schulen, deren Leistungsvermögen, einen guten Unterricht anzubieten, nicht durch Defizite der Ressourcen beeinträchtigt wird. Die restlichen 32 % der Grundschüler gehen auf Schulen, die aus der Sicht der Schulleitungen durch die Ressourcenausstattung etwas in ihrer Leistungsfähigkeit beeinträchtigt werden (international: 39%; EU-Staaten: 32%)[2].

Ein Blick auf die Ausstattung mit Bibliotheken zeigt für die Grundschulen in Deutschland ein im internationalen Vergleich spezifisches Profil. Von den deutschen Grundschülern besuchen 53% eine Schule, die eine *Schulbibliothek* eingerichtet hat. Der internationale Vergleichswert liegt mit 85% darüber (EU-Staaten: 80%). Vermutlich haben die Schulbibliotheken in Deutschland auch eine andere Funktion: Während international 65% der Schulbibliotheken mehr als 500 Bücher beinhalten (EU-Staaten: 53%), trifft dies in Deutschland nur für 22% der Bibliotheken zu. Etwas häufiger als im internationalen Durchschnitt und entsprechend oft wie in den Staaten der EU sind für die deutschen Grundschüler Klassenbibliotheken oder eine Leseecke vorhanden. Die durchschnittliche Zahl der Bücher in den Klassenzimmerbibliotheken liegt in Deutschland mit 51 Büchern unter den Vergleichswerten (60 Bü-

1 Eingerechnet in den PIRLS-Gesamtindex sind allerdings auch Engpässe im Lehrpersonal.

2 Vgl. Tabelle B3/3 im Anhang.

cher; EU-Staaten: 83). Nicht ohne Weiteres zu erklären und zu interpretieren ist ein weiterer Befund: Obwohl Klassenzimmerbibliotheken insgesamt weit verbreitet sind, ist es den Schülern nicht durchgängig erlaubt, diese auch zu benutzen. Der Wert von 37% der Schüler in Deutschland, die jeden Tag Zugang zur Klassenbibliothek haben, entspricht den internationalen Vergleichswerten. Zudem dürfen 89% der Schüler die Bücher ausleihen, um sie mit nach zu Hause zu nehmen[3].

Aus den Befragungen der Schulleitungen in PISA stehen für die Sekundarstufe I Angaben zur *Qualität der räumlichen Bedingungen* und zur *Ausstattung mit Lehr- und Sachmitteln* zur Verfügung. Zu beiden Aspekten wird jeweils ein zusammenfassender Index gebildet. Bezüglich der Raumqualität ergibt sich für die Schulen in Deutschland ein Indexwert, der etwas über dem internationalen Vergleichswert und dem der EU-Mitgliedsstaaten liegt. Der Index für die Qualität der Ausstattung mit Lehr- und Sachmitteln liegt dagegen etwas unter den Vergleichswerten. Bei einer Aufschlüsselung nach Ausstattungsmerkmalen zeigt sich, dass der unterdurchschnittliche Wert in der Lehr- und Sachmittelausstattung durch eine weniger gute Ausstattung der deutschen Schulen mit Computern, Multimedia und Unterrichtsmaterial in der Schulbibliothek zustande kommt, wohingegen die Ausstattung mit naturwissenschaftlichen Labors und mit Einrichtungen für den künstlerisch-ästhetischen Bereich unauffällig ist. Der etwas über dem Durchschnitt liegende Index für die Raumqualität sollte nicht übersehen lassen, dass aus der Perspektive der Schulleitungen jeweils in etwa die Hälfte der Schülerinnen und Schüler Schulen besucht, die unter einem schlechten Gebäudezustand (59%), schlechter Heizung, Klimatisierung oder Beleuchtung (65%) bzw. dem Fehlen von Unterrichtsräumen (48%) leiden[4].

Ein Index zur *Nutzung der vorhandenen Ausstattung* wurde in PISA aus den Angaben in der Schülerbefragung gebildet. Für Deutschland ergibt sich ein unterdurchschnittlicher Indexwert. Der Grund dafür ist in erster Linie in der geringeren Nutzung der Schulbibliothek und der Computer an den Schulen zu sehen. Mit 73% sehr hoch ist in Deutschland der Anteil der Schüler, die angeben, nie die Schulbibliothek zu nutzen (international: 36%; EU-Staaten: 47%). Im Vergleich dazu werden nach Angaben der Schüler die an den Schulen vorhandenen naturwissenschaftlichen Labors ebenso intensiv genutzt bzw. nicht genutzt wie im internationalen Vergleich (nie: Deutschland 41%; OECD 33%; EU 39%)[5].

B3.2 Verfügbarkeit und Nutzung von Computern

Informations- und Kommunikationstechnologien sind inzwischen ein fester Bestandteil des alltäglichen Lebens. Insofern sollte Schule einerseits auf einen kompetenten Umgang mit diesen Technologien vorbereiten und zum kritischen Umgang mit ihnen befähigen. Andererseits bieten sich mit den neuen Technologien auch vielfältige Chancen für die Gestaltung des Unterrichts. Ein besonders hohes Potential als Informationsquelle und als Medium für Kommunikation bietet dabei das Internet. Es verwundert von daher nicht, dass die Ausstattung mit Computern und die Verfügbarkeit von Internetzugängen besondere Aufmerksamkeit erfährt.

---

3 Vgl. Tabelle B3/4 im Anhang.
4 Vgl. die Tabellen Tabelle B3/5 und B3/7 im Anhang.
5 Vgl. die Tabellen Tabelle B3/5 und B3/6 im Anhang.

Tabelle B3/1 Computerausstattung deutscher Schulen

	Grundschule		Sekundarstufe I und II		Berufsbildende Schulen	
Mit Computern ausgestattete Schulen	87%		98%		84%	
Zahl der Computer insgesamt	123237		364873		196858	
davon nach Typ zuordenbar						
Stationär	84511	*in %*	291261	*in %*	147852	*in %*
davon Typ I[1]	*36774*	*43,5*	*78879*	*27,08*	*31768*	*21,5*
davon Typ II[2]	*47737*	*56,5*	*212382*	*72,92*	*116084*	*78,5*
Mobil	3398	*In %*	10736	*in %*	4854	*in %*
davon Typ I[1]	*775*	*22,8*	*1023*	*9,53*	*285*	*5,9*
davon Typ II[2]	*2623*	*77,2*	*9713*	*90,47*	*4569*	*94,1*
Computer pro Schule						
Stationär	9,5		24,2		73,7	
Mobil	0,5		1,1		2,9	
Schüler / Computer						
Stationär	24		16		13	
Mobil	452		369		300	
Insgesamt	23		17		13	
Vernetzung						
Anteil vernetzter Computer	28%		71%		84%	
Anteil vernetzter Räume	9%		16%		43%	
Computer mit Internetzugang	31%		64%		64%	
davon ISDN	*82%*		*76%*		*75%*	
davon DSL	*7%*		*17%*		*31%*	
Nutzungsmöglichkeit außerhalb des Unterrichts	50%		67%		65%	

1 nicht multimediafähiger PC
2 multimediafähiger PC

Zusammengestellt nach: Beate Krützer/Heike Probst: IT-Ausstattung der allgemein bildenden und berufsbildenden Schulen in Deutschland. Bonn: 2002

Nicht minder wichtig ist die Frage, wieweit neue Technologien an den Schulen auch tatsächlich genutzt und in den Unterricht einbezogen werden. Einen aktuellen Überblick über die Ausstattung und Nutzung der Schulen in Deutschland einerseits und einen internationalen Vergleich andererseits vermitteln eine aktuelle Bestandsaufnahme (Mai 2002) zur Ausstattung der Schulen in Deutschland[6] und wiederum Ergebnisse aus PIRLS/IGLU und PISA.

Ein Gesamtüberblick zur Ausstattung der deutschen Schulen zeigt folgendes Bild: Insgesamt sind die Schulen in Deutschland mit ca. 685.000 stationären und mobilen Computern ausgestattet. Überwiegend handelt es sich bei den Computern um stationäre und vergleichsweise moderne Geräte. Für die Schulformen zusammen gerechnet ergibt sich bei den stationären Geräten ein Verhältnis von 16 Schülern und Schülerinnen pro Computer, bei den mobilen von 370 Schülerinnen und Schülern pro Gerät[7].

Von den *Grundschulen* in Deutschland sind 87% mit Computern ausgestattet (vgl. Tabelle B3/1). Die durchschnittliche Zahl der Computer an Schulen beträgt zehn (davon 9,5 stationär und 0,5 mobil). Von den stationären Geräten sind etwas über die Hälfte neueren Typs

6 Beate Krützer/Heike Probst: IT-Ausstattung der allgemein bildenden und berufsbildenden Schulen in Deutschland. Bonn: 2002 (Bestandsaufnahme vom Mai 2002).

7 Beate Krützer / Heike Probst 2002 (a.a.O.).

(Typ II: 56,5%). Durchschnittlich teilen sich 23 Schüler einen Computer. Die Computer sind nur zu einem geringen Teil vernetzt (28%), ebenso ist nur ein geringer Teil der Räume in ein Netzwerk eingebunden (9%). Von den verfügbaren Computern haben 31% einen Internetzugang, das sind im Durchschnitt drei Geräte pro Schule. Weit überwiegend sind die Internet-Verbindungen über ISDN gewährleistet (82%), schnellere Zugänge sind an den Grundschulen noch selten zu finden (DSL: 7%).

In PIRLS/IGLU wurde die Ausstattung mit Computern auf die Anteile der Schüler bezogen. Hierbei ergibt sich, dass für 39% der deutschen Schülerinnen und Schüler kein Computer verfügbar ist. Die Ausstattung ist damit besser als im Vergleich aller PIRLS-Teilnehmerstaaten (50%), sie liegt aber unter der Ausstattung in den Staaten der EU (23%). Computer im Klassenzimmer sind in Deutschland für 45% der Schülerinnen und Schüler verfügbar, was wiederum unter dem Vergleichswert der EU-Staaten liegt (57%). Ebenso steht nur für 28% der Schüler und Schülerinnen ein Internetzugang zur Verfügung (EU: 51%). Der Anteil der Grundschüler, die angeben, überhaupt je einen Computer benutzt zu haben, entspricht in Deutschland mit 85% dem Mittel der EU-Staaten (87%). Der Wert für eine Nutzung zumindest wöchentlich zu Hause liegt mit 66% etwas über dem EU-Vergleichswert (64%). Ganz anders sieht es bezüglich der schulischen Nutzung aus: In Deutschland nutzen nur 17% der Grundschüler zumindest wöchentlich einen Computer, international sind es 29% und in den EU-Staaten 38%. Der Computer wird in der Grundschule vorwiegend in den Fächern Deutsch und Mathematik und in Arbeitsgemeinschaften eingesetzt. Das Internet wird am ehesten in Arbeitsgemeinschaften und im Sachunterricht eingesetzt. Vorwiegend wird an den Grundschulen Lernsoftware genutzt, an zweiter Stelle folgen multimediale Nachschlagewerke. Die Hälfte aller Grundschulen bieten den Schülern die Möglichkeit, die Computer auch außerhalb des Unterrichts zu nutzen[8].

Die Schulen der *Sekundarstufe I und II* sind zu 98% mit Computern ausgestattet (vgl. Tabelle B3/1). Bei den vorhandenen Computern handelt es sich überwiegend um stationäre Geräte. Sowohl die stationären als auch die mobilen Geräte sind überwiegend (ca. 73 und 90%) neueren Typs. Die Zahl der Schüler pro Computer in der Schulen der Sekundarstufe beträgt 17. Die Computer in den Sekundarschulen sind wesentlich häufiger vernetzt als in den Grundschulen. Von den Geräten insgesamt sind 71% in ein Netzwerk eingebunden, von den Räumen der Schulen 16%. Einen Zugang zum Internet haben 64% der Computer, dies sind durchschnittlich 16 Computer pro Schule. Zu drei Vierteln besteht ein Internetzugang über ISDN (76%), zu 17% über DSL. In 67% der Sekundarschulen haben die Schüler die Möglichkeit, die Computer auch außerhalb der Unterrichtszeit zu nutzen. Der Computer wird in allen Fächern eingesetzt, am häufigsten aber im Fach Informatik, gefolgt von Arbeitslehre, Wirtschaft und Technik sowie Mathematik. Sehr oft werden auch Arbeitsgemeinschaften angeboten. Das Internet wird am häufigsten eingesetzt in Informatik, in Arbeitsgemeinschaften, in Arbeitslehre, Wirtschaft und Technik[9].

In PISA wurden die Daten aus der Befragung der Schulleitungen zur Ausstattung der Schulen mit Computern wiederum auf die Anteile der Schüler umgerechnet, denen Computer zur Verfügung stehen. Fragen zur *Computernutzung* wurden den Schülern gestellt. Während international 27% der Schüler (EU-Staaten: 26%) fast jeden Tag ein Computer an der Schule zur Verfügung steht, trifft dies in Deutschland nur für 6% der Schüler zu. Weniger als

8 A.a.O., vgl. auch Tabelle B3/9 im Anhang.
9 A.a.O.

einmal im Monat oder nie steht in Deutschland 51% der Schüler ein Computer in der Schule zur Verfügung, gegenüber 24% international und 22% in den EU-Staaten. Die Nutzung von Computern in der Schule fällt im internationalen Vergleich ebenfalls gering aus: Während international 38% (EU: 42%) der Schüler fast jeden Tag oder mehrmals in der Woche den Computer in der Schule nutzen, sind dies in Deutschland nur 18%. Mehr als ein Drittel der deutschen Schüler (37%) geben an, niemals in der Schule einen Computer zu benutzen, im OECD-Mittel sind dies nur 19% (EU-Staaten: 16%). Dass Computer an den Schulen in Deutschland vergleichsweise selten verwendet werden, scheint ein stabiler Befund zu sein: So wurde in einer Studie in EU-Staaten ermittelt, dass über alle Länder hinweg 71% der Lehrer den Computer im Unterricht einsetzen und 35% das Internet. An deutschen Schulen sind es nur 38% bzw. 12%[10]. Die seltene Nutzung in der Schule steht im Kontrast zur Nutzung daheim. Zwar wird generell in allen PISA-Ländern der Computer zu Hause häufiger benutzt als in der Schule, Deutschland gehört hierbei aber zu den Ländern, in denen dieser Unterschied besonders groß ist. Zwei Dritter der Schüler nutzen den Computer mehrmals in der Woche zu Hause; fast die Hälfte berichtet über eine tägliche Nutzung, das entspricht den internationalen Vergleichswerten[11].

Durch eine Schülerbefragung ermittelt wurde in PISA ebenfalls das *Computerinteresse* der Schüler und die *Einschätzung der eigenen Fähigkeiten* im Umgang mit Computern. Zu beiden Aspekten wurden Indexwerte gebildet. Die Geschlechterunterschiede in beiden Indizes sind beträchtlich mit jeweils höheren Werten der Jungen. Dies gilt nicht nur für Deutschland, sondern lässt sich in allen untersuchten Ländern feststellen. Die Differenzen sind bezüglich der Kompetenzeinschätzung größer als bezüglich des Interesses. Computer sind nicht nur in dieser Hinsicht immer noch überwiegend eine Domäne der Jungen und EDV ist primär die Welt der Männer. Z.B. sind auch die Koordinatoren und Projektleiter der Initiative „Schulen ans Netz" an den Schulen weit überwiegend Männer und in den Projektteams sind die Schülerinnen deutlich unterrepräsentiert[12].

Ebenso auffällig wie die Geschlechterunterschiede ist an den PISA-Ergebnissen für Deutschland die Diskrepanz, die zwischen der sparsamen Nutzung von Computern in der Schule und dem großen Interesse der Schüler an den neuen Technologien besteht. Sowohl für die deutschen Schüler als auch für die Schülerinnen ergeben sich im internationalen Vergleich Indexwerte für das Interesse, die weit über dem internationalen Durchschnitt liegen. Die Selbsteinschätzung der eigenen Fähigkeiten im Umgang mit dem Computer zeigt dagegen unterdurchschnittliche Werte an. Diese Kluft zwischen dem computerbezogenen Interesse auf der einen sowie der Selbsteinschätzung der Fähigkeiten im Umgang mit dem Computer auf der anderen Seite kann in Zusammenhang mit dem Nutzungsprofil gesehen werden: Mit Lern- und Arbeitssoftware beschäftigen sich wenige Schüler, Internet und Kommunikation per Computer nutzt ca. die Hälfte mindestens einmal im Monat. Die häufigste Nutzungsform sind Computerspiele (zwischen 53 und 61% mindestens einmal in der Woche). Damit ergibt sich ein spezifisches Bild der Computernutzung: Computer werden primär als Spielzeug und weit weniger als Werkzeug für Recherchen und Hilfsmittel zum Lernen

10 Stefan Aufenanger: Internationale Aspekte des Computereinsatzes in Schulen. In: medien praktisch, 2002, H. 4, S. 13-17.

11 Vgl. Tabellen B3/10 und B3/11 im Anhang.

12 Frank Weinreich/Renate Schulz-Zander: Schulen am Netz - Ergebnisse der bundesweiten Evaluation. In: Zeitschrift für Erziehungswissenschaft 4, 2000 S. 577-593, vgl. auch Tabelle B3/10 im Anhang.

verwendet. Die geringe Selbsteinschätzung der eigenen Fähigkeiten im Umgang mit Computern könnte insofern auf geringe Erfahrungen mit anspruchsvollen Anwendungen zurückzuführen sein – dies aufzugreifen wäre auch eine Aufgabe der Schulen[13].

Neben Geschlechtseffekten sind bezüglich der Computernutzung und der Computererfahrungen auch sozialspezifische Effekte zu vermuten. In der Auswertung der PISA-Daten für Deutschland werden diesbezüglich jedoch keine Auffälligkeiten berichtet. Aus anderen Studien liegen allerdings Ergebnisse vor, die auf einen sozialspezifischen Erfahrungshintergrund schließen lassen. So wurden für Jugendliche aus höheren Schichten ein höheres Computerinteresse, bessere Zugangsmöglichkeiten und mehr Computererfahrungen der Eltern (vor allem des Vaters) ermittelt. In allen sozialen Gruppen lag der eindeutige Schwerpunkt der Computererfahrungen zwar auf „Spielen“ (untere Sozialgruppen: 66%, obere: 44%). Es zeigte sich aber, dass in den oberen sozialen Schichten die Erfahrungen mit anspruchsvolleren Anwendungen (z.B. Office-Anwendungen 38% vs. 11%) häufiger sind und Lernsoftware mit steigendem sozialen Status häufiger genutzt wird[14].

Interessant ist zum Themenkomplex Computer an Schulen auch die Perspektive der Eltern: Über die Hälfte der westdeutschen und 41% der ostdeutschen Bevölkerung ist der Meinung, dass in der Schule zu wenig Kenntnisse zur kompetenten Nutzung des Computers vermittelt werden. Vor allem mit Blick auf die Grundschule ist dabei im Zeitverlauf eine deutliche Änderung in den Einstellungen eingetreten. Gegen einen Computereinsatz in der Grundschule sprechen sich im Jahr 2002 nur noch ca. 18% der Eltern aus, 1991 betrug der Anteil noch 50%[15].

Die bisher berichteten Daten liefern nur eine Gesamtbilanz für Deutschland, Unterschiede zwischen den Schulformen und zwischen den Ländern sind hierbei nicht berücksichtigt. Hierzu einige Daten: In deutschen *Hauptschulen* steht durchschnittlich für jeweils 13 Schüler ein Computer und für jeweils 32 Schüler ein Computer mit Internetanschluss zur Verfügung. An den *Realschulen* liegen die entsprechenden Quoten bei 14 bzw. 83, in den *Gymnasien* bei 24 bzw. 50 Schülern pro Computer. Unterschiede in der Computerausstattung stehen in Beziehung zur Schulgröße und dem regionalen Standort: Kleine Schulen und Schulen in den alten Ländern sind besser ausgestattet. Zugleich besteht eine Beziehung zwischen der Ausstattung und der Nutzung: An Hauptschulen werden Computer intensiver genutzt als an den andern Schulformen[16]. Im Vergleich der Länder sind die Zugangsmöglichkeiten und die Nutzung der Computer an den Schulen ebenfalls unterschiedlich. Den Computer weniger als einmal im Monat in der Schule zu nutzen, geben an: 34,7 bzw. 35,7% der Schüler in Mecklenburg-Vorpommern und Sachsen, aber 70% der Schüler in Bremen und 80% der Schüler in Thüringen[17].

13 Joachim Wirth/Eckard Klieme: Computer literacy im Vergleich zwischen Nationen, Schulformen und Geschlechtern. In: Unterrichtswissenschaft 30, 2002, H. 1, S. 136-158.
Joachim Wirth/Eckard Klieme: Computernutzung. In: Deutsches PISA-Konsortium (Hrsg.): PISA 2000 – Ein differenzierter Blick auf die Länder der Bundesrepublik Deutschland. Opladen: 2003, S. 195-211.

14 Jürgen Schwab/Michael Stegmann: Geschlecht und soziale Schicht als Faktoren der Computeraneignung. In: Deutsche Jugend, 48, 2000, H. 2, S. 75-82.

15 Hans-Günter Rolff/Heinz Günter Holtappels/Klaus Klemm/Hermann Pfeiffer/Renate Schulz-Zander (Hrsg.): Jahrbuch der Schulentwicklung Band 12. Daten, Beispiele und Perspektiven. Weinheim und München: 2002.

16 Manfred Weiß/Brigitte Steinert: Institutionelle Vorgaben und deren Ausgestaltung. In: Deutsches PISA-Konsortium (Hrsg.): PISA 2000. Basiskompetenzen von Schülerinnen und Schülern im internationalen Vergleich. Opladen: 2001, S. 427-454. S. 435.

17 Joachim Wirth/Eckard Klieme 2003 (a.a.O.).

Die Einführung von Computern und neuen Medien ist nicht nur kostspielig und nicht nur eine technische Angelegenheit. Die qualitativen Fallstudien im Rahmen von SITES[18] weisen vielmehr darauf hin, dass vielfach auch finanzielle, zeitliche, organisatorische und personelle Schwierigkeiten genannt werden, die den Weg neuer Technologien in die Schulen behindern. Die Hauptverantwortlichen für neue Medien an den Schulen klagen über eine hohe zusätzliche zeitliche Belastung, die sie in ihrer Freizeit beeinträchtigt. Auch berichten die befragten Schulen von fehlenden finanziellen Mitteln. Weitere wesentliche Faktoren sind die Kompetenz der Lehrkräfte im Umgang mit Computern sowie mediendidaktische und medienpädagogische Konzepte. Die bisher verfügbaren Angebote und Fortbildungen decken nach Auffassung der Schulen noch nicht den bestehenden Bedarf. Sehr häufig geben Lehrkräfte an, vor allem durch Selbststudium etwas über Computer und ihre Nutzung im Unterricht zu lernen[19].

B3.3 Lernmittelausstattung und Lernmittelfreiheit

Die Ausstattung mit traditionellen Lernmitteln wie Schulbüchern stellt einen in den aktuellen Debatten und in der Schulforschung wenig beachteten Bereich schulischer Ressourcen dar. Mit dem Georg-Eckert-Institut für internationale Schulbuchforschung in Braunschweig (GEI) verfügt die Forschungslandschaft zwar über eine unabhängige Einrichtung, die sich systematisch dieser Lernmittel annimmt. Allerdings findet dort die Auseinandersetzung mit Schulbüchern (aus den Bereichen Geschichte, Geographie und Sozialkunde) fast ausschließlich unter inhaltlichen Gesichtspunkten statt. Die statistische Erfassung und Charakterisierung der Lernmittelbestände an deutschen Schulen nennt das Institut nicht als seine Aufgaben. Auch bei der Kultusministerkonferenz liegen zu diesem Bereich keine systematisch erfassten Daten vor. Das vom Branchenverband der Schulbuch- und Bildungsmedienverlage (VDS-Bildungsmedien) unterhaltene – und deshalb nicht als unabhängig zu betrachtende – Institut für Bildungsmedien e.V. in Frankfurt am Main scheint gegenwärtig die einzige Stelle zu sein, die sich länderübergreifend um entsprechende Erkenntnisse bemüht[20]. Das erstaunt aus mehreren Gründen. Zum einen deshalb, weil Schulbücher, Atlanten, Arbeitshefte etc. für den Unterricht und folglich auch für dessen Qualität wohl immer noch bedeutsamer sind als die mittlerweile in mehreren Studien relativ ausführlich erfasste Ausstattung der Schulen mit Computern. Zum anderen erstaunt die geringe Beschäftigung mit dem Thema aber auch deshalb, weil der Lernmittelfreiheit von der Idee und vom System her eine erhebliche Bedeutung zur gezielten Förderung sozial Schwächerer und damit zur Herstellung von Chancengleichheit zukommt.

Grundsätzlich herrscht bundesweit Lernmittelfreiheit in den allgemein bildenden Schulen. Das heißt, dass die für den Schulbesuch benötigten Lernmittel den Schülerinnen und Schü-

18 SITES (Second Information Technology in Education Study) ist eine Studie der International Association for the Evaluation of Educational Achievement (IEA), die beginnend mit 1997 international vergleichend den Einsatz von Computern und Lernsoftware in Schulen untersucht. Sie schließt an die erste internationale Studie der IEA Computers in Education (1989-1992) im Schulbereich an.

19 Vgl. *www.fwu.de/projekte/ipso/frame.htm* (Stand: August 2003).

20 Vgl. *www.vds-bildungsmedien.de* (Stand: August 2003).

lern möglichst kostenlos zur Verfügung gestellt werden sollten. Infolge der Länderhoheit im Bildungsbereich unterscheidet sich die Ausgestaltung dieses Grundsatzes jedoch von Bundesland zu Bundesland. Die Unterschiede beginnen schon bei der Definition dessen, was unter Lernmitteln zu verstehen ist. Bislang gibt es hierzu augenscheinlich nur in Baden-Württemberg eine entsprechende Liste, auf der verbindlich nachzulesen ist, welche Lernmittel für welches Schuljahr von öffentlicher Seite anzuschaffen und kostenlos an die Schülerinnen und Schüler auszuleihen sind.

Tabelle B3/2 Systeme der Lernmittelfreiheit in den Ländern

System der Lernmittelfreiheit	Bundesland	Privater Ausgabenanteil
Ausleihe für alle	Baden-Württemberg	11%
	Bremen	13%
	Hamburg	11%
	Hessen	27%
	Schleswig-Holstein	23%
Ausleihe mit punktueller Elternbeteiligung	Bayern	34%
	Niedersachsen	38%
	Sachsen	31%
	Thüringen	28%
Ausleihe mit pauschaler Elternbeteiligung	Berlin	11%
	Brandenburg	41%
	Mecklenburg-Vorpommern	56%
	Nordrhein-Westfalen	45%
	Sachsen-Anhalt	27%
Bonus-System	Rheinland-Pfalz	75%
	Saarland	79%

Quellen: Institut für Bildungsmedien: Die Systeme der Lernmittelfreiheit (rechtliche Situation) 2002. Abrufbar unter: www.vds-bildungsmedien.de/pdf/Lernmittel/Die Systeme der Lernmittelfreiheit.pdf (Stand: August 2003)
Institut für Bildungsmedien: Die Praxis der Lernmittelfreiheit (Anteil der Privatausgaben an den Gesamtausgaben). 2002. Abrufbar unter: www.vds-bildungsmedien.de/pdf/Lernmittel/Anteile Privatausgaben am Lernmittelkauf.pdf (Stand: August 2003)

Trotz der bestehenden Länderunterschiede können nach einer Systematik des Instituts für Bildungsmedien gegenwärtig rechtlich vier Grundtypen der Lernmittelfreiheit unterschieden werden (vgl. Tabelle B3/2):

a) Ausleihe für alle: d.h. die Anschaffung der notwendigen Lernmittel wird vollständig von staatlicher bzw. kommunaler Seite übernommen, die Ausleihe erfolgt kostenlos an alle Schülerinnen und Schüler,
b) Ausleihe mit punktueller Elternbeteiligung: d.h. bestimmte Lernmittel und/oder Schulformen sind von der Lernmittelfreiheit ausgenommen (z.B. Arbeitshefte bzw. Teilzeitberufsschulen),
c) Ausleihe mit pauschaler Elternbeteiligung: d.h. Erziehungsberechtigte leisten einen pauschalen Beitrag zur Lernmittelanschaffung,
d) Bonus-System: d.h. Lernmittelfreiheit wird nach Einkommen und Anzahl der Kinder gestaffelt gewährt.

Nicht erwähnt ist hierbei das System der „Übereignung" (kostenlose Überlassung), das Ende der 1960er- und Anfang der 1970er-Jahre einen durchaus hohen Stellenwert hatte, inzwischen aber nahezu vollständig abgeschafft wurde und nur noch in einer sehr reduzierten Form in Thüringen zu finden ist. Naturgemäß bringt die Einteilung in vier Hauptgruppen auch nicht die spezifischen Sonderformen zum Ausdruck, die in den Ländern jeweils realisiert sind. Beispielhaft erwähnt sei daher die Ausleihe von Lernmitteln „gegen Entrichtung einer Leistungsgebühr pro persönlich entliehenem Lernmittel", die Sachsen-Anhalt in der „Lernmittelkostenentlastungsverordnung" des Jahres 2003 geregelt hat.

Die anfallende Leistungsgebühr je Einheit ist hierbei sozial gestaffelt und variiert zwischen drei Euro im Regelfall und einem Euro für Empfänger von laufender Hilfe zum Lebensunteralt sowie für Mehrkinderfamilien ab fünf Kindern.

Den vom Verband Bildungsmedien veröffentlichten Zahlen zufolge stagnieren die öffentlichen Ausgaben für Schulbücher (und Lernsoftware) seit einigen Jahren. Die bundesweiten Durchschnittszahlen täuschen jedoch über die unterschiedlichen Entwicklungen der Lernmittelhaushalte von 2001 bis 2002 in den einzelnen Ländern hinweg. Etatkürzungen hat es im vergangenen Jahr vor allem in den neuen Ländern gegeben, während in den alten Ländern überwiegend leichte Zuwächse zu verzeichnen waren. So steigerten beispielsweise Bremen (+11,1%), Hessen (+4,9%) und Bayern (+3,7%) ihre entsprechenden Ausgaben.

Trotz Lernmittelfreiheit geben auch die Familien – freiwillig oder auch auf Drängen der Schulen bzw. der Lehrkräfte – Geld für die Anschaffung von Lernmitteln aus. Entsprechend der länderspezifischen Ausgestaltung der Lernmittelfreiheit variiert der Anteil dieser privat getätigten Ausgaben zwischen 11% (Baden-Württemberg, Berlin, Hamburg) und 79% (Saarland). Im Bundesdurchschnitt ergibt sich daraus ein Elternanteil von ca. 40%. Dieser Anteil hat sich nach Analysen des Verbands Bildungsmedien in den letzten zehn Jahren in dem Maße erhöht, in dem der staatliche Anteil zurückgegangen ist. Bei 39 Euro, die im Bundesdurchschnitt pro Schüler für Lernmittel ausgegeben werden, beläuft sich die Elternbeteiligung auf 16 Euro (vgl. Tabelle B3/2)[21].

Allgemein stellt der Verband fest, dass sich in den letzten zwölf Jahren die durchschnittliche Ausleihzeit von Lehrwerken auf bundesdurchschnittlich neun Jahre verlängert habe. In vielen Ländern und Kommunen liegen die Ausleihzeiten deutlich über dieser Marke – in anderen Ländern und Kommunen liegen sie u.U. ebenso deutlich darunter. Zumindest sehen die Vorschriften in vier Ländern eine Ausleihzeit von drei bis sechs Jahren vor. Wieweit dies in der Realität auch eingehalten wird, wäre zu überprüfen. Insgesamt betrachtet muss wohl dennoch ein Großteil der Bestände als inhaltlich überaltert bezeichnet werden. In vielen Fällen dürften weder der Euro noch die Rechtschreibreform und noch nicht einmal der Mauerfall Einzug in die Schulbücher gehalten haben. Deutschlands Schulen arbeiten auf der Basis der vorliegenden Daten mit den ältesten Schulbüchern in (West-)Europa.

Bezogen auf die Ergebnisse der PISA-Studie liegt die Frage nach Zusammenhängen mit der jeweiligen Lernmittelausstattung sowie der landesspezifischen Ausgestaltung der Lernmittelfreiheit nahe. Auf der Grundlage der zur Verfügung stehenden Erkenntnisse kann sie jedoch gegenwärtig nicht beantwortet werden. Einer näheren Untersuchung wert wäre dabei auch die Frage, ob ein Zusammenhang zwischen der Ausgestaltung des Systems der Lernmittelfreiheit, den privaten Ausgabenanteilen und der sozialen Selektivität besteht.

Auf dem Hintergrund der verfügbaren Daten scheint eine Broschüre des Verbands Bildungsmedien mit dem Titel „Lernmittelfreiheit in der Krise" (1997) nicht überzogen und weiterhin aktuell zu sein. So ist auch nach neuesten Analysen im bundesweiten Trend ein sys-

---

21 VDS-Bildungsmedien: Fragen und Antworten zur Lernmittelfreiheit, unter: *www.vds-bildungsmedien.de* (Stand: August 2003).

tematischer Rückzug der öffentlichen Hand aus der Lernmittelfinanzierung feststellbar. Während im Bundesdurchschnitt 1991 noch 34,50 Euro pro Schüler für den Lernmittelkauf öffentlich aufgewendet wurden, sind es heute nur noch 21,60 Euro. Unter Berücksichtigung der Preisentwicklung hat sich damit die Kaufkraft der Schulen um mehr als die Hälfte reduziert. Noch im Jahre 2003 wird vermutlich in einer Reihe von Ländern die Lernmittelfreiheit derart geändert werden, dass eine höhere Elternbeteiligung vorgesehen wird. Sofern diese Änderungen die Ursprungsidee der größeren Chancengleichheit durch die Etablierung der Lernmittelfreiheit nicht konterkarieren sollen, wird es entscheidend darauf ankommen, die Regelungen so zu gestalten, dass der ohnehin prekären Situation sozial schwächerer Familien eine besonders hohe Aufmerksamkeit geschenkt wird.

Die räumliche Qualität der Schulen in Deutschland ist im internationalen Vergleich insgesamt überdurchschnittlich. Zu den Bibliotheken an den Schulen sind die Befunde überraschend: Sie sind in Deutschland weniger gut mit Unterrichtsmaterial versorgt und für die Schüler nur teilweise nutzbar. Ein erheblicher Teil der Schüler in der Sekundarstufe war vermutlich noch niemals in der Schulbibliothek. Auch vom Potenzial der vorhandenen Labors profitiert ein erheblicher Teil der Schüler nicht. Besonders auffällig ist allerdings der Rückstand in der Ausstattung mit Multimedia-Ressourcen für den Unterricht und mit Computern.

Obwohl die Berechnungen zur Computer-Ausstattung und zu den Nutzungsquoten nicht einfach und in den einzelnen Studien durchaus unterschiedlich sind, ergeben sich auf der Basis internationaler und nationaler Daten übereinstimmende Ergebnisse: Danach liegt die Ausstattung der Schulen in Deutschland unter den internationalen Vergleichswerten, und die Nutzung im Unterricht ist auffallend gering. Jedoch ist auch festzuhalten, dass gerade in den letzten Jahren die Situation deutlich verbessert wurde und weitere Initiativen laufen. Hier weiter voranzuschreiten dürfte wichtig sein, zumal das Interesse der Schüler im Bereich neuer Technologien besonders groß ist und sich damit erhebliche Potenziale für die Unterrichtsgestaltung bieten. Noch weiter verbessert werden könnte die Unterstützung der Schulen in der Einführung neuer Technologien. Wichtig erscheint die Entwicklung integrierender Konzepte für die Medieneinführung und -nutzung an Schulen.

Zur Lernmittelausstattung und zur Praxis der Lernmittelfreiheit liegen in Deutschland keine Daten aus unabhängiger Quelle vor. Dies ist angesichts der hohen Bedeutung der Lernmittel für den Unterricht bedauerlich, systematische und regelmäßige Erhebungen wären dringend zu wünschen. Nach den vorliegenden Daten stagnieren die Ausgaben für Lernmittel seit Jahren, und die Schulbuchbestände sind als überaltert zu bezeichnen. Die durchschnittliche Ausleihzeit beträgt neun Jahre, sie liegt im Einzelfall noch deutlich darüber. In der Tendenz wird die Lernmittelfreiheit insofern immer mehr ausgehöhlt, als der öffentlich finanzierte Anteil stetig zurückgeht und die Elternbeteiligung ansteigt. Um die mit der Lernmittelfreiheit verbundene Idee der Herstellung größerer Chancengleichheit nicht weiter zu gefährden, ist ein sozialpolitisch reflektiertes Vorgehen nötig.

B4 Gestaltung von Schule: Schulleitung, Kooperation, Schulklima, Belastungen

Der konkreten Gestaltung von Schule und Unterricht kommt eine zentrale Bedeutung für den Lernerfolg zu. Wie Schule und Unterricht von den Beteiligten erlebt und wahrgenommen werden, ist eine wesentliche Komponente schulischer Qualität. Allerdings muss man vor zu einfachen Schlussfolgerungen warnen: Merkmale guter Schulen sind nicht einfach zu benennen, da es jeweils eine Vielzahl von Wegen zu erfolgreicher schulischer Arbeit gibt. Dennoch lassen sich aus der internationalen Schulqualitätsforschung eine Reihe von Kernfaktoren anführen, von denen begründet davon ausgegangen werden kann, dass sie in Beziehung zu schulischem Lernerfolg stehen bzw. selbst als Qualitätsmerkmale von Schulen angesehen werden können. Zusammenfassend betrachtet, verfügen gute Schulen über eine effektive Schulleitung und der Hauptfokus ist auf das Lernen und einen effektiven Unterricht gerichtet. Gute Schulen pflegen eine ausgeprägte Schulkultur, in der nicht zuletzt auch die Verantwortung und Rechte der Schüler betont werden; sie stellen hohe Anforderungen, sorgen für eine angemessene Personalentwicklung im Kollegium, beteiligen die Eltern, unterhalten Kontakte nach außen und überprüfen ihren erreichten Stand und die schulischen Entwicklungsprozesse[1].

Zu diesen Aspekten liegen für Deutschland nur begrenzt aussagekräftige Daten vor, und die internationalen Vergleichsmöglichkeiten sind eingeschränkt. Von daher überrascht es nicht, dass man derzeit von einem allgemein anerkannten „Indikatorensystem" zu den einzelnen Dimensionen schulischer Qualität noch weit entfernt ist. Eine Vielzahl wichtiger Einzelfaktoren wurden jedoch in TIMSS, PISA und PIRLS/IGLU mit erhoben. Nachfolgend behandelt werden die Bereiche Schulleitung, Kooperation und Schulklima. Auf schulische Belastungen der Lehrkräfte und Schüler wird in einem eigenen Abschnitt eingegangen.

B4.1 Schulleitung

Forschungsergebnisse zeigen, dass erfolgreich arbeitende Schulen über eine fähige und gute Schulleitung verfügen. Auch wenn nicht von einer direkten Beziehung zwischen Schulleitung und Schülerleistungen auszugehen ist, hat das Handeln der Schulleitung einen Einfluss auf die Schulkultur, das Selbstverständnis der Lehrkräfte, deren Einstellungen, Verhalten und Motivation. Damit hat das Agieren der Schulleitung, primär vermittelt über die Lehrkräfte sowie zum Teil auf direktem Weg, eine Bedeutung für die Qualität von Unterricht und Erziehung an der Schule[2].

---

1 Charles Teddlie/David Reynolds: The International Handbook of School Effectiveness Research. New York: 2000.

2 Jochen Wissinger/Stefan Gerhard Huber: Schulleitungen als Gegenstand von Forschung und Qualifizierung – Eine Einführung. In: Jochen Wissinger/Stefan Gerhard Huber (Hrsg.): Schulleitung – Forschung und Qualifizierung. Opladen: 2002, S. 9-18.

B4.1.1 Tätigkeitsbereiche und Aufgaben der Schulleitung

Der Tätigkeitsbereich der Schulleitung ist dadurch gekennzeichnet, dass sie die Verantwortung für die Durchführung der Bildungs- und Erziehungsarbeit in der Schule trägt. Damit verbunden sind Berater- und Kontrollfunktionen, die Verantwortung für die Einhaltung von Lehrplänen, die Einbeziehung von neuen Erkenntnissen von Fach- und Erziehungswissenschaften, die Verteilung der Stunden, fachlich korrekte Beurteilungen der Schüler und Schülerinnen u.v.m. Es hat den Anschein, dass Verwaltungs- und Kontrollfunktionen von Schulleitungen in den letzten Jahrzehnten zugunsten von Management- und Führungsfunktionen in den Hintergrund getreten sind[3]. Schulleitungen haben auf der einen Seite einen gewissen Gestaltungsspielraum, stehen aber auf der anderen Seite den rechtlichen und administrativen Vorgaben der Behörden gegenüber und sind an diese gebunden. Das Kollegium ist an den die Schule betreffenden Grundsatzentscheidungen mit zu beteiligen, der Grad der Beteiligung variiert jedoch zwischen den Ländern. In jedem Fall bleibt die Schulleitung ein wichtiger Träger von Entscheidungen an der Schule.

Im internationalen Vergleich kann von zwei unterschiedlichen Profilen gesprochen werden, was die Zuständigkeiten und Befugnissen der Schulleitungen betrifft. Auf der einen Seite finden sich Systeme, in denen das umzusetzen ist, was von höherer Instanz weitgehend vorgegeben ist. Auf der anderen Seite stehen Systeme, in denen Schulen eine erhebliche Freiheit darin haben, administrative, curriculare, personelle und unterrichtsbezogene Entscheidungen zu treffen[4]. In diesem Sinne wird nachfolgend von *zentral* und *dezentral* organisierten Systemen gesprochen. Schulleiter in Deutschland haben im internationalen Vergleich relativ wenig Befugnisse. Sie sind in der Regel nicht für Personaleinstellungen oder -entlassungen zuständig, haben kaum Einfluss auf die Curricula und bislang keine Verfügungsgewalt über das Budget der Schule. Schulleitungen in Deutschland tragen die Verantwortung primär innerhalb der Schule, indem sie für die Einhaltung von Rechtsvorschriften und einen geordneten Ablauf des Schul- und Unterrichtsbetriebes sorgen[5].

Zwischen *zentral* und *dezentral* organisierten Ländern bestehen Unterschiede in dem erforderlichen Zeitaufwand für einzelne Tätigkeitsbereiche der Schulleitung. In zentral organisierten Systemen wird die meiste Zeit für Verwaltungsaufgaben, in dezentral organisierten Systemen hingegen für Management- und Führungsaufgaben aufgewandt. Die Arbeitszeit deutscher Schulleitungen ist in allen Schulformen der Sekundarstufe durch einen hohen Anteil pädagogischer Tätigkeiten (einschließlich Unterricht) gekennzeichnet. Erst weit danach folgen Tätigkeiten wie die Beratung von Schüler/innen, das Führen von Elterngesprächen und Gespräche mit Lehrkräften über Erziehungsaufgaben[6].

---

3 A.a.O., vgl. auch Jochen Wissinger: Schulleitungen im internationalen Vergleich – Ergebnisse der TIMSS-Schulleiterbefragung. In: Jochen Wissinger/Stefan Gerhard Huber (Hrsg.): Schulleitung – Forschung und Qualifizierung. Opladen: 2002, S. 45-61.
Elke Münch: Neue Führungsperspektiven in der Schulleitung. Kooperation zwischen Schulleiter und Stellvertreter. Neuwied, Kriftel: 1999.

4 Michael O. Martin/Ina V.S. Mullis/Eugenio J. Gonzalez/Teresa A. Smith/Dana L. Kelly: School Contexts For Learning And Instruction. IEA's Third International Mathematics And Science Study (TIMSS). Chestnut Hill: 1999, S. 21.

5 Stefan Gerhard Huber: Qualifizierung von Schulleiterinnen und Schulleitern: Wie verfahren die deutschen Bundesländer? In: Hans-Günter Rolff/Hans-Joachim Schmidt (Hrsg.): Brennpunkt Schulleitung und Schulaufsicht. Konzepte und Anregungen für die Praxis. Neuwied, Kriftel: 2002a, S. 251-269.

6 Jochen Wissinger 2002 (a.a.O.), vgl. auch Tabelle B4.1 im Anhang.

Die erheblichen Unterschiede in der Unterrichtsverpflichtung der Schulleitungen im Sekundarbereich wurden in TIMSS international vergleichend dokumentiert. Für die Schulleitungen in Deutschland wird dort ein monatlicher Unterrichtsumfang von 54 Stunden angegeben. Höhere Stundenumfänge haben lediglich die Schulleitungen in Island (61 Stunden), der internationale Durchschnitt liegt mit 21 Stunden deutlich darunter[7]. Im Primarbereich variiert die Unterrichtszeit der Schulleitungen im internationalen Vergleich zwischen drei und 27 Wochenstunden bei einem Mittelwert von 16 Stunden. Schulleitungen in Deutschland verbringen etwa 45% ihrer Arbeitszeit mit Unterrichten. Auch in Frankreich unterrichten die Schulleitungen hauptsächlich, in den anderen Ländern ist der Unterrichtsanteil deutlich geringer[8].

Innerhalb der Schulformen in Deutschland scheint kein unmittelbarer Zusammenhang zwischen dem Umfang der Lehrverpflichtung der Schulleitung und der Schulgröße zu bestehen. Zumindest wurde dies für die Grundschulen ermittelt[9]. Über die Schulformen hinweg betrachtet, zeigt sich jedoch, dass sich das Unterrichtspensum der Schulleitung in der Regel nach Schulform *und* Schulgröße richtet. An den Gymnasien – mit einer in aller Regel höheren Schülerzahl und größeren Kollegien – haben die Schulleitungen eine geringere Lehrverpflichtung als an den Grund- oder Hauptschulen (s. Tabelle B4/1).[10]

Tabelle B4/1 Unterrichtsstunden der Schulleitung pro Woche nach Schulform (Angaben in %)

	Schulformen			
Unterricht pro Woche	Grundschule	Hauptschule	Realschule	Gymnasium
0-7 Stunden			20,9	95,7
8-13 Stunden	8,6	18,8	74,4	4,3
14-17 Stunden	46,6	47,9	2,3	
18 und mehr Stunden	44,8	33,3	2,3	
Mittelwert	17	16	10	3

Quelle: Jochen Wissinger: Perspektiven schulischen Führungshandelns. Eine Untersuchung über das Selbstverständnis von SchulleiterInnen. Weinheim, München: 1996, S. 91.

Bei einer geringeren Unterrichtsverpflichtung steht den Schulleitungen mehr Zeit für Führungs- und Managementaufgaben zur Verfügung, und sie können sich mehr Zeit für didaktische und methodische Fragen nehmen. Entsprechende Zusammenhänge wurden im internationalen Vergleich in PIRLS/IGLU ermittelt: In Ländern, in denen die Schulleitungen weniger unterrichten, existieren häufiger Regelungen, um den Leseunterricht zwischen den Klassenstufen zu koordinieren und es gibt häufiger einen schulinternen Leseplan. Zudem werden an den Schulen häufiger Fortbildungsprogramme für Lehrkräfte zum Thema Lesen organisiert[11].

7 Michael O. Martin u.a. 1999 (a.a.O.).

8 Wilfried Bos/Eva-Maria Lankes/Manfred Prenzel/Knut Schwippert/Gerd Walther/Renate Valentin (Hrsg.): Erste Ergebnisse aus IGLU. Schülerleistungen am Ende der vierten Jahrgangsstufe im internationalen Vergleich. Münster: 2003.

9 A.a.O.

10 Stefan Gerhard Huber 2002a (a.a.O.).

11 Wilfried Bos u.a. (Hrsg.) 2003 (a.a.O.).

B4.1.2 Qualifizierung für Aufgaben in der Schulleitung

Es besteht Übereinstimmung, dass für Schulleitungen Qualifizierungsmöglichkeiten vorhanden sein müssen, um sie auf ihre Tätigkeit vorzubereiten und während ihrer Ausübung auf einem aktuellen Stand zu halten. Zwischen den Ländern bestehen jedoch erhebliche Unterschiede dahingehend, wann, in welcher Form und in welchem Umfang die Qualifizierung und Vorbereitung für die Tätigkeit oder den Beruf des Schulleiters bzw. der Schulleiterin erfolgt. Hierbei kann danach unterschieden werden, ob die Qualifizierung zentral oder dezentral geregelt ist. Bei einer zentralen Regelung der Qualifizierung sind die Programme einheitlich, und es gibt nur wenig regionale Variabilität. In Deutschland ist dies auf der Ebene der Länder der Fall. Die zuständigen Behörden behalten sich mehr oder weniger umfangreiche Einflussmöglichkeiten vor. Die Qualifizierung von Schulleitern liegt überall in der Verantwortung von staatlichen Instituten oder Akademien der Lehrerfortbildung. In einigen Ländern werden diese Angebote durch nachgeordnete staatliche Behörden wie Oberschulämter, Abteilungen von Bezirksregierungen oder staatliche Schulämter ergänzt. Teilweise werden auch Universitäten mit in die Qualifizierung der Schulleitungen einbezogen. In Dänemark, den Niederlanden und Neuseeland hingegen sind sowohl das Schulsystem als auch die Qualifizierung dezentraler geregelt. In diesen Ländern hat der Qualifizierungsteilnehmer die Wahl zwischen den Programmen verschiedener Anbieter [12].

Bezüglich der Form der Qualifizierung kann unterschieden werden zwischen vorbereitend und nach Amtsantritt sowie zwischen verpflichtend und freiwillig. In Deutschland gibt es keine spezielle Ausbildung als Vorbereitung auf die Aufgaben der Schulleitung. In fast allen Ländern werden die Schulleiter erst nach ihrer Ernennung, oftmals sogar erst nach Amtsantritt qualifiziert. Der Grad der Freiwilligkeit variiert zwischen den Ländern.

In einem internationalen Vergleich von fünfzehn Staaten (Europa, Asien, Australien und Nordamerika) zeigt sich, dass der Ausbildungsumfang für Schulleitungen zwischen 7 und 150 Kurstagen variiert. Die Qualifikationszeit ist in Zusammenhang mit dem Stellenwert und Tätigkeitsprofil im jeweiligen Land zu sehen: Führt der Schulleiter in großem Umfang administrative Anordnungen durch, scheint sich die Qualifizierung auf die Vermittlung der nötigsten Kenntnisse zu beschränken. Je dezentraler das Schulsystem organisiert ist und je mehr Aufgabenbereiche von einer Schulleitung zu bewältigen sind, umso umfangreicher scheint auch die Ausbildung und Vorbereitung zu sein. Im Gegensatz zu Staaten (z.B. Niederlande, Frankreich), in denen die Ausbildung der Schulleiter umfangreiche Praktika, Projekte oder Betreuung durch Mentoren umfasst, liegt in Deutschland der Schwerpunkt der Qualifizierung auf dem Lernen im Seminar oder im Lehrgang.

Im Vergleich der Länder sind Unterschiede in der Dauer der Qualifizierungsmaßnahmen für Schulleiter/innen erkennbar. Es gibt Schwankungen zwischen sieben Tagen in Hamburg und 28 in Rheinland-Pfalz (zusätzlich vier bis acht Tage Hospitationen) sowie 31 bis 34 Tagen in Nordrhein-Westfalen. Hinzu kommen Projektarbeiten, Praktika und Literaturstudium, deren zeitlicher Aufwand zwischen den Ländern stark variiert. Teilweise dürfte damit ein Widerspruch zwischen der Anerkennung der Schulleitung als eines eigenen Berufs und dem für erforderlich gehaltenen zeitlichen Umfang für die Qualifikation bestehen. Auch hinsicht-

---

12 Stefan Gerhard Huber: Trends in der Qualifizierung von Schulleiterinnen und Schulleitern – Ausgewählte Ergebnisse einer international-vergleichenden Studie. In: Jochen Wissinger/Stefan Gerhard Huber (Hrsg.): Schulleitung – Forschung und Qualifizierung. Opladen: 2002b, S. 215-233.

lich der Zielsetzungen, der behandelten Themen, der inhaltlichen Schwerpunkte, des Zeitpunktes und der Gesamtdauer der Qualifizierung bestehen innerhalb Deutschlands deutliche Unterschiede zwischen den Ländern[13].

B4.2 Kooperation

Ob und wie erfolgreich Maßnahmen der Schulentwicklung auf der Ebene der einzelnen Schule in Angriff genommen werden, hängt nicht zuletzt auch von der Kooperation im Kollegium ab. Die Schulprogrammarbeit und die Erstellung von Schulprofilen setzen eine möglichst enge Kooperation explizit voraus. Kooperation ist zudem eine Grundbedingung für einen koordinierten Schulbetrieb, ganz besonders, wenn Projekte und fächerübergreifendes oder jahrgangsübergreifendes Lernen realisiert werden sollen. Kooperation ist im Hinblick auf ein stärker vernetztes, zwischen den Fächern koordiniertes Lernen notwendig. Wünschenswert ist daher eine gute Kooperation zwischen Schulleitung und Kollegium und ebenso innerhalb des Kollegiums. Dass an der Gestaltung und Entwicklung von Schule und Unterricht auch die Schüler zu beteiligen sind, versteht sich eigentlich von selbst. Die Frage ist jedoch, ob sich die Schülerinnen und Schüler auch tatsächlich ausreichend eingebunden und ernst genommen fühlen. Die Kooperation mit den Eltern spielt ebenfalls eine wichtige Rolle. Ohne oder gar gegen die Eltern kann eine Schule nicht erfolgreich arbeiten. Das gilt wiederum besonders dann, wenn neue Wege beschritten werden sollen. Zudem sind in einem schulischen Kontext, der zunehmend durch mehr Selbstständigkeit geprägt wird, Absprachen und Verständigung vermehrt gefordert. Gute Schulen sind nicht nur nach innen, sondern auch nach außen mit ihrem Umfeld vernetzt. Aus dieser Zusammenarbeit lassen sich viele Impulse gewinnen, z.B. durch die Kooperation mit Vereinen und Verbänden oder mit der (lokalen) Wirtschaft. Daraus ergeben sich oft zusätzliche Möglichkeiten wie Sponsoring, Plätze für Praktika und vieles mehr.

B4.2.1 Kooperation im Kollegium

Es gibt eine Vielfalt von Möglichkeiten, die Kooperation innerhalb des Kollegiums als festen Bestandteil des Schullebens zu etablieren. Einzelne Aspekte dazu wurden in PIRLS/IGLU und TIMSS mit erhoben. Zu den entsprechenden Fragestellungen in PISA wurden bislang weder in den internationalen noch in den nationalen Berichten Ergebnisse vorgelegt.

Für den Primarbereich zeigen die Ergebnisse aus PIRLS/IGLU, dass es in zahlreichen Ländern Maßnahmen gibt, um die Zusammenarbeit im Kollegium zu fördern. Von den Schülern in Deutschland besuchen 53% Schulen, in denen nach Aussagen der Schulleitungen ein Konzept zur Zusammenarbeit vorhanden ist[14]. Relativ zum internationalen Vergleichswert von 72% ist dies eher wenig. Auch die Werte für zumindest wöchentliche Besprechungen der Lehrkräfte und für wöchentlich fest vereinbarte Zeiten für Besprechungen liegen un-

13 Vgl. auch Stefan Gerhard Huber 2002a (a.a.O.).
14 Wilfried Bos u.a. (Hrsg.) 2003 (a.a.O.).

ter dem internationalen Durchschnitt. Die These, dass die Kooperation in Deutschland nicht besonders stark ausgeprägt ist, wird auch dadurch gestützt, dass 44% der Schüler in Deutschland Grundschulen besuchen, deren Lehrkräfte sich weniger als einmal im Monat treffen, um sich über den Unterricht auszutauschen (international: 18%)[15].

Etwas davon abweichende Ergebnisse wurden für die Sekundarstufe I in TIMSS ermittelt. Hier gaben überdurchschnittlich viele Schulleitungen in Deutschland an (96%), dass es an der Schule einen offiziellen Grundsatz der Kooperation zwischen den Lehrkräften gibt[16]. Die Frage war allerdings nur von wenigen Schulleitungen beantwortet worden. Zudem müssen die Angaben nicht unbedingt als Widerspruch zu den Befunden aus PIRLS/IGLU gesehen werden, da ein offizieller Grundsatz nicht unbedingt auf wirkliche Verabredungen oder Treffen schließen lässt. Deutlich werden damit auch die Grenzen von Befragungsverfahren, insbesondere dann, wenn nur die Schulleitungen einbezogen sind und man sich in Large-Scale-Studien auf ein enges Spektrum von Fragen begrenzen muss. Dass auf diesem Weg über die Intensität und vor allem über die Qualität der Zusammenarbeit nichts vertieft ausgesagt werden kann, liegt auf der Hand.

Ergänzend ist daher auf die Ergebnisse der repräsentativen MARKUS-Studie in Rheinland-Pfalz hinzuweisen, in der die Lehrkräfte der Sekundarschulen nach gemeinsamer Unterrichtsvorbereitung und Unterrichtsdurchführung gefragt waren. Der Anteil der Lehrkräfte, die Unterricht gemeinsam vorbereiten, variiert zwischen den Schulformen sehr stark; er ist an den Gesamtschulen und Regelschulen deutlich ausgeprägt (ca. 40%) und an den Realschulen (ca. 10%) und Gymnasien (ca. 5%) nur gering. Die gemeinsame Unterrichtsdurchführung ist nur in den Hauptschulgängen der Gesamtschulen verbreitet (20%), in allen anderen Schulformen bzw. Bildungsgängen ist sie ein äußerst seltenes Ereignis. Die Autoren der Studie kommentieren dieses Ergebnis mit dem Hinweis, „dass in denjenigen asiatischen Ländern, die bei allen bisherigen Leistungsvergleichsstudien Spitzenleistungen gezeigt haben, eine enge Lehrerkooperation innerhalb der Schule, verbunden mit Supervision und wechselseitiger Hospitation, ein selbstverständlicher Teil des Schulalltages ist“[17].

B4.2.2 Partizipation der Schülerinnen und Schüler

Die Schülermitverantwortung oder Schülermitverwaltung (abgekürzt: SMV), inzwischen zumeist als „Schülervertretung“ bezeichnet, wird seit einem KMK-Beschluss von 1968 als ein *grundlegendes Prinzip der Schule* verstanden. Die Einzelheiten ergeben sich aus den Schulgesetzen. Meist ist die Interessenvertretung ab der vierten oder fünften Klasse, teilweise bereits in der Grundschule vorgesehen.

Auch an der Schulkonferenz, die in den letzten Jahren zunehmend an Bedeutung gewonnen hat, sind Schülervertreter beteiligt. In der Zusammensetzung dieses Gremiums legen die Länder unterschiedliche Modelle mit Abweichungen in den Einzelheiten zugrunde:

15 Ina V. S. Mullis/Michael O. Martin/Eugenio J. Gonzalez/Ann M. Kennedy: PIRLS 2001 International Report. IEA's Study of Reading Literacy Achievement in Primary Schools in 35 Countries. Chestnut Hill: 2003, vgl. Tabelle B4/3 im Anhang.

16 Michael O. Martin u.a. 1999 (a.a.O.).

17 Andreas Helmke/Reinhold S. Jäger (Hrsg.): Das MARKUS-Projekt: Mathematikgesamterhebung Rheinland-Pfalz: Kompetenzen, Unterrichtsmerkmale, Schulkontext. Mainz: 2002, S. 364.

Übergewicht der Lehrergruppe, einschließlich Schulleiter, gegenüber der Gesamtheit der Vertreter der Eltern und Schüler (Baden-Württemberg, Hessen, Mecklenburg-Vorpommern); Parität zwischen der Repräsentanz der Lehrer einerseits und der Vertretung der Eltern und Schüler andererseits (Bremen, Nordrhein-Westfalen, Sachsen); Drittelparität zwischen Gruppen der Lehrer, Schüler und Eltern (Bayern, Berlin, Brandenburg, Hamburg, Rheinland-Pfalz, Saarland, Schleswig-Holstein, Thüringen). Je nach den landesrechtlichen Regelungen nehmen die Schülervertreter an der Lehrerkonferenz und den Teilkonferenzen teil. Oberhalb der Schulebene bestehen in den meisten Ländern örtliche und/oder überörtliche Schülervertretungen, verschiedentlich in Kreisen bzw. Städten, vereinzelt auf Bezirksebene, vor allem aber als Landesschülervertretungen. Die Mitglieder der Landesschülervertretungen werden von den Schülervertretungen der Einzelschulen teils unmittelbar, teils mittelbar über Gremien der Zwischenebenen gewählt. Die Landesschülervertretungen haben in wichtigen schulischen Angelegenheiten zumeist ein Anhörungsrecht gegenüber dem Kultusministerium. Im Wesentlichen gibt es drei Aufgabenbereiche der SMV: selbstgewählte Aufgaben, Ordnungs- und Organisationsaufgaben und die Vertretung der Schülerinteressen. Im Einzelnen bedeutet das zum Beispiel die Geltendmachung von Wünschen und Forderungen der Schüler, die Mitwirkung in Konfliktfällen und bei Ordnungsmaßnahmen, die Durchführung besonderer Veranstaltungen und die Wahrnehmung von Rechten zum Beispiel bei der Gestaltung des Unterrichts, der Auswahl der Lernstoffe und Lernmittel, der Gestaltung der Schul- und Hausordnung und der Regelung des Schulalltags[18].

Schulische Partizipation hatte zwar in den späten 1960er- und frühen 1970er-Jahren Konjunktur, die Thematik erlebte jedoch gerade in den letzten Jahren im Kontext der Schulqualitätsdebatte eine gewisse Renaissance. Empirische Studien zu den Mitwirkungsmöglichkeiten der Schüler gibt es dennoch nur vereinzelt und fokussiert auf jeweils untersuchte Teilaspekte. Im Folgenden werden daher ausgewählte Ergebnisse einer Studie in Sachsen-Anhalt vorgestellt, die nicht nur für dieses Land kennzeichnend zu sein scheinen.

In einer Befragung im Jahr 2000 gaben etwa zwei Drittel der Schüler an, dass die Schüler an der Gestaltung des Schullebens mitwirken und mitentscheiden dürfen, z.B. bei der Organisation von Ausflügen und Schulveranstaltungen und bei der Gestaltung von Projekttagen und -wochen. Die Schüler attestieren insofern durchaus, dass Mitwirkungsmöglichkeiten gegeben sind. Allerdings findet nur etwa ein Drittel der Schüler, dass die Schülervertretung eine große Bedeutung hat. Die Beteiligungsmöglichkeiten werden von Schülern der achten und neunten Klassenstufe in etwa gleich und von Schülern der elften Klassenstufe skeptischer eingeschätzt. Bezogen auf Fragen der Partizipation im Unterricht überwiegen die skeptischen Einschätzungen bei Weitem. Mehr als zwei Drittel der Befragten sind der Meinung, dass den Schülern nichts anderes übrig bleibt, als den Unterricht so hinzunehmen wie er ist. Nur etwa die Hälfte meinen, dass die Schüler überhaupt die Möglichkeit haben, durch gute Vorschläge den Unterricht in ihrem Sinne beeinflussen zu können. Im Hinblick auf die Notengebung sehen 17% der Schüler Möglichkeiten zu Mitentscheidungen als ge-

18 Vgl. Hermann Avenarius: Schulrechtskunde. Ein Handbuch für Praxis, Rechtsprechung und Wissenschaft. Neuwied: 2000; S. 132ff., 128ff.

geben, aber etwas mehr als 50% sind der Überzeugung, dass es keinen Sinn hat, mit den Lehrern über Noten zu reden, da man doch nichts erreicht[19].

Ohne die Befunde dieser Befragung und der ebenfalls durchgeführten Fallanalysen zu hoch bewerten zu wollen, entsteht doch der Eindruck, dass die Mitwirkungsmöglichkeiten zwar vom rechtlichen Rahmen her gegeben, allerdings auch hier schon deutlich eingeschränkt sind. In der Wahrnehmung der Schüler bewegen sich ihre Einflussmöglichkeiten auf einem insgesamt niedrigen Niveau. Andererseits ist auch die Bereitschaft der Schüler, in der Schülervertretung mitzuarbeiten, gering (nur allenfalls etwa ein Drittel zeigt diese Bereitschaft). Dies kann jedoch wiederum damit zusammenhängen, dass sie der Schülervertretung keine große Einflussmöglichkeit auf wichtige schulische Entscheidungen beimessen.

Schülerpartizipation kann ein wichtiger Beitrag zum Demokratielernen unter Jugendlichen sein; nachweislich bestehen Zusammenhänge zwischen inner- und außerschulischer Partizipationsbereitschaft. Zudem sprechen Untersuchungen dafür, dass Schulen, an denen die Schülervertretung aus Sicht der Schüler eine größere Bedeutung hat, weniger durch Gewalt und Ausländerfeindlichkeit belastet sind. Wichtig erschiene auch die stärkere Beteiligung an der Gestaltung des Unterrichts, z.B. durch Erhebungen der Schülermeinungen und -wahrnehmungen zum Unterricht sowie die stärkere Berücksichtigung von Vorschlägen bei der Wahl von Unterrichtsthemen[20]. In zwei derzeitigen BLK-Modellvorhaben (Programm „21“ – Bildung für eine nachhaltige Entwicklung; Demokratie lernen und leben) steht die aktive Beteiligung der Schülerinnen und Schüler in Schule und Unterricht sowie in der Schule und in ihrem Umfeld (Schule als Demokratie und Schule in der Demokratie) im Mittelpunkt des Interesses. Ergebnisse liegen gegenwärtig allerdings noch nicht vor.

B4.2.3 Kooperation mit Eltern

In jedem Land haben Eltern durch die Elternvertretung, die Schulkonferenz und andere Einrichtungen die Möglichkeit, an der Schule mitzuwirken. In der Schulkonferenz sind sie zumeist drittelparitätisch vertreten. Die Zusammenarbeit zwischen Eltern und Schule begrenzt sich natürlich nicht auf die Vertretung in Gremien, sondern umfasst außerdem die Beteiligung an schulischen Veranstaltungen und schließt auch den Informationsfluss zwischen Schule und Elternhaus mit ein.

In PIRLS/IGLU wird die Kooperation zwischen Schule und Eltern durch einen Index zusammenfassend gekennzeichnet. Die Verteilung auf die drei Stufen dieses Gesamtindex (hoch, mittel, gering) für Deutschland entspricht in etwa dem internationalen Durchschnitt. Gemessen an den EU-Staaten scheint die Kooperation allerdings weniger intensiv zu sein[21]. Eine Aufschlüsselung nach den Einzelaspekten, die im internationalen Bericht als Gesamtindex zusammengefasst sind, zeigt folgende Ergebnisse: In Deutschland äußern sich die Kontakte zwischen Schule und Elternhaus vor allem in Gesprächen zwischen Lehrkräften

19 Heinz-Hermann Krüger/Sibylle Reinhardt/Catrin Kötters/Ralf Schmidt/Nicolle Pfaff/Birgit Fischer/Frank Tillmann Krüger: Projekt "Jugend und Demokratie in Sachsen-Anhalt". Zwischenbericht. Halle: 2000.

20 Hartmut Ditton/Bettina Arnoldt/Eva Bornemann: Entwicklung und Implementation eines extern unterstützenden Systems der Qualitätssicherung an Schulen – QuaSSU. In: Manfred Prenzel/Jörg Doll (Hrsg.), Bildungsqualität von Schule: Schulische und außerschulische Bedingungen mathematischer, naturwissenschaftlicher und überfachlicher Kompetenz. Zeitschrift für Pädagogik, 2002, 45. Beiheft, S. 374-389.

21 Vgl. Tabelle B4/4 im Anhang.

und Eltern und im Besuch von schulischen Veranstaltungen durch die Eltern. In vielen anderen europäischen Ländern ist die Teilnahme an Gesprächen noch stärker ausgeprägt. Überdurchschnittlich häufig besuchen deutsche Eltern dagegen schulische Veranstaltungen. Besonders auffällig ist, dass sich die deutschen Eltern im europäischen Vergleich am schlechtesten über die Leistungen ihres Kindes informiert fühlen. Nur 13% geben an, dass sie oft, und weiter 11%, dass sie manchmal Informationen erhalten. Vor allem im Vergleich zu Schottland (oft: 52%) und Schweden (oft: 47%) sind dies niedrige Werte[22].

Darüber hinausgehende Informationen liefert eine Studie des Deutschen Jugendinstituts aus dem Jahr 2002 an allgemein bildenden Schulen. In der Studie wurden die Schulleitungen nach Formen der Beteiligung von Eltern befragt, die über das gewöhnliche Maß hinausgehen (z.B.: Leitung von Arbeitsgemeinschaften; Tätigkeit als Werber von Sponsoren; Übernahme von Betreuungs- und Aufsichtsaufgaben). Im Ergebnis zeigt sich, dass zwar etwa zwei Drittel der Schulen auf die erfragte Weise (noch) nicht mit Eltern zusammenarbeiten, 25% kooperieren jedoch selten bis häufiger und 7% häufiger bis sehr intensiv[23]. Ergänzen lässt sich dieser Befund um Ergebnisse der Umfragen des Instituts für Schulentwicklung der Universität Dortmund für das Jahr 2002[24]. Jeweils etwa die Hälfte der Bevölkerung in Ost- und Westdeutschland (50 bzw. 46%) ist danach der Meinung, dass Eltern zu wenig Einflussmöglichkeiten auf die Schule haben. Zudem meinen etwa zwei Drittel der Repräsentativstichprobe, dass Eltern die schulische Arbeit stärker unterstützen müssten (67/62%).

B4.2.4 Kooperation mit externen Partnern

In der im Abschnitt zuvor genannten repräsentativen Studie des DJI wurde auch die Zusammenarbeit der allgemein bildenden Schulen mit externen Partnern sowie der Schulen untereinander untersucht. Erfragt war die Vernetzung der Schulen über sieben Kooperationsfelder hinweg (schulunterstützende Dienste, Einrichtungen und Betriebe in der Kommune, andere Schulen, Sponsoren und Fördervereine, Eltern, Schüler, andere [Privatpersonen])[25].

Das Ergebnis zeigt, dass die überwiegende Mehrheit der Schulen vielfach vernetzt ist: 82% aller Schulen kooperieren in zumindest vier der Felder und fast keine Schule (2%) pflegt überhaupt keine Kooperationen. Am häufigsten ist die Zusammenarbeit mit schulunterstützenden Diensten, an zweiter Stelle folgt die Kooperation mit Einrichtungen und Betrieben der Kommune und an dritter Stelle die Zusammenarbeit mit anderen Schulen. Von den unterstützenden Diensten wird der schulpsychologische Dienst mit 62% am häufigsten genannt, gefolgt von der Erziehungsberatung mit 48%. Mehr als die Hälfte aller Schulen hält es für erforderlich, die Zusammenarbeit mit den schulunterstützenden Diensten noch weiter zu intensivieren. Von den Einrichtungen und Betrieben der Kommune entfallen auf die

22 Wilfried Bos u.a. (Hrsg.) 2003 (a.a.O.). Für diesen Abschnitt (S.60-62) werden nur europäische Vergleichswerte angegeben.

23 Jens Lipski/Doris Kellermann: Schule und soziale Netzwerke. Erste Ergebnisse der Befragung von Schulleitern zur Zusammenarbeit allgemein bildender Schulen mit anderen Einrichtungen und Personen. München: 2003.

24 Hans-Günter Rolff/Heinz Günter Holtappels/Klaus Klemm/Hermann Pfeiffer/Renate Schulz-Zander (Hrsg.): Jahrbuch der Schulentwicklung. Band 12. Daten, Beispiele und Perspektiven. Weinheim und München: 2002.

Sportvereine (62%), die Kirchen bzw. Glaubensgemeinschaften (61%) und auf kulturelle Einrichtungen (60%) die häufigsten Nennungen. Die Zusammenarbeit findet hierbei überwiegend in Form von einmaligen Aktionen im Unterricht statt. Die Kooperation mit anderen Schulen bezieht sich überwiegend auf Schulen aus dem näheren Umkreis und dient vorwiegend dem Informations- und Erfahrungsaustausch unter den Lehrkräften.

In PISA wurde die *Netzwerkeinbindung* der Schulen im Rahmen der nationalen Zusatzerhebung mit berücksichtigt. Hierbei zeigte sich, dass die Kooperationsintensität nicht signifikant zwischen den Schulformen variiert. Die höchsten Werte innerhalb eines Kooperationsprofils wurden für die Kooperation mit Einrichtungen der Berufsberatung und mit Betrieben ermittelt. Ein schulformspezifisches Profil zeichnet sich insofern ab, als Hauptschulen und Realschulen hohe Werte bei der Kooperation mit Einrichtungen der Erziehungsberatung erzielen und Gymnasien bei Schulpartnerschaften im Ausland. In die nationale Zusatzerhebung einbezogen wurden überdies Fragen, die über die *Erschließung zusätzlicher Finanzierungsquellen* durch die Schulen Auskunft geben. Von den Schulen in Deutschland verfügen 82% über Einnahmen aus privaten Quellen bzw. „eingeworbene Drittmittel". Am besten schneiden hierbei die Gymnasien mit einem durchschnittlichen Betrag von über 15 Euro pro Schüler ab. Die Zusatzeinnahmen der Haupt- und Realschulen sind nicht einmal halb so hoch. Deutlich größer als die Schulformunterschiede sind allerdings die Differenzen zwischen den einzelnen Schulen innerhalb jeder der Schulformen. Dies legt den Schluss nahe, dass die Ursachen für die Unterschiede in den Zusatzeinnahmen primär im direkten Umfeld der Schule und in den jeweils gegebenen Fähigkeiten zur Mitteleinwerbung zu suchen sind[26].

B4.3 Schulklima

Ein gutes Schulklima wird in der Schulqualitätsforschung durchgängig als ein Merkmal guter Schulen angesehen. Schulklima meint hierbei die „subinstitutionelle Struktur" einer Schule, sozusagen das, was sich unterhalb der offiziellen Zielsetzungen als Regelmäßigkeit des Denkens, Fühlens und Handelns in den sozialen Abläufen zeigt. Auch wenn eine starke Wirkung des Schulklimas auf die Entwicklung der fachlichen Leistungen nicht eindeutig belegt ist, kann das Schulklima ohne Zweifel als eine an sich bedeutsame Größe gewertet werden. In jedem Fall bestehen Beziehungen zwischen dem Schulklima und dem subjektiven Wohlbefinden der Lehrkräfte und Schüler. Positiv wahrgenommene Schulen sind lebendige und attraktive Orte, die sich durch das Engagement der Beteiligten, durch Disziplin und eine positive Beziehung der Lehrkräfte untereinander sowie zwischen Lehrkräften und Schülern auszeichnen.

Unter dem Begriff Schulklima kann auch das derzeit zu Recht intensiv diskutierte Thema der *Gewalt an Schulen* diskutiert werden. Während gegenwärtig zunehmend der Eindruck entsteht – sicherlich mit begünstigt durch die mediale Präsenz –, dass die Gewalt an Schulen stetig zunimmt, kommen zwei repräsentative Studien für Bayern und Hessen zu Ergebnissen, die diese Wahrnehmung relativieren und eine differenziertere Einschätzung nahe le-

26 Manfred Weiß/Brigitte Steinert: Institutionelle Vorgaben und deren Ausgestaltung. In: Deutsches PISA-Konsortium (Hrsg.): PISA 2000. Basiskompetenzen von Schülerinnen und Schülern im internationalen Vergleich. Opladen: 2001, S. 427-454, S. 439.

gen[27]: Gewalt an Schulen äußert sich demnach vorwiegend in Form von verbaler Gewalt und nur selten als physische Gewalt. Zudem sprechen die Ergebnisse gegen die Annahme, dass die Gewalt an Schulen seit Mitte der 1990er-Jahre insgesamt angestiegen ist. Nur für die verbale Gewalt wird ein Anstieg verzeichnet. Die Studien kommen außerdem zu dem Ergebnis, dass Schülerinnen im Allgemeinen wesentlich seltener in Gewalt verwickelt sind als Schüler. Ebenso erwartungsgemäß ist das Gymnasium die Schulform mit den relativ geringsten Gewaltaufkommen. Außerdem ist festzustellen, dass der Kreis der Täter sich in aller Regel auf eine kleinere Gruppe Jugendlicher beschränkt, von denen die Mehrzahl der Gewaltakte ausgeht. Das Gros der Schüler zeigt demgegenüber keine Neigung zu gewalttätigem Handeln. Natürlich darf dennoch nicht übersehen werden, dass gerade in den letzten Jahren Fälle extremer Gewaltakte überhaupt erst in einer solch erschreckenden Form aufgetreten sind. Da es sich um Einzeltaten handelt, spiegeln sie sich in Gesamtstatistiken naturgemäß nicht wider. Sie erfordern aber ohne Frage eine besondere Aufmerksamkeit und weisen mit Nachdruck auf die Notwendigkeit gezielter aufklärender und präventiver Maßnahmen hin.

B4.3.1 Lehrkräfte- und schülerbezogene Faktoren zum Schulklima

In PIRLS/IGLU wurden die Grundschüler danach gefragt, ob sie im letzten Monat in der Schule bestohlen oder geschlagen bzw. verletzt wurden. Die Frage nach den Diebstählen beantworteten 22% der deutschen Schüler mit ja, die Frage nach Schlägen oder Verletzungen durch andere Schüler 29%. Beide Werte liegen zwar unter bzw. bei den internationalen Vergleichswerten (28%, 29%), sie erscheinen jedoch absolut gesehen hoch und weichen auch von den zuvor genannten Studien nach oben hin ab[28]. Zur Abwesenheit von der Schule wurden die Schulleitungen um ihre Einschätzung gebeten. Die Ergebnisse weisen darauf hin, dass Schulabwesenheit im Primarbereich kein oder allenfalls ein geringes Problem zu sein scheint – zumindest sind die Schulleitungen von 90% der Schüler in Deutschland dieser Auffassung (international: 78%).

Für die Analysen in PISA wurde wiederum ein zusammenfassender Index zu *schülerbezogenen Faktoren des Schulklimas* gebildet, der auf Aussagen der Schulleitungen beruht. Der Index beinhaltet Angaben zur allgemeinen Disziplin der Schüler und Fragen, die sich auf die Gewalt unter Schülern beziehen. Im internationalen Vergleich liegt Deutschland in diesem Index geringfügig unter dem OECD-Durchschnitt. Werden einzelne Aspekte betrachtet, die in den Index eingehen, so stellt sich auch hier heraus, dass die Schulleitungen in Deutschland in der Schulabwesenheit und im Schwänzen kein gravierendes Problem sehen. Dies trifft ebenso für das Einschüchtern und Schikanieren von Schülern zu. Allerdings bestehen statistisch signifikante Unterschiede zwischen den Schulformen, die erwartungsgemäß zeigen, dass die Problembelastung an Hauptschulen über- und an Gymnasien unter-

27 Marek Fuchs/Siegfried Lamnek/Jens Luedtke: Tatort Schule: Gewalt an Schulen 1994-1999. Opladen: 2001; Klaus-Jürgen Tillmann/Birgit Holler-Nowitzki/Heinz Günter Holtappels/Ulrich Meier/Ulrike Popp: Schülergewalt als Schulproblem. Verursachende Bedingungen, Erscheinungsformen und pädagogische Handlungsperspektiven. Weinheim und München: 1999.

28 Vgl. Tabelle B4/5 im Anhang.

durchschnittlich ist. Ein Zusammenhang mit der Schulgröße besteht nicht. Für die Hauptschulen ist jedoch ein Einfluss des Schulstandorts nachweisbar: Hauptschulen in Großstädten sind demnach stärker problembelastet[29].

Durch den PISA-Index *Lehrkräftebezogene Faktoren bezüglich des Schulklimas* wird in erster Linie die Beziehung zwischen Lehrern und Schülern erfasst. Deutschland liegt in diesem Index unter dem OECD-Mittel. Ein Blick auf die einzelnen Aspekte ergibt jedoch ein differenzierteres Bild. Der leicht unterdurchschnittliche Gesamtwert kommt vor allem durch eine häufigere Lehrerabwesenheit und durch ein weniger positives *Lehrer-Schüler-Verhältnis* zustande. Weit über dem OECD-Durchschnitt liegt Deutschland in der Ermutigung der Schüler durch die Lehrkräfte, ihr Potenzial auszuschöpfen. Tendenziell zeigen die Lehrkräfte in Deutschland in der Wahrnehmung der Schulleitungen weniger Widerstände gegenüber Veränderungen als ihre Kollegen in anderen Ländern.

Das Klima im Kollegium wird in PISA mit mehreren Kennwerten erfasst. Der Index zur *Stimmung und Haltung der Lehrkräfte* bezieht sich auf das Engagement der Lehrkräfte. Auch dieser Index geht auf Aussagen der Schulleitungen zurück. Der Wert für Deutschland entspricht dem internationalen Durchschnitt. Ein weiterer Index wurde zu *Kohäsion und Konsens* im Kollegium gebildet. Auch dazu geben die Schulleitungen mehrheitlich eine positive Einschätzung ab. Bezüglich einzelner Dimensionen scheinen jedoch Differenzierungen notwendig zu sein: „Immerhin sieht ein Viertel der Schulleiterinnen und Schulleiter die Zusammenarbeit in ihrem Kollegium durch Meinungsverschiedenheiten beeinträchtigt. Eine offene Diskussion über solche Differenzen vermisst jeder vierte Schulleiter von Gymnasien. Etwa gleich hoch ist der Anteil der dort tätigen Schulleiterinnen und Schulleiter, die – unabhängig von der Schulgröße – das Fehlen von Geschlossenheit, Wir-Gefühl und Konsens über schulische Ziele in ihrem Kollegium beklagen“[30].

B4.3.2 Schulzufriedenheit

Zur Schulqualität und zu einem guten Schulklima gehört auch die Zufriedenheit der Schüler und Eltern mit der Schule. Auch hier geht es nicht ausschließlich oder primär um leistungsfördernde Bedingungen, sondern um eine Dimension, die für die Gestaltung der pädagogischen Prozesse und des Profils einer Schule von Bedeutung ist. Selbstverständlich spiegelt das Konstrukt Zufriedenheit nicht die objektive Realität, sondern das subjektive Empfinden wieder. Allerdings ist genau dies wichtig. So hat es sich z.B. in der Forschung zu „Lebensqualität“ außerordentlich bewährt, diese als das Zusammenwirken objektiver Bedingungen mit deren subjektiver Bewertung zu definieren. Ebenso können die Zufriedenheit von Schülern und Eltern mit Schule bei der Ermittlung des Schulklimas und der Schulqualität nicht außer Acht gelassen werden.

In PISA wurde die Schulzufriedenheit der Schüler über eine Skala mit drei Items gemessen. Diese Daten liegen nur aus der nationalen Zusatzerhebung in Deutschland vor, ein internationaler Vergleich ist daher nicht möglich. Es wurde danach gefragt, ob die Schüler gern zur Schule gehen und sich dort gut aufgehoben fühlen. Für alle Schulformen liegen die

29 Manfred Weiß/Brigitte Steinert 2001 (a.a.O.).
30 A.a.O., S. 450, vgl. auch Tabelle B4.6 im Anhang.

Mittelwerte in dieser Skala etwas über dem Wert von 3,0, der ein neutrales Ergebnis anzeigen würde. Tendenziell ist also eine höhere Zufriedenheit als Unzufriedenheit der Schüler zu erkennen. Die schulform- und geschlechtsspezifischen Unterschiede sind durchweg gering, die Streuungen innerhalb aller Schulformen jedoch erheblich[31]. Von daher wäre es interessant gewesen zu erfahren, wie groß die Unterschiede zwischen den einzelnen Schulen ausfallen.

Fragen, die sich auf die *Zufriedenheit der Eltern* mit der Schule beziehen, liegen ebenfalls nur aus der nationalen Zusatzerhebung zu PISA vor. Insgesamt mit der Schule zufrieden sind jeweils etwa die Hälfte der Eltern in den alten und neuen Ländern. Am zufriedensten äußern sich im Ländervergleich die Eltern in Bayern und Baden-Württemberg, am wenigsten zufrieden mit der Schule sind die Eltern in Hessen und Thüringen. Ernüchternd sind die Antworten auf die Frage, ob sich die Lehrer große Mühe geben: Nur durchschnittlich 30% der Eltern sind dieser Meinung, wobei die Differenzen zwischen den Ländern gering ausfallen[32].

Informationen über PISA hinaus liefern die Ergebnisse der Repräsentativbefragungen des Instituts für Schulentwicklung, in denen seit 1979 im zweijährlichen Rhythmus u.a. auch die Schulzufriedenheit der Schülereltern und der Bevölkerung insgesamt erhoben wird[33]. 2002 sind nur noch etwa 30% der Befragten der Meinung, dass sich die Schule große bzw. sehr große Mühe gibt, die Kinder zu fördern. Bei den Befragungszeitpunkten zuvor war dieser Anteil um etwa 10% höher. Auch weitere Zeitvergleiche sprechen für ein deutlich schlechter werdendes Bild der Schule in der Bevölkerung, beginnend ab dem Jahr 1997 bzw. 2000. In der Befragung 2002 geben 43% der westdeutschen und 38% der ostdeutschen Schülereltern an, dass ihr Kind gern zur Schule geht. In den Erhebungen davor lagen diese Quoten um jeweils 15 bis 20 Prozentpunkte höher. Im Gegensatz dazu ist ein steigender Anteil in der Bevölkerung und unter den Schülereltern zu verzeichnen, der die Leistungsanforderungen an die Schüler für zu niedrig hält (2002: 42/29%; 2000: 25/19%). Maßgeblich für die Zufriedenheit mit der Schule ist auch die Meinung der Eltern darüber, wie gut die Kenntnisse und Fähigkeiten der Schüler sind, über die sie nach dem Schulabschluss verfügen. Die Bewertung dieser Kenntnisse hat sich gegenüber 1997 im Westen wie im Osten erheblich verschlechtert. Dies trifft für nahezu alle erfragten Lernbereiche zu, besonders stark aber für Deutsch und Mathematik. Inzwischen hält nahezu ein Drittel der Befragten die in der Schule erworbenen Kenntnisse für „schlecht", eine Mehrheit von fast durchgängig über 50% hält sie für „mittel". Die Zufriedenheit der Eltern mit der Schule ist somit im Zeitvergleich deutlich gesunken. Abzulesen ist das auch daran, dass in der jüngsten Erhebung zwischen 34 und 52% der Befragten dem deutschen Schulsystem die Note 4 oder schlechter geben (sehr gut/gut: 16-23%).

Weiteren Aufschluss über Präferenzen und Erwartungen in der Bevölkerung geben Fragen, die das IFS zu Aspekten der Schulentwicklung erhebt. Aus dem differenzierten Fra-

31 Klaus-Jürgen Tillmann/Ulrich Meier: Schule, Familie und Freunde – Erfahrungen von Schülerinnen und Schülern in Deutschland. In: Deutsches PISA-Konsortium (Hrsg.): PISA 2000. Basiskompetenzen von Schülerinnen und Schülern im internationalen Vergleich. Opladen: 2001, S. 468-509.

32 Gundel Schümer/Klaus-Jürgen Tillmann/Manfred Weiß: Institutionelle und soziale Bedingungen schulischen Lernens. In: Deutsches PISA-Konsortium. (Hrsg.): PISA 2000 – Die Länder der Bundesrepublik Deutschland im Vergleich (S. 203-219). Opladen: 2002.

33 Hans-Günter Rolff u.a. (Hrsg.) 2002 (a.a.O.).

genkatalog sind hier an erster Stelle die Befunde zu nennen, bezüglich derer das Meinungsbild in der Bevölkerung eindeutig zu interpretieren ist: Demnach sollten mehr Ganztagsschulen eingerichtet werden (West/Ost: 56/53%); das Sitzenbleiben sollte *nicht* abgeschafft werden (56/68%); die Schulen sollten in allen wichtigen Bereichen Entscheidungsfreiheit haben (50/49%); alle Schüler sollten in der Grundschule eine Fremdsprache erlernen (70/70%); das Abitur sollte nach zwölf Jahren abgelegt werden (51/85%); alle Lehrkräfte sollten verpflichtet werden, sich regelmäßig fortzubilden (85/93%); Schulen sollten sich stärker um finanzielle Förderung durch die Wirtschaft bemühen (54/56%); Arbeiterkindern sollte in stärkerem Maße der Zugang zu höherer Bildung ermöglicht werden (62/74%). In die Zeugnisse sollten, wenn es nach dem Willen der Eltern ginge, Noten für Betragen, Fleiß und Ordnung (66/84%) sowie für Teamfähigkeit, Toleranz und Verantwortungsbewusstsein (72/78%) aufgenommen werden. Ebenso sollten bundesweite Tests zur Überprüfung der Leistungen regelmäßig durchgeführt (69/77%) und die Ergebnisse der einzelnen Schule veröffentlicht werden (65/65%). Uneinheitliche Meinungen finden sich demgegenüber zu Fragen nach Veränderungen im gegliederten Schulsystem. Zwar ist die Mehrheit in der Bevölkerung der Meinung, dass der Übergang zwischen den Schulformen erleichtert werden sollte (54/61%). Ein gemeinsamer Schulbesuch nach der Grundschule als Alternative zur Trennung in verschiedene Schulformen findet jedoch bei den Schülereltern gleich viel Zustimmung wie Ablehnung (39/38%). In der Gesamtbevölkerung überwiegt der Anteil an Zustimmungen etwas (41 vs. 34%)[34].

B4.3.3 Außerunterrichtliche Angebote

Eine breitere Palette außerunterrichtlicher Angebote und ein pulsierendes Schulleben machen eine Schule für Schüler, Eltern und externe Kooperationspartner attraktiv. Im Bereitstellen zusätzlicher Angebote in Arbeitsgemeinschaften, Theaterspiel, Schülerzeitung und Veranstaltungen kommt in jedem Fall zum Ausdruck, dass eine Schule eine aktive Schule mit einem ausgeprägten schulischen Leben ist. Diesbezüglich wurde in der deutschen Zusatzerhebung zu PISA u.a. auch das Aktivitätsniveau der Schulen untersucht. Gefragt war nach Angeboten außerhalb des regulären Unterrichts (z.B. Sport-, Hobby-, Arbeitsgruppen; öffentlich zugängliche kulturelle, sportliche Veranstaltungen). Ein deutlich höheres Aktivitätsniveau als die Haupt- und Realschulen weisen die Gymnasien auf, besonders bezüglich öffentlich zugänglicher Veranstaltungen und hinsichtlich der Vielfalt des außerunterrichtlichen Angebots. Kulturelle, sportliche und politische Veranstaltungen mit Einladung der Öffentlichkeit sind an Gymnasien wesentlich häufiger. Realschulen und Hauptschulen bieten den Schülern auch weniger Möglichkeiten, sich in Sport-, Hobby- oder Arbeitsgruppen zu betätigen. Diese besonders Position der Gymnasien dürfte in Zusammenhang mit den günstigeren Bedingungen großer Schulen zu sehen sein[35].

34 A.a.O.
35 Manfred Weiß/Brigitte Steinert 2001 (a.a.O.), S. 442.

B4.4 Belastungen

B4.4.1 Belastungen der Lehrkräfte

Die Auseinandersetzung mit der Berufsbelastung von Lehrkräften ist ein traditionsreiches und zugleich schwer zu überblickendes Forschungsfeld. Das liegt vor allem an der Vielzahl an Untersuchungen, die hinsichtlich ihrer jeweiligen Definition von beruflicher Belastung, ihres Forschungsansatzes und ihres methodischen Vorgehens oft sehr stark voneinander abweichen. Das macht es sehr schwer, allgemeinere Aussagen zur beruflichen Belastung von Lehrkräften innerhalb des deutschen Schulwesens zu machen. Folglich ist an dieser Stelle zunächst festzuhalten, dass die Berufsbelastung von Lehrkräften aus Sicht der Forschung immer noch unter einer begrifflichen und inhaltlichen Vieldeutigkeit leidet, die einer konstruktiven Auseinandersetzung mit der Thematik häufig entgegensteht, statt eindeutig Aufschluss geben zu können.

Häufig gingen Systematisierungsvorschläge mit dem Versuch einher, jeweils auch eine möglichst umfassende Übersicht zu Belastungsfaktoren zusammenzustellen[36]. Dabei liegt es vermutlich in der Natur der Sache, dass keine dieser Zusammenstellungen Anspruch auf Vollständigkeit erheben kann. Vielmehr scheinen im Zusammenhang mit der beruflichen Belastung gegenwärtig mehr und mehr die subjektiven Handlungsvoraussetzungen der Lehrkräfte ins Blickfeld zu rücken. Dahinter steckt die Annahme, dass es letztlich von der einzelnen Lehrkraft selbst abhängt, welche Faktoren ihrer Berufspraxis auf sie belastend einwirken[37].

Zumindest einzelne Arbeiten konzentrieren sich weniger auf einzelne Belastungsfaktoren, sondern unterziehen die entsprechenden Bewältigungsmuster einer genaueren Betrachtung. Dabei geraten jedoch die sozialregionalen, strukturellen und organisatorischen Rahmenbedingungen der Lehrkräftetätigkeit aus dem Blickfeld. Davon abgesehen konnten in Untersuchungen die folgenden vier Bewältigungsvarianten ausgemacht werden, die sich auch als Risikomuster deuten lassen[38]:

- G Gesundheit: hohes, aber nicht überhöhtes Engagement, Belastbarkeit und Zufriedenheit,
- S Schonung: reduziertes Engagement, Ruhe und Gelassenheit sowie relative Zufriedenheit,
- A Selbstüberforderung: exzessive Verausgabung und verminderte Erholungsfähigkeit, Einschränkung der Belastbarkeit und Zufriedenheit,
- B Überforderung: reduziertes Engagement bei geringer Erholungs- und Widerstandsfähigkeit, umfassende Resignation[39].

---

36 Bernd Rudow: Die Arbeit des Lehrers. Zur Psychologie der Lehrertätigkeit, Lehrerbelastung und Lehrergesundheit. Bern u.a.: 1994.
Kathrin Kramis-Aebischer: Stress, Belastungen und Belastungsverarbeitung im Lehrerberuf. Bern u.a.: 1995.

37 Oliver Böhm-Kasper: Belastung und Beanspruchung am Gymnasium. Eine multivariate Untersuchung von Schülern und Lehrern mittels linearer Strukturgleichungsmodelle und Mehrebenenanalysen. Dissertation, Uni Erfurt: 2003.

38 Uwe Schaarschmidt/Andreas W. Fischer: AVEM – Arbeitszeitbezogenes Verhaltens- und Erlebensmuster. Frankfurt a.M.: 1996.

39 Uwe Schaarschmidt: Beanspruchung im Lehrerberuf. In: Bayerischer Lehrer- und Lehrerinnenverband e.V. (Hrsg.): Arbeitsbelastung in Schulen. München: 2003, S. 21-23. S. 21.

Ausgehend von Untersuchungen an über 4000 Lehrerinnen und Lehrern aus den alten und neuen Ländern können folgende Aussagen zur Musterausprägung festgehalten werden: Regionen übergreifend treten wenige G-Muster (um die 15%), dafür aber viele A- und B-Muster auf (jeweils um die 30%). In keiner anderen untersuchten Berufsgruppe lag ein derart hoher Anteil der Risikomuster und speziell des problematischsten Musters B vor. Außerdem ist sowohl von schulformspezifischen als auch von geschlechtsbedingten Unterschieden auszugehen. Zum einen findet sich das Risikomuster A häufiger an Grundschulen und Gymnasien, wohingegen das Risikomuster B verstärkt an Hauptschulen auftritt. Zum anderen ist unter Frauen das Risikomuster B wesentlich öfter als das Risikomuster A anzutreffen. Von den Lehrkräften werden in diesem Kontext das Verhalten schwieriger Schüler, die Klassenstärke und die Stundenanzahl (in dieser Reihenfolge) als die am stärksten belastenden Faktoren genannt[40].

Die Arbeitszeit der Lehrkräfte

Die Ergebnisse verschiedener Studien zur Wochenarbeitszeit von Lehrkräften kommen zu weitgehend übereinstimmenden Ergebnissen und können wie folgt zusammengefasst werden[41]: Die durchschnittliche wöchentliche Arbeitszeit von Lehrkräften liegt deutlich über der vieler anderer Berufsgruppen. Hierbei muss allerdings berücksichtigt werden, dass die Forschungsarbeiten zur Arbeitszeit der Lehrkräfte in der Regel auf Selbstaufzeichnungen beruhen, was Zweifel an der Reliabilität und Validität der Untersuchungen entstehen lässt. Zugleich gilt es aber zuzugestehen, dass bisher keine anderen methodischen Forschungsansätze zur Lehrerarbeitszeit entwickelt worden sind. Erschwerend kommt hinzu, dass Lehrkräfte einen erheblichen Teil ihrer Arbeit zu Hause erledigen. Das führt in der Öffentlichkeit nicht nur zu einer Fehlbewertung der beruflichen Beanspruchung, sondern stellt auch anderweitig ein Problem dar: Für die Tätigkeiten, die Lehrkräfte üblicherweise zu Hause erledigen, fehlen zeitliche Richtlinien. Die meisten Lehrkräfte scheinen mit dieser unklaren zeitlichen Anforderung Schwierigkeiten zu haben, die auch mit zunehmenden Berufsjahren nicht ganz aufhören. Vermutlich ist sogar davon auszugehen, dass der hohe Anteil an frei bestimmbarer Arbeitszeit auch zu latenten Schuldgefühlen führen kann (das Gefühl „nie fertig zu sein", „immer noch mehr machen zu müssen" und „zeitlich überfordert zu sein")[42].

Frühpensionierungen und gesundheitliche Belastungen

Nach Ergebnissen der Versorgungsempfängerstatistik wurden in Deutschland im Jahr 2001 rund 15.900 Lehrer in den Ruhestand versetzt. Dabei ist der Anteil der Pensionierungen wegen Dienstunfähigkeit auf 54% gegenüber 64% im Jahr 2000 zurückgegangen. Zu erklären ist diese Entwicklung vermutlich mit der Einführung der Altersteilzeit für Lehrkräfte sowie durch die niedrigeren Pensionen, die Beamte seit 2000 bekommen, wenn sie vor Vollendung des 63. Lebensjahres aus dem Dienst ausscheiden. Der Anteil an Pensionierungen wegen Dienstunfähigkeit bei Lehrkräften bleibt dabei jedoch überdurchschnittlich hoch. Zum

40 A.a.O.
41 Reinhard Stähling: Beanspruchungen im Lehrerberuf. Einzelfallstudie und Methodenerprobung. Münster u.a.: 1998.
42 Kathrin Kramis-Aebischer 1995 (a.a.O.), S. 153.

Vergleich: Bei den Pensionierungen von Beamten und Richtern der Gebietskörperschaften, für die ebenfalls die Regelaltersgrenze von 65 Jahren gilt, betrug der Anteil der Dienstunfähigen im Jahr 2001 rund 37% und 45% im Jahr 2000.

Eine Übersicht zu Studien, die sich damit auseinandersetzen, woran Lehrkräfte vor allem erkranken, führt zu folgendem Ergebnis: psychische bzw. psychosomatische Erkrankungen, insbesondere depressive Störungen und Burnout-Syndrome, können als das Berufsrisiko Nummer eins bei Lehrkräften angesehen werden. Hiervon sind Lehrerinnen durchweg häufiger betroffen als Lehrer[43].

Belastungen und Berufszufriedenheit

Angesichts der hohen Belastungswahrnehmung erstaunt es, dass in empirischen Studien für Lehrkräfte in aller Regel eine hohe Berufszufriedenheit ermittelt wird. Die Erklärungen für diesen paradoxen Befund sind unterschiedlich und reichen von einer gänzlichen Infragestellung des Berufszufriedenheitskonzepts bis hin zur Vermutung, Klagen gehöre bei Lehrkräften wohl zum Geschäft. Weitere Erklärungen könnten darin begründet sein, dass Lehrkräfte im Allgemeinen in einer gesicherten Position beschäftigt sind. Zudem kann die Arbeitszeit zu einem erheblichen Teil frei eingeteilt und die (Unterrichts-)Arbeit nach eigenen Vorstellungen gestaltet werden – in dieser Hinsicht erscheinen die „Belastungen" zugleich als „Privilegien", die auch zur Erklärung der hohen Berufszufriedenheit herangezogen werden könnten.

B4.4.2 Belastungen der Schüler

Nicht nur für Lehrkräfte, sondern auch für die Schülerinnen und Schüler kann der schulische Alltag mit erheblichen Belastungen einhergehen. Für die Kinder und Jugendlichen können sich im schulischen Kontext vor allem aus den folgenden fünf Faktoren Belastungen ergeben[44]:

- aus der grundsätzlichen Schulpflicht, die auch die Zugehörigkeit zu einer Klasse beinhaltet, über deren Zusammensetzung sie nicht mitbestimmen können;
- aus der Auseinandersetzung mit vorgegebenen Lerninhalten, die sich wenig auf die eigene Lebenswelt beziehen sowie inhaltlich und zeitlich gegeneinander abgegrenzt sind;
- aus der zeitlichen Belastung, die die Arbeitswoche berufstätiger Erwachsener teilweise übertrifft;
- aus schulsystembedingten Übergängen und Übertrittsentscheidungen, die unter Umständen auch zu einem regelrechten „Sekundarstufenschock" führen können;
- aus dem in der Schule herrschenden Leistungsprinzip, dass zur Folge hat, dass sich die Schülerinnen und Schüler ständiger Beurteilung ausgesetzt sehen, was zu Unsi-

---

43 Reinhard Stähling 1998 (a.a.O.);
Andreas Weber: Lehrergesundheit – Herausforderung für ein interdisziplinäres Präventionskonzept. In: Bayerischer Lehrer- und Lehrerinnenverband e.V. (Hrsg.): Arbeitsbelastung in Schulen. München: 2003, S. 31.

44 Klaus Ulich: Einführung in die Sozialpsychologie der Schule. Weinheim u.a.: 2001, S. 15ff.

cherheit, Angst und Stress führen kann. Dem liegen vor allem zwei Ursachen zugrunde. Zum einen die Wichtigkeit bzw. die weitreichenden Folgen, die der (Nicht-)Erwerb eines bestimmten Bildungsabschlusses nach sich zieht, und zum anderen die eng damit zusammenhängenden Leistungserwartungen der Eltern.

Einschränkend muss an dieser Stelle angemerkt werden, dass eine objektive Belastung sich erst negativ als „Schulstress" auswirkt, wenn die Beanspruchung auch subjektiv so empfunden wird: „Das wiederum hängt von der individuellen Einschätzung der objektiven Belastung, von der Einschätzung der eigenen Fähigkeiten zur Bewältigung dieser Belastung und von der Einschätzung der Folgen einer Nichtbewältigung ab"[45]. Wie bei der Lehrkräftebelastung dürfte es also auch in diesem Bereich letztlich von der einzelnen Schülerin oder von dem einzelnen Schüler abhängen, welche Faktoren sich tatsächlich negativ bemerkbar machen.

Zeitliche Belastung

Hinsichtlich der zeitlichen Belastung wurde in einer baden-württembergischen Studie[46] festgestellt, dass diese für Grundschüler wöchentlich 27 Stunden beträgt. Dabei sind für Hausaufgaben durchschnittlich weitere 3,3 Stunden und für den einfachen Weg zur Schule 22 Minuten hinzuzurechnen. Für Hauptschüler ergab sich eine wöchentliche Gesamtbelastung von 36 Stunden, für Realschüler und Gymnasiasten der Sekundarstufe I betrug sie 39 Stunden. Mit 44 Stunden wiesen Schüler der Sekundarstufe II die höchste zeitliche Belastung auf, wobei Gymnasiasten der 11. Jahrgangsstufe mit einem Durchschnittswert von 46 Stunden pro Woche die Obergrenze markierten. Dieser Anstieg hinsichtlich der Belastung in den höheren Klassen ließ sich – wenn auch auf niedrigerem Niveau – grundsätzlich ebenfalls in Haupt- und Realschulen feststellen. Für die Hausaufgaben ergab sich ein entsprechendes Bild. Hauptschüler benötigten dafür durchschnittlich 4,4 Stunden in der Woche, Realschüler 5,9 Stunden, Gymnasiasten der Sekundarstufe I 6,8 Stunden und Gymnasiasten der Sekundarstufe II 9,6 Stunden. Der Unterricht nahm insgesamt nur zwischen 55% (Sek II) und 64% (Grund- und Hauptschulen) der für schulische Belange aufgewendeten Zeit in Anspruch.

Diese Ergebnisse stimmen tendenziell mit den Erkenntnissen anderer Untersuchungen überein. Auch dort wurde ermittelt, dass ältere Schüler in der Regel eine höhere zeitliche Belastung aufweisen als jüngere. Dies gilt insbesondere für die Belastung durch Hausaufgaben, für deren Anfertigung Mädchen über alle Alterstufen und die verschiedenen Schulformen hinweg mehr Zeit aufwenden. Überraschend ist, dass die zum Teil objektiv hohe zeitliche Belastung von den Schülerinnen und Schülern in der Regel nicht als beanspruchend wahrgenommen wird[47].

---

45 Klaus Hurrelmann: Familienstreß, Schulstreß, Freizeitstreß. Gesundheitsförderung für Kinder und Jugendliche. Weinheim u.a.: 1994, S. 138.

46 Reinhard Caspar/Rosemarie Friedrich/Peter B. Sikorski: Zeitliche Beanspruchung von Schülern. Untersuchung des Zeitaufwands für die Schule. Stuttgart: 1994.

47 Projektgruppe Belastung: Belastung in der Schule? Eine Untersuchung an Hauptschulen, Realschulen und Gymnasien Baden-Württembergs. Weinheim u.a.: 1998.
Francoise D. Alsaker/August Flammer: The Adolescent Experience. European and American Adolescents in the 1990s. Mahwah: 1999.

In direktem Zusammenhang mit der Belastungswahrnehmung ist zu sehen, dass ein erheblicher Teil der Schülerinnen und Schüler neben der Schule „jobbt". Nach vorliegenden Studien beträgt der Anteil der Schülerinnen und Schüler, die einem Job neben der Schule nachgehen, ca. 33 bis 40%. Übereinstimmend kommen die Studien zu dem Ergebnis, dass dieser Anteil in den vergangenen Jahren stetig und seit 1995 wohl drastisch angestiegen ist. Zudem zeigt sich, dass Kinder und Jugendliche in Westdeutschland häufiger jobben als in Ostdeutschland und dass der Anteil der jugendlichen Jobber im Alter zwischen sechzehn und achtzehn am höchsten ist. Global ist nicht davon auszugehen, dass die Schulleistungen unter einer beruflichen Tätigkeit leiden. Es scheint eher so zu sein, dass die Doppelbelastung für begabte Schüler meist kein Problem darstellt, während bei mittelmäßigen bis schwachen Schülern die Bereitschaft zu sinken scheint, sich in der Schule anzustrengen[48].

Schul- und Leistungsangst

Das Vorhandensein von Leistungsschwierigkeiten kann angesichts des in den Schulen vorherrschenden Leistungsprinzips als ein Faktor mit größerem Stresspotential angesehen werden. Eine besonders intensive Wirkung haben demnach Anlässe, die gleichzeitig eine hohe Leistung erfordern und mit hoher Gefahr von Misserfolg verbunden sind. Gehen diese grundsätzlich mit einer relativ überdauernden Bereitschaft einher, schulische und Leistungssituationen als persönliche Bedrohung zu empfinden, können sie die Ursache für die Entstehung von Schulangst sein. Schulangst stellt eine psychologisch gravierende Emotion dar, die Schüler und Schülerinnen in der Auseinandersetzung mit der Schule entwickeln können[49]. Da schulische Leistungen stets in *sozialen Situationen* zu erbringen sind, kann die Schulangst in Leistungsangst und soziale Angst differenziert werden. Ersterer sind als Subkategorien die „Prüfungsangst", die „Angst, Fehler zu machen" und die „Auftretensangst" zuzuordnen. Bei letzterer kann zwischen „Angst vor Zurückweisung", „Angst vor Nichtanerkennung" und „Angst vor Machtverlust" unterschieden werden. Ungeachtet der mit dieser begrifflichen Differenzierung verbundenen Vieldeutigkeit des Begriffs kann Schulangst als schulform- und altersstufenübergreifend verbreitetes Phänomen gelten. In einer auf die Grundschule bezogenen Studie gaben rund zwei Drittel der Kinder an, wenigstens manchmal Angst vor schlechten Noten und Prüfungen zu haben. Jedes sechste Kind gab an, auch gegenüber der Klassenlehrkraft und den Mitschülern manchmal Angst zu haben[50].

Schulleitungen in Deutschland haben im internationalen Vergleich nur wenig Gestaltungsspielraum bei der Ausübung ihrer Tätigkeit. Ein erheblicher Teil ihrer Arbeitszeit wird von Verwaltungstätigkeiten und Unterricht in Anspruch genommen. Die Unterrichtsverpflichtung variiert dabei mit der Schulform und der Schulgröße. Für die Position des Schulleiters ist in Deutschland keine eigene Ausbildung vorgesehen, die Qualifizierung ist auf der Ebene der Länder vorwiegend zentral organisiert und erfolgt in der Regel erst nach dem Amtsantritt. Zielsetzung, Inhalte und Dauer der Qualifizierung variieren zwischen den Ländern stark.

48 Deutsche Shell (Hrsg.): Jugend 2002. Zwischen pragmatischem Idealismus und robustem Materialismus. Frankfurt a. M.: 2002.
49 Klaus Ulich: Einführung in die Sozialpsychologie der Schule. Weinheim u.a.: Beltz, 2001.
50 A.a.O., S. 29.

Die nur bedingt verallgmeinerungsfähigen wissenschaftlichen Befunde deuten auf eine wenig ausgeprägte Kooperation in den Kollegien und mit den Eltern hin. Es gibt zwar in vielen Schulen Grundsätze zur Kooperation, die Umsetzung gelingt aber nach den vorliegenden Studien häufig nicht im gewünschten Umfang. Die Schüler nehmen ihre Mitwirkungsmöglichkeiten als sehr eingeschränkt wahr; ganz besonders trifft dies für den Unterricht zu. Dies kann als Hinweis darauf verstanden werden, dass die Chancen zur aktiven Hinführung der Schüler an Prozesse demokratischer Teilhabe noch in zu geringem Maße ausgeschöpft werden. Dagegen hat es den Anschein, dass der größer werdende Gestaltungsspielraum im Bereich der außerschulischen Kooperation bereits häufig und vielfältig von den Schulen genutzt wird.

Sowohl die Lehrer-Schüler-Beziehung als auch die Kohäsion in den Kollegien deutscher Schulen bieten Ansatzpunkte für Verbesserungen. Sehr auffällig ist die geringe Zufriedenheit mit Schule in der Öffentlichkeit und bei den Schülereltern. Daran dürften die öffentlichen Auseinandersetzungen nach TIMSS und PISA einen erheblichen Anteil haben – seit 1997/2000 verstärken sich die Kritik an Schule und die Zweifel an ihrer Leistungsfähigkeit erheblich. In vielen Fragen der Gestaltung von Schule sieht eine breite Mehrheit in der Bevölkerung Veränderungsbedarf.

Der Beruf der Lehrkräfte sollte hinsichtlich der belastenden Potentiale nicht unterschätzt werden. Nach vorliegenden Untersuchungen liegt die Arbeitszeit der Lehrkräfte über der anderer Berufsgruppen. Lehrkräfte sind einem erhöhten Risiko ausgesetzt, psychisch zu erkranken; der Anteil derjenigen, die wegen Dienstunfähigkeit frühzeitig aus dem Beruf ausscheiden, ist höher als bei vergleichbaren Beamtengruppen. Die Belastung ist an Hauptschulen und für weibliche Lehrkräfte höher.

Bei den Schülerinnen und Schülern hängt es ebenso wie bei den Lehrkräften von ihren jeweiligen individuellen Voraussetzungen ab, ob und in welchem Umfang bestimmte Bedingungen in der Schule als belastend erlebt werden. Die zeitliche Belastung ist in jedem Fall hoch, sie ist zum Teil höher als bei einer Erwerbstätigkeit. Überraschend ist daher, dass der Zeitaufwand von den Schülern kaum als Belastung erlebt wird und ein erheblicher und in den letzten Jahren deutlich ansteigender Teil der Schüler jobbt. Als ein schwerwiegender Belastungsfaktor können Leistungsschwierigkeiten betrachtet werden, die zu Schul- bzw. Leistungsangst führen können. Bei Schul- bzw. Leistungsangst kann von einer nicht unerheblichen Verbreitung ausgegangen werden.

B5 Unterricht

Gegenüber den traditionellen Theorien des Lernens betonen die neueren kognitiven und konstruktivistischen Theorien die aktive Aneignung des Stoffes durch die Lernenden. Wenn nicht nur „träges Wissen" erworben werden soll, sind Anwendungsbezüge, die eine kognitive Verankerung gewährleisten und Transferleistungen ermöglichen, wichtig. Dabei gibt es nicht die einzig richtige Möglichkeit, den Unterricht lernwirksam zu gestalten, sondern viele Kombinationsmöglichkeiten, die zum Erfolg führen können. Überdies ist Unterricht nicht nur an seinen fachlichen Wirkungen zu messen, sondern auch bezüglich seiner affektiven Wirkungen. Unter diesem Aspekt hat auch das Konstrukt Unterrichtsklima seinen Stellenwert.

Zu gutem Unterricht existieren recht unterschiedliche Modellvorstellungen[1]. Dennoch führen empirische Untersuchungen zu in wichtigen Dimensionen übereinstimmenden Qualitätsmerkmalen von Unterricht. In einem Modell von Slavin wird dabei nach der Qualität des Unterrichts (Klarheit, Strukturiertheit), seiner Angemessenheit (Schwierigkeit, Anforderungsniveau), seinem Anregungsgehalt (Motivierung, Interesse wecken) sowie schließlich der Zeitnutzung unterschieden. In TIMSS-Video findet sich eine Einteilung in die Dimensionen Unterrichts- und Klassenführung, Schülerorientierung und kognitive Aktivierung[2]. In deutschsprachigen Übersichten zum Forschungsstand werden als empirisch untermauerte Faktoren angeführt: die Quantität des Unterrichts und der Lerngelegenheiten; die Klarheit, Verständlichkeit und Strukturiertheit; eine effiziente Klassenführung; die Motivierungsqualität und Adaptivität[3]. Unbeschadet der begrifflichen Differenzen beinhalten die genannten Systematisierungen eine Vielzahl an Übereinstimmungen, insbesondere darauf bezogen, dass im Vordergrund jeweils grundlegende Dimensionen des Unterrichts stehen und nicht spezifische Unterrichtsmethoden. Je nach Inhalt, Vorwissen der Schüler und Zielsetzung können nämlich durchaus unterschiedliche Methoden gefordert sein. Insofern kann guter Unterricht eher an einem adäquaten und flexiblen Methodeneinsatz und dem begründeten Wechsel von Unterrichtsmethoden festgemacht werden als an einer Methode allein.

Die folgende Darstellung orientiert sich an den Dimensionen *Unterrichtsklima* und *Unterrichtsgestaltung*, wobei sich das Unterrichtsklima auf das subjektive Erleben – im Gegensatz zu den objektiven Gegebenheiten und Ereignissen – bezieht, das über die gemeinsame Wahrnehmung der Beteiligten erschlossen werden kann. Mit Unterrichtsgestaltung sind zum einen die eingesetzten Sozialformen und Unterrichtsmethoden gemeint, zum andern können darunter aber auch charakteristische Skripts und Verlaufsformen des Unterrichts gefasst werden. Auch die Unterrichtsgestaltung wird häufig über Selbstberichte der Beteiligten er-

---

1 Hartmut Ditton: Unterrichtsqualität – Konzeptionen, methodische Überlegungen und Perspektiven. In: Unterrichtswissenschaft *3*, 2002, S. 197-212.
Andreas Helmke: Unterrichtsqualität – Erfassen, Bewerten, Verbessern. Seelze: 2003.

2 Eckhard Klieme/Gundel Schümer/Steffen Knoll: Mathematikunterricht in der Sekundarstufe I: „Aufgabenkultur" und Unterrichtsgestaltung. In: Eckard Klieme/Jürgen Baumert (Hrsg.): TIMSS – Impulse für Schule und Unterricht. Forschungsbefunde, Reforminitiativen, Praxisberichte und Videodokumente. Bonn: 2001, S.43-58.

3 Andreas Helmke/Franz E. Weinert: Bedingungsfaktoren schulischer Leistungen. In: Enzyklopädie der Psychologie, Serie I, Band 3 (Pädagogische Psychologie). Göttingen, Bern: 1997, S. 71-176.
Sabine Gruehn: Unterricht und schulisches Lernen. Schüler als Quellen der Unterrichtsbeschreibung. Münster: 2000.

hoben, daneben kommen aber auch Unterrichtsbeobachtungen und – in neuerer Zeit zunehmend häufiger – Videoaufzeichnungen von Unterricht zum Einsatz. Vieles spricht dafür, dass vor allem aus der Kombination der unterschiedlichen Erhebungsmethoden – auf Grund ihrer je spezifischen Vor- und Nachteile – weiterführende Erkenntnisse zu gewinnen sind[4].

Lerngelegenheiten bietet nicht nur der reguläre Unterricht, sondern auch das Anfertigen von Hausaufgaben und der Besuch von Förder- und Nachhilfeunterricht. Vorliegende Ergebnisse dazu werden im Teilabschnitt B5.2 behandelt.

B5.1 Unterrichtsklima und Unterrichtsgestaltung

B5.1.1 Unterrichtsklima

Auf der Basis von Schüleraussagen wurden in PISA Merkmalsbereiche erfasst, die Auskunft über das Unterrichtsklima an den Schulen erlauben. Die Schüler wurden zu den Bereichen Unterrichtsdisziplin, Unterstützung durch die Lehrkräfte, Leistungsdruck und Schüler-Lehrer-Verhältnis befragt. Zu diesen Bereichen wurden Indexwerte gebildet mit einem Verfahren, das einen internationalen Vergleich ermöglicht. Die *Unterrichtsdisziplin* ist in Deutschland überdurchschnittlich ausgeprägt. Etwas weniger Schüler in Deutschland als international und im EU-Vergleich geben z.B. an, dass es im Unterricht Lärm und Unordnung gibt, und dass zum Beginn der Schulstunden längere Leerlaufzeiten entstehen. Die von den Schülern wahrgenommene *Unterstützung durch die Lehrkräfte* liegt dagegen deutlich unter den internationalen Vergleichswerten. Vor allem die Antworten zu zwei Items fallen hierbei auf: Deutlich weniger Schüler in Deutschland sind der Auffassung, dass sich die Lehrkräfte für das Lernen jedes einzelnen Schülers interessieren (41% vs. 56%). Ebenso fällt die Zustimmung zu der Aussage, dass die Lehrkräfte den Schülern beim Lernen helfen, sehr gering aus (34% vs. 56%). Damit in Zusammenhang kann gesehen werden, dass auch die *Schüler-Lehrer-Beziehung* an den Schulen weniger positiv wahrgenommen wird als im internationalen Durchschnitt (vgl. B4.3). Der Indexwert für den von den Schülern wahrgenommenen *Leistungsdruck* entspricht dagegen dem internationalen Mittelwert[5].

Welche Aussagekraft Schülerwahrnehmungen des Unterrichts zukommt, ist durchaus umstritten[6]. Dies gilt um so mehr für international vergleichende Aussagen, da hierbei auch kulturell unterschiedliche Antwortmuster eine Rolle spielen können. Klieme und Rakoczy[7] bilden daher für die Teilnehmerstaaten in PISA Abweichungswerte, um kulturspezifische Antwortmuster herauszufiltern. Sie ermitteln auf diesem Weg drei Profiltypen, je nachdem, welches der drei Unterrichtsmerkmale (Leistungsdruck, Unterstützung und Beziehungsqualität) im Profil eines Landes im Vordergrund steht. Zu den Staaten, die stark durch den Unterstützungsaspekt gekennzeichnet sind, gehören Japan, Skandinavien und die angelsächsischen Staaten. In den meisten mitteleuropäischen Staaten steht die Qualität der Lehrer-Schüler-Beziehung im Vordergrund. In aller Regel ist dabei zugleich der Leistungsdruck re-

4 Marten Clausen: Unterrichtsqualität: Eine Frage der Perspektive? Münster: 2002.
5 Vgl. Tabelle B5/1 im Anhang.
6 Hartmut Ditton: Lehrkräfte und Unterricht aus Schülersicht. In: Zeitschrift für Pädagogik 48, 2002, S. 262-286.
7 Eckhard Klieme/Karin Rakoczy: Unterrichtsqualität aus Schülerperspektive: Kulturspezifische Profile, regionale Unterschiede und Zusammenhänge mit Effekten von Unterricht. In: Deutsches PISA-Konsortium (Hrsg.): PISA 2000 – Ein differenzierter Blick auf die Länder der Bundesrepublik Deutschland. Opladen: 2003, S. 333-359.

lativ gering ausgeprägt. Deutschland gehört dagegen zur Gruppe der Staaten, in denen der Leistungsdruck *relativ* zu den anderen Dimensionen stärker in den Vordergrund rückt. Zu dieser Gruppe gehören außerdem Korea und einige osteuropäische Staaten. Demgemäß zeichnet sich die Unterrichtskultur in Deutschland gegenüber den allermeisten angelsächsischen, nord- und westeuropäischen Staaten durch eine vergleichsweise geringe Unterstützung durch die Lehrer aus, bei einem mittleren bis relativ hoch empfundenen Leistungsdruck[8]. Zwischen den einzelnen Ländern und im Ost-West-Vergleich finden sich diesbezüglich nur geringe Unterschiede. Die Unterrichtskultur scheint von daher weitgehend über die Länder hinweg ausgesprochen homogen zu sein.

Es wäre zu erwarten, dass sich bei einem differenzierten Vergleich nach Schulformen und Unterrichtsfächern durchaus unterschiedliche Muster ergeben. Überraschend ist daher der Befund, dass sich bei den Schülerwahrnehmungen nur geringe schulformspezifische Muster herausbilden. Unterschiede finden sich bezüglich der Lehrer-Schüler-Beziehung, die an den Hauptschulen etwas positiver wahrgenommen wird. Außerdem wird die Unterstützung durch die Lehrkräfte von den Schülerinnen und Schüler an Hauptschulen als stärker wahrgenommen[9]. Hinweise auf Schulformunterschiede ergaben sich schon in der TIMSS Video-Studie[10]. Hier zeigte sich, dass an Gymnasien stärker kognitiv aktivierend, aber weniger unterstützend gearbeitet wird. Auch in dieser Hinsicht können die Schulformen in Deutschland als differenzielle Lernmilieus angesehen werden[11]. Diese Muster sind jedoch vor dem Hintergrund zu sehen, dass die Streuung *innerhalb* aller Schulformen sehr erheblich ist. Wichtiger ist also, welche Schule man besucht und nochmals wichtiger ist die jeweilige Lehrkraft. Diese Beziehung auf der Schulklassenebene kann jedoch mit dem Design der Stichprobe in PISA nicht überprüft werden.

Eine Differenzierung nach *Schulformen und Fächern* (Deutsch und Mathematik) auf der Basis der Schülerbefragung in PISA nehmen Tillmann und Meyer vor. Sie bilden ein Profil mit den Dimensionen Überforderung, Disziplinprobleme, Klarheit und Regeltreue, Unterstützung durch die Lehrkraft, Leistungserwartung, individuelle Bezugsnormorientierung und anspruchsvolles Üben. Der Mathematikunterricht wird bezüglich seines Profils von den Schülern ähnlich bewertet wie der Deutschunterricht. Auffällig im Vergleich der Fächer Deutsch und Mathematik ist primär, dass ein deutlicher Unterschied bezüglich der Dimension Überforderung besteht. Schülerinnen und Schüler aller Schulformen fühlen sich im Fach Mathematik wesentlich häufiger überfordert als im Fach Deutsch[12].

---

8 A.a.O., S.345.

9 Klaus-Jürgen Tillmann/Ulrich Meier: Schule, Familie und Freunde – Erfahrungen von Schülerinnen und Schülern in Deutschland. In: Deutsches PISA-Konsortium (Hrsg.): PISA 2000. Basiskompetenzen von Schülerinnen und Schülern im internationalen Vergleich. Opladen: 2001, S. 468-509.

10 Eckhard Klieme/Gundel Schümer/Steffen Knoll 2001 (a.a.O.).

11 Olaf Köller/Jürgen Baumert/Kai Schnabel. Wege zur Hochschulreife: Offenheit des Systems und Sicherung vergleichbarer Standards. Analysen am Beispiel der Mathematikleistungen von Oberstufenschülern an integrierten Gesamtschulen und Gymnasien in Nordrhein-Westfalen. In: Zeitschrift für Erziehungswissenschaft 2, 1999, S. 370 bis 405.

12 Klaus-Jürgen Tillmann/Ulrich Meier: Schule, Familie und Freunde – Erfahrungen von Schülerinnen und Schülern in Deutschland. In: Deutsches PISA-Konsortium (Hrsg.): PISA 2000. Basiskompetenzen von Schülerinnen und Schülern im internationalen Vergleich. Opladen: 2001, S. 468-509, S. 497.

B5.1.2 Unterrichtsgestaltung

Im Unterricht sollten die Schüler motiviert und zur aktiven Aneignung der Lehrinhalte angeregt werden. Das spricht nicht generell gegen den vielfach pauschal kritisierten „lehrerzentrierten" Unterricht. Im Gegenteil: „Direkte Instruktion" hat, wie die vorliegenden empirischen Studien übereinstimmend zeigen, in einem insgesamt variationsreichen Unterricht eine wichtige Funktion. Ein stabiles Ergebnis der Unterrichtsforschung ist, dass eine gekonnte direkte Instruktion mit überdurchschnittlichem Leistungserfolg und Leistungsfortschritt der Schüler einher geht. Ebenso wichtig für den Lernerfolg sind aber auch Phasen der Eigenaktivität der Schüler und Formen der Differenzierung, in denen die divergierenden Schülervoraussetzungen und der Wissensstand der einzelnen Schüler angemessener berücksichtigt werden. Die Zielperspektive ist insofern ein kognitiv anspruchsvoller und anregender Unterricht, in dem Raum für Eigenaktivität der Schüler gegeben ist. Phasen der Instruktion durch die Lehrkraft haben im Unterricht also ebenso ihren Platz wie Phasen, in denen die Schüler zu eigenständigem Lernen angeleitet und zu eigenständigen Problemlösungen herausgefordert werden. Unterricht sollte die Gelegenheit bieten, Wissen zu erwerben und das erworbene Wissen anzuwenden und in unterschiedlichen Kontexten zu erproben.

Schon in der TIMSS-Videostudie wurde diesbezüglich ein sog. *Wissenserwerbsunterricht* einem sog. *Problemlöseunterricht* im Fach Mathematik gegenübergestellt[13]. Wissenserwerbsunterricht kann am Beispiel einer für deutsche Schulen charakteristischen Unterrichtsstunde durch folgenden Ablauf charakterisiert werden: Der Unterricht beginnt mit der Besprechung der Hausaufgaben, es folgen eine Wiederholungsphase und ein fragend-entwickelndes Unterrichtsgespräch zur Einführung neuen Stoffes. Bei einem schon vorbereiteten Thema erfolgt statt des Unterrichtsgesprächs auch häufiger die Lösung einer Aufgabe durch einen Schüler an der Tafel. In einer anschließenden Phase werden ähnliche Aufgaben in Stillarbeit eingeübt. Problemlöseunterricht orientiert sich dagegen nach einem anderen Muster, das beispielhaft wie folgt veranschaulicht werden kann: Die Lehrkraft führt zum Beginn der Stunde ein anspruchsvolles Problem ein. Daraufhin arbeiten die Schüler in Gruppen an Lösungen. Die unterschiedlichen gefundenen Lösungen werden anschließend im Plenum präsentiert und diskutiert. Sodann fasst die Lehrkraft die Ergebnisse zusammen, und die Schüler bearbeiten einzeln oder in Gruppen ähnliche, aber auf neue Anwendungskontexte bezogene Aufgaben. Ausdrücklich ist zu betonen, dass diese Unterrichtsform voraussetzungsreich ist und nicht mit beliebigem Tun der Schüler verwechselt werden darf. Die Wissensvoraussetzungen seitens der Schüler sind sicherzustellen; die Lehrkraft muss eine geeignete Aufgabe formulieren und ggf. erforderliches Arbeitsmaterial zur Verfügung stellen; sie unterstützt bei der Ausformulierung bzw. Ausführung von Ideen, ordnet die einzelnen Ideen und macht Bezüge zwischen Einzelbeiträgen deutlich, macht auf Vor- und Nachteile gefundener Lösungswege aufmerksam, fasst das Ergebnis zusammen und stellt geeignete Anwendungsaufgaben[14]. Wichtig ist in diesem Zusammenhang auch eine entwickelte Fehlerkultur, bei der es statt dem einfachen „richtig" und „falsch" unterschiedliche Schattierungen für die Brauchbarkeit und das Ergebnis unterschiedlicher Lösungswege gibt.

---

13 Jürgen Baumert/Rainer Lehmann/Manfred Lehrke/Bernd Schmitz/Marten Clausen/Ingmar Hosenfeld/Olaf Köller/Johanna Neubrand (Hrsg.): TIMSS: Mathematisch-Naturwissenschaftlicher Unterricht im internationalen Vergleich. Opladen: 1997.

14 Eckhard Klieme/Gundel Schümer/Steffen Knoll 2001 (a.a.O.).

Sicherlich muss man sich vor Pauschalisierungen bei der Bewertung der Unterrichtsgestaltung an deutschen Schulen hüten. Trotzdem finden sich in der Zusammenschau aus PISA, TIMSS und anderen Studien für die Sekundarstufe mehrfach Hinweise darauf, dass der Unterricht in Deutschland in einem starken Maße durch eine auffällige Monokultur gekennzeichnet sein dürfte und sehr oft dem Muster eines Wissenserwerbsunterrichts folgt. Vorwiegend verbreitet scheint ein fragend-entwickelnder Unterricht zu sein, der sich an die Klasse als Ganzes wendet und in dem primär Routinewissen erworben wird. Vermutlich trifft dies sogar in starkem Maße für die gymnasiale Oberstufe zu: „Aus Schülersicht ist der Mathematikunterricht der gymnasialen Oberstufe bemerkenswert variationsarm. Vorherrschend sind zwei miteinander korrespondierende Schritte: Sobald die Lehrkraft einen mathematischen Gedankengang entwickelt und vorgestellt hat, folgen in der Schülerarbeitsphase das Lösen von Gleichungen und die Übung von Rechenfertigkeiten“[15]. Die Unterschiede zwischen den Kursniveaus in der Oberstufe scheinen vergleichsweise gering zu sein, und die Schulformunterschiede scheinen sich darauf zu beschränken, dass an Hauptschulen die Schülerorientierung stärker ausgeprägt ist und an den Gymnasien die kognitive Aktivierung[16].

Ein Eindruck, der die These einer weitgehenden Monokultur des Unterrichts in Deutschland relativieren könnte, ergibt sich aus den Antworten der Schulleitungen in der deutschen PISA-Stichprobe. Gefragt war hier auch nach der Häufigkeit, mit der reformorientierte Unterrichts- und Lehr-/Lernformen praktiziert werden. Nach Auskunft der Schulleitungen sind fächerübergreifendes Lernen, unterrichtsbezogene Exkursionen und Projektwochen an den Schulen weit verbreitet. In den Hauptschulen kommen diese Formen am häufigsten zum Einsatz, an den Gymnasien am seltensten[17]. Wieweit diese Antworten ein zuverlässiges Bild der Realität zeichnen, muss dahingestellt bleiben. Vorsichtig könnte geschlossen werden, dass Alternativen in der Unterrichtsgestaltung gegenwärtig Einzug in die Schulen halten. Auch die Ergebnisse der MARKUS-Studie in Rheinland-Pfalz scheinen diese Tendenz anzudeuten. Hier waren die Lehrkräfte danach gefragt worden, ob sie Unterrichtsformen wie Stationenlernen, Wochenplan, Freiarbeit, Projektlernen und Peer-Tutoring anwenden. Mit Ausnahme von Projektlernen werden alle Formen von einem nennenswerten Anteil der Lehrkräfte (20% und darüber) genannt. Durchgängig zeigt sich auch in dieser Erhebung ein Gefälle zwischen den Bildungsgängen Hauptschule, Realschule und Gymnasium. Dies gilt für die Methodenvielfalt, die Formen der Leistungsdifferenzierung und die von den Schülern wahrgenommene Unterrichtsqualität, in denen sich jeweils für die Gymnasien die am wenigsten günstigen Werte finden[18].

Es kann vermutet werden, dass der Unterricht an den Grundschulen variationsreicher ist als der Unterricht in der Sekundarstufe. Allerdings liegen aus dem Primarbereich nur sehr

15 Jürgen Baumert/Eckhard Klieme/Wilfried Bos: Mathematische und naturwissenschaftliche Bildung am Ende der Schullaufbahn – Die Herausforderung von TIMSS für die Weiterentwicklung des mathematischen und naturwissenschaftlichen Unterrichts. In: Eckhard Klieme/Jürgen Baumert (Hrsg.): TIMSS – Impulse für Schule und Unterricht. Forschungsbefunde, Reforminitiativen, Praxisberichte und Videodokumente. Bonn: 2001, S. 11-41, S. 35.

16 Eckhard Klieme/Gundel Schümer/Steffen Knoll 2001 (a.a.O.).

17 Manfred Weiß/Brigitte Steinert: Institutionelle Vorgaben und deren Ausgestaltung. In: Deutsches PISA-Konsortium (Hrsg.): PISA 2000. Basiskompetenzen von Schülerinnen und Schülern im internationalen Vergleich. Opladen: 2001, S. 427-454.

18 Andreas Helmke/Reinhard S. Jäger (Hrsg.): Das MARKUS-Projekt: Mathematikgesamterhebung Rheinland-Pfalz: Kompetenzen, Unterrichtsmerkmale, Schulkontext. Mainz: 2002.

wenige Studien vor. Sozialformen und Maßnahmen zur Differenzierung im Unterricht wurden in PIRLS/IGLU ansatzweise mit erhoben. Die bisherigen Analysen zeigen auch für den Primarbereich, dass im Lesen überwiegend die ganze Klasse unterrichtet wird und die Arbeit in Gruppen (homogen oder heterogen) sowie individuelle Unterweisung selten sind. In aller Regel arbeiten die Schüler mit dem gleichen Material; auf die unterschiedlichen Fähigkeitsniveaus zugeschnittenes Material wird selten verwendet. Deutlich abweichende Muster des Unterrichts in der Primarstufe finden sich in Schottland, England und Schweden.

B5.2 Hausaufgaben, Förder- und Nachhilfeunterricht

B5.2.1 Hausaufgaben

Der „Sinn und Unsinn" von Hausaufgaben erhitzt seit langem und in gewissen zeitlichen Abständen immer wieder die Gemüter. Im idealen Fall sollen die Schüler durch die Anfertigung von Hausaufgaben die im Unterricht vermittelten Kenntnisse einüben und zu eigener Tätigkeit angeregt werden. Die Hausaufgaben sollen daher in den Unterricht einbezogen und regelmäßig vom Lehrer überprüft werden. Dem steht der Verdacht gegenüber, dass Hausaufgaben nicht selten dem Nachholen des im Unterricht nicht behandelten Stoffes oder der Disziplinierung der Schüler dienen und sich der Anregungsgehalt der Aufgaben in Grenzen hält.

In aller Regel bestimmen die Länder durch Verwaltungsvorschriften (Erlasse) einen Rahmen für den zumutbaren Umfang der Hausaufgaben in den unterschiedlichen Jahrgangsstufen. Einige Länder überlassen es der einzelnen Schule, die tägliche Hausaufgabenzeit festzulegen, andere Länder schreiben allgemeinverbindliche Höchstgrenzen vor. Im Primarbereich bewegen sich die Vorgaben für Höchstgrenzen der Hausaufgabendauer zwischen 0-60 (Jahrgangsstufe 1 und 2) bzw. 45-60 Minuten (Jahrgang 3 und 4). Sie steigen für die fünfte und sechste Jahrgangsstufe auf ca. 60-120 Minuten und für die Sekundarstufe II auf 120 bis 180 Minuten. Sonntage, Feiertage und Ferien sind von Hausaufgaben freizuhalten[19].

Da Hausaufgaben Lerngelegenheiten außerhalb des Unterrichts bieten und die aufgewendete Zeit in allen Modellen des schulischen Lernens eine wichtige Rolle spielt, wäre zu erwarten, dass mit der Erledigung von Hausaufgaben positive Effekte für den Lernerfolg verbunden sind. Im Rahmen der BIJU-Studie wurde für die Fächer Mathematik und Englisch festgestellt, dass eine leistungssteigernde Wirkung durch *häufigere* Hausaufgabenvergabe erzielt wird – zumindest in der Jahrgangsstufe 7. Der zeitliche Umfang der Hausaufgaben korrelierte dagegen nicht positiv mit dem Leistungszuwachs[20]. Empfehlenswert scheint von daher zu sein, häufig bzw. regelmäßig statt viele Hausaufgaben aufzugeben.

Zur Häufigkeit der Hausaufgaben berichten 30% der deutschen Viertklässler in PIRLS/IGLU, dass sie dreimal oder öfter in der Woche Hausaufgaben bekommen. Dies liegt deutlich unter dem internationalen Gesamtwert von 60% der Schüler. Umgekehrt ist der Anteil

19 Hermann Avenarius: Schulrechtskunde. Ein Handbuch für Praxis, Rechtsprechung und Wissenschaft. Neuwied: 2000.

20 Ulrich Trautwein/Olaf Köller: Der Einfluss von Hausaufgaben im Englisch-Unterricht auf die Leistungsentwicklung und das Fachinteresse. In: Empirische Pädagogik 16, 2002, H. 3, S. 285-310.

von 37% der Schüler hoch (international: 14%), die weniger als einmal in der Woche Hausaufgaben zu erledigen haben. Die Hausaufgabenhäufigkeit an den deutschen Grundschulen scheint damit insgesamt relativ gering zu sein[21].

In PISA wurden die Schüler nicht nach der Häufigkeit, sondern nach dem wöchentlichen Zeitaufwand für die Hausaufgaben in Deutsch, Mathematik und den Naturwissenschaften gefragt. Die durchschnittliche Stundenzahl liegt in Deutschland bei 4,5 Stunden pro Woche, was im internationalen Vergleich bei einer Spanne von 2,9 bis 7 Stunden dem Durchschnitt entspricht[22]. Außerdem finden nur 8% der Schüler in Deutschland, dass ihnen interessante Aufgaben gestellt werden. Auch international sind nur 14% der Schüler der Auffassung, dass ihre Hausaufgaben interessant sind. Dass die Hausaufgaben von den Lehrkräften hilfreich kommentiert werden, finden überdurchschnittlich viele Schüler in Deutschland (42 vs. 24%). Relativ selten werden die Hausaufgaben der deutschen Schüler benotet (12 vs. 39%) oder fließen in die Zeugnisnoten ein (43 vs. 50%)[23].

B5.2.2 Förder- und Nachhilfeunterricht

Nach den Ergebnissen aus PIRLS/IGLU besuchen 40% der Grundschüler in Deutschland Schulen, in denen mehr als 10% der Schüler Leseförderung für schwache Leser erhalten. Ähnliche Anteile ergeben sich für Schweden und Schottland, geringere für die Niederlande und Frankreich. Nach Angaben der Eltern haben 14% der deutschen Grundschüler innerhalb der letzten drei Jahre regelmäßig, und 17% gelegentlich Förderunterricht im Fach Deutsch erhalten. Für das Fach Mathematik betragen die entsprechenden Werte 9% und 15%. Im internationalen Vergleich fällt auf, dass in Deutschland – und ebenso in England und Frankreich – deutlich weniger Förderung der stärkeren Schüler betrieben wird. In Schweden sind dagegen die Anteile der geförderten schwächeren und stärkeren Schüler nahezu gleich hoch[24].

In der Sekundarstufe ist der Prozentsatz der deutschen Schüler, die in den letzten drei Jahren gelegentlich oder regelmäßig Ergänzungsunterricht hatten oder Zusatzkurse besuchten, mit 10,4% gegenüber dem OECD-Durchschnitt von 24,9% gering. Der Anteil der Schüler, die Förder- oder Stützkurse bzw. privaten Nachunterricht erhalten haben, liegt dagegen nahe am internationalen Durchschnittswert (Deutschland: 36,2, international: 34%)[25].

Dass die Eltern durchweg hohe Erwartungen an die Schulen stellen, wurde schon im vorhergehenden Abschnitt deutlich. Im Zusammenhang damit ist zu erwähnen, dass 45 bzw. 51% der Bevölkerung eine intensivere Förderung besonders begabter Schüler für er-

21 Ina V. S. Mullis/Michael O. Martin/Eugenio J. Gonzalez/Ann M. Kennedy: PIRLS 2001 International Report. IEA's Study of Reading Literacy Achievement in Primary Schools in 35 Countries. Chestnut Hill: 2003, S. 214.

22 OECD: Lernen für das Leben. Erste Ergebnisse der internationalen Schulleistungsstudie PISA 2000. Paris 2001, S. 200 und S. 344.

23 Vgl. Tabelle B5/2 im Anhang.

24 Wilfried Bos/Eva-Maria Lankes/Manfred Prenzel/Knut Schwippert/Gerd Walther/Renate Valentin (Hrsg.): Erste Ergebnisse aus IGLU. Schülerleistungen am Ende der vierten Jahrgangsstufe im internationalen Vergleich. Münster: 2003.

25 OECD: Lernen für das Leben. Erste Ergebnisse der internationalen Schulleistungsstudie PISA 2000. Paris 2001, S. 345.

forderlich halten. Im Osten und Westen Deutschlands sind 67 bzw. 52% der Auffassung, dass außergewöhnlich begabte Schüler in besonderen Klassen unterrichtet werden sollten. Zugleich wird die Auffassung vertreten, dass die Förderung der stärkeren Schüler nicht zu Lasten der Breitenförderung gehen darf[26].

Der Besuch von Nachhilfeunterricht kann zum einen als das Bemühen verstanden werden, individuelle Defizite auszugleichen. Auf der anderen Seite kann ein hoher Bedarf an Nachhilfeunterricht aber auch auf Defizite in der Aufgabenerfüllung der Schulen hinweisen, denen es nicht gelingt, den Kindern und Jugendlichen die notwendigen Inhalte zu vermitteln. Nach den Ergebnissen der aktuellen Shell-Studie beträgt der Anteil der Jugendlichen ab zwölf Jahren, die Nachhilfe erhalten, etwa 20%. Im Vergleich zu früheren Untersuchungen scheint es damit bezüglich des Nachhilfeunterrichts wenig Veränderungen zu geben. Im Bereich der Grundschulen sind es nach den Ergebnissen aus PIRLS/IGLU ebenfalls ca. 20% der Schüler, die wöchentlich Nachhilfe erhalten. Dass in PISA für die Sekundarstufe ein geringer Anteil mitgeteilt wird (Deutschland: 11%; EU: 10%; OECD: 11%), ist darauf zurückzuführen, dass hier nur Nachhilfe in der Testsprache (also im Fach Deutsch) erfragt wurde.

B5.3 Notengebung

Schulnoten (Zensuren) stellen numerische Bewertungen pädagogisch relevanter Leistungen und Verhaltensweisen dar. Üblicherweise regeln Rechtsnormen, welches Schülerverhalten bzw. welche Schülerleistung mit welcher Note auf einem Maßstab von 1 (sehr gut) bis 6 (ungenügend) bewertet wird. Noten werden für mündliche und schriftliche Leistungen vergeben, beispielsweise für ein Referat, eine mündliche Examensprüfung oder eine Klassenarbeit bzw. Klausur. Ergänzend hierzu erfüllen so genannte „Kopfnoten" (Beteiligung am Unterricht, Verhalten in der Schule) die Funktion unterrichtsstützendes bzw. -hemmendes Verhalten fächerübergreifend zu dokumentieren. Eine besondere Bedeutung haben Noten für die Regelung der Versetzung oder Nichtversetzung in die nächste Klassenstufe und bei Übergängen zwischen Schulstufen bzw. Schulformen. In den Schulzeugnissen, die üblicherweise zur Schuljahresmitte und am Schuljahresende vergeben werden, aggregieren die jeweiligen Fachlehrer die Noten bzw. Leistungen über den vergangenen Zeitraum und fassen sie zu einer Zeugnisnote zusammen. Die Vergabe von Noten bzw. die Dokumentation von Leistungsbewertungen in Zeugnissen gehören zu den Amtspflichten deutscher Lehrkräfte.

Abschlusszeugnisse des allgemein bildenden Systems bescheinigen nicht allein die erfolgreiche Bewältigung einer Schulform, sondern stellen Zugangsberechtigungen zum dualen System bzw. zu den unterschiedlichen Studiengängen dar (so genannte Allkokations- bzw. Selektionsfunktion von Noten). Im Falle der Numerus-clausus-Regelung ist die Forderung nicht nur nach Vergleichbarkeit der Zertifikate, sondern auch nach Äquivalenz der Abschlussnoten essentiell, stellt doch ein Unterlaufen der Vergleichbarkeit die Verteilungsgerechtigkeit des gymnasialen Systems in Frage. Aber auch für den mittleren Abschluss und den Hauptschulabschluss stellt sich das Problem der Verteilungsgerechtigkeit. Attraktive, höher qualifizierende Ausbildungsberufe stellen nicht nur erhöhte Ansprüche an das erreich-

26 Hans-Günter Rolff/Heinz Günter Holtappels/Klaus Klemm/Hermann Pfeiffer/Renate Schulz-Zander (Hrsg.): Jahrbuch der Schulentwicklung Band 12. Daten, Beispiele und Perspektiven. Weinheim und München: 2002, S. 46.

te Zertifikat; die konkrete Abschlussnote repräsentiert darüber hinaus in vielen Ausbildungsbetrieben ein zusätzliches Kriterium für die Auswahl von Bewerbern. Mit besseren Noten steigt die Chance, einen prestigereicheren Ausbildungsplatz zu erhalten. Dies folgt nicht selten der Gewissheit, dass Abschlussnoten Prädiktoren für den Ausbildungserfolg sind[27].

Der gefundene Zusammenhang weist aber auch aus, dass noch eine erhebliche Prognoseunsicherheit besteht. Weiterhin wissen wir bereits seit den 1970er-Jahren, dass die Validität von Noten oft nicht gegeben ist, sodass – auch innerhalb derselben Schulform – hinter identischen Noten ganz unterschiedliche Leistungen stehen können. Vor allem Ingenkamp hat hierauf vor langer Zeit wiederholt hingewiesen[28]. Umso überraschender waren die heftigen Reaktionen auf die Veröffentlichung der vertiefenden Analysen der PISA-2000-Daten, in denen das von Ingenkamp lange vorher beschriebene und beklagte Phänomen wieder einmal gezeigt werden konnte, allerdings mit der Pointe der Gegenüberstellung von verschiedenen Ländern[29]. Hier wurde deutlich, dass Schüler mit vergleichbaren Leistungen im PISA-Mathematiktest stark unterschiedliche Zensuren erreichten. Ähnlich pointiert wurde an anderer Stelle auf die fehlende Vergleichbarkeit der Noten und Leistungen in der gymnasialen Oberstufe hingewiesen[30]. So erreichten etwa Schülerinnen und Schüler aus Mathematik-Leistungskursen in der 12. Jahrgangsstufe allgemein bildender Gymnasien, die im letzten Zeugnis mit ausreichend (5 Punkte) bewertet worden waren, vergleichbare Leistungen in einem Test zur voruniversitären Mathematik, wie Schülerinnen und Schüler aus Leistungskursen an Gesamtschulen, die im Zeugnis mit sehr gut (13 Punkte) bewertet worden waren.

In den Arbeiten zum Test für medizinische Studiengänge (TMS) ergaben sich analoge Resultate[31]. Der TMS wurde 1986 als ein standardisiertes Verfahren zur Feststellung der Studierfähigkeit in den Bereichen Medizin, Zahnmedizin und Tiermedizin etabliert, allerdings auf Beschluss der KMK Ende der 1990er-Jahre eingestellt. In den Forschungsarbeiten zu diesem Verfahren konnte gezeigt werden, dass Abiturienten aus allgemein bildenden Gymnasien mit identischer Abiturnote wie Absolventen aus Gesamtschulen und Fachgymnasien, in ihren TMS-Leistungen rund eine halbe Standardabweichung über denen der Gesamtschüler und Fachgymnasiasten lagen, hinter identischen Abiturnoten also unterschiedliche mittlere Kompetenzniveaus in Hinblick auf die Studiereignung standen.

Bei all dem Gesagten sollte man sich vergegenwärtigen, dass die fehlende Vergleichbarkeit von Noten nicht nur ein Länder- oder Schulformenproblem ist, sondern sich auch in-

---

27 Für die Zusammenhänge zwischen Schulabschlussnoten und Prüfungsleistungen in der beruflichen Erstausbildung kamen Metaanalysen auf einen mittleren Zusammenhang von r = 0,41 zwischen gemittelter schulischer Abschlussnote und theoretischen Prüfungsleistungen in der Ausbildung. Kein anderes Maß weist diesbezüglich eine vergleichbare prognostische Qualitäten auf, vgl. im Überblick Heinz Schuler: Noten und Studien- und Berufserfolg. In: Detelf. H. Rost (Hrsg.): Handwörterbuch Pädagogische Psychologie. Weinheim: 2001, S. 501-507.

28 Vgl. Karlheinz Ingenkamp (Hrsg.): Die Fragwürdigkeit der Zensurengebung. Weinheim: 1977.

29 Vgl. Jürgen Baumert/Ulrich Trautwein/Cordula Artelt: Schulumwelten – institutionelle Bedingungen des Lehrens und Lernens. In: Deutsches PISA-Konsortium (Hrsg.): PISA 2000. Ein differenzierter Blick auf die Länder der Bundesrepublik Deutschland. Opladen: 2003, S. 261-331.

30 Vgl. Olaf Köller/Jürgen Baumert/Kai Schnabel. Wege zur Hochschulreife: Offenheit des Systems und Sicherung vergleichbarer Standards. Analysen am Beispiel der Mathematikleistungen von Oberstufenschülern an integrierten Gesamtschulen und Gymnasien in Nordrhein-Westfalen. In: Zeitschrift für Erziehungswissenschaft 2, 1999, S. 370 bis 405.

31 Vgl. Franz Blum: Zahlenmäßige Anteile, Test- und Schulleistungen einzelner Gruppen von Testteilnehmern. In: Günther Trost (Hrsg.): Test für medizinische Studiengänge (TMS): Studien zur Evaluation. 21. Arbeitsbericht. Bonn: Institut für Test- Und Begabungsforschung, 1997, S. 34-74.

nerhalb von Schulen einer Schulform in einem Land abspielen kann. Die Gründe für diese Befunde liegen primär in der „diagnostischen Urteilsbildung" von Lehrkräften und bilden deren professionelles Handeln vor Ort ab. Ihre Bewertung beruht in der Regel auf einem sozialen Bewertungsmaßstab, das heißt etwas vereinfacht: Die besten Schülerinnen und Schüler einer Klasse bzw. eines Kurses erhalten eine 1, die schwächsten eine 5, alle Schüler dazwischen eine 2, 3 oder 4, wobei die 3 am häufigsten gewählt wird, gefolgt von der 2 und 4. Diese Vergabepraxis haben die bereits erwähnten Analysen der PISA-Daten untermauert, mit der leichten Einschränkung, dass in den neuen Ländern – möglicherweise aus der Tradition der ehemaligen DDR heraus – etwas milder zensiert wird. Nun mag man diese Praxis des Ausschöpfens der gesamten Notenskala kritisieren, zu bedenken ist aber die (motivationale) Anreizfunktion von Noten. In einer leistungsschwachen Klasse (beispielsweise verursacht durch eine ungünstige soziale und intellektuelle Eingangsselektivität) wird eine Lehrkraft die Lernbereitschaft sicherlich nicht dadurch fördern, dass sie die Notenskala nur von 3 bis 6 nutzt. Vielmehr muss auch dort die im Rahmen der jeweiligen Referenzgruppe gute und sehr gute Leistung als solche gewürdigt werden, auch wenn dies zu einer Relativierung schulübergreifender Bewertungsmaßstäbe führt.

Die gegenwärtige Diskussion um die Vergleichbarkeit von Noten weist in erster Linie auf das Spannungsverhältnis von pädagogischen, am Einzelfall orientierten Kriterien der Leistungsbewertung und allgemeinen, verbindlichen Bewertungsmaßstäben unter einer institutionellen, juristisch verfassten Perspektive hin. Der damit gegebene Grundwiderspruch kann nicht ohne weiteres aufgelöst werden und ist mit Blick auf die in Deutschland angestrebte Definition von Bildungsstandards ebenso mit zu reflektieren wie bei der Durchführung von Parallel-, Vergleichs- und Jahrgangsarbeiten. Vorliegende empirische Analysen deuten darauf hin, dass im gymnasialen Bildungsgang einheitlichere Standards vorliegen als beispielsweise in der Hauptschule und dass es in den Ländern unterschiedlich gut gelingt, die Einheitlichkeit der Bewertungsmaßstäbe abzusichern[32]. Insofern kann man davon ausgehen, dass eine stärkere Standardisierung wirksam sein kann. Dies allerdings nur bedingt, weil das grundlegende Spannungsverhältnis zwischen den mit der Notengebung verbundenen Funktionen sich nicht auf einer rein technologischen Ebene auflösen lässt.

Das Unterrichtsklima an den deutschen Schulen scheint im Gesamtüberblick durch eine eher geringe Unterstützung, einen mittleren bis relativ hohen Leistungsdruck und ein von den Schülern nicht sehr positiv wahrgenommenes Schüler-Lehrer-Verhältnis gekennzeichnet zu sein. Die Variabilität der Unterrichtsmethoden dürfte begrenzt und die Differenzierung wenig ausgeprägt sein. Erstaunlich gering sind die Unterschiede zwischen Fächern, Jahrgangsstufen, Kursniveaus und Schulformen. Bezieht man zudem ein, dass neue Medien und auch die weitere schulische Ausstattung wenig genutzt werden (B3), verstärkt sich der Eindruck einer vergleichsweise eng fixierten und traditionell geprägten Unterrichtskultur. Auch wenn hier Reformen angezeigt wären, sollte nicht über das Ziel hinausgeschossen werden. Direkte Instruktion hat auch in einem insgesamt variationsreichen Unterricht einen hohen Stellenwert. Zudem ist ausdrücklich zu betonen, dass ein Unterricht mit höheren Anteilen an Schüleraktivität die Vorbereitung und Stützung durch die Lehrkraft erfordert – er ist das Gegenteil von Unterricht „ad hoc". Nicht übersehen werden darf außerdem, dass die

32 Vgl. Eckhard Klieme: Benotungsmaßstäbe an Schulen: Pädagogische Praxis und institutionelle Bedingungen. Eine empirische Analyse auf der Basis der PISA-Studie. In: Hans Döbert/Botho von Kopp/Renate Martini/Manfred Weiß (Hrsg.): Bildung vor neuen Herausforderungen. Neuwied: 2003, S. 195-210.

Varianz zwischen den einzelnen Schulen – und wohl erst recht zwischen den einzelnen Schulklassen bzw. Lehrkräften – erheblich ist. Hierin könnte ein erhebliches Potenzial liegen, wenn im Zuge einer intensivierten unterrichtsbezogenen Kooperation (vgl. B4.2) zwischen den Lehrkräften ein größerer Erfahrungsaustausch angeregt würde („sharing best practice").

Hausaufgaben werden in den Grundschulen eher seltener gegeben als in anderen Staaten. Förder- oder Ergänzungsunterricht ist in Deutschland nicht sehr häufig, Nachhilfe schon in der Grundschule aber keine Seltenheit. Im Primarbereich wie in den weiterführenden Schulen nehmen ca. ein Fünftel der Schüler Nachhilfe in Anspruch. Die Förderung von besonders leistungsstarken Schülern ist in Deutschland und international noch eher selten.

Dass Noten nicht über Schulen, Schulformen und auch nicht über Länder hinweg vergleichbar sind, ist eine seit langem bekannte Tatsache. Es ist zu erwarten, dass definierten Bildungsstandards sowie regelmäßigen Vergleichsarbeiten auf Landesebene oder länderübergreifend eine standardisierende Wirkung zukommt. Der Grundwiderspruch zwischen der pädagogischen und institutionell-juristischen Funktion der Notengebung ist jedoch rein technologisch nicht auflösbar.

B6 Erweiterte Selbstständigkeit der Schule, veränderte Rolle der Schulaufsicht

Seit etwa einem Jahrzehnt zeichnen sich in der Entwicklung des Schulwesens der deutschen Länder zwei bemerkenswerte Trends ab: die Stärkung schulischer Eigenständigkeit einerseits und die damit einher gehende Veränderung der Rolle der Schulaufsicht andererseits. Diese Neuerungen schlagen sich bislang vornehmlich in rechtlichen Regelungen nieder; es handelt sich um einen Prozess, der noch keine gesicherten empirischen Aussagen zulässt.

B6.1 Erweiterte Selbstständigkeit der Schulen[1]

Die große Bedeutung, die dem Thema „Schulautonomie" in der Schulgesetzgebung, in bildungspolitischen Debatten, aber auch in der Bildungsforschung beigemessen wird, darf nicht darüber hinweg täuschen, dass deutsche Schulen im Vergleich zu Schulen in anderen OECD-Mitgliedstaaten über wenig Selbstständigkeit zu verfügen scheinen (vgl. Abbildung B6/1). Nach dem in PISA 2000 entwickelten Index für „Schulautonomie" befindet sich Deutschland unter 26 Staaten weit abgeschlagen im unteren Drittel[2]. Dabei ist allerdings zu berücksichtigen, dass die Vergleichsdaten auf Angaben der befragten Schulleitungen beruhen.

Diese eher skeptisch stimmenden Befunde ändern nichts daran, dass im Schulrecht der meisten deutschen Länder eine Tendenzwende im Sinne größerer Eigenständigkeit der Schulen unverkennbar ist[3]. Zwar haben die Schulgesetze schon früher die *pädagogische Eigenverantwortung* der Schule unter verschiedenen Bezeichnungen („Selbstständigkeit", „Selbstverantwortung", „Selbstverwaltung", „Eigenständigkeit") hervorgehoben. Doch ist die Entwicklung inzwischen vorangeschritten. Während in den 1970er-Jahren das Thema „Schulautonomie" in Westdeutschland im Zeichen der „Demokratisierung" der Schule, des Ausbaus ihrer Partizipationsstrukturen, stand[4], geht es gegenwärtig eher darum, die Handlungs- und Leistungsfähigkeit der Schule durch ein höheres Maß an Eigenverantwortung zu stärken.

---

1 Auf die Verwendung des weithin gebräuchlichen Begriffs „Schulautonomie" wird im Allgemeinen verzichtet. „Autonomie" meint in der Sprache des Verwaltungsrechts die Befugnis einer juristischen Person des öffentlichen Rechts, ihre Angelegenheiten durch den Erlass von Rechtsnormen, so genannten Satzungen, selbst zu regeln. Schulen sind indes, wenigstens bislang, keine rechtsfähigen juristischen Personen, sondern – in der nüchternen Juristenterminologie – nicht rechtsfähige öffentliche Anstalten.

2 Besonders gering ist danach der Einfluss deutscher Schulen auf die Einstellung und Entlassung von Lehrkräften, die Festsetzung des Schulbudgets und die von ihnen angebotenen Fächer (vgl. Tabelle B6/1 im Anhang).

3 Dazu ausführlich: Hermann Avenarius/Thomas Kimmig/Matthias Rürup: Die rechtlichen Regelungen der Länder in der Bundesrepublik Deutschland zur erweiterten Selbstständigkeit der Schule. Eine Bestandsaufnahme. Berlin: 2003 (im Druck).

4 Vgl. insbesondere Deutscher Bildungsrat: Strukturplan für das Bildungswesen, Stuttgart 1970;
Deutscher Bildungsrat: Zur Reform von Organisation und Verwaltung im Bildungswesen. Teil I: Verstärkte Selbständigkeit der Schule und Partizipation der Lehrer, Schüler und Eltern, Stuttgart 1973.

Abbildung B6/1 Index für die „Autonomie" von Schulen (Sek I) in Mitgliedstaaten der OECD nach Abweichungen vom OECD-Mittelwert (5)[5]

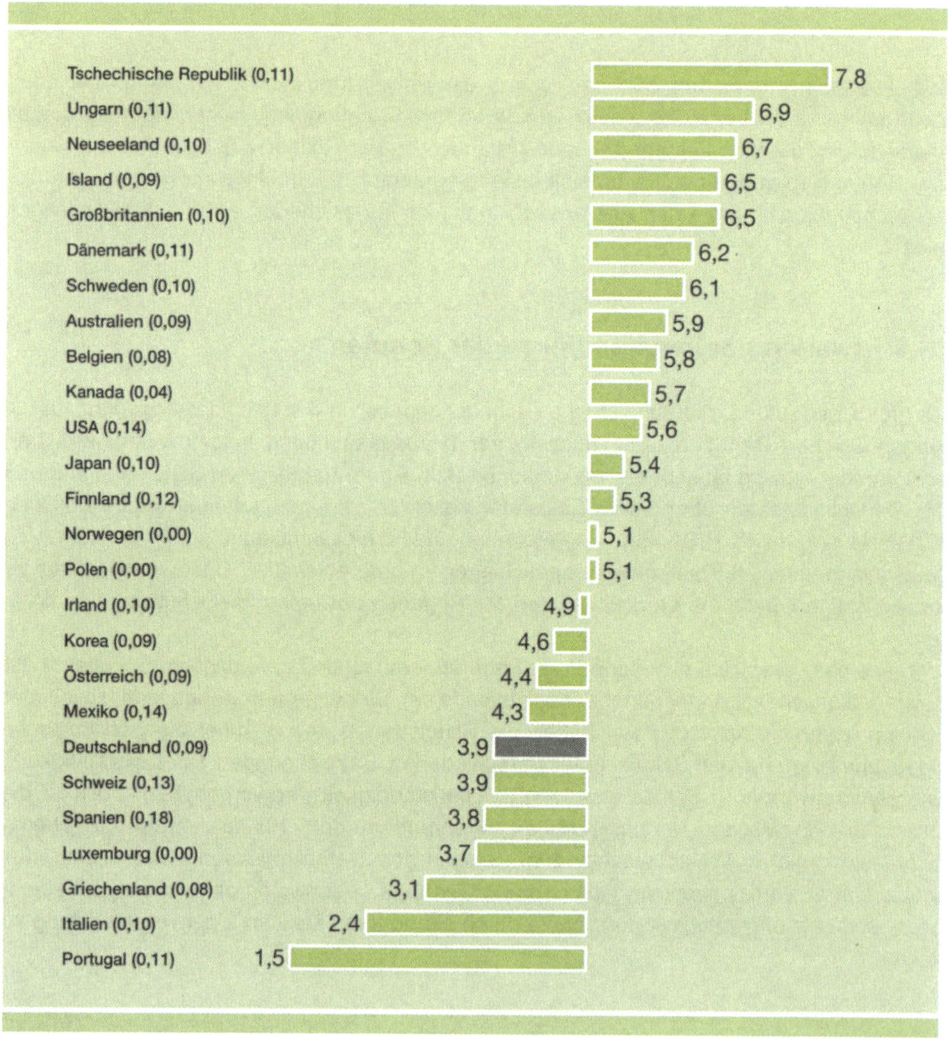

In Klammern: Wert der Standardabweichung (S.E.)

Quelle: OECD: Lernen für das Leben. Erste Ergebnisse der Internationalen Schulleistungsstudie PISA 2000, Paris: 2001, S. 360; vgl. auch Tabelle B6/1 im Anhang

Betrachtet man die jüngeren Schulgesetze und Gesetzesnovellen der Länder genauer, so wird eine substanzielle Neuerung erkennbar: Bremen, Hamburg, Hessen, Mecklenburg-Vorpommern und Schleswig-Holstein, ansatzweise auch Brandenburg verpflichten die Schu-

5 Der Index der Schulautonomie wurde abgeleitet von den Angaben der Schulleitungen über die Anzahl der Bereiche, für die die Schulen keine Verantwortung tragen. Die Skala wurde so gepolt, dass hohe Werte (Minimum 1, Maximum 10, OECD-Mittelwert = 5) auf einen hohen Autonomiegrad hinweisen.

le, ihre pädagogischen Perspektiven und Prioritäten in einem von der Schulkonferenz zu beschließenden *Schulprogramm* niederzulegen; in Nordrhein-Westfalen ergibt sich diese Verpflichtung aus mehreren schulformbezogenen Rechtsverordnungen. Die Schule hat also nicht nur das Recht, sondern auch die Pflicht zu selbstständigem pädagogischen Tun. Sie muss auf der Grundlage einer Bestandsaufnahme ihre Handlungsmöglichkeiten reflektieren und ein eigenes pädagogisches Konzept entwickeln. Im Schulprogramm, das der Genehmigung durch die staatliche Schulaufsichtsbehörde bedarf, legt die Schule die Ziele ihrer Arbeit in Unterricht, Erziehung, Beratung und Betreuung, die wesentlichen Mittel zum Erreichen dieser Ziele und die erforderlichen Formen der Zusammenarbeit der Lehrkräfte fest. In diesem Rahmen kann sie beispielsweise die Stundentafel flexibilisieren und die Lehrpläne für schuleigene Curricula öffnen.

Das Schulprogramm als Pflichtaufgabe der Schule – das ist wirklich etwas Neues. Damit verabschiedet sich der Gesetzgeber endgültig von einer Ideologie, die Schulpolitik, Schulverwaltung und Schulrecht über nahezu zwei Jahrhunderte geprägt hat, von der Überzeugung nämlich, dass der Staat und allein der Staat kraft der ihm von Verfassungs wegen zugewiesenen Aufsicht über das Schulwesen die Herrschaft über die Schule innehabe. Dieser in Rechtsprechung und Rechtswissenschaft bislang verbreiteten Auffassung liegt das Bild einer hierarchischen, in sich geschlossenen Einheit des staatlichen Schulsystems zugrunde, in der im exekutiven Bereich letztlich die oberste Instanz – das Kultusministerium – in sämtlichen Angelegenheiten das Sagen hat. Indem der Gesetzgeber nunmehr die Schulen verpflichtet, ein Schulprogramm vorzulegen, das den spezifischen Voraussetzungen und Merkmalen der Schülerschaft und den spezifischen Gegebenheiten der Schule und ihres regionalen Umfelds Rechnung trägt, lässt er sich von der Einsicht leiten, dass Schulen keineswegs rundum gleich sind, sondern sehr verschieden sein können. Er bejaht eine Vielfalt der Schulen, erwartet gewissermaßen von ihnen, dass sie in einer bunten Schullandschaft Farbe bekennen.

Bei alldem sollte nicht übersehen werden, dass auch diejenigen Länder, die bislang davon abgesehen haben, den Schulen die Entwicklung eines Schulprogramms vorzuschreiben, nicht untätig geblieben sind. Auch sie sind bemüht, die pädagogische Eigenverantwortung der Schulen zu stärken. Das geschieht freilich behutsam, schrittweise, eher tastend – als Versuch der Exekutive, unterhalb der schulgesetzlichen Ebene Neuerungen zu wagen. Diese Länder greifen zumeist auf Verwaltungsvorschriften (z.B. Baden-Württemberg, Rheinland-Pfalz, Sachsen, Sachsen-Anhalt), auf Schulversuche und Modellvorhaben (z.B. Bayern, Niedersachsen, Rheinland-Pfalz, Sachsen, Thüringen) oder auf Experimentierklauseln im Schulgesetz (z.B. Berlin) zurück. Sie ermöglichen auf diese Weise den Schulen eine pädagogische Profilierung.

Pädagogische Selbstverantwortung steht auf schwankendem Grund, wenn sie nicht durch *finanzielle Eigenständigkeit* untermauert ist. Gegenwärtig sehen die Schulgesetze in 14 Ländern (außer in Bayern und im Saarland) die Möglichkeit dezentraler Ressourcenverantwortung ausdrücklich vor. Zumeist verpflichten die Gesetze den Schulträger durch eine Sollvorschrift dazu, der Schule Haushaltsmittel zur eigenen Bewirtschaftung zu überlassen (*„Budgetierung"*). Der Umfang der Zuweisung ist im Allgemeinen auf bestimmte Ausgabenarten (z.B. Lehr- und Lernmittel, laufende Verwaltung) beschränkt. Soweit sich die Budgetierung auf verschiedene Ausgabenarten erstreckt, sind die Mittel üblicherweise gegenseitig deckungsfähig; eingesparte Mittel können in der Regel in nachfolgende Haushaltsjahre übertragen werden. Gemessen an der Bedeutung und dem Umfang der Aufgaben, ist der finanzielle Spielraum deutscher Schulen allerdings gering. Im Vergleich zur ökonomischen Potenz sich selbst verwaltender Schulen im europäischen Ausland sind die deutschen Schulen geradezu Leichtgewichte.

Es fällt auf, dass die meisten Länder das früher für die Schulen geltende strikte Werbeverbot über Bord geworfen haben. Nunmehr ist Werbung, vor allem in der Form des *Sponsoring*, weitgehend erlaubt. Zumeist heißt es einschränkend, der Bildungs- und Erziehungsauftrag der Schule dürfe durch solche Zuwendungen nicht gefährdet werden und der werbende Hinweis auf die Leistung des Sponsors habe deutlich hinter den mit der Zuwendung erreichten Nutzen für die Erfüllung des Bildungs- und Erziehungsauftrags zurückzutreten. Ob es viel nützt, wenn die Öffnung der Schulen für das Sponsoring mit der Einschränkung versehen wird, es dürften nur Mittel für Vorhaben eingeworben werden, die nicht zur Grundausstattung der Schule gehören, erscheint zweifelhaft. Dass das Sponsoring auch im Blick auf die Chancengleichheit der Schüler verfassungsrechtliche Probleme aufwirft, liegt auf der Hand. Einige Länder erklären daher Zuwendungen für unzulässig, deren Höhe für einzelne aus der Sicht von Sponsoren besonders geeignete und attraktive Schulen dazu führen kann, dass ein erhebliches Ungleichgewicht zu anderen durchschnittlich ausgestatteten Schulen besteht, und durch die die Chancengleichheit aller Schüler gefährdet wird.

Die Erweiterung der Selbstverantwortung der Schule ändert nichts daran, dass ihre *administrative Eigenständigkeit* begrenzt ist. Wie eh und je sind die Schulen nicht rechtsfähige Anstalten des öffentlichen Rechts. Als solche sind sie zwar organisatorisch verselbstständigt, bleiben aber rechtlich Teil eines anderen Verwaltungsträgers, nämlich des Schulträgers, und unterstes Glied in der Hierarchie der staatlichen Schulverwaltung. Für Autonomie im eigentlichen Sinne, die u.a. die Befugnis zum Erlass von Satzungen sowie Finanz- und Personalhoheit umfasst, fehlt es mithin an den rechtlichen Voraussetzungen. In jüngster Zeit wird vor allem im Blick auf berufsbildende Schulen die Möglichkeit erörtert, sie zu regionalen Berufsbildungszentren auszubauen und ihnen die Rechtsform einer rechtsfähigen Anstalt des öffentlichen Rechts zu verleihen[6]. Ob und wie weit sich hier tatsächlich eine neue Entwicklung abzeichnet, bleibt abzuwarten.

Die rechtliche Unselbstständigkeit der Schule hindert den Schulträger nicht daran, den Schulleiter allgemein oder im Einzelfall zum Abschluss von Rechtsgeschäften mit Wirkung für den Schulträger zu ermächtigen und ihm zu gestatten, für den Schulträger Verpflichtungen einzugehen. In den Schulgesetzen einiger Länder (Brandenburg, Bremen, Hessen, Nordrhein-Westfalen, Schleswig-Holstein) ist dies ausdrücklich geregelt, zumeist mit dem einschränkenden Hinweis, dass die Ermächtigung durch den Umfang der zur Selbstbewirtschaftung überlassenen Mittel begrenzt ist.

Je größer die Eigenständigkeit der Schule, desto mehr stellt sich die Frage, wem der erweiterte Handlungsspielraum zugute kommt, wie also die Entscheidungskompetenzen in der Schule verteilt sind. Dabei ist zu beachten, dass Kollektivorgane – gerade auch, wenn Eltern

---

6 Vgl. Bund-Länder-Kommission für Bildungsplanung und Forschungsförderung: Kompetenzzentren in regionalen Berufsbildungsnetzwerken – Rolle und Beitrag der beruflichen Schulen – Bericht der BLK. Materialien zur Bildungsplanung und zur Forschungsförderung, Heft 92, Bonn: 2001;
Bund-Länder-Kommission für Bildungsplanung und Forschungsförderung: Kompetenzzentren in regionalen Berufsbildungsnetzwerken – Rolle und Beitrag der beruflichen Schulen –, BLK-Fachtagung am 3./4. Dezember 2001 in Lübeck. Materialien zur Bildungsplanung und zur Forschungsförderung, Heft 99, Bonn: 2002.

und Schüler daran beteiligt sind – für Fehlentscheidungen kaum zur Rechenschaft gezogen werden können. Deshalb erscheint es wichtig, die individuelle Verantwortung zu stärken. Mit Rücksicht darauf heben mehrere Länder die *Stellung des Schulleiters* hervor. Dort beschränken sich seine Zuständigkeiten nicht auf Verwaltungsleitung, Gremienvorsitz und Vertretung der Schule nach außen, ist er nicht nur Vorgesetzter der Lehrkräfte, sondern nimmt ihnen gegenüber auch dienstrechtliche Aufgaben wahr. In Bayern ist der Schulleiter an Realschulen, beruflichen Schulen und Gymnasien seit jeher Dienstvorgesetzter der Lehrkräfte, kann also über ihre persönlichen Angelegenheiten entscheiden, z.B. über dienstliche Beurteilungen, Gewährung von Urlaub, Genehmigung einer Nebentätigkeit, Teilnahme an einer Fortbildung. In Hessen nimmt der Schulleiter Aufgaben des Dienstvorgesetzten insoweit wahr, als es die Selbstverwaltung der Schule erfordert; darüber hinaus ist er generell für dienstliche Beurteilungen zuständig. Auch in Brandenburg, Mecklenburg-Vorpommern und Rheinland-Pfalz hat er die Lehrkräfte dienstlich zu beurteilen; in Baden-Württemberg und Sachsen, ähnlich wohl auch in Sachsen-Anhalt, gibt er dienstliche Beurteilungen für die Schulaufsichtsbehörde ab. In Baden-Württemberg und Bayern muss er in regelmäßigen Abständen Mitarbeitergespräche mit den Lehrern führen, deren Ergebnisse in einer Zielvereinbarung festgehalten werden sollen.

Ob und wie weit es der Schule gelingt, sich ein eigenes Profil zu geben, hängt nicht zuletzt von ihrem Einfluss auf die *Auswahl des Personals* ab. Bei der Rekrutierung des Schulleiters können die Schulen in den meisten Ländern ihre Vorstellungen, wenn auch in unterschiedlichem Ausmaß, zur Geltung bringen: durch Anhörung (Hessen, Mecklenburg-Vorpommern, Rheinland-Pfalz, Sachsen, Thüringen), durch Vorschlagsrechte (Brandenburg, Niedersachsen), durch Wahl eines von mehreren seitens der Schulbehörde vorgeschlagenen Bewerbern (Sachsen-Anhalt, Schleswig-Holstein) oder durch Mitwirkung an einem sog. Findungsverfahren (Bremen, Hamburg). In Baden-Württemberg, Brandenburg, Hessen, Niedersachsen, Nordrhein-Westfalen, Rheinland-Pfalz und Schleswig-Holstein sind die Schulen auch an der Zuweisung der Lehrkräfte beteiligt, zumeist in der Weise, dass sie in einem schulbezogenen Ausschreibungsverfahren das Anforderungsprofil für die zu besetzende Stelle festlegen können. Schwierigkeiten können sich daraus ergeben, dass Schulen und Schulbehörden bei der Auswahl des Lehrpersonals an den verfassungsrechtlichen Grundsatz der Bestenauslese (Art. 33 Abs. 2 GG) gebunden sind.

Nicht zuletzt wegen der curricularen und pädagogischen Herausforderungen, die die Lehrkräfte in einer zunehmend selbstständiger werdenden Schule zu bewältigen haben, kommt der Lehrerfortbildung umso größeres Gewicht zu. Auch auf diesem Gebiet sind die Schulen selbst gefordert. An die Stelle zentral oder regional organisierter Fortbildungsmaßnahmen tritt mehr und mehr die *schulinterne Lehrerfortbildung*. In einigen Ländern sind die Schulen bei der Entwicklung des Schulprogramms verpflichtet, ihren Fortbildungsbedarf festzustellen und eine schulbezogene Fortbildungsplanung zu betreiben. Dabei gewinnen Fortbildungskonzepte an Bedeutung, die auf die Entwicklung der Schule als Ganzer ausgerichtet sind, also nicht mehr Einzelpersonen, sondern Schulkollegien oder Teile von Schulkollegien als Adressaten im Blick haben.

B6.2 Veränderte Rolle der Schulaufsicht

Der erweiterten Selbstständigkeit der Schule entspricht im Schulrecht der meisten Länder eine neue Rolle der Schulaufsicht. Auch hier ist die Entwicklung noch im Fluss, auch hier sind fundierte Aussagen über die Praxis der Schulbehörden gegenwärtig nur ansatzweise möglich.

In sämtlichen Ländern verfügt die Schulaufsicht gegenüber der Schule über die herkömmlichen *fach- und dienstaufsichtlichen Befugnisse*. Doch verpflichten einige Länder die Schulbehörden ausdrücklich dazu, bei der Wahrnehmung ihrer Aufsichtsfunktionen die pädagogische Eigenverantwortung der Schule zu respektieren (Brandenburg, Bremen, Hamburg, Hessen, Niedersachsen, Nordrhein-Westfalen, Saarland, Schleswig-Holstein). Das erscheint nur konsequent. Es wäre widersprüchlich, den Schulen einerseits weit reichende Selbstständigkeit zuzubilligen, sie andererseits durch unbegrenzte Interventionen der Schulaufsichtsbehörden in der Verwirklichung eben dieser Selbstständigkeit zu behindern. Demgemäß geht die Schulbehörde mit der Genehmigung eines Schulprogramms zugleich eine Selbstbindung ein; sie kann hernach keine vom Schulprogramm abweichende Weisungen mehr erteilen. Die Stärkung der Eigenständigkeit der Schule wird auch dadurch gefördert, dass mehrere Länder, wie bereits erwähnt, dienstrechtliche Aufgaben, die früher der Schulaufsicht vorbehalten war, auf die Schulleitung übertragen haben. Insgesamt treten „weiche“ Formen der staatlichen Einwirkung auf die Schulen in den Vordergrund. So werden beispielsweise im nordrhein-westfälischen Schulversuch „Selbstständige Schule“ hoheitliche Anordnungen der Schulbehörde durch *Zielvereinbarungen* zwischen Schule und Schulaufsicht ersetzt. Diese sind zwar nicht justiziabel, faktisch aber gleichwohl durchsetzbar; sie haben den Vorzug, situationsgerechte, flexible Problemlösungen zu erleichtern.

Dem entspricht es, dass der in allen Schulgesetzen seit jeher vorgesehene *Beratungsfunktion* der Schulaufsichtsbehörden größere Bedeutung beigemessen wird. Hierbei schlagen die Länder unterschiedliche Wege ein. In Nordrhein-Westfalen sind die Schulaufsichtsbeamten verpflichtet, „Dialoggespräche“ mit den Schulen zu führen, die der Auswertung der Schulprogrammarbeit dienen und die Grundlage für Zielvereinbarungen im Prozess der Schulentwicklung darstellen. In Baden-Württemberg, Nordrhein-Westfalen, Niedersachsen und Schleswig-Holstein wurden in Modellversuchen positive Erfahrungen mit Formen der zyklischen Evaluation der einzelnen Schulen durch Beratungsteams der Schulaufsicht bei gleichzeitiger kontinuierlicher Beaufsichtigung der Schule durch einen zugeordneten Schulaufsichtsbeamten im Schulamt gesammelt. Insgesamt zieht sich die Schulaufsicht tendenziell aus der personenbezogenen Betreuung zurück und übernimmt stärker Aufgaben der Unterstützung und Beaufsichtigung der Entwicklungsprozesse der Schule als eines Gesamtsystems. Das erscheint auch deshalb angezeigt, weil die Betreuungsrelation von geschätzten 250 bis 500 Lehrkräften je Schulaufsichtsbeamten immer wieder zu Zweifeln Anlass gibt, ob unter diesen Umständen eine kontinuierliche persönliche Beratung der Lehrkräfte durch die Schulaufsicht überhaupt möglich ist. In allen Ländern zeigt sich die Tendenz, an der Einheit von Schulaufsicht und Beratung festzuhalten; das Bremer Modell, die Aufgaben der schulischen Systemberatung und Evaluation in eine Schulinspektion auszulagern und damit von den Funktionen der Fach- und Dienstaufsicht zu trennen, soll auch formell eingestellt werden.

Je mehr die Schulen in die Selbstständigkeit entlassen werden, umso mehr bedarf es für die Wahrnehmung der in Art. 7 Abs. 1 GG verankerten staatlichen Schulaufsicht einer neuen Steuerungsstrategie. Lange Zeit hatte man geglaubt, die Schulen mit allen möglichen Direktiven lenken zu können: mit Gesetzen, Verordnungen und Erlassen, mit Lehrplänen und Stundentafeln, mit Schüler-Lehrer-Relationen und Ausstattungsrichtlinien, mit Prüfungsordnungen und Schulbuchzulassungen usw. (vgl. B1 und B2). Damit ging die Vermutung einher, dass diese Inputs den Schulalltag tatsächlich bestimmten und auf diese Weise die Qualität der schulischen Arbeit gewährleisteten. So ließ es die Schulaufsicht vielfach damit bewenden, die Arbeit der Schulen allein unter dem Gesichtspunkt der Normenkompatibilität zu kontrollieren. Was bislang fehlte, war ein Verfahren der *Output-Steuerung*, vor allem eine systematische Erfolgskontrolle der tatsächlichen Schülerleistungen. Auch insoweit zeichnet sich jedoch inzwischen eine Tendenzwende ab. Die *Verbesserung und Sicherung der Schulqualität* steht in allen Ländern weit vorne auf der bildungspolitischen Agenda (dazu im Einzelnen Teil D). Die Kultusministerkonferenz hat sich in jüngster Zeit in mehreren Beschlüssen dafür ausgesprochen, in Kernfächern für bestimmte Jahrgangsstufen und Abschlussklassen nationale Bildungsstandards zu entwickeln und auf der Grundlage dieser Standards bundesweite Vergleichsuntersuchungen zur Überprüfung der Qualität der schulischen Arbeit durchzuführen. Die Schulgesetze einiger Länder heben die Rolle der Schulaufsicht bei der Verbesserung und Sicherung der Qualität der schulischen Arbeit hervor. Doch sind Verfahren der internen und externen Evaluation gesetzlich bislang nicht geregelt. Soweit die Schulgesetze den Begriff der Evaluation überhaupt verwenden, beschränken sie sich auf allgemeine Hinweise, etwa darauf, dass hierin eine gemeinsame Aufgabe von Schule und Schulaufsicht liege (Brandenburg) oder dass Formen der externen Evaluation noch zu entwickeln seien (Hessen). Ganz offensichtlich bewegen sich Schulverwaltungen und Schulen in diesem Bereich noch weitgehend auf Neuland. Im Übrigen ist eine verbreitete Tendenz zu beobachten, auch durch *zentrale Abschlussprüfungen*, bei denen die schriftlichen Prüfungsaufgaben zentral vom Kultusministerium festgelegt werden, auf die Unterrichtsqualität einzuwirken. Damit wird ein Verfahren aufgegriffen, das bereits seit längerem in Baden-Württemberg, Bayern und im Saarland, darüber hinaus auch in Mecklenburg-Vorpommern, in Sachsen, Sachsen-Anhalt und Thüringen praktiziert wird.

Zu der Frage, ob und wie weit die Erweiterung der Selbstständigkeit der Schule die Qualität ihrer pädagogischen Arbeit fördert, liegen bislang noch keine eindeutigen empirischen Befunde vor. Unverkennbar ist aber, dass „Schulautonomie" mit Rechenschaftslegung und begleitenden Maßnahmen zur Qualitätssicherung einhergehen muss. Je mehr es der einzelnen Schule gelingt, ihre Qualität durch interne Evaluation selbst zu verbessern, umso weniger bedarf es der Gegensteuerung durch die Schulaufsichtsbehörde. Umgekehrt gilt: Schulen, die den Qualitätsstandards nicht gerecht werden, laufen Gefahr, ihre Selbstständigkeit zu verlieren. Die zurzeit geführte Debatte über zentrale Bildungsstandards lässt jedenfalls erahnen, dass die Erweiterung schulischer Eigenständigkeit keineswegs mit einem Laisser-faire gleichzusetzen ist. Es wäre ein krasses Missverständnis zu glauben, „Schulautonomie" führe aus dem Reich der Notwendigkeit in das Reich der Freiheit.

Teil C: Wirkungsqualitäten

Teil C: Wirkungsqualitäten

Von Wirkungen eines Bildungssystems zu sprechen, mag vermessen erscheinen, klingt es doch sehr „technisch", nach einer klaren Unterscheidung von „Ursachen" und „Wirkungen", nach einseitig gerichteten Kausalitäten, nach Bildung als einem Produkt, das gemäß vorgefertigter Pläne „erzeugt" und optimiert werden könne. Eine solche Sichtweise ließe die Eigengesetzlichkeiten pädagogischer Prozesse außer Acht. Ihr steht als realistischeres Konzept gegenüber, Bildung als einen aktiven Aneignungsprozess durch die Lernenden zu betrachten. Bildung ist demzufolge nicht vollständig plan- und steuerbar. Schule und Unterricht können nicht determinieren, wie und was gelernt wird, wohl aber tragen sie Verantwortung dafür, einen geordneten Kontext für systematisches Lernen zu schaffen. Dessen konkrete Ausgestaltung durch die Bereitstellung von Lerngelegenheiten, von denen im Teil „Prozessqualitäten" die Rede war, lässt einen mehr oder weniger anregenden und festgelegten Rahmen entstehen, der spezifische Möglichkeiten und Bedingungen für das – letztlich selbst regulierte – Lernen bereitstellt. Was immer als Wirkung von institutionalisierter Bildung angesehen wird, entsteht aus dem Zusammenspiel institutioneller und unterrichtlicher Lernbedingungen mit sozio-kulturellen Faktoren, familiären Einflüssen sowie den individuellen Voraussetzungen und individuellen Verarbeitungsprozessen der einzelnen Schülerinnen und Schüler. Dieser Sachverhalt ist bei einer Bilanzierung von Effekten und Bildungserträgen stets zu berücksichtigen.

Der relativierende Hinweis auf Wirkungskontingenzen soll die Bedeutung institutionalisierter Bildungsprozesse nicht schmälern. Formale (Schul-)Bildung ist für einen gezielten, systematischen Aufbau von Kompetenzen unersetzlich. Diese grundlegende Leistung des Bildungssystems gerät in modernen Gesellschaften, in denen Schulbesuch selbstverständliche Pflicht ist, leicht aus dem Blick und wird erst dann evident, wenn man Gesellschaften untersucht, deren ökonomischer Entwicklungsstand oder besondere Situation keinen regulären Schulbesuch für alle möglich macht. Weinert hat dies einmal so formuliert[1]: „In den hochindustrialisierten Ländern ist die entwicklungspsychologische und gesellschaftspolitische Bedeutung der Schule nicht so leicht erkennbar, weil fast alle Kinder mehr als neun Jahre ihrer Schulpflicht genügen, weil die nationalen Schulsysteme durch die Ausbildung und Professionalisierung der Lehrer, durch eine staatlich geregelte Schulorganisation, durch materielle Mindestausstattung mit Lehr- und Lernmitteln sowie durch mehr oder minder verbindliche Lehrpläne und Prüfungsordnungen dafür sorgen, dass im Prinzip mehr formale Ähnlichkeiten als spezifische Unterschiede zwischen den einzelnen Schulen und Schulklassen bestehen. Auf diese Weise verstärkt sich der Eindruck, dass es Unterschiede der Schüler und nicht Qualitätsdifferenzen der Schulen sind, welche die Stärken und Schwächen in den Schulleistungen bewirken."

In der Bildungsforschung hat es sich eingebürgert, zwischen unmittelbaren Wirkungen (dem „output") und langfristigen bzw. vermittelten Wirkungen (dem „outcome") zu unterscheiden. Zum „output" gehören einerseits die verliehenen Zertifikate und erworbenen Abschlüsse, andererseits die erworbenen Fähigkeiten, Fertigkeiten und Wissensstrukturen, al-

1 Vgl. Franz E. Weinert: Schulleistungen – Leistungen der Schule oder der Schüler? In: Franz E. Weinert (Hrsg.): Leistungsmessung in Schulen. Weinheim: 2001, S. 73-86, S. 79.

so die Kompetenzen oder – aus Sicht der Bildungsökonomie – die „Humanressourcen" der Gesellschaft. Zwar verbinden sich im Allgemeinen die in der Schule erworbenen Kompetenzen, ganz unabhängig vom formalen Bildungsabschluss, mit beruflichem Erfolg[2]. Gerade in den deutschsprachigen Staaten haben indes Abschlüsse und Zertifikate im Zusammenhang mit dem dort entwickelten Berechtigungssystem eine zentrale Funktion für die Zuweisung von Berufs- und Karrierechancen.

Die ersten drei Abschnitte dieses Kapitels sind dem „output" im hier verwendeten Sinne vorbehalten: C1 behandelt Abschlüsse, C2 erworbene Kompetenzen, C3 schließlich befasst sich mit den gruppenspezifischen Verteilungsmustern beim Erwerb von Abschlüssen und Kompetenzen. Die anschließenden Abschnitte sind dem „outcome" des Bildungssystems, den „Fernwirkungen" oder „Erträgen", gewidmet: politischen Einstellungen (C4) sowie individuellen und gesellschaftlichen Erträgen schulischer Bildung (C5).

Einige wesentliche Ergebnisse der Analysen lassen sich wie folgt zusammenfassen:

- Angesichts der demographischen Verknappungstendenz und der weiter steigenden qualifikatorischen Anforderungen des Beschäftigungssystems geht es darum, die im internationalen Vergleich niedrige Quote der Hochschulabsolventen zu erhöhen und den hohen Anteil von Jugendlichen ohne Ausbildungsabschluss zu reduzieren.
- Unabdingbare Voraussetzung für die Reduzierung der Ausbildungslosigkeit ist, dass nachhaltig wirksame Maßnahmen zur Verringerung des hohen Anteils von Jugendlichen ergriffen werden, die die Schule mit einem unzureichenden Niveau in zentralen Kompetenzbereichen verlassen.
- Verlässliche Aussagen über die historische Entwicklung der Kompetenzniveaus deutscher Schülerinnen und Schüler lassen sich auf der Basis bisher vorliegender Daten aus nationalen und internationalen Schulleistungs-Studien nicht treffen. Möglich dürfte dies in Zukunft mit der Einrichtung eines Systems des Bildungsmonitoring werden.
- Die aus verfügbaren Längsschnittuntersuchungen einschätzbare Leistungsentwicklung von Schülerinnen und Schülern vom Ende der Grundschule bis in die Sekundarstufe II verweisen auf die Bedeutung unterschiedlicher schulformspezifischer Lernmilieus. Nicht immer stehen vergleichbare Schulabschlüsse in unterschiedlichen Schulformen für vergleichbare Leistungen. Dies macht deutlich, dass mit der Bildungsentscheidung am Ende der Grundschulzeit trotz der vielfach festgestellten Entkopplung von Schulformen und Schulabschlüssen langfristig – für den Kompetenzerwerb und die Beschäftigungsperspektiven – wirksame Entscheidungen getroffen werden.
- Die Situation benachteiligter Gruppen im Bildungssystem ist insgesamt komplizierter und unübersichtlicher geworden. Ins Auge fallen vor allem die gravierenden Unterschiede der Bildungsbeteiligung und des Kompetenzerwerbs in Abhängigkeit von der sozialen Herkunft und dem Migrationsstatus. Beim Abbau dieser Disparitäten kommt den Entscheidungen an Nahtstellen des Bildungswesens (vor allem beim Übergang auf die weiterführenden Schulen) strategische Bedeutung zu. Für die Verringerung von Unterschieden im Kompetenzerwerb spielen zudem pädagogische Fördermaßnahmen innerhalb der Schulen und der Klassen eine entscheidende Rolle.

---

2 Vgl. OECD: Lernen für das Leben. Erste Ergebnisse von PISA. Paris: 2001, S. 22f.

- Trotz bestehender Datenlücken liegt inzwischen hinreichende empirische Evidenz darüber vor, dass sich „mehr Bildung“ sowohl für den Einzelnen in beruflichen und außerberuflichen Handlungsfeldern als auch für die Gesellschaft insgesamt auszahlt. Ein wichtiger Bildungsertrag, die Stärkung der sozialen Kohäsion in der Gesellschaft, geht nicht zuletzt von der Sozialisation in der einzelnen Schule aus. Neuere Forschungsbefunde weisen darauf hin, dass eine demokratisch gestaltete und demokratische Verhaltensweisen einübende schulische Lebenswelt den Erwerb von politischer Kompetenz und von Verantwortungsbereitschaft wirksam befördern kann.

C1 Bildungs- und Ausbildungsabschlüsse

„Viel wahrscheinlicher ist, dass die unqualifizierten Arbeiter in den reichen Ländern zu den Verlierern der Übergangszeit gehören, die mit aller Gewalt über sie hineinbricht – eine Zeit, in der die Nachfrage nach unqualifizierter Arbeit abrupt zusammenbricht“[1]. Dieser Satz von Daniel Cohen macht die Bedeutung von Schul- und Ausbildungsabschlüssen eindringlich klar und verweist zugleich auf die Dramatik, die aus dem Verfehlen von Abschlüssen erwächst. Vor dem Hintergrund dieser Bedeutung, die in einer historischen Perspektive gewachsen ist, sollen im folgenden Informationen zu Bildungs- und Ausbildungsabschlüssen gegeben und im Zusammenhang untersucht werden.

Bei der Analyse von Bildungsabschlüssen müssen allerdings zwei Aspekte besonders bedacht werden:

- Hinter Abschlüssen vergleichbarer oder auch gleicher Bildungsgänge verbergen sich zwischen den Ländern und auch innerhalb der Länder Leistungen, die, anders als gleiche Abschlüsse und gleiche Noten suggerieren, häufig nur sehr eingeschränkt vergleichbar sind. Wenn dennoch im Folgenden zunächst sehr formal Bildungs- und Ausbildungsabschlüsse referiert werden, so geschieht dies deshalb, weil in einem Bildungssystem wie dem deutschen, das in weiten Teilen vom Berechtigungsdenken geprägt ist, Abschlüsse ihren Eigenwert haben – ohne Rücksicht auf die hinter ihnen stehenden Leistungsfähigkeiten.
- Mit dem ersten Aspekt durchaus zusammenhängend muss gesehen werden, dass sich die tradierte Bindung unterschiedlicher Abschlüsse an unterschiedliche Bildungsinstitutionen gelockert hat, ja, dass sie sich tendenziell aufzulösen beginnt. Der mittlere Bildungsabschluss kann z.B. an Hauptschulen, an Realschulen, an Schulen mit mehreren Bildungsgängen, an Gesamtschulen, an Gymnasien und – nicht zuletzt – in Schulen des Zweiten Bildungsweges sowie in berufsbildenden Schulen erworben werden. Vor diesem Hintergrund stellt sich die Frage nach der Durchlässigkeit des Schulsystems ebenso wie die nach der Gleichwertigkeit gleicher Abschlüsse neu.

Im Folgenden wird daher in einem ersten Schritt der Versuch unternommen, die wesentlichen Daten zu den im deutschen Bildungssystem erreichten Abschlüssen zu referieren. In einem zweiten Schritt wird dann die Entkopplung von Schulformen und Abschlüssen beschrieben und in ihrer Bedeutung für Durchlässigkeit eingeschätzt.

C1.1 Abschlüsse: Von der Ausbildungslosigkeit bis zum Hochschulabschluss

Jede Betrachtung von Bildungs- und Ausbildungsabschlüssen muss ein breites Spektrum in den Blick nehmen: Dies soll hier so geschehen, dass zunächst die unterschiedlichen Schulabschlüsse in ihrer quantitativen Bedeutung dargestellt werden. Daran schließt sich eine

1 Daniel Cohen: Fehldiagnose Globalisierung. Frankfurt: 1998, S. 101.

knappe Analyse der Daten zu den Absolventen der dualen Ausbildung und der Hochschulen an. Abschließend soll das Ausmaß verbleibender Ausbildungslosigkeit skizziert werden.

C1.1.1 Schulabgänger nach Art des Abschlusses

Bei einer Analyse der Absolventendaten des Jahres 2001 zeigt sich[2]: Nahezu die Hälfte eines Altersjahrgangs (49,1%) verlässt das Schulsystem (seine allgemein und berufsbildenden Zweige) mit einem mittleren Bildungsabschluss. Der Anteil derer, die es mit einem Hauptschulabschluss (31,2%) bzw. ohne einen solchen Abschluss (9,8%) verlassen, stellt längst nicht mehr den Hauptanteil der Heranwachsenden dar. Ein Drittel dieser Gruppe (2001 waren dies etwa 36.000 der insgesamt etwa 89.000 Absolventen ohne Hauptschulabschluss) stammt aus den unterschiedlichen Bildungswegen der Sonderschulen, die übrigen zwei Drittel kommen überwiegend aus den Hauptschulen.

Hinsichtlich des Anteils der Absolventen mit Hochschulreife lassen sich für das Jahr 2001 keine bundesdurchschnittlichen Daten berichten, da in zwei Ländern, in Brandenburg und in Sachsen-Anhalt, infolge der Umstellung der Schulzeit von 12 auf 13 Jahre nur eine sehr geringe Abiturientenzahl gezählt wurde. Betrachtet man aber die Werte der verbleibenden 14 Länder, so zeigt sich, dass deutlich mehr als ein Drittel eine Hochschulreife erwirbt (im Jahr 2000 in Deutschland insgesamt 37,0%): Der kleinere Teil (10,5%) erreicht die Fachhochschulreife, der deutlich größere Teil die allgemeine Hochschulreife (im Jahr 2000 27,5%). Dass die hier referierten Abschlussquoten sich nicht auf 100 % addieren, erklärt sich daraus, dass die einzelnen Absolventengruppen unterschiedlichen Jahrgängen entstammen und dass darüber hinaus Schulabsolventen des einen Bezugsjahres in einem späteren Jahr noch einmal als Absolventen eines anderen Bildungsganges ‚auftauchen' können. So erreicht z.B. ein Teil der Absolventen ohne Hauptschulabschluss zu einem späteren Zeitpunkt im Verlauf der beruflichen Ausbildung noch den Hauptschulabschluss.

Bei einer genaueren Betrachtung der länderspezifischen Ausprägung von Abschlussverteilungen fallen beachtliche Unterschiede auf: So findet sich bei den Absolventen ohne Hauptschulabschluss eine Spannweite von 7,1% in Nordrhein-Westfalen bis hin zu 14,5% in Sachsen-Anhalt. Unabhängig von der Frage, ob sich diese Spannweite durch unterschiedlich förderungs- und leistungsfähige Schulen und Schüler oder Schülerinnen oder durch unterschiedliche Anforderungen in den verglichenen Schulsystemen erklären lässt, fällt auf: Auch die Länder mit hohen Quoten der Absolventen ohne Schulabschluss bleiben mit diesen Anteilen hinter den Werten zurück, die in PISA über den Anteil der 15-Jährigen, die allenfalls die Kompetenzstufe I erreichen, berichtet werden. Je nach Kompetenzbereich sind dies zwischen 17,9% (Lesen) und 26,3% (naturwissenschaftliche Grundbildung)[3]. Diese Diskrepanz zwischen der Größe der Gruppe derer, die keinen Schulabschluss erreicht, und der Gruppe derer, die in den unterschiedlichen Bereichen der PISA-Tests allenfalls auf die Kompetenzstufe I (die für eine gelingende Ausbildung nicht anspruchsvoll genug ist) gelangt, ist für die Analyse der vergleichsweise hohen Abbrecher- und Durchfallzahlen in der beruflichen Ausbildung im Rahmen des dualen Systems bedeutsam.

2 Vgl. zu diesen Daten insgesamt Tabelle C1/1 im Anhang.
3 Vgl. dazu Tabelle C2/4 im Anhang.

Abbildung C1/1 Absolventen nach Schulabschluss in % der gleichaltrigen Bevölkerung

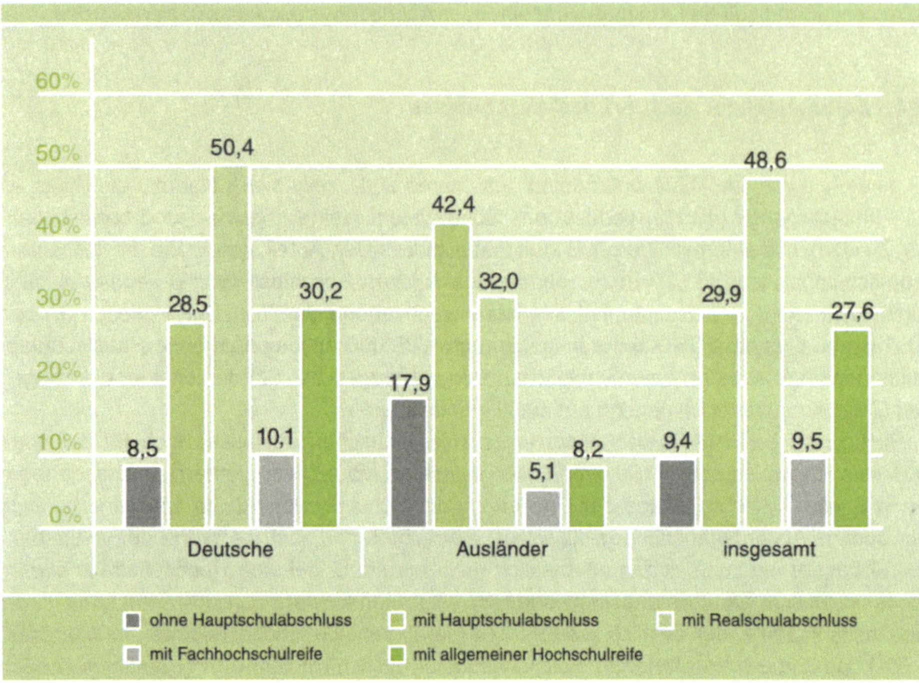

Quelle: vgl. Tabelle C1/2

Auch bei den anderen Schulabschlüssen sind die regionalen Spreizungen bemerkenswert: So reichen die Werte bei der allgemeinen Hochschulreife von 19,6% in Bayern über 29,8% in Baden-Württemberg bis hin zu 32,3% im Stadtstaat Berlin. Bei aller Bedeutung, die auch in diesem Feld innerdeutschen Unterschieden zukommt, können diese nicht übersehen lassen, dass selbst die Spitzenwerte einzelner deutscher Länder weit unterhalb international breit erreichter Werte liegen – ohne dass diese Staaten, wie wir seit TIMSS und PISA wissen, dies mit qualitativen Einbußen erkaufen müssten. So lag der OECD-Durchschnittswert für den Jahrgangsanteil derer, die eine Hochschulreife erwerben, im Jahr 2000 bei 55%. Diesem Wert liegt allerdings ein Verständnis von Hochschulreife zugrunde, das die allgemeine und die Fachhochschulreife umfasst. Da die OECD bei der Berechnung der Quoten der Studienberechtigten andere Altersjahrgänge als Bezugsgröße wählt, kommt sie – abweichend von dem in Deutschland für das Jahr 2000 berechneten Wert von 37,1% – für Deutschland auf nur 33%[4].

Eine weitere Ausdifferenzierung ergibt sich, wenn man für die Bundesrepublik insgesamt die Absolventen mit und ohne deutsche Staatsangehörigkeit je gesondert betrachtet. Diese Daten, die erst für das Jahr 2000 vorliegen[5], belegen, dass ausländische Schulabsolventen weit hinter ihren deutschen Mitschülern und Mitschülerinnen zurückbleiben: Während in der Gruppe der deutschen Schulabsolventen 8,5% keinen Schulabschluss erlangen konnten,

4 OECD: Bildung auf einen Blick. OECD-Indikatoren 2002. Paris: 2002, S. 39, vgl. auch Tabelle C1/2 im Anhang.
5 Vgl. Tabelle C1/2 im Anhang.

galt dies für 17,9% der ausländischen Absolventen. Umgekehrt erreichten nur 8,2% aller Ausländer die allgemeine Hochschulreife – gegenüber 30,2% der Deutschen. Diese Vergleichsdaten ‚schönen' die Realität noch dadurch, dass sich hinter dem ‚Etikett' ‚Ausländer' sowohl das Kind eines französischen Managers wie auch das eines ‚klassischen' Arbeitsmigranten verbirgt.

C1.1.2 Absolventen der dualen Ausbildung

Bezieht man die Zahl derer, die jährlich eine berufliche Ausbildung im dualen System neu aufnehmen, auf den Durchschnitt der Jahrgangsstärken der 16- bis unter 19-Jährigen, so erhält man eine Quote, die das quantitative Gewicht der Ausbildung im dualen System widerspiegelt. Diese Quote lag im Ausbildungsjahr 2001 bei 68,3%[6]. Auch wenn man berücksichtigt, dass eine größere Zahl der Absolventen der dualen Berufsausbildung anschließend ein Studium beginnt und in Hochschulen die später ‚verwertete' Berufsbildung erwirbt, wird doch deutlich: Das duale System stellt die mit Abstand bedeutsamste Säule der Berufsausbildung dar.

Von denen, die eine Berufsausbildung aufnehmen, bricht im Durchschnitt der unterschiedlichen Ausbildungsbereiche mit 23,7% nahezu ein Viertel die Ausbildung ab, häufig allerdings, um im Anschluss daran eine andere Berufsausbildung, auch eine solche des dualen Systems, zu beginnen[7]. Von denen, die im dualen System bis zur Abschlussprüfung ‚durchhalten' (sei es nun die erste aufgenommene oder sei es eine nach einem Wechsel des Ausbildungsberufs neu aufgenommene Ausbildung), absolvieren – wiederum im Durchschnitt aller Bereiche – etwa 96% erfolgreich die Abschlussprüfung (einschließlich derer, die sich als Wiederholer dieser Prüfung stellen). Im Endergebnis erreichen etwa 55% eines Altersjahrgangs einen Berufsausbildungsabschluss im dualen System.

Eine jüngst vorgelegte Studie[8] zeigt hinsichtlich der Ausbildungsabbrecher unter behinderten und benachteiligten Jugendlichen, dass unter den Abbruchgründen aus der Sicht der Abbrechenden nach ‚psychischen Problemen' und nach ‚Praxis zu schwierig' der Abbruchgrund ‚Theorie zu schwierig' mit 28,1% (bei möglichen Mehrfachnennungen) auf dem dritten Platz rangiert. Bezogen auf alle Auszubildenden überwiegen betriebliche Gründe beim Abbruch einer Ausbildung. Etwa ein Fünftel geben aber auch schulische Gründe an. Von ehemaligen Hauptschülern wird in diesem Zusammenhang häufig die Überforderung durch die Berufsschule als Grund für die Lösung eines Ausbildungsvertrags genannt[9]. Dies verweist einerseits auf Defizite der Auszubildenden im Bereich der schulisch erworbenen Fachkompetenzen, macht allerdings auch darauf aufmerksam, dass eine Debatte über Ausbildungsabbruch, die sich ausschließlich oder überwiegend auf die schulische Vorbildung der Auszubildenden konzentriert, eine verengte Sicht darstellen würde.

---

6 Eigene Berechnung nach: BMBF: Berufsbildungsbericht 2003. Bonn: 2003, S. 108.

7 Vgl. zu den folgenden Ausführungen Tabelle C1/3 im Anhang.

8 Heinz Fassmann: Ausbildungsabbruch bei behinderten und benachteiligten Jugendlichen. In: Institut für Arbeitsmarkt- und Berufsforschung der Bundesanstalt für Arbeit (Hrsg.): Beiträge zur Arbeitsmarkt- und Berufsforschung 234. Nürnberg: 2000, S. 123.

9 Bundesministerium für Bildung und Forschung (Hrsg.): Berufsbildungsbericht 2003, Bonn 2003, S. 95-96.

C1.1.3 Absolventen der Hochschulausbildung

Neben der Ausbildung im dualen System ist die Hochschulausbildung die in Deutschland bedeutsamste Form der Berufsausbildung: Im Jahr 2000 nahmen ausweislich der OECD-Berechnungen insgesamt 30% eines Altersjahrgangs ein Studium (an Universitäten, Pädagogischen Hochschulen, Kunsthochschulen und Fachhochschulen) auf (bei einem OECD-Durchschnitt von 45%)[10]. Für dasselbe Jahr weist die OECD eine Abschlussquote von 19,3% aus (OECD-Durchschnitt: 25,9%)[11].

Die deutsche Absolventenquote ergibt sich als Durchschnittswert von länderspezifisch sehr unterschiedlichen Quoten: Bei den Hochschulabsolventen beobachten wir für Deutschland eine Spannweite, die von 12,7% in Brandenburg bis hin zu 30,7% in Bremen reich.[12]. Bei einer genaueren Besichtigung der Länderwerte zeigen sich – wie häufig bei bildungsstatistischen Analysen – drei Gruppen: die drei Stadtstaaten mit Werten, die im Durchschnitt knapp unter 30% liegen, die Flächenstaaten der alten Länder mit einer Spreizung von 18,8% (Bayern) bis hin zu 22,8% (Rheinland-Pfalz) und die neuen Länder, die in vier Fällen bei 14% liegen und unter denen sich ein Land, Sachsen, mit seinem Wert von 19,7% ‚abgesetzt' und inzwischen den bayerischen Wert übertroffen hat.

Beim Vergleich der Studienanfänger- und der Absolventenquoten ist es nicht zulässig, die beiden hier referierten Quoten, die aus einem Jahr stammen, aufeinander zu beziehen und daraus eine Abbruchs- bzw. Misserfolgsquote zu berechnen. Für die Berechnung derartiger Quoten müssen Bezugsjahre gewählt werden, die um die durchschnittliche Studiendauer versetzt sind. Die OECD hat dies in ihrer jüngsten Veröffentlichung getan und kommt dabei für Deutschland zu einer Studienerfolgsquote von 70%, geht also davon aus, dass 30% der Studienanfänger keinerlei akademischen Abschluss erwerben. Mit dieser Quote liegt Deutschland genau im internationalen Durchschnitt, der ebenfalls 70% beträgt[13]. Eine differenzierende Untersuchung zum Studienabbruch in Deutschland hat das Hochschul-Informations-System (HIS) im Juli 2002 vorgelegt[14]: In der HIS-Studie, die eine von der OECD-Studie abweichende Berechnungsmethode anwendet, wird für alle Studierenden, für deutsche wie für ausländische, eine Abbruchquote von 27%, für deutsche Studierende von 24% ermittelt.

C1.1.4 Junge Menschen ohne abgeschlossene berufliche Ausbildung

Trotz aller Bemühungen, jungen Menschen im dualen System, in vollzeitschulischen Bildungsgängen oder in Hochschulen eine Ausbildung zu bieten, bleibt ein nennenswerter An-

10 Vgl. OECD 2002 (a.a.O.), S. 258.

11 Vgl. a.a.O., S. 50, Der von dem durch die OECD mitgeteilten Wert in Tabelle C1/4 I(im Anhang) leicht abweichende Wert von bundesdurchschnittlich 20,6% erklärt sich durch die geringfügig andere Berechnungsweise. In Tabelle C1/4 (im Anhang) wird der Durchschnitt von drei Absolventenjahrgängen zugrunde gelegt, die OECD bezieht sich dagegen nur auf einen Absolventenjahrgang.

12 Vgl. Tabelle C1/4 im Anhang.

13 OECD: 2002. (a.a.O.), S. 50.

14 Ulrich Heublein/Robert Schmelzer/Dieter Sommer/Heike Spangenberg: Studienabbruchstudie 2002. HIS GmbH. Hannover: 2002.

teil der Angehörigen eines Altersjahrgangs ohne abgeschlossene Berufsausbildung: weil keine Ausbildung aufgenommen, eine Ausbildung abgebrochen oder die Abschlussprüfung nicht bestanden wurde. Eine quantitative Beschreibung dieser Gruppe bedarf allerdings eigener Untersuchungen, da die Massenstatistik dazu keine Angaben liefert. Solche Untersuchungen lassen sich unter Zuhilfenahme von Mikrozensusdaten durchführen. Die im folgenden präsentierten Daten beziehen sich auf die entsprechenden Daten des Jahres 2001, und zwar auf die Gruppe der 20- bis unter 30-Jährigen, unterteilt in die Untergruppen „20 bis unter 25“ sowie „25 bis unter 30“[15].

Abbildung C1/2 20- bis 30-Jährige ohne abgeschlossene Berufsausbildung in % der Gleichaltrigen

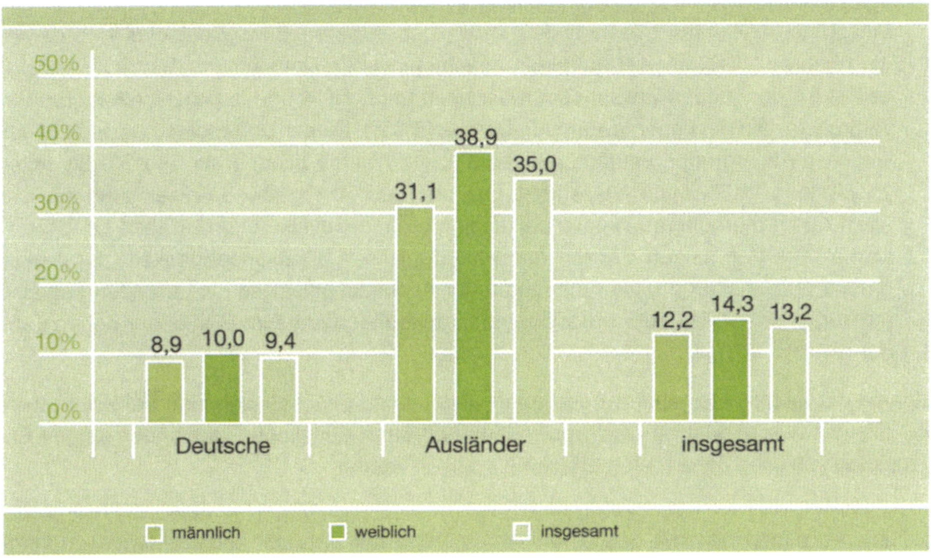

Quelle: vgl. Tabelle C1/5 (Anhang)

Die auf diese Weise gewonnenen Daten zum Ausmaß von Ausbildungslosigkeit wurden nicht nur nach den genannten Altersgruppen, sondern darüber hinaus nach Geschlecht, nach Staatsangehörigkeit (Deutsche/Ausländer) sowie nach dem Wohnort (früheres Bundesgebiet/frühere DDR) ausdifferenziert. Es ergibt sich das folgende Gesamtbild[16]:

15 Bei der Sonderauswertung des Mikrozensus 2001 wurde folgendermaßen verfahren: Erfasst wurden aus der bundesweiten 1-%-Stichprobe des Mikrozensus alle die aus der Altersgruppe der 20- bis unter 30-Jährigen, die zum Erhebungszeitpunkt über keinerlei abgeschlossene Berufsausbildung verfügten, die keine allgemein bildende oder berufsbildende Schule und auch keine Hochschule mehr besuchten, die auch nicht an irgendwelchen schulischen oder beruflichen Qualifizierungsprogrammen teilnahmen und die nicht ihren Wehr- oder Zivildienst absolvierten. Zur Einordnung der dabei gewonnenen Daten zum Ausmaß von Jugendarbeitslosigkeit muss darauf verwiesen werden, dass die Zahl und damit die Quote der so ermittelten Ausbildungslosen dieser Altersgruppe sich im Verlauf der kommenden Jahre noch verändern kann: Einerseits können aus der Gruppe derer, die 2001 ausbildungslos und in keiner Art von Ausbildung waren, noch jüngere Leute eine irgendwie geartete berufliche Erstausbildung aufnehmen und auch erfolgreich abschließen und auf diesem Weg die Zahl der Ausbildungslosen senken; andererseits ist aber auch zu erwarten, dass von all denen, die sich 2001 irgendwo – in Schulen, Hochschulen oder im Dualen System – in Bildung und Ausbildung befanden, noch eine beachtliche Zahl diese Bildungs- und Ausbildungswege erfolglos verlassen und damit den Kreis der Ausbildungslosen vergrößern wird.

16 Das Ergebnis der Mikrozensus-Auswertung findet sich in Tabelle C1/5 im Anhang.

- 13,2% aller 20- bis unter 30-Jährigen sind ohne Ausbildung verblieben. Eine Analyse der beiden Altersuntergruppen belegt zudem: In beiden Gruppen ist der Anteil der Ausbildungslosen mit 13,2 bzw. 13,3% in etwa gleich hoch.
- Frauen sind mit 14,3% immer noch häufiger als Männer mit 12,2% von Ausbildungslosigkeit betroffen. Bemerkenswert ist allerdings, dass dies in der jüngeren Altersgruppe deutlich schwächer als in der älteren Altersgruppe gilt. In der jüngeren Altersgruppe sind die jungen Frauen in den neuen Ländern sogar seltener als die gleichaltrigen Männer betroffen.
- Nach wie vor sind Ausländer mit 35% weitaus häufiger als Deutsche (13,2%) ausbildungslos geblieben – und zwar in beiden Altersgruppen.
- Eine Unterscheidung zwischen den Daten des früheren Bundesgebietes und denen der früheren DDR verweist auf einen beachtenswerten Unterschied: Ausbildungslosigkeit ist bei den jungen Erwachsenen der alten Länder (14,6%) in beiden Altersgruppen verbreiteter als bei denen der neuen Länder (7,3%). Dieser Unterschied ist auch in der jüngeren Altersgruppe deutlich ausgeprägt: Im Westen blieben bei den 20- bis unter 25-Jährigen 14,3% ohne Ausbildung, im Osten „nur" 8,7%. Diese Abweichung ist nicht allein durch die höheren Anteile der ausländischen Bevölkerung der alten Länder erklärbar: Bei den jungen Erwachsenen mit deutscher Staatsangehörigkeit (der Altersgruppe 20 bis unter 25) liegt die Quote der Ausbildungslosigkeit in den alten Ländern mit 10,9% ebenfalls deutlich vor der entsprechenden Quote im Gebiet der neuen Länder (8,4%).

Aufgrund des aktuell steigenden Ausbildungsplatzmangels muss insgesamt befürchtet werden, dass die hier referierten Quoten der dauerhaft ohne Ausbildung bleibenden jungen Erwachsenen in diesen Jahren eher steigen als sinken werden.

In Deutschland wird es in den kommenden Jahren und Jahrzehnten infolge der Rückgänge der Geburtenzahlen zu einer deutlichen Verringerung der Zahl der jungen Menschen kommen. An diese werden zugleich infolge der technologischen Entwicklung immer höhere qualifikatorische Anforderungen gestellt werden. Wenn man vor diesem Hintergrund die Daten zu Bildungs- und Ausbildungsabschlüssen überblickt, so drängt sich der Eindruck auf, dass Deutschland angesichts der anstehenden demographischen Verknappungstendenzen die im internationalen Vergleich niedrigen Quoten der Hochschulabsolventen erhöhen und möglichst alle Jugendlichen zu einem Schulabschluss und einer abgeschlossenen Berufsausbildung führen muss, weil es zukünftig geboten ist, alle intellektuellen Fähigkeiten optimal zu fördern und zu entwickeln. (Eine Vergeudung menschlicher Potenziale kann sich unsere Gesellschaft in Zukunft nicht mehr leisten.)

C1.2 Die zunehmende Entkopplung von Schulformen und Abschlüssen

In Deutschland waren Schulabschlüsse lange Zeit mit Schulformen verknüpft: Volks- bzw. Hauptschulen führten zum Volks- bzw. Hauptschulabschluss, Realschulen zum Realschulabschluss und Gymnasien zum Abitur – auch wenn es seit Entstehung der Gymnasien immer schon im hohen Umfang Schülerinnen und Schüler gab, die die Gymnasien am Ende der Mittelstufenzeit mit dem Realschulabschluss verließen. Der traditionell hohe Deckungsgrad zwischen Schul- und Abschlusstyp hat sich jedoch im Verlauf der letzten Jahrzehnte deutlich aufgelöst: im Schulsystem der DDR durch die Einführung der Polytechnischen Oberschule, in der Bundesrepublik und im vereinigten Deutschland durch die Errichtung von Gesamtschulen, durch den Ausbau des Zweiten Bildungsweges sowie durch die strukturelle Ausdifferenzierung der Schulen der Sekundarstufe I und der Angebote innerhalb des berufsbildenden Schulwesens. Dieser Entkopplungsprozess und seine Folgen für die Wertigkeit von unterschiedlichen Abschlüssen soll im Folgenden berichtet werden. Dazu wird einleitend noch einmal an die tragenden Grundannahmen des gegliederten Schulwesens sowie an das Konzept schulischer Durchlässigkeit erinnert; danach wird das aktuelle Ausmaß der Entkopplung skizziert, abschließend wird nach den Folgen der Entkopplung für die Wertigkeit gleicher Abschlüsse aus ungleichen Schulformen gefragt.

C1.2.1 Zu den Grundannahmen des gegliederten Schulsystems

Das differenzierte Schulsystem der Bundesrepublik versucht sehr früh, mit der Zuweisung zu den verschiedenen Schulformen des Sekundarsystems (mit wenigen Ausnahmen nach der 4. Jahrgangsstufe) akademische und nicht-akademische Laufbahnen vorzubereiten. Die traditionelle Dreigliedrigkeit des Sekundarschulsystems mit Hauptschule, Realschule und Gymnasium basiert auf der Vorstellung von mehr oder weniger unveränderbaren Begabungsunterschieden. Die Hauptschule gilt nicht selten als Schule der „praktisch Begabten“, für die ein ganzheitlicher, alltagsnaher Unterricht angemessen erscheint. Demgegenüber sollen auf dem Gymnasium die „abstrakt Begabten“ auf ein Studium vorbereitet werden. Die Realschule nimmt in diesem System eine Zwischenposition ein, indem sie für die Gruppe der durchschnittlich Begabten den Weg in eine höher qualifizierte praktische Tätigkeit bahnen soll.

Neben der Annahme von mehr oder weniger unveränderbaren Begabungsunterschieden und deren Bedeutung für die Eignung in unterschiedlichen Berufsfeldern ist für frühe Differenzierung eine weitere Ausgangsannahme konstituierend: die Annahme, dass individuelle Lernerfolge in leistungshomogenen höher als in leistungsheterogenen Gruppen seien[17]. Autoren wie Bloom argumentieren in ihren Modellen schulischen Lernens, dass Lern- und Leistungsunterschiede zwischen Personen oftmals darauf beruhten, dass sie unterschiedliche Zeiten benötigten, um den Unterrichtsstoff zu verstehen und abzuspeichern[18]. Homogene Leistungsgruppen, so lässt sich aus diesen Modellen ableiten, benötigen gleiche Lernzeiten; gerade für leistungsstarke Gruppen impliziert dies, dass nach der Differenzierung ein deutlich höheres Unterrichtstempo und kognitives Anspruchsniveau gewählt werden kann. Wäh-

---

17 Vgl. Arbeitsgruppe Bildungsbericht am Max-Planck-Institut für Bildungsforschung: Das Bildungswesen in der Bundesrepublik Deutschland. Strukturen und Entwicklungen im Überblick. Reinbek: 1994.
Olaf Köller/Jürgen Baumert: Leistungsgruppierungen in der Sekundarstufe I und ihre Konsequenzen für die Mathematikleistung und das mathematische Selbstkonzept der Begabung. In: Zeitschrift für Pädagogische Psychologie 15, 2001, S. 99-110.
Wilfried Bos/Eva-Maria Lankes/Manfred Prenzel/Knut Schwippert/Gerd Walther/Renate Valtin: Erste Ergebnisse aus IGLU. Schülerleistungen am Ende der vierten Jahrgangsstufe im internationalen Vergleich. Münster: 2003.

18 Vgl. Benjamin S. Bloom: Human characteristics and school learning. New York: 1976.

rend sich für diese Annahmen in nationalen Studien empirische Unterstützung finden ließ[19], konnten Studien in anderen Ländern keine spezifischen Vorteile der Leistungsgruppierung ausmachen[20].

Bereits in den 1960er-Jahren hat der relativ starre Aufbau des deutschen Sekundarschulsystems in der Bundesrepublik, in der im Unterschied zur DDR an der gegliederten Schulstruktur festgehalten wurde, heftige Kritik einstecken müssen. Die damalige Kritik ist infolge der Publikationen der PISA- und IGLU-Studien[21] neu entflammt. Die folgenden Kritikpunkte stehen dabei im Mittelpunkt:

- Die drei Sekundarschulformen sind institutionell scharf gegeneinander abgegrenzt, sodass mit dem Übertritt von der Grundschule zur Sekundarschule oftmals die Weichen für das Leben des Einzelnen gestellt werden. Nur wenige Schüler wechseln nach dem Übergang in die Sekundarstufe I im Alter von zehn oder elf Lebensjahren noch einmal die Schulform. Unter den Schulwechseln überwiegt die Abwärtsmobilität.
- Nach wie vor bestehen – auch bei Kontrolle der kognitiven Grundfähigkeiten und des Leistungsniveaus in den Kernbereichen Deutsch und Mathematik – erhebliche soziale Disparitäten beim Übergang von der Primar- in die Sekundarstufe, d.h. sozial benachteiligte Kinder haben geringere Chancen, ein Gymnasium zu besuchen, als sozial privilegierte Kinder.
- Da viele Berufslaufbahnen in der Bundesrepublik Deutschland an formale Schul- bzw. Hochschulabschlüsse gekoppelt sind, bedeutet die Übergangsentscheidung auf eine der drei Schulformen, dass bereits im Alter von zehn oder elf Jahren eine folgenschwere Entscheidung für das künftige Berufsleben der Kinder gefällt wird.
- Die frühe Festlegung auf Schulformen und die damit verbundenen Optionen für den Arbeitsmarkt werden umso mehr in Frage gestellt, je mehr die Schulleistungsverteilungen der verschiedenen Schulzweige sich überlappen, vergleichbare Leistungsniveaus in den Kernfächern also durchaus an verschiedenen Schulformen erreicht werden.

C1.2.2 Entkopplung statt Durchlässigkeit

Dieser Kritik setzte die Schulpolitik in der Bundesrepublik bis 1989 und dann im vereinigten Deutschland das Konzept der Durchlässigkeit entgegen: Bildungswege sollten während der gesamten Schullaufbahn korrigierbar bleiben. Die an dieser Zielsetzung orientierten Anstrengungen sind gemessen an der Realität eher gescheitert. Die Befunde der auf der Basis der allgemeinen Schulstatistik durchgeführten Analysen sind eindeutig: Durchlässigkeit ist in der Sekundarstufe I praktisch nur in Form von Abwärtsmobilität institutionalisiert; Aufstiege durch erfolgreiche Schulformwechsel sind seltene Ereignisse. Dies konnten die Arbeiten von Bellenberg anhand der Rekonstruktion individueller Schullaufbahnen in ausgewählten Regi-

19 Vgl. Olaf Köller/Jürgen Baumert 2001 (a.a.O.).

20 Vgl. Herbert W. Marsh/C.-K.-Kong/Kit-Thai Hau. Longitudinal multilevel models of the big-fish-little-pond effect on academic self-concept: Counterbalancing contrast and reflected-glory effects in Hong Kong schools. In: Journal of Personality and Social Psychology 78, 2000, S. 337-349.

21 Vgl. Deutsches Pisa-Konsortium (Hrsg.): PISA 2000. Basiskompetenzen von Schülerinnen und Schülern im internationalen Vergleich. Opladen: 2001.

onen Nordrhein-Westfalens bestätigen[22]. Baumert, Trautwein und Artelt rekonstruierten auf der Basis der PISA-E-Daten Schulformwechsel[23]. Danach betrug im Jahre 2000 die Mobilitätsquote der 15-Jährigen insgesamt 14,4%. In 73% dieser Fälle lagen Schulformabstiege, in lediglich 23% -aufstiege vor[24].

Diese Daten werden in der aktuellen Diskussion gern als Beleg für die mangelnde Offenheit des Systems angeführt. Dem wurde und wird entgegengehalten[25], dass Auf- und Abstiegsmobilität ihre Gültigkeit als Indikator für die Offenheit des Systems verloren hätten oder doch zu verlieren begännen, weil Schulabschlüsse und Schulformen entkoppelt seien. Da der Erwerb eines bestimmten Zertifikats nicht mehr ausschließlich wie ehedem an eine einzige Schulform gebunden sei, stellten, so wird gesagt, Überweisungen in eine bestimmte Schulform oder die Abstufung aus einer in eine andere Schulform nicht mehr zwangsläufig eine Festlegung auf einen und nur einen Schulabschluss dar.

Geht man den empirischen Belegen für die These von der Auflösung des engen Zusammenhangs zwischen Schulformen und Schulabschlüssen nach, so finden sich eindeutige Belege für die Entkopplungsthese: Unübersehbar ist, dass nennenswerte Anteile von Schülerinnen und Schülern eines Altersjahrgangs an Realschulen und an Gymnasien nach dem Absolvieren der Vollzeitschulpflicht das jeweilige Schulziel nicht erreichen und mit niedrigerem Abschluss die Schule verlassen[26]. Auch trifft es zu, dass in Regionen mit einem schwach ausgebauten Realschulwesen das Gymnasium immer noch die Funktion der mittleren Schulform mit übernimmt. Ein Teil des Jahrgangs verlässt dort nach dem erfolgreichen Abschluss der 10. Klasse das Gymnasium mit dem Realschulabschluss, und zwar in Übereinstimmung mit den individuellen Bildungsplänen. Zusätzlich wurde der Zusammenhang zwischen Schulabschluss und Schulform auch durch bildungspolitische Maßnahmen gelockert. Der Realschulabschluss und die Fachoberschulreife sind – mit Unterschieden von Land zu Land – gleichermaßen an Hauptschulen, Gesamtschulen, Schulen mit mehreren Bildungsgängen und in beruflichen Bildungsgängen erwerbbar. Auch Schulabgänger, die das allgemein bildende Schulwesen ohne Abschluss verlassen, erhalten den Hauptschulabschluss in nicht unbeträchtlichem Ausmaß in beruflichen Schulen. Insgesamt ist im Sekundarbereich I die Entkopplung von Bildungsgang und Schulabschluss so weit fortgeschritten, dass im Jahre 2000 nur noch 58% der Hauptschulabschlüsse an Hauptschulen und 48% der Realschulabschlüsse an Realschulen erworben wurden[27]. An dem für den Hauptschulabschluss und für den mittleren Abschluss beschriebenen Entkopplungsprozess sind – wie

---

22 Vgl. Gabriele Bellenberg: Individuelle Schullaufbahnen: Eine empirische Untersuchung über Bildungsverläufe von der Einschulung bis zum Abschluss. Weinheim: 1999 und Gabriele Bellenberg/Klaus Klemm: Von der Einschulung bis zum Abitur. Zur Rekonstruktion von Schullaufbahnen in Nordrhein-Westfalen. In: Zeitschrift für Erziehungswissenschaft 1, 1998, S. 577-596.

23 Vgl. Jürgen Baumert/Ulrich Trautwein/Cordula Artelt: Schulumwelten – institutionelle Bedingungen des Lehrens und Lernens. In: Deutsches PISA-Konsortium (Hrsg.): PISA 2000. Ein differenzierter Blick auf die Länder der Bundesrepublik Deutschland. Opladen: 2003, S. 261-331.

24 Wichtig erscheint in diesem Zusammenhang der Hinweis, dass trotz aller Bemühungen bei der Homogenisierung der Stundentafeln es nicht gelungen ist, die Anzahl der Wochenstunden in den Kernfächern Deutsch, Mathematik, Naturwissenschaften und Fremdsprachen über die Schulformen hinweg anzugleichen. Insbesondere die im Laufe der Sekundarstufe I zunehmenden Diskrepanzen in den Wochenstundenzahlen der Fremdsprachen dürften eine zusätzliche Barriere für die Aufwärtsmobilität darstellen (vgl. Abschnitt A 1).

25 Vgl. Arbeitsgruppe Bildungsbericht am Max-Planck-Institut für Bildungsforschung: Das Bildungswesen in der Bundesrepublik Deutschland. Strukturen und Entwicklungen im Überblick. Reinbek: 1994;
Jürgen Baumert/Ulrich Trautwein/Cordula Artelt 2003 (a.a.O.).

26 Gabriele Bellenberg/Klaus Klemm 1998 (a.a.O.).

27 Quelle: BMBF: Grund- und Strukturdaten 2001/02. Bonn: 2003, S. 94f.

schon erwähnt – nicht nur die strukturelle Ausdifferenzierung der Schulen des Sekundarbereichs I beteiligt, sondern im starken Maße auch das berufsbildende Schulwesen. 5,1% aller Hauptschulabschlüsse und 8,2% aller mittleren Abschlüsse wurden 2001 – bei deutlichen länderspezifischen Ausprägungen – an berufsbildenden Schulen erworben[28].

Auch im Sekundarbereich II sind die Wege zu unterschiedlichen Abschlüssen differenzierter geworden. Die beiden Typen der Hochschulreife, die allgemeine/fachgebundene Hochschulreife und die Fachhochschulreife, können in verschiedenen Bildungsgängen – länderspezifisch unterschiedlich stark ausgeprägt – erworben werden. Im Schuljahr 2001/2002 erhielten immerhin 21% aller Absolventen ihre allgemeine Hochschulreife nicht an einem allgemein bildenden Gymnasium[29]. Das berufliche Gymnasium (oder entsprechende Bildungsgänge in beruflichen Schulen) und die Integrierte Gesamtschule bieten neben den Kollegs und Abendgymnasien die bedeutsamsten alternativen Wege zum Abitur. Diese Einrichtungen können als unterschiedliche Modelle der Öffnung des Zugangs zur allgemeinen Hochschulreife gelten. Das berufliche Gymnasium ist in der Regel als Profiloberstufe ausgestaltet, in der eine erste Hinführung auf ein Berufsfeld erfolgt. Die Oberstufe an Gesamtschulen sowie die Abendgymnasien und Kollegs übernehmen dagegen das allgemein bildende Konzept der gymnasialen Oberstufe.

Angesichts der hier skizzierten Entkopplung stellt sich die Frage, ob die auf alternativen Wegen gegebene Erreichbarkeit unterschiedlicher Schulabschlüsse die Übergangsentscheidung nach der Grundschule entlasten könnte.

C1.2.3 Die Folgen der Entkoppelung: Die Hierarchisierung gleicher Bildungsabschlüsse

Eine solche Entlastung wäre zumindest teilweise gegeben, wenn gesichert wäre, dass hinter gleichen Zertifikaten, die an unterschiedlichen Schulformen erworben werden, gleiche Leistungsniveaus stünden und wenn gleiche Abschlussnoten auch gleiche Kompetenzniveaus bedeuten würden. Der Klärung dieser Frage kommt hohe Bedeutung zu, da berufliche Karrieren in kaum einem anderen Land so eng an Bildungszertifikate und Abschlussnoten gebunden sind wie in Deutschland. Qualifizierte Ausbildungsbereiche – beispielsweise im kaufmännischen Bereich – setzen wenigstens einen überdurchschnittlichen Realschulabschluss voraus; stark nachgefragte Studiengänge unterliegen in verschiedenen Fächern dem Numerus clausus, die Zugangsberechtigung wird also auf der Basis der Durchschnittsnote im Abitur vergeben. Knappe Ausbildungs- und Studienplätze, die an Zertifikate und Schulnoten gebunden sind, steigern die Ansprüche an die Vergleichbarkeit von Bewertungsmaßstäben erheblich. Angesichts dieser Bedeutung ist es bedauerlich, dass bislang kaum Schulleistungsstudien vorliegen, in denen Leistungen in Abhängigkeit vom Schulabschluss und von der den Abschluss vergebenen Schulform analysiert werden.

Von den wenigen Studien, die diesen Zusammenhang beleuchten, bezieht sich nur eine auf die Phase am Ende der Sekundarstufe I. Im Rahmen der auf das Ende der Pflichtschul-

28 Vgl. Tabelle C1/6 im Anhang.

29 Quelle: Statistisches Bundesamt: Bildung und Kultur, Schuljahr 2001/2002, Fachserie 11, Reihe 1, S. 45; Reihe 2, S. 42.

zeit bezogenen TIMS-Studie wurde der Frage nachgegangen, ob sich Schülerinnen und Schüler mit gleichwertigen Abschlusszertifikaten hinsichtlich des erreichten mathematischen und naturwissenschaftlichen Grundbildungsniveaus systematisch nach der den Abschluss vergebenden Institution des allgemein bildenden Systems unterscheiden[30]. Einschränkend muss angemerkt werden, dass sich die Untersuchungsteilnehmer am Ende der Schulzeit der Sekundarstufe II befanden und somit das allgemein bildende System zwei bzw. drei Jahre zuvor verlassen hatten. Damit bleibt offen, inwieweit die berichteten Befunde durch Bildungsprozesse während der Schulzeit in der Sekundarstufe II erhöht oder reduziert wurden. Diese Daten sind daher nur unter Vorbehalt heranzuziehen, wenn es darum geht, sich dem Problem der Vergleichbarkeit der Abschlüsse in unterschiedlichen Schulformen der Sekundarstufe I anzunähern.

Abbildung C1/3 Leistungen in mathematisch-naturwissenschaftlicher Grundbildung nach zuletzt besuchter Schulform im allgemein bildenden System und Schulabschluss

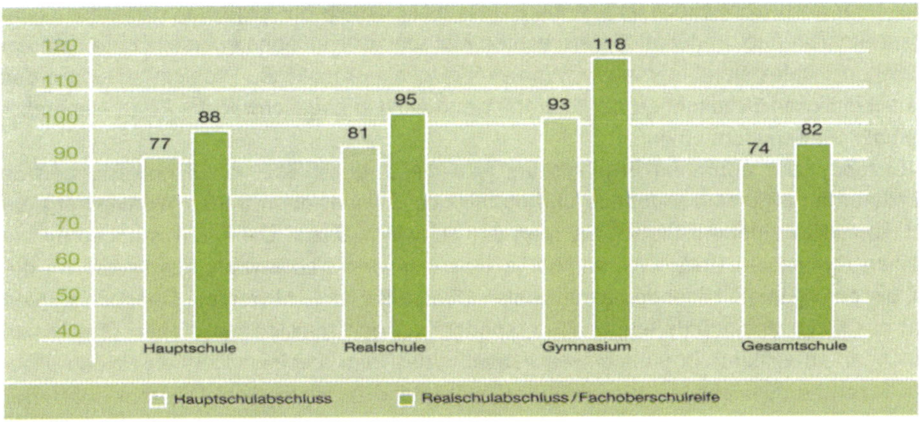

Quelle: Rainer Watermann/Jürgen Baumert: Mathematische und naturwissenschaftliche Grundbildung beim Übergang von der Schule in den Beruf. In: Jürgen Baumert/Wilfried Bos/Rainer Lehmann (Hrsg.): Dritte Internationale Mathematik- und Naturwissenschaftsstudie. Bd. 1. Opladen 2000, S. 206

Abbildung C1/3 zeigt getrennt nach Schulform und -abschluss die Leistungen im Bereich mathematisch-naturwissenschaftlicher Grundbildung[31]. Identischen Schulabschlüssen, dies wird in der Abbildung gleichermaßen für den Haupt- wie den Realschulabschluss deutlich, stehen erheblich variierende Grundbildungsleistungen gegenüber. Watermann und Baumert bemerken hierzu: „Am leichtesten – wenn man dies nur unter Bezugnahme auf Mathematik und die Naturwissenschaften sagen darf – erwirbt man die Abschlüsse an Gesamtschulen, am strengsten geht das Gymnasium mit seinen Frühabgängern um ...“[32]. Nicht unerwähnt

30 Vgl. Rainer Watermann/Jürgen Baumert: Mathematische und naturwissenschaftliche Grundbildung beim Übergang von der Schule in den Beruf. In: Jürgen Baumert/WilfriedBos/Rainer Lehmann (Hrsg.): Dritte Internationale Mathematik- und Naturwissenschaftsstudie. Mathematische und naturwissenschaftliche Bildung am Ende der Schullaufbahn. Bd. 1: Mathematische und naturwissenschaftliche Grundbildung am Ende der Pflichtschulzeit. Opladen: 2000, S. 199-259.

31 Die gewählte Skala hatte in der Gesamtstichprobe einen Mittelwert von 87 und eine Standardabweichung von 30. Um die Differenzen zwischen den Gruppen besser hinsichtlich ihrer Bedeutsamkeit verstehen zu können, sei angemerkt, dass der Leistungszuwachs in einem Schuljahr der Sekundarstufe I bei einer drittel bis halben Standardabweichung liegt. Bei den Gymnasiasten handelt es sich um Frühabgänger.

32 Vgl. Rainer Watermann/Jürgen Baumert: 2000 (a.a.O.), S. 206.

darf an dieser Stelle bleiben, dass es trotz aller Mittelwertsunterschiede natürlich erhebliche Überlappungen zwischen den Schulformen gibt[33].

In eine ähnliche Richtung, aber mit größerer Schärfe und methodisch abgesicherter, weisen Untersuchungsergebnisse, die auf die hier angesprochene Frage nach der Vergleichbarkeit von Abschlüssen bei der Differenzierung von Zugangswegen zur Hochschulreife Antwort geben. Im Kontext der Studie „Bildungsverläufe und psychosoziale Entwicklung im Jugend- und jungen Erwachsenenalter“ (BIJU) wurden mathematische Leistungen in gymnasialen Oberstufen von Gesamtschulen und von Gymnasien Nordrhein-Westfalens verglichen[34]. Die Befunde zeigten deutliche Leistungsunterschiede: So erreichten Schülerinnen und Schüler der Mathematik-Leistungskurse an Gesamtschulen im Mittel nicht das Leistungsniveau der Grundkurse an Gymnasien. Die Leistungen eines erheblichen Anteils der Schülerschaft an Gesamtschulen lagen auf einem Niveau, bei dem Mindeststandards – wie man sie in der gymnasialen Oberstufe erwartet – nicht erreicht wurden. An dieser Stelle soll aber auch nicht unerwähnt bleiben, dass es innerhalb der allgemein bildenden Gymnasien Schulen gab, in denen die erbrachten Mathematikleistungen ebenfalls unterhalb der definierten Mindeststandards lagen. Was sich also als erhebliches Problem zwischen den unterschiedlichen Schulformen zeigte, trat – wenn auch in abgeschwächter Form – ebenfalls innerhalb der Schulformen auf.

Zu tendenziell ähnlichen Ergebnissen, was die Unterschiede von Schulleistungen an Oberstufen an allgemein bildenden und beruflichen Gymnasien in Baden-Württemberg angeht, kommt eine neuere Studie. Baumert u.a. schreiben dazu: „Die Fachleistungen an beruflichen Gymnasien Baden-Württembergs unterscheiden sich erwartungsgemäß von denen, die an allgemein bildenden gymnasialen Oberstufen erreicht werden. Dennoch werden nicht nur Mindeststandards eingehalten, sondern an den meisten beruflichen Gymnasien wird sogar ein mittleres Leistungsniveau erreicht, das dem durchschnittlichen Niveau allgemein bildender gymnasialer Oberstufen in Deutschland äquivalent ist.“ Differenziertere Befunde werden erst nach Fertigstellung dieses Berichts verfügbar sein[35].

Bestätigt wird der in diesen Studien zum Ausdruck kommende Leistungsunterschied, der bei vergleichbaren Zertifikaten in Abhängigkeit von der besuchten Schulform beobachtet wird, ein weiteres Mal durch eine Analyse der Ergebnisse des Tests für medizinische Studiengänge (TMS). Bezogen auf das Testjahr 1997 berichtet Blum, dass Absolventen von Abendgymnasien, Gesamtschulen und Fachgymnasien bei gleicher Abiturdurchschnittsnote bedeutsam schwächer als die der Gymnasien waren. Der Unterschied zwischen den durchschnittlichen Testleistungen der Absolventen der Gymnasien und der Abendgymnasien ent-

33 Jürgen Baumert/Ulrich Trautwein/Cordula Artelt 2003 (a.a.O.) S. 296.

34 Vgl. Olaf Köller/Jürgen Baumert/Kai Schnabel: Wege zur Hochschulreife: Offenheit des Systems und Sicherung vergleichbarer Standards. Analysen am Beispiel der Mathematikleistungen von Oberstufenschülern an integrierten Gesamtschulen und Gymnasien in Nordrhein-Westfalen. In: Zeitschrift für Erziehungswissenschaft 2, 1999, S. 370 bis 405.

35 Jürgen Baumert/Ulrich Trautwein/Cordula Artelt 2003 (a.a.O.), S. 314;
Olaf Köller/Rainer Watermann/Ulrich Trautwein/Oliver Lüdtke (Hrsg.): Wege zur Hochschulreife in Baden-Württemberg. TOSCA – Eine Untersuchung an allgemein bildenden und beruflichen Gymnasien. Opladen: in Vorbereitung.

sprach mit 9,7 Testpunkten nahezu einer Standardabweichung (beim TMS war die Standardabweichung auf 10 normiert)[36].

Diese Ergebnisse, die Hierarchisierung gleicher Abschlüsse entlang der Hierarchie vergebender Institutionen, sind nicht überraschend, wenn auch die Höhe der Differenzen bemerkenswert ist. Schon die Befunde der Längsschnittstudie „Bildungsverläufe und psychosoziale Entwicklung im Jugendalter und jungen Erwachsenenalter“ (BIJU) und ebenso die PISA-Studie haben deutlich gemacht, dass die einzelnen Schulformen unterschiedliche Entwicklungsmilieus darstellen, die bei Schülerinnen und Schülern auch bei gleichen Voraussetzungen zu differenziellen Fördereffekten im kognitiven, motivationalen und psychoemotionalen Persönlichkeitsbereich führen. Angesichts dieser Befunde ist es offensichtlich, dass eine Übergangsentscheidung eines Schülers oder einer Schülerin in eine – gemessen an der Leistungsfähigkeit – zu ‚niedrige' Schulform zu einer Verlangsamung seiner oder ihrer Lernfortschritte führt.

Die wenigen Befunde, die bisher zu der Frage vorliegen, ob hinter gleichen Schulabschlüssen unterschiedlicher Schulformen vergleichbare Leistungen stehen, lassen die These, der zufolge die Entkopplung von Schulformen und -abschlüssen die Schwächen des Übergangsverfahrens am Ende der Grundschulzeit und das weitgehende Scheitern des Durchlässigkeitskonzeptes ausglichen, als voreilig erscheinen. Es ist nicht auszuschließen, dass in dem Maße, in dem nicht nur ausbildende Betriebe, sondern auch berufliche Vollzeitschulen und Hochschulen ihre Schüler und Schülerinnen sowie ihre Studierenden selbst auswählen, die ‚Abnehmerseite' die institutionelle Hierarchie gleicher Abschlüsse wahrnimmt und bei Auswahlprozessen wirksam werden lässt. Dann würde die zunächst als Abschwächung der Nachteile des gegliederten Schulsystems angelegte Entkopplung von Schulform und Schulabschluss letztlich wieder unterlaufen.

36 Franz Blum: Zahlenmäßige Anteile, Test- und Schulleistungen einzelner Gruppen von Testteilnehmern. In: G. Trost (Hrsg.): Test für medizinische Studiengänge (TMS): Studien zur Evaluation. 21. Arbeitsbericht. Bonn: 1997, S. 34-74.

C2 Kompetenzen

Das entscheidende „Produkt“ eines Bildungssystems sind zweifellos die Kenntnisse, Fertigkeiten und Fähigkeiten, die es Menschen ermöglichen, sich persönlich zu entfalten, verantwortlich an gesellschaftlichen und kulturellen Aktivitäten teilzunehmen und einen befriedigenden und erfolgreichen Berufsweg zu beschreiten. Bildungsqualität ist somit – in den Worten des Schulforschers Helmut Fend – gegeben, wenn „möglichst viele Schüler zu einem bestmöglichen Verständnis und zu einem bestmöglichen Niveau der Entwicklung ihrer Fähigkeiten gelangen“[1].

Um welche Fähigkeiten es im Einzelnen geht, welches Niveau der Fähigkeitsentwicklung anzustreben ist und wie man das erreichte Niveau zuverlässig bestimmen kann, um Erfolge und Misserfolge von Bildungsanstrengungen zu beurteilen – dies gehört zu den Kernfragen der Pädagogik, aber auch der Bildungspolitik, über die immer wieder neu verhandelt werden muss. Letztlich geht es darum, was als „Bildung“ verstanden werden soll. Sollen sich die Bildungseinrichtungen an einem traditionellen Bildungskanon ausrichten, oder soll die Vermittlung von Qualifikationen im Vordergrund stehen, die zur Bewältigung beruflicher, sozialer und privater Aufgaben erforderlich sind? Aus pädagogischen Diskussionen, aus Wirtschaft und Politik werden immer wieder Vorschläge dazu unterbreitet, welche „Schlüssel-Qualifikationen“ für die Bewältigung neuer beruflicher und gesellschaftlicher Anforderungen und insbesondere für lebenslanges Lernen bestimmend seien. So hat der EU-Ministerrat als Leitlinie für die Koordination bildungspolitischer Aktivitäten eine Liste verabschiedet, zu der „Rechnen, Schreiben und Lesen (grundlegende Fertigkeiten); grundlegende Kompetenzen in Mathematik, Naturwissenschaften und Technologie; Fremdsprachen; IKT[2]-Fertigkeiten und Nutzung der Technologie“ gehören[3]. Damit sind zweifellos die basalen „Kulturwerkzeuge“ angesprochen, deren Beherrschung für das Leben in modernen Industriegesellschaften – aus gesellschaftlicher Perspektive, aber auch im Interesse individueller Entfaltung und Teilhabe – unverzichtbar ist. Mit „Lernen, wie man lernt; sozialen Fertigkeiten; Unternehmergeist und Allgemeinwissen“ werden in der EU-Liste weitere Persönlichkeitsdimensionen angesprochen, deren Auswahl und Abgrenzung jedoch fraglich erscheint. Vergleicht man die Liste mit den Verfassungen und Gesetzen der deutschen Länder, die verbindliche Bildungs- und Erziehungsziele für Schulen formulieren, fällt in dem EU-Programm eine Verengung auf, insbesondere die Auslassung von historisch-politischen, musisch-ästhetischen und ethisch-religiösen Zieldimensionen.

Für die Beschreibung von Bildungszielen und die empirische Erfassung der erzielten Wirkungen hat sich in der internationalen Diskussion der Begriff der „Kompetenzen“ eingebürgert. Damit ist angedeutet, dass zu diesen Wirkungen wesentlich mehr gehört als die Kenntnisse, die man in einzelnen Fächern erwirbt. Fachliches Wissen und Können wird vielmehr aus der Perspektive der realen Handlungsanforderungen betrachtet, mit denen

1 Helmut Fend: Qualität und Qualitätssicherung im Bildungswesen: Wohlfahrtsstaatliche Modelle und Marktmodelle. In: 41. Beiheft der Zeitschrift für Pädagogik, 2000, S. 55-72.

2 IKT = Informations- und Kommunikationstechnik.

3 Detailliertes Arbeitsprogramm zur Umsetzung der Ziele der Systeme der allgemeinen und beruflichen Bildung in Europa (ABl. 2002/C 142/01), gebilligt vom Europäischen Rat am 15./16.3. 2002 in Barcelona.

Menschen konfrontiert sind. Als „kompetent“ gilt man zudem nicht, wenn man bloß erworbenes Wissen anwendet und damit spezifische Aufgaben bewältigt. Vielmehr umfassen Kompetenzen neben kognitiven Fähigkeiten und Fertigkeiten, die man braucht, um bestimmte Probleme zu lösen, auch „die damit verbundenen motivationalen, volitionalen (willensbezogenen bzw. handlungssteuernden, Anm. d.Verf.) und sozialen Bereitschaften und Fähigkeiten, um die Problemlösungen in variablen Situationen erfolgreich und verantwortungsvoll nutzen zu können“[4]. Mit „Kompetenz“ ist also die Befähigung gemeint, variable Anforderungssituationen in einem bestimmten Lern- oder Handlungsbereich erfolgreich zu bewältigen. Je nach der Breite der Lern- oder Handlungsbereiche kann man mit Weinert fachliche Kompetenzen (z.B. physikalischer, fremdsprachlicher oder musikalischer Art) von fachübergreifenden Kompetenzen (z.B. Problemlösen und Teamfähigkeit) und Handlungskompetenzen unterscheiden. Das Niveau der erworbenen Kompetenzen lässt sich prinzipiell über Tests feststellen und in „Kompetenzstufen“ ausdrücken, wie sie beispielsweise bei PISA definiert wurden (siehe Abschnitt C 2.2).

Für die Berichterstattung über Wirkungen des Bildungssystems muss unter der Gesamtheit der möglichen Kompetenzen eine pragmatische Auswahl getroffen werden. Sinnvollerweise wählt man Kompetenzen aus, (a) die mit der Aneignung, Beherrschung und Nutzung von basalen „Kulturwerkzeugen“ in vielfältigen Handlungssituationen zusammenhängen und somit eine „Schlüssel-Funktion“ für lebenslanges Lernen haben, (b) bei deren Entwicklung und Förderung Schule und Unterricht eine zentrale Rolle spielen, (c) die sich in großen, repräsentativen Stichproben zuverlässig messen lassen. Sicherlich gibt es eine Reihe wichtiger Kompetenzziele – vor allem im Bereich der motivationalen, sozialen und moralischen Entwicklung –, die sich nicht bzw. nicht mit vertretbarem Aufwand vergleichend bewerten lassen. Bezogen auf das allgemein bildende Schulwesen ist aber in den internationalen Vergleichsuntersuchungen der letzten Jahre (TIMSS, PISA, IGLU) eine Gruppe von Kompetenzen identifiziert worden, welche die genannten Auswahlkriterien erfüllen:

- Lesekompetenz, definiert als Fähigkeit, Texte – einschließlich Tabellen und Graphiken – zu verstehen, daraus Informationen zu entnehmen, sie schlussfolgernd zu interpretieren, für Entscheidungen und Problemlösungen zu nutzen und kritisch zu reflektieren;
- mathematische Grundbildung, zu der ein Verständnis der mathematischen Konzepte gehört, mit ihrer spezifischen Sprache, ihren Symbolen, Bildern und Formeln, aber nicht zuletzt auch die Fähigkeit, diese mathematischen Begriffe, Strukturen und Verfahren zur Modellierung realer Sachverhalte und zur Lösung konkreter Probleme zu nutzen;
- naturwissenschaftliche Grundbildung, die nicht nur Wissen bzw. Verständnis zentraler naturwissenschaftlicher Konzepte umfasst, sondern auch das Verständnis naturwissenschaftlicher Untersuchungsmethoden und Denkweisen, der epistemologischen Grundlagen des Erkenntnisgewinns in den Naturwissenschaften und ihrer Bezüge zu Technik und Gesellschaft.

Mit diesen drei Kompetenzdimensionen ist ein Kernbereich von Bildungserträgen angesprochen, für den bereits jetzt – über die Stufen des Schulsystems hinweg und, wenn man die

4 Franz E. Weinert: Vergleichende Leistungsmessung in Schulen - eine umstrittene Selbstverständlichkeit. In: Franz E. Weinert (Hrsg.): Leistungsmessung in Schulen. Weinheim: 2001, S. 17-32, S. 27f.

International Adult Literacy Survey[5] hinzuzieht, sogar im Erwachsenenbereich – ein beachtliches Korpus von Daten vorliegt, das ausreicht, die Wirkungsqualität des deutschen Bildungswesens zu bewerten[6]. Auch wenn die internationalen Studien sich zunehmend weniger an curricularen Vorgaben orientieren[7], haben Testanalysen[8] und umfangreiche Zusatzerhebungen der deutschen Konsortien[9] bei PISA und IGLU nachweisen können, dass deren Aufgaben im Großen und Ganzen den Lerninhalten und Leistungserwartungen für deutsche Schülerinnen und Schüler entsprechen. Vor allem lässt sich zeigen, dass eine Begrenzung allein auf lehrplanvalide Aufgaben an den inter- und intranationalen Unterschieden praktisch nichts ändert[10]. Die internationalen Leistungstests bilden daher einen angemessenen und fairen Maßstab zur Messung und Bewertung schulischer Lernergebnisse.

Die einschlägigen Studien haben in der deutschen Öffentlichkeit breiteste Beachtung erfahren. Sie können und sollen hier nicht zum wiederholten Male referiert werden. Ziel dieses Kapitels ist es vielmehr, die Befunde quer über die Stufen des Bildungswesens, d.h. auch über die einzelnen Studien hinweg, darzulegen und aus unterschiedlichen Perspektiven zu bewerten:

– aus der Perspektive des internationalen oder intranationalen (Länder-)Vergleichs (Abschnitt C 2.1),

---

5 OECD/Statistics Canada: Literacy in the Information Age: Final Report of the International Adult Literacy Survey. Paris; Ottawa: 2000.

6 Eine Bestandsaufnahme zu weiteren Aspekten sprachlicher Kompetenz, sowohl im Deutschen als auch in der Fremdsprache Englisch, wird gegenwärtig im Auftrag der KMK im Rahmen des Projekts DESI vorbereitet (Bärbel Beck & Eckhard Klieme: DESI – Eine Längsschnittstudie zur Untersuchung des Sprachunterrichts in deutschen Schulen. In: Zeitschrift für Empirische Pädagogik, im Erscheinen; sowie Eckhard Klieme/Wolfgang Eichler/Andreas Helmke/Rainer H. Lehmann/Günter Nold/Hans-Günter Rolff/Konrad Schröder/Günther Thomé/Heiner Willenberg (Hrsg.): DESI: Bericht über die Entwicklung und Erprobung der Erhebungsinstrumente. – Internes Manuskript für die Kultusministerkonferenz. Frankfurt a. M.: 2003). Die OECD erschließt mit den PISA-Erhebungen sukzessive auch fachübergreifende Kompetenzbereiche wie selbstreguliertes Lernen, Problemlösefähigkeiten und computerbezogene Fähigkeiten. Das deutsche PISA 2000-Konsortium hat diese Bereiche sowie zusätzlich soziale Kompetenzen besonders intensiv untersucht und erwartungsgemäß festgestellt, dass schulische Einflussfaktoren hierfür geringere Erklärungskraft besitzen als für die drei o.g. Kompetenzbereiche (vgl. Deutsches PISA-Konsortium (Hrsg.): PISA 2000 – Ein differenzierter Blick auf die Länder der Bundesrepublik Deutschland. Opladen: 2003).

7 Vgl. dazu Eckhard Klieme/Olaf Köller/Petra Stanat. TIMSS und PISA. Von der Untersuchung fachlichen Lernens zur Analyse allgemeiner Kompetenzentwicklung. Journal für Schulentwicklung, 2001, S. 18-32.

8 Leistungstests in internationalen Vergleichsstudien werden einer aufwändigen und umfangreichen Vorerprobung unterzogen, und Aufgaben, die Teilnehmer einzelner Staaten unfair behandeln würden, weil sie dort überproportional schwer sind – etwa weil sie Alltagswissen voraussetzen, das in der betreffenden Kultur nicht vermittelt wird – werden im Haupttest nicht weiter verwendet.

9 Die internationalen PISA-Aufgaben wurden im Durchschnitt der Bundesländer zu 61% von den Lehrplanexperten als lehrplanvalide eingestuft (Cordula Artelt/Martin Brunner/Wolfgang Schneider/Manfred Prenzel/Michael Neubrand: *Literacy* oder Lehrplanvalidität? – Ländervergleiche auf der Basis lehrplanoptimierter PISA-Tests. In: Deutsches PISA-Konsortium 2003 (a.a.O.), S. 77-108, S. 83.); ähnlich liegen die Kennwerte bei der Einschätzung des internationalen Lesetests für Grundschüler IGLU (Wilfried Bos/Eva-Maria Lankes/Manfred Prenzel/Knut Schwippert/Gerd Walther/Renate Valin (Hrsg.): Erste Ergebnisse aus IGLU. Schülerleistungen am Ende der vierten Jahrgangsstufe im internationalen Vergleich. Münster: 2003, S. 92 ff.). Für die TIMSS-Mittelstufentests werden noch höhere Werte berichtet (Jürgen Baumert/Rainer Lehmann/Manfred Lehrke/Bernd Schmitz/Marten Clausen/Ingmar Hosenfeld/Olaf Köller/Johanna Neubrand (Hrsg.): TIMSS: Mathematisch-Naturwissenschaftlicher Unterricht im internationalen Vergleich. Opladen: 1997, S. 185 ff.).

10 Vgl. Cordula Artelt u.a. 2003 (a.a.O.) für PISA sowie für TIMSS Albert E. Beaton: Comparing cross-national student performance on TIMSS using different test items. International Journal of Educational Research 29, 1998, S. 529-542.

- aus der Perspektive inhaltlicher Bewertungskriterien oder „Standards" (Abschnitt C 2.2),
- auf der Basis historischer Vergleiche, durch die Veränderungen von Bildungssystemen über mehrere Jahre hinweg beschrieben werden (sog. „ipsative" Untersuchungsperspektive; Abschnitt C2.3), sowie schließlich
- auf der Basis echter Längsschnittanalysen, die abzuschätzen erlauben, wie stark Lernzuwächse im Verlauf individueller Bildungsbiographien ausfallen (Abschnitt C 2.4).

C2.1 Schülerkompetenzen im inter- und intranationalen Vergleich

C2.1.1 Deutschlands Schulen im internationalen Vergleich

Die in der Öffentlichkeit als „Schock" empfundene Kernaussage der Vergleichsstudien lässt sich sehr knapp zusammenfassen: Das deutsche Schulsystem nimmt keineswegs, wie lange Zeit auch im Ausland vermutet worden war[11], eine internationale Spitzenposition ein, sondern bleibt deutlich hinter den Ergebnissen von Industrienationen in Europa und anderswo zurück. Unsere Kinder und Jugendlichen liegen im Hinblick auf ihre grundlegenden Kompetenzen im Durchschnittsbereich, vielfach sogar klar unter dem Durchschnitt vergleichbarer Industriestaaten. Dies gilt über die bei TIMSS, PISA und IGLU erfassten Leistungsbereiche (Mathematik, Naturwissenschaften und Lesen) hinaus beispielsweise auch für politische Kenntnisse[12].

Die Übersicht in Tabelle C2/1 erfasst alle Studien jüngeren Datums (Erhebungen zwischen 1994 und 2001), die Lesen, Mathematik oder Naturwissenschaften untersuchen, dabei eine Kompetenzdefinition verwenden, die im Einklang mit der obigen Darstellung steht, und für Deutschland repräsentative Aussagen machen[13]. Aus den für Deutschland vorgelegten Berichten zur TIMS-Mittelstufenstudie[14], zur TIMS-Oberstufenstudie[15], zu PISA[16] und

11 Vergleichsstudien der frühen 70er-Jahre hatten allerdings bereits kritische Ergebnisse erbracht; vgl. unten Abschnitt C2.3.

12 Detlef Österreich: Politische Bildung von 14-Jährigen in Deutschland. Opladen: 2002.

13 An der TIMS-Mittelstufenstudie nahm Baden-Württemberg als einziges Bundesland nicht teil. In der Oberstufenstudie wurden neben den Tests für mathematische und naturwissenschaftliche Grundbildung, die hier aufgeführt sind, auch Fachleistungen in Grund- und Leistungskursen der gymnasialen Oberstufe erfasst. Diese Tests sind jedoch nicht an dem hier verwendeten Kompetenzbegriff orientiert. Die Angaben zu mathematischen und naturwissenschaftlichen Kompetenzen aus der 2001 durchgeführten IGLU-Studie werden hier nicht verwendet, weil nur zwölf Bundesländer an diesen Tests teilnahmen und weil die internationalen Vergleichskennwerte aus der bereits sieben Jahre zuvor durchgeführten TIMS-Primarstufenstudie stammten.

14 vgl. Jürgen Baumert/Rainer Lehmann/Manfred Lehrke/Bernd Schmitz/Marten Clausen/Ingmar Hosenfeld/Olaf Köller/Johanna Neubrand (Hrsg.): TIMSS: Mathematisch-Naturwissenschaftlicher Unterricht im internationalen Vergleich. Opladen: 1997.

15 Jürgen Baumert/Wilfried Bos/Rainer Watermann: Mathematische und naturwissenschaftliche Grundbildung im internationalen Vergleich. In: Jürgen Baumert/Wilfried Bos/Rainer Lehmann (Hrsg.): TIMSS/III – Dritte Internationale Mathematik- und Naturwissenschaftsstudie – Mathematische und naturwissenschaftliche Bildung am Ende der Schullaufbahn. Bd.1 Opladen: 2000, S. 135.

16 Deutsches PISA-Konsortium (Hrsg.): PISA 2000 – Basiskompetenzen von Schülerinnen und Schülern im internationalen Vergleich. Opladen: 2001;
Deutsches PISA-Konsortium (Hrsg.): Pisa 2000 – Die Länder der Bundesrepublik Deutschland im Vergleich. Opladen: 2002;
Deutsches PISA-Konsortium (Hrsg.): PISA 2000 – Ein differenzierter Blick auf die Länder der Bundesrepublik Deutschland. Opladen: 2003.

IGLU[17] sowie den jeweiligen internationalen Berichten wurde für insgesamt 17 Staaten ermittelt, in welchem Kompetenzbereich und für welche Schulstufe (Primarbereich, Sekundarstufe I, Sekundarstufe II) der jeweilige Vergleichsstaat deutlich über (+) bzw. unter (-) dem Niveau der deutschen Schülerinnen und Schüler lag oder statistisch nicht vom mittleren deutschen Niveau unterschieden werden konnte (0).

Tabelle C2/1 *Ergebnisse der internationalen Vergleiche zur mathematischen, naturwissenschaftlichen und Lesekompetenz*

	Primarstufe	Sekundarstufe I					Sekundarstufe II	
Vergleichsland	Lesen	Lesen	Mathematik		Naturwissenschaften		Mathematik	Naturwissenschaften
	IGLU	PISA	PISA	TIMSS	PISA	TIMMS	TIMMS	TIMMS
Australien		+	+	+	+	0	0	0
England[18]bzw. UK	+	+	+	0	+	+		
Finnland		+	+		+			
Frankreich	–	+	+	+	+	–	+	0
Griechenland	–	0	–	–	–	–		
Japan		+	+	+	+	+		
Kanada		+	+	+	+	0	0	0
Korea		+	+	+	+	+		
Niederlande	+			+		+	+	+
Neuseeland	0	+	+	0	+	0	0	0
Norwegen	–	+	0		+		+	+
Österreich		+	+	+	+	+	0	0
Schweden	+	+	+	+	+	+	+	+
Schweiz		0	+	+	0	0	+	0
Tschechien	0	0	0	+	+	+	–	0
Ungarn	0	0	0	+	0	+	–	–
Vereinigte Staaten	0	0	0	0	0	0	–	–

+: Schüler des Vergleichsstaats erreichen im Mittel signifikant höhere Kompetenzen als deutsche Schüler.
0: Kompetenzniveaus im Vergleichsstaat und in Deutschland sind statistisch nicht unterscheidbar.
–: Schüler des Vergleichsstaats erreichen im Mittel signifikant niedrigere Kompetenzen als deutsche Schüler.

Erläuterungen und Belegstellen im Text

In die Liste der Vergleichsstaaten wurden all jene Staaten aufgenommen, die an drei oder mehr dieser Untersuchungen teilgenommen hatten; ergänzt um Finnland, Japan und Korea als weitere, bei PISA besonders wichtige *benchmarks*[19]. Damit sind alle bedeutsamen

17 Wilfried Bos/Eva-Maria Lankes/Manfred Prenzel/Knut Schwippert/Gerd Walther/Renate Valin (Hrsg.): Erste Ergebnisse aus IGLU. Schülerleistungen am Ende der vierten Jahrgangsstufe im internationalen Vergleich. Münster: 2003.

18 Die PISA-Daten beziehen sich auf das gesamte Vereinigte Königreich, die übrigen Daten nur auf England. Den IGLU-Test bearbeiteten in England – wegen der dortigen früheren Einschulung – Fünftklässler, in den übrigen Staaten Viertklässler; bei Kontrolle der Jahrgangsstufen- und Alterseffekte liegt daher England nicht mehr signifikant vor Deutschland (Wilfried Bos u.a.(Hrsg.) 2003 (a.a.O.), S. 105.

19 Die Details der jeweiligen Zielpopulation können hier nicht im Einzelnen referiert werden; dazu sei auf die zitierten Berichte verwiesen. Hervorzuheben ist, dass IGLU und TIMSS auf bestimmte Jahrgangsstufen abzielten – und zwar jene, in denen sich jeweils die Mehrheit einer bestimmten Alterskohorte befand, sodass in Anhängigkeit vom Einschulungsalter je nach Land unterschiedliche Jahrgangsstufen beteiligt sein können. PISA hingegen strebte eine repräsentative Erhebung unter 15-Jährigen an. Dies bedeutet, dass PISA in Deutschland – anders als IGLU

anglo-amerikanischen und ostasiatischen, mittel- und nordeuropäischen Industriestaaten vertreten, insbesondere die deutschsprachigen Länder Österreich und die Schweiz, weiterhin zusätzlich ein südeuropäisches Land (Griechenland) sowie zwei ehemalige Ostblockstaaten (Ungarn, Tschechische Republik).

Für die Sekundarstufe I macht die Tabelle C2/1 deutlich, warum in Deutschland vom „TIMSS-Schock" und vom „PISA-Schock" die Rede war: In beiden Studien ergeben etwa zwei von drei Vergleichen einen signifikanten Leistungsvorsprung der Schülerinnen und Schülern des Vergleichsstaates vor den deutschen Testteilnehmerinnen und -teilnehmern (ein „+" in der Tabelle C2/1). Bei geringen Unterschieden zwischen TIMSS und PISA[20] ist das für Deutschland enttäuschende Gesamtbild bemerkenswert stabil. Unter den 17 Vergleichsstaaten gibt es nur einen, Griechenland, das in der Sekundarstufe I insgesamt schlechter abschneidet als Deutschland, und einen weiteren, die USA, der durchweg auf demselben Niveau liegt. Bemerkenswert ist der durchgängige Vorsprung des Nachbarn Österreich, während die Schweiz nur bei mathematischen Kompetenzen eine Spitzenstellung einnimmt. Für die Sekundarstufe II zeigt der TIMSS-Befund aus den Jahren 1994/95 eine etwas bessere Position Deutschlands als für die Sekundarstufe I. Möglicherweise sichern das breit ausgebaute System der beruflichen Bildung in Deutschland und das stärker normierte System der gymnasialen Oberstufe ein international „konkurrenzfähiges" Kompetenzniveau in den Altersjahrgängen der Sekundarstufe II. Allerdings sind die Vergleiche hier besonders problematisch, da sie angesichts sehr unterschiedlicher Bildungsstrukturen nur auf Modellrechnungen beruhen. Eine fundierte Beurteilung der deutschen Sekundarstufe II wäre nur auf der Basis international vergleichender Längsschnittstudien möglich, die Absolventen der Sekundarstufe I in ihrer weiteren schulischen und beruflichen Entwicklung verfolgen.

Auch im Primarbereich stellt sich die Vergleichssituation offenbar günstiger dar als in der Sekundarstufe I. Allerdings zeigt schon die Tabelle, dass IGLU viele relevante Vergleichsstaaten gar nicht einbezog. Unter den zehn IGLU-Teilnehmerstaaten, die in Tabelle C2/1 verzeichnet sind, liegen je drei unter und über dem deutschen Leistungsniveau und vier auf gleicher Höhe. Auch für die Primarstufe kann daher nur von einer Lesekompetenz gesprochen werden, die im Vergleich zu anderen Industrienationen durchschnittlich ausfällt[21]. Aussagen darüber, wie sich die Lesekompetenz deutscher Schülerinnen und Schüler im Bildungsgang zwischen Primarstufe und Sekundarstufe I entwickelt, lassen sich weder aus diesen IGLU-Befunden noch aus einer Kombination mit PISA ableiten. Zwar rücken die deutschen Leistungsergebnisse in der Grundschule näher an die Ergebnisse der Vergleichsstaaten, aber nur in zwei Fällen – Frankreich und Norwegen – ergibt sich zwischen

und TIMSS – eine relativ große Zahl von Klassenwiederholern auf niedrigen Jahrgangsstufen erfasste. In der TIMS-Oberstufenstudie kann nicht von einer international einheitlichen Untersuchungspopulation ausgegangen werden. Die Vergleiche in Tabelle C2/1 stützen sich daher, in Anlehnung an Jürgen Baumert/Wilfried Bos/Rainer Watermann 2000 (a.a.O.), auf die Leistungen der jeweils besten 25% einer Alterskohorte.

20 Die einzige Ausnahme von dem Zweidrittelbefund bildet der Naturwissenschaftstest bei TIMSS, wo mit Australien, Frankreich, Kanada und Neuseeland vier Staaten im Vergleich zu Deutschland schlechter standen als sechs Jahre später bei PISA. Die – eher als gering zu bezeichnende – Veränderung zwischen TIMSS und PISA könnte mindestens drei Gründe haben, zwischen denen empirisch nicht unterschieden werden kann: (a) eine tatsächliche Verbesserung der Leistungsfähigkeit dieser Bildungssysteme relativ zu Deutschland, (b) eine bessere Passung des PISA-Tests, der noch stärker als TIMSS auf pragmatische, lebensweltliche Anwendungen bezogen war, an die Unterrichtspraxis dieser Staaten,. (c) eine Verschlechterung der deutschen Position aufgrund der unterschiedlichen Stichprobendefinitionen; vgl. die vorige Fußnote).

21 Vgl. ähnlich Wilfried Bos u.a. (Hrsg.) 2003 (a.a.O.), S. 101.

IGLU und PISA eine klare Umkehrung der Rangfolge. Dieser Befund ist noch zu schwach, um darüber zu entscheiden, ob und an welcher Stelle der Bildungslaufbahn möglicherweise Kompetenzeinbrüche – gemessen an der Leistungsentwicklung in anderen Staaten – stattfinden.[22]

Über die Ursachen der unterschiedlichen Wirksamkeit verschiedener Bildungssysteme sagen die Leistungsstudien selbst recht wenig aus. Bemerkenswert ist auf jeden Fall die hohe Konsistenz der Befunde über verschiedene Kompetenzbereiche hinweg. Bei PISA korrelieren die nationalen Durchschnittsergebnisse in den drei erfassten Domänen sehr hoch[23]; „Ausreißer" sind die auffallend hohen Mathematikergebnisse der Schweiz, die besonders niedrigen Mathematikleistungen in Italien, Mexiko und Brasilien sowie die immer noch vergleichsweise guten, aber weniger stark vom OECD-Durchschnitt abweichenden Leseleistungen in Japan und Korea. In diesen Fällen ist zu vermuten, dass die Kompetenzbereiche in den Schulen und ihrem gesellschaftlichen Umfeld unterschiedlichen Stellenwert haben; im Fall der ostasiatischen Staaten mag auch das Schriftsystem selbst eine Rolle spielen. Das ansonsten sehr konsistente Bild lässt vermuten, dass sozio-kulturelle Kontextfaktoren, übergreifende pädagogische Traditionen, Strukturmerkmale und allgemeine bildungspolitische Strategien entscheidend sind für die Position eines Bildungssystems im globalen Vergleich.

Umso wichtiger ist es für die Bildungspraxis in Deutschland, neben dem globalen „Ranking" auch feinere Differenzierungen in dem Kompetenzprofil der Schülerinnen und Schüler zur Kenntnis zu nehmen. Rechnet man das Gesamtniveau der Schülerleistungen heraus, können sich nämlich durchaus Hinweise auf relative Stärken und Schwächen ergeben. So hat PISA beim Lesen drei Teilkompetenzen unterschieden: Informationen ermitteln, textbezogenes Interpretieren sowie Reflektieren und Bewerten. Relativ am schwächsten waren die Leistungen der deutschen Schülerinnen und Schüler im zuletzt genannten Bereich[24]. Ähnliche Aussagen, die auf relative Schwächen gerade bei komplexeren Problemlöseleistungen hinweisen, ergeben sich in der Mathematik. Analysen anhand von Mathematikaufgaben aus TIMSS und PISA haben gezeigt, dass die deutschen Schülerinnen und Schüler ihre relative Stärke bei „technischen" Routinen haben, während ihre besondere Schwäche bei der Lösung komplexerer, offener Problemaufgaben liegt[25]. Dieses Leistungsprofil könnte mit der von Fachdidaktikern vielfach hervorgehobenen Kalkülorientierung des traditionellen deutschen Mathematikunterrichts zusammenhängen.

22 Die Autoren des deutschen IGLU-Berichts haben entsprechende Hypothesen aufgestellt, indem sie davon sprechen, dass „Kinder am Ende der vierjährigen Grundschulzeit deutlich mehr leisten können, als ihnen die Bildungsexperten zutrauen" und „in den Sekundarschulformen nicht angemessen weitergefördert werden." (Wilfried Bos u.a. (Hrsg.) 2003 (a.a.O.), S. 137). Ähnliche Schlüsse ziehen die Autoren aus dem Vergleich der Mathematik- und Naturwissenschaftsleistungen, die IGLU in Deutschland zusätzlich erhoben hat, mit Ergebnissen aus TIMSS und PISA. Um diese Hypothesen zu prüfen, wären letztlich Längsschnittstudien erforderlich, bei denen die schulische Entwicklung von Schülerinnen und Schülern über mehrere Jahre hinweg international vergleichend beobachtet wird.

23 Auf nationaler Ebene (n = 31) paarweise zu über .90.

24 Cordula Artelt/Petra Stanat/Wolfgang Schneider/Ulrich Schiefele: Lesekompetenz: Testkonzeption und Ergebnisse. In: Deutsches PISA-Konsortium 2001 (a.a.O.), S. 103.

25 Eckhard Klieme/Michael Neubrand/Oliver Lüdtke: Mathematische Grundbildung: Testkonzeption und Ergebnisse. In: Deutsches PISA-Konsortium 2001 (a.a.O.), S. 178.

C2.1.2 Die deutschen Länder im intranationalen Vergleich

PISA 2000 wurde – in der Geschichte der Bundesrepublik Deutschland bislang einmalig – von den Kultusministern so erweitert, dass ein Vergleich der Bildungserträge in den sechzehn Ländern möglich ist. Im Ergebnis zeigen sich erhebliche Differenzen, die sogar noch etwas größer sind als etwa die Unterschiede zwischen den kanadischen Provinzen.

Tabelle C2/2 Ergebnisse der intranationalen Vergleiche zur mathematischen, naturwissenschaftlichen und Lesekompetenz

Lesen				Mathematik				Naturwissenschaften			
Länder	M	(SE)	Spannbreite*	Länder	M	(SE)	Spannbreite*	Länder	M	(SE)	Spannbreite*
Finnland	546	-2,6	291	Japan	557	-5,5	286	Japan	550	-5,5	297
Kanada	534	-1,6	310	Finnland	536	-2,2	264	Finnland	538	-2,5	283
Australien	528	-3,5	331	Australien	533	-3,5	299	Verein. Königreich	532	-2,7	321
Verein. Königreich	523	-2,6	330	Kanada	533	-1,4	278	Kanada	529	-1,6	290
Japan	522	-5,2	284	Schweiz	529	-4,4	329	Australien	528	-3,5	307
Schweden	516	-2,2	304	Verein. Königreich	529	-2,5	302	Österreich	519	-2,6	296
Bayern	510	-4	339	Belgien	520	-3,9	350	Schweden	512	-2,5	303
Österreich	507	-2,4	307	Frankreich	517	-2,7	292	Bayern	508	-4,4	334
Belgien	507	-3,6	351	Bayern	516	-4,2	337	Baden-Württemberg	505	-4,7	358
Norwegen	505	-2,8	340	Österreich	515	-2,5	306	OECD-Durchschnitt	500	-0,7	325
Frankreich	505	-2,7	301	Dänemark	514	-2,4	283	Frankreich	500	-3,2	334
Vereinigte Staaten	504	-7	349	Baden-Württemberg	512	-4,6	338	Norwegen	500	-2,8	311
OECD-Durchschnitt	500	-0,6	328	Schweden	510	-2,5	309	Vereinigte Staaten	499	-7,3	328
Baden-Württemberg	500	-5,5	368	Sachsen	501	-4,3	322	Sachsen	499	-5,1	335
Dänemark	497	-2,4	319	OECD-Durchschnitt	500	-0,7	329	Belgien	496	-4,3	364
Schweiz	494	-4,2	335	Norwegen	499	-2,8	303	Schweiz	496	-4,4	324
Sachsen	491	-5	347	Vereinigte Staaten	493	-7,6	325	Thüringen	495	-5,3	324
Italien	487	-2,9	297	Thüringen	493	-6	315	Rheinland-Pfalz	489	-7,9	356
Rheinland-Pfalz	485	-6,6	357	Schleswig-Holstein	490	-3,8	349	Deutschland	487	-2,4	335
Saarland	484	-2,4	352	Deutschland	490	-2,5	338	Schleswig-Holstein	486	-3,6	354
Deutschland	484	-2,5	366	Rheinland-Pfalz	488	-6,5	354	Saarland	485	-2,9	337
Thüringen	482	-7	344	Saarland	487	-2,7	348	Polen	483	-5,1	313
Nordrhein-Westfalen	482	-2,6	384	Hessen	486	-5,6	351	Hessen	481	-4,7	336
Polen	479	-4,5	326	Mecklenburg-Vorp.	484	-5	320	Dänemark	481	-2,8	335
Schleswig-Holstein	478	-4,2	365	Nordrhein-Westfalen	480	-3,6	354	Mecklenburg-Vorp.	478	-6,4	340
Hessen	476	-6,6	365	Niedersachsen	478	-3,4	332	Nordrhein-Westfalen	478	-3,3	351
Niedersachsen	474	-4,9	374	Sachsen-Anhalt	477	-4,6	306	Italien	478	-3,1	318
Portugal	470	-4,5	320	Brandenburg	472	-5	304	Niedersachsen	476	-3,7	352
Mecklenburg-Vorp.	467	-5,9	350	Polen	470	-5,5	336	Sachsen-Anhalt	471	-5,9	334
Brandenburg	459	-6,3	338	Italien	457	-2,9	299	Brandenburg	470	-4,9	324
Sachsen-Anhalt	455	-5,9	354	Portugal	454	-4,1	299	Bremen	461	-5,6	368
Bremen	448	-4,1	377	Bremen	452	-5,2	368	Portugal	459	-4	287
Luxemburg	441	-1,6	324	Luxemburg	446	-2	307	Luxemburg	443	-2,3	315
Brasilien	396	-3,1	284	Brasilien	334	-3,7	320	Brasilien	375	-3,3	301

Leistungen signifikant über dem OECD-Mittelwert — Leistungen unterscheiden sich nicht signifikant vom OECD-Mittelwert — Leistungen signifikant unter dem OECD Mittelwert

Quelle: Petra Stanat/Cordula Artelt/Jürgen Baumert/Eckhard Klieme/Michael Neubrand/Manfred Prenzel/Ulrich Schiefele/Wolfgang Schneider/Gundel Schümer/Klaus-Jürgen Tillmann/Manfred Weiß: PISA und PISA-E. Zusammenfassung der bereits vorliegenden Befunde. In: Deutsches PISA-Konsortium (Hrsg.): PISA 2000. Ein differenzierter Blick auf die Länder der Bundesrepublik Deutschland. Opladen: 2003, S. 61

Während der schwächste und der stärkste EU-Mitgliedsstaat (Luxemburg und Finnland) in den drei Kompetenzbereichen um etwa 100 Punkte auf der PISA-Skala auseinanderliegen, macht die Differenz zwischen den deutschen Ländern im Extremfall immerhin 64 Punkte aus. Das mittlere Kompetenzniveau bayerischer Schüler entspricht – außer im naturwissenschaftlichen Bereich – in etwa dem österreichischen Niveau, erreicht aber noch nicht annähernd den Standard der besten angelsächsischen, skandinavischen und ostasiatischen Staaten. Bremen erzielt ähnlich wie Luxemburg Ergebnisse, die weit unter dem OECD-Durchschnitt liegen (vgl. Tabelle C2/2[26]).

Auch im intranationalen Vergleich sind die Ergebnisse in den drei Kompetenzbereichen recht konsistent. Übergreifende gesellschaftliche, institutionelle oder kulturelle Kontextmerkmale könnten also auch beim Schulvergleich auf Länderebene wirksam sein, ohne dass sich einfache kausale Erklärungen geben lassen. Die PISA-Autoren erwähnen beispielsweise den ökonomischen Wohlstand (der mit geringeren sozialen Problemen und einem dynamischen Arbeitsmarkt verbunden ist) oder das Volumen des insgesamt erteilten Unterrichts als Faktoren, die „vielfach vermittelt die Qualität lernrelevanter Umwelten innerhalb und außerhalb der Schule beeinflussen“[27].

Der Vergleich der Länder anhand des Durchschnittsniveaus der erreichten Kompetenzen stößt in der Öffentlichkeit mitunter auf Kritik, weil er die sechzehn Schulsysteme nach ihren Gesamterträgen bewertet und nicht die Schulformen berücksichtigt. Länderübergreifend kann jedoch sinnvoll nur das Gymnasium verglichen werden, weil allein hier ähnliche Teilnahmequoten vorliegen. Die entsprechenden PISA-Befunde (a) bestätigen im Wesentlichen die Vergleichsergebnisse der Gesamtsysteme, (b) weisen aber in Einzelfällen (Schleswig-Holstein, Niedersachsen) für das Gymnasium bessere Positionen aus als beim schulformübergreifenden Vergleich, (c) belegen, dass länderübergreifend im Gymnasium einheitlichere Ergebnisse erzielt werden als in den anderen Schulformen, und (d) erlauben es, die Stadtstaaten Berlin und Hamburg als Länder mit durchschnittlichen Leistungsergebnissen einzuordnen.

Zu Recht hat die Kultusministerkonferenz aus diesen Befunden die Konsequenz gezogen, durch nationale Standards und Vergleichsarbeiten zukünftig mehr für die Angleichung der Schulleistungen zu tun. Bildungsstandards verlangen jedoch – über Positionsvergleiche im inter- und intranationalen Ranking hinaus – inhaltliche Anker, d.h. eine „kriteriumsorientierte“ Interpretation von Kompetenzstufen.

C2.2 Kompetenzstufen als Basis für kriteriumsorientierte Bewertungen und Standards

Zur breiten Rezeption der Vergleichsstudien in Deutschland haben sicherlich nicht nur die sogenannten normorientierten Vergleiche, also das inter- und intranationale „Ranking“, beigetragen, sondern mindestens ebenso die anschauliche Darstellung von Kompetenzstufen und deren „kriteriumsbezogene“ Interpretation. So urteilten die IGLU-Autoren, mehr als ein Drittel der deutschen Grundschüler bedürften auch in der Sekundarstufe I gezielten Unterrichts im Lesen, weil sie am Ende der Jahrgangsstufe 4 noch nicht gelernt hätten, selbstständig aus und mit Texten zu lernen[28]. 10% der Viertklässler in Deutschlands Schulen ver-

26 Hamburg und Berlin erreichten die erforderliche Beteiligungsquote nicht bzw. nur für das Gymnasium und sind daher in dieser Tabelle nicht berücksichtigt; vgl. aber die Ergänzung im Text auf der Basis des Gymnasialvergleichs.

27 Deutsches PISA-Konsortium 2003 (a.a.O.), S. 70.

28 Wilfried Bos u.a. (Hrsg.) 2003 (a.a.O.), S. 118.

fügen noch nicht einmal über die einfache Fähigkeit, „gesuchte Wörter in einem Text zu erkennen".

Bei PISA war davon die Rede, dass 23% der 15-Jährigen zu den Risikoschülern gehören, die nicht in der Lage sind, „den zentralen Hauptgedanken eines kurzen Textes zu erschließen oder einer Tabelle Informationen zu entnehmen, die zwar nicht explizit genannt, jedoch geschlussfolgert werden können"[29]. Analog diagnostizierten die PISA-Autoren, 24% der 15-Jährigen seien nicht in der Lage, einfache mathematische Wissensinhalte der Sekundarstufe I in Standardaufgaben (z.B. Berechnung eines Prozent- oder Grundwertes) zu verwenden und elementare mathematische Konzepte (z.B. Flächeninhalt eines Quadrates) für die Modellierung von außermathematischen Problemstellungen zu verwenden[30]. Die genannten Anforderungen kennzeichnen für die PISA-Autoren den „Minimalstandard" an mathematischer bzw. Lesekompetenz, den 15-Jährige erreichen sollten, wenn sie erfolgreich in eine berufliche Ausbildung einmünden wollen. In der Mathematik wurde zusätzlich – anhand der Einschätzungen durch Lehrplanexperten und Fachdidaktiker – ein „Regelstandard" ausgemacht, ein schulformübergreifender „Standard der mathematischen Grundbildung", den 44% der 15-Jährigen erreichten oder übertrafen.

Dass nur weniger als die Hälfte der deutschen Jugendlichen den „Regelstandard" für mathematische Kompetenz erreichen und dass ein Viertel als Risikogruppe eingestuft werden muss, deren weitere Ausbildung gefährdet erscheint, sind alarmierende Befunde – gerade weil sie unmittelbar die Leistungsfähigkeit der Schülerinnen und Schüler bewerten und nicht vom abstrakten Vergleich mit anderen Ländern oder Staaten leben.

Diese „kriteriumsorientierte" Interpretation von Testleistungen ist nur dadurch möglich, dass Aufgaben systematisch bezüglich ihrer Anforderungen nach fachlichen, didaktischen und psychologischen Gesichtspunkten analysiert und in hierarchisch aufeinander aufbauende Stufen eingeteilt wurden. Für jeden Kompetenzbereich wurden bei TIMSS, IGLU und PISA vier oder fünf solcher Stufen inhaltlich beschrieben und anhand von charakteristischen Testaufgaben illustriert. Diesen Stufen können dann auch die Bearbeiterinnen und Bearbeiter der Tests zugeordnet werden. Eine Zuordnung zu Kompetenzstufe II – dem oben beschriebenen „Mindeststandard" in PISA – besagt beispielsweise, dass die Schülerin oder der Schüler Aufgaben der betreffenden Art nicht in jedem Fall, aber doch mit ausreichend hoher Wahrscheinlichkeit (etwa in zwei von drei Fällen) richtig lösen kann, während sie oder er bei komplexeren Aufgaben eine höchstens 50-prozentige Lösungswahrscheinlichkeit hat. Die Kompetenzstufe III wurde im PISA-Mathematiktest als „Regelstandard" definiert. Bei IGLU entspricht die Lesekompetenz-Stufe III dem Niveau des selbstständigen Lernens aus Texten, das beim Übergang in die Sekundarstufe I normalerweise erwartet wird.

Die Abbildungen C2/1 und C2/2 geben für den Grundschulbereich (IGLU) und die Sekundarstufe I (PISA) jeweils ein Stufenmodell des Leseverständnisses und ein Stufenmodell der mathematischen Grundbildung wieder. Die Legenden dieser Abbildungen enthalten Kurzbeschreibungen der Stufen, während die Diagramme selbst angeben, wie sich die in Deutschland untersuchten Schülerinnen und Schüler auf die Stufen verteilen. Damit sind inhaltliche Beschreibungen der erworbenen Kompetenzen möglich wie etwa die folgende: 2% der Viertklässler sind laut IGLU noch nicht über rudimentäres schulisches Anfangswissen hinausgekommen. 9,5% der 15-Jährigen erreichen – PISA zufolge – die höchste Stufe des

29 Cordula Artelt u.a. 2001 (a.a.O.), S. 99.
30 Eckard Klieme/Michael Neubrand/Oliver Lüdtke 2001 (a.a.O.) S. 168ff.

„textbezogenen Interpretierens“, auf der man in der Lage ist, auch bei Texten zu unvertrauten Themen Details zu verstehen. Solche empirisch gestützten Kompetenzmodelle können auch die Basis für Bildungsstandards und Vergleichsarbeiten darstellen, wie sie die KMK anstrebt. Auf der Grundlage derartiger Modelle kann sinnvoll und nachvollziehbar festgelegt

Abbildung C2/1 Verteilung der Schüler und Schülerinnen der vierten Klassen auf die Stufen der Lesekompetenz und der mathematischen Kompetenz

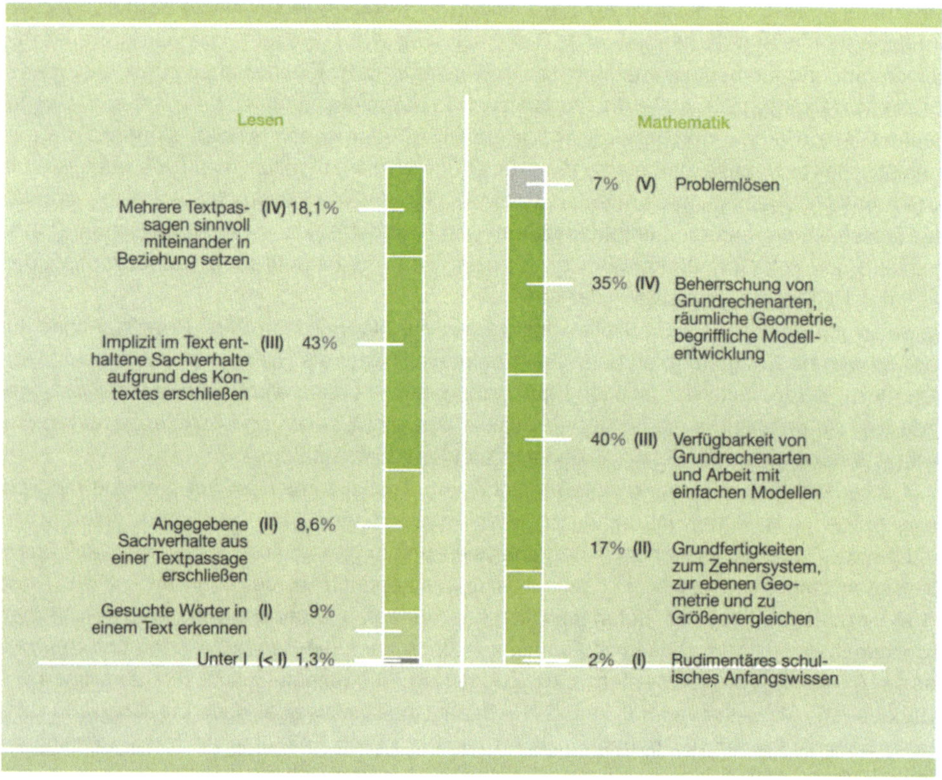

Quelle: vgl. Wilfried Bos Wilfried Bos/Eva-Maria Lankes/Manfred Prenzel/Knut Schwippert/Gerd Walther/Renate Valtin (Hrsg.): Erste Ergebnisse aus IGLU. Schülerleistungen am Ende der vierten Jahrgangsstufe im internationalen Vergleich. Münster: 2003, S. 122 und 218

werden, worin ein Minimal- oder Regelstandard – sei es schulformübergreifend oder bildungsgangbezogen – bestehen soll, und es kann dann gemessen werden, welcher Teil der Schülerschaft diese Standards erreicht. Ein Beispiel der bildungspolitischen Nutzung von Stufenmodellen bilden die „benchmarks“, die EU-weit bis zum Jahr 2010 eingelöst werden sollen. Zu diesen Zielsetzungen gehört eine Verringerung des Anteils schwacher Leser (Kompetenzstufe I oder darunter) um 20% im Vergleich zu PISA 2000[31].

31 Beschluss des Rates der EU vom 05.05.2003, ABl. C 134/3 vom 07.06.2003.

Abbildung C2/2 Verteilung der Fünfzehnjährigen auf den Kompetenzstufen im Lesen und in Mathematik

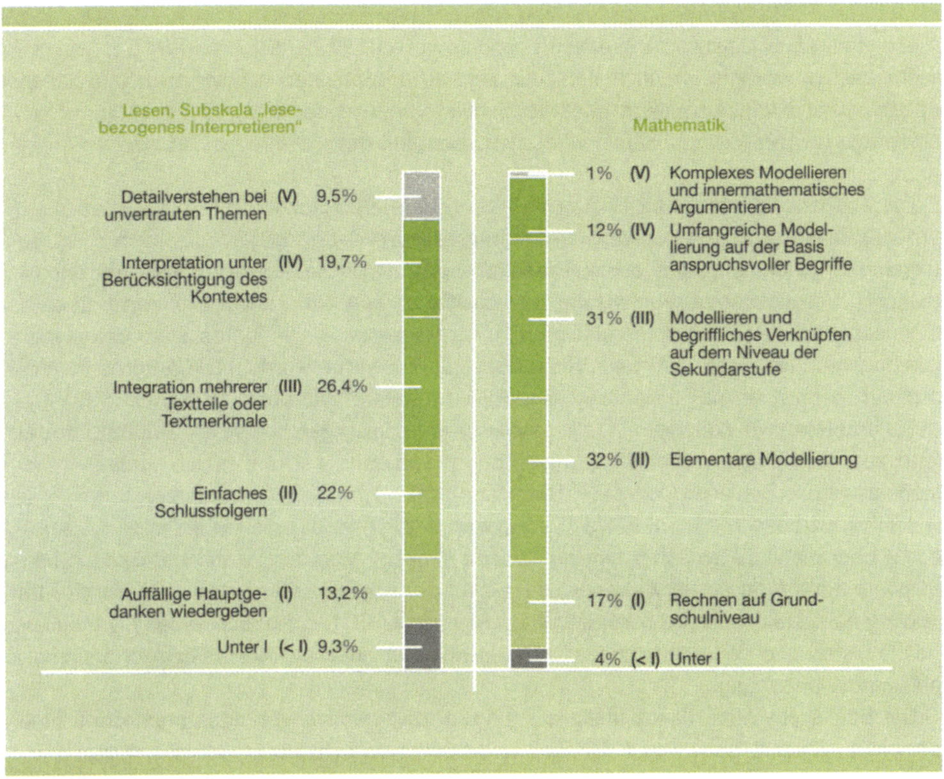

Quelle: Deutsches PISA-Konsortium (Hrsg.) PISA 2000 – Ein differenzierter Blick auf die Länder der Bundesrepublik Deutschland. Opladen: 2003, S. 103 und S. 167ff.

Um dieses Ziel auch innerhalb Deutschlands zu erreichen, müsste die entsprechende „Risikogruppe" von 23% auf etwa 18% verkleinert werden. Dass dieses Ziel keinesfalls trivial ist, macht die folgende Rechnung deutlich: Wollte man den Effekt durch eine gleichmäßige Verbesserung der Lesekompetenz bei allen Schülerinnen und Schülern erreichen, würde dies eine Verschiebung der Kompetenzverteilung nach oben um etwa 16 Punkte auf der PISA-Skala bedeuten.

Diese 16 Punkte entsprechen gerade dem Rückstand, den Deutschland bei PISA 2000 zum OECD-Durchschnitt hatte, oder – erfahrungsgemäß – dem Lernzuwachs eines halben Schuljahres (siehe unten, Abschnitt C2.5). Der Leistungsabstand zwischen Deutschland und Schweden (Resultate des Jahres 2000 zugrunde gelegt) müsste halbiert, der Abstand zu Kanada um ein Drittel verringert werden – und das für Schülerinnen und Schüler, die bei Erscheinen dieses Bildungsberichts im Normalfall bereits das vierte Grundschuljahr begonnen haben. In den übrigen EU-Staaten sind ähnliche Veränderungen erforderlich. Es wird also großer Anstrengungen bedürfen, um diese EU-Zielvorgabe einzulösen[32].

32 Noch anspruchsvoller war eine Entwurfsfassung der EU-Kommission zu den Benchmarks vom 20.11.2002, in der eine Halbierung der Risikogruppe bis zum Jahr 2010 gefordert wurde. Dies würde bei einer analogen Modellrechnung implizieren, dass Deutschland sich bis zur PISA-Erhebung 2009 um 48 Punkte auf der Leseskala verbessert

C2.3 Schülerkompetenzen im historischen Vergleich

In der öffentlichen Diskussion über die Ergebnisse von TIMSS, PISA und PIRLS ist immer wieder gefragt worden, wie sich der Leistungsstand deutscher Schülerinnen und Schüler und damit die Wirkungsqualität unseres Schulsystems in den vergangenen Jahren bzw. Jahrzehnten entwickelt hat. Häufig wird auch vermutet, dass das Niveau früher höher gelegen habe.

Das Max-Planck Institut für Bildungsforschung führte im Schuljahr 1968/69 in allen Ländern der damaligen Bundesrepublik eine repräsentative Leistungsstudie in der 7. Jahrgangsstufe des Gymnasiums durch. Diese einmalige Datenbasis nutzten Baumert und Mitarbeiter[33], um die damaligen Leistungsunterschiede zwischen Ländern in einem Leseverständnistest mit den Länderunterschieden zu kontrastieren, die – ebenfalls auf das Gymnasium bezogen – im Jahr 2000 beim PISA-Lesetest gemessen wurden. Die Autoren kommen zu dem Ergebnis, dass von den damaligen Spitzenreitern Hamburg (1), Saarland (2), Bayern (3) und Nordrein-Westfalen (4) die ersten beiden zurückgefallen seien, während der Abstand zwischen Bayern und NRW unverändert geblieben sei und einige andere Länder (Niedersachsen, Schleswig-Holstein, Rheinland-Pfalz und Baden-Württemberg) ihre Position deutlich verbessert hätten. Für den Wettbewerb der Länder untereinander ist diese Aussage – über mehr als 30 Jahre hinweg – kaum relevant. Von systematischer Bedeutung ist jedoch, wie die Autoren hervorheben, dass die Leistungsveränderungen nicht mit der Entwicklung der Beteiligungsraten am Gymnasium korrelieren. Die Expansion des Gymnasiums und die historische Veränderung des Leistungsniveaus innerhalb dieser Schulform sind also voneinander unabhängig.

Die Studie des Max-Planck-Instituts kann nur über relative Veränderungen der Länderpositionen Auskunft geben, weil 1968/69 und 2000 unterschiedliche Tests eingesetzt wurden. Ergebnisse zu „absoluten" Kompetenzveränderungen deutscher Schülerinnen und Schüler im Zeitverlauf werden erst zukünftig mit PISA möglich werden, da hier in regelmäßigen Abständen mit vergleichbaren Instrumenten und vergleichbarer Definition die Leistungen in gleichen Ländergruppen erhoben werden. Andere Staaten arbeiten schon seit Jahren oder Jahrzehnten mit regelmäßigen nationalen Leistungsmessungen, die es ermöglichen, Veränderungen der Ergebnisqualität des Bildungssystems zu verfolgen. In Deutschland aber wird erst jetzt über die Einführung eines solchen Systemmonitoring diskutiert.

Rückwirkend kann die Datenlücke nicht geschlossen werden. Da hilft auch nicht, dass Deutschland bereits seit den ersten derartigen Untersuchungen vor nunmehr 40 Jahren an internationalen Schulleistungsvergleichen teilnimmt (vgl. Abbildung C2/3).

---

und den Leistungsstand von Kanada erreicht. Ein so großer Sprung ist völlig unrealistisch. Das Beispiel zeigt, mit welcher Unsicherheit wirkungsbezogene Zielsetzungen gegenwärtig behaftet sind.

33 Jürgen Baumert/Ulrich Trautwein/Cordula Artelt: Schulumwelten – institutionelle Bedingungen des Lehrens und Lernens. In: Deutsches PISA-Konsortium 2003 (a.a.O.), S. 261-332.

Abbildung C2/3 Teilnahme bzw. Nichtteilnahme Deutschlands an internationalen Schulleistungsuntersuchungen der IEA und der OECD

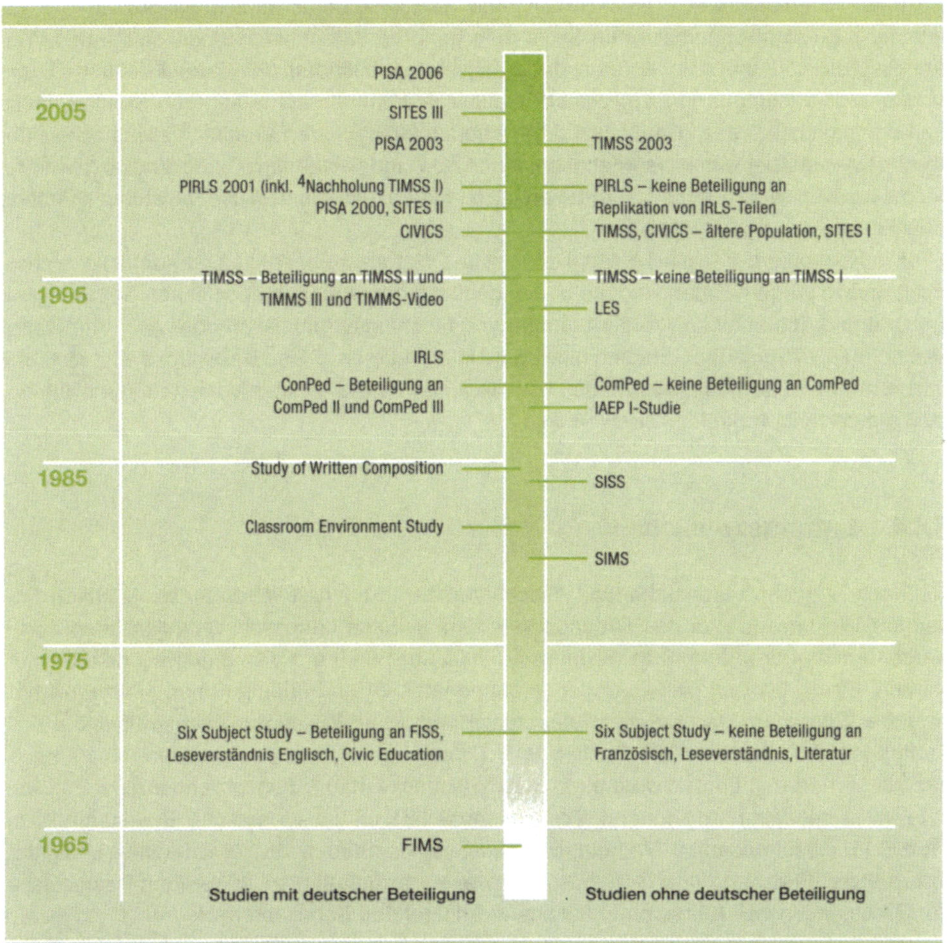

Abkürzungen: FIMS – First International Mathematics Study, FISS – First International Science Study, SIMS – Second International Mathematics Study, SISS – Second International Science Study, Comped – Computers in Education Study, IRLS – International Reading Literacy Study, LES – Languages in Education Study, TIMSS – Third International Mathematics and Science Study, CIVICS – Civic Education Study, SITES – Second Information Technology in Education Study, PISA – Programme for International Student Assessment, PIRLS – Progress in International Reading Literacy Study

Bisher hat jede neue internationale Studie auch neue Aufgaben verwendet, sodass keine „objektiven" Veränderungen feststellbar sind. Denkbar wäre immerhin, dass man – analog zu dem Vorgehen beim historischen Bundesländervergleich – unterschiedliche Rangplätze Deutschlands im internationalen Vergleich beispielsweise bei FIMS, TIMSS und PISA als Veränderungen in der Ergebnisqualität unseres Bildungssystems interpretiert. Für viele dieser Studien (z.B. FIMS) liegt jedoch keine bundesweite Beteiligung vor. Zudem unterscheiden sich die Studien – auch wenn dasselbe Fach und dieselbe Schulstufe untersucht wurden – hinsichtlich der genauen Definition der Zielpopulation, der Prinzipien der Testkonstruktion und der Untersuchungsmethoden.

So untersuchten TIMSS und IGLU bestimmte Jahrgangsstufen, während beispielsweise PISA den internationalen Vergleich auf eine altersbezogene Population bezog (die 15-Jährigen). Zu einer altersbasierten Stichprobe gehören auch später Eingeschulte und Wiederholer, die sich noch in unteren Jahrgangsstufen befinden. Da Zurückstellungen und Klassenwiederholungen in Deutschland häufiger vorkommen als in anderen Staaten, muss man damit rechnen, dass Deutschland bei einem altersbasierten Vergleich etwas schlechter abschneidet als bei einem jahrgangsbasierten. Da Jungen häufiger zurückgestellt werden oder eine Klasse wiederholen, ergeben sich zudem unterschiedliche Leistungsabstände zwischen Jungen und Mädchen[34].

Das Konsortium hat die Möglichkeiten eines historischen Vergleichs sorgfältig recherchiert und ist zu dem Ergebnis gekommen, dass die genannten methodischen Schwierigkeiten es unmöglich machen, Veränderungen von Leistungsergebnissen oder auch nur Rangplätzen über verschiedene Studien hinweg zu interpretieren. Diese Datenlücke wird sich erst schließen, wenn ab 2003, 2006, 2009 usw. regelmäßig PISA-Daten vorliegen, die systematisch auf denselben Skalen verankert sind.

C2.4 Leistungszuwächse

Mehrfach ist in den voranstehenden Abschnitten daran erinnert worden, dass wichtige Fragen der Wirkungsqualität des Bildungssystems nur durch Längsschnittstudien beantwortet werden können, mit denen die Bildungsverläufe über mehrere Jahre hinweg rekonstruiert werden. Einige Studien dieser Art liegen schon jetzt vor und erlauben eine erste Einschätzung der Effizienz unseres Schulsystems im Hinblick auf Wissenszuwächse über die Zeit. Es handelt sich dabei um die Studien LAU (Hamburger Studie zu Aspekten der Lernausgangslage und der Lernentwicklung), BIJU (Bildungsverläufe und psychosoziale Entwicklung im Jugendalter und jungen Erwachsenenalter) und die deutsche Erweiterung von TIMSS (Third International Mathematics and Science Study). Alle drei Studien bedienten sich bei der Erfassung von Schulleistungen eines so genannten Anker-Item-Designs, bei dem Teilmengen von Aufgaben in aufeinander folgenden Schuljahren wiederholt eingesetzt wurden. Zugewinne in den relativen Lösungshäufigkeiten dieser Aufgaben über die Zeit gestatten eine Abschätzung, wie stark der Wissenszuwachs in einem Fach in einem Schuljahr ist. Allerdings werden an die verwendeten Anker-Aufgaben hohe Anforderungen gestellt: Sie sollten idealerweise in den Jahrgangsstufen, in denen sie eingesetzt werden, lehrplanvalide sein; gleichzeitig sollten sie zum ersten Erhebungszeitpunkt eher schwer sein (sonst ist später kein Leistungszuwachs mehr diagnostizierbar) und zum zweiten Zeitpunkt nicht zu leicht sein, damit differenzielle Lernerfolge feststellbar sind.

34 Petra Stanat/Mareike Kunter: Kompetenzerwerb, Bildungsbeteiligung und Schullaufbahn von Mädchen und Jungen im Ländervergleich. In: Deutsches PISA-Konsortium (Hrsg.): PISA 2000 – Ein differenzierter Blick auf die Länder der Bundesrepublik Deutschland. Opladen: 2003, S. 224.

Tabelle C2/3 Wissenszuwächse von der 7. bis zur 10. Jahrgangsstufe in der BIJU-Studie nach Ländern, Fach und Schulform

			Zuwachs vom Beginn der Klasse 7 bis zum Ende der Klasse 10	
			d	d pro Jahr
Nordrhein-Westfalen	Englisch	Hauptschule	0,77	0,19
		Realschule	2,27	0,57
		Gymnasium	3,80	0,95
		Integrierte Gesamtschule	1,40	0,35
	Physik	Hauptschule	1,03	0,26
		Realschule	1,10	0,28
		Gymnasium	1,67	0,42
		Integrierte Gesamtschule	0,97	0,24
	Mathematik	Hauptschule	1,60	0,40
		Realschule	2,33	0,58
		Gymnasium	3,13	0,78
		Integrierte Gesamtschule	1,87	0,47
Mecklenburg-Vorpommern und Sachsen-Anhalt	Mathematik	Schule mit mehreren Bildungsgängen	2,36	0,59
		Gymnasium	3,52	0,88
	Physik	Schule mit mehreren Bildungsgängen	0,62	0,16
		Gymnasium	2,01	0,50

Quelle: s. Olaf Köller: Zielorientierungen und schulisches Lernen. Münster: 1998

Die BIJU-Studie erlaubt für alle Sekundarschulformen in Nordrhein-Westfalen, Mecklenburg-Vorpommern und Sachsen-Anhalt Aussagen zur Leistungsentwicklung von der 7. bis zur 10. Jahrgangsstufe. Mit Hilfe von LAU kann die Leistungsentwicklung in Hamburger Schulen im Verlauf der 5. und 6. sowie der 7. und 8. Jahrgangsstufe abgebildet werden. In TIMSS können schließlich Entwicklungen im Verlauf der 8. Jahrgangsstufe auf der Basis einer Stichprobe aus fünfzehn Ländern nachgezeichnet werden[35].

Die Ergebnisse dieser drei Studien sollen im folgenden Abschnitt dargestellt werden[36]. Um den Wissenszuwachs abschätzen zu können, bedienen wir uns des Effektstärkenmaßes d, das hier die mittlere Leistungsdifferenz über die Zeit, geteilt durch die Standardabweichung zum ersten Erhebungszeitpunkt, angibt. Die Tabelle C2/3 zeigt die Befunde für die BIJU-Studie, aufgebrochen nach Land und Schulform.

Für den Sekundarbereich I ergibt sich einheitlich, dass die höchsten Wissenszuwächse am Gymnasium erreicht werden, gefolgt von der Realschule, der Gesamtschule und der Hauptschule. Weiterhin ist sichtbar, dass im Fach Physik, das unregelmäßiger und mit geringerer Wochenstundenzahl unterrichtet wird, die Zuwächse über die Zeit geringer sind. Neben den geringeren Lerngelegenheiten in diesem Fach dürfte sich erschwerend auswirken, dass die verschiedenen Stoffgebiete der Physik wenig integriert gelehrt werden, sodass sich in den niedrigen Lernraten über die Zeit auch eine fehlende Anknüpfbarkeit zwischen Vorwissen und neu hinzukommenden Inhalten widerspiegeln kann.

---

35 Lediglich Baden-Württemberg hat sich nicht an der TIMS-Studie in den Klassenstufen 7 und beteiligt.

36 Da alle drei Studien hinreichend publiziert sind, soll hier auf die präzise Beschreibung ihrer Anlage verzichtet werden. Zentrale Referenzen sind für BIJU: Olaf Köller: Zielorientierungen und schulisches Lernen. Münster: 1998; für LAU: Rainer H. Lehmann/Rainer Gänsfuß/Rainer Peek: Aspekte der Lernausgangslage und der Lernentwicklung von Schülerinnen und Schülern, die im Schuljahr 1996/97 eine fünfte Klasse an Hamburger Schulen besuchten. Hamburg: 1999, und Rainer H. Lehmann/Rainer Gänsfuß/Rainer Peek/Vera Husfeldt: LAU9. Aspekte der Lernausgangslage und der Lernentwicklung. Klassenstufe 9. Ergebnisse einer längsschnittlichen Untersuchung in Hamburg. Internet-Ressource (Stand Juli 2003): *www.hamburger-bildungsserver.de/schulentwicklung/lau/lau9.pdf*; für TIMSS: Jürgen Baumert u.a. (Hrsg.) 1997 (a.a.O.).

Die TIMS-Studie lässt die Abschätzung der Lernerfolge in Mathematik im Laufe der 8. Jahrgangsstufe zu. Es zeigen sich dabei folgende Befunde: Hauptschule: d pro Jahr: 0,51; Realschule: 0,68; Gymnasium: 0,90; Gesamtschule: 0,68. Die günstigste Entwicklungsumwelt zur Optimierung von Wissenserwerbsprozessen scheint demnach in der Sekundarstufe I das Gymnasium zu sein, gefolgt von der Realschule, der Gesamtschule und der Hauptschule.

Köller und Baumert haben mit den BIJU-Daten für das Fach Mathematik systematisch untersucht, ob die günstigeren Entwicklungsverläufe auf dem Gymnasium bloße Folge der Zusammensetzung leistungsstarker Schülerinnen und Schüler sind[37]. Basierend auf einer großen Stichprobe wurden die Leistungsverläufe in Mathematik von der 7. bis zur 10. Jahrgangsstufe untersucht und auf die individuelle Ausgangsfähigkeit, die auf Schulebene aggregierte Ausgangsfähigkeit und die Schulform zurückgeführt. Bei Kontrolle von individueller Ausgangsfähigkeit und Schulform zeigte sich kein Effekt der auf Schulebene aggregierten Ausgangsleistung in der 7. Jahrgangsstufe, d.h. innerhalb einer Schulform gab es nur unbedeutende Unterschiede in der Leistungsentwicklung zwischen leistungsstärkeren und -schwächeren Schulen. Dieses Ergebnis ist keinesfalls trivial, sofern man bedenkt, dass die Leistungsvarianz zwischen den Schulen innerhalb von Schulformen manchmal größer ist als die Varianz zwischen den Schulformen. Köller und Baumert interpretieren ihre Ergebnisse dahingehend, dass es offenbar stärker die besondere Instruktionskultur am Gymnasium und weniger die Leistungsgruppierung *per se* sei, die sich leistungsfördernd auswirken könnte.

Interessanterweise konnten in der LAU-Studie die Befunde aus BIJU und TIMSS nicht repliziert werden. Gegenstand der Untersuchung waren Leistungen in Deutsch (Sprach- und Leseverständnis), Mathematik und Englisch. Während für die Zeit von der 5. bis zur 6. Jahrgangsstufe in allen drei Domänen keine Differenzen zwischen Schulformen festgestellt werden konnten, waren von der 7. zur 8. Jahrgangsstufe die Gewinne am Gymnasium sogar am geringsten. Haupt-, Real- und Gesamtschulen wiesen substanziell höhere Gewinne in allen untersuchten Fächern auf, unterschieden sich aber untereinander nicht. Inwieweit diese Befunde auf die Beschränkung auf Hamburger Schulen zurückzuführen sind oder auf statistische Probleme, muss hier offen bleiben. Gestützt durch PISA, wo es nach Kontrolle von kognitiver Grundfähigkeit und sozialer Herkunft immer Leistungsvorteile für Gymnasiasten gab, scheinen die Befunde aus BIJU und TIMSS valider zu sein.

Hinsichtlich der Leistungsgewinne in der gymnasialen Oberstufe ist die Befundlage sehr schmal, allein die BIJU-Studie lässt eine grobe Abschätzung der Zuwächse in den ersten beiden Jahren der gymnasialen Oberstufe zu. Köller, Baumert und Schnabel berichten für gymnasiale Oberstufen in Nordrhein-Westfalen getrennt für Schulformen (Gymnasien vs. Gesamtschulen) und Kursniveaus (Grund- vs. Leistungskurs) die Leistungsverläufe für Mathematik[38]. Die Gewinne pro Schuljahr liegen dort über einer Standardabweichung, was für eine Beschleunigung der Zuwächse in der Oberstufe spricht. Weiterhin zeigen sich bei den

37 Vgl. Olaf Köller/Jürgen Baumert: Leistungsgruppierungen in der Sekundarstufe I und ihre Konsequenzen für die Mathematikleistung und das mathematische Selbstkonzept der Begabung. In: Zeitschrift für Pädagogische Psychologie 15, 2001, S. 99-110.

38 Vgl. Olaf Köller/Jürgen Baumert/Kai Schnabel: Wege zur Hochschulreife: Offenheit des Systems und Sicherung vergleichbarer Standards. Analysen am Beispiel der Mathematikleistungen von Oberstufenschülern an integrierten Gesamtschulen und Gymnasien in Nordrhein-Westfalen. In: Zeitschrift für Erziehungswissenschaft 2, 1999, S. 370 bis 405.

Zuwächsen keine systematischen Unterschiede zwischen Schulformen, wohl aber zwischen Kursen zugunsten der Leistungskurse.

Zusammenfassend zeigen die Befunde zu Leistungszuwächsen, dass Schule offensichtlich bei der Wissensvermittlung effektiv ist und auch kumulatives Lernen stattfindet. Dafür sprechen die berichteten Zuwächse in allen Schulformen und verschiedenen Fächern. Schwache Leistungszuwächse sind dann zu verzeichnen, wenn als Folge geringer Wochenstundenzahlen Lerngelegenheiten fehlen und wenn Wissensinhalte nicht systematisch miteinander verknüpft werden. Die Schulformen unterscheiden sich hinsichtlich ihrer Effektivität, wobei die Studien im Einzelnen zu unterschiedlichen Ergebnissen kommen. Die Mehrzahl der Befunde spricht aber derzeit dafür, dass das Gymnasium die relativ größten Zuwachsraten in der Sekundarstufe I aufweist und damit die vergleichsweise erfolgreichste Schulform darstellt. Diese Schulformunterschiede erweisen sich unter dem Aspekt der Chancengleichheit im Bildungswesen als problematisch, weil sie soziale Ungleichheiten beim Übergang von der Grundschule in die Sekundarstufe I verstärken (vgl. Abschnitt C3.4).

Hinsichtlich der Kompetenzen, die den Schülerinnen und Schülern als Basis ihrer individuellen Entwicklung, als Ausgangspunkt für weiteres Lernen und beruflichen Erfolg vermittelt werden, ist das deutsche Schulsystem nicht sehr erfolgreich. Ein Drittel der Schülerinnen und Schüler bedürfen auch in der Sekundarstufe I noch gezielten Unterrichts im Lesen, weil sie am Ende der Jahrgangsstufe 4 noch nicht gelernt haben, selbstständig aus und mit Texten zu lernen. Unter den 15-Jährigen muss etwa ein Viertel als Risikogruppe eingestuft werden, die aufgrund deutlicher Mängel in der Lesekompetenz und im Umgang mit mathematischen Verfahren und Modellen erhebliche Schwierigkeiten haben dürften, erfolgreich eine Berufsausbildung aufzunehmen. Im Vergleich mit anderen Industrienationen steht Deutschland damit auf einem unterdurchschnittlichen Platz, gemeinsam etwa mit den USA, aber deutlich unterhalb des Niveaus der meisten anderen angloamerikanischen, der ostasiatischen und der skandinavischen Staaten. Dies gilt für alle Bundesländer. Auch wenn es innerhalb Deutschlands durchaus große Unterschiede gibt, erreicht auch das beste Bundesland nur den Leistungsstand Österreichs, nicht den der genannten Spitzenreiter.

Ob und wie sich das Kompetenzniveau deutscher Schülerinnen und Schüler in der historischen Entwicklung verändert hat – ob also der vielfach beklagte Leistungsabfall tatsächlich stattgefunden hat –, lässt sich anhand der vorliegenden Daten, auch unter Einschluss früherer internationaler und nationaler Studien, nicht sagen. Da sich Deutschland gerade erst anschickt, ein System des Bildungsmonitorings einzurichten, können solche Entwicklungen erst in Zukunft – aufbauend auf der ersten PISA-Untersuchung des Jahres 2000 – festgehalten werden.

Die individuelle Leistungsentwicklung im Bildungsverlauf vom Ende der Grundschule bis in die Sekundarstufe II kann hingegen anhand einiger wissenschaftlicher Längsschnittstudien schon jetzt eingeschätzt werden. Die Ergebnisse sprechen insgesamt für einen kumulativen Lernfortschritt, der allerdings in den Schulformen der Sekundarstufe I sehr unterschiedlich ausfällt. Hierin liegt – in Verbindung mit je nach sozialem Status und Geschlecht unterschiedlichen Übergangsraten zu weiterführenden Bildungsgängen – eine Gefährdung der Chancengleichheit in unserem Schulsystem.

C3 Verteilung von Bildungschancen

In den 1960er-Jahren wurde der Ausbau des Bildungssystems doppelt begründet:

- Zum einen wurden mit Blick auf die künftige Nachfrage nach gut ausgebildeten Arbeitskräften, insbesondere nach Akademikern, ein Katastrophenszenario entwickelt (Picht). Die Bundesrepublik Deutschland, so wurde vorausgesagt, würde im ökonomischen Wettlauf der Nationen hoffnungslos zurückfallen, wenn es nicht gelänge, mehr junge Menschen zu höheren Bildungsabschlüssen zu führen. Das Wort von der „Ausschöpfung der Begabungsreserven" machte die Runde.
- Zum anderen wurde unter Rückgriff auf das „Bürgerrecht auf Bildung" argumentiert (Dahrendorf). In dieser Argumentationslinie wurde darauf gesetzt, dass es im Vollzug des Ausbaus des Bildungswesens gelingen könne, Ungleichheiten bei der Bildungsbeteiligung abzubauen. Danach konnte in empirischen Studien gezeigt werden, dass es in Abhängigkeit von Konfession, Schicht, Geschlecht und Region unübersehbar unterschiedliche Bildungschancen gebe. Das „katholische Arbeitermädchen vom Lande" stand als Kunstfigur für diese Dimension von Ungleichheit.

Unter Rückgriff auf diese Kunstfigur wurden in den 1960er Jahren Ungleichheiten im Bildungswesen beschrieben. Die Dimensionen sollen im Folgenden aufgegriffen werden. Angesichts der abnehmenden kirchlichen Bindung verzichten wir auf eine Detailanalyse zu konfessionsspezifischen Unterschieden. Geschlecht, soziale Lage und regionale Herkunft aber sind auch heute noch bedeutsam. Während allerdings zu den Themen „Geschlechterparität" und „soziale Gerechtigkeit" eine Vielzahl neuerer Befunde vorliegt, ist die Frage der regionalen Unterschiede – etwa des Stadt-Land-Gefälles – in jüngerer Zeit nur wenig diskutiert worden. Sie können im vorliegenden Bericht nur auf der Ebene der Differenzen zwischen den Ländern untersucht werden; differenziertere Untersuchungen auch innerhalb der Länder bleiben weiteren Bildungsberichten vorbehalten. Als neue Dimension gesellschaftlicher Ungleichheit hinzugekommen ist die Ungleichheit zwischen in Deutschland Geborenen und Menschen mit einer Migrationsgeschichte. Sie entwickelte sich in den letzten drei Jahrzehnten zu einem drängenden Problem. Dabei geht es vor allem um die Integration der im Zuge der Anwerbung ausländischer Arbeitskräfte nach Deutschland zugewanderten Ausländer sowie der deutschstämmigen Aussiedler und deren Angehöriger aus den ehemaligen Sowjetstaaten.

Die folgende Darstellung konzentriert sich daher auf geschlechtsspezifische, schichtenspezifische und migrationsspezifische Ungleichheiten in den verschiedenen Bildungsbereichen. Dargestellt werden soll auch, wie die Chancenverteilung einer Bildungsstufe sich auf folgende Bildungsprozesse auswirkt. Dabei ergibt sich das Problem, dass die amtliche Statistik nur Beteiligungsunterschiede auf den einzelnen Bildungsstufen, aber keine Bildungsverläufe bezogen auf einzelne Bildungsteilnehmer über mehrere Bildungsphasen hinweg erfasst. Eine weitere Schwierigkeit der Bildungsberichterstattung besteht darin, dass die amtlichen Daten bestenfalls die Staatsangehörigkeit, nicht aber die Migrationsgeschichte der Bildungsteilnehmer und ihrer Familien darstellen und auch die Schichtzugehörigkeit von Schülern nicht erfassen. Die Bildungsberichterstattung ist daher derzeit auf Sonderauswertungen unter anderem der großen Schulleistungsstudien angewiesen.

In den ersten Abschnitten (C3.1 bis C3.3) stellen wir zunächst deskriptiv den Zusammenhang zwischen Bildungsbeteiligung einerseits, Geschlecht, sozialer Herkunft bzw. Migrationsstatus andererseits dar. Diese Art von Zusammenhängen steht bislang im Zentrum bildungssoziologischer Darstellungen. In letzter Zeit geben die groß angelegten Schulleistungsstudien die Chance, auch Kompetenzunterschiede selbst zu untersuchen. Auf der Basis dieser Studien, vor allem im Rahmen von PISA, dokumentiert Abschnitt C3.4 die Unterschiede im Niveau der erworbenen Kompetenzen, die nicht zuletzt aus diesen Unterschieden in der Bildungsbeteiligung resultieren.

Es wäre aber fahrlässig, die festgestellten Unterschiede in Bildungsbeteiligung und Kompetenzerwerb einfach als Wirkungen des Bildungssystems zu interpretieren. Sie beginnen vielmehr als Unterschiede des Kompetenzerwerbs schon auf frühen Altersstufen (die wiederum durch eine Vielzahl von kulturellen und sozialen Faktoren, z.B. im Sprachgebrauch der Familien, beeinflusst sind), werden dann verstärkt durch sozialgruppenspezifisch unterschiedliche Schulwahlentscheidungen (insbesondere beim Übergang von der Grundschule in die Schulformen des gegliederten Schulsystems), verstärken sich nochmals durch unterschiedliche Lernzuwächse in den gewählten Schulformen (vgl. Abschnitt C2.4) und weiter wirkende soziale und kulturelle Faktoren, werden ergänzt durch wiederum sozialgruppenspezifische Wahlentscheidungen beim Eintritt in berufsbezogene oder akademische Laufbahnen, und wirken auf diese Weise kumulativ bis ins Erwachsenenalter. Eine Beurteilung der Chancengleichheit im Bildungssystem muss diese Wechselwirkung von primären Ungleichheiten (sozio-kulturell bedingte Kompetenzunterschiede), sekundären Ungleichheiten (gruppenspezifische Wahlentscheidungen an den Nahtstellen der Bildungslaufbahn) und Effekten, die im engeren Sinne in Schule und Unterricht „hergestellt“ werden, berücksichtigen. Eine Konsequenz dieses komplexen Wechselspiels ist, dass bei Vergleichen der Wirkungen unterschiedlicher Bildungssysteme – beispielsweise der deutschen Länder – und Bildungsinstitutionen – z.B. Schulen verschiedener Schulformen – im Sinne fairer Vergleiche auch die Eingangsvoraussetzungen der Bildungsteilnehmer zu berücksichtigen sind.

„Faire“ Vergleiche und differenzierte Betrachtungen der kumulativen Benachteiligung verschiedener Bevölkerungsgruppen lassen sich letztlich nur mit längsschnittlichen Daten leisten, wie sie etwa die Hamburger LAU-Studie vorgelegt hat. Ersatzweise können die Effekte durch Modellrechnungen aus großen Querschnittstudien wie PISA abgeschätzt werden. Abschnitt C3.4 wird auch hierzu die wichtigsten Befunde zusammenfassen.

C3.1 Geschlechtsspezifische Bildungsbeteiligung

In Preußen gestatteten erstmals 1908 die Abschlusszeugnisse der Höheren Mädchenschulen die Immatrikulation an einer Universität. Dieses Datum weist auf eine lange andauernde manifeste Benachteiligung von Frauen im Bildungswesen hin. Trotz gleicher Zugangsrechte setzte sich die Benachteiligung von Frauen im Bildungswesen lange fort. Unter veränderten Bedingungen ist auch heute die Frage nach geschlechtsspezifischen Benachteiligungen bedeutsam. Deshalb wird nachfolgend von der Vorschulerziehung bis zur Weiterbildung dieser Aspekt der Bildungsbeteiligung anhand des verfügbaren statistischen Materials dargestellt.

In Abschnitt C3.4. wird speziell auf geschlechtsspezifische Aspekte des Kompetenzerwerbs eingegangen.

C3.1.1 Kindergartenbesuch und Schulbeginn

Die amtliche Statistik erfasst den Besuch von vorschulischen Einrichtungen nicht nach Geschlecht. Eine eigene Auswertung des Soziookonomischen Panels ergab keine bedeutsamen Unterschiede beim Besuch von Kindergärten zwischen Jungen und Mädchen. Geschlechtsspezifische Unterschiede zeigen sich jedoch bei dem Anteil von Schülern, die vorzeitig oder verspätet eingeschult werden. Unter den Zurückstellungen vom Schulbesuch sind mehr als 60% Jungen; überrepräsentiert sind Mädchen bei der vorgezogenen Einschulung.

C3.1.2 Schulbesuch

Innerhalb des allgemein bildenden Schulwesen sind inzwischen tendenziell Jungen benachteiligt, und zwar auch dann, wenn das Niveau der Schulleistungen berücksichtigt wird[1]. Bei Betrachtung der Geschlechterproportionen in den Schulformen des deutschen Schulsystems gilt für alle Länder gleichermaßen, dass deutlich mehr Mädchen als Jungen Gymnasien besuchen. Umgekehrtes gilt für die Haupt- und die Sonderschulen, in denen die Jungen überrepräsentiert sind[2].

Tabelle C3/1 Bildungsbeteiligung für ausgewählte Schulformen nach Geschlecht im 8. Schuljahrgang, Schuljahr 2001/2002

	Hauptschule			Realschule			Schule mit mehreren Bildungsgängen			Gymnasium			Integrierte Gesamtschule		
	ges	m	w	ges	m	w	ges	m	w	ges	m	w	ges	m	w
Neue Länder	1,7	2,1	1,2	9,6	9,6	9,6	40,3	42	38,4	31,9	27,2	36,8	10,5	11,4	9,6
Alte Länder	28,6	31,7	25,4	28,5	27,1	30,1	1,6	1,7	1,5	29,1	26,3	32	7,7	7,7	7,6
Deutschland	22,4	24,8	19,8	24,5	23,4	25,7	9	9,4	8,5	29,6	26,4	33	9,7	10,1	9,4

Quelle: Tabelle C3/16 (Anhang)

Relativ ausgewogen ist das Geschlechterverhältnis an Realschulen und Gesamtschulen. An den Schulformen mit mehreren Bildungsgängen sind etwas mehr Jungen als Mädchen vertreten (vgl. Tabelle C3/1). Begründet wird die Benachteiligung von Jungen insbesondere mit unterschiedlichen Mustern der Kompetenzentwicklung, der allgemeinen Einstellung zur Schule sowie der sozialen Anpassung und Arbeitshaltung[3].

---

1 Jungen benötigten in einer flächendeckenden Untersuchung in Hamburg für eine Empfehlung zum Gymnasium einen etwas besseren Leistungsdurchschnitt als Mädchen (Rainer H. Lehmann/Rainer Peek/Rüdiger Gänsfuß: Aspekte der Lernausgangslage von Schülerinnen und Schülern der fünften Klassen an Hamburger Schulen. Bericht über die Untersuchung im September 1996. Hamburg: 1997, S. 89-91).

2 Vgl. Tabelle C3/16 im Anhang.

3 Petra Stanat/Mareike Kunter: Kompetenzerwerb, Bildungsbeteiligung und Schullaufbahn von Mädchen und Jungen im Ländervergleich. In: Deutsches PISA Konsortium (Hrsg.): PISA 2000. Ein differenzierter Blick auf die Länder der Bundesrepublik Deutschland. Opladen: 2003, S. 212.

Die Benachteiligung von Jungen im allgemein bildenden Schulwesen spiegelt sich auch in den geschlechtsspezifischen Wiederholerquoten[4] wider (vgl. Tabelle C3/2). Der Anteil der Wiederholer ist zwischen den Ländern, für die Daten vorliegen, sehr unterschiedlich und bei den Schülern höher als bei den Schülerinnen. Die niedrigsten Wiederholerquoten weist die Grundschule auf. Für die einzelnen Schulformen lässt sich feststellen[5], dass der Wiederholeranteil in den Klassenstufen 5 und 6 sowohl für die Schüler als auch für Schülerinnen in fast allen Ländern an Hauptschulen am höchsten ist. In den Klassenstufen 7 bis 10 dagegen ist der Wiederholeranteil für Schüler und Schülerinnen der Realschule am höchsten.

Tabelle C3/2 Wiederholeranteil in den Klassenstufen 7 bis 10 nach Ländern/Schuljahr 2001/02

	Klassenstufen 7 bis 10		
Land	gesamt	männlich	weiblich
Bremen	6,5	7,3	5,7
Hamburg	2,5	2,9	2,0
Hessen	5,1	5,7	4,5
Niedersachsen	3,5	3,9	3,1
Nordrhein-Westfalen	5,6	6,4	4,8
Rheinland-Pfalz	4,4	5,1	3,7
Saarland	5,2	5,9	4,5
Schleswig-Holstein	6,1	6,9	5,2
Brandenburg	2,9	3,7	2,1
Mecklenburg-Vorpommern	5,1	6,1	4,0
Sachsen	2,7		
Thüringen	3,2	3,8	2,5

C3.1.3 Ausbildungsbeteiligung

Die Vorteile der Mädchen und jungen Frauen, die sie aus dem allgemein bildenden Schulwesen mitbringen, werden im Berufsbildungs- und Erwerbssystem prozessual entwertet. Für die Berufsausbildung innerhalb des dualen Systems ist festzustellen, dass junge Frauen nur unterdurchschnittlich vertreten sind. Der Anteil der weiblichen Auszubildenden im dualen System betrug im Jahr 2001 41%. In den neuen Länder ist der Anteil von Frauen in Ausbildung (39,3) gegenüber dem Anteil in den alten Ländern geringfügig geringer (41,5%).

Das Ausbildungsspektrum der weiblichen Auszubildenden ist gegenüber dem der männlichen Auszubildenden deutlich eingeschränkter[6]. Mehr als die Hälfte der Ausbildungsverträge von Frauen werden in den zehn am häufigsten gewählten Ausbildungsberufen abgeschlossen. Bei den männlichen Auszubildenden konzentriert sich nur gut ein Drittel der Ausbildungsabschlüsse auf die zehn am häufigsten gewählten Ausbildungsberufe. Bei den weiblichen Auszubildenden dominieren in der Beliebtheitsskala Berufe aus dem Bereich In-

4 Wiederholer werden hier im Sinne der jeweiligen Länderdefinition dargestellt. Bis heute besteht zwischen den Ländern keine einheitliche Definition (vgl. auch die Darstellungen im Band „Konzeption").

5 Vgl. Tabelle C3/17 im Anhang.

6 Bundesministerium für Bildung und Forschung (BMBF): Berufsbildungsbericht 2003. Bonn: 2003a.

dustrie und Handel (Bürokauffrau, Kauffrau im Einzelhandel, Industriekauffrau). Hinzu kommen die Freien Berufe wie Arzt- und Zahnarzthelferin. Bei den männlichen Auszubildenden sind insbesondere Handwerksberufe (Kfz-Mechaniker, Maler und Lackierer, Elektroinstallateur, Tischler) beliebt.

Der Anteil männlicher Schüler in beruflichen Vollzeitschulen ist vor allem in denjenigen beruflichen Ausbildungsgängen überdurchschnittlich, die dem Nachholen von allgemein bildenden Schulabschlüssen sowie der Berufsvorbereitung dienen: im Berufsvorbereitungsjahr und Berufsgrundbildungsjahr. Hier werden häufiger Qualifikationslücken geschlossen, um einen Ausbildungsplatz zu erhalten.

Die neben der Berufsausbildung im dualen System bestehende Möglichkeit vollzeitschulischer Berufsausbildungen wird überwiegend von Frauen in Anspruch genommen. Der Frauenanteil an den Schulen des Gesundheitswesens beträgt 82% (Schuljahr 2001/02). Auch an Berufsfachschulen, die außerhalb des dualen Systems zu einem beruflichen Abschluss führen, sind Frauen überdurchschnittlich vertreten (72,3%, Schuljahr 2002/02). Die nichtärztlichen medizinischen Berufe und die an Berufsfachschulen überwiegend von Frauen erworbenen Berufsausbildungen (kaufmännische und Büroberufe, hauswirtschaftliche Berufe sowie Berufe im Hotel und Gaststättengewerbe) zeichnen sich durch geringe Verdienst- und Aufstiegschancen aus. Sie werden daher auch als „Sackgassenberufe" bezeichnet. Auch quantitativ können sie nicht die Benachteiligung von Frauen im dualen System kompensieren. Immerhin sind es aber Ausbildungsangebote in wachsenden Beschäftigungsfeldern, während viele handwerkliche Ausbildungsberufe, die vor allem von jungen Männern ergriffen werden, rückläufige Beschäftigtenzahlen aufweisen. Die traditionelle Benachteiligung von Frauen innerhalb des Berufsbildungssystems, die sich insbesondere in den Perspektiven ihrer Berufswahl und der späteren Platzierung auf dem Arbeitsmarkt ausdrückte, erfährt durch den Strukturwandel des Beschäftigungssystems gegenwärtig eine Veränderung in der Bewertung.

C3.1.4 Studienbeteiligung

Im Hochschulsystem ist in den vergangenen Jahren ein steigender Frauenanteil festzustellen[7]. Während 1993/94 noch sechs von zehn Studierenden männlich waren, ist das Geschlechterverhältnis im Jahr 2002/03 annähernd ausgeglichen. Bei den Studienanfängern im Jahr 2002 waren die Frauen bereits geringfügig in der Überzahl (50,7%). Während an den Universitäten der Frauenanteil leicht überwiegt (53%), ist an den Fachhochschulen noch immer der Anteil der männlichen Studierenden deutlich höher (63%) (Studienjahr 2000/01). Unter den Abiturienten überwiegen die Frauen mit 55,2% (2000), doch führen geschlechtsspezifische Unterschiede in den Studierquoten[8] zu der beschriebenen Situation:

7 Vgl. Tabelle C3/20 im Anhang.

8 Unter Studierquote wird die Brutto-Studierquote verstanden, die als Indikator für den Gesamtumfang der Studienaufnahme bzw. der Studierneigung eines Jahrgangs von Schulabsolventen mit Hochschulreife dient. vgl.: Franz Durrer/Christoph Heine: Studienberechtigte 99. Ergebnisse der 1. Befragung der Studienberechtigten 99 ein halbes Jahr nach Schulabgang und Vergleich mit den Studienberechtigten 90, 92, 94, 96. HIS-Kurzinformation A 3/ 2001. Hannover 2001. S. 19.

„69% der männlichen, aber nur 61% der weiblichen Studienberechtigten 1999 hatten sich im Dezember 1999 bereits an einer Hochschule immatrikuliert oder planten, dies demnächst zu tun“[9]. Dieses unterschiedliche Ausbildungsverhalten ist sowohl in den alten als auch in den neuen Ländern zu beobachten.

Betrachtet man den Anteil der weiblichen Studierenden differenziert nach Fächergruppen[10], so wird deutlich, dass die Frauen insbesondere in den Sprach- und Kulturwissenschaften, der Veterinärmedizin und der Kunst und Kunstwissenschaft überproportional vertreten sind. Auch in der Humanmedizin und den Agrar-, Forst- und Ernährungswissenschaften besteht in den meisten Ländern ein leichter Frauenüberschuss. In der Fächergruppe Mathematik und Naturwissenschaften ist hingegen nur jeder dritte Studierende weiblich, in den Ingenieurwissenschaften sogar nur etwa jeder fünfte Studierende. Das geschlechterstereotype akademische Wahlverhalten lässt sich schon bei der Wahl der Leistungskurse und der Studienplanung in der gymnasialen Oberstufe nachweisen[11].

Nach einer aktuellen Untersuchung brechen männliche Studierende häufiger (28%) ihr Studium ab als ihre Kommilitoninnen (26%). An Fachhochschulen, an denen insgesamt ein Studium häufiger abgeschlossen wird, ist der Abstand zwischen männlichen Studienabbrechern (25%) und weiblichen Studienabbrechern (16%) größer als an Universitäten (31% zu 29%). Als Ursachen sind fächerspezifische Hintergründe und Entwicklungen in den einzelnen Studienbereichen anzunehmen. Zusätzlich werden das unterschiedliche Studienaufnahmeverhalten sowie Veränderungen auf dem Arbeitsmarkt als Gründe für die geschlechtsspezifischen Unterschiede angeführt[12].

C3.1.5 Weiterbildungsbeteiligung

Dem Weiterbildungssektor wird bei einer sinkenden Halbwertzeit des Wissens im Prozess des lebenslangen Lernens eine zunehmende Bedeutung zugeschrieben. Wissen und Kompetenzen müssen dadurch stetig erneuert werden. Die Integration auf dem Arbeitsmarkt sowie die gesellschaftliche Teilhabe sind davon abhängig. Die Weiterbildungsbeteiligung von Frauen (40%) ist im Jahr 2000 insgesamt niedriger als die der Männer (45%). Frauen beteiligen sich etwas häufiger (28%) als Männer (25%) an allgemeiner Weiterbildung, nehmen aber deutlich seltener an beruflicher Weiterbildung teil (23% gegenüber 34%).

Bezogen auf die berufliche Weiterbildung sind die Unterschiede zwischen Männern und Frauen zum Teil auf die unterschiedliche Erwerbsbeteiligung zurückzuführen. Werden nur

9 A.a.O., S. 20.

10 Vgl. Tabelle C3/21 im Anhang.

11 Kai Uwe Schnabel/Sabine Gruehn: Studienfachwünsche und Berufsorientierungen in der gymnasialen Oberstufe. In: Jürgen Baumert/Wilfried Bos/Rainer Lehmann (Hrsg.): TIMSS/III. Dritte Internationale Mathematik- und Naturwissenschaftsstudie – Mathematische und naturwissenschaftliche Bildung am Ende der Schullaufbahn. Band 2: Mathematische und physikalische Kompetenzen am Ende der gymnasialen Oberstufe. Opladen: 2000, S. 405 bis 443.

12 Ulrich Heublein/Robert Schmelzer/Dieter Sommer/Heike Spangenberg: Studienabbruchstudie 2002. Die Studienabbrecherquoten in den Fächergruppen und Studienbereichen der Universitäten und Fachhochschulen. HIS-Kurzinformation A 5/2002. Hannover 2002. S. 20ff.

die erwerbstätigen Männer und Frauen miteinander verglichen, so verringert sich der Abstand hinsichtlich der Beteiligung an beruflicher Weiterbildung[13].

Im Vergleich zwischen den alten und den neuen Ländern beteiligen sich die Frauen in Ostdeutschland häufiger an beruflicher Weiterbildung und seltener an allgemeiner Weiterbildung als die Frauen in Westdeutschland. Auch hierzu trägt die unterschiedliche Erwerbsbeteiligung der Frauen in den neuen und den alten Ländern bei. Aber auch die nicht erwerbstätigen Frauen in Ostdeutschland beteiligen sich häufiger als die Frauen in den alten Ländern an beruflicher Weiterbildung. Die Unterschiede in der beruflichen Weiterbildung zwischen Männern und Frauen sind aus diesen Gründen in den alten Ländern deutlich ausgeprägter als in den neuen Ländern.

Die niedrigere (berufliche) Weiterbildungsbeteiligung der Frauen steht im Zusammenhang mit der Lebenssituation der Frauen Die Benachteiligung der Frauen wird zum einen mit den Problemen der Vereinbarkeit von Familie und Beruf begründet. Sie wird jedoch schon beim Eintritt in das Berufsleben durch die ungünstigeren Ausbildungsmöglichkeiten angelegt[14].

C3.2 Bildungsbeteiligung und soziale Herkunft

Für Chancengleichheit im Bildungssystem ist es unverzichtbar, allen Kindern unabhängig von ihren sozialen Lebensumständen gleiche Bildungsmöglichkeiten zu eröffnen. Ob als Konsequenz dieser Forderung das Bildungssystem nur formal gleiche Zugangsrechte einräumen muss, ob diese Rechte von den kognitiven Grundfähigkeiten der Schüler abhängig zu machen sind (und was darunter zu verstehen ist) oder gar die Aufgabe besteht, sozial benachteiligte Kinder besonders zu fördern, ist umstritten. Eine Situationsanalyse wird erschwert, da die verfügbaren Daten nur punktuelle Einblicke in den interessierenden Zusammenhang und meist nur den Vergleich von Beteiligungsquoten nach sozialen Gruppen gestatten. Die amtliche Statistik verzichtet darauf, die soziale Lage der Schüler zu erfassen.

An dieser Stelle sollen zunächst die vorliegenden Daten über schichtspezifische Bildungsbeteiligungen aufbereitet werden. Abschnitt C3.4 wird sodann die Wechselwirkung zwischen Bildungsbeteiligung und Kompetenzerwerb in der individuellen Bildungslaufbahn darstellen und Fragen der Chancengerechtigkeit ansprechen.

C3.2.1 Kindergartenbesuch

Der Besuch von vorschulischen Einrichtungen ist weitgehend unabhängig von der familialen Herkunft der Kinder. Zwischen vollständigen Familien und Alleinerziehenden-Haushalten bestehen nur geringe Unterschiede. Auch der berufliche Status von Erwerbspersonen wirkt sich nicht nennenswert auf die Besuchshäufigkeit von Vorschuleinrichtungen

13 Bundesministerium für Bildung und Forschung (BMBF): Berichtssystem Weiterbildung 2000. Integrierter Gesamtbericht zur Weiterbildungssituation in Deutschland. Bonn: 2003b, S. 134 und 136.

14 Gerhild Brüning: Benachteiligte in der Weiterbildung. Projektabschlussbericht. Frankfurt a. M.: 2001, S. V-59.

aus. Nur die Betrachtung des Erwerbsstatus der Eltern zeigt größere Unterschiede. Während neun von zehn Kindern von Erwerbstätigen zwischen fünf und sechs Jahren einen Kindergarten besuchen, sind es 85% der Kinder von Erwerbslosen und nur 80% der Kinder von Nichterwerbspersonen (vgl. Tabelle C3/3).

Tabelle C3/3 Kinder in Kindergärten nach Familientyp und Beteiligung der Eltern am Erwerbsleben 2000

	5- bis 6-Jährige	3- bis 8-Jährige[1]
Vollständige Familien	90,1	78,3
Alleinerziehende	88,3	81,1
Erwerbspersonen	90,4	79,1
Erwerbstätige	90,8	79,5
Selbständige	91,4	80,1
Beamte	92,9	82,0
Angestellte	92,4	81,9
Arbeiter	88,7	76,6
Erwerbslose	85,4	74,9
Nichterwerbspersonen	80,6	69,8

Quelle: Statistisches Bundesamt, Mikrozensus

C3.2.2 Schulbesuch

Das deutsche Schulsystem sieht im Bildungsverlauf drei Selektionsschwellen vor. Dazu zählt als erste Schwelle die Übergangsauslese nach der Grundschule zu einer der Schulformen der gegliederten Sekundarstufe. Am Ende der Sekundarstufe I bildet die Entscheidung zum Besuch eines zum Studium berechtigenden Bildungsgangs oder einer Berufsausbildung eine weitere Schwelle. Die dritte Schwelle stellt der Übergang zum Studium nach dem Erwerb einer Hochschulreife dar. Lassen sich an diesen Schwellen, an denen Entscheidungen über den weiteren Bildungsverlauf zu treffen sind, soziale Selektionsmechanismen feststellen?

Die Übergangsentscheidung am Ende der Grundschulzeit gilt immer noch als wichtigste Hürde bei der Verteilung von Bildungs- und Lebenschancen. Die hier getroffene Entscheidung für die eine oder andere Sekundarschulform legt die Schulbiographie im Wesentlichen fest und ist bis heute nur begrenzt revidierbar.

Als entscheidendes Kriterium für elterliche Schulwahlentscheidungen gelten die Bildungsaspirationen der Eltern. Die elterlichen Schulabschlusswünsche kovariieren erheblich mit dem Bildungshintergrund der Eltern[15]. Betrachtet man das Abitur als angestrebten Schulabschluss, so geben ein Viertel der Schülereltern mit Hauptschulabschluss sowohl in West- als auch in Ostdeutschland dies als Bildungsziel für ihre Kinder an. Die Eltern mit Mitt-

15 Michael Kanders: IFS-Umfrage: Die Schule im Spiegel der öffentlichen Meinung – Ergebnisse der zwölften IFS-Repräsentativbefragung der bundesdeutschen Bevölkerung. In: Hans-Günter Rolff/Heinz Günter Holtappels/Klaus Klemm/Hermann Pfeiffer/Renate Schulz-Zander (Hrsg.): Jahrbuch der Schulentwicklung. Band 12. Daten, Beispiele und Perspektiven. Weinheim und München: 2002.

lerer Reife wünschen zu 54% in Westdeutschland und zu 31% in Ostdeutschland, dass ihre Kinder die Schule mit dem Abitur verlassen. Eltern mit Abitur streben zu 89% in Westdeutschland und 69% in Ostdeutschland für ihre Kinder das Abitur an.

Nicht zuletzt am kulturellen Kapital des Elternhauses orientieren sich die Grundschullehrer bei ihrer Empfehlung für den weiterführenden Schulbesuch[16]. Dadurch werden Kinder unterer Sozialgruppen bei der Übergangsauslese auf weiterführende Schulen auch dann stark benachteiligt, wenn ihre Schulleistungen berücksichtigt werden: Kinder eines Vaters ohne Schulabschluss müssen in Hamburg durchschnittlich zu den besten 10% aller Schüler gehören, um eine Gymnasialempfehlung zu erhalten, während für Kinder eines Vaters mit Abitur durchschnittlich eine Testleistung unter dem Durchschnitt aller Schüler für eine entsprechende Empfehlung genügt[17].

Tabelle C3/4 Bildungs- und Berufsabschluss der Väter von 15-jährigen Schülern (öffentliche Schulen) nach Schulformen (2000)

	HS	SMB	IGS	RS	GY
Schulabschluss Vater					
Kein Abschluss	24,4	11,8	15,5	11,0	6,9
Hauptschule, Volksschule	45,6	9,2	27,2	37,5	17,2
Mittlere Reife	18,9	63,5	26,8	30,2	36,2
FH-Reife, Abitur	11,1	15,5	30,5	21,3	39,6
Beruflicher Abschluss Vater					
Kein Abschluss	28,6	5,0	15,1	12,9	6,0
Lehre, Berufsaufbauschule	38,2	53,6	40,4	41,8	23,6
Berufsfach-, Handelsschule	13,8	15,6	14,9	14,8	14,3
Fach-, Meister-, Technikerschule	12,6	14,8	14,5	15,8	15,1
Fachhochschule, Diplom (FH)	3,5	4,9	5,9	6,4	14,3
Hochschule incl. Promotion	3,2	6,2	9,4	8,4	26,7

Quelle: Sonderauswertung PISA 2000

In Abhängigkeit von den Schulabschlusswünschen der Eltern und den Übergangsempfehlungen der Schule ergeben sich unterschiedliche Schulbesuchsquoten der Schüler der Sekundarstufe I nach ihrer sozialen Herkunft. Den 15-jährigen Schülerinnen und Schülern der Schulformen in der Sekundarstufe I können anhand der Daten der PISA-Studie die Bildungs- und Berufsabschlüsse der Eltern zugeordnet werden. In Tabelle C3/4 wird ersichtlich, dass das Bildungs- und Ausbildungsniveau der Eltern von der Hauptschule bis zum Gymnasium deutlich ansteigt. Während die Väter jedes vierten Schülers an der Hauptschule über keinen Schulabschluss verfügen, trifft dies nur für 7% der Väter von Gymnasiasten zu. Dagegen hat nur etwa jeder zehnte Vater eines Hauptschülers das Abitur abgelegt, aber 40% der Gymnasiasten-Väter. Auch für den beruflichen Abschluss der Väter zeigt sich ein vergleichbares Bild: Das höchste berufliche Abschlussniveau weisen die Väter der Gymnasiasten auf, gefolgt von den Vätern mit Kindern an Integrierten Gesamtschulen und Realschulen. Das vergleichsweise geringste Berufsabschlussniveau haben Väter von Hauptschülern.

16 Hermann Avenarius/Hans Döbert/Georg Knauss/Horst Weishaupt/Manfred Weiß, Stand und Perspektiven der Orientierungsstufe Niedersachsen. Gutachten. Frankfurt am Main: 2001.

17 Rainer H. Lehmann/Rainer Peek/Rüdiger Gänsfuß: Aspekte der Lernausgangslage von Schülerinnen und Schülern der fünften Klassen an Hamburger Schulen. Bericht über die Untersuchung im September 1996, Hamburg: 1997, S. 89-90 und S. 36.

Eine Gegenüberstellung der sozialen Herkunft der Schüler öffentlicher und privater Schulen gestatten die PISA-Daten für die Realschulen und Gymnasien. Für die Schüler privater Realschulen ist das Schul- und Ausbildungsniveau der Väter im Vergleich zu den Vätern von Schülern öffentlicher Realschulen nur geringfügig höher. Die Väter von Schülern an privaten Gymnasien können dagegen deutlich häufiger als die Väter von Schülern öffentlicher Gymnasien das Abitur vorweisen. Hinsichtlich des Anteils der Väter mit Fachhochschul- bzw. Hochschuldiplom sind die Unterschiede weniger auffällig[18].

Die Forschungslage zu sozialen Einflüssen auf die Bildungsentscheidungen an der zweiten Schwelle ist unbefriedigend. Doch gibt es Hinweise darauf, dass Kinder unterer Sozialgruppen nach dem Realschulabschluss eher anwendungsbezogene Ausbildungswege einschlagen, die zur Fachhochschulreife führen, während allgemein-akademisch ausgerichtete Ausbildungswege eher von Kindern höherer Sozialgruppen bevorzugt werden[19].

C3.2.3 Studienbeteiligung

Der Zusammenhang zwischen Bildungsherkunft und der Aufnahme eines Studiums hat sich im Verlauf der 1990er-Jahre sogar noch erhöht. Dies ist auf die soziale Selektion sowohl beim Übergang in die zum Studium führenden schulischen Bildungsgänge als auch beim Übergang vom Abitur zum Studium zurückzuführen. Dass sich auch beim Übergang vom Abitur zur Hochschule schichtenspezifische Einflüsse – vermittelt über die Studienerwartungen der Eltern - auswirken, konnte die TIMS-Studie nachweisen[20].

Tabelle C3/5 Bildungsbeteiligung der 19- bis 24-Jährigen an Hochschulen nach Schulbildung des Vaters 2000, in % (geschätzte Werte)

Schulbildung des Vaters	Bildungsbeteiligung der 19- bis 24-Jährigen an Hochschulen					
	Alte Länder		Neue Länder		Insgesamt	
	Uni	FH	Uni	FH	Uni	FH
Hauptschulabschluss	10	7	6	6	9	7
Realschulabschluss	32	19	8	6	20	13
Hochschulreife	57	19	50	20	57	20

Quelle: Klaus Schnitzer/Wolfgang Isserstedt/Elke Middendorff: Die wirtschaftliche und soziale Lage der Studierenden in der Bundesrepublik Deutschland 2000. 16. Sozialerhebung des Deutschen Studentenwerks. Bonn: 2001, S. 94

Zur sozialen Herkunft von Studierenden an deutschen Universitäten und Fachhochschulen liegen für das Jahr 2000 Daten aus der 16. Sozialerhebung des Deutschen Studentenwerks vor. Tabelle C3/5 macht den engen Zusammenhang von tertiärer Bildungsbeteiligung und familialem Bildungshintergrund deutlich. Während mehr als drei Viertel der 19- bis 24-Jährigen, deren Eltern die Hochschulreife erworben haben, an einer Universität oder Fach-

18 Vgl. Tabelle C3/22 im Anhang.

19 Kai Uwe Schnabel/Knut Schwippert: Schichtenspezifische Einflüsse am Übergang auf die Sekundarstufe II. In: Jürgen Baumert/Wilfried Bos/Rainer Lehmann (Hrsg.): TIMSS/III. Dritte Internationale Mathematik- und Naturwissenschaftsstudie – Mathematische und naturwissenschaftliche Bildung am Ende der Schullaufbahn. Band 1: Mathematische und naturwissenschaftliche Grundbildung am Ende der Pflichtschulzeit, Opladen: 2000, S. 279.

20 Kai Uwe Schnabel/Sabine Gruehn: Studienfachwünsche und Berufsorientierungen in der gymnasialen Oberstufe. In: Jürgen Baumert/Wilfried Bos/Rainer Lehmann (Hrsg.): TIMSS/III. Dritte Internationale Mathematik- und Naturwissenschaftsstudie – Mathematische und naturwissenschaftliche Bildung am Ende der Schullaufbahn. Band 2.. Opladen: 2000, S. 405 - 443, S. 423.

hochschule studieren, trifft dies nur für etwa ein Drittel derjenigen zu, deren Eltern einen Realschulabschluss vorweisen können und nur noch für jeden sechsten Jugendlichen von Eltern mit Hauptschulabschluss[21]. Im Vergleich der alten und der neuen Ländern fällt insbesondere die niedrige Bildungsbeteiligung der 19- bis 24-Jährigen in den neuen Ländern auf, deren Eltern über die mittlere Reife verfügen. Dies ist ein Hinweis auf eine noch größere soziale Selektion der Studierenden in den neuen im Vergleich zu den alten Ländern.

Betrachtet man die Beteiligung an Hochschulbildung nach der beruflichen Stellung des Vaters, so ist der Anteil der Beamtenkinder zwischen 19 und 24 Jahren mit 73% gefolgt von den Kindern Selbständiger (60%) am höchsten. Die Beteiligungsquote von Angestelltenkindern beträgt 37%. Nur 12% der 19- bis 24 Jährigen aus einem Arbeiterhaushalt besuchen eine Fachhochschule oder Universität. Die Unterschiede zwischen den alten und den neuen Ländern werden vor allem damit begründet, dass in den neuen Ländern nach wie vor eine andere Sozialstruktur besteht[22].

Neben der generellen Entscheidung für ein Studium wird auch die Fachrichtungswahl von der sozialen Herkunft der Studienanfänger beeinflusst. Während in den Ingenieurwissenschaften und den Sozialwissenschaften der Anteil von Studierenden aus „bildungsfernen" Elternhäusern überdurchschnittlich ist, ist die „akademische Selbstreproduktion" in den Rechts- und Wirtschaftswissenschaften sowie der Medizin am stärksten ausgeprägt[23].

Tabelle C3/6 Bildungsbeteiligung der 19- bis 24-Jährigen an Hochschulen nach beruflicher Stellung des Vaters 2000, in % (geschätzte Werte)

	Bildungsbeteiligung der 19- bis 24-Jährigen an Hochschulen					
Berufliche Stellung des Vaters	Alte Länder		Neue Länder		Insgesamt	
	Uni	FH	Uni	FH	Uni	FH
Arbeiter	7	6	5	5	6	6
Angestellte	26	13	24	11	25	12
Selbständige	4	20	35	19	40	20
Beamte	53	19			54	19

Quelle: Klaus Schnitzer/Wolfgang Isserstedt/Elke Middendorff: 2001 (a.a.O.), S. 96

Auch der Studienerfolg ist abhängig von der sozialen Herkunft der Studierenden. Die Studierenden der unteren sozialen Herkunftsgruppe brechen eher ein Studium ab als Studierende anderer Sozialgruppen. Finanzielle Schwierigkeiten sowie gesundheitliche Beeinträchtigungen werden von den Studienabbrechern der unteren Herkunftsgruppe überdurchschnittlich häufig als Abbruchgrund genannt. Das Abbruchrisiko für die Studierenden aus bildungsfernen Elternhäusern steht zudem im Zusammenhang mit der Fachrichtungswahl. Die Aufnahme eines Studiums der Medizin und der Rechtswissenschaften erweist sich als wesentlicher Risikofaktor. Für Lehramtsstudiengänge gilt dies dagegen nicht[24].

---

21 Klaus Schnitzer/Wolfgang Isserstedt/Elke Middendorff: Die wirtschaftliche und soziale Lage der Studierenden in der Bundesrepublik Deutschland 2000. 16. Sozialerhebung des Deutschen Studentenwerks. Bonn: 2001, S. 93.

22 A.a.O., S. 97. Bezogen auf die Bildungsbeteiligung der 19 -24-Jährigen im Hochschulbereich (vgl. Tabelle A3/2) sind die referierten Schätzungen überhöht, da sie eine Bildungsbeteiligung von ca. 30 % ergeben. Strukturell bilden sie die Situation aber vermutlich zutreffend ab.

23 A.a.O., S. 9f.

24 Ulrich Heublein/Heike Spangenberg/Dieter Sommer: Ursachen des Studienabbruchs. Analyse 2002. HIS Kurzinformation. Hochschulplanung Band 163. Hannover: 2003. S. 45ff.

C3.2.4 Weiterbildungsbeteiligung

Die Qualität des Abschlusses der ersten Bildungsphase (Schulbesuch) – die vom sozialen Herkunftsmilieu abhängt – hat direkte Auswirkungen auf die Weiterbildungsbeteiligung. Mit steigender Schulbildung nimmt die Teilnahmequote an Weiterbildung zu. Dies gilt für die berufliche und die allgemeine Weiterbildung sowohl in den alten als auch in den neuen Ländern[25]. Die Weiterbildungsbeteiligung derjenigen, die über das Abitur verfügen, ist etwa doppelt so hoch im Vergleich zu jenen mit niedriger Schulbildung (Hauptschulabschluss, ohne Abschluss).

Die Weiterbildungsbeteiligung steigt ebenfalls mit dem Niveau der beruflichen Qualifikation. Nur etwa jeder vierte un-/oder angelernte Arbeiter nahm im Jahr 2000 im Vergleich zu 70% der Beamten an Weiterbildung teil. Die Beteiligungsquote ist in den alten Ländern (2000) bei Erwerbstätigen mit Hochschulabschluss in etwa viermal höher als bei Erwerbstätigen ohne abgeschlossene Berufsausbildung. Zwischen alten und neuen Ländern bestehen in der Weiterbildungsbeteiligung der Erwerbstätigen nach Qualifikationsgruppen keine auffälligen Unterschiede.

C3.3 Bildungsbeteiligung von Migranten

Für eine erfolgreiche soziale und gesellschaftliche Integration von Migranten kommt dem Bildungssystem eine Schlüsselrolle zu. Da zur Situation der Migranten nur vereinzelt Daten vorliegen, bezieht sich der folgende Text vornehmlich auf die Darstellung der Bildungsbeteiligung von Ausländern in den verschiedenen Bildungsgängen. Bei der Beurteilung von Disparitäten hinsichtlich der Bildungsbeteiligung zwischen deutschen und nichtdeutschen Kindern und Jugendlichen sind zunehmend die Probleme der statistischen Erfassung des Merkmals „nichtdeutsche Herkunft" zu beachten. Bedingt ist dies zum einen durch das seit dem 1. Januar 2000 geänderte Staatsangehörigkeitsrecht (vgl. Kapitel A1). Die amtliche Ausländerstatistik wird dadurch für die Analyse migrationsspezifischer Problemlagen zunehmend weniger aussagekräftig. Hinzu kommen die Kinder und Jugendlichen, deren Eltern als Aussiedler (vor allem aus den Staaten der ehemaligen Sowjetunion) nach Deutschland kommen und die die deutsche Staatsbürgerschaft besitzen und meist nicht separat in Statistiken erfasst werden. Das verfügbare statistische Material berücksichtigt lediglich die Staatsangehörigkeit, vernachlässigt jedoch die Muttersprache und andere wichtige Merkmal für einen Migrationshintergrund. Erste Möglichkeiten zur stichprobenbezogenen Erweiterung in Bezug auf die schulische Bildungsbeteiligung von Migranten bietet die PISA-Studie.

C3.3.1 Kindergartenbesuch

Der Besuch vorschulischer Einrichtungen durch Kinder von Migranten ist vor allem deshalb in den Blick des Interesses gerückt, weil verschiedene internationale Studien zeigen konn-

25 BMBF 2003b (a.a.O.), S. 101-115.

ten, dass Bildungs- und Sozialisationsleistungen, die von Kindergärten erbracht werden, langfristige individuelle und gesellschaftliche Wirkungen haben. Dazu zählen bessere schulische Leistungen und soziale Kompetenzen. Einen positiven Zusammenhang zwischen dem Besuch bzw. der Besuchsdauer vorschulischer Einrichtungen und schulischen Leistungen konnte auch jüngst die IGLU-Studie bestätigen[26].

Der Mikrozensus gestattet seit 2000 Aussagen über Kindergartenbesuchsquoten ausländischer Kinder. Für das Jahr 2001 zeigt sich für Kinder zwischen 5 bis 6 Jahren, dass die Unterschiede im Kindergartenbesuch zwischen Deutschen und Ausländern sehr gering sind (91,7% gegenüber 88,3%). Dabei ist allerdings zu beachten, dass nationalitätenspezifische Unterschiede unberücksichtigt bleiben. Die nationalitätenspezifische Darstellung des Besuchs vorschulischer Einrichtungen wäre wünschenswert. Darüber gibt die amtliche Statistik derzeit jedoch keine Auskunft.

Tabelle C3/7 Kinder in Kinderkrippen oder Kindergärten (bezogen auf 100 Kinder der gleichen Altersgruppe) 2001

	Deutschland		Alte Länder		Neue Länder und Berlin-Ost	
	Deutsche	Ausländer	Deutsche	Ausländer	Deutsche	Ausländer
5 bis 6 Jahre	91,7	88,3	92	88,7	88,9	/
3 bis 8 Jahre [1]	80,6	74,6	79,6	74,5	87,7	84,3

1 Ohne Kinder, die bereits die Schule besuchen
/ kein Nachweis, da das Ergebnis nicht ausreichend ist

Quelle: Statistisches Bundesamt: Mikrozensus

C3.3.2 Schulbesuch

Die gymnasiale Bildungsbeteiligung der ausländischen Schüler und Schülerinnen[27] ist in den alten Ländern im Vergleich zu den deutschen Schülern nur etwa halb so hoch. Im Saarland ist der Unterschied zwischen deutschen und ausländischen Schülern am stärksten ausgeprägt: Während nur 11,7% aller ausländischen Schüler im 8. Schuljahrgang ein Gymnasium besuchen, sind es 32,5% der gleichaltrigen Deutschen. Auch in der Gruppe der ausländischen Schüler ist die Gymnasialbeteiligung der Mädchen im Vergleich zu den Jungen höher.

Hauptschulen werden deutlich häufiger von ausländischen als von deutschen Schülern besucht. In den Ländern, in denen eigenständige Hauptschulen existieren, besuchen etwa doppelt so viele ausländische Schüler des 8. Schuljahrgangs Hauptschulen wie deutsche Schüler. In Berlin ist dieser Anteil sogar mehr als viermal so hoch. Auch für die ausländi-

26 Wilfried Bos/Eva-Maria Lankes/Manfred Prenzel/Knut Schwippert/Gerd Walther/Renate Valtin (Hrsg.): Erste Ergebnisse aus IGLU. Schülerleistungen am Ende der vierten Jahrgangstufe im internationalen Vergleich. Münster: 2003.

27 Aufgrund der unterschiedlichen Schulstruktur in den Ländern der Bundesrepublik Deutschland lässt sich die Bildungsbeteiligung zwischen deutschen und ausländischen Schülern nur für die Gymnasien vergleichen. Für die Länder, in denen ein dreigliedriges Schulsystem existiert (ohne Berücksichtigung von Integrierten Gesamtschulen), wurde die Bildungsbeteiligung an Hauptschulen zum Vergleich herangezogen. Der relative Anteil der Hauptschüler ist in diesen Ländern aufgrund der unterschiedlichen Bedeutung der Integrierten Gesamtschule in der Schulstruktur unterschiedlich hoch.

schen Schüler gilt, dass männliche Schüler häufiger Hauptschulen besuchen als Schülerinnen (eine Ausnahme bildet Rheinland-Pfalz)[28].

Während sich diese Angaben aus der amtlichen Statistik auf das Unterscheidungsmerkmal „Staatsangehörigkeit deutsch/nicht-deutsch" beziehen, lässt die große PISA-Stichprobe eine Abschätzung der Bildungsbeteiligung für Gruppen mit unterschiedlichem Migrationsstatus zu, berücksichtigt also beispielsweise auch Aussiedler. Von den Fünfzehnjährigen, deren Eltern beide in Deutschland geboren wurden, besuchen demnach etwa 25% Hauptschulen, etwa 35% Realschulen, knapp 10% Gesamtschulen und ungefähr 30% Gymnasien. Von den Fünfzehnjährigen, deren beide Eltern im Ausland geboren wurden, lernen hingegen fast 50% in Hauptschulen, mehr als 25% in Realschulen, knapp 10% in Gesamtschulen und nur etwa 15% in Gymnasien.

Tabelle C3/8 Bildungsbeteiligung an Hauptschulen und Gymnasien von deutschen und ausländischen Schülern im 8. Schuljahrgang nach Geschlecht/Schuljahr 2001/02 (Alte Länder)

Land	Hauptschule						Gymnasium					
	Gesamt		männlich		weiblich		gesamt		männlich		weiblich	
	Deutsche	Ausländer	Deutsche	Ausländer	Deutsche	Ausländer	Deutsche	Ausländer	Deutsche	Ausländer	Deutsche	Ausländer
BE	6,3	25	7,2	28,3	5,2	21,6	35,3	20,3	30,2	17,3	41	23,3
HH	10,2	18,4	11,5	20,7	8,9	15,8	39,4	20,2	35,5	17,7	43,3	23,1
HE	15,5	33,1	17,7	35,1	13,2	31	35,1	15	31,9	13,4	38,4	16,8
NI	19,1	48,3					28,2	11,7				
RP	26	52	28,6	51,7	23,3	52,2	29,5	12,4	26,3	11,3	32,8	13,5
SL							32,5	11,8	30	11,6	35,3	11,9
SH	27,8	51,7	31	53,6	24,4	49,8	27,2	13,5	25,2	11,9	29,3	15,1

Quelle: Tabelle C3/23 (Anhang)

Als Anzeichen mangelnder Förderung ausländischer Schüler, vor allem in den ersten Schuljahren, kann das Verhältnis von ausländischen im Vergleich zu deutschen Wiederholern gewertet werden. In den Klassenstufen 1 bis 4 bleiben ausländische Kinder bis zu sechsmal häufiger (Rheinland-Pfalz) sitzen als deutsche Kinder (vgl. Tabelle C3/9). Auch in den folgenden Klassenstufen weisen ausländische Schüler eine höhere Wiederholerquote auf (in der Tabelle C3/9 erkennbar an Werten größer als 1 = gleiche Wiederholerquote). In den meisten Ländern sind die Differenzen in den Wiederholerquoten zwischen Deutschen und Ausländern bei den Schülerinnen höher als bei den Schülern.

Tabelle C3/9 Häufigkeit, mit der ausländische gegenüber deutschen Schülern ein Klasse in den Klassenstufen 1 bis 4, 5 bis 6 und 7 bis 10 wiederholen; Schuljahr 2001/02 (Alte Länder)[29]

Klassenstufen	1 bis 4			5 bis 6			7 bis 10		
Land	gesamt	männlich	weiblich	gesamt	männlich	weiblich	gesamt	männlich	weiblich
HB	1,6			1,3			1,5		
HE	3,5	3,3	3,7	2,2	2,2	2,1	1,3	1,3	1,4
NW	3,4	3,2	3,6	2,1	1,9	2,3	1,1	1,1	1,2
RP	6,0	3,1	12,6	3,4	1,8	8,1	2,1	1,3	3,4
SH	2,2	2	2,5	2,1	2,1	2,1	1,1	1,2	1,1

Quelle: Tabelle C3/24 (Anhang)

Ein Vergleich zwischen den Schulformen zeigt, dass ausländische Gymnasiasten in den Klassenstufen 5 und 6 im Vergleich zu ihren deutschen Mitschülern häufiger eine Klasse

28 Die Bildungsbeteiligung für die übrigen Schulformen ist in Tabelle C3/23 im Anhang dargestellt.

29 LESEHILFE: Ausländische Grundschüler wiederholen in Bremen durchschnittlich 1,6 mal häufiger eine Klasse als deutsche Grundschüler (Schuljahr 2001/02).

wiederholen müssen als ausländische Haupt- und Realschüler. In den Klassenstufen 7 bis 10 gleichen sich die Unterschiede in den Wiederholerquoten zwischen ausländischen und deutschen Schülern zwischen den Schulformen an[30].

Die Benachteiligung ausländischer Schüler wird auch an der Struktur der Abschlüsse deutlich, die in Kapitel C1 (vgl. Abbildung C1/1) behandelt wurde.

C3.3.3 Ausbildungsbeteiligung

Im Jahr 2001 standen weniger als ein Drittel der Ausländer in einem Ausbildungsverhältnis des dualen Systems (bezogen auf die in Deutschland lebenden Ausländer im Alter zwischen 18 und 21 Jahren[31]). Demgegenüber befinden sich mehr als 60% der deutschen Jugendlichen im dualen System der Berufsausbildung (vgl. Tabelle C3/10).

Tabelle C3/10 Ausländische Jugendliche im dualen System

Jahr	Ausländische Auszubildende		Auszubildende in % der 18- bis unter 21-Jährigen		
	absolut	Frauenanteil	Ausländer	Deutsche	Insgesamt
1998	104.250	38,6	31,1	64,7	60,6
1999	100.899	39,7	30,4	64,7	60,7
2000	96.928	41,0	30,0	63,4	59,7
2001	92.300	42,0	29,3	63,0	59,3

Quelle: Statistisches Bundesamt, eigene Berechnungen

Der Anteil der ausländischen Auszubildenden an den Auszubildenden insgesamt betrug im Jahr 2001 5,5%. Demgegenüber belief sich der Anteil der ausländischen Jugendlichen an der gleichaltrigen deutschen und ausländischen Bevölkerung (18-21 Jahre) auf knapp 9%. Der Anteil der ausländischen Auszubildenden im dualen System gemessen an der gleichaltrigen Bevölkerung ist zudem rückläufig[32]. Der Rückgang des Anteils ausländischer Auszubildenden an allen Auszubildenden ist in allen Ausbildungsbereichen zu verzeichnen. Als Grund dafür wird vor allem die verschlechterte Situation auf dem Ausbildungsstellenmarkt genannt.

Jugendliche ausländischer Herkunft werden in allen Ausbildungsbereichen nur unterdurchschnittlich ausgebildet. Insbesondere der öffentliche Dienst beteiligt sich lediglich zu einem sehr geringen Teil an der Qualifizierung junger Ausländer. Nur 2,2% der Auszubildenden in diesem Ausbildungsbereich sind nichtdeutscher Herkunft.

Bei Betrachtung nationalitätenspezifischer Beteiligungsquoten im dualen System (bezogen auf die 18- bis unter 21-jährige Bevölkerung) wird deutlich, dass zwischen den einzelnen Nationen erhebliche Unterschiede bestehen und die Jugendlichen ausländischer Herkunft keinesfalls als homogene Gruppe betrachtet werden können. Bezogen auf die spanischen und kroatischen Jugendlichen ergibt das Verfahren zur Berechnung von Beteiligungsquoten (Auszubildende in % der 18- bis 21-jährigen Bevölkerung) im Jahr 2000 eine Ausbildungsquote von fast 50%. Damit liegen sie unter der Beteiligungsquote deutscher Jugendlicher im selben Jahr (63%). Eine vergleichsweise noch geringere Ausbildungsbeteili-

30 Vgl. Tabelle C3/24 im Anhang.

31 Das Durchschnittsalter der Auszubildenden beträgt 19 Jahre und die durchschnittliche Ausbildungszeit drei Jahre.

32 Aufgrund steigender Einbürgerungen ist diese Entwicklung schwer zu bewerten.

gung ergibt sich danach bei den Jugendlichen aus Polen, der Türkei, Griechenland und Portugal[33].

Neben der vergleichsweise geringen Ausbildungsbeteiligung junger Ausländer ist das relativ enge Berufsspektrum der Ausbildungsberufe zu beachten. Allein die zehn am häufigsten gewählten Ausbildungsberufe entsprechen bereits einem Anteil von knapp 43% an allen Neuabschlüssen für ausländische Bewerber. Vor allem im Friseurhandwerk, im Einzelhandel sowie in Arztpraxen sind ausländische Auszubildende überproportional häufig vertreten. Die Berufe, die vor allem von Ausländern ergriffen werden, zeichnen sich durch ein höheres Arbeitsplatzrisiko sowie geringere Verdienst- und Aufstiegschancen aus.

In den neuen Berufen, die vergleichsweise gute Qualifizierungs- und Beschäftigungsmöglichkeiten bieten, werden Jugendliche ausländischer Herkunft nur selten ausgebildet (4% im Jahre 2000). In den Serviceberufen (6%), in den Medienberufen (3%) sowie den neuen IT-Berufen (3%) ist ihr Anteil gering[34].

Ausländer an beruflichen Schulen

Mit einem Gesamtanteil an beruflichen Schulen von 7,4% im Jahr 2001 sind ausländische Jugendliche vor allem in den nicht zu einer Berufsqualifikation führenden vollzeitschulischen Bildungsgängen wie dem Berufsvorbereitungsjahr (19,3%) und dem Berufsgrundbildungsjahr (11,2%) überrepräsentiert. Diese Bildungsgänge dienen insbesondere dem Nachholen von allgemein bildenden Schulabschlüssen sowie der Vorbereitung auf eine Berufsausbildung. Sie gelten darüber hinaus als Warteschleifen. Der hohe Ausländeranteil kann als Ausdruck des Verdrängungswettbewerbs auf dem Ausbildungsstellenmarkt gewertet werden[35].

Dagegen sind ausländische Schüler in Fachoberschulen, Berufsoberschulen, Technischen Oberschulen und Fachgymnasien, die mit erfolgreichem Abschluss den Besuch weiterführender Bildungsgänge an Fachhochschulen und Universitäten ermöglichen, nur unterproportional vertreten[36]. Solche studienvorbereitenden Ausbildungsgänge werden eher von Kindern besser ausgebildeter Ausländer und von Ausländern, die den Gebrauch der Heimatsprache einschränken, besucht[37].

C3.3.4 Studienbeteiligung

Die Beteiligung der in Deutschland lebenden Ausländer an Hochschulbildung ist sehr viel niedriger als die der gleichaltrigen Deutschen. Während etwa jeder sechste (17,2%) deut-

---

33 Vgl. Tabelle C3/25 im Anhang.

34 Mona Granato: Qualifizierungspotentiale in Deutschland nutzen: Jugendliche mit Migrationshintergrund und berufliche Ausbildung. Vortrag anlässlich des 7. Medienforums „Migranten bei uns" des Südwestfunks von 7.-9. Mai 2001 in Stuttgart, S. 5.

35 A.a.O.

36 Vgl. Tabelle C3/26 im Anhang.

37 Knut Schwippert/Kai Uwe Schnabel: Mathematisch-naturwissenschaftliche Grundbildung ausländischer Schulausbildungsabsolventen. In: Jürgen Baumert,/Wilfried Bos/Rainer Lehmann (Hrsg.): TIMSS/III. Dritte Internationale Mathematik- und Naturwissenschaftsstudie - Mathematische und naturwissenschaftliche Bildung am Ende der Schullaufbahn. Band 1: Mathematische und naturwissenschaftliche Grundbildung am Ende der Pflichtschulzeit, Opladen: 2000, S. 293.

sche Jugendliche im Alter zwischen 20 und 25 Jahren ein Hochschulstudium absolviert, trifft dies nur für 3,7% der Jugendlichen nichtdeutscher Herkunft zu.

Tabelle C3/11 Bildungsbeteiligung an Hochschulen 2000

	Ausländer	Deutsche
15 bis unter 20 Jahre	0,9	2,1
20 bis unter 25 Jahre	3,7	17,2
25 bis unter 30 Jahre	1,7	10

Quelle: Statistisches Bundesamt, Berechnungen des DIW

Bei der Betrachtung ausländischer Studierender in Deutschland ist zwischen Bildungsausländern und Bildungsinländern zu unterscheiden. Das Studium der Bildungsausländer ist insbesondere im Zusammenhang mit den Bestrebungen, den Hochschulstandort Deutschland international wettbewerbsfähig zu machen, von großer Bedeutung.

Die als Bildungsinländer bezeichneten Studierenden haben ihre Hochschulzugangsberechtigung in Deutschland erworben. Hierbei handelt es sich vor allem um Kinder aus Migrantenfamilien, die zum weit überwiegenden Teil ihre Schullaufbahn in Deutschland durchlaufen haben. Der überwiegende Teil der Bildungsinländer im Wintersemester 2000/01 verfügt über eine europäische Staatsangehörigkeit (78,8%). 58% stammen aus ehemaligen Anwerbestaaten (vor allem aus der Türkei, 30,2%) und 14% aus einem Nachbarstaat der Bundesrepublik[38].

Der Anteil ausländischer Studierender (Bildungsinländer) an allen Studierenden in Deutschland entsprach im Wintersemester 2001/02 bundesweit einem Anteil von 3,4%. Zwischen den Ländern bestehen erwartungsgemäß große Unterschiede. Einen vergleichsweise hohen Anteil von Bildungsinländern unter den Studierenden gibt es in Hessen (5,4%) und Nordrhein-Westfalen (4,5%). Dagegen ist der Anteil von Bildungsinländern an allen Studierenden in den neuen Länder mit weniger als 1% verschwindend gering.

Die vergleichsweise geringe Beteiligung von Ausländern im Hochschulsektor muss auch in Abhängigkeit von der sozialen Herkunft der Bildungsinländer gesehen werden. Nach Angaben der 16. Sozialerhebung des Deutschen Studentenwerks ist das Schulbildungsniveau der Eltern von Bildungsinländern, die ein Studium aufnehmen, deutlich niedriger als das der Eltern deutscher Studierender. Während etwa jeder vierte Bildungsinländer aus einem Haushalt stammt, in dem kein Elternteil über einen Schulabschluss verfügt, triff dies nur für 1% der deutschen Studierenden zu. Werden die Bildungsinländer getrennt nach ihrem Herkunftsland betrachtet, so werden beträchtliche Unterschiede zwischen denen aus Anwerbestaaten und denen anderer Staaten deutlich. Das Bildungsniveau der Eltern von Bildungsinländern aus Anwerbestaaten ist besonders gering: 40% der Eltern dieser Studierenden haben keinen Schulabschluss, nur 17% verfügen über eine Hochschulzugangsberechtigung. Von den Bildungsinländern aus anderen Staaten haben 74% der Eltern eine Hochschulzugangsberechtigung. Bei den deutschen Studierenden stammt jeder zweite aus einem Haushalt, in dem mindestens ein Elternteil das Abitur bzw. Fachabitur abgelegt hat[39].

38 Beauftragte der Bundesregierung für Ausländerfragen (Hrsg.): Bericht über die Lage der Ausländer in der Bundesrepublik Deutschland. Berlin, Bonn: 2002, S. 189.

39 Klaus Schnitzer/Wolfgang Isserstedt/Elke Middendorff: Die wirtschaftliche und soziale Lage der Studierenden in der Bundesrepublik Deutschland 2000. 16. Sozialerhebung des Deutschen Studentenwerks. Bonn: 2001, S. 432.

C3.3.5 Weiterbildungsbeteiligung

Die Weiterbildungsbeteiligung von Ausländern ist im Vergleich zur Beteiligung der Deutschen deutlich geringer. Im Jahr 2000 beteiligten sich nach den Angaben des Berichtssystems Weiterbildung 18% der in Deutschland lebenden Ausländer an allgemeiner Weiterbildung, für die deutschen Staatsbürger waren es 27%. Noch einmal deutlich höher ist der Unterschied hinsichtlich der Beteiligung an beruflicher Weiterbildung: Während knapp jeder dritte Deutsche im Jahr 2000 an beruflicher Weiterbildung teilnahm, war dies nur bei 12% der ausländischen Mitbürger der Fall[40].

Da im Berichtssystem Weiterbildung nur Ausländer mit ausreichenden Deutschkenntnissen befragt wurden, kann davon ausgegangen werden, dass die tatsächliche Weiterbildungsbeteiligung von Ausländern noch geringer ist. Die wünschenswerte Differenzierung der Weiterbildungsbeteiligung von Ausländern nach Bildungs- und Berufsabschluss ist aufgrund niedriger Fallzahlen im Berichtssystem Weiterbildung derzeit nicht möglich.

Im Rahmen der BIBB/IAB-Befragung von Erwerbstätigen (1998/99) wurden sowohl Deutsche als auch Angehörige anderer Nationalitäten nach ihrer Teilnahme an beruflicher Weiterbildung bzw. Umschulungsmaßnahmen befragt. Während Deutsche in dieser Untersuchung zu gut 40% angeben, in den letzten fünf Jahren vor der Befragung an solchen Maßnahmen teilgenommen zu haben, erklären dies nur knapp 20% der Ausländer. Auch bei Kontrolle der beruflichen Stellung beteiligten sich Ausländer deutlich seltener an beruflicher Weiterbildung: Während z.B. jeder fünfte deutsche Arbeiter und jeder zweite deutsche Angestellte in den der Befragung vorausgegangenen fünf Jahren Lehrgänge oder Kurse besucht hat, trifft dies nur für jeden zehnten ausländischen Arbeiter und jeden dritten Angestellten zu. Lediglich die ausländischen Beamten besuchen im Vergleich zu ihren deutschen Kollegen häufiger Weiterbildungsveranstaltungen.

Tabelle C3/12 Teilnahme an beruflicher Weiterbildung/beruflicher Umschulung nach Staatsangehörigkeit und Stellung im Beruf

Stellung im Beruf	Deutsch	Nichtdeutsch
Arbeiter	21,9	10,5
Angestellte	48,4	33,2
Beamte	73,3	87,5
Selbständige	45,0	17,7
Freie Mitarbeiter	31,2	23,1
Mithelfende Familienangehörige	18,6	/

Quelle: BIBB/IAB-Befragung 1998/99, eigene Auswertungen

C3.4 Chancengleichheit beim Kompetenzerwerb

Schon vor etwa 30 Jahren beschrieb Walter Schultze, der damals die Ergebnisse der ersten internationalen Vergleichsstudie für Naturwissenschaften (FISS) auswertete, das Problem der Koppelung von sozialer Herkunft und Schulleistung als eine der „klaren Erkenntnisse“

40 Bundesministerium für Bildung und Forschung (BMBF): Berichtssystem Weiterbildung VIII. Bonn: 2000.

dieser Studie: „Die Schulleistung hängt – unabhängig von der Schulorganisation – direkt mit den sozialen Verhältnissen der Schüler zusammen“[41]. Wie steht es heute, mehr als drei Jahrzehnte nach dem Aufbruch zur Öffnung des Bildungssystems und zur „kompensatorischen Erziehung“, um die sozial bedingten und auch die geschlechtsbezogenen Unterschiede im Kompetenzerwerb?

Der folgende Abschnitt wird – getrennt für die Gruppenmerkmale Geschlecht, soziale Herkunft und Migrationsstatus – zunächst das Ausmaß der gruppenspezifischen Kompetenzunterschiede darstellen und international vergleichend bewerten. Dabei spielt die Differenzierung nach unterschiedlichen Kompetenzbereichen eine wichtige Rolle – zum einen, weil relative Stärken und Schwächen der einzelnen Gruppen deutlich werden, zum anderen, weil sich daraus Vermutungen über die Entstehungsbedingungen ableiten lassen.

Bei der Frage nach möglichen Ursachen richtet sich der Blick aber vornehmlich – wie bereits zu Beginn des Kapitels C3 ausgeführt wurde – auf die Entscheidungen an den Nahtstellen des Bildungssystems, vor allem auf die Wahl der Schulform beim Übergang in die Sekundarstufe I. Eine entsprechende Hypothese formulierte Schultze bereits 1974: „Dabei ergibt sich aus dem internationalen Vergleich, dass die Beziehung der Leistung zur Sozialstruktur um so enger ist, je selektiver das System ist.“ Drei Jahrzehnte später stellt sich die Frage, ob der Befund noch ähnlich klar ist wie damals. Wenn die Zugangsmöglichkeiten zu höheren Bildungsgängen – wie oben in den Abschnitten C3.1 bis C3.3 dargelegt wurde – vom Geschlecht, von der sozialen Herkunft und vom Migrationsstatus abhängen, sind entsprechende Unterschiede in den Lernergebnissen und den erworbenen Kompetenzen eine gewissermaßen selbstverständliche Folge. Schülerinnen und Schüler, die aus unteren sozialen Schichten bzw. aus zugewanderten Familien stammen, werden ein vergleichsweise niedriges Kompetenzniveau erreichen, Mädchen hingegen ein höheres (!) Niveau als Jungen. Mehr noch: Aufgrund der unterschiedlichen Lernzuwächse in den Schulformen des gegliederten Systems der Sekundarstufe I (siehe Abschnitt C2.4) werden sich Unterschiede, die am Ende der Grundschulzeit bestehen, noch verstärken. Um Fehlinterpretationen zu vermeiden, muss aber versucht werden, die Effekte der sozialgruppenspezifischen Wahlentscheidungen (die sog. sekundären Ungleichheiten) von den zuvor schon bestehenden Leistungsunterschieden (den sog. primären Ungleichheiten) zu trennen. Beide müssen schließlich kontrolliert werden, wenn man prüfen will, welche Faktoren möglicherweise – auch innerhalb einzelner Schulformen und Schulen – im Verlauf des weiteren Schulbesuchs die Unterschiede verstärken.

Schließlich werden die Verhältnisse in den Ländern vergleichend dargestellt. Nicht nur für die Beschreibung der Bildungsqualität in den Ländern ist dies bedeutsam. Zugleich soll untersucht werden, in welcher Beziehung die länderspezifischen Beteiligungsraten und die länderspezifischen Leistungsergebnisse stehen. Letztlich brauchen junge Menschen für einen erfolgreichen Lebenslauf sowohl den Zugang zu „höheren“ Bildungsabschlüssen als auch die optimale Förderung ihrer Kompetenzen. Chancengleichheit im Bildungssystem muss sich daher auf beides beziehen.

41 Walter Schultze: Die Leistungen im naturwissenschaftlichen Unterricht in der Bundesrepublik im internationalen Vergleich. Mitteilungen und Nachrichten. Sonderheft. DIPF. Frankfurt am Main: 1974, S. 53.

C3.4.1 Geschlechtsspezifische Leistungsunterschiede

Die geschlechtsspezifischen Unterschiede, wie sie in den neueren deutschlandweiten Leistungsstudien festgestellt wurden (vgl. Tabelle C3/13), machen deutlich, dass sich die stärkere Beteiligung der Mädchen an weiterführenden Bildungsgängen keineswegs unmittelbar in durchweg höheren Kompetenzen niederschlägt. Das Muster entspricht vielmehr im Großen und Ganzen dem traditionellen Stereotyp: Vorteile der Jungen bei Mathematik und Naturwissenschaften, Vorteile der Mädchen beim Lesen. Die Hintergründe dieser Befunde sollen weiter unten nach Leistungsbereichen getrennt untersucht werden.

Tabelle C3/13 Ausmaß der Geschlechtsunterschiede nach Leistungsbereichen (d-Werte[42])

	Grundschule	Sekundarstufe I		Sekundarstufe II
	IGLU	TIMSS	PISA	TIMSS
Lesekompetenz	-.19		-.32	
Mathematische Kompetenz	.24	(<.05)	.15	.38
Naturwissenschaften	.18	ca. 18	(<.05)	.43

Quelle: Nationale Berichte zu TIMSS, PISA, IGLU und eigene Berechnungen (s. C2/2 Fußnoten 14-17)

Zuvor soll noch geprüft werden, welche Rolle primäre und sekundäre Ungleichheiten bezüglich des Geschlechts spielen. Die Tatsache, dass die Position der Mädchen im Leistungsvergleich mit Jungen in der Sekundarstufe besser ist als in der Grundschule (der Leistungsvorsprung der Mädchen im Lesen erhöht sich, der Vorsprung der Jungen in Mathematik verringert sich), deutet darauf hin, dass beim Übergang in die Sekundarstufe I tatsächlich sekundäre Benachteiligungen greifen. Das heißt: Bei gleichem Leistungs- bzw. Notenstand gehen Mädchen eher zur höheren Schule als Jungen und werden in der Sekundarstufe I deshalb besser gefördert. In der Tat konnte die LAU-Studie in Hamburg zeigen, dass Jungen für eine Übergangsempfehlung zum Gymnasium etwas bessere Leistungen benötigen als Mädchen (vgl. C3.1.2). Allerdings macht gerade das gegenläufige Muster der Unterschiede im Lesen und in der Mathematik deutlich, dass geschlechtsspezifische Leistungsunterschiede zu einem guten Teil als „primäre" Unterschiede in die Schule mitgebracht werden. Auf die umfangreiche Forschung zu kognitiven, motivationalen, sozialpsychologischen, aber auch biologischen Faktoren kann an dieser Stelle nur hingewiesen werden[43].

Im Fall der *Mathematik* deuten internationale Untersuchungen darauf hin, dass sich die Leistungsunterschiede in der historischen Entwicklung verringern, in vielen Staaten sogar nicht mehr nachweisbar sind. In Deutschland scheint ein solcher historischer Trend nicht zu bestehen: Für den Primarbereich ergab IGLU[44] einen beachtlichen Leistungsvorsprung der Jungen in Deutschland – stellt man in Rechnung, dass die wenige Jahre zuvor durchgeführte TIMS-Grundschulstudie nur für drei von 26 Staaten (Japan, Korea und Niederlande) überhaupt signifikante Leistungsunterschiede zugunsten von Jungen erbrachte. In Deutsch-

42 d = (Mittelwert der Jungen – Mittelwert der Mädchen) / Standardabweichung der Gesamtpopulation.

43 Vgl. Olaf Köller/Eckard Klieme: Geschlechtsdifferenzen in den mathematisch-naturwissenschaftlichen Leistungen. In: Jürgen Baumert/Wilfried Bos/Rainer Lehmann (Hrsg.): TIMSS/III – Dritte Internationale Mathematik- und Naturwissenschaftsstudie - Mathematische und naturwissenschaftliche Bildung am Ende der Schullaufbahn, Band 2. Opladen: 2000, S. 373-404.

44 Gerd Walther/Helmut Geiser/Rolf Langeheine/Kirstin Lobemeier: Mathematische Kompetenzen am Ende der 4. Jahrgangsstufe. In: Wilfried Bos/Eva-Maria Lankes/Manfred Prenzel/Knut Schwippert/Gerd Walther/Renate Valin (Hrsg.): Erste Ergebnisse aus IGLU. Schülerleistungen am Ende der vierten Jahrgangsstufe im internationalen Vergleich. Münster: 2003, S. 189-226.

land wurden 46% der Jungen, aber nur 37% der Mädchen den beiden obersten Stufen mathematischer Kompetenz zugeordnet. Auch in der Sekundarstufe I besteht laut PISA ein bedeutsamer Leistungsvorsprung der Jungen; hinsichtlich der Stärke der Differenz liegt Deutschland etwas höher als der OECD-Durchschnitt. Der sehr schwache Unterschied der Mathematikleistungen von Jungen und Mädchen bei TIMSS steht hierzu scheinbar im Widerspruch, lässt sich aber durch unterschiedliche Schwerpunkte der Tests erklären (siehe unten). Die noch höhere Differenz in der Sekundarstufe II steht im Einklang mit dem Forschungsbefund, dass sich im Verlauf der Pubertät und des jungen Erwachsenenalters der Leistungsvorsprung von Jungen in der Mathematik ausweitet.

Innerhalb der Mathematik hängt das Ausmaß der Leistungsdifferenz davon ab, welche Anforderungen im Einzelnen gestellt werden: Mädchen haben relative Stärken bei Aufgaben, in denen es eher auf die Anwendung von Verfahren und die Kenntnis von Begriffen ankommt. Der Leistungsvorsprung der Jungen wird hingegen besonders groß, wenn es um das Modellieren außermathematischer Situationen, um offene Fragestellungen und Problemlöseaufgaben geht. Gerade diese Art von Aufgaben bestimmt das Konzept der mathematischen Grundbildung, wie es vor allem in PISA und IGLU – mehr noch als bei TIMSS – umgesetzt wurde. (Damit finden die Besonderheiten der TIMS-Studie in Tabelle C3/13 ihre Erklärung.)

Für die *Naturwissenschaften* ergeben sich für die Gesamtheit der Schülerpopulation ähnliche Befunde wie im Fach Mathematik. Im internationalen Vergleich sind die Kennwerte sowohl in der TIMS-Mittelstufenstudie als auch bei PISA und IGLU unauffällig. Unterscheidet man nach Fächern, ergeben TIMSS und PISA übereinstimmend sehr hohe Leistungsunterschiede zugunsten der Jungen in der Physik, etwas niedriger auch in der Chemie, und geringe, zum Teil nicht einmal statistisch signifikante Unterschiede in der Biologie. Der höhere Anteil von Aufgabenstellungen aus dem Bereich der Lebenswissenschaften bei PISA und der relativ höhere Anteil von Physik- und Chemieaufgaben bei TIMSS könnte somit das unterschiedliche Ausmaß der Differenzen in diesen beiden Studien erklären.

Die Brisanz, die das Thema „Benachteiligung von Mädchen beim Kompetenzerwerb" nach wie vor hat, wird erst deutlich, wenn man die Analyse nach Schulformen oder weiter nach Schulen ausdifferenziert. Übereinstimmend kommen beide TIMS-Studien und PISA zu dem Ergebnis, dass die Leistungsvorsprünge der Jungen innerhalb der Schulformen wesentlich stärker ausfallen als in der globalen Betrachtung. Zum Beispiel wurde im TIMSS-Mathematiktest für die Gesamtpopulation der 8. Jahrgangsstufe eine Differenz von weniger als d = 0,05, d.h. weniger als 0,05 Standardabweichungen (vgl. Tab. C3/13 und Fußnote 41) zugunsten der Jungen berechnet, innerhalb des Gymnasiums jedoch 0,17 Standardabweichungen, in der Hauptschule 0,20 und in der Realschule 0,31[45]. Eindrucksvoll ist auch die Rekonstruktion von Leistungsunterschieden innerhalb der einzelnen Schulen bei PISA[46]. Der Index für den Leistungsvorsprung der Jungen verdoppelt sich (Naturwissenschaften) bzw. steigt um die Hälfte (Mathematik), wenn man ihn innerhalb der einzelnen Schulen und

45 Vgl. vor allem Ingmar Hosenfeld/Olaf Köller/Jürgen Baumert: Why Sex Differences in Mathematics Achievement Disappear in German Secondary Schools. A Re-Analysis of the German TIMSS-Data. Studies in Educational Evaluation 25, 1999, S. 142-162.

46 Petra Stanat/Mareike Kunter: Kompetenzerwerb, Bildungsbeteiligung und Schullaufbahn von Mädchen und Jungen im Ländervergleich. In: Deutsches PISA-Konsortium (Hrsg.): PISA 2000 – Ein differenzierter Blick auf die Länder der Bundesrepublik Deutschland. Opladen: 2003, S. 211-242.

nicht global berechnet[47]. Zwischen Mädchen und Jungen derselben Schule bestehen also nach wie vor große Leistungsunterschiede, deren Größenordnung etwa dem Lernzuwachs eines halben bis eines Schuljahres entsprechen kann. Im Gesamtbild einer Jahrgangsstufe oder einer Altersgruppe werden diese Leistungsunterschiede durch die stärkere Beteiligung der Mädchen an höheren Bildungsgängen verdeckt. Innerhalb der Schulen und Klassen bleibt jedoch die Förderung der Mädchen, insbesondere in der Physik sowie beim mathematischen Problemlösen und Modellieren, eine zentrale pädagogische Aufgabe.

In Umkehrung der Befunde aus Mathematik und Naturwissenschaften ist in der Forschungsliteratur gut dokumentiert, dass Mädchen bzw. junge Frauen einen Leistungsvorsprung im *sprachlichen Bereich* haben. In der öffentlichen Diskussion hat aber erst die PISA-Studie diesen Sachverhalt in den Vordergrund gestellt. Angesichts der Tatsache, dass der Umgang mit Texten aller Art – einschließlich Tabellen, Diagrammen und Gebrauchstexten – im Alltag eine Schlüsselqualifikation darstellt und dass Lernen aus Texten von zentraler Bedeutung für die lebenslange Weiterentwicklung von Kompetenzen ist, muss die Leseförderung bei Jungen stärker in das Bewusstsein von Elternhaus und Bildungseinrichtungen kommen. Diese Förderung muss frühzeitig, spätestens in der Grundschule, einsetzen. Der Vorsprung der Mädchen ist hier zwar geringer als in der Sekundarstufe I und auch im internationalen Vergleich erfreulich niedrig[48], muss jedoch bereits als bedeutsam angesehen werden. Weiterführende Analysen in den beiden Studien ergeben ergänzende Hinweise:

- Auch im Bereich der Lesekompetenz kommt es auf die Art der Anforderung an. In der Grundschule ist das Lesen informativer Texte, in der Sekundarstufe der Umgang mit „diskontinuierlichen Texten“ (Tabellen, Grafiken usw.) eine relative Stärke der Jungen, während Mädchen bei literarischen bzw. kontinuierlich erzählenden oder argumentierenden Texten besonders gut abschneiden.
- Die Grundschuluntersuchung IGLU hat erstmals neben dem Lesen auch die Rechtschreibleistung in einer national einheitlichen Stichprobe untersucht. Mit 0,27 Standardabweichungen fällt der Leistungsvorsprung von Mädchen in der Orthografie ebenfalls sehr stark aus. Daran ändert auch der Umstand nichts, dass Jungen mit Wörtern aus dem technischen Umkreis oder mit Bezug zu Abenteuern etwas besser zurechtkommen[49].
- Die Differenzierung der Lese- und Rechtschreibleistungen nach Aufgabenarten macht deutlich, dass hier geschlechtstypische Interessen mit im Spiel sind. Bemerkenswert ist der Befund aus der PISA-Studie, wonach die Unterschiede zwischen Jungen und Mädchen in der Lesekompetenz nicht mehr signifikant sind, wenn man die Freude am Lesen in Rechnung stellt[50]. Der Förderung der Lesemotivation kommt also entscheidende Bedeutung beim Ausgleich geschlechtsspezifischer Benachteiligungen zu, auch

47 Petra Stanat/Mareike Kunter 2003 (a.a.O.), S. 234.

48 Wilfried Bos/Eva-Maria Lankes/Knut Schwippert/Renate Valtin/Andreas Voss/Isolde Badel/Nike Plaßmeier: Lesekompetenzen deutscher Grundschülerinnen und Grundschüler am Ende der 4. Jahrgangsstufe im internationalen Vergleich. In: Wilfried Bos/Eva-Maria Lankes/Manfred Prenzel/Knut Schwippert/Gerd Walther/Renate Valin (Hrsg.): Erste Ergebnisse aus IGLU. Schülerleistungen am Ende der vierten Jahrgangsstufe im internationalen Vergleich. Münster: 2003, S. 69-142, S. 115.

49 Renate Valtin/Isolde Badel/Ilona Löffler/Ursula Meyer-Schepers/Andreas Voss: Orthografische Kompetenzen von Schülerinnen und Schülern der 4. Klasse. In: Wilfried Bos u.a. (Hrsg.) 2003 (a.a.O.), S. 227-264.

50 Petra Stanat/Mareike Kunter: Geschlechtsunterschiede in Basiskompetenzen. In: Deutsches PISA-Konsortium (Hrsg.): PISA 2000 – Basiskompetenzen von Schülerinnen und Schülern im internationalen Vergleich. Opladen: 2001, S. 251-270, S. 264.

wenn dieser Zusammenhang nicht einfach kausal interpretiert werden darf: Motivation und Kompetenz entwickeln sich im Lebensverlauf in wechselseitiger Abhängigkeit.

- Differenziert man nach Schulformen und Einzelschulen, so bleiben – wie oben erläutert – im Wesentlichen die geschlechtsspezifischen Leistungsunterschiede übrig, die nicht durch unterschiedliche Bildungsbeteiligung zustande kommen. In dieser schulinternen Betrachtungsweise beträgt der Leistungsvorsprung der Mädchen in der 9. Jahrgangsstufe nunmehr etwa ein Achtel Standardabweichung.

Im Rahmen der PISA-Ergänzungsstudie wurde auch untersucht, ob es den Ländern der Bundesrepublik Deutschland unterschiedlich gut gelingt, geschlechtstypische Leistungsunterschiede auszugleichen. Die Größe der Differenzen variiert im Einzelnen, wobei sich über die drei PISA-Messbereiche (Lesen, Mathematik und Naturwissenschaften) und die Vergleichsebenen (landesweit, schulformbezogen und schulintern) hinweg keine einheitlichen Muster erkennen lassen. Eine gleichzeitige Betrachtung der Bildungsbeteiligung und der erworbenen Kompetenzen[51] macht zudem noch einmal deutlich, dass das Ziel gleicher Kompetenzen für Jungen und Mädchen nicht allein über den Zugang zu Bildungsgängen geregelt werden kann. Beispielsweise gehören sowohl Bayern als auch Brandenburg zu den Ländern, in denen Mädchen in allen drei Domänen relativ erfolgreich sind, wobei aber Bayern einen besonders niedrigen und Brandenburg einen besonders hohen Mädchenanteil im Gymnasium zu verzeichnen hat.

Der Abbau von geschlechtsspezifischen Leistungsdefiziten steht also nach wie vor auf der bildungspolitischen und pädagogischen Agenda; er erfordert spezifische Fördermaßnahmen in den Schulen.

C3.4.2 Sozialer Status und Kompetenzerwerb

Die enge Kopplung zwischen sozialer Herkunft und Schulleistung ist, wie das Eingangszitat von Schultze[52] belegt, seit Jahrzehnten als ein zentrales Problem des deutschen Bildungssystems erkannt. Seitdem wurden in der Bildungssoziologie zwar die Unterschiede in der Bildungsbeteiligung regelmäßig dokumentiert, aber Leistungen werden in diesen Studien nicht kontrolliert[53].

Umgekehrt spielten in Schulleistungsstudien Fragen der sozialen Ungleichheit oft eine allenfalls untergeordnete Rolle. Auch in TIMSS fehlten zuverlässige, international vergleichbare Indikatoren der sozialen Herkunft. Für lange Zeit fehlten in Deutschland Längsschnittstudien – insbesondere zum kritischen Zeitpunkt des Übertritts von der Primar- in die Sekundarstufe – und aktuelle Studien zu den innerschulischen *Vermittlungsmechanismen*, durch die Ungleichheit reproduziert und verstärkt wird oder auch möglicherweise reduziert werden kann. Um so größer war der Schock des PISA-Berichtes: Der „soziale Gradient" – ein Indikator für die Zunahme der gemessenen Kompetenzen bei höherem beruflichen

51 Petra Stanat/Mareike Kunter 2003 (a.a.O.), S. 231ff.
52 Walter Schultze 1974 (a.a.O.), S. 53.
53 Vgl. aber Hartmut Ditton: Ungleichheit und Mobilität durch Bildung. Theorie und empirische Untersuchung über sozialräumliche Aspekte von Bildungsentscheidungen. Weinheim und München: 1992.

Status der Eltern – ist bei allen Kompetenzbereichen in Deutschland so hoch wie in kaum einem anderen Staat, im Bereich des Lesens sogar am höchsten. Eine anschauliche Darstellung dieses Befundes liefert Abbildung C3/1.

Abbildung C3/1 Staaten nach mittlerer Leseleistung und sozialem Gradienten der Lesekompetenz (z-standardisierte Werte)

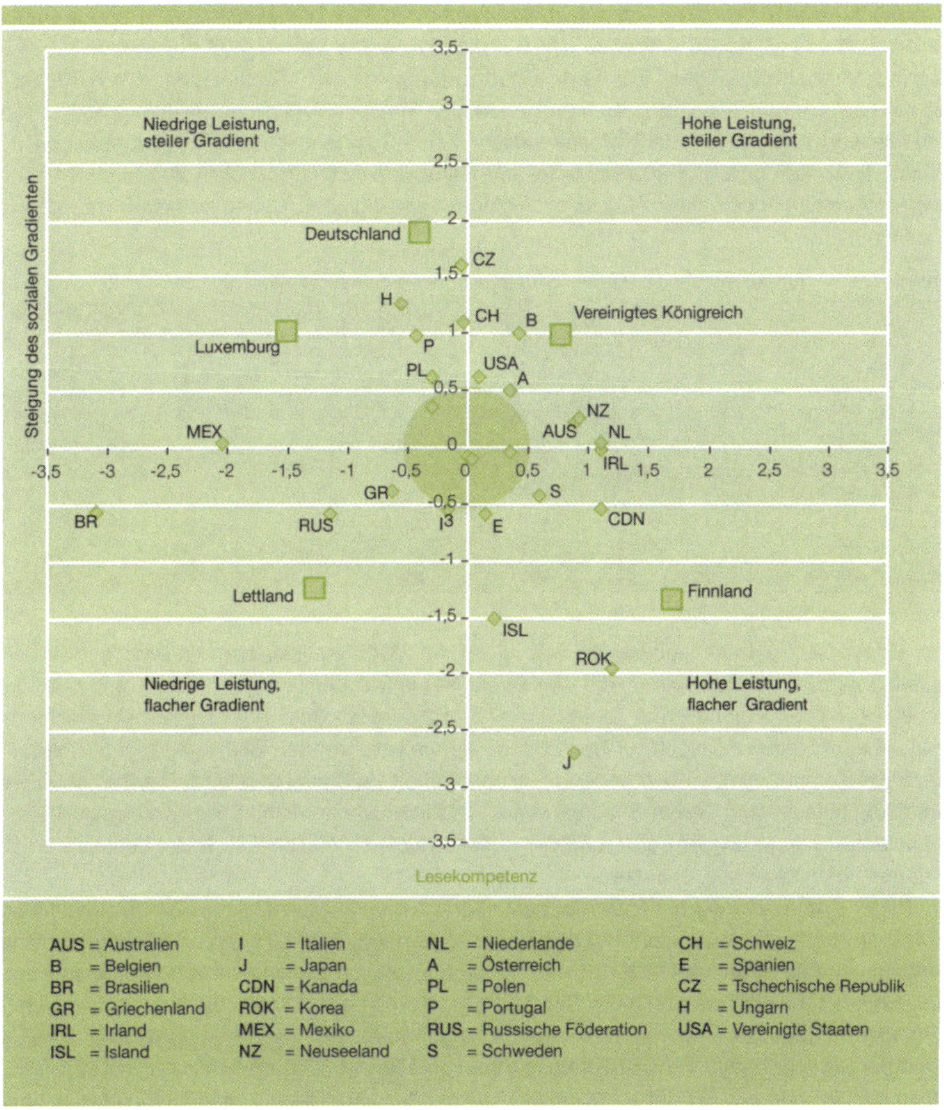

Quelle: Jürgen Baumert/Gundel Schümer: Familiäre Lebensverhältnisse, Bildungsbeteiligung und Kompetenzerwerb. In: Deutsches PISA-Konsortium (Hrsg.): PISA 2000 – Basiskompetenzen von Schülerinnen und Schülern im internationalen Vergleich. Opladen: 2001, S. 323 bis 410, S. 392

Hier sind alle PISA-Teilnehmerstaaten als Punkte in einem Koordinatensystem eingetragen. Auf der waagerechten Achse sind die mittleren Leistungen im Lesetest abgetragen, auf der senkrechten Achse hingegen der soziale Gradient. Deutschland liegt im linken oberen

Quadranten dieses Koordinatensystems, gehört also zu den Staaten mit eher niedrigen Leseleistungen und zugleich hohem sozialem Gradienten.

Eine weitere Darstellung der Koppelung zwischen sozialer Herkunft und Kompetenzniveau – aus der ein alternativer Indikator gewonnen werden kann – stellt Tabelle C3/14 dar. Hier werden die Schülerinnen und Schüler anhand der Angaben zur Berufstätigkeit der Eltern nach sozialen Schichten eingeteilt. Vergleicht man die Testleistungen der obersten sozialen Schicht („obere Dienstklasse" (I); Berufstätigkeit des Vaters oder der Mutter mit akademischer Ausbildung oder Führungsverantwortung) mit den Testleistungen von Kindern un- und angelernter Arbeiter (VII), so ergeben sich in allen drei Kompetenzbereichen Unterschiede von etwa einer Standardabweichung: 106 Punkte auf der PISA-Leseskala, 102 Punkte in Mathematik und 90 Punkte in den Naturwissenschaften. Die Differenz bei Lesen und Mathematik entspricht in etwa dem mittleren Leistungsunterschied zwischen Haupt- und Realschülern.

Tabelle C3/14 Kompetenzverteilung bei 15-Jährigen nach Sozialschichtzugehörigkeit

	Lesekompetenz		Mathematische Kompetenz		Naturwissenschaftliche Kompetenz	
Sozialschicht der Bezugsperson im Haushalt	Mittelwert	Mittelwert unter Kontrolle der Bildungsgang-zugehörigkeit	Mittelwert	Mittelwert unter Kontrolle der Bildungsgang-zugehörigkeit	Mittelwert	Mittelwert unter Kontrolle der Bildungsgang-zugehörigkeit
Obere Dienstklasse (I)	538	501	540	507	534	504
Untere Dienstklasse (II)	531	499	532	505	528	496
Routinedienstleistungen (III)	470	482	486	497	480	484
Selbständige (IV)	480	483	491	494	482	486
Facharbeiter (V, VI)	459	475	466	480	462	475
Un- und angelernte Arbeiter (VII)	432	468	438	467	444	473

Quelle: Jürgen Baumert/Gundel Schümer 2001 (a.a.O.), S.361

Der Effekt des sozio-ökonomischen Status auf die Mathematikleistung ist größtenteils vermittelt über die Lesekompetenz, d.h. der Effekt ist fast vernachlässigbar klein, wenn man die Leseleistung der Jugendlichen kontrolliert[54]. Dies bedeutet, dass über soziale Unterschiede in der Lesekompetenz nicht nur der Zugang zu weiterführenden Bildungsgängen, sondern auch der Kompetenzerwerb in anderen Lernbereichen (mit)gesteuert wird. Die Bemühungen um Gerechtigkeit in unserem Bildungswesen im Blick auf die Vermittlung von Kompetenzen muss daher primär an der Förderung der Lesekompetenz, einschließlich der Lesestrategien und des Leseinteresses, ansetzen.

In der Frage, wie die bei PISA festgestellten international auffällig großen Unterschiede zwischen den sozialen Schichten erklärt werden können, liefert Tabelle C3/14 bereits eine Antwort. Hier ist für jeden Leistungsbereich mit abgetragen, welche schichtabhängige Kompetenzverteilung sich innerhalb der Bildungsgänge ergibt. Die Unterschiede zwischen Schülern, deren Eltern der oberen Dienstklasse angehören, und Kindern ungelernter Arbeiter sinkt bei Berücksichtigung des Bildungsgangs von 106 auf 33 (Lesen) bzw. von 102 auf 40 (Mathematik) und von 90 auf 31 (Naturwissenschaften) ab. Die sozialen Unterschiede hängen also vor allem mit der Verteilung auf die Bildungsgänge zusammen und weniger mit den

54 Eckard Klieme/Michael Neubrand/Oliver Lüdtke: Mathematische Grundbildung: Testkonzeption und Ergebnisse. In: Deutsches PISA-Konsortium (Hrsg.): PISA 2000 – Basiskompetenzen von Schülerinnen und Schülern im internationalen Vergleich. Opladen: 2001, S. 141-191, S. 184.

Lernprozessen innerhalb der Bildungsgänge. Damit scheint sich die bereits 1974 von Schultze formulierte Hypothese zu bestätigen, wonach soziale Unterschiede im deutschen Schulsystem vor allem durch die hohe Selektivität beim Übergang in weiterführende Schulen zu erklären sei.

Zu prüfen bleibt, ob die Übergangsentscheidungen ihrerseits durch bereits am Ende der Grundschulzeit bestehende Kompetenzunterschiede (primäre Ungleichheiten) begründet werden können oder auf Benachteiligungen und unterschiedliche Prioritäten bei der Wahl der Schule (also auf sekundäre Unterschiede) zurückzuführen sind. Für letzteres spricht die Feststellung der Autoren der deutschen IGLU-Studie, in der Grundschule sei die Lesekompetenz der Schülerinnen und Schüler sichtlich weniger an deren soziale Herkunft gekoppelt als in der Sekundarstufe I[55]. Baumert und Schümer haben anhand der PISA-Daten das Ausmaß (sekundärer) sozialer Disparitäten beim Übergang in die Sekundarstufe rekonstruiert[56] mit dem Ergebnis: Bei gleichem Leistungsstand am Ende der Grundschule sind die Chancen, statt in die Realschule in das Gymnasium zu kommen, für ein Kind aus der Oberschicht (Gruppe I in Tabelle C3/14) drei- bis viermal höher als für das Kind einer Facharbeiterfamilie. Umgekehrt ist die Chance eines Facharbeiterkindes, statt auf die Realschule auf eine Hauptschule zu kommen, bei identischen Leistungen 50% höher bis doppelt so hoch wie bei einem Oberschichtkind mit identischem Leistungsstand.

Diese Modellrechnungen sprechen eindeutig für ein starkes Gewicht der sogenannten sekundären Disparitäten beim Übergang in die Sekundarstufe I. Verantwortlich ist hierfür, wie bildungssoziologische Studien zeigen, vor allem das Wahlverhalten der Eltern. „Kosten" und „Nutzen" eines Besuchs höherer Schulen und ganz besonders des Gymnasiums werden je nach sozialer Schicht unterschiedlich eingeschätzt, und man hat unterschiedliche Erwartungen an den Bildungsweg der Kinder. Aus der Hamburger LAU-Studie ist bekannt, dass auch Übergangsempfehlungen von Grundschullehrkräften stark durch die soziale Herkunft der Schüler beeinflusst werden: Kinder aus unteren sozialen Schichten erhalten bei gleichen Leistungen deutlich seltener die Empfehlung für das Gymnasium als Kinder aus höheren Schichten[57].

Wie der Tabelle C3/14 zu entnehmen ist, bleiben auch innerhalb der Bildungsgänge der Sekundarstufe I noch soziale Ungleichheiten bestehen. Zur Erklärung der schichtspezifischen Lesekompetenzen präsentiert das deutsche PISA-Konsortium unterschiedliche Erklärungsansätze. Ein solches Erklärungsmodell geht davon aus, dass Effekte der Sozialschicht – über den schichtspezifischen Zugang zu den Schulformen hinaus – durch die kulturelle Praxis der Familie und durch die Freude am Lesen vermittelt sind. Ein anderer Ansatz sieht den Vorteil von Schülern aus höheren sozialen Schichten in deren stärkerem Leseinteresse, positiveren Selbstwirksamkeitserwartungen und einer verstärkten Nutzung von Kontrollstrategien beim selbständigen Lesen. Solche Erklärungsmodelle könnten Anregungen geben für „kompensatorische" Maßnahmen zur Leseförderung.

55 Knut Schwippert/Wilfried Bos/Eva-Maria Lankes: Heterogenität und Chancengleichheit am Ende der vierten Jahrgangsstufe im internationalen Vergleich. In: Wilfried Bos u.a. (Hrsg.) 2003 (a.a.O.), S. 265-302.

56 Jürgen Baumert/Gundel Schümer: Familiäre Lebensverhältnisse, Bildungsbeteiligung und Kompetenzerwerb. In: Deutsches PISA-Konsortium (Hrsg.) 2001 (a.a.O.), S. 323-410, S. 355ff.

57 Rainer H. Lehmann/Rainer Peek/Rüdiger Gänsfuß: Aspekte der Lernausgangslage und der Lernentwicklung von Schülerinnen und Schülern, die im Schuljahr 1996/97 eine fünfte Klasse an Hamburger Schulen besuchten. Bericht über die Erhebung im September 1996 (LAU 5). Hamburg: 1997, vgl. Abschnitt C3.2.2.

Abbildung C3/2 Soziale Disparitäten der Lesekompetenz in den Ländern

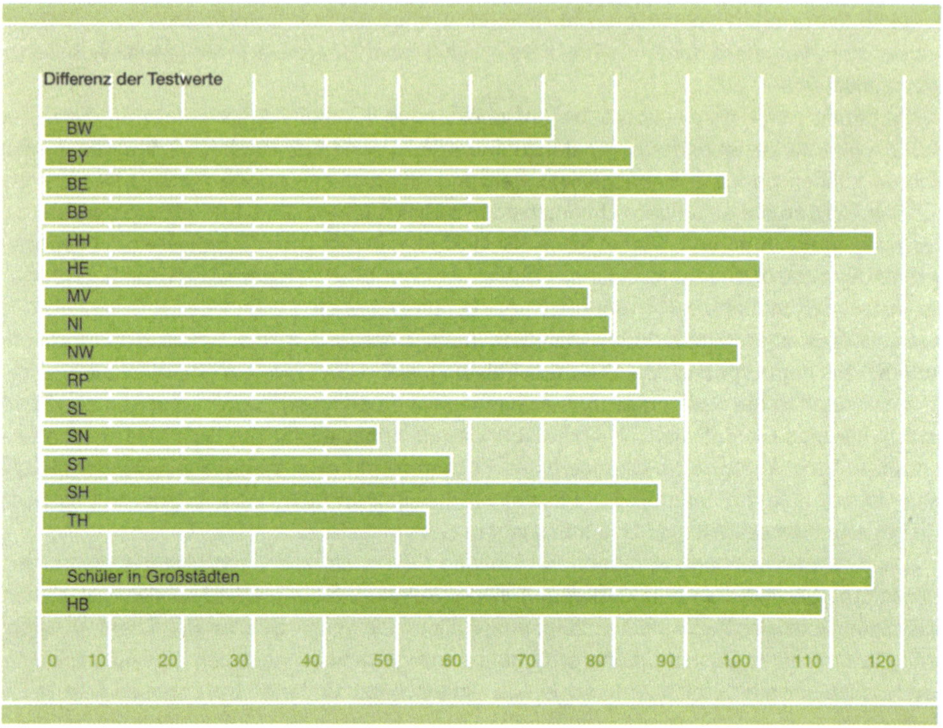

Quelle: Jürgen Baumert/Gundel Schümer: Familiäre Lebensverhältnisse, Bildungsbeteiligung und Kompetenzerwerb im nationalen Vergleich. In: Deutsches PISA-Konsortium (Hrsg.): PISA 2000. Die Länder der Bundesrepublik Deutschland im Vergleich. Opladen: 2002, S. 159-202, S. 179

Der innerdeutsche Ländervergleich bei PISA-E erlaubt auch im Blick auf schichtspezifische Kompetenzen einen Vergleich zwischen den Ländern. Berechnet wurde jeweils die Differenz der Lesekompetenz für 15-Jährige aus Familien der beiden oberen Dienstklassen einerseits, der Arbeiterschicht (drei untere Dienstklassen) andererseits. Dieser Indikator für das Ausmaß schichtbezogener Leistungsunterschiede variiert beträchtlich zwischen den Ländern (vgl. Abbildung C3/2). Besonders groß ist der Einfluss der sozialen Schicht in den Großstädten, wo die Differenz nahezu 120 Testpunkte beträgt. Dementsprechend finden sich im Ländervergleich sehr hohe Werte für den Stadtstaat Bremen, aber auch für die Länder Hessen und Nordrhein-Westfalen mit ihren Ballungsgebieten, wo die Differenz etwa 100 Punkte beträgt. Bemerkenswert niedrig sind die Unterschiede in Baden-Württemberg. Auffallend ist auch ein klarer Ost-West-Kontrast: In den neuen Ländern sind Leseleistung und Schichtzugehörigkeit weniger eng gekoppelt als in den alten Ländern. Allerdings ist dies vermutlich zu einem gewissen Teil auf eine schwächere Zuwanderung in die neuen Länder zurückzuführen. Allerdings verringern sich die sozialen Disparitäten im Kompetenzerwerb und verschieben sich die Positionen der Länder, wenn man nur Schüler einbezieht, deren Eltern in Deutschland geboren wurden. Dies belegt, dass der Umgang mit Migration eine besondere Herausforderung darstellt, die in den Ländern unterschiedliches Gewicht hat und unterschiedlich gut gemeistert wird (vgl. C3.4.3).

Vergleicht man die Bildungssysteme der Länder im Hinblick auf das jeweilige Ausmaß von Disparitäten bei der Bildungsbeteiligung (Übergang auf das Gymnasium) einerseits, beim Kompetenzerwerb andererseits, so zeigt sich: In der Tendenz hängen beide Aspekte von Chancengleichheit zusammen. Es gibt jedoch auch Länder, in denen die Schichtabhängigkeit des Kompetenzerwerbs (vgl. Abbildung C3/2) vergleichsweise hoch ist, obwohl das Ausmaß sozialer Disparitäten bei der Bildungsbeteiligung eher niedrig ausfällt; hierzu zählen Bremen, Hessen, Nordrhein-Westfalen und das Saarland.

Damit wird deutlich, dass soziale Unterschiede beim Erwerb von Kompetenzen nicht allein durch eine höhere Bildungsbeteiligung ausgeglichen werden können. Es bedarf vielmehr einer breiten Sensibilität für die Problematik der sozialen Ungleichheit und zusätzlicher pädagogischer Anstrengungen bzw. Fördermaßnahmen, mit denen die Streubreite der Lesekompetenz verringert wird. Dies gilt vermutlich besonders in städtischen Industriezentren mit großen sozialen Unterschieden und hohem Migrantenanteil. Gezielte Maßnahmen müssten in erster Linie im unteren Leistungsbereich, in den Hauptschulbildungsgängen und in der Integrierten Gesamtschule ansetzen. Mit den Worten der PISA-Autoren: „Soziale Gerechtigkeit ist im Bildungssystem ohne Sicherung von ausreichenden Basisqualifikationen für alle nicht zu erreichen“[58].

C3.4.3 Migrationsstatus und Kompetenzerwerb

In die zuvor diskutierte Problematik der sozialen Unterschiede gehen auch migrationsbedingte Effekte mit ein. Die Leistungsunterschiede zwischen Kindern der Oberschicht und Arbeiterkindern (vgl. Abbildung C3/2) sinken in den meisten Ländern der alten Bundesrepublik sehr deutlich, in großen Städten sogar um fast 30 Punkte, wenn man sie nur für die Schüler mit in Deutschland geborenen Eltern berechnet; der soziale Gradient würde weniger steil verlaufen[59] und läge in Westdeutschland etwas näher am Niveau Ostdeutschlands. Vor allem Nordrhein-Westfalen könnte seine Position im Ländervergleich wesentlich verbessern. Dies bedeutet: Die Tatsache, dass Deutschland in den letzten 30 Jahren eines der Zielländer der europäischen Arbeitsemigration geworden ist, hat mit dazu beigetragen, dass soziale Ungleichheiten nicht abgebaut werden konnten. Innerhalb der Probleme sozialer Gerechtigkeit bildet die Integration der Zugewanderten – und hierunter nicht zuletzt die Aussiedler aus den ehemaligen Ostblockstaaten – eine große Herausforderung für die Gesellschaft insgesamt und das Bildungssystem.

Die Integration von Zugewanderten ist aber nicht nur ein Problem des sozialen Status. Selbst wenn man diesen in Rechnung stellt, bleiben wesentliche Unterschiede zwischen Schülern mit und ohne Migrationshintergrund im Zugang zu den weiterführenden Bildungsgängen und auch im Kompetenzniveau erhalten[60]. Der Umgang mit Migration ist ein eigenständiges Problem des Bildungssystems.

58 Jürgen Baumert/Gundel Schümer: Familiäre Lebensverhältnisse, Bildungsbeteiligung und Kompetenzerwerb im nationalen Vergleich. In: Deutsches PISA-Konsortium (Hrsg.): PISA 2000. Die Länder der Bundesrepublik Deutschland im Vergleich. Opladen: 2002, S. 159-202, S. 189.

59 A.a.O., S. 180.

60 Jürgen Baumert/Gundel Schümer 2001 (a.a.O.), S. 378 und 401.

Tabelle C3/15 Kompetenzen von 15-Jährigen nach Migrationshintergrund der Familie

In Deutschland geboren ...	Lesekompetenz			Mathematische Kompetenz			Naturwissenschaftliche Kompetenz		
	Mittelwert	SE	Standardabweichung	Mittelwert	SE	Standardabweichung	Mittelwert	SE	Standardabweichung
Beide Eltern	495	(2,6)	109,1	503	(2,6)	97,1	501	(2,5)	97,7
Ein Elternteil	492	(6,3)	104,0	480	(8,9)	106,4	486	(9,6)	103,2
Kein Elternteil	421	(6,1)	102,1	426	(7,2)	101,2	414	(6,8)	101,8

Quelle: Jürgen Baumert/Gundel Schümer: Familiäre Lebensverhältnisse, Bildungsbeteiligung und Kompetenzerwerb. In: Deutsches PISA-Konsortium (Hrsg.) 2001 (a.a.O.), S. 323-410, S. 377

Eine Bilanzierung der Unterschiede im Kompetenzerwerb, die sich bis zum Ende der Pflichtschulzeit akkumuliert haben, zeigt Tabelle C3/15. Während sich Schüler mit einem im Ausland geborenen Elternteil nur wenig von denjenigen unterscheiden, deren Eltern beide in Deutschland geboren sind, fällt das Kompetenzniveau deutlich niedriger aus, wenn beide Eltern zugewandert sind. Die Differenzwerte von 74 Punkten (Lesekompetenz) bzw. 77 Punkten (Mathematik) und 87 Punkten (Naturwissenschaften) entsprechen etwa zwei Drittel einer Standardabweichung im Lesen und noch stärkeren Unterschieden in Mathematik und Naturwissenschaften. Der sprachbedingte Rückstand wird offenbar in den Kompetenzbereichen, die innerhalb der Schule erst aufgebaut werden, noch verstärkt[61]. So ergeben sich kumulative Leistungsrückstände in Fächern wie Mathematik und Naturwissenschaften, die auch in der Berufsschule und in der gymnasialen Oberstufe noch bedeutsam sind.[62]

Das in Deutschland feststellbare Ausmaß der migrationsbedingten Unterschiede übertrifft die Vergleichswerte der meisten übrigen Staaten; Deutschland steht in dieser Hinsicht mit Belgien und Luxemburg international an der Spitze.[63] Dies gilt auch, wenn man die Art und den Umfang der Migration und die soziale Schicht der Zugewanderten in Rechnung stellt, wie es Baumert und Schümer[64] für einige besonders große Gruppen von Zuwanderern zeigen. Generell können sie nachweisen[65], dass unter Berücksichtigung von sozialer Schicht und Bildungsniveau der Eltern das Risiko, zu den schwachen Lesern zu gehören (auf oder unter Kompetenzstufe I), in Deutschland für Migranten höher ist als in Schweden, aber etwa gleich hoch wie in Österreich und der Schweiz. Ein spezielles Problem für Deutschland ist die große Gruppe der Aussiedler, die hinsichtlich der schulischen Leistungsentwicklung ähnliche Schwierigkeiten hat wie die Gruppe der Türkischstämmigen. Gerade die Aussiedler – die inzwischen die größte Gruppe der Zugewanderten stellen – werden aber von der amtlichen Schulstatistik, die nicht nach dem Migrationsstatus, sondern nach der Staatsangehörigkeit fragt, gar nicht erfasst.

Auch für das Merkmal „Zuwanderung“ stellt sich die Frage: Handelt es sich bei den in der Sekundarstufe festgestellten Kompetenzunterschieden um sekundäre Ungleichheiten, d.h. um Effekte unterschiedlichen Wahlverhaltens beim Übergang in weiterführende Schulen, oder entsprechen ihnen primäre Ungleichheiten, die im Wechselspiel von sozio-

61 A.a.O., S. 376.

62 Vgl. Knut Schwippert/Kai-Uwe Schnabel: Mathematisch-naturwissenschaftliche Grundbildung ausländischer Schulabsolventen. In: Jürgen Baumert/Wilfried Bos/Rainer H. Lehmann (Hrsg.):TIMSS/III Band 1. Mathematische und naturwissenschaftliche Grundbildung am Ende der Pflichtschulzeit. Opladen: 2000.

63 Jürgen Baumert/Gundel Schümer 2001 (a.a.O.), S. 395.

64 A.a.O., S. 397.

65 A.a.O., S. 401.

kulturellem Umfeld und Schule entstehen und bereits am Ende der Grundschulzeit bestehen? Anders als beim Merkmal „sozialer Status" lautet hier die Antwort: Schüler mit Migrationshintergrund werden beim Übergang von der Grundschule in die Sekundarstufe I vermutlich nicht benachteiligt, wenn man die bis dahin erworbenen Sprachkompetenzen in Rechnung stellt. Für diese These spricht, dass die migrationsbedingten Unterschiede in der Grundschule sogar noch etwas größer sind als bei 15-Jährigen.[66] Zudem konnten Baumert und Schümer[67] in Modellrechnungen zeigen, dass die Chancen eines Übergangs zur Realschule oder zum Gymnasium nicht mehr vom Migrationsstatus abhängen, wenn man die Lesekompetenz (gemessen allerdings im Alter von 15 Jahren) kontrolliert. Schließlich hat die Hamburger LAU-Studie nachgewiesen, dass Ausländerkinder bei den Übergangsempfehlungen der Grundschullehrer – gemessen an ihren tatsächlichen Sprachleistungen – sogar einen Bonus bekommen. Das Fazit ist eindeutig: Für die niedrigere Beteiligung an „höheren" Bildungsgängen und das schwächere Kompetenzniveau von Kindern, deren Eltern aus dem Ausland zugewandert sind, ist hauptsächlich deren Rückstand in der Entwicklung sprachlicher Kompetenz bis zum Ende der Grundschulzeit verantwortlich.

Abbildung C3/3 Unterschiede zwischen der Lesekompetenz von 15-Jährigen aus Familien mit und ohne Migrationshintergrund[1]

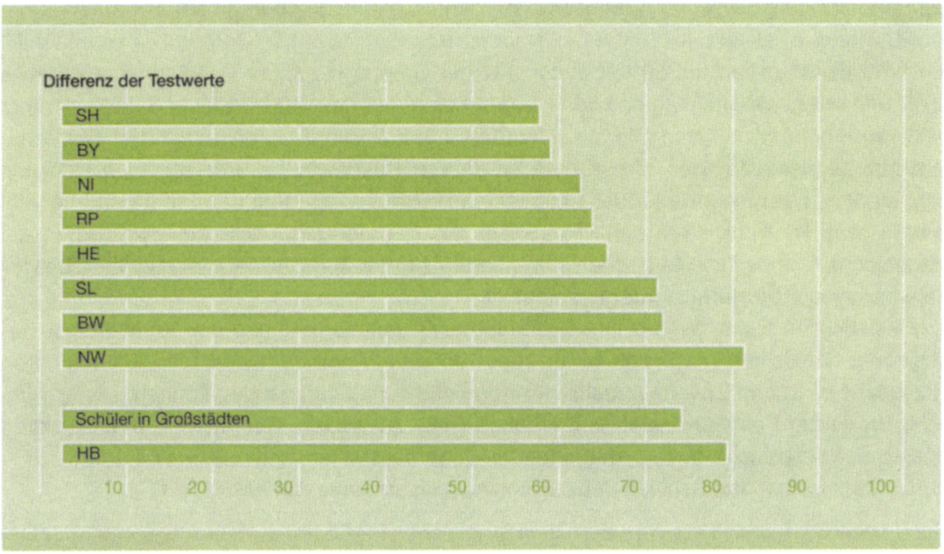

1 mindestens ein Elternteil im Ausland geboren; nur Länder mit einem Zuwanderungsanteil von über 5%, ohne Sonderschüler

Quelle: Jürgen Baumert/Gundel Schümer 2002 (a.a.O.), S. 201

Auch wenn also „primäre" Unterschiede eine zentrale Rolle spielen, bleibt die Frage, welcher Anteil daran auf den familiären Kontext entfällt, welcher Anteil auf die (unzureichende) schulische Förderung. Tatsache ist, dass im Lesen kein Leistungsrückstand von Kindern mit im Ausland geborenen Eltern mehr existiert, wenn man neben der Sozialschicht die Verweildauer in Deutschland und die Umgangssprache in der Familie (deutsch vs. nichtdeutsch) kontrolliert. Offensichtlich hängt also sehr viel davon ab, wie lange sich die Familie

66 Wilfried Bos u.a. (Hrsg.) 2003 (a.a.O.), S. 283f.

67 Jürgen Baumert/Gundel Schümer 2001 (a.a.O.), S. 374.

in Deutschland aufhält und ob sie Deutsch als Umgangssprache pflegt. Daraus den Schluss zu ziehen, die Aufgabe der sprachlichen Integration allein den Familien zu überlassen, wäre – aus Sicht des Bildungssystems, das alle Schülerinnen und Schüler optimal zu fördern hat – verantwortungslos; aber es scheint, als wäre eine enge Verbindung von schulischer Förderung der Kinder und Jugendlichen einerseits und Elternarbeit andererseits wichtig.

Dass das Schulsystem selbst – neben dem familiären Umfeld – einen wichtigen Einfluss haben kann, deutet nicht zuletzt der Vergleich der Länder an (vgl. Abbildung C3/3). Die Abbildung stellt die Gesamtdifferenz der Ergebnisse des Lesetests bei Schülerinnen und Schülern mit und ohne Migrationshintergrund dar. (Die neuen Länder sind hier aufgrund ihres sehr niedrigen Anteils von Zugewanderten ausgenommen.) Selbstverständlich spielen der jeweilige Anteil und die Zusammensetzung der Migrantenpopulation, z.B. nach Herkunftsland, Verweildauer in Deutschland und sozialem Status, eine wichtige Rolle; es muss auch berücksichtigt werden, dass beispielsweise in Baden-Württemberg aufgrund des insgesamt vergleichsweise hohen Leistungsniveaus ein Kind von zugewanderten Eltern immer noch bessere Leseleistungen erzielt als in den meisten übrigen Ländern[68].

Ein wichtiger Befund der Detailanalysen in PISA-E ist die Bedeutung des Anteils von Schülern mit Migrationshintergrund für die Arbeit einer Einzelschule. Dies gilt insbesondere bei Hauptschulen, die bei einer bundesweiten Analyse in drei Typen gruppiert werden konnten: Die größte, etwa zwei Drittel der Hauptschulen umfassende Gruppe hat einen Anteil von Migrationsfamilien um 20%, bei der zweiten Gruppe (29% der Schulen) sind es etwa 50%, und in einer kleinen Gruppe von Hauptschulen (bundesweit 6% dieser Schulform) liegt ein extrem hoher Anteil von Migrationsfamilien vor; hier stammen etwa drei von vier Schülern aus Migrationsfamilien. Diese drei Typen von Hauptschulen unterscheiden sich nun sehr stark im Leistungsniveau; der Unterschied zwischen Typ I und II sowie II und III macht jeweils etwa 30 Punkte auf der PISA-Skala aus[69]. Dies zeigt, dass keineswegs für alle Hauptschulen, aber für eine bedeutsame Minderheit, der hohe Ausländeranteil eine besondere pädagogische Herausforderung darstellt.

Festzuhalten bleibt, dass Unterschiede in der Bildungsbeteiligung und Kompetenzunterschiede zum Nachteil von Schülern aus zugewanderten Familien hauptsächlich durch deren Rückstand im frühen Erwerb sprachlicher Kompetenzen erklärt werden können. Die sprachliche Praxis der Familie scheint eine wichtige Rolle zu spielen. Dennoch bleibt der Auftrag optimaler Förderung erhalten, der offenbar – gemessen am internationalen Vergleich – durch Gesellschaft und Schulen in Deutschland nicht angemessen erfüllt wird.

Auch nach 30 Jahren Debatte über Chancengleichheit im Schulsystem müssen starke Unterschiede in der Bildungsbeteiligung und in den erworbenen Kompetenzen festgestellt werden:

Die geschlechtsspezifischen Disparitäten der Bildungsbeteiligung sind nach wie vor vorhanden, sie haben aber insgesamt gesehen an Bedeutung verloren. In der Tendenz sind innerhalb der Schulen inzwischen die Jungen, in weiterführenden Stufen der beruflichen und akademischen Bildung nach wie vor die Mädchen im Nachteil. Bei den Kompetenzen erge-

68 Vgl. im Einzelnen: Petra Stanat: Schulleistungen von Jugendlichen mit Migrationshintergrund: Differenzierung deskriptiver Befunde aus PISA und PISA-E. In: Deutsches PISA-Konsortium (Hrsg.) 2003 (a.a.O.), S. 241-258.

69 Jürgen Baumert/Ulrich Trautwein/Cordula Artelt: Schulumwelten – institutionelle Bedingungen des Lehrens und Lernens. In: Deutsches PISA-Konsortium (Hrsg.) 2003 (a.a.O.), S. 259-330, S. 274ff.

ben sich – beginnend im Schulbereich – nach wie vor bedeutsame Unterschiede zugunsten der Jungen in Mathematik und Naturwissenschaften, zugunsten der Mädchen im Lesen. Fördermaßnahmen zum Abbau geschlechtsspezifischer Benachteiligungen sind also nach wie vor notwendig.

Vor allem die Unterschiede der Bildungsbeteiligung und des Kompetenzerwerbs in Abhängigkeit von der sozialen Schicht und dem Migrationsstatus verdienen weiterhin besondere Beachtung. Hinsichtlich sozialer und migrationsbedingter Kompetenzunterschiede nimmt Deutschland – in allen hier untersuchten Kompetenzbereichen – im internationalen Vergleich eine unrühmliche Spitzenstellung ein.

Hinsichtlich sozialer Unterschiede kommt den Entscheidungen an Nahtstellen des Bildungssystems zentrale Bedeutung zu. Vor allem der Übergang zum Gymnasium ist für untere soziale Gruppen immer noch eine Hürde, die nur überwunden wird, wenn die Leistungen des Kindes weit überdurchschnittlich sind. Die sozialen Benachteiligungen werden bis zum Ende der Sekundarstufe I nicht kompensiert, sondern tendenziell weiter vergrößert. Eine schichtenspezifische Selektion findet erneut beim Übergang zum Studium statt und setzt sich bei der Weiterbildungsbeteiligung fort. Neben den unterschiedlichen Bildungsaspirationen der sozialen Gruppen wirkt auf diesen Prozess ein, dass unterschiedlich große Lernzuwächse in den Schulformen die am Ende der Grundschulzeit schon bestehenden Kompetenzunterschiede noch weiter vergrößern.

Kinder aus Migrantenfamilien sind einerseits häufig von den sozialen Benachteiligungen unterer Sozialgruppen betroffen. Andererseits erschwert die oft unzureichende Beherrschung der deutschen Sprache in den Familien den Bildungserfolg der Kinder. Sie entwickeln sich dadurch zu einer großen Risikogruppe, weil sie häufig weder Schulabschluss noch Berufsausbildung vorweisen können. Nicht die Entscheidungsprozesse beim Übergang zu weiterführenden Bildungsgängen, sondern die unzureichenden sprachlichen Kompetenzen selbst bilden hier die entscheidende Hürde.

Es ist also wichtig, reicht aber nicht aus, an den Nahtstellen (v.a. beim Übergang auf die weiterführenden Schulen) für mehr Chancengleichheit zu sorgen. Unterschiede im Kompetenzerwerb müssen auch durch pädagogische Fördermaßnahmen innerhalb der Schulen und Klassen abgebaut werden. Für die Reduktion von schicht- und migrationsbedingten Defiziten spielt die Förderung des Leseinteresses sowie der Lesekompetenz eine entscheidende Rolle.

Am Beispiel der Frage, welche Faktoren die Zugehörigkeit zur „Risikogruppe“ der schlechten Leser im Alter von 15 Jahren vorhersagen können, wurde nachgewiesen[70], dass alle drei hier untersuchten Hintergrundmerkmale – Geschlecht, soziale Herkunft und Migrationsstatus – jeweils spezifische Einflüsse haben, in der Kombination also additiv wirken. Alle drei Probleme bleiben demnach auf der Agenda der Bildungspolitik und insbesondere auf der Agenda der pädagogischen Praxis in Schule und Unterricht, wenn man in Deutschland endlich damit beginnen will, dem Ideal der Chancengerechtigkeit im Schulsystem näher zu kommen.

Die Situation benachteiligter Gruppen im Bildungssystem ist insgesamt komplizierter und unübersichtlicher geworden. Zu beachten sind neben kumulativen Problemlagen auch regionale Besonderheiten. Die unzureichende Datensituation lässt viele Facetten der Probleme ungeklärt. Um dauerhaft verwendbare Indikatoren definieren zu können, müsste man sich

70 Jürgen Baumert/Gundel Schümer 2001 (a.a.O.), S. 400.

über alle Studien hinweg auf bestimmte Operationalisierungen für sozialen und Migrationsstatus einigen. Ein regelmäßiges Monitoring der Ungleichheiten im Kompetenzerwerb könnte dazu beitragen, dass die sozialen Disparitäten nicht wieder, wie zwischen Mitte der 70er- und Mitte der 1990er-Jahre, in Vergessenheit geraten.

C4 Politisch relevante Einstellungen

Bildung besteht aus mehr als aus kognitiven Kompetenzen, Bildungseinrichtungen vermitteln mehr als Kompetenzen und Abschlüsse, die Kompetenzerwerb zertifizieren. Institutionalisierte Bildung leistet auch – so wird es in den diesem Bildungsbericht vorangestellten Vorklärungen formuliert – einen Beitrag dazu, den sozialen Zusammenhalt in einer Gesellschaft zu fördern. Insbesondere Schulen sollen dazu beitragen, junge Menschen so zu bilden, dass sie die Bereitschaft und auch die Fähigkeit entwickeln, für sich selbst, für andere und für die Gesellschaft insgesamt Verantwortung zu übernehmen.

Dem Versuch, im Rahmen des hier vorgelegten Bildungsberichts der Frage nachzugehen, ob und inwieweit dies dem Bildungssystem im Feld politisch relevanter Einstellungen gelingt, stellt sich eine grundsätzliche Schwierigkeit in den Weg: Es ist kaum möglich zu entscheiden, in welchem Maße festgestellte kognitive Merkmale (etwa politisches Wissen oder die Fähigkeit zur Interpretation politischer Texte) auf Unterricht zurückgehen oder in außerschulischen Lernprozessen ihren Ursprung haben. Für den Bereich der politisch relevanten Einstellungen gilt dies erst recht. Auch bei relativ klaren Unterschieden zwischen den unterschiedlichen Schulformen ist auf der Grundlage der derzeit verfügbaren Daten kaum zu entscheiden, inwieweit für diese Unterschiede Unterrichtseffekte oder z.B. die schichtspezifische Verteilungsmuster auf die einzelnen Schulformen verantwortlich sind. Wenn gleichwohl im Folgenden über Befunde zu politisch relevanten Einstellungen junger Menschen berichtet wird, so geschieht dies im Bewusstsein der genannten Schwierigkeiten unter Vorbehalt.

C4.1 Studien zu politisch relevanten Einstellungen im Überblick

Die Gruppe der im deutschsprachigen Bereich durchgeführten Studien zu politischen Überzeugungen, Meinungen und Einstellungen ist schmal. Aus dem von 1969 bis 1986 bestehenden Konstanzer Sonderforschungsbereich „Bildungsforschung: Bedingungen, Verlauf und Folgen von Sozialisationsprozessen in Schule, Hochschule und Bildungsinstitutionen“[1] liegen Arbeiten vor, die mit dem Namen Helmut Fend verbunden sind. Sie sind in doppelter Weise einschlägig: als Darstellung von Ergebnissen der Grundlagenforschung und als Quelle zeitgeschichtlicher Referenzdaten. Teile dieser Daten sind auch schon zu deutsch-schweizerischen Vergleichen herangezogen worden[2]. Ein historisch bedeutsames Vergleichskorpus ist auch die Jugendstudie des Deutschen Jugendinstituts von 1992[3]. Regelmäßig anfallende innerdeutsche Referenzdaten bieten die Studien des Jugendwerks der Deutschen Shell[4]. Im europäischen Bezugsrahmen werden im Rahmen des sog. „Eurobarometer“ wiederkehrend auch Sonderauswertungen zu den politischen Einstellungen und

1 Vgl. Helmut Fend: Entwicklungspsychologie der Adoleszenz in der Moderne. 3 Bde. Bern: 1990ff.

2 Helmut Fend: Ausländerfeindlich-nationalistische politische Weltbilder und Aggressionsbereitschaft bei Jugendlichen in Deutschland und in der Schweiz – kontextuelle und personale Antecedensbedingungen. In: Zeitschrift für Sozialisationsforschung und Erziehungssoziologie 14, 1994, H. 2, S. 131-162.

3 Deutsches Jugendinstitut: Schüler an der Schwelle zur deutschen Einheit. Opladen: 1992.

4 Zuletzt Klaus Hurrelmann/Matthias Albert (Hrsg): Jugend 2002. 14. Shell Jugendstudie. Frankfurt/Main: 2002.

Meinungen Jugendlicher publiziert[5]. Hoch relevant für den vorliegenden Bereich sind ferner die Ergebnisse aus einer von Bodo von Borries initiierten Serie von Forschungsvorhaben zum Geschichtsbewusstsein, die ihren vorläufigen Abschluss in dem international vergleichenden Projekt „Youth and History“[6] gefunden hat.

Obwohl die Arbeiten von Fend und von Borries den Schluss nahe legen, dass sich Grundlagen für politische Überzeugungen, Meinungen und Einstellungen bereits vor dem 14. Lebensjahr formieren, hat sich die internationale Forschung bei Vergleichsuntersuchungen bisher in der Regel auf Jugendliche konzentriert, die 14 Jahre oder älter waren – dies offenbar in der Annahme, dass Jugendliche in ihrer politischen Sozialisation erst in der späteren Adoleszenz, beispielsweise beim Übergang in den Beruf, klare Positionen beziehen. Dieser Tradition sind beispielsweise auch die IEA-Studien[7] zur politischen Bildung von 1971[8] und 1999[9] verpflichtet, nicht zuletzt deshalb, weil in vielen Ländern die explizite politische Bildungsarbeit erst in dieser Altersgruppe beginnt[10]. Im Übrigen wurde gerade in den internationalen Vergleichsstudien die Untersuchung von Jugendlichen der mittleren Adoleszenz (etwa der Jahrgangsstufe 8 oder 9) vor allem mit dem Umstand gerechtfertigt, dass eine dieser Stufen in vielen Schulsystemen dem letzten Pflichtschuljahr entspricht[11].

C4.2 Die IEA-Studien zur politischen Bildung

Für Zwecke der Bildungsberichterstattung kommen nur solche Studien in Frage, die mit rigoros kontrollierten, möglichst landesweiten Stichproben arbeiten und die Methoden anwenden, die auf der Grundlage überprüfter Messqualitäten eine routinemäßige Berechnung der Stichprobenfehler erlauben. Von den im vorangehenden Abschnitt angeführten Studien erfüllt wohl allenfalls die neuere IEA-Studie wenigstens näherungsweise diese Bedingung. Im Folgenden soll daher vor allem diese Untersuchung eingehender thematisiert werden, ins-

5 Zuletzt 2001, vgl. INRA: Les jeunes Européens en 2001 – Eurobaromètre 55.1. Brüssel: 2001. (Im Internet unter: europa.eu.int/comm/public_opinion/archives/eb/ebs_151_fr.pdf; Stand August 2003. Die Daten stehen auch aufbereitet für Reanalysen zur Verfügung.)

6 Magne Angvik/Bodo von Borries, B. (Hrsg.): Youth and History. A Comparative European Survey of Historical Consciousness and Political Attitudes among Adolescents. 2 Bände. Hamburg: 1997; Bodo von Borries: Jugend und Geschichte. Ein europäischer Kulturvergleich. Opladen: 1999.

7 IEA: International Association for the Evaluation of Educational Achievement.

8 Judith Torney/Abraham N. Oppenheim/Rusell F. Farnen: Civic Education in Ten Countries. An Empirical Study. International Studies in Educartion, vol. VI. Stockholm/New York: 1975; vgl. zusammenfassend auch David A. Walker: The IEA Six Subject Survey: An Empirical Study of Education in Twenty-One Countries. International Studies in Education, vol. IX. Stockholm/New York: 1976.

9 Judith Torney-Purta/Rainer Lehmann/Hans Oswald/Wolfram Schulz: Citizenship and Education in Twenty-eight Countries. Civic Knowledge and Engagement at Age Fourteen. Amsterdam: 2001; Jo-Ann Amadeo/Judith Torney-Purta/Rainer Lehmann/Vera Husfeldt/Roumiana Nikolova: Civic Knowledge and Engagement. An IEA Study of Upper Secondary Students in Sixteen Countries. Amsterdam: 2002. Der Bericht über die Ergebnisse der deutschen Teilstudie zu den 14-Jährigen ist erschienen unter dem Titel Detlef Oesterreich: Politische Bildung von 14-Jährigen in Deutschland. Opladen: 2002.

10 Vgl. Judith Torney-Purta/John Schwille/Jo-Ann Amadeo (Hrsg.): Civic Education Across Countries: Twenty-four National Case Studies from the IEA Civic Education Project. Amsterdam: 1999; Christa Händle/Detlef Oesterreich/Luitgard Trommer: Aufgaben politischer Bildung in der Sekundarstufe 1. Opladen: 1999.

11 An die IEA-Studien angelehnte, vor allem mit Interviews arbeitende internationale Vergleichsstudien hat Carole Hahn 1986 und 1993 mit 14- bis 19-Jährigen durchgeführt: Carole Hahn: Becoming Political: Comparative Perspectives on Citizenship Education. Albany, New York: 1998.

besondere im Hinblick auf die Sekundarstufe I. Trotz aller methodischen Einschränkungen sollen zuvor dennoch ausgewählte Ergebnisse der IEA-Studie von 1971 – gleichsam als (forschungs-)geschichtlicher Hintergrund – mitgeteilt werden.

C4.2.1 Die IEA-Studie von 1971

Im Rahmen der sogenannten ‚Sechs-Fächer-Studie' hat die IEA 1971 in insgesamt zehn Staaten eine Studie zur politischen Bildung realisiert. Zielgruppen waren Zehnjährige (allerdings nur in drei Staaten untersucht), Vierzehnjährige (untersucht in acht Staaten) und die letzte Jahrgangsstufe in Bildungsgängen, die zur Hochschulzugangsberechtigung führten (in sieben Staaten durchgeführt). Für die damalige Bundesrepublik Deutschland lagen aus der ‚Sechs-Fächer-Studie' für den Bereich der politischen Bildung Daten zu den Zehn- und zu den Vierzehnjährigen sowie zur Jahrgangsstufe 13 des Gymnasiums vor[12].

Neben den kognitiven Tests, die je nach Zielgruppe unterschiedliche Fragen aus Teilbereichen der politischen Bildung enthielten, wurden mit zahlreichen Fragen bzw. Fragengruppen politikbezogene Einstellungen gemessen, aus denen sich die drei folgenden länder- und altersgruppenübergreifende Hauptdimensionen gewinnen ließen: demokratische Werte, Loyalität gegenüber der eigenen politischen Führung, politisches Interesse/Partizipation. Unter den acht Werten für die Vierzehnjährigen zeichneten sich die deutschen Testteilnehmer und -teilnehmerinnen durch besonders hoch ausgeprägte demokratische Werte sowie durch eine gering entwickelte Loyalität gegenüber der eigenen politischen Führung (Unterstützung der Bundesregierung) und ein relativ schwach ausgeprägtes politisches Interesse aus[13]. Die erfassten „demokratischen Werte" bezogen sich dabei auf Skalen für Anti-Autoritarismus, Toleranz und bürgerliche Freiheiten, Unterstützung der Gleichberechtigung von Frauen und Egalitarismus. Bei Fragen, die sich auf die Verteilung politischer Rechte bezogen, war bei den deutschen Vierzehnjährigen vor allem die als legitim erachtete Privilegierung von Wirtschaftsführern und die vergleichsweise deutliche Reserviertheit gegenüber hohen Militärs beachtenswert[14].

Die relative Position der befragten deutschen Schülerinnen und Schüler im letzten voruniversitären Schuljahr (allerdings, anders als etwa in den USA, nur aus einem hoch ausgelesenen Segment, nämlich dem Gymnasium) war generell ähnlich, mit der Ausnahme, dass in dieser Gruppe in Deutschland auch das politische Interesse ausgesprochen stark ausgeprägt erschien[15]. Im Hinblick auf die Frage nach der Verteilung politischer Rechte war hier die Skepsis gegenüber hohen Militärs nochmals wesentlich verstärkt, und zwar unter den sieben Vergleichsstaaten dieser Altersgruppe am deutlichsten. Interessanterweise hatte – im Unterschied zu der Zielgruppe der Vierzehnjährigen – solche Skepsis auch hinsichtlich

---

12 Allerdings waren die definitorisch ausgeschlossenen Anteile der Zielpopulation (z.B. Schüler und Schülerinnen mit Förderbedarf und solche aus Privatschulen sowie ein ganzes Bundesland) relativ umfangreich; auch entspricht die erzielte Teilnahmequote auf Schulebene mit etwa 40% der geplanten Stichprobe nicht mehr den heutigen Anforderungen an die technische Qualität empirischer Untersuchungen.

13 Vgl. Tabelle C4/1 im Anhang.

14 Vgl. Tabelle C4/2 im Anhang.

15 Vgl. Tabelle C4/3 im Anhang.

der Wirtschaftsführer 1971 in Deutschland offenbar bereits die voruniversitäre Zielgruppe erreicht[16].

An den Ergebnissen dieser älteren Studie ist bemerkenswert, dass sie für die damalige Bundesrepublik in mehr als einer Hinsicht den Erwartungen an tief sitzende demokratische Überzeugungen in der Schülerschaft entsprechen, und zwar so ausgeprägt, dass bei der Beantwortung eine Tendenz zu sozialer Erwünschtheit erkennbar wird. Um so wichtiger ist es, dass mit der neueren „Internationalen Studie zur Politischen Bildung" der IEA Daten aus dem Jahre 1999 zur Verfügung stehen, die für die Jahrgangsstufe 8 für Deutschland insgesamt repräsentativ sind und zugleich den Vergleich mit einer wesentlich größeren Gruppe von 27 Staaten zulassen.

C4.2.2 Die IEA-Studie von 1999

Bei der IEA-Studie von 1999 sind die deutschen Daten auf die 8. Jahrgangsstufe beschränkt, obwohl es für 16 Vergleichsstaaten auch Daten zu älteren Schülern und Schülerinnen der Sekundarstufe II gibt[17]. Inhaltlich waren nach umfangreichen Vorstudien zur Situation der politischen Bildung in den teilnehmenden Staaten die drei Untersuchungsschwerpunkte ‚Demokratie: Grundlagen, Institutionen und Praktiken', ‚Nationale Identität, regionale und internationale Beziehungen' sowie ‚Sozialer Zusammenhalt und Heterogenität' gesetzt worden. Methodisch wurde zwischen fünf Fragengruppen unterschieden: ‚Wissensfragen' (1), ‚Verstehensfragen' (2), ‚Fragen nach dem begrifflichen Verständnis' (3), ‚Fragen nach Einstellungen, beispielsweise „Vertrauen" (4) sowie ‚Fragen nach der gegenwärtigen bzw. künftig erwarteten politischen Praxis' (5)[18]. Im Folgenden werden weniger die Wissens- und Verstehensfragen und stärker die drei weiteren Fragengruppen im Mittelpunkt der Berichterstattung stehen.

Ergebnisse in den Bereichen des begrifflichen Verständnisses, der Einstellungen und der gegenwärtigen bzw. künftig erwarteten politischen Praxis

Wichtige internationale Ergebnisse aus den Fragengruppen 3 bis 5 bzw. zu den daraus entwickelten Skalen sind in Tabelle C4/5 im Anhang zusammengestellt; zu Vergleichszwecken sind auch noch einmal die Ergebnisse des kognitiven Tests im internationalen Vergleich aufgeführt. Dabei wird sichtbar, dass die vierzehnjährigen deutschen Schülerinnen und Schüler 1999 konventionellen Vorstellungen von den Aufgaben eines ‚guten Staatsbürgers' eher fremd gegenüber standen und konsequenterweise auch vergleichsweise geringe Neigung äußerten, sich später, als Erwachsene, im traditionellen Sinne aktiv politisch zu betätigen. Dieses Ergebnis findet in den neueren Jugendstudien seine Bestätigung. Hinsichtlich

16 Vgl. Tabelle C4/4 im Anhang.

17 Bei dieser Studie betrug die Gesamtteilnahmequote auf Schülerebene (nach Berücksichtigung der Ersatzschulen) 84%. Allerdings nahmen an der Erhebung die Länder Bremen, Hessen und Niedersachsen insgesamt und in Baden-Württemberg die Gymnasien nicht teil.

18 Die Studie war insofern methodisch innovativ, als sie nicht nur bei den kognitiven Testergebnissen (Itemgruppen 1 und 2), sondern auch im Bereich der Einstellungsskalen mit modernen Auswertungsmodellen gearbeitet hat, die erheblich zur Interpretierbarkeit der Schülerantworten beitragen.

der politischen Einstellungen ist, wie schon in der Studie von 1971, die im internationalen Vergleich besonders stark ausgeprägte Unterstützung der Gleichberechtigung von Frauen bemerkenswert, während sich 1999 – deutlich anderes als 1971 – ein vergleichsweise schwaches Eintreten für die Rechte Zugewanderter feststellen ließ.

Der zuletzt genannte Befund bedarf gesonderter Kommentierung. Auch deutsche Schülerinnen und Schüler sind – wie ihre Altersgenossen in anderen Staaten – mehrheitlich für gleiche Rechte alt eingesessener und neu zugewanderter Bevölkerungsgruppen eingetreten. Dem durchschnittlichen Skalenwert für die deutsche Stichprobe in Höhe von 9,2 (internationaler Mittelwert 10,0; internationale Standardabweichung 2,0) entspricht eindeutige Zustimmung zu den fünf konstituierenden Fragen (Recht auf Pflege der Herkunftssprache, Recht auf gleiche Bildungschancen, aktives Wahlrecht, Recht auf Bewahrung der ethnischen Kultur, allgemeine Rechtsgleichheit). Es ist jedoch nicht zu verhehlen, dass der Anteil derjenigen, die all diese Rechte für Zuwanderer konsequent ablehnen, in Deutschland mit 6,3% höher war als in irgendeinem der anderen teilnehmenden Staaten (zum Vergleich: bei der Schweiz und in England lag der entsprechende Wert bei 4,5%; der internationale Mittelwert betrug nur 1,7%). Bei den männlichen Jugendlichen ist dieser Wert in Deutschland mit 8,1% noch höher.

Möglicherweise hat zu den in Deutschland gemessenen Werten jedoch der Umstand beigetragen, dass im deutschen Fragebogen statt von *„immigrants“* von „Ausländern“ die Rede war und dass der Zeitpunkt der Datenerhebung (Frühjahr 1999) mit der polarisierenden politischen Diskussion um ein neues Staatsangehörigkeitsrecht zusammen fiel. Damit sind zugleich grundlegende Probleme des historischen wie des internationalen Vergleichs angesprochen: Trotz (fast) gleich lautender Fragen werden die Antworten der Schülerinnen und Schüler erst in ihrem jeweiligen politischen und historischen Kontext interpretierbar. So ist beispielsweise darauf hinzuweisen, dass der Anteil von Immigranten (von „Ausländern“ in der an einfache Sprachmuster angelehnten Diktion des deutschen Fragebogens von 1999) an der Wohnbevölkerung wie an der Schülerschaft 1971 in Deutschland – verglichen mit dem Jahre 1999 – wesentlich geringer war und dass auch zwischen den Vergleichsstaaten (nicht nur) in dieser Hinsicht erhebliche Unterschiede bestanden und bestehen.

Als Indikatoren für das politische Interesse lassen sich die Schülerangaben zu der Frage interpretieren, aus welchen Medien und wie häufig sie sich politisch informieren. Die IEA-Studie von 1999 bietet hierzu wichtige internationale Vergleichsdaten[19]. Etwa zwei von drei deutschen Jugendlichen informieren sich nach eigenen Angaben manchmal oder oft aus Zeitungs- oder Zeitschriftenartikeln über das aktuelle Geschehen im eigenen Lande, ein Wert, der dem internationalen Durchschnitt entspricht. Dabei war es auffällig, dass in den skandinavischen Staaten, in denen die Schüler und Schülerinnen ausweislich der internationalen Vergleiche über ein höheres Leseverständnis verfügen (also Finnland, Norwegen, Schweden), Zeitungen und Zeitschriften für die politische Information der Jugendlichen offenbar bedeutsamer sind. Umgekehrt fällt bei den deutschen Jugendlichen die im internationalen Vergleich überdurchschnittliche Bedeutung von Informationssendungen im Radio auf, ein Ergebnis, für das differenziertere Mediennutzungsanalysen angemessenere Interpretationsmöglichkeiten bieten dürften.

Wenn sich auch die Jugendlichen, nach Auskunft der IEA-Studie von 1999, darin weitgehend einig waren, dass gute Staatsbürger zur Wahl gingen bzw. dass dies wichtig für die

19 Vgl. Tabelle C4/6 im Anhang.

Demokratie sei (auch 80% der 14-jährigen deutschen Jugendlichen haben dem zugestimmt), besteht doch ein Unterschied zwischen dieser eher abstrakten Einsicht und der konkreten Handlungsbereitschaft: Nur 67% der Deutschen (gegenüber 80% international) erwarteten, selbst zu einem Zeitpunkt zur Wahl zu gehen, der zum Erhebungszeitpunkt noch vier oder mehr Jahre in der Zukunft lag.

Wie solche Politikabstinenz, die sich nicht nur an diesem Punkt gezeigt hat, zu interpretieren ist, müsste Gegenstand von Analysen sein, die jenseits des Horizonts der Bildungsberichterstattung im engeren Sinne liegen. Eindeutig ist jedoch, dass hier Faktoren zu berücksichtigen sind, die zu den relevanten ‚Schichtungsvariablen' der Gesellschaft gehören und gleichwohl in diesem Zusammenhang selten berücksichtigt worden sind. Beispielsweise ist es bemerkenswert, dass unter den in Deutschland lebenden, aber nicht in Deutschland geborenen Jugendlichen der Anteil jener, die entschiedene Vorbehalte gegen die Gleichberechtigung von ‚Ausländern' haben, mit 5,0% erwartungswidrig hoch ist; er liegt damit dicht bei dem Anteil in der Gruppe der in Deutschland Geborenen (6,7%). Es ist offensichtlich, dass hier noch erheblicher Analysebedarf besteht, sollen die Daten nicht zur Grundlage für irreführende Interpretationen werden. In ähnlicher Weise ist es durchaus interpretationsbedürftig, dass in Deutschland 14,6% der männlichen 14-Jährigen gegenüber lediglich 11,6% der weiblichen 14-Jährigen Ergebnisse im kognitiven Test erzielt haben, die den Wert von 120 Skalenpunkten überschritten, eine Geschlechterdifferenz, die gering erscheinen mag, aber immerhin dreimal so groß ist wie im internationalen Durchschnitt. Nimmt man an, dass künftige politische Meinungsführer relativ frühzeitig damit begonnen haben, sich gründlich politisch zu informieren, so gewinnt die Frage Bedeutung, welche der in der IEA-Studien gemessenen Merkmale (Informationspraxis, Interesse, Demokratieverständnis u.a.) mit diesen Werten und folglich mit den Geschlechterunterschieden zusammen hängen könnten[20].

Ausgewählte zusätzliche Befunde

Aus der Fülle der Befunde der zweiten IEA-Studie sollen über das bereits Berichtete hinaus noch einige im Rahmen der Bildungsberichterstattung relevante Befunde referiert werden. Im Einzelnen sind dies die folgenden Beobachtungen:

- Jugendliche mit hohem politischen Verstehensniveau waren zugleich diejenigen, die sich am ehesten eine Mitwirkung an politischen Aktivitäten vorstellen können. Die Ergebnisse aus allen in der IEA-Studie berücksichtigten Staaten belegen einen positiven Zusammenhang zwischen politischem Verstehen und der Bereitschaft zur Partizipation an demokratischen Entscheidungen. Besonders diejenigen Jugendlichen ließen die Absicht zur Ausübung ihres Wahlrechts als Erwachsene erkennen, die über die grundlegenden Institutionen und Entscheidungsabläufe in einer Demokratie gut informiert waren. In dem Maße, in dem Schulen nach Auskunft der Schülerinnen und Schüler die Bedeutung von Wahlen vermittelt haben, nahm der Anteil derjenigen Jugendlichen zu, die als Erwachsene zur Wahl gehen wollten.
- Schulen, in denen Demokratie praktisch eingeübt wurde, haben das politische Verstehen und Engagement ihrer Schülerinnen und Schüler besonders wirksam befördert.

20 Von ähnlichen Geschlechterdifferenzen berichtet schon Helmut Fend 1990ff (a.a.O.), Band. II, S. 168ff.

Die konkrete pädagogische Praxis in der Schule war bedeutsam für die Vorbereitung der Jugendlichen auf ihre staatsbürgerliche Rolle. Die alltägliche Einübung demokratischer Werte – etwa durch die Herstellung eines offenen Diskussionsklimas oder durch die Aufforderung an die Schülerinnen und Schüler, das Leben an der Schule mitzugestalten – ging einher mit ausgeprägterem politischen Verstehen und Engagement. Auch dass die Mitgliedschaft in Schülerräten oder -parlamenten in der Regel von höheren politischen Wissens- und Verstehensleistungen begleitet war, ist in diesem Zusammenhang bedeutsam. Im Übrigen bestätigt dieser Befund[21] Ergebnisse aus der ersten IEA-Studie zur politischen Bildung von 1971[22]. Trotz der Vermutung, dass ein offenes, auf Partizipation ausgerichtetes Schul- und Klassenklima die politische Reflexionsfähigkeit befördert, stellte ein solcher Ansatz 1999 in Deutschland offenbar keineswegs die Norm dar. Von den Jugendlichen versicherten nur 40%, „häufig" ermutigt worden zu sein, in Diskussionen während des Unterrichts frei die eigene Meinung zu äußern, aber etwa ein Viertel (24%) gab an, dass dies „selten" oder „nie" der Fall war.

- Außer in der Frage der Wahlbeteiligung äußerten die Jugendlichen Skepsis im Hinblick auf traditionelle Formen der politischen Partizipation. Aber viele waren offen für andere Möglichkeiten, sich in der Zivilgesellschaft zu engagieren. Im Vergleich zu den Jugendlichen anderer Länder fiel die Bereitschaft deutscher Schülerinnen und Schüler zu konventionellen politischen Aktivitäten, die im Allgemeinen mit dem politischen Engagement Erwachsener verbunden werden (Eintritt in eine Partei, Versand von Leserbriefen zu sozialen oder politischen Fragen oder Kandidatur für ein kommunales Amt), noch geringer aus. So konnten sich beispielsweise nur 11% der 14-jährigen deutschen Schülerinnen und Schüler vorstellen, als Erwachsene in eine politische Partei einzutreten (international waren es immerhin 21%). Dennoch waren die Jugendlichen über die Ländergrenzen hinweg offen für Formen des zivilen und politischen Engagements, soweit dieses mit Wahlkampf und Parteipolitik nichts zu tun hat. Im internationalen Durchschnitt gaben 59% der Jugendlichen an, dass sie bereit seien, für einen guten Zweck Geld zu sammeln; in Deutschland waren es 54%. 44% (in Deutschland 38%) äußerten ihre Bereitschaft, an gewaltfreien Demonstrationen teilzunehmen. Die Befragten sahen auch bei Erwachsenen die Mitgliedschaft in Umweltorganisationen oder Bürgerinitiativen als eine gute Möglichkeit an, ihrer Verantwortung als Bürger gerecht zu werden. Nur eine Minderheit der Jugendlichen bekannte sich zu der Bereitschaft, sich an Formen des Protests zu beteiligen, die in den meisten Staaten illegal sind, wie etwa das Anbringen von politischen Parolen mit der Sprühdose, Verkehrsblockaden oder Hausbesetzungen. In Deutschland äußerten zwischen 12% und 16% der Jugendlichen Bereitschaft zur Beteiligung an solchen Aktivitäten[23]. Insgesamt zogen es die Jugendlichen vor, sich Organisationen anzuschließen, in denen sie gemeinsam mit Gleichaltrigen tätig sein und die Erfolge ihrer Bemühungen erfahren konnten. Die Zugehörigkeit zu solchen Organisationen ging mit höher ausgeprägtem politischen Verstehen, günstigeren politikbezogenen Einstellungen und intensiverem künftigen Engagement einher. Offenbar boten diese Organisationen partizipatorische Möglichkeiten in Kontexten, die für die Jugendlichen bedeutsam waren.

21 Detlef Oesterreich 2002 (a.a.O.), S. 104.
22 Vgl. auch Helmut Fend 1990ff (a.a.O.), Band II, S. 177ff.
23 Unabhängige Bestätigungen für diese Befunde bieten u.a. die Jugendstudien der Deutschen Shell.

- Jugendliche setzten sich für die politischen Rechte von Frauen und Zuwanderern ein. Noch deutlicher als die Jugendlichen in den anderen untersuchten Staaten äußerten die 14-jährigen Deutschen generell positive Einstellungen gegenüber den politischen und ökonomischen Rechten von Frauen: Etwa zwei Drittel der deutschen Schülerinnen und Schüler stimmten uneingeschränkt Aussagen zu, die sich auf die politische Gleichberechtigung von Frauen und Männern und auf gleiche Bezahlung bei gleicher Arbeit bezogen. In allen Staaten setzten sich die weiblichen Jugendlichen viel stärker als die männlichen für die Rechte der Frauen ein, und in vielen Staaten gab es analoge Geschlechterunterschiede bei der Unterstützung von Rechten für Zuwanderer[24]. Gegenüber den Befunden aus der IEA-Studie zur politischen Bildung von 1971 hat sich bei Jugendlichen offenbar die Unterstützung gleicher politischer und ökonomischer Rechte für Frauen und Männer verstärkt.
- International gesehen waren 90% der Befragten der Auffassung, dass Zuwanderer dieselben Rechte auf Bildung haben sollten wie die nationale Mehrheit. Etwas mehr als drei Viertel stimmten auch der Meinung zu, dass Zuwanderer das Recht haben sollten, ihre Sitten und Gebräuche zu bewahren, ihre Sprache zu behalten und an den Wahlen teilzunehmen. Es gab jedoch Unterschiede: In einigen Staaten existierten beträchtliche Minderheiten, die solche Rechte eher verweigern möchten. Auch bei deutschen Schülerinnen und Schülern überwog die Zustimmung zu diesen Aussagen; allerdings war sie geringer ausgeprägt als im internationalen Durchschnitt. So war eine Mehrheit von 71% der deutschen Jugendlichen der Ansicht, Ausländerinnen und Ausländer sollten die gleichen Rechte haben wie andere Einwohner des Landes. Der internationale Durchschnitt lag jedoch im Vergleich dazu bei 81%. Hierbei ist, wie oben bereits angedeutet, besonders zu berücksichtigen, dass der Zuwanderung aus dem Ausland in den teilnehmenden Staaten ein sehr unterschiedlicher Stellenwert zukommt, und zwar sowohl quantitativ, als auch – nach Maßgabe der je aktuellen politischen Diskurse – qualitativ.

Die referierten Befunde der neueren IEA-Studie lassen sich, wie exemplarisch belegt, vielfach durch Ergebnisse deutscher Untersuchungen bestätigen. Insbesondere wächst auch die Zahl der Studien, in denen schulisch verankerte Grundlagen der politischen Sozialisation herausgearbeitet werden[25]: Gemessen an den bekannten oder zumindest empirisch plausibel gemachten Zusammenhängen erscheinen diejenigen Ansätze zur Förderung politisch relevanter Einstellungen als gut begründet, in denen auf die Beziehung zwischen einer demokratisch gestalteten und in demokratische Verhaltensweisen einübenden schulischen Lebenswelt einerseits und dem Erwerb politischer Kompetenz und Verantwortungsbereitschaft andererseits gesetzt wird.

24 Auch hierfür liefern vor allem die Konstanzer Untersuchungen detaillierte und im Längsschnitt rekonstruierbare Parallelbefunde.

25 Vgl. etwa Rainer Watermann: Gesellschaftsbilder im Jugendalter: Vorstellungen Jugendlicher über die Ursachen sozialer Mobilität. Opladen: (im Erscheinen).

C5 Erträge schulischer Bildung

Als Folge der anhaltenden staatlichen Finanzkrise und des verschärften Wettbewerbs um knapper gewordene öffentliche Mittel sieht sich auch das Bildungswesen in verstärktem Maße mit der Forderung nach „value-for-money" konfrontiert. In diesem Zusammenhang hat die – vor allem im Rahmen des bildungsökonomischen Forschungsprogramms thematisierte – Frage nach den von Bildungsinvestitionen zu erwartenden individuellen und gesellschaftlichen Erträgen einen Bedeutungszuwachs erfahren. Im Folgenden wird dem durch eine systematische Darstellung unmittelbarer und mittelbarer Wirkungen schulischer Qualifizierungsprozesse in beruflichen und außerberuflichen Handlungsfeldern Rechnung getragen. Der Status von Bildungserträgen wird diesen Wirkungen aufgrund empirisch nachweisbarer Unterschiede zwischen verschiedenen formalen Qualifizierungsniveaus (hier: Schulabschlüssen) zugewiesen[1].

Abbildung C5/1 Bildungserträge

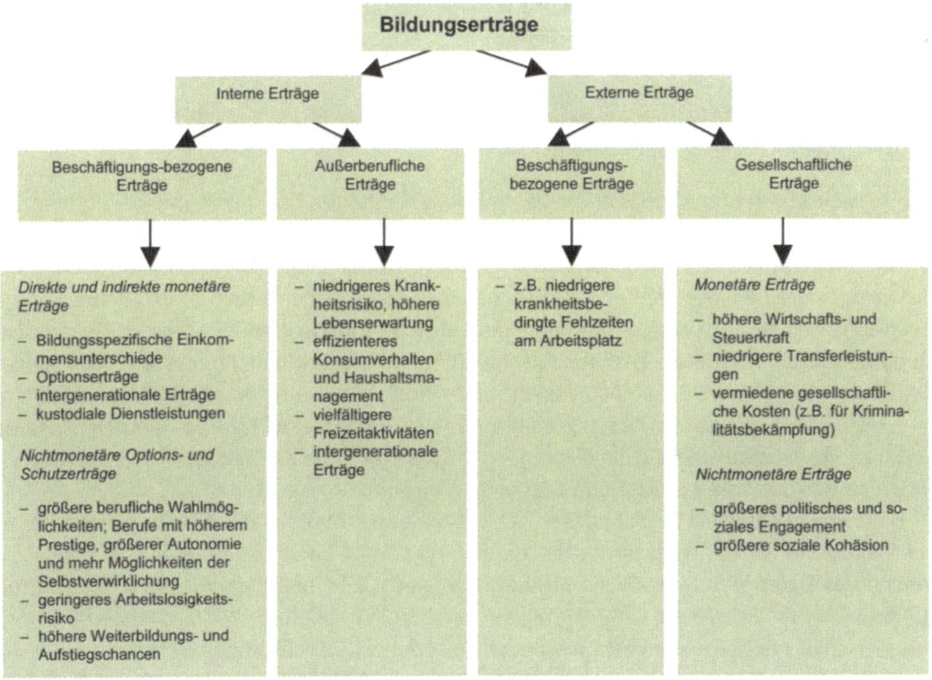

Dies impliziert nicht notwendigerweise, dass diese Erträge in einem kausalen Sinn vollständig „bildungsinduziert" sind. Soweit es möglich ist, werden Ergebnisse vorliegender multivariater Analysen berichtet. Bei den eigenen Auswertungen des Sozioökonomischen Panels 2001 musste auf differenziertere Analysen verzichtet werden. Die konzeptionelle Basis stellt ein an der bildungsökonomischen Nomenklatur angelehntes Schema von Ertragskategorien

1 Aufgrund der besonderen Bedeutung des Berechtigungswesens in Deutschland ist es angebracht, die Bildungsvariable zumindest bei Betrachtung von beschäftigungsbezogenen Erträgen durch schulische und berufliche Abschlüsse zu operationalisieren.

dar (vgl. Abbildung C5/1). Ausgangspunkt ist eine Differenzierung zwischen internen und externen Erträgen. Interne Erträge fließen dem Ausgebildeten selbst bzw. seiner Familie zu, externe Erträge fallen bei Dritten oder der Gesellschaft als Ganzer an. Wie der Abbildung C5/1 im Einzelnen zu entnehmen ist, lassen sich diese beiden Ertragskategorien weiter ausdifferenzieren.

Grundsätzliche Quantifizierungsprobleme und eine unzureichende Datenlage stehen dem Anspruch entgegen, die Zusammenstellung von Bildungserträgen vollständig empirisch „abzuarbeiten". Auf der Basis von Daten der Amtlichen Statistik, Auswertungen aktueller Umfrageergebnisse (insbesondere des Sozioökonomischen Panels) und Ergebnissen der bildungsökonomischen Forschung können jedoch zumindest für einige Erträge schulischer Bildung quantitative Informationen geliefert werden.

C5.1 Interne Erträge

Bei den internen Erträgen wird zwischen beschäftigungsbezogenen Erträgen (1.1) und außerberuflichen Erträgen (1.2) unterschieden.

C5.1.1 Beschäftigungsbezogene Erträge

Zu den wichtigsten und empirisch am besten dokumentierten beschäftigungsbezogenen Erträgen zählen die *direkten und indirekten monetären Erträge*: Höhere Einkommen formal besser qualifizierter Erwerbspersonen und „Optionserträge", die sich daraus ergeben, dass das Erreichen eines bestimmten Ausbildungsniveaus Chancen eröffnet, in nächst höhere Ausbildungsstufen aufzusteigen und damit zusätzliche Einkommen zu erzielen. Ferner sind intergenerationale monetäre Bildungserträge zu nennen, die daraus resultieren, dass Kinder von Eltern mit höheren Schulabschlüssen mehr Ausbildung erhalten als Kinder von Eltern mit niedrigeren Schulabschlüssen. Weiterhin entstehen indirekte Erträge dadurch, dass es aufgrund der kustodialen Dienstleistung von Kindergärten und Schulen Müttern möglich wird, eine Berufstätigkeit auszuüben und somit Einkommen zu erzielen.

Dass im Durchschnitt formal besser Ausgebildete mehr verdienen als weniger qualifizierte Arbeitskräfte, ist ein weltweit feststellbarer Sachverhalt[2]. Für Deutschland vermitteln die anhand der Daten des Sozioökonomischen Panels (SOEP) berechneten monatlichen Brutto-Arbeitnehmereinkommen von Vollzeitbeschäftigten für das Jahr 2000, differenziert nach Schulabschlüssen, folgendes Bild (vgl. auch Abbildung C5/2): Bezogen auf das *monatliche Brutto-Erwerbseinkommen* eines Vollzeit beschäftigten Arbeitnehmers ohne Schulabschluss beläuft sich das Einkommen eines Arbeitsnehmers mit Hauptschulabschluss auf 113% und das eines Arbeitnehmers mit Realschulabschluss auf 124%. Das Einkommen eines Arbeitnehmers mit Abitur hebt sich davon mit 173% deutlich ab (jeweils alte Länder). In den neuen Ländern fallen die Einkommensdifferenzen zwischen den einzelnen Gruppen bei insgesamt niedrigerem Niveau etwas geringer aus. Im Durchschnitt entspricht das monatliche Brutto-

2 OECD: Bildung auf einen Blick. OECD-Indikatoren 2000. Paris: 2002.

einkommen eines Arbeitnehmers mit Abitur im Osten dem eines Arbeitnehmers mit Realschulabschluss im Westen.

Abbildung C5/2 Monatliches Bruttoeinkommen (in Euro) von Vollzeit beschäftigten Arbeitnehmern in West- und Ostdeutschland nach Schulabschluss, 2000[3]

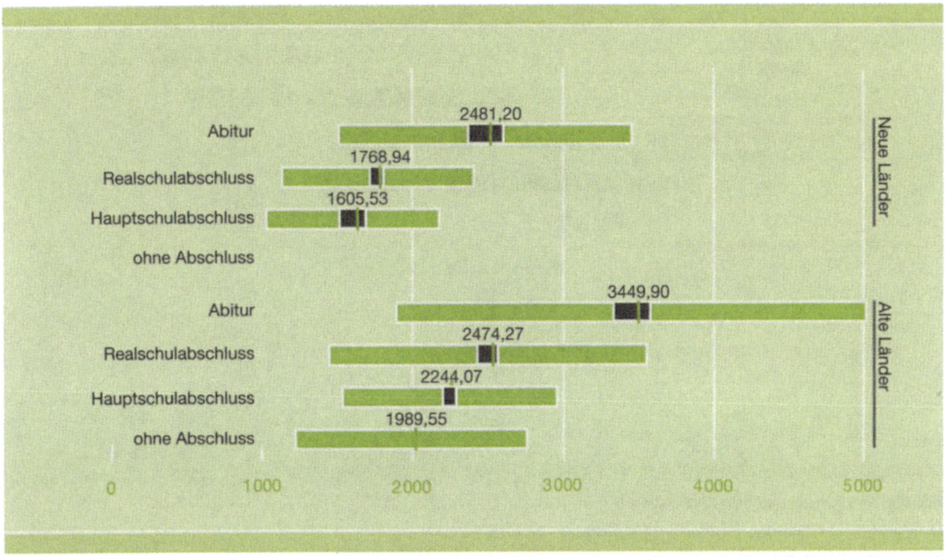

Anmerkungen: Die Begriffe Hauptschulabschluss, Realschulabschluss und Abitur werden aus Gründen der Vereinfachung auch verwendet für funktional äquivalente Schulabschlüsse der ehemaligen DDR. Dabei gilt: Hauptschulabschluss = 8. Klasse POS, Realschulabschluss = 10. Klasse POS, Abitur = 12. Klasse EOS und Berufsausbildung mit Abitur; „ohne Abschluss" wird für die neuen Länder wegen zu geringer Fallzahl nicht dargestellt.

Quelle: Eigene Berechnungen auf der Basis von Daten des SOEP 2001

Wegen der Koppelung von schulischer Bildung und Berufsausbildung repräsentieren diese Unterschiede zugleich Optionserträge. Wie Tabelle C5/1 im Anhang zeigt, wird mit steigendem Schulabschluss die sich bietende Option, eine bessere Berufsausbildung (und damit höheres Einkommen) zu erlangen, auch genutzt. Die Quantifizierung solcher Optionserträge ist in Abbildung C 5/3 an zwei Beispielen veranschaulicht. Mit 1.882 € lag 2000 das mittlere monatliche Bruttoeinkommen eines Vollzeit beschäftigten Arbeitnehmers mit Hauptschulabschluss und abgeschlossener Lehre um 344 € (= 18%) über dem mittleren Monatseinkommen eines Arbeitnehmers mit Hauptschulabschluss ohne Lehre. Deutlich höher fällt mit 52% der mittlere Einkommenszuwachs eines Abiturienten aus, der statt einer Berufsausbildung ein Hochschulstudium erfolgreich beendet hat.

3 Zur Erläuterung: Die *grünen Balken* zeigen die Standardabweichung; diese ist ein Maß der Streuung und bezeichnet die mittlere Abweichung aller Messwerte vom arithmetischen Mittelwert. Je breiter die Balken sind, desto mehr schwanken die Werte um den angegebenen Mittelwert. Innerhalb des dargestellten Bereiches von +/- 1 Standardabweichung befinden sich 68,27% aller gemessenen Werte (im Falle der Abbildungen C5/2 und C5/3 des monatlichen Bruttoeinkommens, im Falle der Abbildung C5/5 der Dauer der Arbeitslosigkeit in Monaten). Die *schwarzen Balken* stellen das Konfidenzintervall dar. Sie geben den Bereich an, in welchem sich der tatsächliche Mittelwert mit 95% Wahrscheinlichkeit befindet. Überlappen sich zwei Konfidenzintervalle in der Abbildung, so kann nicht von einem signifikanten Unterschied zwischen den Mittelwerten ausgegangen werden, d.h. der Unterschied kann auch zufällig sein. Überlappen sie sich jedoch nicht, so sind die Mittelwertsunterschiede signifikant.

Abbildung C5/3 Unterschiede im monatlichen Bruttoeinkommen (in Euro) zwischen Vollzeit beschäftigten Arbeitnehmern ohne und mit Berufsabschluss sowie zwischen Abiturienten mit Berufsausbildung und Abiturienten mit abgeschlossenem Studium, 2000

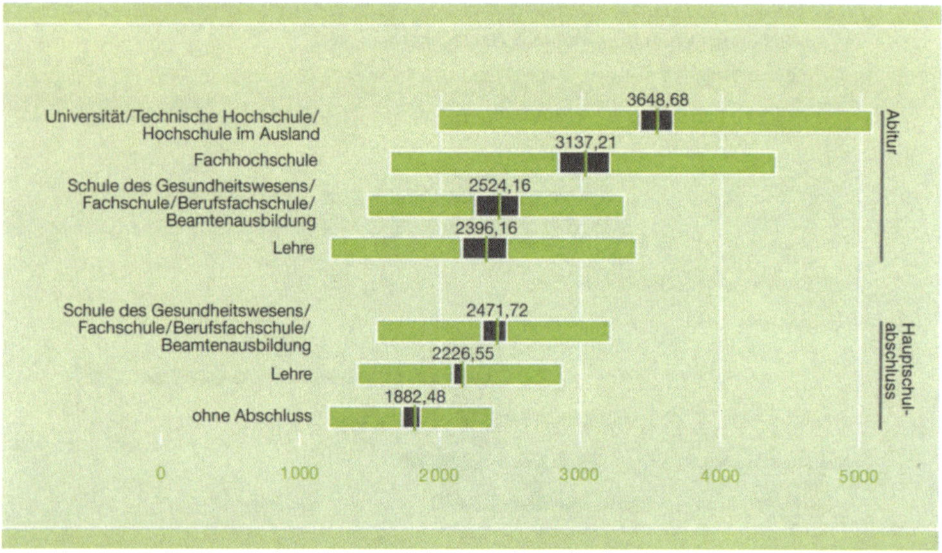

Siehe Anmerkungen zu Abbildung C5/2 und FN 3

Quelle: Eigene Berechnungen auf der Basis von Daten des SOEP 2001

Auf die Bedeutung beruflicher Ausbildungsabschlüsse für die Einkommensentwicklung verweisen die Ergebnisse einer auf der Basis von SOEP-Daten vorgenommenen Längsschnittuntersuchung der mittleren Bruttoeinkommen von unter 40-jährigen Vollzeiterwerbstätigen im Zeitraum 1984-1991 und 1991-1998[4]. Erwerbstätige ohne abgeschlossene Berufsausbildung erreichen danach eine jahresdurchschnittliche Zuwachsrate von 4,3% (1984-1991) bzw. 5,2% (1991-1998). Im Falle einer abgeschlossenen Berufsausbildung beläuft sich die Einkommenssteigerung auf 5,6% bzw. 5,1%. Bei Erwerbstätigen mit Fachschul- oder Universitätsabschluss liegen die Zuwachsraten jeweils bei etwa 7%.

Aufschluss darüber, wie lohnend es für den Einzelnen aus ökonomischer Perspektive ist, „in Bildung zu investieren", geben *Bildungsrenditen.* Sie gehören mittlerweile zum Standardrepertoire bildungsökonomischer Indikatoren. Meist werden sie durch Schätzung einer Lohn- bzw. Einkommensfunktion, in der weitere einkommensbestimmende Faktoren berücksichtigt werden, berechnet. Auf diese Weise haben Steiner/Lauer[5] die Renditen für verschiedene schulische und berufsbildende Abschlüsse im Vergleich zu einer Referenzgruppe (Personen ohne Abschluss oder nur mit Hauptschul- bzw. Realschulabschluss) unter Berücksichtigung der für die einzelnen Abschlüsse erforderlichen Bildungszeit geschätzt. Danach ergibt sich für einen Fachschulabschluss im Zeitraum 1984-1997 sowohl für Männer als auch für Frauen mit 10,9% bzw. 12,9% die höchste durchschnittliche Rendite. Dies ist auf die kürzere Ausbildungszeit im Vergleich zu einem Universitätsstudium zurückzuführen, dessen durch-

4 Bundesministerium für Bildung und Forschung (BMBF): Gutachten zur Bildung in Deutschland. Bonn: 2001, S. 74.

5 Victor Steiner/Charlotte Lauer: Private Erträge von Bildungsinvestitionen in Deutschland. In: Beihefte der Konjunkturpolitik, Heft 51. Berlin: 2001, S. 71-101.

schnittliche Rendite bei 7,9% (Männer) bzw. 9,7% (Frauen) liegt. Am niedrigsten fällt die mit der Erlangung der Hochschulreife (mit oder ohne zusätzliche Ausbildung) verbundene Rendite aus (Männer: 7,2%, Frauen: 9,4%). Die Rendite eines Lehrabschlusses liegt bei Frauen um einen Prozentpunkt darüber. Auf einen ertragsmindernden Effekt der Bildungsexpansion deutet der im Vergleich verschiedener Geburtskohorten der Altersgruppe der 30- bis 39-Jährigen ermittelte Befund hin, dass die Renditen bei den jüngeren Kohorten – insbesondere bei den Frauen – gesunken sind.

Rückschlüsse auf *intergenerationale Einkommenserträge* lassen sich aus den aus PISA 2000 vorliegenden Daten zur Bildungsbeteiligung von 15-Jährigen, differenziert nach höchstem Bildungsabschluss der Eltern, ziehen. Danach besuchen 53% der 15-Jährigen aus Familien, in denen ein Elternteil (oder beide Eltern) keinen Hauptschulabschluss oder einen Hauptschulabschluss ohne Lehre aufweisen, eine Hauptschule, nur 7% ein Gymnasium. In deutlichem Kontrast dazu steht die Bildungsbeteiligung von 15-Jährigen aus Familien, in denen wenigstens ein Elternteil über einen Abschluss an einer wissenschaftlichen Hochschule verfügt: 66% von ihnen besuchen ein Gymnasium, aber nur 5% eine Hauptschule. Die Chancen eines 15-Jährigen aus einer solchen Familie, spätere Einkommensvorteile durch den Besuch eines Gymnasiums anstelle einer anderen Schulform zu erzielen, ist immerhin noch viermal höher als die eines 15-Jährigen aus einer Familie mit wenigstens einem Elternteil mit Abitur ohne Studium. Dessen Chance wiederum, ein Gymnasium anstelle einer anderen Schulform zu besuchen, ist fünfmal höher als die eines 15-Jährigen aus einer Familie der untersten Bildungsgruppe (kein Schulabschluss oder Hauptschulabschluss ohne Lehre).

Monetäre Erträge der *kustodialen Dienstleistung* von Schulen, ihrer „Aufbewahrungsfunktion", entstehen aufgrund der dadurch möglichen Erwerbstätigkeit von Müttern. Auswertungen des SOEP zufolge waren im Jahr 2000 in Westdeutschland etwa 815.000 abhängig beschäftigte Mütter mit mindestens einem Kind im Alter von sieben bis zwölf Jahren Vollzeit beschäftigt, in Ostdeutschland 270.000 Mütter. Teilzeitbeschäftigt waren 816.000 Mütter im Westen und 114.000 im Osten. Das durchschnittliche Jahresbruttoeinkommen der Vollzeit beschäftigten Mütter liegt bei 26.716 € (West) bzw. 22.633 € (Ost), das durchschnittliche Jahresbruttoeinkommen der Teilzeit beschäftigten bei 13.278 € (West) bzw. 14.092 € (Ost)[6]. Unterstellt man, dass die Hälfte der Mütter nicht berufstätig geworden wäre ohne die Beaufsichtigungsfunktion der Schule, ergibt sich ein kumulativer Bildungsertrag für die kustodiale Dienstleistung von knapp 18 Mrd. €. Zu ähnlichen Ergebnissen gelangen auch Ertragsberechnungen im Elementarbereich. In einer Befragung von Haushalten mit erwerbstätigen Müttern einer Teilstichprobe des SOEP gaben drei Viertel der Mütter an, im Falle einer Schließung der von Ihnen genutzten Kindertageseinrichtungen ihre Erwerbstätigkeit vollständig (53%) oder teilweise (22%) aufzugeben[7].

Bildungsinvestitionen zur Erreichung höherwertiger Schulabschlüsse liefern auch eine Reihe von *nicht-monetären beschäftigungsbezogenen Erträgen* (mit z.T. finanziellen Implikationen): Mit steigendem Ausbildungsniveau erhöhen sich im Allgemeinen die beruflichen Wahlmöglichkeiten; es steigt die Chance, in Berufen mit günstigeren Arbeitsbedingungen,

6 Deutsches Institut für Wirtschaftsforschung: Abschätzung der (Brutto-)Einnahmeneffekte öffentlicher Haushalte und der Sozialversicherungsträger bei einem Ausbau von Kindertageseinrichtungen. Berlin: 2002, S. 40, Tab. 3-1.

7 Kathrin Bock-Famulla: Volkswirtschaftlicher Ertrag von Kindertagesstätten. Gutachten im Auftrag der Max-Traeger-Stiftung. Bielefeld: 2002.

größerer Autonomie, mehr Möglichkeiten der Selbstverwirklichung und höherem Prestige tätig zu werden. Von der Höhe des Ausbildungsniveaus hängt auch die – durch eine damit kovariierende Weiterbildungsintensität zusätzlich begünstigte – Anpassungsfähigkeit an strukturelle und technologische Änderungen im Beschäftigungssystem ab. Der Ertrag besteht in einem größeren *Schutz vor Arbeitslosigkeit.* Verfolgt man die qualifikationsspezifischen Arbeitslosenquoten über einen längeren Zeitraum[8], dann zeigt sich über alle Konjunkturzyklen hinweg ein negativer Zusammenhang zwischen Arbeitslosigkeit und der Höhe der Ausbildung.

Abbildung C5/4 Zum Erhebungszeitpunkt 2001 arbeitslos gemeldete Erwerbspersonen nach Schulabschluss

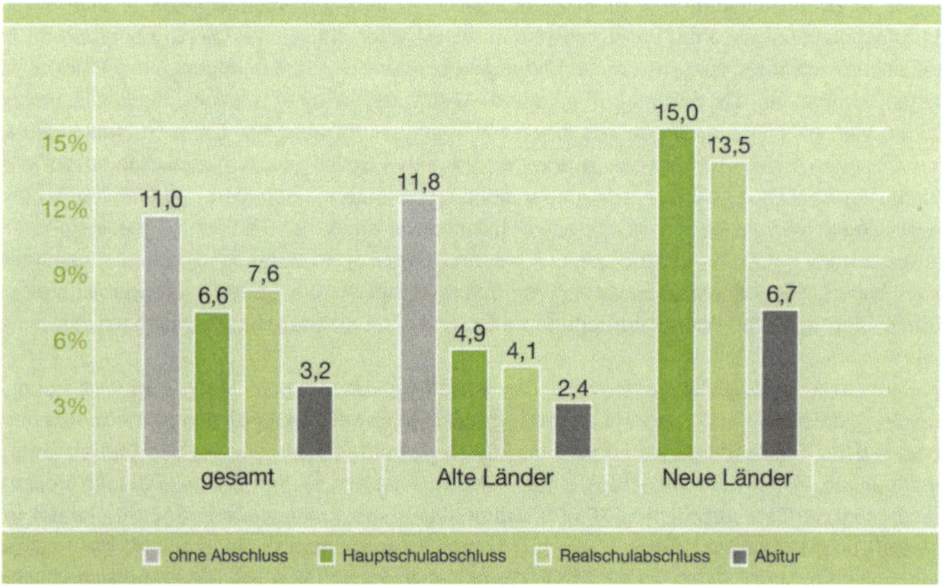

„Ohne Abschluss" wird für die neuen Länder wegen zu geringer Fallzahl nicht dargestellt.

Quelle: Eigene Berechnungen auf der Basis von Daten des SOEP 2001

Im Folgenden ist dieser Zusammenhang wiederum in bezug auf Schulabschlüsse dargestellt. Berichtet wird einmal die Arbeitslosigkeit zum Zeitpunkt der Erhebung im Jahr 2001, zum anderen die durchschnittliche Dauer der Arbeitslosigkeit im Jahr 2000 (Datenbasis SOEP 2001). Wie Abbildung C5/4 zeigt, war zum Zeitpunkt der Erhebung die Gruppe der Schulabgänger ohne Abschluss am häufigsten von Arbeitslosigkeit betroffen (11%), die Gruppe der Schulabgänger mit Abitur mit 3,2% am geringsten (jeweils Deutschland insgesamt). Dazwischen liegt die Gruppe mit Haupt- oder Realschulabschluss. Auch bei der durchschnittlichen Dauer der Arbeitslosigkeit im Jahr 2000 zeigen sich bedeutsame Unterschiede zwischen den formalen Stufen der Schulbildung: Sie nimmt kontinuierlich mit steigendem Schulabschluss ab (vgl. Abbildung C5/5). Allerdings wird auch deutlich, dass in den neuen Ländern ein höherer Schulabschluss weniger Schutz vor Erwerbslosigkeit bietet als

8 Bundesministerium für Bildung und Forschung (BMBF): Grund- und Strukturdaten 2001/2002. Bonn 2002, S. 412/13; BMBF 2001 (a.a.O.), S. 50-52.

im früheren Bundesgebiet. Differenziertere Analysen auf der Basis von SOEP-Daten zeigen weiterhin, dass sich auch die Chancen einer Wiederbeschäftigung nach einer Phase der Arbeitslosigkeit mit steigendem Bildungsabschluss verbessern[9].

Als Bildungsertrag ist ferner die hinreichend bekannte Tatsache zu verbuchen, dass die Beteiligung von Erwerbspersonen an *allgemeiner und beruflicher Weiterbildung* mit steigender Schulbildung zunimmt (vgl. ausführlich Kapitel C3).

Abbildung C5/5 Durchschnittliche Dauer der Arbeitslosigkeit im Jahr 2000 (wenn arbeitslos gemeldet) nach Schulabschluss

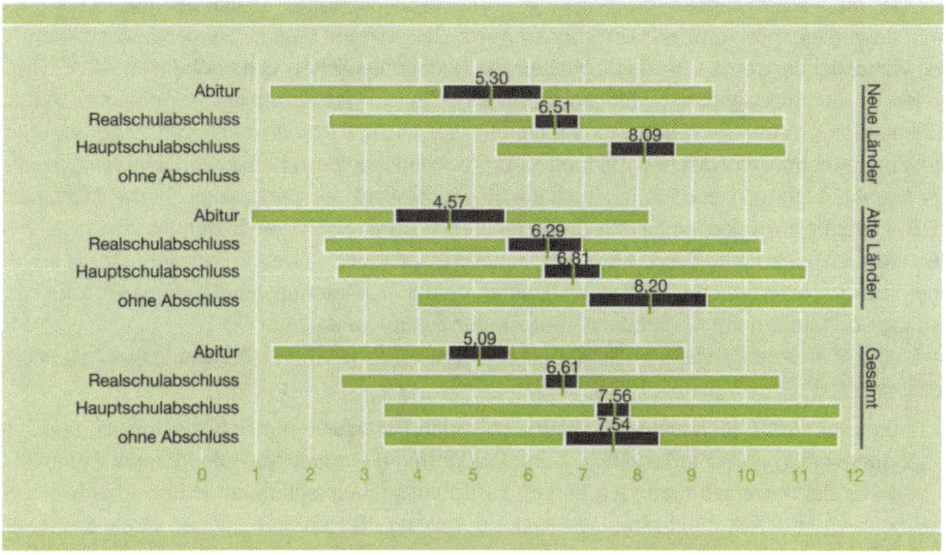

„Ohne Abschluss" wird für die neuen Länder wegen zu geringer Fallzahl nicht dargestellt; s. auch FN 3.

Quelle: Eigene Berechnungen auf der Basis von Daten des SOEP 2001

C5.1.2 Außerberufliche Erträge

Verstärkte Aufmerksamkeit haben in den letzten Jahren individuelle Bildungserträge gefunden, die außerhalb der beruflichen Tätigkeit entstehen. Darin spiegelt sich die Abkehr von einer nur auf das Beschäftigungssystem bezogenen Qualifizierungsfunktion von Schule wider. Die inzwischen vorliegende Forschungsevidenz bestätigt eindrucksvoll, dass sich mehr Bildung in vielfältiger Weise auch in außerberuflichen Handlungsfeldern auszahlt, bei der Gesundheitsvorsorge ebenso wie beim Konsumverhalten, der Kindererziehung, der Haushaltsführung und Freizeitgestaltung[10].

Besonderes Interesse hat der Zusammenhang zwischen *Bildung und Gesundheit* gefunden. Forschungsbefunde vor allem aus dem angelsächsischen Raum stützen die These, dass eine deutliche Beziehung zwischen Bildungsstand und Mortalität bzw. Morbidität be-

9 Charlotte Lauer: Education and unemployment: a French-German comparison. Mannheim: ZEW 2003 (Discussion Paper No. 03-34).

10 Vgl. zusammenfassend Manfred Weiß: Bildung – zuviel Aufwand für zu wenig Nutzen? In: Gerhard de Haan (Hrsg.): Bildung ohne Systemzwänge. Neuwied: 2000, S. 235-250.

steht – auch nach statistischer Kontrolle anderer Einflussfaktoren wie z.B. Einkommen und Intelligenz. Besser Ausgebildete haben im Durchschnitt eine höhere Lebenserwartung als schlechter Ausgebildete. Auch in einer der wenigen kontrollierten Wirkungsstudien, die für Deutschland vorliegen[11], konnte ein eindeutiger Einfluss von Bildung auf das Mortalitätsrisiko festgestellt werden (Datenbasis: SOEP). Danach reduziert sich für Männer mit jedem zusätzlich absolvierten Schuljahr das relative Mortalitätsrisiko um 8,4%, für Frauen sogar um 16%. Da in dieser Studie auch der Einfluss der sozioökonomischen Lage kontrolliert wurde, lässt sich die gefundene höhere Lebenserwartung von Personen mit „mehr Humankapital" zweifelsfrei als Bildungseffekt interpretieren. Ursächlich dürfte er darauf zurückzuführen sein, dass Bildung einmal indirekt wirksam wird: Über die mit dem Bildungsstand differierenden Zugangschancen zu Berufstätigkeiten mit unterschiedlichen Gesundheitsrisiken[12]. Zum anderen wird Bildung direkt wirksam durch einen bildungsabhängigen Kenntnisstand über Risikofaktoren und eine danach ausgerichtete Lebensführung. Hinreichend belegt ist etwa der Zusammenhang zwischen Bildung und Rauchen, aktiver sportlicher Betätigung sowie der Verwendung von Jodsalz[13]. Auch bildungsspezifische Unterschiede in der Morbidität (z. B. Herzinfarkte) sind empirisch dokumentiert[14]. Dass ein hoher Bildungsstand nicht nur der eigenen Gesundheit förderlich ist, sondern auch der anderer Familienmitglieder, ist ebenfalls durch zahlreiche empirische Studien belegt. Vor allem scheint eine bessere Schulbildung von Müttern der Gesundheit ihrer Kinder zugute zu kommen[15].

Auch in anderen außerberuflichen Handlungsfeldern lassen sich Bildungserträge nachweisen:

- Ein höheres Bildungsniveau der Eltern wirkt sich positiv auf Schulleistungen und Bildungserfolg ihrer Kinder aus. Ein 15-Jähriger an einer Hauptschule, dessen Eltern keinen oder nur einen niedrigen Bildungsabschluss (Hauptschule ohne Lehre) aufweisen, erreicht in PISA 2000 eine Leseleistung, die um 48 Punkte niedriger ist als die eines 15-Jährigen aus einer Familie mit mindestens einem Elternteil mit akademischer Ausbildung (Abschluss an einer wissenschaftlichen Hochschule). Auch nach Kontrolle der kognitiven Grundfähigkeiten beträgt die Differenz noch 20 Punkte (Mathematik: 59 Punkte, adjustiert 26 Punkte). Ähnliche Leistungsunterschiede zwischen 15-Jährigen der verschiedenen Bildungsgruppen zeigen sich beim Gymnasium: Im Lesen beträgt die Differenz 46 Punkte (adjustiert 29 Punkte), in Mathematik 45 (bzw. 28) Punkte.
- Einen positiven Zusammenhang mit dem Bildungsniveau haben verschiedene Untersuchungen in den USA in bezug auf das Konsumverhalten festgestellt: Besser Ausge-

11 Rolf Becker: Bildung und Lebenserwartung in Deutschland. In: Zeitschrift für Soziologie 27, 1998, S. 133-150.

12 Hier nicht im Einzelnen dargestellte Auswertungen des SOEP 2001 zeigen z.B., dass der Anteil der Erwerbspersonen, die körperlich schwere Tätigkeiten ausüben sowie belastenden Umwelteinflüssen bei der Arbeit und einem erhöhten Risiko von Arbeitsunfällen ausgesetzt ist, mit steigender Schulbildung abnimmt.

13 Die in SOEP 2001 befragten Raucher verteilen sich wie folgt auf die einzelnen schulischen Qualifikationsgruppen: ohne Abschluss 35,5%, Hauptschulabschluss 31,3%, Realschulabschluss 34,6%, Abitur 23,3%. In SOEP 2001 gaben 77% der Befragten ohne Schulabschluss an, nie aktiv Sport zu betreiben, von den Befragten mit Hauptschulabschluss waren es 64%, mit Realschulabschluss 42% und mit Abitur 27%. Empirische Hinweise zum Zusammenhang zwischen Bildungsstand und Verwendung von Jodsalz finden sich in Reiner Block/ Klaus Klemm: Lohnt sich Schule? Reinbek bei Hamburg: 1997.

14 Vgl. die Übersicht bei Andreas Mielck: Soziale Ungleichheit und Gesundheit. Bern u.a.: 2000, S. 85ff.

15 Nachweisbar ist z.B. ein Zusammenhang zwischen schulischer Bildungsbeteiligung von Mädchen und Kindersterblichkeit; vgl. Walter Mc Mahon: Education and development. Measuring the social benefits. Oxford: 1999.

bildete sind besser informiert und treffen effizientere Kaufentscheidung; sie sparen „intelligenter" und auch ihr Haushaltsmanagement weist ein höheres Maß an Effizienz auf, neue zeitsparende Produkte z.B. werden von ihnen schneller genutzt. Höchst unterschiedlich fällt zwischen den einzelnen Bildungsgruppen auch die private Nutzung moderner Informations- und Kommunikationstechnologien aus: So zeigen z.B. die Auswertungen des SOEP 2001, dass nur 6% der Befragten ohne Schulabschluss das Internet für private Zwecke nutzen; von den Befragten mit Hauptschulabschluss sind es 12,6%, mit Realschulabschluss 31% und mit Abitur 56,7%.

- Bildung führt zur Entstehung „langlebiger Konsumgüter" mit nutzenstiftenden Effekten etwa im Freizeitbereich. Abhängig vom erreichten Bildungsabschluss sind z.B. Fremdsprachenkenntnisse und die Beherrschung eines Musikinstruments. Während im SOEP 2001 nur 14% der Befragten ohne Hauptschulabschluss angeben, regelmäßig oder gelegentlich eine künstlerische Tätigkeit auszuüben, sind es bei den Befragten mit Hauptschulabschluss 28%, mit Realschulabschluss 50% und mit Abitur 58%. Auch die Teilhabe am kulturellen Leben (regelmäßiger oder gelegentlicher Besuch kultureller Veranstaltungen) nimmt mit steigender Schulbildung zu (ohne Abschluss: 30%, Hauptschulabschluss: 55%, Realschulabschluss: 73%, Abitur: 90%).

C5.2 Externe Erträge

Externe Erträge resultieren aus der „Kollektivguteigenschaft" von Bildung. Unter Hinweis auf solche Erträge wird vielfach die öffentliche Finanzierung oder Teilfinanzierung des formalen Bildungswesens begründet. Einige der bereits genannten individuellen Erträge weisen sogenannte Externalitäten auf, d.h. sie wirken zugleich bei Dritten oder der Gesellschaft insgesamt nutzenstiftend. Unmittelbar einleuchtend ist dies bei gesundheitsbezogenen individuellen Bildungserträgen. So profitieren etwa von geringen krankheitsbedingten Fehlzeiten Arbeitgeber und andere am Arbeitsplatz (*beschäftigungsbezogene externe Erträge*)[16]. Neigen besser Ausgebildete eher dazu, sich gegen ansteckende Krankheiten impfen zu lassen, tragen sie zugleich zur Verringerung der Verbreitung dieser Krankheiten bei. Ähnliches gilt für die Schutzerträge einer besseren Schulbildung, die sowohl dem Einzelnen als auch der Gesellschaft in Form geringerer Sozialausgaben zugute kommen (*monetäre gesellschaftliche Erträge*)[17]. Aus gesellschaftlicher Perspektive werden Humankapitalinvestitionen eine ganze Reihe weiterer Erträge zugeschrieben[18]. Genannt werden etwa positive Effekte eines steigenden Bildungsniveaus auf die Wirtschafts- und Steuerkraft eines Landes, die Krimanalität und die Kosten ihrer Bekämpfung, das Innovationspotenzial und die Reagibilität auf strukturellen und technologischen Wandel, die soziale Kohäsion der Gesellschaft sowie die Funktionsfähigkeit und Stabilität der demokratischen Ordnung (indikatorisiert etwa über das politische und soziale Engagement).

16 Die nach Schulabschlüssen differenzierten Angaben im SOEP 2001 zu den durchschnittlichen krankheitsbedingten Fehltagen vermitteln folgendes Bild: abhängig Beschäftigte ohne Abschluss 14, mit Hauptschulabschluss 13,5, mit Realschulabschluss 10 und mit Abitur 6,8 Fehltage.

17 Von den in SOEP 2001 Befragten haben im Jahr 2000 12,4% ohne Schulabschluss Arbeitslosengeld, Arbeitslosenhilfe oder Unterhalt vom Arbeitsamt bezogen, von den Befragten mit Hauptschulabschluss 7,6%, mit Realschulabschluss knapp 10% und mit Abitur 4,2%.

18 Walter Mc Mahon 1999 (a.a.O.).

Ein gesellschaftlicher Bildungsertrag, um dessen quantitative Bestimmung sich vor allem die bildungsökonomische Forschung von Beginn an intensiv bemüht hat, ist der Beitrag von Bildung zum *Wirtschaftswachstum.* Fielen in der Vergangenheit die dazu vorliegenden empirischen Forschungsergebnisse noch höchst widersprüchlich aus, so vermittelt die neuere Wachstumsforschung dank einer verbesserten Datenqualität sowie theoretischer und methodischer Fortschritte ein konsistenteres Bild des Wachstumsbeitrags des gesellschaftlichen „Humankapitals". Auf dessen besondere strategische Bedeutung für den wirtschaftlichen Erfolg eines Landes verweisen etwa die kürzlich vorgelegten Ergebnisse einer OECD-Studie, in der auf der Basis von Daten aus 21 Mitgliedstaaten ökonometrische Schätzungen des Einflusses von Änderungen bei wichtigen Wachstumsfaktoren auf die Entwicklung des Pro-Kopf-Sozialprodukts von Anfang der 1970er-Jahre bis Ende der 1990er-Jahre vorgenommen wurden[19]. Festgestellt wird darin ein bedeutsamer Effekt des Humankapitals: Eine Erhöhung der durchschnittlichen Bildungszeit der Bevölkerung im erwerbsfähigen Alter (15-64 Jahre) um ein Jahr geht mit einem langfristigen Anstieg des Sozialprodukts pro Kopf zwischen 4% und 7% einher. Ein Effekt dieser Größenordnung legt die These nahe, dass die gesamtgesellschaftlichen Erträge von Bildungsinvestitionen den individuellen Investitionsertrag übersteigen. Ein Grund dafür könnte in Spillover-Effekten zu suchen sein, z.B. Wirkungen des Bildungsstandes auf den technologischen Fortschritt, von dem zusätzliche Wachstumsimpulse ausgehen.

Auch neuere Untersuchungen, die auf die Qualität des Humankapitals abstellen, gelangen zu einem beachtlichen Wachstumsbeitrag. Hanushek/Kimko[20] verwenden bei der Erklärung internationaler Unterschiede in der langfristigen Entwicklung des realen Pro-Kopf-Sozialprodukts auf der Basis von Schulleistungen entwickelte Maße der Qualität der Arbeitskräfte. Eine Veränderung dieses Indikators um eine Standardabweichung geht mit einer Erhöhung des realen Wachstums beim Pro-Kopf-Sozialprodukt um mehr als einen Prozentpunkt einher. In beiden Studien findet sich allerdings der Hinweis auf eine mögliche Überschätzung des Wachstumsbeitrags von Bildung, da nicht ausgeschlossen werden kann, dass die verwendeten Indikatoren der Humankapitalquantität und -qualität auch andere Faktoren repräsentieren, die in den multivariaten Analysen nicht berücksichtigt wurden.

Zugeschrieben werden Bildungsinvestitionen als weiterer wichtiger gesellschaftlicher Ertrag eine *Reduzierung der Kriminalität.* Man kann sicherlich trefflich darüber streiten, ob dies ein originärer Bildungseffekt ist oder ein „vermittelter" Effekt aufgrund der Tatsache, dass über einen höheren Bildungsstand eine günstigere sozioökonomische Lage erreichbar ist und insgesamt Armut verringert wird. Einiges spricht dafür, dass es dabei nicht nur auf die Höhe des erworbenen Bildungsabschlusses ankommt, sondern auch auf die schulische Sozialisationsleistung. Insbesondere hat sich gezeigt, dass gezielte Interventionsmaßnahmen zur Reduzierung frühen Schulversagens bei Risikogruppen die Wahrscheinlichkeit späterer Straffälligkeit deutlich verringern. Anhaltspunkte dafür liefern amerikanische Forschungsbefunde aus dem Vorschulbereich, die sich zum Teil auf Evaluationsstudien (Kohortenlängsschnitt) mit experimentellem Untersuchungsdesign stützen können[21]. Darin finden sich Hin-

19 OECD: The sources of economic growth in OECD countries. Paris: 2003.

20 Eric A. Hanushek/Dennis D. Kimko: Schooling, labor-force quality, and the growth of nations. In: American Economic Review 90, 2000, S. 1184-1208.

21 Gerald W. Bracy/Arthur Stella: Long-term studies of preschool: lasting benefits far outweigh costs. In: Phi Delta Kappan 84, 2003, S. 780-783.

weise auf eine ganze Reihe von signifikanten positiven Wirkungen: Auf die intellektuelle Entwicklung der Teilnehmer an der vorschulischen Interventionsmaßnahme, ihre Schullaufbahn, ihren beruflichen Erfolg und schließlich auch auf die Straffälligkeit während und nach der Schulzeit. Die Überführung der ermittelten Effekte in eine Kosten-Nutzen-Rechnung zeigt im Ergebnis stets einen substanziellen gesellschaftlichen Nettonutzen der Interventionsmaßnahmen.

Hervorgehoben wird schließlich die Bedeutung eines ansteigenden gesellschaftlichen Bildungsniveaus für eine funktionsfähige Demokratie. Solche Bildungseffekte dürften sich erst mit erheblichem time-lag einstellen[22]. Rückschlüsse darauf erlauben etwa die zum politischen Interesse und Engagement vorliegenden Umfrageergebnisse, die stets eine hohe Bildungsabhängigkeit zeigen[23]. Auswertungen von SOEP-Daten vermitteln dazu folgendes Bild: Während nur 16% der Befragten ohne Schulabschluss ein starkes oder sehr starkes Interesse für Politik bekunden, sind es bei den Befragten mit Hauptschulabschluss 28%, mit Realschulabschluss 32% und mit Abitur 56%. Ebenso nimmt mit steigendem Schulabschluss die Wahrnehmung ehrenamtlicher Tätigkeiten (ohne Abschluss: 13,6%, Hauptschulabschluss: 24%, Realschulabschluss: 30,5%, Abitur: 37,5%) und die Beteiligung in Bürgerinitiativen zu (ohne Abschluss: 4%, Hauptschulabschluss: 7,3%, Realschulabschluss: 9%, Abitur: 15,3%)[24].

Die in diesem Abschnitt präsentierte Übersicht über empirisch nachweisbare Bildungserträge stützt nachdrücklich die in der Öffentlichkeit viel bemühte These, Ausgaben für Bildung stellten eine „Zukunftsinvestition“ dar. „Mehr Bildung“ zahlt sich aus: Sie bringt dem Einzelnen Einkommensvorteile, erhöht die Beschäftigungs-, Weiterbildungs- und Aufstiegschancen, reduziert das Arbeitslosigkeitsrisiko und trägt durch vielfältige nutzenstiftende Effekte in außerberuflichen Handlungsfeldern zur Steigerung der individuellen Lebensqualität bei. Zugleich profitiert auch die Gesellschaft insgesamt von den damit einhergehenden „externen Erträgen“.

22 Vgl. dazu den Quantifizierungsversuch von Walter Mc Mahon 1999 (a.a.O.).

23 Reiner Block/Klaus Klemm: Lohnt sich Schule? Reinbek bei Hamburg: 1997.

24 Ähnliche Ergebnisse zeigen sich bei der Auswertung entsprechender Fragen im ALLBUS.

Teil D:
Maßnahmen der Länder

Teil D: Systematisierte Darstellung der Maßnahmen zur Qualitätsentwicklung und Qualitätssicherung – Eine Bestandsaufnahme nach Angaben der Länder

Die Kultusministerkonferenz hat für diesen ersten Bildungsbericht explizit die *„systematisierte Darstellung der Maßnahmen der Länder zur Qualitätsentwicklung und Qualitätssicherung"* in Auftrag gegeben. Hintergrund ist die in der KMK verabredete fortlaufende Berichterstattung der Länder über Initiativen und Aktivitäten als Konsequenzen aus der PISA-Studie.

Mit Blick auf die Ergebnisse der PISA-Studie 2000 hatte sich die Kultusministerkonferenz auf ihrer Plenarsitzung im Dezember 2001 auf sieben Handlungsfelder verständigt und den fortlaufenden Austausch über Initiativen und getroffene Maßnahmen in diesen Handlungsfeldern vereinbart[1]. Die Maßnahmen sind zum einen die unmittelbare Reaktion auf die Ergebnisse von PISA und zum anderen eine Fortführung und Akzentuierung bereits begonnener Reformvorhaben, die den definierten Handlungsfeldern zugeordnet wurden. Die Handlungsfelder sollen nach Auffassung der KMK im Wesentlichen den Rahmen für eine dauerhafte Qualitätsentwicklung und -sicherung der Schulsysteme in den Ländern darstellen.

Das Konsortium konnte sich – anders als in den vorangegangenen Teilen dieses Berichts – nicht auf vorliegende Befunde von Schulleistungsuntersuchungen und von anderen wissenschaftlichen Untersuchungen oder auf verfügbare bildungsstatistische Daten stützen. Auch die von der KMK selbst erstellten ersten Übersichten über die in den Ländern laufenden und geplanten Maßnahmen vom März bzw. Mai 2002 sowie vom September 2002 ließen auf Grund ihrer großen Heterogenität und ihrer mangelnden Vergleichbarkeit keine systematisierte Darstellung zu. Unklar erscheint in diesen Übersichten zudem die Verwendung der den einzelnen Maßnahmen zugrunde liegenden Begriffe, wie Standards, Vergleichsarbeiten usw. Zudem liegen in den Ländern keine wissenschaftlich gesicherten länderspezifischen Analysen zur Qualitätsentwicklung und -sicherung vor. Daher musste ein anderes Vorgehen gewählt werden. In Abstimmung mit dem Sekretariat der KMK entschied sich das Konsortium für eine weitgehend standardisierte Erhebung in allen Ländern.

Ziel der Erhebung war zum einen, eine aktuelle Übersicht zu gewinnen, die eine systematisierte und damit vergleichbare Darstellung ermöglicht, und zum anderen, die Prioritäten der Länder bei der Entwicklung und Sicherung von Qualität in Schule und Unterricht zu verdeutlichen. Der Erhebungsbogen war in drei Abschnitte gegliedert. Im ersten Abschnitt wurden mittels einer offenen Frage die bildungspolitischen Schwerpunkte der Qualitätssicherung in den Ländern abgefragt, im zweiten wurden die laufenden und geplanten Maßnahmen[2] in den sieben Handlungsfeldern standardisiert erhoben, und im dritten Abschnitt wurden diese Angaben hinsichtlich der in aktuellen Reformdiskussionen im Zentrum der Aufmerksamkeit stehenden Fragen der Entwicklung von Lehrplänen und Standards, der Qualifizierung von pädagogischem Personal sowie der externen Leistungserhebungen vertieft

1 Der Beschluss der KMK vom 05./06.Dezember 2001 über die sieben zentralen Handlungsfelder führte auf der 297. Plenarsitzung am 28.2./01.3.2002 zu einem ersten Bericht der Länder und zur exemplarischen Benennung von Initiativen und Vorhaben in diesen Handlungsfeldern.

2 Die Unterscheidung in künftig geplante und laufende Maßnahmen geht auf eine Formulierung des Schulausschusses der KMK vom März 2002 zurück.

und konkretisiert. Der Erhebungsbogen[3] wurde mit der KMK abgestimmt und vor seinem Einsatz in Bayern, Bremen, Schleswig-Holstein und Thüringen getestet. Bei den im Rahmen dieser Erhebung gesammelten Daten handelt es sich ausschließlich um eine Selbstdarstellung der Länder. Auf Wunsch des Sekretariats der KMK wurde der auf der Grundlage der Erhebung erarbeitete Entwurf der systematisierten Darstellung der Maßnahmen allen Ländern mit der Bitte zugeleitet, notwendige sachliche Richtigstellungen anzumerken. Diese Hinweise wurden in die folgende Darstellung aufgenommen.

Trotz dieser Einschränkungen finden sich im Folgenden wertvolle Informationen. Zum einen handelt es sich um eine Darstellung, die wegen der weitgehend standardisierten Vorgaben vergleichende Aussagen zulässt. Sie vermittelt zum anderen einen Überblick über die in allen Ländern geplanten bzw. bereits eingeführten Maßnahmen zur Qualitätsentwicklung und -sicherung. Schließlich hat die Übersicht noch einen weiteren Informationswert: Sie dokumentiert, wie Bildungspolitik auf die Ergebnisse von internationalen Schulleistungsstudien als einer spezifischen Form der Bildungsberichterstattung reagiert.

Im Folgenden wird der Stand der Umsetzung der Maßnahmen in den sieben Handlungsfeldern dargestellt. Der Berichtszeitraum konzentriert sich entsprechend den Vorgaben der Erhebung auf Januar 2002 bis Juni 2003. Ausschließlich gestützt auf die Angaben der Länder wird zunächst ein Überblick über die Realisierung der in den einzelnen Handlungsfeldern festgelegten Maßnahmen gegeben, wobei ausgewählte Maßnahmen vertiefend dargestellt werden. Sodann erfolgt eine länderbezogene Darstellung der die Maßnahmen bündelnden bildungspolitischen Schwerpunkte. Den Teil schließt der Versuch einer Identifizierung innovativer Ansatzpunkte zur Qualitätsentwicklung und -sicherung in den deutschen Schulsystemen als Konsequenzen aus der PISA-Studie ab.

D1 Maßnahmen der Länder zur Qualitätsentwicklung und -sicherung in den sieben Handlungsfeldern

Die sieben Handlungsfelder der KMK umfassen:

1) Maßnahmen zur Verbesserung der Sprachkompetenz bereits im vorschulischen Bereich,
2) Maßnahmen zur besseren Verzahnung von vorschulischem Bereich und Grundschule mit dem Ziel einer frühzeitigen Einschulung,
3) Maßnahmen zur Verbesserung der Grundschulbildung und durchgängige Verbesserung der Lesekompetenz und des grundlegenden Verständnisses mathematischer und naturwissenschaftlicher Zusammenhänge,
4) Maßnahmen zur wirksamen Förderung bildungsbenachteiligter Kinder, insbesondere auch der Kinder und Jugendlichen mit Migrationshintergrund,
5) Maßnahmen zur konsequenten Weiterentwicklung und Sicherung der Qualität von Unterricht und Schule auf der Grundlage von verbindlichen Standards sowie einer ergebnisorientierten Evaluation,

---

3 Bei dem Erhebungsbogen handelt es sich um keinen wissenschaftlichen Fragebogen, sondern um ein spezielles Instrument zur systematisierten Erfassung der Maßnahmen der Länder (siehe Anhang).

6) Maßnahmen zur Verbesserung der Professionalität der Lehrertätigkeit, insbesondere im Hinblick auf diagnostische und methodische Kompetenz als Bestandteil systematischer Schulentwicklung,
7) Maßnahmen zum Ausbau von schulischen und außerschulischen Ganztagsangeboten mit dem Ziel erweiterter Bildungs- und Förderungsmöglichkeiten, insbesondere für Schülerinnen und Schüler mit Bildungsdefiziten und mit besonderen Begabungen.

Im *Handlungsfeld 1* werden verstärkte Angebote zur Sprachförderung, insbesondere für Migrantenkinder und deren Eltern, die Weiterentwicklung der Bildungskonzepte für den Kindergarten und für den Vorschulunterricht sowie die Maßnahmen zu Sprachstandsfeststellungen erfasst. Dabei zeigen sich deutliche Schwerpunkte in fast allen Ländern bei einer bereits im vorschulischen Bereich einsetzenden Sprachförderung für alle Kinder, insbesondere jedoch für Migrantenkinder (vgl. Tabelle D/1).

Tabelle D/1 Handlungsfeld 1: Maßnahmen zur Verbesserung der Sprachkompetenz bereits im vorschulischen Bereich

	Verstärkte Angebote zur Sprachförderung	Sprachförderung für Migrantenkinder	Sprachförderung für Migrantenkinder und deren Eltern	Weiterentwicklung der Bildungskonzepte für den Kindergarten	Weiterentwicklung der Bildungskonzepte für den Vorschulunterricht	Bildungskonzepte unter besonderer Berücksichtigung der Sprachförderung	Sprachstandsfeststellungen für alle Kinder	Sprachstandsfeststellungen für Migrantenkinder
BW	P	E	P	P	–[1]	E	P[2]	P
BY	E	E	E[3]	E[4]		E	E	E
BE	E	E	E	E	E	E	E	E
BB	–	E	–	P	–	E	E	–
HB	P[4]	E	E, P[5]	P	P[4,5]	E	E	E
HH	E	E	E	E	P	E, P	P	P
HE	E	E	E[6], P	E[3], P[7]	P[7]	E[8]	P	E
MV	P	P	–	P	P	P	P	P
NI	E	E	[17]		E[9]	E	E	E
NW	E	E	E	P	P	E	P, E[4]	P, E[4]
RP	E	E	E	P		P	P[10]	P[10]
SL	P	P	–	E, P	P	E	P	P
SN	E	E	–	E	P[11]	E	E[12]	E
ST	P	P	–	P	P	P	P	P
SH	E[3]	E[3]	E[13]	[19]	–	P	[18]	E[14], P[15]
TH	E	E	P	E[16]		P	P	P

E = Eingeführt
P = Geplant
– = Antwort mit Nein; leere Felder bedeuten keine bzw. keine eindeutig zuordenbare Antwort im Erhebungsbogen
1 kein Unterricht, aber Bildungsangebot
2 als Angebot
3 teilweise
4 Einführung ab Schuljahr 2003/04
5 Ausweitung geplant
6 teilweise Einführung, jedoch in der Regel nicht in der Zuständigkeit der Schulen und des Hessischen Kultusministeriums
7 Zuständigkeit des Hessischen Sozialministeriums
8 insbesondere für Migrantenkinder
9 bezogen auf vorschulische Sprachförderung
10 Bildung- und Lerndokumentation in der KITA
11 ein freiwilliges vorschulisches Bildungsangebot soll künftig ermöglicht werden
12 4. Lebensjahr
13 als Modellversuch
14 Pilotprojekt an bestimmten Standorten
15 abhängig von rechtlichen Voraussetzungen
16 Leitlinien zur frühkindlichen Bildung ab Kindergartenjahr 2003/2004 (Probejahr)
17 Initiativen einzelner Kommunen, die Sprachförderung des Landes für Migrantenkinder durch Angebote für die Eltern zu ergänzen
18 Schleswig-Holstein bietet Migrantenkindern ein besonderes Verfahren an, das auch für alle anderen Kinder genutzt werden kann
19 entsprechend einer Vereinbarung mit den jeweiligen Trägern immanenter Bestandteil ihres Auftrages

Damit ist offenbar eine wichtige Konsequenz aus der PISA 2000-Studie weitgehend umgesetzt. Während alle Länder angeben, Maßnahmen zur Sprachförderung für die Migrantenkinder eingeführt bzw. geplant zu haben, nennt etwa die Hälfte der Länder auch Maßnahmen, die sich auf die Kinder und deren Eltern gleichermaßen beziehen. Es kann davon ausgegangen werden, dass ohne Sprachförderung auch der Eltern, insbesondere der Mütter, die eingeleitete Sprachförderung beschränkt bleibt. Wie die Erhebung zeigt, ist die Weiterentwicklung der Bildungskonzepte für den Kindergarten und den Vorschulunterricht zum Teil geplant, zum Teil bereits Realität. Offenbar beabsichtigen alle Länder Sprachstandsfeststellungen für alle Kinder. Eine Reihe von Ländern hat diese bereits eingeführt (Bayern, Berlin, Brandenburg, Bremen, Niedersachsen und Sachsen).

Im *Handlungsfeld 2* finden sich Maßnahmen der frühkindlichen Bildung, insbesondere die Intensivierung der Zusammenarbeit von Kindertagesstätten und Grundschulen, die Reduzierung der Zahl der Zurückstellungen bei der Einschulung sowie die Einführung flexibler Einschulungsmöglichkeiten. Die deutliche Mehrheit der Länder hat nach eigenen Angaben Maßnahmen zur Intensivierung der Zusammenarbeit von Kindertagesstätten und Grundschulen eingeführt (vgl. Tabelle D/2). In der Regel haben diese Maßnahmen auch das Ziel, die Zahl der bei der Einschulung zurückgestellten Schüler deutlich zu reduzieren. Offenbar sind in einigen Ländern zugleich die Einschulungsmöglichkeiten flexibler geworden. Eine Flexibilisierung ist in weiteren Ländern in den nächsten Jahren geplant.

Tabelle D/2 Handlungsfeld 2: Maßnahmen zur besseren Verzahnung von vorschulischem Bereich und Grundschule

	Intensivierung der Zusammenarbeit von Kindergarten und Grundschule	Reduktion der Zahl der Rückstellungen	Flexible Einschulungsmöglichkeiten
BW	E	E	E
BY	E	–	E
BE	E	E	P[1]
BB	E	P	E[2]
HB	E	E	P[3]
HH	E, P	E	[8]
HE	E, P	E	E
MV	E	P	P
NI	P	P	P
NW	E, P	P[3]	[8]
RP	E	E	P
SL	E, P	E	–[4]
SN	P	E[5], P[6]	P[7]
ST	E	E	E
SH	E	E	[8]
TH	E	E	E

1 2005
2 Ausweitung ab Schuljahr 2003/2004 vorgesehen
3 ab Schuljahr 2005/2006
4 Planungen noch nicht abgeschlossen; evtl. wird das Einschulungsalter schrittweise vorverlegt
5 Projekt an 25 Grundschulen
6 flächendeckende Einführung
7 mit Schulgesetznovellierung
8 in Hamburg (seit 1999), in Nordrhein-Westfalen und in Schleswig-Holstein gibt es bereits mehrere Möglichkeiten für eine flexible Einschulung

Handlungsfeld 3 verbindet vorwiegend strukturelle Maßnahmen (Einführung einer verlässlichen Halbtagsgrundschule, Ganztagsschulangebote) mit wichtigen Momenten der Steuerung von Prozessen (Optimierung der Lernzeiten, Instrumente zur Leistungsdiagnose, Sprachförderung, neue methodisch-didaktische Konzepte für den Bereich Lesekompetenz/ Textverständnis) und Maßnahmen der Ergebnisanalyse (Lernstandsermittlung) zur Verbesserung der Grundschulbildung.

Tabelle D/3 Handlungsfeld 3: Maßnahmen zur Verbesserung der Grundschulbildung und durchgängige Verbesserung der Lesekompetenz

	Einführung einer verlässlichen Halbtags-grundschule	Einführung von Ganztags-schulangeboten an Grund-schulen	Fortlaufende Lernstands-ermittlung	Optimierung der Gestaltung der Lernzeiten	Entwicklung von Instrumenten zur Leistungs-diagnose	Sprach-förderung in Förder-klassen	Entwicklung von methodisch-didak-tischen Konzepten für den Bereich Lesekompetenz/ Textverständnis
BW	E	E	E	E	E	E	E
BY	E	–			E[2]	E[3]	
BE	E[4], P[5]	P	P	P	P	E	E
BB	P	P	P	–	P	E	P
HB	E	E	E	E	E[6], P[17]	E	P[20]
HH	E	E	E	E	E[23]	P	E[23]
HE	E	P	P	[21]	P	[22]	E
MV	E	E	P	E	–	E	P
NI	E	E	P	P	P	E	P
NW	E	E	E[7], P[8]	P	P	E	E
RP	E	E	E	E	E	–	P
SL	–	E, P	E, P	–	P	P	P
SN	–	E[9]	E[10], P[11]	E	E[12]	E[13], P[14]	P
ST	E	E	E	P	E[1],P[1]	–	E
SH	E[15], P	P	E	P	E[16], P[17]	E[18], P[19]	–
TH	E	E	E	E	E	E	P

1 teilweise
2 Orientierungsarbeiten 2./3. Jahrgangsstufe
3 Sprachlernklassen für Migrantenkinder
4 Schulversuch
5 flächendeckend ab 2005
6 Primarstufe, teilweise
7 Parallelarbeiten in der 3. Klasse
8 Vergleichsarbeiten in Klasse 4 ab 2004/2005
9 Grundschulen und Horte
10 Klassenarbeiten und dergleichen
11 Orientierungsarbeiten
12 Projekt „Optimierte Schuleingangsphase"
13 LRS-Klassen (Lese- und Rechtschreibförderung)
14 Leseleistungsanalyse (Klasse 1) und Leselernstandskontrolle (Klasse 2)
15 schrittweise
16 in Form von Parallelarbeiten
17 in Form von Vergleichsarbeiten
18 in DAZ-Zentren (DAZ = Deutsch als Zweitsprache)
19 als Erweiterung
20 Einführung ab 2003/04
21 in Hessen möglich mit pädagogischer Begründung auf Entscheidung der Einzelschule
22 in Hessen in Vorklassen, Förderkursen und Sprachheilklassen
23 in Hamburg sind entsprechende Instrumente und Konzepte bereits implementiert

Tabelle D/3 gibt einen Überblick über die eingeführten und geplanten Maßnahmen. Fast alle Länder geben an, dass Maßnahmen zur Einführung einer verlässlichen Halbtagsgrundschule ergriffen worden sind; bis auf Bayern nennen die Länder die Umsetzung von Maßnahmen zur Einführung von Ganztagsschulangeboten an Grundschulen oder planen deren Einführung. Bezüglich der Sprachförderung in Förderklassen wurden außer in Rheinland-Pfalz und Sachsen-Anhalt entsprechende Maßnahmen eingeführt oder geplant. Eine große Rolle spielen in den Ländern auch Maßnahmen zur Entwicklung von methodisch-didaktischen Konzepten für den Bereich Lesekompetenz/Textverständnis in der Grundschule. In allen Ländern (in Schleswig-Holstein liegen nach eigenen Angaben entsprechende Konzepte des Landesinstituts vor) sind solche offenbar vorgesehen oder bereits realisiert (so in Baden-Württemberg, Berlin, Hamburg, Hessen, Nordrhein-Westfalen, Sachsen-Anhalt). Bezüglich der Maßnahmen zur Optimierung von Lernzeiten beabsichtigen nur zwei Länder (Brandenburg und Saarland) nach der Erhebung keine Aktivitäten. Hinsichtlich der fortlaufenden Lernstandsermittlung scheinen fast alle Länder dabei zu sein, solche Maßnahmen zu erproben und einzuführen.

Handlungsfeld 4 hat die wirksame Förderung bildungsbenachteiligter Kinder, insbesondere auch der Kinder und Jugendlichen mit Migrationshintergrund zum Ziel. Dazu wurden von den Ländern im Einzelnen Maßnahmen zur Intensivierung der Kooperationen Elternhaus-Schule und Schuljugendarbeit[4]-Schule, zur Einrichtung von Förderklassen[5] und Praxisklassen[6] sowie Fördermaßnahmen für Kinder mit Deutsch als Zweitsprache beschlossen. Diese Maßnahmen werden zum Teil bereits seit längerem verfolgt.

Tabelle D/4 *Handlungsfeld 4: Maßnahmen zur wirksamen Förderung bildungsbenachteiligter Kinder, insbesondere auch der Kinder und Jugendlichen mit Migrationshintergrund*

	Intensivierung der Kooperation Elternhaus-Schule	Intensivierung der Kooperation Schuljugendarbeit-Schule	Einrichtung von Förderklassen	Einrichtung von Praxisklassen	Fördermaßnahmen für Kinder mit Deutsch als Zweitsprache
BW	E	E	E	E	E
BY	E[1]	E	E[2]	E	E
BE	P		E		E
BB	P	E	E	P[3]	E
HB	P[9]	P[9]	E	P[9]	E
HH	E	E	E	E[13]	E
HE	E, P	P	E[10]	E[4]	E
MV	E	E	E	–	P
NI	E	E	E	–	E
NW	P	E	–	–[11]	E
RP	E	E	P[9]	E	E
SL	P	E, P	P[5]	E	E, P[6]
SN	E	E	–[11]	–	E[7]
ST	P	E	E	P	E
SH	E	P	E[8]	–	E, P[6]
TH	P	E	E	E	[12]

1 Elternbriefe, Informationsmaterial, „Mütter lernen Deutsch in der Schule ihrer Kinder"
2 Sprachlernklassen für Migrantenkinder
3 flächendeckendes Netz von Praxislernklassen (an außerschulischen Lernorten) für unterschiedliche Zielgruppen in der Sek I
4 modellhaft in 13 Sonderschulen
5 Intensivkurse
6 Ausweitung bzw. Verstärkung geplant
7 Vorbereitungsklassen und schrittweise begleitende Integration in die Regelklasse
8 DAZ-Förderzentren
9 Einführung ab 2003/04
10 173 Sprachheilklassen und 87 Kleinklassen für Erziehungshilfe
11 vorgesehen
12 in Thüringen gibt es Fördermaßnahmen für Kinder mit Deutsch als Zweitsprache seit Mitte der 1990er-Jahre
13 Praxisklassen existieren bereits seit einiger Zeit

---

4 Schuljugendarbeit ist ein außerunterrichtliches Angebot an der Schule. Sie dient dazu, die Schule als Lebensraum und Lernort weiter zu entwickeln.

5 Förderklassen richten sich an bestimmte Schülergruppen mit einem besonderen pädagogischen Bedarf (z.B. für Hochbegabte oder auch für Lernschwache).

6 Praxisklassen sind meist an die Hauptschule oder den entsprechenden Bildungsgang angegliedert und bieten ein spezielles Bildungsangebot v.a. zur Vorbereitung auf den Übergang in die (betriebliche) berufliche Ausbildung.

Der Blick in Tabelle D/4 zeigt, dass dem letztgenannten Problembereich in allen Ländern durchweg Priorität eingeräumt wurde. Die Erhebung macht deutlich, dass fast alle Länder bereits entsprechende Maßnahmen eingeführt haben.

Tabelle D/5 Handlungsfeld 5: Maßnahmen zur konsequenten Weiterentwicklung und Sicherung der Qualität von Unterricht und Schule auf der Grundlage von verbindlichen Standards sowie einer ergebnisorientierten Evaluation

	Neufassung von Rahmen-Lehrplänen	Erstellung von Schul-programmen	Durchführung und Auswertung von Vergleichsarbeiten (schulübergreifend)	Intensivierung der externen Evaluation	Erarbeitung von Standards in den Kernfächern	Qualitäts-management an Schulen
BW	P[28]	E[2]	E[3]	P[28]	P[28]	E[2], P[10]
BY	E[4], P[5]	E[2]	E	E	E[6]	E
BE	E[7], P[8]	E[9], P[10]	E[9], P[10]	P	E, P	E[11], P[12]
BB	E[13], P	E	E[14]	E	E[15]	–[16]
HB	E	E, P[17]	E[18]	P	E	E[1], P[19]
HH	E	E	E	P	E	E[16], P
HE	E[20], P[21]	E	E[22], P[23]	E	P	E
MV	E,P	E	E, P	E	–	E, P
NI	P	E[2]	E	E[24], P	P	E[24], P
NW	P	E, P[19]	E, P[25]	P	P	E, P[19]
RP	E	E	E	P[31]	P[27]	E
SL	P	E[26], P	E, P	E, P	P[27]	P
SN	P[28]	E[32]	E[33]	P	P[29]	P
ST	P	E	E	P	E	P
SH	–	E	P	P	P	P[30]
TH	E	E	E	E	E	E

1 teilweise
2 auf freiwilliger Basis
3 Schulformspezifisch
4 Grundschule, Realschule
5 in Arbeit: Hauptschule, Gymnasium
6 bei einigen Schulformen
7 DAZ (Deutsch als Zweitsprache)
8 Grundschule, Sekundarstufen I und II
9 Schulversuch
10 flächendeckend
11 Berufsschulen
12 allgemein bildende Schulen
13 Rahmenlehrpläne für die Grundschule werden 2004/05 eingeführt; Rahmenlehrpläne für die gymnasiale Oberstufe werden 2005/06 eingeführt (seit dem Schuljahr 2002/03 werden neue Rahmenlehrpläne für alle Fächer der Sekundarstufe I eingeführt)
14 in Brandenburg ersetzen Vergleichsarbeiten Klassenarbeiten und werden von überschulischen Fachkonferenzen erarbeitet
15 mit Standards sind hier die Qualifikationserwartungen in den Brandenburger Rahmenlehrplänen gemeint
16 in Brandenburg und Hamburg wird Qualitätsmanagement als ein Ziel der Schulprogrammarbeit definiert
17 Verpflichtung mit Termin
18 Vergleichsarbeiten in den Jahrgangsstufen 3 und 10; Parallelarbeiten in der Jahrgangsstufe 6
19 Ausweitung/Weiterentwicklung geplant
20 Sekundarstufe I
21 Grundschule, Sekundarstufe II, Schule für Lernhilfe
22 Mathematik
23 Deutsch/Englisch
24 in Erprobung
25 Ergänzung von Parallelarbeiten durch zentrale Lernstandserhebungen
26 Empfehlung an die Schulen
27 Übernahme der bundeseinheitlichen Standards
28 Einführung ab 2004/2005
29 KMK-Ebene und auf Ebene der CDU-regierten Länder
30 EVA (Evaluation der Schulprogrammarbeit in Schleswig-Holstein), EVIT (Externe Schulische Evaluation im Team)
31 Durchführung von MARKUS, weitere Untersuchungen vorgesehen
32 Empfehlung an die Schulen, Modellversuch, verbindliche Einführung ab 2003/04
33 Orientierungsarbeiten werden seit 2002/03 schrittweise und ab 2003/04 flächendeckend eingeführt

Große Bedeutung besitzen auch die Maßnahmen zur Intensivierung der Kooperation der Schule mit dem Elternhaus und der Schuljugendarbeit, wobei letztere weit überwiegend bereits Realität zu sein scheinen. Bei den Maßnahmen zur Intensivierung der Kooperation mit dem Elternhaus zeigt sich eine Zweiteilung: Etwa die Hälfte der Länder hat solche Maßnahmen eingeführt, die übrigen haben sie geplant. Die Einrichtung von Förderklassen ist offenbar weitgehende Praxis. Weniger Aufmerksamkeit scheint der Einrichtung von Praxisklassen zuzukommen.

Einen Überblick über die Realisierung der Maßnahmen im *Handlungsfeld 5,* die unmittelbar auf die Qualitätsverbesserung von Schule und Unterricht zielen, gibt Tabelle D/5 (siehe S. 263). Nach den Angaben wurden in allen Ländern vor allem Maßnahmen zur Erstellung von Schulprogrammen sowie zur Durchführung und Auswertung schulübergreifender Vergleichsarbeiten (in Schleswig-Holstein geplant) eingeführt. Auch die Maßnahmen hinsichtlich der Neufassung von Rahmenplänen, der Erarbeitung von Standards in den Kernfächern, der Intensivierung der externen Evaluation und der Entwicklung des Qualitätsmanagements an Schulen werden in fast allen Ländern als besonders wichtig angesehen.

Angesichts der zentralen Bedeutung der qualitätsentwickelnden und -sichernden Maßnahmen im Handlungsfeld 5 – und weil diese Maßnahmen das Steuerungsmodell Input-Prozess-Output relativ deutlich abbilden – sollen die Aussagen im Folgenden weiter vertieft werden. Dabei konzentrieren sich die Anstrengungen auf die Überarbeitung der Rahmenpläne (in den Fächern Deutsch und Mathematik), auf die Entwicklung von Standards[7] sowie auf die Praxis der externen Leistungserhebungen.

Eine *Lehrplanrevision* in den Fächern Deutsch und Mathematik für die Grundschule wird nach eigenen Angaben von der Mehrheit der Länder aktuell vorgenommen (vgl. Tabelle D/6). Diese Überarbeitung bezieht sich sowohl auf alle Klassenstufen als auch auf beide Fächer gleichermaßen.

Tabelle D/6 Lehrplanrevision in Deutsch (D) und Mathematik (M) in der Grundschule (Anzahl der Länder)

	Kl. 1		Kl. 2		Kl. 3		Kl. 4		Kl. 5		Kl. 6	
	D	M	D	M	D	M	D	M	D	M	D	M
Grundschule	12	12	12	12	12	12	12	12	2	2	2	2

Quelle: Tabelle D/20 im Anhang

In den Sekundarstufen I und II zeigt sich ein ähnliches Bild: Auch hier werden Lehrplanüberarbeitungen von der Mehrheit der Länder in beiden Fächern gleichermaßen vorgenommen, und zwar relativ gleich verteilt auf die Klassen- bzw. Jahrgangsstufen 5/7 bis 10 (vgl. Tabelle D/7). Es fällt jedoch auf, dass die Mehrzahl der Länder bei der Überarbeitung der Lehrpläne den Schwerpunkt offenbar auf das Gymnasium richtet, wobei sich die Überarbeitungen auf die Klassenstufen 7 bis 10 konzentrieren.

Der Blick auf die Tabellen D/6 und D/7 verdeutlicht zugleich, dass Lehrpläne als Steuerungsinstrument offenbar nach wie vor eine deutliche Wertschätzung erfahren. Angesichts der im Abschnitt B 1 beschriebenen ungewissen Erkenntnislage hinsichtlich der schulpraktischen Wirksamkeit des Steuerungsinstruments Lehrpläne ergibt sich daraus die Konsequenz, ihrer schulpraktischen Umsetzung wesentlich mehr Aufmerksamkeit zu schenken. Offenbar sind hier aber auch genauere Analysen zu ihrer Wirksamkeit nötig. Auch für die Vermutung, dass sich angesichts der Diskussion um Bildungsstandards die Rolle von Lehr-

7 Die folgenden Aussagen sind in Bezug zu vorherigen Darstellungen (vgl. Teil B1) zu sehen.

plänen als Steuerungsinstrument abschwäche, lassen sich aus dieser Erhebung keine Belege ableiten.

Tabelle D/7 Lehrplanrevision in Deutsch (D) und Mathematik (M) in den Schulen der Sekundarstufen I und II (Anzahl der Länder)

	Kl. 5		Kl. 6		Kl. 7		Kl. 8		Kl. 9		Kl. 10		Kl. 11		Kl. 12		Kl. 13	
	D	M	D	M	D	M	D	M	D	M	D	M	D	M	D	M	D	M
OS[8]	1	1	1	1														
HS	4	5	4	5	7	8	7	8	7	8	6	7						
SMB	2	3	2	3	4	4	3	4	3	4	3	4						
RS	3	4	3	4	6	7	6	7	6	7	6	7						
GY	9	10	9	10	12	14	12	14	12	14	12	14	11	11	11	11	4	4
IGS	3	4	3	4	6	7	6	7	6	7	6	7	4	3	4	3	2	2

Quelle: Tabellen D/21 und D/22 im Anhang

Tabelle D/8 Entwicklung von Standards allgemein

	Alle Fächer	Kernfächer	Ausgewählte Fächer
BW	X		
BY	X[1]		
BE		X	
BB	X[2]		
HB		X[8]	X[3]
HH	X[4]		
HE		X	
MV	X[5]		
NI		X[9]	Grundschule: D, M
NW		X	
RP		X[3]	
SL	X[6]		
SN		X[3, 7]	Grundschule: D, M / Sekundarstufe I und II:D, M, E, F, BIO, PHY, CH
ST		X[10]	
SH		X[3]	
TH		X	

E = Englisch, F = Französisch, BIO = Biologie, PHY = Physik, CH = Chemie
1 im Rahmen der Lehrplanüberarbeitung für HS und GY Formulierung von Grundwissen und Kernkompetenzen
2 verstanden als Qualifikationserwartungen in allen neuen Rahmenlehrplänen (Jahrgangsstufe 10); Erprobung in den Kernfächern der Grundschule (Jahrgangsstufe 6) findet gegenwärtig statt.
3 KMK-Standards; in Bremen werden die in den Lehrplänen formulierten Anforderungen am Ende der Jahrgangsstufen 4 und 10 nach den KMK-Standards überprüft und ggf. überarbeitet.
4 sowie Aufgabengebiete (z.B. berufliche und ökonomische Orientierung) und Herkunftssprachlicher Unterricht
5 Grundschule zusammen mit Berlin, Brandenburg, Bremen
6 Anpassung an die nationalen Standards
7 Standards auf Ebene der CDU-regierten Länder (z. Zt. Geschichte); sowie landesspezifische Standards geplant für frühes Fremdsprachenlernen in der Grundschule (Englisch, Französisch, Tschechisch und Polnisch)
8 Lehrpläne, die seit 2001 für die Primarstufe und die Sekundarstufe I erlassen wurden, enthalten ausgewiesene Leistungserwartungen („Standards") für die Jahrgangsstufen 4, 6 und 10
9 Niedersachsen beteiligt sich an allen Fachkommissionen auf KMK-Ebene
10 in den Schuljahrgängen 2, 4 und 6

Interessant ist die Betrachtung, für welche Fächer und von wem insgesamt Standards erarbeitet werden. Wie Tabelle D/8 zeigt, geben sechs Länder (Baden-Württemberg, Bayern, Brandenburg, Hamburg, Mecklenburg-Vorpommern und Saarland) an, Standards für alle Fächer zu entwickeln. Die übrigen Länder arbeiten nach eigenen Angaben an Standards für

8 Im Erhebungsbogen wurde die schulformunabhängige Orientierungsstufe mit der Abkürzung SUO erfasst.

Kernfächer. In der Regel werden Standards von Kommissionen erarbeitet, die aus Lehrern, Wissenschaftlern und Vertretern der Administration (z.B. der Landesinstitute) zusammengesetzt sind[9]. Eine Reihe von Ländern gibt an, dass sie die von der KMK erarbeiteten Standards zu Grunde legen will. Die ergänzenden Hinweise in den Anmerkungen machen auf eine begriffliche Vielfalt hinsichtlich des Verständnisses von Standards aufmerksam.

Was die *Entwicklung von Standards* in den Fächern Deutsch und Mathematik der Grundschule betrifft, so zeigt sich eine auffällige Konzentration auf die Klassenstufe 4 (vgl. Tabelle D/9). Mehrere Länder erarbeiten darüber hinaus Standards auch für die Klassenstufe 2, Berlin und Brandenburg zudem für die Klassenstufe 6 der sechsjährigen Grundschule.

Tabelle D/10, in der die Entwicklung von Standards für beide Fächer in den Sekundarstufen I und II dargestellt ist, zeigt eine deutliche Häufung in der Klassen- bzw. Jahrgangsstufe 10. Auch hier wird, wenngleich nicht so ausgeprägt wie bei der Lehrplanentwicklung, dem Gymnasium größere Aufmerksamkeit zuteil. Insgesamt verteilt sich die Entwicklung von Standards aber relativ ausgewogen auf die verschiedenen Schulformen und fast alle Klassenstufen. Die Standards werden überwiegend schulformbezogen entwickelt und von einer Reihe von Ländern für Übergänge zwischen Schulstufen bzw. für Abschlüsse formuliert.

Tabelle D/9 Entwicklung von Standards in Deutsch (D) und Mathematik (M) in der Grundschule (Anzahl der Länder)

	Kl. 1		Kl. 2		Kl. 3		Kl. 4		Kl. 5		Kl. 6	
	D	M	D	M	D	M	D	M	D	M	D	M
Grundschule	1	1	6	5	1	1	12	11	0	0	2	2

Quelle: Tabelle D/24 im Anhang

Tabelle D/10 Entwicklung von Standards in Deutsch (D) und Mathematik (M) in den Schulen der Sekundarstufen I und II (Anzahl der Länder)

	Kl. 5		Kl. 6		Kl. 7		Kl. 8		Kl. 9		Kl. 10		Kl. 11		Kl. 12		Kl. 13	
	D	M	D	M	D	M	D	M	D	M	D	M	D	M	D	M	D	M
OS			2	2														
HS	3	3	6	6	3	3	5	6	5	5	7	6						
SMB	1	1	2	2	1	1	2	3	4	4	4	3						
RS	2	2	5	5	2	2	4	4	2	3	8	7						
GY	3	3	7	7	3	3	6	6	4	5	11	10	3	2		3	2	1
IGS	1	1	5	5	1	1	4	5	3	3	7	6						

Quelle: Tabellen D/25 und D/26 im Anhang

Betrachtet man die in den Tabellen D/8 bis D/10 dargestellte Entwicklung von Standards, dann zeigen sich folgende Auffälligkeiten: Mit der Entwicklung von Bildungsstandards erweisen sich die Länder als innovativ; sie setzen sie, folgt man ihren Angaben, zügig und umfassend um. Es zeichnet sich ab, dass es eine große Vielfalt und Heterogenität bei der Entwicklung von Standards gibt. Dies wird insbesondere in Tabelle D/8 und den dortigen Anmerkungen sichtbar. Auch wenn man berücksichtigt, dass es gewisse Allianzen zwischen den Ländern bei der Erarbeitung von Standards gibt, scheint dennoch jedes Land „seinen

9 Vgl. Tabelle D/22 im Anhang.

eigenen Weg“ zu gehen. Übereinstimmungen zeigen sich vor allem hinsichtlich der Übergänge und Abschlüsse. Diese Entwicklung könnte die Einführung nationaler Bildungsstandards erschweren[10]. Hier wird bei der Einführung nationaler Bildungsstandards ein Abgleich erforderlich sein. Angesichts der kürzlich von der KMK veröffentlichten Entwürfe „nationaler Bildungsstandards“[11] ist zu erwarten, dass mit der für Dezember 2003 geplanten KMK-Vereinbarung über Bildungsstandards zum Mittleren Schulabschluss eine gewisse Systematisierung in Verbindung mit einer bundeseinheitlichen Terminologie einhergehen wird.

Tabelle D/11 Bezeichnung der externen Leistungserhebungen

	Bezeichnung
Baden-Württemberg	GS, HS: Diagnosearbeiten[12]; RS, GY: Jahrgangsarbeiten[12]; zentrale Abschlussprüfungen
Bayern	Orientierungsarbeiten[1], Jahrgangsstufentests[2]
Berlin	Orientierungsarbeiten, Vergleichsarbeiten
Brandenburg	Orientierungsarbeiten, Vergleichsarbeiten[3], Jahrgangsstufentests[13]
Bremen	Vergleichsarbeiten[4], Parallelarbeiten[5]
Hamburg	LAU 5, 7, 9 und 11 (seit 1996); Vergleichsarbeiten[15] ; KESS 4[6]
Hessen	Orientierungsarbeiten[7], Vergleichsarbeiten[8]
Mecklenburg-Vorpommern	Vergleichsarbeiten, zusätzlich: VERA[9], zentrale Abschlussprüfung
Niedersachsen	Vergleichsarbeiten
Nordrhein-Westfalen	Lernstandserhebungen, alternative Bezeichnung: Vergleichsarbeiten
Rheinland-Pfalz	Vergleichsarbeiten, VERA
Saarland	Orientierungsarbeiten, Vergleichsarbeiten
Sachsen	Orientierungsarbeiten, Vergleichsarbeiten[10]
Sachsen-Anhalt	Vergleichsarbeiten[14]
Schleswig-Holstein	Vergleichsarbeiten, VERA[9], EVIT[11]
Thüringen	Kompetenztests

1 Grundschule
2 Hauptschule, Realschule, Gymnasium
3 Vergleichsarbeiten ersetzen Klassenarbeiten und werden von überschulischen Fachkonferenzen erarbeitet. Sie werden in Deutsch und Mathematik in den Jahrgangsstufen 5 und 8 durchgeführt.
4 Klasse 3 und 10
5 Klasse 6
6 KESS: Kompetenzen und Einstellungen von Schülerinnen und Schülern, Klasse 4; im Juni 2003
7 Pilotprojekt in der Grundschule in Klasse 3
8 die 1. Stufe des Mathematikwettbewerbs in Klasse 8 wird als jahrgangsübergreifende Vergleichsarbeit durchgeführt
9 in Rheinland-Pfalz entwickeltes länderübergreifendes Grundschul-Projekt in den Fächern D und M (VERA); beteiligte Länder RP, BE, HB, MV, NW, SH
10 mittelfristig mit anderen Bundesländern
11 EVIT = Externe Evaluation im Team
12 künftig: Vergleichsarbeiten
13 geplant für die Jahrgangsstufe 7
14 in den Schuljahrgängen 3, 7 und 8 in den Kernfächern
15 in den Klssenstufen 3, 6 und 8

In engem Zusammenhang mit der Entwicklung von Bildungsstandards stehen Maßnahmen zur *externen Leistungserhebung*. Bis auf Nordrhein-Westfalen und Schleswig-Holstein, die nach eigenen Angaben entsprechende Maßnahmen planen, werden in allen Ländern offenbar externe Leistungserhebungen durchgeführt[12]. Überwiegend geschieht dies in Form von

10 Zum Verständnis von Bildungsstandards siehe: Eckhard Klieme/Hermann Avenarius/Werner Blum/Peter Döbrich/Hans Gruber/Manfred Prenzel/Kristina Reiss/Kurt Riquarts/Jürgen Rost/Heinz-Elmar Tenorth/Helmut J. Vollmer: Zur Entwicklung nationaler Bildungsstandards. Eine Expertise. Berlin: 2003.

11 Gemeint sind die Entwürfe nationaler Bildungsstandards der Kultusministerkonferenz in den Fächern Deutsch, Mathematik und erste Fremdsprache (Englisch/Französisch) für den Mittleren Schulabschluss vom Juli 2003 (vgl. www.kmk.org/aktuell Stand: August 2003) .

12 Vgl. Tabelle D/27 im Anhang.

Vergleichsarbeiten. In einer Reihe von Ländern werden zum Teil ergänzend, zum Teil alternativ zu den Vergleichsarbeiten auch Orientierungsarbeiten genutzt. In Bayern gibt es zusätzlich zu den Orientierungsarbeiten Jahrgangsstufentests; in Brandenburg sind Jahrgangsstufentests für die Jahrgangsstufe 7 geplant. Auch hier zeigt sich ein Problem: Was in einem Land Vergleichsarbeiten sind, heißt in einem anderen Orientierungsarbeit. Weitere Begriffe, die im Zusammenhang mit externen Leistungserhebungen genannt werden, sind Diagnosearbeiten (Baden-Württemberg), Parallelarbeiten (Bremen, wobei Bremen zwischen Vergleichsarbeiten in Klasse 3 und 10 sowie Parallelarbeiten in Klasse 6 unterscheidet), zentrale Abschlussarbeiten (Hessen), Lernstandserhebungen (Nordrhein-Westfalen) und Kompetenztests (Thüringen).

Auch wenn die jeweiligen Benennungen möglicherweise unterschiedliche konzeptionelle Ansätze und Funktionen zum Ausdruck bringen, sind sie oft nur noch für Insider verständlich. Ihre Vielfalt erschwert einer breiteren Öffentlichkeit das Verständnis.

In der Regel sind die Aufgabenstellungen sowohl curriculum- als auch kompetenzorientiert. Die externen Leistungserhebungen in Baden-Württemberg, Hessen und Niedersachsen sind nach eigenen Angaben primär curriculumorientiert, die in Sachsen-Anhalt und Schleswig-Holstein hingegen primär kompetenzorientiert. Die Aufgaben werden entweder von gemischten Gremien, in denen auch Fachseminarleiter, Vertreter der Landesinstitute und Vertreter der Schulaufsicht mitwirken, oder von Lehrern und Wissenschaftlern gemeinsam entwickelt[13]. Wenige Länder verzichten nach eigenen Angaben bei der Aufgabenentwicklung auf wissenschaftliche Expertise (Baden-Württemberg, Bremen, Hessen und Niedersachsen). Mecklenburg-Vorpommern und Schleswig-Holstein geben zudem an, externe Expertise zu nutzen. In allen Ländern werden nach eigenen Angaben die Gesamtergebnisse von externen Leistungserhebungen veröffentlicht. Dies geschieht durchweg für alle Schulformen[14]. Nur Hessen gibt an, auch die Ergebnisse der Einzelschule für alle allgemein bildenden Schulformen der Sekundarstufen I und II zu veröffentlichen. Ebenfalls in allen Ländern gibt es eine Rückmeldung über die erreichten Ergebnisse an die Beteiligten, und zwar in der Regel für alle Schulformen[15]. In erster Linie ist sie an die Schulleitungen gerichtet (nach eigenen Angaben in allen Ländern). In fast allen Ländern sollen auch die Lehrkräfte sowie die Schulaufsicht eine jeweilige Rückmeldung erhalten. Nicht in allen Ländern erhalten nach der Erhebung auch die Schülerinnen und Schüler sowie deren Eltern eine entsprechende Rückmeldung. Damit wird aber zugleich ein Problem deutlich, nämlich, wie die Schulen von den externen Leistungserhebungen profitieren können. Wie die Schulen und die unmittelbar Betroffenen (Schüler, Lehrer, Schulleiter) die sie betreffenden Daten und Informationen in ihrem schulischen Alltag tatsächlich zur Qualitätsverbesserung nutzen, muss als offene Frage angesehen werden.

Wie erwähnt, werden die externen Leistungserhebungen in den Schulformen unterschiedlich durchgeführt. Tabelle D/12 zeigt, dass die meisten Leistungserhebungen in der Grundschule stattfinden. Überwiegend werden dabei landeseinheitliche Aufgaben gestellt. In einigen Ländern werden diese durch schulspezifische Aufgaben (Nordrhein-Westfalen, Rheinland-Pfalz, Schleswig-Holstein) bzw. durch für mehrere Schulen einheitliche Aufgaben

13 Vgl. Tabelle D/28 im Anhang.
14 Vgl. Tabelle D/36 im Anhang.
15 Vgl. Tabelle D/38 im Anhang.

(Berlin) ergänzt. Leistungserhebungen für die schulformunabhängige Orientierungsstufe (OS) gibt es in Bremen; hier werden schulspezifische Aufgaben gestellt[16].

Tabelle D/12 Externe Leistungserhebung nach Schulform (Anzahl der Länder)

	GS	OS	HS	SMB	RS	GY	IGS
Landeseinheitliche Aufgaben	14	0	7	6	8	12	8
Für mehrere Schulen einheitliche Aufgaben	1	0	1	0	1	1	1
Schulspezifische Aufgaben	3	1	1	0	1	1	1

Quelle: Tabelle 29 im Anhang

Leistungserhebungen für die Hauptschule gibt es in acht Ländern. In sieben dieser acht Länder werden die Aufgaben landeseinheitlich entwickelt. In einem Land (Bremen) werden für mehrere Schulen einheitliche Aufgaben gestellt (orientiert an landeseinheitlichen Musteraufgaben, ab 2003/04 mit landeseinheitlichen Aufgabenstellungen). Die Aufgaben für Leistungserhebungen in Schulen mit mehreren Bildungsgängen (SMB), die es in Mecklenburg-Vorpommern, Niedersachsen, Saarland, Sachsen, Sachsen-Anhalt und Thüringen gibt, werden landeseinheitlich entwickelt. Für die Realschulen gibt es in neun Ländern Leistungserhebungen, in Bremen mit einheitlichen Aufgaben für mehrere Schulen (orientiert an landeseinheitlichen Musteraufgaben, ab 2003/04 mit landeseinheitlichen Aufgabenstellungen), in Nordrhein-Westfalen mit landeseinheitlichen und schulspezifischen Aufgaben sowie in übrigen sieben Ländern mit landeseinheitlichen Aufgaben. In Schleswig-Holstein werden externe Leistungserhebungen an Gymnasien durch die Schulaufsicht durchgeführt und zentral geprüfte, aber schulspezifische Aufgaben gestellt. Bis auf Bremen, das nach dem beschriebenen Modell verfährt, werden landeseinheitliche Aufgaben gestellt. Auch die Länder, die über Gesamtschulen verfügen, geben an, dass an diesen Schulen externe Leistungserhebungen vorgenommen werden. Die Länder verfahren dabei analog zu den Leistungserhebungen in den Schulformen[17].

Insgesamt zeigt sich, dass externe Leistungserhebungen fast ausschließlich mit landeseinheitlichen Aufgabenstellungen durchgeführt werden; eine gewisse Häufung ist vor allem bei der Grundschule sichtbar. Eine Schwerpunktsetzung auf bestimmte Schulformen der Sekundarstufe I lässt sich nicht ableiten, da es hinsichtlich der verschiedenen Schulformen keine vergleichbare Situation in den Ländern gibt. Zum einen deshalb, weil nicht alle Länder über Gesamtschulen verfügen, zum anderen deshalb, weil in den Ländern, in denen es Schulen mit mehreren Bildungsgängen gibt, meist keine Haupt- und Realschulen existieren. In der Tendenz lässt sich jedoch sagen, dass in allen Schulformen der Sekundarstufe I gleichermaßen externe Leistungserhebungen durchgeführt werden.

Bezüglich der Differenzierung externer Leistungserhebungen nach Jahrgangsstufen und Fächern[18] zeigt sich, dass sich die Erhebungen in der Grundschule auf die Jahrgangsstufen 3 und 4 sowie auf die Fächer Deutsch und Mathematik konzentrieren. Für die Hauptschule, die Schulen mit mehreren Bildungsgängen, die Realschule sowie die Gesamtschule zeigt sich eine relativ gleichmäßige Verteilung auf alle Jahrgangsstufen. Hinsichtlich der Fächer werden Leistungserhebungen in diesen Schulformen zum Teil nur in Mathematik, überwie-

16 In Bremen wird die Orientierungsstufe mit dem Schuljahr 2004/05 abgeschafft.

17 Vgl. auch Tabellen D/30 bis D/35 im Anhang.

18 A.a.O.

gend aber in Deutsch, Mathematik und 1. Fremdsprache/Englisch durchgeführt. Lediglich beim Gymnasium ist eine gewisse Häufung in den Jahrgangsstufen 8 und 9 feststellbar.

Tabelle D/13 Zentrale Abschlussprüfungen

Schulform	Hauptschule	SMB	Realschule	Gymnasium	IGS
BW	X		X	X	
BY	X		X	X	
BE[1]					
BB			X	X	X
HB	X[2]		X[2]	X[2]	X[2]
HH	X[3]	X[6]	X[3]	X[3]	X[3]
HE	X[4]	X[4]	X[4]	X[4]	X[4]
MV		X	X	X	X
NI	X[2]	X[2]	X[2]	X[2]	X[2]
NW	X[2]		X[2]	X[2]	X[2]
RP					
SL		X[5]		X	X
SN		X		X	
ST		X		X	X
SH					
TH	X	X		X	X

1 geplant schulformübergreifend in Klasse 10 und im Abitur
2 in Planung (in Bremen: Einführung zum Schuljahr 2005/06 am Ende eines jeden Bildungsganges)
3 ab 2005 mit zentralen Elementen
4 ab 2004 (für Gymnasien ab 2007)
5 im Saarland wird neben der zentralen Prüfung zum Hauptschulabschluss, zum mittleren Bildungsabschluss und zum Abitur eine zentrale Prüfung für Externe (Nichtschüler) für den Hauptschulabschluss und den mittleren Bildungsabschluss durchgeführt
6 gemeint sind hier die beiden kooperativen Gesamtschulen in Hamburg

Zentrale Abschlussprüfungen oder Abschlussprüfungen mit zentralen Elementen, wie sie in Hamburg geplant sind, bekommen als eine wichtige Form externer Leistungserhebungen zunehmende Bedeutung. In vierzehn der sechzehn Länder sind sie vor allem für das Gymnasium, aber auch für die anderen Schulformen zum Abschluss der Klasse 10 eingeführt oder werden in den nächsten beiden Jahren (in Bremen zum Schuljahr 2005/06, in Hessen bis 2007) zur Einführung vorbereitet (vgl. Tabelle D/13). Schleswig-Holstein führt anstelle zentraler sogenannte externe Abschlussprüfungen durch. Mehrere Länder (Mecklenburg-Vorpommern, Saarland, Sachsen-Anhalt und Thüringen) geben an, dass neben zentralen offenbar auch externe Abschlussprüfungen durchgeführt werden.[19]

Die Tabellen D/14 und D/15 zeigen die Art und Weise der Veröffentlichung der Ergebnisse zentraler bzw. externer Abschlussprüfungen und geben Aufschluss darüber, an wen die Ergebnisse zurückgemeldet werden. Dabei ergibt sich im Wesentlichen das gleiche Bild, das bereits zuvor bei der Veröffentlichung der Ergebnisse externer Leistungserhebungen im Allgemeinen und der Rückmeldung der Ergebnisse beschrieben wurde.

19 Vertiefende Informationen zur Verteilung der zentralen Abschlussprüfungen in den Jahrgangsstufen 9 und 10 auf die einzelnen Schulformen sowie zu den abgeprüften Fächern finden sich in Tabelle D/38 im Anhang. Ebenso spiegelt Tabelle D/39 im Anhang die Angaben zu den Fächern der zentralen Abiturprüfungen in den Jahrgangsstufen 12 und 13 des Gymnasiums und der Gesamtschule wider. Tabelle D/40 gibt einen Überblick über die Länder, in denen zentrale Abschlussprüfungen durchgeführt werden. In den Tabellen D/41 und D/42 sind die Länder und Fächer aufgeführt, in denen Abschlussprüfungen mit schulischen Aufgaben in den Jahrgangsstufen 9 und 10 bzw. 12 und 13 durchgeführt werden.

Tabelle D/14 Veröffentlichung der Ergebnisse zentraler und externer Abschlussprüfungen (Anzahl der Länder)

Schulform	Hauptschule	SMB	Realschule	Gymnasium	IGS
Einzelschule	0	1	1	1	0
Gesamtergebnis	3	5	5	7	6

Quelle: Tabelle D/43 im Anhang

Tabelle D/15 Rückmeldung der Ergebnisse zentraler Abschlussprüfungen (Anzahl der Länder)

Schulform	Hauptschule	SMB	Realschule	Gymnasium	IGS
Schüler	3	4	4	7	4
Lehrkräfte	3	5	4	7	4
Schulleitungen	4	6	5	9	6
Eltern	3	3	4	6	3
Schulaufsicht	3	6	4	9	7

Quelle: Tabelle D/44 im Anhang

Im *Handlungsfeld 6* (vgl. Tabelle D/16) zeigt sich eine relativ gleichmäßige Verteilung der Aktivitäten auf die fünf benannten Maßnahmebündel. Nach eigenen Angaben sind in fast allen Ländern entsprechende Maßnahmen bereits eingeführt worden oder befinden sich in Planung.

Tabelle D/16 Handlungsfeld 6: Maßnahmen zur Verbesserung der Professionalität der Lehrertätigkeit, insbesondere im Hinblick auf diagnostische und methodische Kompetenz als Bestandteil systematischer Schulentwicklung

	Reform der Lehrerbildung	Lehrerfortbildungen im Hinblick auf diagnostischen Kompetenzerwerb	Lehrerfortbildungen im Hinblick auf methodischen Kompetenzerwerb	Berücksichtigung von wissenschaftlichen Erkenntnissen in der Unterrichtspraxis	Wissenschaftliche Begleitung von bildungspolitischen Innovationen
BW	E	E	E	E	E
BY	E	E[2], P	E	E	E[3]
BE	P	P	E	P	E
BB	P	P	P	E	E
HB	E	P[4]	E	E	E
HH	E	E	E	E	E
HE	E[1], P[1]	E	E	E	E
MV	E, P	E, P	E, P	E, P	P
NI	E, P	P	E	E	E
NW	E, P	P	E	E	E
RP	P	E	E	E	E
SL	E	E, P	E, P	E, P	P
SN	P	E	E	E	E
ST	P	E	E	E	E
SH	P[7]	P	E	E[5]	E[6]
TH	E	E	E	E	E

1 teilweise
2 als Prototyp
3 vornehmlich wird die wissenschaftliche Begleitung durch die Staatsinstitute wie das ISB gesichert
4 ab 2003/2004 intensive Maßnahmen
5 u.a. durch BLK-Projekte
6 im Zusammenhang mit der Evaluation von Schulen
7 Einführung ab 2003/04

Analog zur Vertiefung der Maßnahmen im Handlungsfeld 5 soll auch hier eine Erweiterung erfolgen, da die *Professionalisierung des pädagogischen Personals* als eine der Kernfragen der Entwicklung und Sicherung von Qualität angesehen wird. Die Professionalität der Lehrkräfte beeinflusst die Bildungsprozesse in der Schule und im Unterricht in besonderer Weise. Große Bedeutung für Qualitätsentwicklung insgesamt kommt daher der Qualifizierung der entsprechenden Personengruppen hinsichtlich des Qualitätsmanagements (vgl. Tabelle D/17) und der Unterrichtsqualität (vgl. Tabelle D/18) zu.

Tabelle D/17 Qualifizierungsangebote hinsichtlich des Qualitätsmanagements (Anzahl der Länder)

Qualitätsmanagement	Lehrer	Schulaufsichtsbeamte	Schulleiter	Schulpsychologen	Moderatoren/ Multiplikatoren	Fachberater	Pädagogisches Personal im Elementarbereich
Rechtliche Aspekte	7	12	15	2	2	2	2
Umgang mit Finanzmitteln	2	10	13	0	2	1	2
Steuerung von Schul- und Qualitätsentwicklung	10	13	15	5	11	6	1
Aufbau von Kooperationen	11	10	12	1	7	7	6
Personalentwicklung	6	11	15	3	6	2	3
Nutzung von Steuerungswissen	6	12	11	2	5	5	1
Nutzung neuer Medien	15	6	11	3	10	9	5
Konfliktmanagement und Gewaltprävention	15	8	13	9	11	5	5
Beratung von Schulen	7	13	10	9	11	9	3

Quelle: Tabelle D/45 im Anhang

Tabelle D/18 Qualifizierungsangebote hinsichtlich der Unterrichtsqualität (Anzahl der Länder)

Unterrichtsqualität:	Lehrer	Schulaufsichtsbeamte	Schulleiter	Schulpsychologen	Moderatoren/ Multiplikatoren	Fachberater	Pädagogisches Personal im Elementarbereich
Entwicklung diagnostischer Kompetenz	16	6	8	9	10	8	7
Entwicklung methodischer Kompetenz	16	5	9	3	11	10	5
Verbesserung der Professionalität hinsichtlich der Lesekompetenz	14	2	3	1	7	10	4
Verbesserung der Professionalität hinsichtlich der mathematischen Kompetenz	15	2	2	0	9	11	2
Vermittlung innovativer Unterrichtskonzepte	15	8	11	2	12	10	4
Umgang mit Leistungs- und sozialer Heterogenität	16	4	9	7	11	8	4
Vermittlung von Maßnahmen zur Verbesserung von Disziplin und Verhalten	12	3	6	3	5	4	1
Zielgruppenspezifische Beratung	9	13	12	8	10	9	4

Quelle: Tabelle D/46 im Anhang

Bei der Qualifizierung hinsichtlich des Qualitätsmanagements setzt die große Mehrheit der Länder den Schwerpunkt auf entsprechende Angebote für Schulleiterinnen und Schulleiter. Fast die gleiche Aufmerksamkeit genießen offenbar auch die Schulaufsichtsbeamten. Während bei den Schulleitern und Schulaufsichtbeamten die Angebote hinsichtlich des Qualitätsmanagements eine Vielzahl von Themen betreffen, konzentrieren sich die diesbezüglichen Angebote für Lehrkräfte und Moderatoren auf die Themenbereiche Nutzung neuer Medien, Konfliktmanagement und Gewaltprävention sowie Beratung von Schulen.

Hinsichtlich der Entwicklung der Unterrichtsqualität konzentrieren sich die Angebote auf die Lehrkräfte. Für diese bieten fast durchweg alle Länder Qualifizierungsveranstaltungen mit einer breiten inhaltlichen Palette zur Förderung der didaktischen und diagnostischen Kompetenz der Lehrkräfte, zur sozialen Interaktion und zum Umgang mit Heterogenität an. Ein relativ breites Themenangebot hat die Mehrheit der Länder auch für Moderatoren sowie Fachberater/Fachleiter vorgesehen. Die Angebote für Schulleiter und Schulleiterinnen zur Entwicklung der Unterrichtsqualität sind deutlich geringer als zum Qualitätsmanagement und konzentrieren sich vor allem auf die Vermittlung innovativer Unterrichtskonzepte sowie der zielgruppenspezifischen Beratung.

Tabelle D/19 Handlungsfeld 7: Maßnahmen zum Ausbau von schulischen und außerschulischen Ganztagsangeboten mit dem Ziel erweiterter Bildungs- und Förderungsmöglichkeiten, insbesondere für Schülerinnen und Schüler mit Bildungsdefiziten und besonderen Begabungen

	Ausbau von Ganztags-Schulen	Ausbau von Ganztags-Angeboten	Einrichtung von Ferien-akademien	Individuelle Förderung durch Differenzierung	Freizeit-angebote an Schulen	Nachmittagsbetreuung in Kooperation von Schule und Jugendhilfe für besonders Benachteiligte
BW	E	E	E[2]	[3]	E[1]	E[1]
BY	E[6]; P[7]	E	E[8]	E	E	E[4]; –[5]
BE	P	E, P[9]	E[10]	E	E, P[9]	E, P[9]
BB	E	P	–	E	E	E
HB	E; P	E	–[11]	E	E	E
HH	E, P	E, P	–	E, P	E, P	E, P
HE	E, P	E, P	E	E	E, P	–[16]
MV	E, P	E, P	–	E, P	E, P	E, P
NI	E	P	E	E	E[12]	E
NW	P	E	E, P	E	E	E
RP	E, P[9]	E, P[9]	E	E	–[17]	E
SL	E	E	E	E	–	–
SN	–	E, P[13]	–	E	E	E
ST	E	P	E	E	E[12]	–
SH	E, P	E, P[9]	E[14]	E[15]	E, P[9]	P
TH	[18]	E	E	E	E	E

1 teilweise
2 im Aufbau
3 Stütz- und Förderkurse
4 für Hauptschulen
5 für Realschulen und Gymnasien ist Nachmittagsbetreuung in Kooperation von Schule und Jugendhilfe für besonders Benachteiligte weder eingeführt noch geplant
6 für Hauptschulen und Gymnasien
7 für Realschulen (ab 2003/04)
8 für Realschulen und Gymnasien
9 Erweiterung geplant
10 Mathematikklassen
11 in Bremen sind Ferienkurse für sogenannte Risikoschüler (Migrationshintergrund, sozial Benachteiligte zur Steigerung fachlicher und sprachlicher Kompetenzen) eingerichtet; Wochenendkurse für Hochbegabte an der Universität
12 im Rahmen von Ganztagsschulen
13 Schulversuch
14 spezifische Privatangebote
15 Lernpläne
16 in Hessen in kommunaler Verantwortung
17 in Rheinland-Pfalz sind entsprechende Freizeitangebote im Konzept der neuen Ganztagsschule enthalten
18 dier Ausbau von Ganztagsschulen ist vorgesehen

Das *Handlungsfeld 7* hat Maßnahmen zum Ausbau von schulischen und außerschulischen Ganztagsangeboten im Interesse der Schaffung erweiterter Bildungs- und Fördermöglichkeiten für Schüler mit Bildungsdefiziten und solchen mit besonderen Begabungen zum Inhalt. Maßnahmen zur Entwicklung von Freizeitangeboten an Schulen sowie der Nachmittagsbetreuung in Kooperation von Schule und Jugendhilfe (für besonders Benachteiligte) wurden nach eigenen Angaben in fast allen Ländern eingeführt. Das Saarland gibt an, in beiden Bereichen keine diesbezüglichen Maßnahmen vorzusehen; auch Rheinland-Pfalz und Hessen geben dies für je einen der beiden genannten Bereiche an.

Hinsichtlich des Ausbaus von Ganztagsschulen und Ganztagsangeboten zeigt Tabelle D/19, dass nur ein Land keinen Ausbau von Ganztagsschulen anstrebt, wohl aber den Ausbau von Ganztagsangeboten eingeführt bzw. geplant hat. Alle übrigen Länder geben an, dass sie Maßnahmen zum Ausbau von Ganztagsschulen bzw. Ganztagsangeboten eingeleitet bzw. geplant haben.[20] Die individuelle Förderung durch Differenzierung wurde in fast allen Ländern eingeführt. Auch die Einrichtung von Ferienakademien ist offenbar von der Mehrzahl der Länder bereits realisiert worden; Brandenburg, Hamburg, Mecklenburg-Vorpommern und Sachsen geben an, dies nicht zu beabsichtigen.

Die beschriebenen Maßnahmen zur Entwicklung und Sicherung von Qualität in den sieben Handlungsfeldern und der standardisiert erfasste Stand ihrer Umsetzung zum genannten Zeitpunkt stellen gewissermaßen eine „Momentaufnahme“ dar. Diese Darstellung wird möglicherweise der Situation und den Akzentsetzungen in den einzelnen Ländern nicht vollständig gerecht. Um ein umfassenderes Bild der bildungspolitisch-konzeptionellen Linienführung bei der Qualitätsverbesserung in jedem Land zu erhalten, wurden die Länder gebeten, die drei bis vier wichtigsten bildungspolitischen Schwerpunkte zu nennen.

Im Folgenden sind diese Schwerpunkte, die zugleich Auskunft über die jeweiligen Strategien bei der Qualitätsentwicklung und -sicherung geben, Land für Land dargestellt. Die Übersicht stützt sich auch hier ausschließlich auf die Antworten der Länder.

D2 Bildungspolitische Schwerpunktsetzungen in den einzelnen Ländern

Eckpunkt einer umfassenden Bildungsreform in *Baden-Württemberg* sind die Stärkung der Eigenständigkeit sowie der Rechenschaftslegung der einzelnen Schule. Im Mittelpunkt steht die Einführung neuer Bildungspläne ab dem Schuljahr 2004/05 mit dem Ziel einer Modernisierung und stetigen Verbesserung der Unterrichtskultur. Das Konzept stützt sich auf vier wesentliche Säulen: die Entwicklung von Bildungsstandards mit Kerncurricula, die Einführung von Kontingentstundentafeln, die Sicherung einer kontinuierlichen Schulqualitätsentwicklung durch die Verpflichtung zur Erstellung eigener Schulcurricula sowie die Durchführung von Maßnahmen zur Qualitätssicherung. In diesem Kontext werden verstärkt projekt- und anwendungsorientierte Unterrichtskonzepte umgesetzt sowie neue Prüfungsformen eingeführt. Zugleich ist ab dem Schuljahr 2004/2005 die flächendeckende Einführung des 8-jährigen Gymnasiums verankert. Im Blick auf eine verstärkte Ergebnisorientierung wird die

20 Die Maßnahmen stützen sich maßgeblich auf das Bundesprogramm zur Förderung des bedarfsgerechten Ausbaus von Ganztagsschulangeboten.

systematische und regelmäßige Selbst- und Fremdevaluation von Schule und Unterricht ab dem Schuljahr 2003/04 eingeführt. Diese dienen einer zielgerichteten Qualitätsentwicklung. Eine zentrale Rolle werden dabei, auch vor dem Hintergrund der neuen standardbasierten Bildungspläne, landesweite Vergleichsarbeiten an Grundschulen, Hauptschulen, Realschulen und Gymnasien spielen. Im Zuge einer Neustrukturierung verantwortet das Landesinstitut für Erziehung und Unterricht die Entwicklung und Auswertung der Vergleichsarbeiten, stellt Instrumente für die Selbstevaluation bereit und wird die Durchführung der Fremdevaluation steuern. Hinsichtlich der Professionalisierung der Lehrkräfte ist eine Reform der Lehrerbildung eingeleitet mit der Einrichtung von Zentren für Lehrerbildung an den Universitäten, mit der Weiterentwicklung von Lehrerbildungsseminaren zu Didaktischen Zentren und mit der besseren Vernetzung der lehrerbildenden Institutionen. Die Kooperation von vorschulischer Bildung und Grundschulbildung soll verstärkt, Ganztagsangebote und Ganztagsschulen sollen weiterentwickelt werden.

In *Bayern* ist die Qualitätsentwicklung und -sicherung eng mit dem Prozess der inneren Schulentwicklung, in dessen Mittelpunkt die Unterrichtsqualität steht, verbunden. Wesentliches Ziel ist es, verbindliche Vorgaben festzuschreiben und den Schulen bei der Umsetzung dieser Vorgaben möglichst viel Eigenverantwortung zu übertragen. Hinsichtlich der Stärkung der Eigenverantwortung der Schulen wird der Modellversuch „MODUS 21 Schule in Verantwortung“ seit Schuljahr 2002/2003 an 23 Pilotschulen durchgeführt; ab Schuljahr 2003/2004 ist seine Erweiterung auf 37 Schulen geplant. Ein zweiter Schwerpunkt sind regelmäßige Jahrgangsstufentests und zentrale Abschlussprüfungen. In Bayern gibt es traditionell an allen allgemein bildenden Schulen landeseinheitliche Abschlussprüfungen. Zur Verbesserung der Unterrichtsqualität gibt es zudem seit 1998 Jahrgangsstufentests an den weiterführenden Schulen, die stetig ausgebaut werden und die Fächer Deutsch, Mathematik und Englisch erfassen. Seit dem Schuljahr 2002/2003 werden Orientierungsarbeiten an den Grundschulen in den Jahrgangsstufen 2 und 3 durchgeführt. Vom Schuljahr 2003/04 an soll das System der internen Evaluation durch externe Evaluationsteams ergänzt werden. Die Evaluationsteams, denen Vertreter der Schulaufsicht sowie externe Fachleute angehören, sollen Schulbesuche durchführen, um die Leistungsfähigkeit der Schulen zu untersuchen. Es ist geplant, vom Schuljahr 2003/04 an am Staatsinstitut für Schulpädagogik und Bildungsforschung eine Qualitätsagentur aufzubauen, die Steuerungsinstrumentarien für externe Evaluationen erarbeiten soll. Ziel ist der Aufbau eines Bildungsmonitorings mit regelmäßiger Bildungsberichterstattung.

Im Mittelpunkt der Bemühungen um die Entwicklung und Sicherung von Qualität im Land *Berlin* stehen eine Grundschulreform, der Unterricht mit Migrantenkindern, der gemeinsame Bildungsabschluss am Ende der Klassenstufe 10 sowie das „Modellvorhaben eigenverantwortliche Schule“. Die Grundschulreform beinhaltet vor allem die Einführung neuer Rahmenpläne (gemeinsam mit Brandenburg, Bremen und Mecklenburg-Vorpommern), die bessere Kooperation zwischen Kindertagesstätten und Grundschulen (Aufbau der Grundschularbeit auf dem Bildungsprogramm der Kindertagesstätten, Beschreibung der Lernausgangslagen), die stufenweise Einführung der verlässlichen Halbtagsgrundschule mit Ausbau von Betreuungsangeboten am Nachmittag, die Einführung neuer Ganztagsgrundschulen, Orientierungs- bzw. Vergleichsarbeiten am Ende der Klassenstufen 2 und 4 sowie eine Schulleistungsuntersuchung in den Klassenstufen 4, 5 und 6 in den Fächern Deutsch und Mathematik. Der Verbesserung des Unterrichts mit Migrantenkindern sollen vor allem eine Längsschnittuntersuchung zum Schriftspracherwerb von Kindern nichtdeutscher Herkunftssprache in den Klassenstufen 1 bis 4 sowie der Aufbau eines Qualitätskonzepts (Beschreibung der Lernausgangslage, Entwicklung von Lerntagebüchern, Rahmenplan Deutsch als Fremdsprache sowie Aufbau des „Netzwerks Sprache“ für Schulen mit einem hohen Anteil an Migrantenkindern) dienen. Ein wichtiger, vor allem der Qualitätsverbesserung im Unterricht dienender Schwerpunkt soll das „Modellvorhaben eigenverantwortliche Schule" (mit der Erprobung der Verantwortungsübernahme in den Aufgabenfeldern Unterrichtsorganisation und Unterrichtsgestaltung, Qualitätssicherung und Rechenschaftslegung, Personalbewirtschaftung und Sachmittelbewirtschaftung sowie der Qualifizierung von Schulleitung und Schulaufsicht) sein.

In *Brandenburg* soll die Umstellung der schulischen Bildungsarbeit auf stärkere Outputorientierung, Standardisierung und Ergebnisverantwortung einen wesentlichen Schwerpunkt der Qualitätsverbesserung darstellen. Dazu gehören insbesondere die Erarbeitung eines Konzepts der Lernstandsdiagnostik für die Primarstufe mit Erhebung der Lernausgangslage zu Beginn der Schulzeit (ab 2004/2005), Orientierungsarbeiten am Ende der Jahrgangsstufe 2 (flächendeckend ab 2004), Lernausgangslagenerhebungen am Beginn der Jahrgangsstufe 7, Vergleichsarbeiten in den Jahrgangsstufen 5 und 8 sowie schriftliche Prüfungen mit zentral gestellten Aufgaben am Ende der Jahrgangsstufen 10 und 13 (Abitur). Ein weiterer Schwerpunkt soll die Veränderung des normativen Input als Präzisierung der Soll-Maßstäbe in neuen Rahmenlehrplänen sein. Alle neuen Rahmenlehrpläne zeichnen sich durch die Beschreibung verbindlicher Kerncurricula und durch Qualifikationserwartungen am Ende des Bildungsganges aus. Die Schulentwicklung soll durch eine Reihe von Maßnahmen gefördert werden, insbesondere durch den Aufbau eines Systems von Fach- und Schulberatern, durch die Erarbeitung von Schulprogrammen und den Ausbau von Ganztagsschulen. Besondere Akzente bei der Erschließung von Ressourcen für differenziertes und individualisiertes Lernen stellen die weitere Einführung der flexiblen Eingangsphase in der Grundschule, die Leistungs- und Neigungsdifferenzierung in den Jahrgangsstufen 5 und 6 sowie das Praxislernen an außerschulischen Lernorten dar.

Das Land *Bremen* weist als Schwerpunktsetzung bei der Qualitätsentwicklung ein Qualitätsentwicklungsprogramm (Laufzeit zunächst bis 2007[21]) aus. Durch das Programm soll die Eigenverantwortung der Schulen und die Stellung der Schulleitungen für die Entwicklung der Unterrichtsqualität gestärkt sowie gemeinsam entwickelte Leistungsziele festgelegt und evaluiert werden. Durch eine anreizorientierte Ressourcensteuerung und durch Qualitätswettbewerbe soll die Qualität der Einzelschule gesteigert werden. Zur Qualitätsentwicklung auf verschiedenen Ebenen wird auch die Kooperation mit entsprechenden Programmen anderer Institutionen im Umfeld der Schule gestärkt. Dazu gehören u.a. die Projekte für Organisations-, Personal- und Unterrichtsentwicklung in Kooperation mit der Stiftung der Deutschen Wirtschaft, den Unternehmensverbänden im Lande Bremen und der Robert-Bosch-Stiftung. Im Mittelpunkt der Verbesserung der Kultur von Bildung und der Qualität von Schule im Land steht ein „Runder Tisch Bildung“, an dem Vertreter aller betroffenen gesellschaftlichen Gruppen, Einrichtungen und Institutionen beteiligt sind, die für die Entwicklung des Bildungswesens unmittelbar oder mittelbar Verantwortung tragen. Neben der Teilnahme der

21 Auf Grund der Koalitionsvereinbarung der neuen Landesregierung (Wahlperiode von 2003 bis 2007) sind umfangreiche strukturelle und inhaltliche Reformmaßnahmen eingeleitet worden.

Schulen an internationalen Schulleistungsstudien (Oversampling) und länderübergreifenden Vergleichsarbeiten (Projekt VERA), der Durchführung von landesweiten Vergleichsarbeiten, den zentralen Abschlussprüfungen für jeden Bildungsgang einschließlich des Abiturs stehen schulbezogene Elemente der schulinternen Qualitätssicherung. Auf der Basis einer verbindlichen Rahmensetzung und Steuerung sollen die zunehmend eigenverantwortlichen Schulen die Qualität des Unterrichts selbst sichern. Zu den Rahmenvorgaben gehört die Überarbeitung von Lehrplänen/Bildungsplänen mit dem Ziel, kompetenzorientierte Standards verbindlich festzulegen.

Im Zentrum der *Hamburger* Bildungsreform stehen die Qualitätsentwicklung und – sicherung. Das Konzept des lebenslangen Lernens beginnt in der Kindertagesbetreuung sowie den Vorschulen und setzt sich über die Grundschulen und die allgemein bildenden Schulen bis in den berufsbildenden Bereich fort. Unter anderem hat Hamburg neue Bildungs- und Rahmenpläne für alle Schulformen bis Klasse 10 mit Standards für jeweils zwei Jahre, die vom Schuljahr 2003/2004 an verbindlich erprobt werden. Hinzu kommen Vergleichsarbeiten in den Klassen 3, 6 und 8. Ab dem Jahr 2005 werden für den Hauptschulabschluss, den Realschulabschluss und das Abitur Prüfungen mit zentralen Elementen stattfinden. Ein weiterer Schwerpunkt ist die frühe Sprachförderung mit dem Ziel, alle Kinder bei der Einschulung sprachlich so zu fördern, dass sie dem Unterricht in der Grundschule folgen können. Dazu werden alle 4½-jährigen Kinder der Grundschule vorgestellt. Bei Defiziten wird eine gezielte Förderung im Kindertagesheim oder in der Vorschule erfolgen. Ein Jahr später wird erneut der Sprachstand erhoben; falls erforderlich, werden weitere Maßnahmen eingeleitet. Als Maßnahme zur Evaluierung der verlässlichen Halbtagsgrundschule sowie zur Information über die Arbeit in der Grundschule wurden Kompetenzen und Einstellungen aller Kinder in 4. Grundschulklassen erhoben (KESS 4). Die Ergebnisse werden Mitte 2004 vorliegen. Bezüglich der Reform der Lehrerbildung wurde ein Landesinstitut für Lehrerbildung und Schulentwicklung zur Intensivierung der drei Phasen der Lehrerbildung sowie der Gestaltung der Fortbildung in enger Zusammenarbeit mit den einzelnen Schulen und der Schulaufsicht gegründet.

Zu den bildungspolitischen Schwerpunktsetzungen in *Hessen* gehört die Gewährleistung einer „Unterrichtsgarantie“ durch die Erhöhung der Anzahl der Lehrereinstellungen und der Referendarstellen. Einen zweiten Schwerpunkt stellt hinsichtlich der weiteren Professionalisierung der Lehrkräfte die Verbesserung der Lehreraus- und -fortbildung dar, insbesondere die Entwicklung von Medien- und Methodenkompetenz sowie die Verbesserung der Diagnosefähigkeit. Die differenzierte Förderstrategie in Hessen zielt zum einen auf die Einrichtung vorschulischer Sprachkurse für Kinder mit geringen Deutschkenntnissen und zum anderen auf differenzierende Zusatzangebote für hoch begabte Schülerinnen und Schüler. Im Zentrum eines weiteren Schwerpunktes, namentlich der Weiterentwicklung der internen und der externen Evaluation, stehen die Förderung der Eigenverantwortlichkeit der Einzelschule und damit der Schulprogrammentwicklung, die Entwicklung schulformbezogener Lehrpläne und Bildungsstandards, die Durchführung von Orientierungs- und Vergleichsarbeiten sowie von zentralen Abschlussprüfungen.

Mecklenburg-Vorpommern arbeitet mit Berlin, Brandenburg und Bremen an der Weiterentwicklung von Rahmenplänen für die Grundschule. Hinsichtlich der Weiterentwicklung des Systems der internen und externen Evaluation sind Vergleichsarbeiten in der Sekundarstufe I sowie in den Grundschulen (Projekt VERA) vorgesehen. Eine wichtige Rolle bei der Entwicklung und Sicherung von Qualität soll die „Selbständigere Schule“ spielen; dazu wird ein Modellversuch durchgeführt. Auch der geplante Ausbau von Ganztagsschulen soll unmittelbar der Qualitätsentwicklung und -sicherung dienen.

Das Land *Niedersachsen* richtet sein Augenmerk bei der Qualitätsverbesserung vor allem auf die Weiterentwicklung von Rahmenrichtlinien unter Berücksichtigung der von der KMK erarbeiteten Standards und auf die Einführung zentraler Arbeiten und zentraler Abschlussprüfungen. Mit dem Orientierungsrahmen „Schulqualität in Niedersachsen“ werden den Schulen Indikatoren für Schulqualität an die Hand gegeben. Es wird eine schulaufsichtlich neutrale Inspektion erprobt, die auf der Grundlage des Orientierungsrahmens den Schulen eine Rückmeldung über ihren Stand der Qualitätsentwicklung gibt. Ein standardisiertes Evaluationsinstrument steht zur Verfügung, das Basis eines aufzubauenden Systemmonitoring ist. Zudem ist eine systematische Qualifizierung von Schulleiterinnen und Schulleitern initiiert.

Nordrhein-Westfalen stellt die Verbesserung der Bildungsarbeit im vorschulischen Bereich und in der Grundschule mit einer Verstärkung der Zusammenarbeit von Schule und Jugendhilfe, der Neugestaltung der Schuleingangsphase, dem Verzicht auf Rückstellungen, der Integration der Schulkindergärten, einem Schulfähigkeitsprofil, mit neuen Richtlinien und Lehrplänen sowie der Einführung von Englisch ab der Klassenstufe 3 einen ersten Schwerpunkt dar. Ein weiterer Schwerpunkt besteht in der Standardsetzung und Standardüberprüfung durch Kernlehrpläne und (teil)zentrale Lernstandserhebungen (Vergleichsarbeiten) in den Klassen 4 und 9. Weiter sollen zentrale Prüfungen am Ende der Sekundarstufe I und der Sekundarstufe II eingeführt werden. Der Verantwortung der Einzelschule für die Qualität ihrer Arbeit wird durch eine erweiterte Selbstständigkeit und durch feste Verbindlichkeiten für eine qualitätsorientierte Selbststeuerung (Schulprogramm und Evaluation) Rechnung getragen. Die Verbesserung der Unterrichtsqualität soll insbesondere durch eine Verstärkung des vernetzten, anwendungsorientierten und kumulativen Lernens sowie durch eine Förderorientierung des Unterrichts erreicht werden. Dazu soll die Professionalität der Lehrkräfte entsprechend weiterentwickelt werden.

Rheinland-Pfalz setzt einen wesentlichen Schwerpunkt auf die Entwicklung von Qualitätsprogrammen der Einzelschule, an deren Erarbeitung Lehrkräfte, Eltern und Schüler zu beteiligen und die der Schulaufsicht vorzulegen sind. Im Zentrum der in dem Qualitätsprogramm der jeweiligen Schule formulierten Selbstverpflichtungen steht die Unterrichtsentwicklung in den Kompetenz- und Problembereichen von PISA 2000, insbesondere auch eine stärkere Verankerung des Prinzips der individuellen Förderung. Darüber hinaus muss jedes Programm Vorhaben und Maßnahmen zur Verbesserung der Kooperation und Kommunikation in den Kollegien sowie eine auf die Schule bezogene Fortbildungsplanung enthalten. Die Qualitätsprogramme werden der Schulaufsicht vorgelegt und sollen im Zweijahreszeitraum umgesetzt, evaluiert und fortgeschrieben werden. In der Sekundarstufe I sind als Einstieg in die Standardsicherung und zur Initiierung schulischer Diskussionsprozesse schulinterne Parallelarbeiten in den Jahrgangsstufen 5 und 7 in den Kernfächern durchzuführen. Das Projekt „Vergleichsarbeiten in der Grundschule in den Fächern Deutsch und Mathematik“ (VERA) soll der Überprüfung des Erreichens von Kompetenzen, wie sie im neuen Rahmenplan der Grundschule festgelegt sind, und der Standardsicherung, darüber hinaus auch der Weiterentwicklung des Unterrichts, der Steigerung der Diagnosefähigkeit der Lehrkräfte sowie der zusätzlichen Information der Schüler und Eltern bei der Wahl der künftigen Schullaufbahn dienen. Weitere Schwerpunkte sind die Weiterentwicklung der pädagogischen Arbeit in den Kindertagesstätten (neue Bildungs- und Erziehungsempfehlungen für die Kindertagesstätten), die Neuregelung der Lehrerausbildung, das „Projekt Erweiterte Selbständigkeit" (PES, seit 1999, 230 Schulen, hier werden Personalkompetenzen von der Schulbehörde auf die Schulen übertragen), die Neufassung des Schulgesetzes mit den Kernelementen der erweiterten Selbständigkeit von Schulen und der schulischen Qualitätsentwicklung (bis zum 1. August 2004), die stärkere Integration behinderter Schüler wie auch die Hochbegabtenförderung sowie die Einrichtung von 300 neuen Ganztagsschulen.

Im *Saarland* stellt die Verbesserung der Qualität der vorschulischen Bildung durch entsprechende Fortbildung des Personals, die Erhöhung der Stundenzahl in der Grundschule sowie die Sprachförderung für Kinder mit Migrationshintergrund (Leseleistungsanalyse am Ende von Klasse 1 und Sprachstandsfeststellungen am Ende von Klasse 2) einen wichtigen Schwerpunkt dar. Die Einführung landesweiter Orientierungs- bzw. Vergleichsarbeiten in der Grundschule und der Sekundarstufe I sowie die Durchführung landeszentraler Abschlussprüfungen für den Hauptschulabschluss und den Mittleren Bildungsabschluss (seit 2002) sind ein weiterer Schwerpunkt. Im Mittelpunkt der bildungspolitischen Steuerung stehen ferner die Umsetzung der in Ausarbeitung befindlichen nationalen Bildungsstandards in die Lehrpläne der Schulen sowie die Verbesserung der Lehrerausbildung durch stärkeren Praxisbezug (Ausweitung der Schulpraktika). Seit 2001 wurde die Schulzeit am Gymnasium durch die landesweite Einführung des achtjährigen Gymnasiums verkürzt.

Der Freistaat *Sachsen* gibt an, dass die Lehrplanreform einen ersten Schwerpunkt darstellt. Ein weiterer Schwerpunkt lässt sich mit den Stichworten Bildungsstandards, Orientierungs- und Vergleichsarbeiten sowie Evaluation beschreiben; dazu gehören insbesondere die flächendeckende Einführung von Schulprogrammarbeit, die Erstellung und Veröffentlichung von Schulporträts sowie der geplante Aufbau einer Evaluationsagentur. Im Mittelpunkt der Entwicklung und Sicherung von Qualität stehen zudem die Stärkung der Eigenverantwortung der Einzelschule, die Zusammenarbeit mit vor- und außerschulischen Partnern (z.B. Einführung der optimierten Schuleingangsphase sowie Ausbau und qualitative Weiterentwicklung von Ganztagsangeboten), die stärkere Einbeziehung von Schülerinnen und Schüler sowie der Eltern (alle diese Aspekte sind auch Gegenstand der Schulgesetznovelle) sowie die Optimierung des Schulnetzes zur Sicherung leistungsfähiger Standorte.

Sachsen-Anhalt nennt als Schwerpunkt zur Entwicklung und Sicherung von Qualität die landesweite Schulprogrammarbeit und die Erweiterung der Selbständigkeit von Schulen u.a. durch die Budgetierung und die Mitwirkung bei Personalentscheidungen. Besondere Aufmerksamkeit genießt auch die Stärkung der Kommunikation und Kooperation mit Elternhaus und außerschulischer Praxis (Wirtschaft, Verwaltung, Wissenschaft). Ein dritter Schwerpunkt ist die Erarbeitung verbindlicher Standards einschließlich niveaubestimmender Aufgaben für Kernfächer in der Grundschule und in der Sekundarstufe I und die regelmäßige Durchführung von landesweiten Leistungsfeststellungen (Vergleichsarbeiten, zentrale Klassenarbeiten). In der Sekundarschule wird ab dem 7. Schuljahrgang eine auf Abschlüsse bezogene Differenzierung eingeführt. Im Schuljahr 2003/04 wird, beginnend mit dem 5. Schuljahrgang, das 8-jährige Gymnasium eingeführt – verbunden mit einer Reform der gymnasialen Oberstufe, welche die Kernbereiche durch erhöhte Verbindlichkeit der Belegung und Einbringung stärkt und zu stabilen Lerngruppen führt. Einen zusätzlichen Schwerpunkt stellt die Qualifizierung und Bildung von Kindern zum Schuleintritt dar; eine entsprechende Konzeption wurde von einer gemeinsamen Arbeitsgruppe der beiden zuständigen Ministerien entwickelt. Der näheren Bestimmung der Bildungsaufgaben von Kindertageseinrichtungen dient das Kinderförderungsgesetz vom 7. März 2003. Es wurde ein modular aufgebauter Bildungsplan entwickelt, der alle Bildungsbereiche und Bildungsinhalte berücksichtigt und noch 2003 in der Praxis erprobt werden soll.

Schleswig-Holstein konzentriert nach eigenen Angaben seine Bestrebungen zur Qualitätsentwicklung und -sicherung auf die Weiterentwicklung des Systems der internen und externen Evaluation sowie die flächendeckende Einführung der verlässlichen Grundschule in mehreren Stufen bis 2008. Dem erstgenannten Schwerpunkt dient vor allem die Teilnahme am Projekt „Vergleichsarbeiten (VERA)" in Klassenstufe 4, das gemeinsam mit den Ländern Rheinland-Pfalz, Mecklenburg-Vorpommern, Nordrhein-Westfalen, Bremen und Berlin realisiert wird. Darüber hinaus ist die Einführung einer externen Evaluation in allgemein bildenden Schulen nach dem Konzept EVIT (Externe Evaluation im Team) vorgesehen. Das Land hat in den letzten Jahren sukzessive kompetenzbasierte Lehrpläne über alle Schulformen hinweg erstellt. Gegenwärtig werden sowohl landesbezogene Standards erarbeitet als auch die von der KMK beschlossenen Standards implementiert.

Der Freistaat *Thüringen* benennt die folgenden vier bildungspolitischen Schwerpunkte: landesweite Kompetenztests in den Klassen 3 und 6 in Deutsch und Mathematik (in der Grundschule, der Regelschule und dem Gymnasium), Entwicklung von Standards in den Abschlussklassen der Grundschule (Klasse 4), der Regelschule und des Gymnasiums, die Initiative „Schulentwicklung konkret" als Teil des Unterstützungssystems für Thüringer Schulen sowie die Leseinitiative des Thüringer Kultusministeriums.

Der Versuch einer Quantifizierung der beschriebenen bildungspolitischen Schwerpunkte zur Qualitätsentwicklung und -sicherung in den Ländern zeigt:

In allen Ländern werden als bildungspolitische Schwerpunkte bei der Qualitätsentwicklung und -sicherung Leistungserhebungen verschiedenster Art genannt. Einen zweiten bildungspolitischen Schwerpunkt stellt in der übergroßen Mehrheit der Länder die Weiterentwicklung von Rahmenlehrplänen und Leistungsstandards (dreizehn Länder) dar, wobei beides häufig in engem Zusammenhang angegeben wird. Ebenso viel Bedeutung wird der Stärkung der Eigenverantwortung der Schule und der Entwicklung von Schulprogrammen (zwölf Länder) beigemessen. In mehr als der Hälfte der Länder ist die Verbesserung der Bildungsarbeit im vorschulischen Bereich und in der Grundschule (neun Länder) ein wichtiges Ziel. Weniger oft werden als Schwerpunkte die Einführung verlässlicher Grundschulen und die Weiterentwicklung von Ganztagsangeboten (sieben Länder), die Weiterentwicklung von Lehreraus- und -fortbildung (vier Länder) sowie die Stärkung der Kooperation mit Eltern und außerschulischer Praxis (drei Länder) genannt.

D3 Innovative Ansätze der Qualitätsentwicklung und -sicherung in den Ländern

Versucht man die weitgehend standardisiert erfassten Informationen zur Realisierung der Maßnahmen der Länder in den sieben Handlungsfeldern, die vertiefenden Informationen zu ausgewählten inhaltlichen Schwerpunkten der Qualitätsverbesserung sowie die Aussagen zu den bildungspolitischen Schwerpunktsetzungen bei der Qualitätsentwicklung und -sicherung in den Schulsystemen der 16 Länder zu generalisieren und wesentliche innovative Ansätze bei der Entwicklung und Sicherung von Qualität in den Schulen in Deutschland zu identifizieren, dann lässt sich festhalten:

Offenbar haben sich alle Länder darauf eingestellt, die in den sieben Handlungsfeldern festgelegten Maßnahmen der Entwicklung und Sicherung von Qualität – bei aller Unterschiedlichkeit in der Dimensionierung und Reichweite der Maßnahmen sowie in den Akzentsetzungen in den einzelnen Ländern – möglichst in der ganzen Breite umzusetzen. Dabei zeigen sich, abhängig von den landesspezifischen Bedingungen, von der bildungspolitischen Dringlichkeit nach PISA (z.B. Förderung von Kindern mit Migrationshintergrund) sowie von der Art der Maßnahmen (ob vor allem strukturell, inhaltlich oder ergebnissichernd ausgerichtet) deutliche Unterschiede im Grad der Realisierung. Während die bildungspolitisch besonders dringlichen und die eher strukturell ausgerichteten Maßnahmen weitgehend eingeführt sind, befinden sich die vorbereitungs- und zeitaufwendigeren, unmittelbar inhalts- und ergebnisbezogenen Maßnahmen häufig noch im Planungs- oder Erprobungsstadium. Gleichwohl zeigen sich bei aller Vielfalt der Maßnahmen und bei aller Unterschiedlichkeit der landesspezifischen Schwerpunkte länderübergreifende Prioritäten:

- eine frühe Sprachförderung, insbesondere für Migrantenkinder bzw. Kinder mit Deutsch als Zweitsprache, in der Regel verbunden mit Sprachstandsfeststellungen für alle Kinder;
- die bessere Verzahnung von Kindertagesstätten, Vorschulerziehung und Grundschule sowie die Einführung einer verlässlichen Halbtagsgrundschule und von Ganztagsschulangeboten;
- die Ergebnissicherung mittels fortlaufender Lernstandsermittlung, der Entwicklung und Anwendung von Instrumenten der Leistungsdiagnose sowie die Durchführung schulübergreifender Vergleichsarbeiten;
- die Erstellung von Schulprogrammen;
- die Neufassung bzw. Weiterentwicklung von Rahmenplänen sowie die Erarbeitung von Standards in den Kernfächern;
- die Weiterentwicklung der methodischen und diagnostischen Kompetenz der Lehrkräfte insbesondere durch Lehrerfortbildung.

Vergleicht man diese aus der Umsetzung der Maßnahmen in den Handlungsfeldern abgeleiteten Schwerpunkte mit den bei der Erhebung genannten bildungspolitischen und inhaltlichen Prioritäten und stellt man in Rechnung, dass sich nicht alles, was derzeit bildungspolitisch vorrangig ist, unmittelbar aus TIMSS und PISA herleiten lässt, lassen sich dennoch wichtige innovative Ansätze der Steuerung der Qualitätsentwicklung und -sicherung auch unter Nutzung von Erfahrungen bei PISA erfolgreicher Staaten[22] erkennen. Zu ihnen gehören insbesondere:

- der Ausbau externer Evaluationen, teilweise in Verbindung mit der Entwicklung eines landesbezogenen Systemmonitorings;
- die Erarbeitung von Standards, häufig in Verbindung mit der Weiterentwicklung von Kerncurricula;
- die Stärkung der Selbstständigkeit der Einzelschule im Kontext von Qualitätsentwicklung;
- die verstärkte Professionalisierung von Schulleitern und Lehrkräften, teilweise auch von Schulaufsichtsbeamten;
- die bessere Verzahnung von Elementar- und Primarbildung sowie
- die Sprachförderung (meistens in Verbindung mit Sprachstandsfeststellungen), insbesondere für Migrantenkinder.

Auch wenn hier gewissermaßen nur eine „Momentaufnahme" gemacht und nicht alle bildungspolitischen Strategien und Maßnahmen zur Qualitätsentwicklung und -sicherung abgefragt und aufgeführt werden konnten, wird doch deutlich, dass in den Ländern und auch länderübergreifend eine Vielzahl neuer bildungspolitischer Initiativen in Angriff genommen worden ist. Bildungsberichterstattung könnte wesentlich dazu beitragen, diese Entwicklung zu verstetigen und evaluierend zu begleiten.

Die konzeptionellen Schwerpunkte und Maßnahmen der Länder bei der Entwicklung und Sicherung schulischer Qualität konnten in diesem Überblick nicht kritisch hinterfragt und ebenso wenig wissenschaftlich systematisch untersucht werden. Für Letzteres ist der Zeitraum zwischen Einführung der Maßnahmen und ihrer Evaluierung ohnehin zu kurz. Die Analyse der bildungspolitischen Initiativen der Länder bleibt eine Aufgabe künftiger Bildungsberichterstattung.

22 Zur genaueren Information über die Erfahrungen sowie Strategien und Instrumente der Steuerung von Schulsystemen und Einzelschulen bei PISA erfolgreicher Staaten siehe: Arbeitsgruppe Internationale Vergleichsstudie: Vertiefender Vergleich der Schulsysteme ausgewählter PISA-Teilnehmerstaaten. Berlin: 2003.

Anhang

Tabellenanhang zum Teil A

Die Tabellen A1/1 bis A1/7 finden sich im Text

Tabelle A1/8 Entwicklung der Schülerzahlen in den alten und neuen Ländern im Primarbereich und in der Sekundarstufe I 1991-2020 (1991-2000 Ist ab 2001 Soll)

	alte Länder				neue Länder			
	Primarstufe		Sekundarstufe I		Primarstufe		Sekundarstufe I	
	absolute Zahlen	Entwicklung (2001 = 100)	absolute Zahlen	Entwicklung (2001 = 100)	absolute Zahlen	Entwicklung (2001 = 100)	absolute Zahlen	Entwicklung (2001 = 100)
1991	2.513.322	89	3.420.933	82	924.126	217	1.243.909	104
1992	2.553.018	90	3.510.922	84	917.043	215	1.289.991	108
1993	2.614.750	93	3.598.294	86	909.570	213	1.316.706	110
1994	2.703.435	96	3.665.763	88	904.716	212	1.324.853	111
1995	2.799.090	99	3.739.198	89	885.035	208	1.327.218	111
1996	2.880.774	102	3.801.191	91	859.872	202	1.326.725	111
1997	2.945.089	104	3.860.177	92	801.074	188	1.316.914	110
1998	2.950.436	104	3.915.436	94	697.755	164	1.303.635	109
1999	2.938.499	104	3.986.169	95	594.206	139	1.280.962	107
2000	2.901.105	103	4.074.311	97	493.542	116	1.255.312	105
2001	2.825.365	100	4.180.013	100	426.306	100	1.192.931	100
2002	2.779.630	98	4.245.870	102	418.200	98	1.096.500	92
2003	2.761.730	98	4.260.545	102	427.940	100	988.360	83
2004	2.753.430	97	4.239.825	101	448.590	105	877.210	74
2005	2.745.030	97	4.186.925	100	469.780	110	775.460	65
2006	2.712.310	96	4.133.835	99	481.410	113	692.750	58
2007	2.650.090	94	4.084.055	98	489.020	115	650.010	54
2008	2.577.640	91	4.045.035	97	494.320	116	647.560	54
2009	2.508.500	89	4.003.865	96	499.120	117	660.990	55
2010	2.443.870	86	3.958.325	95	504.930	118	681.270	57
2011	2.382.240	84	3.912.710	94	513.040	120	701.310	59
2012	2.329.210	82	3.840.250	92	521.560	122	716.420	60
2013	2.285.080	81	3.748.010	90	530.780	125	726.050	61
2014	2.250.770	80	3.650.260	87	539.600	127	735.180	62
2015	2.228.960	79	3.559.020	85	547.710	128	744.030	62
2016	2.212.240	78	3.474.020	83	551.510	129	753.740	63
2017	2.204.630	78	3.399.800	81	554.320	130	763.940	64
2018	2.199.230	78	3.338.500	80	555.120	130	775.350	65
2019	2.201.430	78	3.290.220	79	553.830	130	790.850	66
2020	2.207.430	78	3.253.830	78	553.130	130	801.960	67

Quelle: Statistische Veröffentlichungen der KMK, Nr. 162, Vorausberechnung der Schüler- und Absolventenzahlen 2000 bis 2020, 2002

Tabelle A1/9 *Entwicklung der Zahl der Absolventen aus allgemein bildenden Schulen mit Haupt- und Realschulabschluss und der Studienberechtigten (aus allgemein bildenden und beruflichen Schulen) 2000-2020 (2000 = 100)*

	Alte Länder			Neue Länder		
	Hauptschul-abschluss	Realschul-abschluss	Hochschulreife	Hauptschul-abschluss	Realschul-abschluss	Hochschulreife
2000	100,0	100,0	100,0	100,0	100,0	100,0
2001	101,3	101,0	104,1	101,0	100,3	82,4
2002	103,7	102,8	103,7	94,5	98,3	98,9
2003	108,1	107,0	103,4	91,4	97,5	97,0
2004	109,1	110,5	104,2	89,0	95,6	97,1
2005	111,4	111,9	106,0	84,6	90,8	97,8
2006	111,9	112,8	110,0	76,1	87,8	97,2
2007	111,8	116,1	113,4	63,4	75,0	95,2
2008	109,7	114,0	114,9	52,3	58,9	99,0
2009	107,1	111,2	116,7	47,9	52,0	82,7
2010	104,4	109,0	117,4	46,3	48,7	67,7
2011	103,1	105,6	115,6	47,9	48,3	57,2
2012	104,5	105,4	113,1	50,7	51,1	53,9
2013	104,4	106,9	111,0	53,3	53,3	52,3
2014	102,3	106,4	109,3	54,1	54,9	53,9
2015	99,2	103,5	109,4	55,1	56,0	56,9
2016	96,5	101,0	110,1	55,4	56,5	58,8
2017	93,8	98,7	109,0	56,7	58,3	59,6
2018	91,3	96,1	107,0	56,7	60,1	60,7
2019	89,4	93,5	104,2	57,2	60,4	61,7
2020	87,4	91,4	101,6	58,0	61,3	62,1

Quelle: Statistische Veröffentlichungen der KMK, Nr. 162, Vorausberechnung der Schüler- und Absolventenzahlen 2000 bis 2020, 2002

Die Tabelle A2/1 befindet sich im Text

Tabelle A2/2 *Budget für Bildung, Forschung und Wissenschaft – 2000 (Durchführungskonzept)*

	Bereich	in Mrd. Euro	in % von insgesamt	in % des Bildungsbudgets	in % des BIP
A	**Ausgaben für den Bildungsprozess**[1]				
10	**Öffentliche Vorschulen, Schulen, Hochschulen**	**67,4**	**36,8**	**52,5**	**3,3**
11	Vorschulische Erziehung[2]	4,3	2,3	3,3	0,2
12	Allgemein bildende Schulen	43,6	23,8	33,9	2,2
13	Berufliche Schulen[3]	8,2	4,5	6,4	0,4
14	Hochschulen[4]	11,3	6,2	8,8	0,6
20	**Private Vorschulen, Schulen, Hochschulen**	**11,0**	**6,0**	**8,6**	**0,5**
21	Vorschulische Erziehung[2]	7,0	3,8	5,4	0,3
22	Allgemein bildende Schulen	2,7	1,5	2,1	0,1
23	Berufliche Schulen[3]	1,1	0,6	0,9	0,1
24	Hochschulen[4]	0,2	0,1	0,2	0,0
10+20	**Öffentliche und private Vorschulen, Schulen, Hochschulen**	**78,4**	**42,7**	**61,0**	**3,8**
11+21	Vorschulische Erziehung[2]	11,3	6,2	8,8	0,5
12+22	Allgemein bildende Schulen	46,3	25,2	36,0	2,3
13+ 2	Berufliche Schulen[3]	9,3	5,1	7,2	0,5
14+24	Hochschulen[4]	11,5	6,3	8,9	0,6
30	**Betriebliche Ausbildung im Rahmen der dualen Bildung**	**13,9**	**7,6**	**10,8**	**0,7**
31	des öffentlichen Bereichs	1,0	0,5	0,8	0,1
32	des nichtöffentlichen Bereichs	12,9	7,0	10,0	0,6

Die Tabelle wird auf der folgenden Seite fortgesetzt.

Fortgesetzte Tabelle A2/2

	Bereich	in Mrd. Euro	in % von insgesamt	in % des Bildungsbudgets	in % des BIP
40	**Betriebliche Weiterbildung der Unternehmen, privaten Organisationen ohne Erwerbszweck, Gebietskörperschaften[5]**	**9,3**	**5,1**	**7,2**	**0,5**
50	**Sonstige Bildungseinrichtungen**	**9,6**	**5,2**	**7,5**	**0,5**
51	Serviceleistungen der öffentlichen Verwaltung	0,8	0,4	0,6	0,0
52	Einrichtungen der Jugendarbeit	1,4	0,8	1,1	0,1
53	Sonstige öffentliche Bildungseinrichtungen[6]	1,4	0,8	1,1	0,1
54	Sonstige private Bildungseinrichtungen[7,8]	6,1	3,3	4,7	0,3
60	**Ausgaben von Schülern und Studierenden für Nachhilfe, Lernmittel und dergleichen**	**4,6**	**2,5**	**3,6**	**0,2**
70	**Ausgaben für den Bildungsprozess insgesamt**	**115,8**	**63,1**	**90,1**	**5,7**
B	**Förderung von Bildungsteilnehmern[9]**				
10	**Bildungsförderung durch Gebietskörperschaften**	**4,4**	**2,4**	**3,4**	**0,2**
11	Schülerförderung	2,1	1,1	1,6	0,1
12	Förderung der Studierenden	2,3	1,3	1,8	0,1
13	Zuschüsse an Teilnehmer von Weiterbildungsmaßnahmen	0,0	0,0	0,0	0,0
20	**Förderung von Bildungsteilnehmern durch die Bundesanstalt für Arbeit[7,8]**	**5,2**	**2,8**	**4,0**	**0,3**
30	**Kindergeld für Bildungsteilnehmer zwischen 19 und 25 Jahren**	**3,1**	**1,6**	**2,4**	**0,2**
40	**Förderung von Bildungsteilnehmern insgesamt**	**12,7**	**6,9**	**9,9**	**0,6**
A-B	**Bildungsbudget im engeren Sinn**	**128,5**	**70,1**	**100,0**	**6,3**
C 10	**Ausgaben für Forschung und Entwicklung[1,10]**	**50,6**	**27,6**		**2,5**
11	Wirtschaft	35,6	19,4		1,8
12	Staatliche Forschungseinrichtungen[11]	1,0	0,5		0,0
13	Private Forschungseinrichtungen ohne Erwerbszweck	5,9	3,2		0,3
14	Hochschulen	8,1	4,4		0,4
D 20	**Sonstige Bildungs- und Wissenschaftsinfrastruktur[1]**	**4,3**	**2,3**		**0,2**
21	Wissenschaftliche Museen und Bibliotheken, Fachinformationszentren (ohne FuE-Ausgaben)	0,5	0,3		0,0
22	Nichtwissenschaftliche Museen und Bibliotheken	2,2	1,2		0,1
23	Ausgaben der außeruniversitären Einrichtungen für Wissenschaft und Forschung (ohne FuE-Ausgaben)	1,6	0,9		0,1
A-D	**Ausgaben für Bildung, Forschung und Wissenschaft zusammen**	**183,4**	**100,0**		**9,1**

1 Ausgaben nach dem Durchführungskonzept (Personalausgaben, laufender Sachaufwand, Investitionsausgaben, z.T. Kosten bzw. geschätzt auf der Basis der öffentlichen Zuschüsse), Abgrenzung nach dem Konzept 2001

2 Kindergärten (ohne Kinderhorte), Vorklassen, Schulkindergärten; Berechnungsergebnisse durch Privatisierung von Kindergärten u.U. verzerrt

3 einschließlich Fachschulen, Berufsakademien, Schulen des Gesundheitswesens

4 ohne Ausgaben für die Krankenbehandlung, Forschung und Entwicklung

5 Schätzung der Kosten für interne und externe Weiterbildung (ohne Personalkosten der Teilnehmer) auf der Basis der Erwerbstätigen (ohne Auszubildende) laut Mikrozensus und der durchschnittlichen Weiterbildungskosten je Beschäftigten laut der zweiten Europäischen Erhebung zur beruflichen Weiterbildung (CVTS2), eventuelle Doppelzählungen bei externen Weiterbildungsmaßnahmen (z.B. in Hochschulen) wurden nicht bereinigt

6 Einschließlich behördeninterner Angaben für die Beamtenausbildung, z.T. geschätzt

7 Zuschüsse der staatlichen und kommunalen Haushalte sowie der Bundesanstalt für Arbeit an private Einrichtungen der Erwachsenenbildung sowie der Bundesanstalt für Arbeit an private überbetriebliche Aus- und Weiterbildungsstätten; eventuelle Doppelzählungen (Duale Ausbildung, Weiterbildung) konnten nicht bereinigt werden.

8 Aufteilung der Bildungsausgaben der Bundesanstalt für Arbeit auf Ausgaben für den Bildungsprozess und Bildungsförderung aufgrund von vorläufigen Ergebnissen einer Studie des StBA über die Bildungsausgaben der Bundesanstalt für Arbeit

9 Zahlungen der öffentlichen Haushalte zur Finanzierung der Lebenshaltung auf Zuschuss- oder Darlehensbasis (brutto), einschließlich Bafög-Darlehen der Deutschen Ausgleichsbank

10 Berechnet nach den Methoden der FuE-Statistik (Frascati-Handbuch/OECD-Meldung)

11 Einschl. FuE-Ausgaben der wissenschaftlichen Bibliotheken und Museen

Quelle: Statistisches Bundesamt – Berechnungen und Schätzungen auf der Basis diverser amtlicher und nichtamtlicher Statistiken

Tabelle A2/3 Budget für Bildung, Forschung und Wissenschaft – 2000 (Finanzierungskonzept)

Bereich		Ausgaben der finanzierenden Bereiche in Mrd. Euro										
		Ausgaben des Staates										Anteil des Staates am Budget
						in %						
		Bund	Länder	Gemeinden	zusammen	von insgesamt	des Bildungs-budgets	des BIP	Private	Ausland	gesamte Volkswirtschaft	
1 2	3	4	5	6	7	8	9	10	11	12	13	14
A	**Ausgaben für den Bildungsprozess**[1]											
10	**Öffentliche Vorschulen, Schulen, Hochschulen**	**1,1**	**54,0**	**10,0**	**65,1**	**56,5**	**68,4**	**3,2**	**2,2**	**0,0**	**67,3**	**96,7**
11	Vorschulische Erziehung[2]	0,0	2,4	1,1	3,5		3,7	0,2	0,9		4,4	79,5
12	Allgemein bildende Schulen	0,1	35,2	7,5	42,8		45,0	2,1	0,8		43,6	98,2
13	Berufliche Schulen[3]	0,0	6,7	1,4	8,1		8,5	0,4	0,1		8,2	98,8
14	Hochschulen[4]	1,0	9,8	0,0	10,8		11,3	0,5	0,5		11,3	95,6
20	**Private Vorschulen, Schulen, Hochschulen**	**0,0**	**3,4**	**3,6**	**7,0**	**6,1**	**7,4**	**0,3**	**4,0**	**0,0**	**11,0**	**63,6**
21	Vorschulische Erziehung[2]	0,0	0,4	3,3	3,7		3,9	0,2	3,3		7,0	52,9
22	Allgemein bildende Schulen	0,0	2,4	0,1	2,5		2,6	0,1	0,2		2,7	92,6
23	Berufliche Schulen[3]	0,0	0,5	0,1	0,6		0,6	0,0	0,4		1,0	60,0
24	Hochschulen[4]	0,0	0,1	0,0	0,1		0,1	0,0	0,1		0,2	50,0
10+20	**Öffentliche und private Vorschulen, Schulen, Hochschulen**	**1,1**	**57,4**	**13,6**	**72,1**	**62,5**	**75,7**	**3,6**	**6,2**	**0,0**	**78,3**	**92,1**
11+21	Vorschulische Erziehung[2]	0,0	2,8	4,4	7,2		7,6	0,4	4,2	0,0	11,4	63,2
12+22	Allgemein bildende Schulen	0,1	37,6	7,6	45,3		47,6	2,2	1,0	0,0	46,3	97,8
13+ 3	Berufliche Schulen[3]	0,0	7,2	1,5	8,7		9,1	0,4	0,5	0,0	9,2	94,6
14+24	Hochschulen[4]	1,0	9,9	0,0	10,9		11,4	0,5	0,6	0,0	11,5	94,8
30	**Betriebliche Ausbildung im Rahmen der dualen Bildung**	**0,1**	**0,4**	**0,5**	**1,0**	**0,9**	**1,1**	**0,0**	**12,9**	**0,0**	**13,9**	**7,2**
31	des öffentlichen Bereichs	0,1	0,4	0,5	1,0				0,0	0,0	1,0	100,0
32	des nichtöffentlichen Bereichs	0,0	0,0	0,0	0,0				12,9	0,0	12,9	0,0
40	**Betriebliche Weiterbildung der Unternehmen, privaten Organisationen ohne Erwerbszweck, Gebietskörperschaften**[5]	**0,2**	**0,7**	**0,5**	**1,4**	**1,2**	**1,5**	**0,1**	**7,9**	**0,0**	**9,3**	**15,1**
50	**Sonstige Bildungseinrichtungen**	**6,2**	**1,8**	**1,3**	**9,3**	**8,1**	**9,8**	**0,5**	**0,3**	**0,0**	**9,6**	**96,9**
51	Serviceleistungen der öffentlichen Verwaltung	0,1	0,7	0,0	0,8				0,0	0,0	0,8	100,0
52	Einrichtungen der Jugendarbeit	0,1	0,2	1,0	1,3				0,1	0,0	1,4	92,9
53	Sonstige öffentliche Bildungseinrichtungen[6]	0,2	0,7	0,2	1,1				0,2	0,0	1,3	84,6
54	Sonstige private Bildungseinrichtungen[7,8]	5,9	0,1	0,1	6,1				0,0	0,0	6,1	100,0
60	**Ausgaben von Schülern und Studierenden für Nachhilfe, Lernmittel und dergleichen**	**0,0**	**0,0**	**0,0**	**0,0**	**0,0**	**0,0**	**0,0**	**4,6**	**0,0**	**4,6**	**0,0**
70	**Ausgaben für den Bildungsprozess insgesamt**	**7,7**	**60,4**	**15,8**	**83,9**	**72,8**	**88,1**	**4,2**	**32,0**	**0,0**	**115,9**	**72,4**
B	**Förderung von Bildungsteilnehmern**[9]											
10	**Bildungsförderung durch Gebietskörperschaften**	**0,7**	**1,1**	**1,3**	**3,0**	**2,6**	**3,2**	**0,1**	**1,3**	**0,0**	**4,3**	**69,8**
11	Schülerförderung	0,3	0,5	1,3	2,0				0,0	0,0	2,0	100,0
12	Förderung der Studierenden	0,4	0,6	0,0	1,0				1,3	0,0	2,3	43,5
13	Zuschüsse an Teilnehmer von Weiterbildungsmaßnahmen	0,0	0,0	0,0	0,0				0,0	0,0	0,0	0,0
20	**Förderung von Bildungsteilnehmern durch die Bundesanstalt für Arbeit**[7,8]	**5,2**	**0,0**	**0,0**	**5,2**	**4,5**	**5,5**	**0,3**	**0,0**	**0,0**	**5,2**	**100,0**
30	**Kindergeld für Bildungsteilnehmer zwischen 19 und 25 Jahren**	**1,3**	**1,3**	**0,5**	**3,1**	**2,7**	**3,3**	**0,2**	**0,0**	**0,0**	**3,1**	**100,0**
40	**Förderung von Bildungsteilnehmern insgesamt**	**7,2**	**2,4**	**1,7**	**11,3**	**9,8**	**11,9**	**0,6**	**1,3**	**0,0**	**12,6**	**89,7**
A-B	**Bildungsbudget im engeren Sinn**	**14,9**	**62,7**	**17,9**	**95,2**	**82,6**	**100,0**	**4,7**	**33,3**	**0,0**	**128,5**	**74,1**
A-B	**prozentuale Aufteilung der Ausgaben des Staates**	**15,7**	**65,9**	**18,8**	**100,0**							

Tabelle wird fortgesetzt auf der folgenden Seite

Fortgesetzte Tabelle A2/3

1 2	3	4	5	6	7	8	9	10	11	12	13	14
C 10	**Ausgaben für Forschung und Entwicklung**[1,10]	**7,7**	**8,1**	**0,1**	**15,9**	**13,8**		**0,8**	**33,6**	**1,1**	**50,6**	**31,4**
11	Wirtschaft	2,1	0,5	0,0	2,6				32,3	0,7	35,6	7,3
12	Staatliche Forschungseinrichtungen[11]	0,6	0,3	0,1	1,0				0,0	0,0	1,0	100,0
13	Private Forschungseinrichtungen ohne Erwerbszweck	3,7	1,7	0,0	5,4				0,3	0,2	5,9	91,5
14	Hochschulen	1,3	5,7	0,0	7,0				1,0	0,2	8,2	85,4
D 20	**Sonstige Bildungs- und Wissenschaftsinfrastruktur**[1]	**1,3**	**1,4**	**1,5**	**4,2**	**3,6**		**0,2**	**0,1**	**0,0**	**4,3**	**97,7**
21	Wissenschaftliche Museen und Bibliotheken, Fachinformationszentren (ohne FuE-Ausgaben)	0,3	0,2	0,0	0,5				0,0	0,0		
22	Nichtwissenschaftliche Museen und Bibliotheken	0,0	0,8	1,3	2,1				0,1	0,0		
23	Ausgaben der außeruniversitären Einrichtungen für Wissenschaft und Forschung (ohne FuE-Ausgaben)	1,0	0,5	0,1	1,5				0,0	0,0		
A-D	**Ausgaben für Bildung, Forschung und Wissenschaft zusammen**	**23,8**	**72,3**	**19,1**	**115,3**	**100,0**		**5,7**	**67,0**	**1,1**	**183,4**	**62,9**
A-D	prozentuale Aufteilung der Ausgaben des Staates	20,6	62,7	16,6	100,0							

1 Ausgaben nach dem Durchführungskonzept (Personalausgaben, laufender Sachaufwand, Investitionsausgaben, z.T. Kosten bzw. geschätzt auf der Basis der öffentlichen Zuschüsse), Abgrenzung nach dem Konzept 2001
2 Kindergärten (ohne Kinderhorte), Vorklassen, Schulkindergärten; Berechnungsergebnisse durch Privatisierung von Kindergärten u.U. verzerrt
3 einschließlich Fachschulen, Berufsakademien, Schulen des Gesundheitswesens
4 ohne Ausgaben für die Krankenbehandlung, Forschung und Entwicklung
5 Schätzung der Kosten für interne und externe Weiterbildung (ohne Personalkosten der Teilnehmer) auf der Basis der Erwerbstätigen (ohne Auszubildende) laut Mikrozensus und der durchschnittlichen Weiterbildungskosten je Beschäftigten laut der zweiten Europäischen Erhebung zur beruflichen Weiterbildung (CVTS2), eventuelle Doppelzählungen bei externen Weiterbildungsmaßnahmen (z.B. in Hochschulen) wurden nicht bereinigt
6 Einschließlich behördeninterner Angaben für die Beamtenausbildung, z.T. geschätzt
7 Zuschüsse der staatlichen und kommunalen Haushalte sowie der Bundesanstalt für Arbeit an private Einrichtungen der Erwachsenenbildung sowie der Bundesanstalt für Arbeit an private überbetriebliche Aus- und Weiterbildungsstätten; eventuelle Doppelzählungen (Duale Ausbildung, Weiterbildung) konnten nicht bereinigt werden.
8 Aufteilung der Bildungsausgaben der Bundesanstalt für Arbeit auf Ausgaben für den Bildungsprozess und Bildungsförderung aufgrund von vorläufigen Ergebnissen einer Studie des StBA über die Bildungsausgaben der Bundesanstalt für Arbeit
9 Zahlungen der öffentlichen Haushalte zur Finanzierung der Lebenshaltung auf Zuschuss- oder Darlehensbasis (brutto), einschließlich Bafög-Darlehen der Deutschen Ausgleichsbank
10 Berechnet nach den Methoden der FuE-Statistik (Frascati-Handbuch/OECD-Meldung)
11 Einschl. FuE-Ausgaben der wissenschaftlichen Bibliotheken und Museen

Quelle: Statistisches Bundesamt – Berechnungen und Schätzungen auf der Basis diverser amtlicher und nichtamtlicher Statistiken

Tabelle A2/4 Öffentliche Bildungsausgaben[1] in % des Bruttoinlandsproduktes

Jahr	in % des BIP
	im früheren Bundesgebiet
1975	5,09
1980	4,81
1985	4,21
1990	3,68
	in Deutschland
1992	4,13
1993	4,31
1994	4,18
1995	4,19
1996	4,19
1997	4,11
1998	3,99
1999	3,96
2000	3,95

1 nach der älteren Definition des Bildungsbudgets: Grundmittel ohne Zusetzungen für Versorgung und Beihilfen der Beamten, ohne Förderung durch die Bundesanstalt für Arbeit und ohne Kindergeldleistungen für 18- bis 25-jährige Bildungsteilnehmer, aber mit öffentlichen Ausgaben für hochschulinterne Forschung

Quelle: BMBF: Grund- und Strukturdaten 2001/02. Bonn: 2003, S. 339

Tabelle A2/5 *Öffentliche Ausgaben für öffentliche Schulen in Euro (2000)*[1]

Region	Ausgaben je Schüler (Voll- und Teilzeit)			Ausgaben[2] von 'insgesamt' für		
	allgemein bildende Schulen	berufsbildende Schulen	insgesamt	Personal	laufenden Sachaufwand	Investitionen
BW	4.600	3.800	4.400	3.600	400	400
BY	4.800	3.200	4.500	3.600	500	500
BE	4.900	3.100	4.600	3.900	400	300
BB	4.000	2.100	3.700	2.900	400	500
HB	5.700	3.400	5.100	4.500	400	300
HH	6.200	4.400	5.800	4.600	700	600
HE	4.300	3.300	4.100	3.400	400	300
MV	3.900	2.100	3.600	2.800	400	300
NI	4.500	3.300	4.200	3.600	400	200
NW	4.300	3.100	4.100	3.400	400	300
RP	4.400	3.200	4.200	3.500	400	400
SL	4.300	3.200	4.000	3.500	500	200
SN	3.900	2.400	3.600	2.800	400	400
ST	4.400	2.300	4.000	3.200	400	400
SH	4.600	3.300	4.300	3.500	500	300
TH	4.600	2.700	4.100	3.300	600	400
D	4.500	3.100	4.200	3.500	400	400
FIL: AL	4.500	3.300	4.200	3.500	400	300
FIL: NLr	4.100	2.400	3.800	3.000	400	400
StS	5.300	3.500	4.900	4.100	500	400

1 einschließlich Schulverwaltung
2 Abweichungen in Folge von Rundungen

Quelle: Statistisches Bundesamt 2003

Tabelle A2/6 *Öffentliche Ausgaben für öffentliche Schulen je Schüler nach Schularten und Ländern in Euro (2000)*

Region	Schulart							
	GS	OS	HS	SMG	RS	GY	IGS	Sonderschulen
BW	3.300		5.100		4.300	5.600		12.700
BY	3.800		5.100		5.100	6.000		8.900
BE	4.000	5.000	6.900		4.500	5.300	6.200	13.900
BB	2.900	3.500			3.500	3.900	4.500	10.200
HB	4.200	4.900	6.000		4.600	6.000	6.900	16.700
HH	5.700		6.300		6.400	6.200	7.300	15.300
HE	3.500	4.900	5.600		4.700	4.500	5.000	12.300
MV	3.500		5.200	4.200	3.900	4.100		8.700
NI	3.600	4.400	5.200		4.500	5.600		11.200
NW	3.400		4.800		3.700	5.000	5.400	11.000
RP	3.700		4.800	4.400	3.900	5.300		9.700
SL	3.500			4.300	4.200	4.800	4.900	12.000
SN	3.300			3.900		4.300		10.000
ST	3.700	4.200		4.500	5.000	4.900		10.000
SH	3.400		4.600		4.500	5.600	6.000	10.600
TH	4.200					4.600		10.000
D	3.600	4.400	5.100	4.000	4.300	5.200	5.400	10.900
FIL: AL	3.500	4.500	5.000	4.400	4.300	5.400	5.400	11.000
FIL: NL	3.500	3.900		4.200	4.200	4.400		9.800
StS	4.400	5.000	6.600		4.900	5.600	6.600	14.600

1 Die Ausgaben enthalten in einzelnen Ländern die Ausgaben für den ganztägigen Schulbetrieb.

Quelle: Statistisches Bundesamt 2003

Tabelle A2/7 Öffentliche Ausgaben für öffentliche Schulen je Schüler nach Schulformen[1] in Euro (1999)

Schultyp	Deutschland
Grundschule	3.426
Hauptschule	4.704
Realschule	4.244
Gymnasium	5.113
Integrierte Gesamtschule	5.215
Sonderschule	10.328
Allgemein bildende Schulen	4.448
Berufsschule	2.096
Berufsfachschule	5.675
Fachoberschule	4.397
Fachgymnasium	5.624
Fachschule	5.215
Berufliche Schulen insgesamt	3.119
Schulen insgesamt	4.193

1 Grundmittel (einschließlich Zusetzungen für Versorgungsbezüge und Beihilfen) – ohne Ausgaben für die Schulverwaltung

Quelle: Statistisches Bundesamt 2001

Tabelle A2/8 Laufende öffentliche Grundmittel je Studierende(n) und je Absolvent(in) nach Ländern in Euro (2000)[1]

Region	je Studierende(n)	je Absolvent(in)
Baden-Württemberg	8.740	66.600
Bayern	8.590	73.440
Berlin	8.080	92.150
Brandenburg	6.630	107.270
Bremen	5.780	68.910
Hamburg	7.430	75.290
Hessen	6.450	67.430
Mecklenburg-Vorpommern	8.680	104.480
Niedersachsen	7.770	70.450
Nordrhein-Westfalen	5.640	69.170
Rheinland-Pfalz	6.220	59.040
Saarland	8.240	81.870
Sachsen	8.690	90.360
Sachsen-Anhalt	9.870	123.550
Schleswig-Holstein	7.760	72.270
Thüringen	8.810	111.990
Deutschland	7.280	74.420
Flächenländer: Alte Länder	7.010	69.080
Flächenländer: Neue Länder	8.610	103.020
Stadtstaaten	7.620	84.290

1 Laufende Grundmittel sind die Nettoausgaben, vermindert um Einnahmen und Investitionen, verstärkt um Zusetzungen für Versorgungsbezüge und Beihilfen.

Quelle: Statistisches Bundesamt 2003

Tabelle A2/9 *Bildungsausgaben in % des Bruttoinlandsproduktes und altersstrukturelle Merkmale der Bevölkerung (1999) (in der OECD-Definition)*

Land	öffentliche Ausgaben[1]	private Ausgaben[2]	Ausgaben insgesamt	Altersgruppen in % der Gesamtbevölkerung 5 bis 14	15 bis 19	20 bis 29	5 bis 29
Österreich	6,0	0,3	6,3	12	6	14	32
Belgien	5,3	0,3	5,6	12	6	13	31
Dänemark	6,4	0,3	6,7	12	5	14	31
Finnland	5,7	0,1	5,8	13	6	12	31
Frankreich	5,8	0,4	6,2	13	7	14	34
Deutschland	4,3	1,2	5,5	11	6	12	29
Griechenland	3,6	0,3	3,9	11	7	15	33
Irland	4,1	0,4	4,5	15	9	16	40
Italien	4,4	0,4	4,8	10	5	15	30
Luxemburg				12	6	13	31
Niederlande	4,3	0,4	4,7	12	6	14	32
Portugal	5,6	0,1	5,7	11	7	16	34
Spanien	4,4	0,9	5,3	10	7	17	34
Schweden	6,5	0,2	6,7	13	6	13	32
Vereinigtes Königreich	4,4	0,7	5,1	13	6	13	32
Japan	3,5	1,1	4,6	10	6	15	31
Schweiz	5,4	0,5	5,9	12	6	13	31
Vereinigte Staaten	4,9	1,6	6,5	13	6	13	32
OECD	4,9	0,6	5,5	13	7	15	35

1 einschließlich öffentlicher Subventionen an private Haushalte, die Bildungseinrichtungen zuzuordnen sind, und direkter Ausgaben für Bildungseinrichtungen aus internationalen Quellen
2 abzüglich öffentlicher Subventionen, die Bildungseinrichtungen zuzuordnen sind

Quelle: OECD: Bildung auf einen Blick – OECD-Indikatoren 2002. Paris: 2002, S. 190 und OECD: Bildung auf einen Blick – OECD-Indikatoren 2001. Paris: 2001, S. 39

Tabelle A2/10 *Bildungsausgaben[1] nach Ausgabenarten (1999) und Lehrergehälter (2000)*

Land	Anteil der Gesamtausgaben in % laufende Ausgaben	Investitions-Ausgaben	Anteil an den laufenden Ausgaben in % Personal	Anderes	Lehrergehälter in US-Dollar[3] (kaufkraftbereinigt) Primarbereich	Sekundarbereich I	Sekundarbereich II/allgemein bildend
Österreich	93,5	6,5	81,2	18,8	26.570	27.691	30.584
Belgien (fläm.)	97,2	2,8	79,1	20,9	32.318	34.079	43.580
Dänemark	95,1	4,9	75,3	24,7	32.883	32.883	38.279
Finnland	92,9	7,1	68,9	31,1	25.183	28.690	30.124
Frankreich	91,4	8,6	78,6	21,4	27.172	29.331	29.331
Deutschland	92,3	7,7	88,8	11,2	37.905	40.561	43.881
Griechenland	85,8	14,2	96,4	3,6	24.336	24.658	24.658
Irland	92,2	7,8	84,9	15,1	35.760	36.145	36.145
Italien	94,8	5,2	80,2	19,8	25.115	27.507	28.329
Niederlande	95,7	4,3	75,9	24,1	32.686	34.985	48.840
Portugal	95,4	4,6	93,7	6,3	26.607	26.607	26.607
Spanien	93,9	6,1	85,6	14,4	29.261	31.616	33.985
Vereinig. Königr.[2]	93,9	6,1	67,2	32,8	35.487	35.487	35.487
Japan	87,6	12,4	88,1	11,9	42.820	42.820	42.845
Schweiz	90,4	9,6	85,3	14,7	45.728	4.763	63.041
Verein. Staaten	88,1	11,9	82,3	17,7	40.072	40.072	40.181
OECD	92,1	7,9	80,3	19,7	29.407	31.221	33.582

1 Primar-, Sekundar- und post-sekundärer, nicht tertiärer Bereich
2 bei Lehrergehältern: England
3 Jahresgehalt nach 15 Jahren Berufserfahrung in US-Dollar (kaufkraftbereinigt)

Quelle: OECD: Bildung auf einen Blick – OECD-Indikatoren 2002. Paris: 2002

Tabelle A2/11 Ausgaben je Schüler nach Bildungsstufen in % der Ausgaben für die Primarstufe (1999)

Land	Primarbereich US-Dollar[1]	Sekundarbereich I in % des Primarbereichs	Sekundarbereich II in % des Primarbereichs
Österreich	6.568	128	131
Dänemark	6.721	103	123
Finnland	4.138	154	132
Frankreich	4.139	161	188
Deutschland[2]	3.818	129	265
Italien	5.354	116	126
Niederlande	4.162	138	134
Portugal	3.478	143	156
Schweden	5.736	99	106
Japan	5.240	107	123
OECD-Ländermittel	4.148	126	143

1 kaufkraftbereinigt
2 Die Ausgaben für den Sekundarbereich II umfassen in Deutschland auch die Nettoausgaben der Ausbildungsbetriebe.

OECD: Bildung auf einen Blick – OECD-Indikatoren 2002. Paris: 2002, S.177

Tabelle A2/12 Ausgaben je Studienplatz und je Studierenden über die gesamte Studiendauer im Tertiärbereich – Typ A[1] (1999)

	US-Dollar[2] je	
Land	Studienplatz	Bildungsgang
Frankreich	7.709	40.901
Deutschland	11.209	67.367
Griechenland	4.606	33.669
Italien	7.557	42.092
Spanien	5.760	27.113
Schweiz	18.584	101.334

1 mindestens dreijährige Studiengänge
2 kaufkraftbereinigt

Quelle: OECD: Bildung auf einen Blick – OECD-Indikatoren 2002. Paris: 2002, S. 176 und S. 178

Die Tabelle A3/1 befindet sich im Text

Tabelle A3/2 *Bildungsbeteiligung nach Alter und Schulform – Schüler an allgemein bildenden Schulen in % der Bevölkerung vorstehenden Alters*

Stichtag: 31.12.2000	Schulkindergärten und Vorklassen	Grundschulen	Hauptschulen [1]	Schularten mit mehreren Bildungsgängen	Sonderschulen	Realschulen	Gymnasien	IGS und Freie Waldorfschulen	Abendschulen und Kollegs	Berufsschulen [2]	Berufsfachschulen	Fachoberschulen	Fachgymnasien [3]	Berufs-/Technische Oberschulen	Fachschulen [4]	Schulen des Gesundheitswesens	Hochschulen [5]
4-Jährige	0,3																
5-Jährige	1,9																
6-Jährige	5,0	48,6			1,0			0,5									
7-Jährige	1,1	94,8			2,6			1,2									
8-Jährige		95,7			3,3			1,2									
9-Jährige		93,2			3,8			1,2									
10-Jährige		54,9	14,7	2,4	4,2	6,7	12,1	3,5									
11-Jährige		6,6	35,0	6,1	4,6	14,7	25,6	6,7									
12-Jährige		0,6	31,4	7,5	4,9	18,1	27,9	8,0									
13-Jährige			22,7	8,9	5,2	22,3	29,9	9,4									
14-Jährige			22,1	8,5	5,3	24,1	28,7	9,7									
15-Jährige			19,6	7,3	5,0	25,6	27,4	9,8		8,6	1,3						
16-Jährige			10,9	4,1	3,1	17,9	26,5	7,5		21,3	7,1	1,0	1,2				
17-Jährige			3,2	0,7	1,4	5,0	25,3	7,7		36,3	11,8	2,5	2,9		0,2	0,5	
18-Jährige			0,5	0,1	0,8	0,7	22,7	3,7		38,5	9,2	2,3	3,1	0,1	0,7	1,1	0,9
19-Jährige					0,3		12,2	2,5	0,4	33,4	5,4	1,5	2,2	0,1	1,2	1,6	5,9
20-Jährige					0,1		2,3	1,4	0,4	24,5	3,3	1,0	0,8	0,2	1,3	1,8	12,7
21-Jährige					0,2		0,4	0,4	0,4	16,3	2,0	0,7	0,3	0,2	1,2	1,6	16,6
22-Jährige							0,1	0,1	0,4		1,2	0,5	0,1	0,2	1,1	1,2	18,0
23-Jährige									0,5			0,3		0,1	1,2	0,8	18,5
24-Jährige									0,5			0,2		0,1	1,1	0,6	18,3
25-Jährige												0,1			1,0	0,3	16,5
26-Jährige												0,1			0,9	0,3	14,1
27-Jährige															0,7	0,2	11,3
28-Jährige															0,6	0,4	8,8
29-Jährige																	6,9

1 einschließlich schulformunabhängiger Orientierungsstufe
2 Berufsschulen im dualen System (einschl. Berufsgrundbildungsjahr in kooperativer Form), einschl. Berufsvorbereitungsjahr sowie Berufsgrundbildungsjahr in vollzeitschulischer Form
3 einschließlich auslaufender Bildungsgänge ehemaliger Kollegschulen
4 einschließlich Fachakademien in Bayern
5 Wintersemester 2000/2001

Quelle: Statistisches Bundesamt, Bildung im Zahlenspiegel 2002

Tabelle A3/3 *Anteil der Privatschüler an allen Schülern nach Schulformen der allgemein bildenden Schulen in % (2000)*

	Grundschule	Hauptschule	Realschule	Gymnasium	Sonderschule	gesamt
BW	1,2	1,5	4,3	9,2	22,3	6,5
BY	1,9	2,3	23,3	10,9	38,4	8,9
BE	3,9	1,8	4,8	5,1	3,7	4,3
BB	0,9		0,4	2,5	5,7	1,5
HB	6,3	3,8	6,0	7,2	7,5	7,7
HH	8,0	10,8	14,8	6,6	5,4	8,5
HE	0,7	0,3	4,2	12,4	12,0	5,1
MV	2,1	0,2	0,3	2,1	4,2	1,8
NI	0,2	4,0	3,6	12,3	8,7	4,5
NW	0,5	0,5	6,9	16,8	8,9	6,5
RP	1,1	2,8	7,3	14,8	13,9	6,1
SL	0,7	25,6	26,1	16,0	11,4	7,2
SN	1,5			2,6	3,2	1,7
ST	1,0	0,0	0,0	6,0	1,5	1,8
SH	1,9	3,2	2,0	2,0	4,8	3,6
TH	1,1			3,3	13,7	2,6
Deutschland	1,3	1,9	7,5	10,5	14,3	5,6
Alte Länder	1,1	1,9	8,5	12,5	17,3	6,5
Neue Länder +BE	1,9	1,0	1,1	3,5	5,2	2,3

Quelle: BMBF: Grund- und Strukturdaten 2001/02, eigene Berechnungen

Tabelle A3/4 *Anteil der Privatschüler an allen Schülern nach Schulformen der berufsbildenden Schulen in % (2000)*

	Berufsschulen	Berufsfachschulen	Fachoberschulen	Fachschulen	Gesamt
BW	1,8	15,4		28,6	6,4
BY	3,5	36,5	3,4	50,6	8,9
BE	1,6	15,8	3,5	32,1	5,1
BB	1,0	9,2	8,0	43,3	3,9
HB	2,2	0,0	0,0	28,6	2,8
HH	0,0	7,1	3,3	22,2	2,5
HE	0,9	4,8	0,8	16,5	2,1
MV	0,2	22,7	0,0	15,0	3,6
NI	0,2	17,2	8,4	41,6	5,6
NW	4,1	7,8	9,0	28,6	6,7
RP	1,1	9,4	3,9	29,7	4,6
SL	3,9	2,0	2,2	58,8	5,9
SN	3,3	61,6	5,0	56,9	17,1
ST	0,3	25,7	0,0	50,0	6,5
SH	0,0	12,2	1,0	22,2	2,9
TH	1,2	34,1	1,3	32,4	9,2
Deutschland	2,2	18,0	4,6	34,2	6,7
Alte Länder	2,4	13,0	4,8	32,6	6,0
Neue Länder +BE	1,5	34,3	3,8	42,0	9,0

Quelle: BMBF: Grund- und Strukturdaten 2001/02, eigene Berechnungen

Die Tabellen A4/1 bis A4/7 befinden sich im Text

Tabelle A4/8 Siedlungsstruktur der Länder (ohne Stadtstaaten, 2000)

	Anteil von Kreisen an Gesamtfläche und Bevölkerung des Landes in v. H. mit Siedlungsdichte					
	kleiner gleich 100 Einwohner je qkm		kleiner gleich 1000 Einwohner je qkm		größer 1000 Einwohner je qkm	
	Fläche	Einwohner	Fläche	Einwohner	Fläche	Einwohner
BB	83	66	17	29	0	5
BW	0	0	97	83	3	17
BY	39	20	59	57	2	23
HE	16	5	81	73	3	23
MV	98	70	1	10	1	20
NI	23	11	76	81	1	8
NW	0	0	89	58	11	42
RP	22	8	76	78	2	14
SH	35	18	63	68	2	14
SL	0	0	100	100	0	0
SN	14	5	81	65	5	30
ST	58	31	40	50	2	18
TH	19	11	81	89	0	0
D ohne StS	33	11	65	66	3	23

Quelle: Statistisches Bundesamt, www.genesis.de, eigene Berechnungen

Tabelle A4/9 Entwicklung des Grundschulangebots in den neuen Ländern 1991 bis 2002

Land	Siedlungs-dichte 2000	Anzahl Grundschulangebote						Durchschn. Einzugsbereich in qkm					
		1991	1992	1995	2000	2001	2002	1991	1992	1995	2000	2001	2002
BB	88		562	567	508	484	469		52	52	58	61	63
MV	77	597	576	562	425	397	378	39	40	41	55	58	61
SN	241		1246	1235	987	925	885		15	15	19	20	21
ST	129		850	822	680		636		24	25	30		32
TH	151	771	697	690	527	509	483	21	23	23	31	32	33

Quelle: Statistische Jahrbücher der Länder, eigene Berechnungen

Tabelle A4/10 Ausbildungsstellenangebot und -nachfrage 2002 nach Ländern

Land	Ausbildungsstellenangebot	Ausbildungsstellennachfrage	Angebots-Nachfrage-Relation	Veränderung gegenüber 2001
BW	76.105	73.103	104,1	-1,3
BY	99.903	97.387	102,6	-2,7
BE	39.677	39.624	100,1	-2,0
BB	53.981	57.288	94,2	-7,2
HB	119.381	130.602	91,4	-8,5
HH	28.918	31.061	93,1	-8,7
HE	8.695	9.174	94,8	-7,2
MV	19.931	19.597	101,7	0,0
NI	6.439	6.755	95,3	-1,0
NW	12.349	12.635	97,7	0,0
RP	20.429	22.992	88,9	-3,7
SL	18.676	21.131	88,4	-1,1
SN	16.898	18.616	90,8	-4,5
ST	31.204	32.607	95,7	0,6
SH	19.362	19.653	98,5	0,0
TH	19.099	19.900	96,0	-1,1

Quelle: BMBF: Berufsbildungsbericht 2003. Bonn: 2003, S.265

Tabelle A4/11 Unbesetzte Ausbildungsstellen und noch nicht vermittelte Bewerber nach Ländern (2002)

Land	Unbesetzte Berufsausbildungsstellen	Noch nicht vermittelte Bewerber/innen	Unbesetzte Berufsausbildungsstellen je noch nicht vermittelte(r) Bewerber/in	Veränderung gegenüber 2001
BW	3.525	523	6,7	-0,3
BY	4.614	2.098	2,2	-2,4
BE	236	2.799	0,1	0,0
BB	112	2.567	0,0	-0,1
HB	104	420	0,2	-0,2
HH	139	425	0,3	-0,1
HE	1.344	1.291	1,0	-0,9
MV	235	1.953	0,1	-0,1
NI	1.438	1.414	1,0	-0,6
NW	3.745	4.938	0,8	-0,2
RP	1.418	1.197	1,2	-0,3
SL	341	375	0,9	-0,6
SN	101	1.504	0,1	0,0
ST	110	449	0,2	0,0
SH	455	499	0,9	-1,0
TH	83	974	0,1	0,0
D	18.005	23.383	0,8	-0,4
AL	17123	13180	1,3	-0,7
NL (+ BE)	882	10203	0,1	0,0

Quelle: BMBF: Berufsbildungsbericht 2003. Bonn: 2003, S. 295

Tabelle A5/1 Daten zum Zeitverbrauch durch Bildung

Dauer der Pflichtschulzeit in allgemein bildenden Schulen	9 bzw. 10 Jahre	
Schulbesuchsquoten in allgemein bildenden Schulen (Schüler und Schülerinnen in Prozent der Gleichaltrigen – 2000/01)	9. Klassenstufe 10. Klassenstufe	97,6% 76,2%
Verteilung der Auszubildenden auf unterschiedlich lange Ausbildungswege im Dualen System (2001)	bis zu 24 Monaten 30 bis 36 Monate 42 Monate	5,0% 73,0% 22,0%
Regelschulzeit bis zum Abitur (in Jahren)	12 bzw. 13 Jahre	
Alter beim Erwerb der allgemeinen Hochschulreife (1999)	12-jährige Systeme 13-jährige Systeme	19,1 Jahre 20,0 Jahre
Alter der Studienanfänger (2000)	Fachhochschulen Universitäten	22,5 Jahre 21,0 Jahre
Alter der Hochschulabsolventen (2000)	Fachhochschulen Universitäten	28,5 Jahre 28,0 Jahre

Quellen: BMBF: Grund- und Strukturdaten 2001/02, Bonn: 2003, S. 32, S. 74, S. 98, S. 184 und S. 274; BMBF: 2003 (a.a.O.), S. 108

Tabelle A5/2 Wiederholerquoten in der Grundschule und Sekundarstufe I in % (2000/01)

Land	Grundschule	Schulen der Sekundarstufe I[1]	Kumulierte Wiederholerquote der Fünfzehnjährigen[2]
BW	1,8	2,7	19,9
BY	1,2	5,9	24,4
BE	1,6	3,8	
BB	1,5	1,3	11,2
HB	3,9	6,2	33,5
HH	1,8	3,0	
HE	2,1	5,2	25,4
MV	2,4	7,0	20,2
NI	1,9	2,9	26,4
NW	1,8	4,9	26,6
RP	2,4	4,4	22,9
SL	2,4	4,9	25,4
SN	1,8	2,3	14,7
ST	3,0	4,3	17,1
SH	1,8	4,9	35,7
TH	2,9	3,1	12,6
D	1,9	4,2	

1 Wiederholer in Prozent der Schüler der entsprechenden Schule bzw. Schulstufe ohne Gesamt-, Waldorf- und Sonderschulen
2 ohne Waldorf- und Sonderschüler, ohne Berlin und Brandenburg

Quellen: Ministerium für Schule, Wissenschaft und Forschung des Landes Nordrhein-Westfalen: Einschulungspraxis, Klassenwiederholung und Schulformwechsel im internationalen und nationalen Vergleich. Düsseldorf: 2002, S. 7 u. S. 9

Tabelle A5/3 Gesamt-Wochenpflichtstunden[1] der Schüler nach Schulformen und Bildungsbereichen im Schuljahr 2001/2002

	Schulform							
	Grundschule	Orientierungsstufe	Hauptschule			Schule mit mehreren Bildungsgängen		
Kl.	1-4	5-6	5-6	7-10	Sek I	5-6	7-10	Sek I
BW	90	-	59	122/125	181/184	-	-	-
BY	99+3	60+4	56+4	90+6/120+7	146+10/ 176+11	-	-	-
BE	86	57 (59)	-	118	118	-	-	-
BB	87	60	-	-	-	-	-	-
HB	88	60	-	120	120	-	-	-
HH	108	58	57	90	147	-	90	120
HE	90	58	57	122	179	-	-	-
MV	91	-	61	127	188	61	93	154
NI	88-92	57	-	120	120	-	120	120
NW	87-91	-	55-59	118-126	179	-	-	-
RP	96[2]	-	56	120	176	56	120/124	176/180
SL	89	-	56	90	146	56	120	176
SN	93	-	-	-	-	62	127+4	189+4
ST	90-98	57	-	-	-	-	-	-
SH	89	-	60	90	150 (180)	-	-	-
TH	97-99	-	-	-	-	60	98, 131, 132	158, 191, 192

	Realschule			Gymnasium			
Kl.	5-6	7-10	Sek I	5-6	7-10	Sek I	11-12/13
BW	59	120	179	59/61	123/128	182/189	83/85
BY	57+4	120+8	180+ 12	57+4	120+8	178+12	87+2/92+2
BE	-	118	118	53 (55)	119	172+14	96 (99)
BB	-	121	121	-	122	122	96
HB	-	120	120	-	120 (128)	120 (128)	90
HH	-	120	120	56	122	178	87
HE	57	120-122	177/179	57	122-124	179/181	
MV	61	120	181	61	119	180	89/90
NI	-	118	118	-	120	120	92
NW	55-59	118-126	179	55-59	118-126	179	86-95
RP	56	120	176	56	120/124	176/180	96
SL	56	120	176	56	120	176	88-94
SN	-	-	-	62	133+1	195+1	Mind. 65
ST	-	60-64	60-64	57	122	179	90
SH	56	124	180	55	121	176	mind. 88
TH	-	-	-	62	129+4	189+4	67

	Integrierte Gesamtschule				
	1-4	5-6	7-10	Sek I	11-12/13
BW	-	59	120	179	83/85
BY	-	60+4	118+8/122+ 8	178+12/182+12	88+2/92+2
BE	86	57	126	183	96
BB	87	58	122	180	96
HB	-	60 (72)	128 (144)	188-216	-
HH	108	60	124	184	87
HE	-	58	119-123	177/181	
MV	-	61	123	184	89/90
NI	88-92	57	124	181	92
NW	-	55-59	118-126	179	86-95
RP	-	56	120	176	96
SL	-	56	120	176	88-94
SN	-	-	-	-	-
ST	-	57	123-129	180-186	90
SH	-	60	130	190	Mind. 88
TH	-	60	Kurs 1:96+3; Kurs 2:128+4	156+3/188+ 4[7]	67

1 Stunden, die für alle Schüler einer Klasse Pflicht sind (ggf. also einschließlich Religion und Ethik), ohne Förderstufen, freiwilligen Unterricht und Teilungsstunden.

Quelle: KMK: Schule in Deutschland – Zahlen, Fakten, Analysen. Bonn: 2002, S. 90 (dort auch zusätzlich erläuternde Anmerkungen)

Tabelle A6/1 15-Jährige insgesamt, nach Staatsangehörigkeit und nach Migrationsgeschichte (2000)

Land	insgesamt	Anteil der Ausländer[1]	Anteil der 15-Jährigen mit Migrationsgeschichte[2]
BW	113048	13,1	28,8
BY	127401	9,1	22,4
BE[3]	35303	12,9	25,2
BB	38744	1,4	5,0
HB	5946	17,7	40,7
HH[3]	14578	20,2	38,5
HE	59907	14,0	32,7
MV	27689	1,2	3,8
NI	84138	8,3	20,1
NW	188531	13,4	32,2
RP	43342	7,6	25,3
SL	10953	10,1	19,6
SN	58432	1,6	5,5
ST	35843	1,1	3,6
SH	27370	6,5	14,3
TH	33789	1,2	2,9
D	905014	9,3	21,7
AL	694223	11,1	27,1
NL + BE	201791	3,5	7,6

1 ohne die deutsche Staatsbürgerschaft
2 mindestens ein im Ausland geborenes Elternteil
3 Berlin und Hamburg wegen zu geringer Beteiligung beim PISA-Test unter Vorbehalt

Quellen: Statistisches Bundesamt und Deutsches PISA-Konsortium: PISA 2000 – Die Länder der Bundesrepublik Deutschland im Vergleich. Opladen: 2002, S. 44

Tabelle A6/2 Eltern der 15-Jährigen nach Sozialschichtzugehörigkeit[1] in % (2000)

Sozialschicht der Eltern	Vater	Mutter	Bezugsperson im Haushalt[2]
Obere Dienstklasse (I)	20,7	7,4	19,1
Untere Dienstklasse (II)	16,5	22,8	16,2
Routinedienstleistungen in Handel und Verwaltung (III)	4,9	39,4	7,6
Selbständige (IV)	12,5	5,9	13,1
Facharbeiter und Arbeiter mit Leitungsfunktion (V, VI)	26,0	7,3	24,2
Un- und angelernte Arbeiter, Landarbeiter (VII)	19,5	17,1	19,7

1 EGP-Klassifikation
2 Angaben für den Vater oder, wenn dieser fehlt, für die Mutter

Quelle: Deutsches PISA-Konsortium (Hrsg.): PISA 2000. Basiskompetenzen von Schülerinnen und Schülern im internationalen Vergleich. Opladen: 2001, S. 338

Tabelle A6/3 Krippen- und Kindergartenplätze (1998)

Land	Krippenplätze je 100 Kinder im Alter von 0 bis unter 3 Jahren	Kindergartenplätze je 100 Kinder im Alter von 3 bis unter 6,5 Jahren
BW	1,3	106,8
BY	1,4	82,8
BE	32,2	77,6
BB	51,9	107,1
HB	6,8	82,2
HH	11,7	65,3
HE	2,6	92,3
MV	30,8	105,9
NI	1,8	76,5
NW	2,5	81,6
RP	1,4	101,8
SL	2,5	97,2
SN	24,1	114,3
ST	47,2	108,6
SH	2,3	76,5
TH	25,9	129,3
D	7,0	89,5

Quelle: BMBF: Grund- und Strukturdaten 2001/02. Bonn: 2003, S. 40f.

Tabelle A6/4 Einschulungen nach Einschulungszeitpunkt zum Schuljahr 2001/02 in %

Land	Vorzeitig	fristgemäß	verspätet
Baden- Württemberg	8,3	85,9	5,8
Bayern	1,9	94,0	4,1
Berlin	6,6	85,2	8,2
Brandenburg	4,1	89,5	6,4
Bremen	3,5	94,1	2,4
Hamburg	9,1	86,7	4,2
Hessen	5,9	85,6	8,5
Mecklenburg-Vorpommern	2,8	85,1	12,1
Niedersachsen	5,9	86,7	7,4
Nordrhein-Westfalen	4,2	89,8	6,0
Rheinland-Pfalz	4,6	93,8	1,6
Saarland	6,7	90,2	3,1
Sachsen	1,6	87,4	11,0
Sachsen-Anhalt	2,1	93,2	4,7
Schleswig-Holstein	5,6	85,9	8,5
Thüringen	1,9	92,6	5,5
Deutschland	4,8	89,1	6,1

Quelle: eigene Berechnungen nach: Statistisches Bundesamt: Bildung und Kultur. Allgemeinbildende Schulen. Fachserie 11, Reihe 1. Wiesbaden: 2002, S. 81

Tabelle A7/1 Lehrkräfte in Deutschland nach Beschäftigungsumfang (2001/02)

	Lehrkräfte insgesamt				an allgemein bildenden Schulen				an beruflichen Schulen			
	insgesamt	vollzeit	teilzeit	stundenweise	insgesamt	vollzeit	teilzeit	stundenweise	insgesamt	vollzeit	teilzeit	stundenweise
absolut in 1000	884	497,5	291,7	94,8	741,4	410,7	263,5	67,2	142,6	86,8	28,2	27,6
prozentual	100	56,3	33	10,7	100	55,4	35,5	9,1	100	60,9	19,8	19,4

Quelle: Statistisches Bundesamt: Bildung und Kultur: Allgemeinbildende Schulen bzw. Berufsbildende Schulen. Fachserie 11, Reihe 1. Wiesbaden: 2002

Tabelle A7/2 Beschäftigte in Kindertageseinrichtungen nach Qualifikation in % (1998)

Land	Erzieher/ Erzieherinnen	Kinderpfleger/ Kinderpflegerinnen	Sozialpädagogen (FH)	Sozialpädagogen (Uni)	in Ausbildung	ohne Ausbildung	übrige Berufe
BW	61,8	0,0	1,3	0,2	7,8	18,8	10,1
BY	45,9	36,5	1,2	0,2	3,2	4,2	8,8
BE	68,7	1,8	0,9	0,8	0,4	9,2	18,2
BB	77,4	1,1	0,3	0,4	0,3	3,7	16,8
HB	44,4	5,1	8,3	2,0	3,9	14,9	21,4
HH	46,3	16,2	4,7	1,1	3,4	10	18,3
HE	52,3	8,2	3,7	1,5	3,7	14,3	16,3
MV	77,8	1,4	0,6	0,3	0,2	4,1	15,6
NI	58,2	17,1	2,4	0,5	1,0	7,2	13,6
NW	60,1	14,2	2,1	0,5	2,5	5,8	14,8
RP	58,3	11,8	1,3	0,5	1,5	9,1	17,5
SL	59,1	24,5	0,7	0,3	1,1	3,5	10,8
SN	77,9	0,9	0,1	0,4	0,2	3,0	17,5
ST	88,6	0,1	0,3	0,2	0,1	1,8	8,9
SH	51,7	16,3	3,1	0,7	0,5	10,1	17,6
TH	77,1	0,8	0,2	0,3	0,1	2,9	18,6
Deutschland	61,5	11,2	1,7	0,5	2,6	8,3	14,2

Quelle: BMBF: Grund- und Strukturdaten 2001/02. Bonn: 2003, S. 43

Tabelle A7/3 Erziehungswissenschaftliche Studienanteile nach Lehrämtern (für allgemein bildende Schulen) und nach Ländern (Stand 2001/02)

Land	Lehramtstyp Typ 1	Typ 2	Typ 3	Typ 4	Typ 5
Baden-Württemberg		40	32	16	30+16[4]16[4,5]
Bayern	32		32	12	32
Berlin	20	20		20	20+16[4]
Brandenburg		28		28	14[3,5]
Bremen		32		32	32
Hamburg		40		40	40
Hessen	36 bis 56		36 bis 40	20 bis 32	28 bis 40
Mecklenburg-Vorpommern		200	20	200	20
Niedersachsen		48		32	28+36[3]
Nordrhein-Westfalen	28		28	30	30
Rheinland-Pfalz		38	18-20	16 bis 20	16+20[3]
Saarland			24[1]/20[2]	200	
Sachsen	22 bis 26		18 bis 22	14 bis 18	18
Sachsen-Anhalt	25		22	22	20
Schleswig-Holstein		40	26	24	26+28[3]
Thüringen	20		30	20	24[3,5]

1 Lehramt an Haupt- und Gesamtschulen
2 Lehramt an Real- und Gesamtschulen
3 Sonderpädagogische Erziehungswissenschaft und Psychologie
4 Sonderpädagogische Grundlagenstudien
5 Aufbau- und Ergänzungsstudiengang
Typ 1: Lehrämter der Grundschule bzw. des Primarbereichs
Typ 2: Übergreifende Lehrämter des Primarbereichs und aller oder einzelner Schularten des Sekundarbereichs
Typ 3: Lehrämter für alle oder einzelne Schularten des Sekundarbereichs
Typ 4: Lehrämter für den Sekundarbereich II (allgemein bildende Fächer) oder für das Gymnasium
Typ 5: Lehrämter für den Sekundarbereich II (berufliche Fächer) oder für die beruflichen Schulen

Tabelle A7/4 Altersstruktur der Lehrer und Lehrerinnen in % (2001/02)

Land	allgemein bildende Schulen					berufsbildende Schulen				
	unter 30	30 bis unter 40	40 bis unter 50	50 bis unter 60	über 60	unter 30	30 bis unter 40	40 bis unter 50	50 bis unter 60	über 60
BW	6	15	31	40	7	1	18	34	39	8
BY	6	20	32	35	6	2	21	37	33	7
BE	1	20	36	38	5	1	18	34	41	6
BB	1	25	35	33	6	0	21	37	34	9
HB	1	7	27	53	12	0	6	22	58	13
HH[1]	2	15	42	38	4	0	10	39	43	7
HE	4	18	33	39	6	1	19	36	37	6
MV	2	28	39	28	3	1	21	36	35	8
NI	4	15	33	42	7	1	20	39	35	4
NW	4	17	36	37	6	1	21	34	38	7
RP	7	18	30	38	7	1	20	40	33	6
SL	5	14	27	44	10	1	12	30	46	10
SN	2	26	35	32	6	3	25	34	32	7
ST	1	27	35	32	4	2	21	33	35	10
SH	4	16	34	38	8	0	20	36	35	9
TH	1	25	38	33	4	2	23	35	32	7
AL	5	17	34	38	7	1	19	36	37	7
NL+BE	1	25	36	33	5	2	22	35	34	7

1 Angaben für Hamburg: allgemein bildende Schulen – 1996/97, berufsbildende Schulen – 1998/99

Quelle: Statistisches Bundesamt: Bildung und Kultur: Allgemeinbildende Schulen bzw. Berufsbildende Schulen. Fachserie 11, Reihe 1. Wiesbaden: 2002

Tabelle A7/5 Wöchentliche Pflichtstunden der Lehrer nach Schularten in den Ländern im Schuljahr 2001/2002

Land	Schularten								
	GS	OS	HS	SMB	RS	GY	IGS	Sonder-schulen	Berufliche Schulen
BW	28/29		27		27	24		26	24
BY	28		27		24-28	23-27		26	23-27
BE	27,5	27,5	26,5		26,5	24	24	25,5	24
BB	28	28			26	26	26	26	26
HB	28	27	27		27	27/25)/26)	26/27	27	25
HH	28	26	27		27	24	26/24	26/27	24
HE	28	25	25-26		26	24-25	24-25	27	24
MV	27		27	27	27	25	26	27	25/28
NI	28	27,5	27,5	26,5/27,5	26,5	23,5	24,5	26,5	24,5
NW	27		27		27	24,5	24,5	26,5	24,5
RP	27,8		27	27	27	24	27/26/24	27	24
SL	28		27,5	26,5	26,5	25/24	26,5/25/24	26,5	24,5
SN	28			27		27/26/25		25/32/40	26/27/28
ST	27			25		23/24/25	23/24/25	25	25/27
SH	27,5		27,5		26,5	23,5	24,5/23,5	26,5	23,5/27,5/26,5
TH	27			26		23-26	23-26	25	23-27

Quelle: KMK: Schule in Deutschland – Zahlen, Fakten, Analysen. Bonn: 2002, S. 88 (Dort finden sich auch detaillierte Erläuterungen) – Derzeit werden die Unterrichtsverpflichtungen in einzelnen Ländern erhöht.

Tabelle A7/6 Arbeitszeit pro Jahr nach Lehrämtern und Aufgabenbereichen (NW)

Bereich	Zeitaufwand in Prozent der gesamten Arbeitszeit						
	Grundschule	Hauptschule	Realschule	Gymnasium	Gesamt-schule	Berufsbildende Schulen	Sonderschulen
Unterricht	39	39	39	32	31	36	37
unterrichtsbezogene Aufgaben	27	30	32	37	32	33	30
außerunterrichtliche Aufgaben	18	16	16	16	22	14	19
Entwicklungs- und Koordinierungsaufgaben	1	1	1	1	2	2	1
Verwaltungs- und Prüfungsaufgaben	9	6	6	5	6	6	8
Lehreraus-, -fort- und -weiterbildung	1	0	0	2	1	1	1
eigene Fort- und Weiterbildung	5	8	6	8	7	7	6
insgesamt in Prozent	100	100	100	100	100	100	100
insgesamt in Zeitstunden	1.750	1.791	1.769	1.900	1.976	1.839	1.828

Quelle: Mummert & Partner: Untersuchungen zur Ermittlung, Bewertung und Bemessung der Arbeitszeit der Lehrerinnen und Lehrer im Land Nordrhein-Westfalen. Hamburg: 1999, Band 2 - Anlage 4.1-1

Tabellenanhang zum Teil B

Die Tabellen zum Kapitel B1 befinden sich im Text

Tabelle B2/1 Entwicklung der Klassenfrequenzen von 1993 bis 2001 in Deutschland

	1993	1995	1997	1999	2001
Sonderschulen	10,0	10,2	10,3	10,3	10,3
Vorschulbereich	14,4	14,2	13,5	13,2	12,9
Primarbereich	22,2	22,5	22,8	22,6	22,2
Sekundarbereich I	24,1	24,3	24,6	24,7	24,8
Berufsschulen	19,8	19,8	20,1	20,1	20,0

Quelle: KMK - Sekretariat der Ständigen Konferenz der Kultusminister der Länder in der Bundesrepublik Deutschland: Schüler, Klassen, Lehrer und Absolventen der Schulen 1992 bis 2001. Statistische Veröffentlichungen der Kultusministerkonferenz. Dokumentation Nr. 164. Bonn: 2002

Tabelle B2/2 Klassenfrequenzen in den Ländern im Jahr 2001

	BW	BY	BE	BB	HB	HH	HE	MV	NI	NW	RP	SL	SN	ST	SH	TH	D
Sonderschulen	9,0	11,7	9,4	9,4	9,2	10,6	10,7	10,3	9,5	11,3	10,0	9,3	10,3	9,6	9,9	10,0	10,3
Vorschulbereich	8,7	-	14,6	-	14,4	21,1	13,4	9,1	14,2	12,8	11,9	10,4	10,9	10,8	10,0	-	12,9
Primarbereich	22,2	23,9	23,1	20,3	22,5	23,7	21,5	18,3	21,5	23,7	22,2	20,1	18,7	17,3	21,5	18,2	22,2
Sekundarbereich I	25,0	25,5	25,5	24,1	23,6	24,7	25,1	22,1	24,0	26,4	25,2	26,3	24,3	21,9	22,8	21,5	24,8

Quelle: Statistische Veröffentlichungen der Kultusministerkonferenz, Dokumentation Nr. 164 - Oktober 2002

Tabelle B2/3 Entwicklung der Schüler-Lehrer-Relation von 1993 bis 2001 in Deutschland

	1993	1995	1997	1999	2001
Sonderschulen	6,6	6,7	6,8	6,9	6,8
Vorschulbereich	14,3	14,7	13,9	13,1	12,7
Primarbereich	20,4	20,9	21,6	20,9	20,1
Sekundarbereich I	15,6	16,0	16,5	16,6	16,7
Sekundarbereich II	18,9	18,9	19,5	20,0	21,7
Sek II, Allg. bild. Schulen	11,0	11,5	11,9	12,4	12,5
Sek II, Berufliche Schulen	23,5	23,3	23,9	24,4	24,3
Sek II, Berufl. Schulen – Vollzeit	12,0	12,0	12,6	12,9	13,1
Sek II, Berufl. Schulen – Teilzeit	35,6	36,3	37,6	37,7	37,4

Quelle: Statistische Veröffentlichungen der Kultusministerkonferenz, Dokumentation Nr. 164 - Oktober 2002

Tabelle B2/4 Schüler-Lehrer-Relationen in den Ländern im Jahr 2001

	BW	BY	BE	BB	HB	HH	HE	MV	NI	NW	RP	SL	SN	ST	SH	TH	D
Allg. bild. und berufl. Schulen	17,0	18,0	14,9	16,2	17,5	15,2	18,1	17,1	18,1	18,4	18,3	18,6	15,6	16,0	18,2	14,2	17,4
Allgemein bildende Schulen	16,1	16,6	13,8	14,6	15,9	14,1	17,0	15,3	17,1	17,0	17,0	17,4	13,7	14,5	17,1	12,7	16,1
Sonderschulen	5,3	8,6	5,9	6,0	5,7	6,4	6,8	8,4	7,6	6,7	7,2	7,2	6,3	7,8	7,6	7,4	6,8
Vorschulbereich	6,1	-	13,5	-	15,7	19,6	11,6	35,1	20,0	14,4	14,2	13,0	11,0	15,3	20,2	-	12,7
Primarbereich	22,2	20,5	17,1	19,9	19,6	16,1	21,8	16,7	20,8	21,2	19,7	20,2	14,3	15,3	21,3	12,2	20,1
Sekundarbereich I	16,7	16,6	14,2	15,4	16,9	14,4	17,1	16,4	17,3	17,8	18,0	18,4	15,3	15,8	17,2	14,1	16,7
Sekundarbereich II	18,3	21,1	17,3	20,1	19,9	17,5	20,1	22,4	19,8	21,5	20,6	20,2	20,7	20,4	20,0	18,9	20,1
Sek II, Allg. bild. Schulen	12,2	11,7	11,3	12,5	12,5	12,7	13,2	13,7	12,3	13,4	11,8	12,0	11,6	13,6	11,7	11,3	12,5
Sek II, Berufliche Schulen	20,6	25,8	22,7	27,6	24,6	19,9	24,0	27,0	23,2	27,2	26,2	24,2	24,4	24,3	24,4	22,0	24,3
Sek II, Berufl. Schulen – Vollzeit	12,2	10,7	12,5	14,3	13,7	11,7	14,3	14,3	13,3	14,1	13,7	15,4	14,6	13,3	13,7	12,3	13,1
Sek II, Berufl. Schulen – Teilzeit	35,3	37,8	34,2	33,8	33,3	30,7	34,2	37,5	40,2	41,1	41,1	34,6	37,1	39,5	34,8	35,0	37,4

Quelle: Statistische Veröffentlichungen der Kultusministerkonferenz, Dokumentation Nr. 164 - Oktober 2002

Tabelle B2/5 Klassenfrequenzen im internationalen Vergleich

	Primarbereich				Sekundarbereich I			
	öffentliche Bildungs-einrichtung	Staatlich-finanzierte private Bildungs-einrichtungen	unabhängige private Bildungs-einrichtungen	öffentliche und private Bildungs-einrichtungen insgesamt	öffentliche Bildungs-einrichtungen	staatlich finanzierte private Bildungs-einrichtungen	unabhängige private Bildungs-einrichtungen	öffentliche und private Bildungs-einrichtungen insgesamt
	(1)	(2)	(3)	(4)	(5)	(6)	(7)	(8)
Österreich	19,9	22,7	x(2)	20,0	23,8	25,3	x(6)	23,9
Belgien (Fl.)	m	m	m	m	m	m	m	m
Belgien (Fr.)	20,2	21,0	m	20,5	21,1	m	m	m
Dänemark	19,0	m	m	19,0	18,6	m	m	18,6
Finnland	m	m	a	m	m	m	a	19,9
Frankreich	22,3	23,9	n	22,6	24,4	24,8	x(6)	24,5
Deutschland[1]	22,4	24,0	x(2)	22,4	24,5	26,0	x(6)	24,6
Griechenland	17,7	a	21,3	17,9	24,1	a	27,4	24,2
Irland	24,8	m	m	m	22,7	m	m	m
Italien	18,1	a	20,7	18,2	20,7	a	20,8	20,7
Luxemburg	15,5	21,0	19,6	15,7	19,9	20,8	19,1	19,9
Portugal	m	m	m	23,9	m	m	m	m
Spanien	20,2	23,6	x(2)	20,5	22,7	22,0	x(6)	22,6
Schweden	19,7	25,0	21,6	21,1	25,0	29,0	22,6	26,0
Vereinig. Königr.	m	m	m	m	m	m	m	m
EU	26,8	m	m	m	24,7	a	m	m
OECD	*22,1*	*20,1*	*23,9*	*21,9*	*23,6*	*22,5*	*24,0*	*23,6*

Hinweis: x bedeutet, dass die Daten in einer anderen Spalte enthalten sind, deren Referenz in runden Klammern nach dem „x" angegeben ist. So bedeutet z.B. x(2), dass die Daten in Spalte 2 enthalten sind

1 Referenzjahr 2001

2 Einschließlich jahresübergreifender Klassen

Quelle: OECD: Bildung auf einen Blick. OECD-Indikatoren 2002. Paris: 2002, S. 324, (Tabelle D2.1)

Tabelle B2/6 Schüler-Lehrer-Relationen im internationalen Vergleich

	Elementarbereich (1)	Primarbereich (2)	Sekundarbereich I (3)	Sekundarbereich II (4)	Sekundarbereich insgesamt (5)	Postsekundärer, nicht-tertiärer Bildungsbereich (6)	Tertiärbereich B (7)	Tertiärbereich A und weiterführende Forschungsprogramme (8)	Tertiärbereich insgesamt (9)
Österreich	m	m	m	m	m	m	m	m	m
Belgien	x(2)	15,0	x(5)	x(5)	9,7	x(5)	x(9)	x(9)	19,9
Dänemark	6,6	10,4	11,4	14,4	12,8	m	m	m	m
Finnland	12,2	16,9	10,7	17,0	13,8	x(4)	x(4)	16,1	m
Frankreich	19,1	19,8	14,7	10,4	12,5	11,4	16,2	18,6	18,3
Deutschland	23,6	19,8	15,7	13,9	15,2	14,3	14,9	11,7	12,1
Griechenland	15,8	13,4	10,8	10,5	10,7	m	23,3	28,9	26,8
Irland	15,1	21,5	15,9	x(3)	x(3)	x(3)	14,8	19,4	17,4
Italien	13,0	11,0	10,4	10,2	10,3	m	6,0	24,1	22,8
Luxemburg	20,2	15,9	x(5)	x(5)	9,2	m	m	m	m
Portugal	x(2)	16,8	x(5)	x(5)	17,1	x(5)	m	m	12,6
Spanien	16,4	12,1	10,4	7,9	9,0	m	x(9)	x(9)	m
Schweden	16,1	14,9	x(5)	x(5)	11,9	x(5)	10,5	16,9	15,9
Vereinig. Königr.	m	12,8	12,8	15,2	14,1	m	x(9)	x(9)	9,3
EU	21,0	21,2	17,6	12,5	14,8	m	x(9)	x(9)	17,6
OECD	*15,5*	*17,7*	*15,0*	*13,9*	*14,3*	*12,2*	*12,1*	*16,1*	*14,7*

Hinweis: x bedeutet, dass die Daten in einer anderen Spalte enthalten sind, deren Referenz in runden Klammern nach dem „x" angegeben ist . So bedeutet z.B. x(2), dass die Daten in Spalte 2 enthalten sind

1 Nur allgemein bildende Bildungsgänge des Sekundarbereichs I und II
2 Nur öffentliche Bildungseinrichtungen
3 Referenzjahr 1999
4 Referenzjahr 2001

Quelle: OECD: Bildung auf einen Blick. OECD-Indikatoren 2002. Paris: 2002, S. 325, (Tabelle D2.2)

Tabelle B2/7 Schüler (S), Klassen (K), Lehrkräfte (L), Unterrichtsstunden (U) im Primarbereich (2000)

	Abweichung S/K	Abweichung U/K	Abweichung U/S	S	K	L	U	S / L	S/K	U / L	U / K	U /S
BW	0,01	-1,59	-0,071	484.263	21.601	21.453	548.125	22,57	22,42	25,55	25,37	1,132
BY	1,65	2,36	0,016	537.227	22.329	25.836	654.722	20,79	24,06	25,34	29,32	1,219
BE	0,9	3,69	0,112	112.043	4.807	5.933	147.332	18,88	23,31	24,83	30,65	1,315
BB	-1,6	-0,91	0,049	72.734	3.495	3.518	91.036	20,67	20,81	25,88	26,05	1,252
HB	0,28	3,16	0,125	25.501	1.124	1.315	33.853	19,39	22,69	25,74	30,12	1,328
HH	1,35	8,65	0,296	60.746	2.557	3.755	91.054	16,18	23,76	24,25	35,61	1,499
HE	-0,6	-0,71	0	255.734	11.725	11.882	307.760	21,52	21,81	25,9	26,25	1,203
MV	-3,63	-0,97	0,181	51.086	2.720	2.921	70.681	17,49	18,78	24,2	25,99	1,384
NI	-0,83	-0,74	0,012	364.883	16.912	17.040	443.484	21,41	21,58	26,03	26,22	1,215
NW	1,33	-1,06	-0,112	816.620	34.394	37.643	890.796	21,69	23,74	23,66	25,9	1,091
RP	-0,06	0,96	0,046	183.699	8.219	9.094	229.452	20,2	22,35	25,23	27,92	1,249
SL	-1,74	-0,94	0,056	45.176	2.186	2.180	56.888	20,72	20,67	26,1	26,02	1,259
SN	-2,75	1,64	0,252	118.503	6.029	7.231	172.445	16,39	19,66	23,85	28,6	1,455
ST	-4,19	-1,82	0,177	73.483	4.034	4.389	101.409	16,74	18,22	23,11	25,14	1,38
SH	-0,78	-1,65	-0,033	127.256	5.882	5.859	148.876	21,72	21,63	25,41	25,31	1,17
TH	-3,37	0,61	0,245	65.693	3.451	4.573	95.137	14,37	19,04	20,8	27,57	1,448
D	0	0	0	3.394.647	151.465	164.622	4.083.050	20,62	22,41	24,8	26,96	1,203
StS.	0,95	5,11	0,17	198.290	8.488	11.003	272.239	18,02	23,36	24,74	32,07	1,373
FIL.	-0,05	-0,31	-0,011	3.196.357	142.977	153.619	3.810.811	20,81	22,36	24,81	26,65	1,192
AL	0,45	-0,13	-0,029	2.901.105	126.929	136.057	3.405.010	21,32	22,86	25,03	26,83	1,174
NL	-2,29	0,67	0,171	493.542	24.536	28.565	678.040	17,28	20,12	23,74	27,63	1,374

Quelle: KMK – Sekretariat der Ständigen Konferenz der Kultusminister der Länder in der Bundesrepublik Deutschland: Schüler, Klassen, Lehrer und Absolventen der Schulen 1992 bis 2001 (Vol. Nr. 164). Bonn: 2002

Die Tabellen B3/1 und B3/2 befinden sich im Text

Tabelle B3/3 Ausstattung mit Schulressourcen im Primarbereich (dreistufiger Index) (Angaben in Prozent der Schüler)

	hoch		mittel		niedrig	
	% Schüler	S.E.	% Schüler	S.E.	% Schüler	S.E.
England	--	(--)	--	(--)	--	(--)
Frankreich	72	(4,8)	27	(4,9)	1	(0,0)
Deutschland	68	(3,2)	32	(3,2)	0	(0,0)
Griechenland	17	(3,5)	52	(4,7)	31	(4,7)
Italien	36	(3,5)	57	(3,8)	7	(1,9)
Niederlande	82	(3,9)	17	(3,8)	1	(0,0)
Schottland	77	(4,2)	23	(4,2)	0	(0,0)
Schweden	77	(3,7)	18	(3,3)	6	(2,1)
EU	61	(3,8)	32	(4,0)	7	(1,2)
International	43	(0,6)	39	(0,7)	18	(0,5)

Quelle: Ina V. S. Mullis/Michael O. Martin/Eugenio J. Gonzalez/Ann M. Kennedy: PIRLS 2001 International Report. IEA's Study of Reading Literacy Achievement in Primary Schools in 35 Countries. Chestnut Hill: 2003, S. 253, (Tabelle 7.18)

Tabelle B3/4 Schul- und Klassenbibliotheken im Primarbereich (Angaben in Prozent der Schüler)

	mit Schul-bibliothek	S.E.	Schul-bibliothek mit mehr als 500 Bü-chern	S.E.	Klassen-bibliothek oder Leseecke	S.E.	tägliche Nutzung der Klassenbib-liothek mög-lich	S.E.	Bücher können ausgelie-hen werden	S.E.	durchschn. Zahl der Bücher in der Klassen-bibliothek	S.E.
England	91	(2,6)	84	(3,3)	82	(3,5)	57	(4,7)	87	(3,3)	211	(37,6)
Frankreich	79	(4,1)	64	(4,5)	92	(2,3)	54	(4,0)	85	(2,8)	84	(6,5)
Deutschland	53	(4,0)	22	(3,0)	82	(2,1)	37	(2,6)	89	(2,0)	51	(3,9)
Griechenland	88	(3,3)	22	(3,6)	61	(4,1)	17	(3,8)	97	(1,7)	36	(4,9)
Italien	91	(2,1)	58	(3,5)	76	(2,8)	18	(2,5)	96	(1,7)	45	(5,3)
Niederlande	63	(4,9)	34	(4,7)	84	(3,5)	58	(4,5)	16	(3,8)	86	(8,4)
Schottland	84	(4,3)	66	(5,0)	91	(2,5)	57	(4,9)	74	(4,5)	104	(8,2)
Schweden	89	(2,7)	76	(3,9)	47	(2,9)	33	(3,0)	83	(3,5)	49	(5,5)
EU	80	(3,5)	53	(3,9)	77	(3,0)	41	(3,8)	78	(2,9)	83	(10,0)
International	85	(0,5)	65	(0,6)	69	(0,6)	37	(0,6)	82	(0,6)	60	(2,1)

Quelle: Ina V. S. Mullis/Michael O. Martin/Eugenio J. Gonzalez/Ann M. Kennedy: PIRLS 2001 International Report. IEA's Study of Reading Literacy Achievement in Primary Schools in 35 Countries. Chestnut Hill: 2003, S. 205 und 206, (Tabelle 6.27 6.28)

Tabelle B3/5 Ausstattung mit Schulressourcen und Ressourcennutzung in der Sekundarstufe I

	Qualität der räumlichen Bedingungen		Qualität der Ausstattung mit Lehr- und Sachmitteln		Nutzung von Schulressourcen	
	Index	S.E.	Index	S.E.	Index	S.E.
Österreich	-0,07	(0,09)	0,02	(0,08)	0,16	(0,09)
Belgien	0,33	(0,06)	0,45	(0,06)	-0,57	(0,08)
Dänemark	-0,07	(0,08)	0,25	(0,06)	1,47	0,09)
Finnland	-0,22	(0,08)	-0,22	(0,06)	0,02	(0,09)
Deutschland	0,14	(0,06)	-0,20	(0,07)	-0,29	(0,07)
Griechenland	-1,17	(0,12)	-0,93	(0,09)	-1,00	(0,09)
Irland	0,19	(0,09)	-0,19	(0,10)	-0,38	(0,08)
Italien	-0,20	(0,09)	0,07	(0,08)	-0,78	(0,10)
Luxemburg	-0,28	(0,00)	0,11	(0,00	-0,40	(0,14)
Portugal	0,14	(0,07)	0,14	(0,08)	-0,09	(0,11)
Spanien	0,13	(0,07)	0,15	(0,09)	-0,53	(0,10)
Schweden	0,01	(0,08)	0,00	(0,07)	1,38	(0,11)
Vereinig. Königr.	-0,41	(0,08)	-0,44	(0,07)	0,70	(0,06)
EU	-0,11	(0,08)	-0,07	(0,08)	-0,02	(0,09)
OECD	0,00	(0,01)	0,00	(0,02)	0,00	(0,01)

Quelle: OECD: Lernen für das Leben. Erste Ergebnisse der internationalen Schulleistungsstudie PISA 2000. Paris: 2001, S. 347/348, Tab. 7.9/ 7.10

Tabelle B3/6 Qualität und Nutzung der Schulressourcen

	Bibliothek			Computer			Labor			Nutzungsindex[2]
	Hindernis für Lernen[1]	Nutzung nie[2]	mehrmals im Monat[2]	Hindernis für Lernen[1]	Nutzung nie[2]	mehrmals im Monat[2]	Hindernis für Lernen[1]	Nutzung nie[2]	mehrmals im Monat[2]	
Österreich	22	67	4	38	15	68	34	57	25	0,16
Belgien	24	69	4	19	27	48	19	43	27	-0,5 7
Dänemark	14	14	43	28	2	79	21	11	77	1,47
Finnland	43	53	6	43	6	64	43	67	9	0,02
Frankreich	15	31	20	28	35	22	13	43	33	m
Deutschland	35	73	10	50	38	32	32	41	37	-0,29
Griechenland	50	60	6	68	31	37	64	50	14	-1,00
Irland	48	69	7	41	35	42	42	22	59	-0,38
Italien	34	71	3	32	26	53	37	51	21	-0,78
Luxemburg	16	51	11	23	22	49	14	55	24	-0,40
Portugal	17	16	38	39	30	33	23	47	33	-0,09
Spanien	27	44	14	30	40	37	32	37	29	-0,53
Schweden	27	15	36	51	10	60	16	6	83	1,38
Vereinig. Königr.	38	31	18	56	9	63	42	7	67	0,70
EU	29	47	16	39	23	49	31	39	38	-0,02
OECD	29	36	18	38	29	41	32	33	34	0,00

1 basierend auf Angaben der Schulleiter
2 basierend auf Angaben der Schüler

Quelle: OECD: Bildung auf einen Blick. OECD-Indikatoren 2002, S. 364, (Tabelle D5.3)

Tabelle B3/7 Beeinträchtigung des Lernens durch die Ressourcenausstattung

	Poor condition of buildings	Poor heating, cooling and/or lighting systems	Lack of instructional space	Lack of instructional material	Not enough computers for instruction	Lack of instructional materials in the library	Lack of multi-media resources for instruction	Inadequate science laboratory equipment	Inadequate facilities for the fine arts
	Not at all	Not at all	Not at all	Not at all	Not at all	Not at all	Not at all	Not at all	Not at all
Austria	60	63	37	51	30	43	22	42	48
Belgium	60	72	57	67	49	47	42	56	52
Denmark	47	56	39	49	32	48	48	48	37
Finland	48	27	43	43	16	19	15	20	42
France	79	84	71	67	39	53	40	61	57
Germany	59	65	48	46	20	28	15	37	35
Greece	21	31	18	21	15	20	11	14	18
Ireland	62	69	50	66	34	22	21	37	34
Italy	43	61	38	63	42	42	29	37	43
Luxembourg	49	67	12	40	24	28	19	36	35
Portugal	69	51	60	61	27	37	25	45	41
Spain	62	62	51	61	43	42	29	36	39
Sweden	52	50	47	51	21	34	18	45	38
Unit. Kingdom	32	34	31	25	18	21	13	30	24
EU	53	57	43	51	29	35	25	39	39
OECD	*54*	*56*	*46*	*50*	*31*	35	25	35	*36*

Quelle: OECD PISA-Datenbank (www.oecd.org/els/education/eag2002 und www.pisa.oecd.org), web table D5.1

Tabelle B3/8 *Verfügbarkeit und Nutzung von Computern im Primarbereich (Lehrerangaben) (Angaben in Prozent der Schüler)*

	Kein Computer verfügbar	S.E.	Verfügbare Computer: Im Klassenraum	S.E.	Innerhalb der Schule	S.E.	Mit Internetzugang	S.E.
England	1	(1,2)	88	(3,2)	95	(2,1)	86	(3,3)
Frankreich	17	(3,6)	41	(4,7)	76	(4,3)	51	(4,8)
Deutschland	39	(3,0)	45	(3,9)	45	(3,5)	28	(3,0)
Griechenland	82	(3,3)	0	(0,0)	17	(3,3)	9	(1,7)
Italien	37	(3,2)	5	(1,8)	60	(3,1)	37	(3,8)
Niederlande	3	(2,0)	90	(2,8)	92	(3,2)	47	(4,6)
Schottland	2	(1,3)	96	(1,7)	81	(4,3)	60	(4,0)
Scheden	1	(0,6)	89	(2,6)	91	(2,0)	93	(1,6)
EU	23	(2,3)	57	(2,6)	70	(3,2)	51	(3,4)
International	50	(0,5)	29	(0,4)	45	(0,5)	36	(0,5)
	Anteil der Schüler, die angeben, keinen Computer zu benutzen	S.E.	Anteil der Schüler, die angeben, den Computer mindestens wöchentlich an folgenden Orten zu benutzen: Zu Hause	S.E.	In der Schule	S.E.	An einem anderen Ort	S.E.
England	97	(0,4)	74	(1,0)	67	(2,7)	29	(1,0)
Frankreich	95	(0,5)	60	(1,0)	38	(2,8)	24	(0,9)
Deutschland	85	(0,6)	66	(0,8)	17	(1,5)	19	(0,7)
Griechenland	62	(2,0)	37	(1,8)	13	(2,4)	26	(1,2)
Italien	75	(1,2)	53	(1,0)	24	(2,5)	17	(0,7)
Niederlande	93	(0,5)	76	(0,9)	50	(2,9)	24	(0,8)
Schottland	95	(0,7)	68	(0,9)	63	(3,0)	34	(1,1)
Schweden	97	(0,3)	75	(0,7)	35	(2,0)	25	(0,8)
EU	87	(0,8)	64	(1,0)	38	(2,5)	25	(0,9)
International	70	(0,3)	46	(0,2)	29	(0,4)	23	(0,2)

Quelle: Ina V. S. Mullis/Michael O. Martin/Eugenio J. Gonzalez/Ann M. Kennedy: PIRLS 2001 International Report. IEA's Study of Reading Literacy Achievement in Primary Schools in 35 Countries. Chestnut Hill: 2003, S. 211 und 212, (Tabelle 6.31/6.32)

Tabelle B3/9 *Verfügbarkeit von Computern zu Hause und in der Schule im Sekundarbereich (Prozentsatz der 15-Jährigen)*

	Verfügbarkeit von Computern zu Hause					Verfügbarkeit von Computern in der Schule				
	fast jeden Tag	mehrmals pro Woche	einmal pro Woche bis einmal pro Monat	seltener als einmal pro Monat	nie	fast jeden Tag	mehrmals pro Woche	einmal pro Woche bis einmal pro Monat	seltener als einmal pro Monat	nie
Belgien	65	11	5	4	16	13	29	26	12	20
Dänemark	77	7	4	3	9	49	29	15	6	2
Finnland	73	5	3	2	18	19	40	24	12	4
Deutschland	72	8	4	3	13	6	16	27	21	30
Luxemburg	63	11	6	5	14	16	29	32	10	13
Schottland	72	3	2	2	21	43	36	11	5	5
Schweden	90	3	1	1	6	37	31	17	10	5
EU	73	7	4	3	14	26	30	22	11	11
OECD	*64*	*6*	*3*	*3*	*24*	*27*	*29*	*20*	*10*	*14*

Quelle: *OECD: Bildung auf einen Blick. OECD-Indikatoren 2002, S. 338, (Tabelle D3.4)*

Tabelle B3/10 Nutzung von Computern zu Hause und in der Schule im Sekundarbereich in %

	Computernutzung zu Hause					Computernutzung in der Schule				
	fast jeden Tag	mehrmals pro Woche	einmal pro Woche bis einmal im Monat	seltener als einmal pro Monat	nie	fast jeden Tag	mehrmals pro Woche	einmal pro Woche bis einmal im Monat	seltener als einmal pro Monat	nie
Belgien	38	26	13	7	17	5	26	32	12	25
Dänemark	44	25	14	7	9	23	36	26	11	4
Finnland	45	22	10	5	18	6	41	30	16	7
Deutschland	43	**23**	**14**	**7**	**14**	**4**	**14**	**25**	**20**	**37**
Luxemburg	44	22	14	7	13	10	26	34	12	17
Schottland	38	26	10	4	21	18	39	18	14	12
Schweden	60	21	9	3	6	16	29	27	17	11
EU	45	24	12	6	14	12	30	28	15	16
OECD	*39*	*21*	*11*	*5*	*24*	*10*	*28*	*26*	*16*	*19*

Quelle: OECD: Bildung auf einen Blick. OECD-Indikatoren 2002, S. 339, (Tabelle D3.5)

Tabelle B3/11 Interesse an Computern und Selbsteinschätzung der eigenen Fähigkeiten im Umgang mit Computern

	PISA-Index der Vertrautheit und Selbsteinschätzung der Fähigkeit im Umgang mit Computern		sehr gut oder gut		PISA-Index des Interesses am Computer		Es ist wichtig am Computer zu arbeiten	
	Mädchen	Jungen	Mädchen	Jungen	Mädchen	Jungen	Mädchen	Jungen
			%	%			%	%
Belgien	-0,07	0,35	72	86	-0,22	0,18	60	73
Dänemark	-0,41	0,31	57	80	-0,66	0,18	49	75
Finnland	-0,42	0,19	64	84	-0,39	0,10	47	66
Deutschland	-0,53	-0,07	49	73	0,04	0,43	69	84
Irland	-0,19	-0,08	73	77	-0,02	0,02	55	58
Luxemburg	-0,29	0,11	58	77	0,12	0,45	70	83
Schottland	0,31	0,46	83	87	0,03	0,26	69	76
Schweden	-0,41	0,22	67	88	-0,18	0,29	59	81
EU	-0,25	0,19	66	81	-0,16	0,24	60	74
OECD	-0,17	0,21	70	82	-0,14	0,18	63	74

Quelle: OECD: Bildung auf einen Blick. OECD-Indikatoren 2002, S. 347/348, (Tabelle D4.1/D4.2)

Tabelle B4/2 Tätigkeitsbereiche der Schulleitungen in der Sekundarstufe I – Mittelwertvergleiche (Stunden im Monat), N= 106

Tätigkeit	Österreich	Dänemark	Frankreich	Deutschland	Schweden	USA
Pädagogische Tätigkeiten	34,15	28,74	22,04	66,39	15,95	36,11
Verwaltungstätigkeiten	61,23	51,52	60,67	49,33	48,94	39,28
Management und Führungstätigkeiten	39,80	58,20	46,71	44,00	53,82	78,52
Andere Tätigkeiten	13,66	20,37	14,39	10,41	27,83	16,25

Quelle: Jochen Wissinger: Schulleitungen im internationalen Vergleich - Ergebnisse der TIMSS-Schulleiterbefragung. In: Jochen Wissinger/Stefan Gerhard Huber (Hrsg.): Schulleitung – Forschung und Qualifizierung. Opladen: 2002, S. 56

Tabelle B4/3 Kooperation der Lehrkräfte im Primarbereich (Angaben in Prozent der Schüler)

Länder	Zusammenarbeit zwischen Elternhaus und Schule: Home School Involvement (HSI) hoch	S.E.	mittel	S.E.	niedrig	S.E.
England	15	(3,2)	71	(4,1)	14	(3,2)
Frankreich	56	(4,9)	24	(4,7)	20	(4,4)
Deutschland	38	(3,6)	30	(3,5)	32	(3,2)
Griechenland	40	(4,6)	17	(3,3)	43	(4,9)
Italien	41	(3,5)	30	(3,3)	29	(3,3)
Niederlande	92	(2,4)	7	(2,3)	1	(0,7)
Schottland	35	(4,2)	54	(4,0)	12	(3,3)
Schweden	33	(3,9)	48	(4,5)	19	(3,8)
EU	44	(3,8)	35	(3,7)	21	(3,4)
International	41	(0,7)	28	(0,7)	31	(0,6)

Quelle: Ina V. S. Mullis/Michael O. Martin/Eugenio J. Gonzalez/Ann M. Kennedy: PIRLS 2001 International Report. IEA's Study of Reading Literacy Achievement in Primary Schools in 35 Countries. Chestnut Hill: 2003, S. 233, (Tabelle 7.6)

Tabelle B4/4 Zusammenarbeit von Elternhaus und Schule im Primarbereich (dreistufiger Index) (Angaben in Prozent der Schüler)

Länder	Zusammenarbeit zwischen Elternhaus und Schule: Home School Involvement (HSI) hoch	S.E.	mittel	S.E.	niedrig	S.E.
England	15	(3,2)	71	(4,1)	14	(3,2)
Frankreich	56	(4,9)	24	(4,7)	20	(4,4)
Deutschland	38	(3,6)	30	(3,5)	32	(3,2)
Griechenland	40	(4,6)	17	(3,3)	43	(4,9)
Italien	41	(3,5)	30	(3,3)	29	(3,3)
Niederlande	92	(2,4)	7	(2,3)	1	(0,7)
Schottland	35	(4,2)	54	(4,0)	12	(3,3)
Schweden	33	(3,9)	48	(4,5)	19	(3,8)
EU	44	(3,8)	35	(3,7)	21	(3,4)
International	41	(0,7)	28	(0,7)	31	(0,6)

Quelle: Ina V. S. Mullis/Michael O. Martin/Eugenio J. Gonzalez/Ann M. Kennedy: PIRLS 2001 International Report. IEA's Study of Reading Literacy Achievement in Primary Schools in 35 Countries. Chestnut Hill: 2003, S. 238, (Tabelle 7.9)

Tabelle B4/5 Schulklima im Primarbereich – Diebstahl und Schlagen (Angaben in Prozent der Schüler)

Länder	In der Schule ist mir etwas gestohlen worden (im letzten Monat) Anteil der Schüler, die hierauf mit 'Ja' antworteten'	S.E.	In der Schule bin ich von einem anderen Schüler geschlagen oder verletzt worden (im letzten Monat) Anteil der Schüler, die hierauf mit 'Ja' antworteten'	S.E.
England	--	(--)	--	(--)
Frankreich	28	(1,3)	30	(1,2)
Deutschland	22	(0,9)	29	(0,9)
Griechenland	21	(1,4)	29	(1,5)
Italien	35	(1,3)	25	(0,9)
Niederlande	15	(1,1)	27	(1,1)
Schottland	23	(1,2)	42	(1,5)
Schweden	14	(0,8)	25	(1,2)
EU	23	(1,1)	30	(1,2)
International	28	(0,2)	32	(0,2)

Quelle: Ina V. S. Mullis/Michael O. Martin/Eugenio J. Gonzalez/Ann M. Kennedy: PIRLS 2001 International Report. IEA's Study of Reading Literacy Achievement in Primary Schools in 35 Countries. Chestnut Hill: 2003, S. 248/249, (Tabelle 7.16)

Tabelle B4/6 Schüler- und Lehrkräftebezogene Faktoren für das Schulklima

	Schülerbezogene Faktoren		Lehrerbezogene Faktoren		Lehrer-Schüler-Beziehung[1]		Moral und Engagement der Lehrkräfte	
	Index-Mittel	S.E.	Index-Mittel	S.E.	Index-Mittel	S.E	Index-Mittel	S.E.
Österreich	-0,16	(0,06)	0,11	(0,05)	4,13	(0,14)	0,63	(0,07)
Belgien	0,26	(0,07)	0,07	(0,06)	5,15	(0,11)	-0,20	(0,06)
Dänemark	0,73	(0,06)	0,81	(0,07)	5,81	(0,11)	0,02	(0,06)
Finnland	-0,42	(0,05)	-0,08	(0,06)	5,68	(0,10)	0,02	(0,06)
Deutschland	-0,10	(0,05)	-0,16	(0,05)	4,00	(0,12)	-0,01	(0,06)
Griechenland	-1,05	(0,10)	-1,18	(0,13)	4,32	(0,15)	0,37	(0,11)
Irland	-0,22	(0,06)	-0,02	(0,08)	5,28	(0,11)	0,19	(0,08)
Italien	0,18	(0,07)	0,05	(0,10)	4,46	(0,17)	-0,69	(0,07)
Luxemburg	-0,41	(0,00)	-0,47	(0,00)	3,44	(0,26)	-0,02	(0,01)
Portugal	-0,33	(0,07)	-0,29	(0,08)	6,17	(0,09)	-0,57	(0,07)
Spanien	0,00	(0,07)	0,20	(0,07)	5,03	(0,11)	-0,31	(0,06)
Schweden	-0,05	(0,06)	0,00	(0,07)	5,88	(0,09)	0,34	(0,08)
Vereinig. Königr.	0,04	(0,05)	-0,08	(0,07)	6,12	(0,05)	0,02	(0,07)
EU	-0,12	(0,06)	-0,08	(0,07)	5,04	(0,12)	-0,02	(0,07)
OECD	0,00	(0,01)	0,00	(0,01)	5,00	(0,01)	0,00	(0,01)

1 neu skaliert (internationaler Mittelwert = 5,0)

Quelle: OECD: Lernen für das Leben. Erste Ergebnisse der internationalen Schulleistungsstudie PISA 2000. Paris 2001, S. 340/ 342/ 360/ 343, (Tabelle 7.2/7.4/8.6/7.5)

Tabelle B5/1 Unterrichtsklima im Sekundarbereich

	Unterstützung durch die Lehrkräfte Prozentsatz der Schüler, die angaben, dass die Lehrkraft in jeder oder fast jeder in der Landessprache abgehaltenen Unterrichtsstunde...			PISA-Index der Unterstützung durch die Lehrkräfte[1]
	sich für den Lernfortschritt jedes Einzelnen interessiert	etwas so lange erklärt, bis sie es verstanden haben	ihnen beim Lernen hilft	Index-Mittel
Österreich	48	56	32	-0,25
Belgien	42	58	37	-0,28
Dänemark	62	67	67	0,17
Finnland	52	59	66	0,02
Frankreich	55	57	42	-0,20
Deutschland	41	53	34	-0,34
Griechenland	69	62	69	0,14
Irland	70	64	61	0,13
Italien	22	63	41	-0,28
Luxemburg	45	56	32	-0,34
Portugal	83	68	79	0,47
Spanien	62	66	63	0,09
Schweden	64	69	76	0,21
Vereinig. Königr.	75	75	79	0,50
EU	56	62	55	0,00
OECD	56	60	56	0,02

Die Tabelle wird auf der folgenden Seite fortgesetzt

Fortsetzung von Tabelle B5/1

	Schuldisziplin Prozentsatz der Schüler, die angaben, dass in jeder oder fast jeder in der Landessprache abgehaltenen Unterrichtsstunde ...				PISA-Index der Schuldisziplin
	die Lehrkraft lange warten muss, bis Ruhe eintritt	sie nicht darauf hören, was die Lehrkraft sagt	es laut ist und alles durcheinander geht	mehr als 5 Minuten vergehen, in denen gar nichts passiert	Index-Mittel
Österreich	32	21	19	38	0,19
Belgien	35	23	36	51	-0,12
Dänemark	27	19	33	55	-0,20
Finnland	39	29	42	44	-0,16
Frankreich	35	27	42	38	-0,05
Deutschland	36	24	22	34	0,10
Griechenland	43	29	46	58	-0,42
Irland	29	25	26	41	0,09
Italien	48	35	46	49	-0,24
Luxemburg	31	24	27	36	0,12
Portugal	25	20	24	42	-0,05
Spanien	41	24	34	48	-0,17
Schweden	43	29	38	30	-0,19
Vereinig. Königr.	31	20	27	41	0,02
EU	35	25	33	43	-0,08
OECD	32	24	30	39	0,00

	Leistungsorientierung Prozentsatz der Schüler, die angaben, dass in jeder oder fast jeder in der Landessprache abgehaltenen Unterrichtsstunde...				PISA-Index der Leistungsorientierung[1] Index-Mittel
	die Lehrkraft erwartet, dass man sich richtig anstrengt	die Lehrkraft sagt, dass man eigentlich besser sein könne	die Lehrkraft unzufrieden ist, wenn man nachlässig arbeitet	die Schüler viel lernen müssen	Alle Schüler
Österreich	64	42	49	57	-0,14
Belgien	52	32	47	40	-0,36
Dänemark	83	21	66	74	0,16
Finnland	72	36	47	56	-0,14
Frankreich	45	49	40	43	-0,34
Deutschland	71	50	48	57	-0,02
Griechenland	61	70	42	41	-0,07
Irland	85	54	65	59	0,36
Italien	84	83	50	60	0,37
Luxemburg	57	42	41	46	-0,30
Portugal	59	65	48	63	0,13
Spanien	48	56	53	66	0,01
Schweden	84	39	47	67	0,06
Vereinig. Königr.	91	49	55	63	0,30
EU	68	49	50	57	0,00
OECD	68	48	49	57	0,00

Quelle: OECD: Bildung auf einen Blick. OECD-Indikatoren 2002, S. 362/363, (Tabelle D5.1/D5.2)

Tabelle B5/2 Hausaufgabenpraxis im Sekundarbereich

	Hausaufgabenregelung Prozentsatz der Schüler die angaben, dass immer oder meistens...			
	die Hausaufgaben von der Lehrkraft benotet werden	die Hausaufgabenbesprechungen der Lehrkraft hilfreich sind	interessante Hausaufgaben gestellt werden	die Hausaufgaben in die Benotung einfließen
Österreich	47	19	15	77
Belgien	63	23	16	57
Dänemark	38	29	8	54
Finnland	15	12	8	51
Frankreich	32	24	19	43
Deutschland	12	42	8	43
Griechenland	43	39	35	58
Irland	53	27	11	12
Italien	22	30	23	34
Luxemburg	15	21	9	24
Portugal	45	20	18	75
Spanien	48	26	17	55
Schweden	30	28	9	62
Vereinig. Königr.	76	50	14	22
EU	39	28	15	48
OECD	39	24	14	50

Quelle: OECD: Bildung auf einen Blick. OECD-Indikatoren 2002, S. 363, (Tabelle D5.2)

Tabelle B6/1 Anteil der Schulen, die bei einzelnen Aspekten der Schulpolitik und -verwaltung eine gewisse Verantwortung tragen im internationalen Vergleich in % (2000)[1]

	Einstellung von Lehrkräften	S.E.	Entlassung von Lehrkräften	S.E.	Festlegung der Anfangsgehälter der Lehrkräfte	S.E.	Entscheidung über die Beförderung / Höhergruppierung von Lehrkräften	S.E.	Festlegung des Schulbudgets	S.E.	Entscheidung über die Verwendung des Budgets innerhalb der Schule	S.E.
Australien	60	(2.2)	47	(3.1)	18	(2.2)	19	(2.6)	96	(1.5)	100	(0.2)
Österreich	15	(2.9)	5	(1.7)	1	(0.5)	1	(0.5)	14	(2.7)	93	(2.0)
Belgien	96	(1.3)	95	(1.4)	7	(1.7)	7	(1.8)	98	(1.0)	99	(0.6)
Kanada	82	(1.2)	61	(1.7)	34	(1.8)	34	(1.7)	77	(1.4)	99	(0.3)
Tschech. Rep.	96	(1.2)	95	(1.3)	70	(3.1)	73	(3.1)	83	(2.6)	99	(0.6)
Dänemark	37	(1.3)	57	(3.2)	13	(2.5)	15	(2.7)	89	(2.2)	98	(1.0)
Finnland	35	(3.8)	21	(3.3)	1	(0.8)	2	(1.0)	56	(3.9)	99	(0.9)
Deutschland	10	(2.3)	4	(1.3)	2	(0.9)	11	(2.2)	13	(2.0)	96	(1.3)
Griechenland	65	(4.7)	70	(4.4)	73	(4.3)	77	(3.9)	87	(3.4)	95	(2.1)
Ungarn	100	(0.0)	99	(1.0)	41	(4.3)	50	(4.3)	61	(4.1)	92	(2.3)
Island	99	(0.0)	99	(0.1)	4	(0.1)	7	(0.1)	76	(0.2)	87	(0.1)
Irland	88	(2.3)	73	(3.0)	4	(1.7)	5	(2.2)	79	(3.1)	100	(0.0)
Italien	10	(2.1)	11	(2.6)	1	(0.8)	1	(0.8)	94	(2.4)	57	(5.0)
Japan	33	(1.9)	32	(2.0)	32	(2.0)	32	(2.0)	50	(3.3)	91	(2.9)
Korea	32	(4.1)	22	(4.0)	15	(3.1)	7	(2.4)	88	(2.5)	95	(1.7)
Mexiko	57	(3.4)	48	(3.8)	26	(3.1)	28	(3.1)	68	(4.2)	77	(3.7)
Neuseeland	100	(0.0)	99	(0.8)	17	(2.4)	41	(3.3)	98	(1.1)	100	(0.0)
Portugal	13	(2.1)	9	(1.2)	1	(0.7)	1	(0.7)	89	(2.9)	95	(2.0)
Spanien	38	(2.5)	39	(2.6)	9	(2.2)	9	(2.2)	90	(2.5)	98	(1.3)
Schweden	99	(0.8)	83	(3.2)	62	(3.6)	74	(3.6)	85	(3.1)	99	(0.6)
Schweiz	93	(1.7)	82	(2.3)	13	(2.7)	15	(3.0)	54	(3.3)	87	(2.9)
Verein. Staaten	99	(0.3)	89	(1.3)	72	(3.0)	70	(3.1)	92	(0.8)	100	(0.1)
Vereinig. Königr.	97	(0.9)	98	(1.2)	76	(4.9)	74	(5.1)	96	(1.9)	99	(1.0)
OECD	61	(0.4)	54	(0.5)	23	(0.5)	26	(0.5)	76	(0.6)	94	(0.3)

Die Tabelle wird auf der folgenden Seite fortgesetzt

Fortsetzung der Tabelle B6/1

	Festlegung von disziplinären Regeln für die Schüler	S.E.	Festlegung von Kriterien zur Schülerbeurteilung	S.E.	Aufnahme von Schülern in die Schule	S.E.	Wahl der verwendeten Lehrbücher	S.E.	Bestimmung des Lehrstoffes	S.E.	Entscheidung über das Fächer- und Kursangebot	S.E
Australien	100	(0.2)	99	(0.6)	94	(1.6)	100	(0.2)	84	(3.2)	96	(1.8)
Österreich	96	(1.6)	69	(3.5)	75	(2.9)	99	(0.7)	54	(3.6)	57	(3.7)
Belgien	99	(0.9)	100	(0.4)	95	(1.7)	99	(0.6)	59	(3.7)	61	(3.6)
Kanada	98	(0.5)	94	(1.0)	89	(1.0)	89	(0.9)	49	(1.8)	90	(1.1)
Tschech. Rep.	100	(0.5)	100	(0.3)	89	(1.7)	100	(0.0)	82	(2.9)	82	(2.8)
Dänemark	99	(0.8)	87	(2.4)	87	(2.6)	100	(0.0)	90	(1.9)	77	(2.6)
Finnland	96	(1.9)	89	(2.6)	54	(4.0)	100	(0.0)	91	(2.3)	95	(2.0)
Deutschland	95	(1.4)	79	(2.8)	79	(3.0)	96	(1.7)	35	(3.3)	35	(3.4)
Griechenland	97	(1.5)	94	(2.2)	90	(2.5)	90	(2.9)	92	(2.6)	89	(2.9)
Ungarn	100	(0.0)	98	(1.0)	99	(0.7)	100	(0.4)	97	(1.3)	98	(1.0)
Island	99	(0.0)	98	(0.1)	74	(0.1)	99	(0.0)	79	(0.2)	62	(0.2)
Irland	99	(0.6)	99	(0.9)	95	(2.0)	100	(0.0)	37	(4.1)	97	(1.3)
Italien	100	(0.0)	100	(0.0)	63	(5.1)	100	(0.0)	93	(2.9)	22	(4.0)
Japan	100	(0.4)	100	(0.0)	100	(0.0)	99	(0.7)	99	(0.7)	98	(1.3)
Korea	100	(0.0)	99	(0.1)	97	(1.4)	99	(0.6)	99	(0.6)	93	(2.3)
Mexiko	99	(0.7)	92	(2.5)	86	(2.3)	81	(3.0)	59	(4.1)	58	(3.4)
Neuseeland	100	(0.0)	100	(0.0)	94	(1.2)	100	(0.0)	87	(2.7)	100	(0.1)
Portugal	92	(2.2)	88	(2.6)	85	(3.1)	100	(0.0)	20	(3.4)	54	(4.5)
Spanien	99	(0.8)	97	(1.5)	89	(2.4)	100	(0.4	86	(2.9)	54	(3.8)
Schweden	100	(0.0)	97	(1.5)	54	(4.0)	100	(0.0)	88	(2.8)	76	(3.7)
Schweiz	98	(1.2)	75	(3.6)	82	(3.0)	51	(4.1)	29	(3.5)	34	(3.4)
Verein. Staaten	99	(0.5)	100	(0.2)	66	(3.6)	100	(0.0)	94	(1.5)	100	(0.1)
Vereinig. Königr.	99	(0.9)	93	(2.2)	89	(2.6)	92	(3.0)	84	(4.3)	97	(1.3)
OECD	95	(0.2)	89	(0.4)	84	(0.5)	92	(0.2)	69	(0.6)	71	(0.6)

1 Angaben der Schulleitungen

Quelle: OECD: Lernen für das Leben. Erste Ergebnisse der internationalen Schulleistungsstudie PISA 2000. Paris: 2001, S. 349

Tabellenanhang zum Teil C

Tabelle C1/1 *Absolventen aus allgemein bildenden und berufsbildenden Schulen (2001) nach Schulabschluss und Ländern in % der gleichaltrigen Wohnbevölkerung*

Land	ohne Hauptschulabschluss	15-Jährige unterhalb der Kompetenzstufe I (Lesen)[1]	mit Hauptschulabschluss	mit mittlerem Abschluss	mit Fachhochschulreife	mit allgemeiner Hochschulreife
BW	7,8	9,2	39,9	47,7	7,5	29,8
BY	10,7	6,0	42,2	46,9	9,9	19,6
BE	11,9	[2]	26,3	46,5	5,9	32,3
BB	8,7	11,9	24,6	47,0	5,2	30,8
HB	11,4	18,2	29,8	52,1	8,5	31,6
HH	12,8	2	31,3	38,5	12,0	31,1
HE	10,0	12,1	28,4	46,5	12,1	29,5
MV	11,2	10,7	21,7	46,1	3,5	25,4[3]
NI	10,2	11,8	26,0	59,9	12,3	24,3
NW	7,1	12,3	31,2	47,4	17,4	29,4
RP	9,5	9,6	37,1	45,7	11,1	24,3
SL	11,3	9,6	35,0	44,6	17,5	22,6
SN	11,7	7,4	15,5	58,5	4,9	29,1
ST	14,5	13,0	15,8	58,3	5,3	27,2[3]
SH	11,2	10,8	43,5	48,0	9,0	25,2
TH	13,0	8,3	23,7	49,8	6,3	28,7
D	9,8		31,2	49,4	10,5	
StS	12,1		28,0	45,0		
FIL	9,6		31,4	49,7		
AL	9,1		34,8	48,5		
NL	11,8		20,7	51,9		

1 Deutsches PISA-Konsortium (Hrsg.): PISA 2000 – Die Länder der Bundesrepublik Deutschland im Vergleich. Opladen: 2002, S. 72
2 Für Berlin und Hamburg wurden keine Werte ausgewiesen.
3 In diesen beiden Ländern ist die Quote 2001 in Folge der Umstellung von 12 auf 13 Schuljahre drastisch gesunken; ersatzweise wird daher die Quote des Jahres 2000 mitgeteilt. Durchschnittswerte für Deutschland werden hier aus diesem Grund nicht ausgewiesen.

Quelle: Berechnungen nach KMK: Schüler, Klassen, Lehrer und Absolventen der Schulen 1992 bis 2001. Bonn: 2002 und Statistisches Bundesamt (Bevölkerung zum 31.12.2000)

Tabelle C1/2 *Absolventen aus allgemein bildenden und berufsbildenden Schulen (2000) nach Schulabschluss*

Abschluss	Ausländische Absolventen		Deutsche Absolventen		Absolventen insgesamt		gleichaltrige Wohnbevölkerung		
	absolut	in %[1]	absolut	in %[1]	absolut	in %[1]	Ausländer	Deutsche	insges.
ohne Hauptschulabschluss	15498	17,9	69500	8,5	84998	9,4	86596	817905	904501
mit Hauptschulabschluss	36756	42,4	233355	28,5	270111	29,9	86596	817905	904501
mit Realschulabschluss[2]	29198	32,0	419224	50,4	448422	48,6	91252	831228	922480
mit Fachhochschulreife	5671	5,1	83141	10,1	88812	9,5	110787	822307	933094
mit allgemeiner Hochschulreife	9125	8,2	248577	30,2	257702	27,6	110787	822307	933094

1 in % der gleichaltrigen Wohnbevölkerung (31.12.1999):
ohne und mit Hauptschulabschluss: 15- bis unter 17-Jährige
Realschulabschluss: 16- bis unter 18-Jährige
Fachhochschulreife und allgemeine Hochschulreife: 18- bis unter 21-Jährige
2 Abgänger mit Realschulabschluss oder vergleichbarem Abschluss

Quellen: KMK: Schüler, Klassen, Lehrer und Absolventen der Schulen 1992 bis 2001. Bonn: 2002; KMK: Ausländische Schüler und Schulabsolventen 1991 bis 2000. Bonn: 2002, S. 53

Tabelle C1/3 Anteile vorzeitig gelöster Ausbildungsverträge[1] und erfolgreicher Prüfungsteilnahme[2] im Bereich der dualen Berufsausbildung (2001)

Ausbildungsbereiche	gelöste Ausbildungsverträge	bestandene Prüfungen
Industrie und Handel	20,0	96,4
Handwerk	30,1	94,4
Öffentlicher Dienst	8,5	98,0
Landwirtschaft	23,6	95,4
Freie Berufe	26,1	98,5
Hauswirtschaft	25,2	94,0
Seewirtschaft	25,5	98,7
alle Bereiche	23,7	95,8

1 in Prozent der neu abgeschlossenen Verträge
2 in Prozent der Prüfungsteilnehmer (einschließlich der Wiederholer)

Quelle: BMBF: Berufsbildungsbericht 2003, Bonn: 2002, S. 94 und S. 99

Tabelle C1/4 Anteile der Hochschulabsolventen am entsprechenden Altersjahrgang[1] in % (Durchschnitt der Jahre 1999 bis 2001)

Land	Absolventen insgesamt[2]	Abschlussquote
Baden-Württemberg	27.690	22,3
Bayern	26.668	18,8
Berlin	12.825	29,1
Brandenburg	3.063	12,7
Bremen	2.450	30,7
Hamburg	6.556	27,1
Hessen	15.484	22,1
Mecklenburg-Vorpommern	2.391	14,0
Niedersachsen	16.968	19,5
Nordrhein-Westfalen	42.750	21,3
Rheinland-Pfalz	9.800	22,8
Saarland	2.146	19,9
Sachsen	8.860	19,7
Sachsen-Anhalt	3.526	14,3
Schleswig-Holstein	4.998	16,8
Thüringen	3.551	14,3
Deutschland	189.724	20,6

1 nach OECD-Definition
2 Absolventen von Fachhochschulen und Universitäten – ohne Promotionen

Quelle: eigene Berechnungen nach Statistisches Bundesamt, Fachserie 11, Reihe 4.2

Tabelle C1/5 Jugendliche und junge Erwachsene ohne abgeschlossene Berufsausbildung der jeweiligen Altersgruppe in % (2001)

		20 bis unter 25			25 bis unter 30			20 bis unter 30		
		Insgesamt	Deutsche	Ausländer	Insgesamt	Deutsche	Ausländer	Insgesamt	Deutsche	Ausländer
AL + BE /West	m	13,5	10,6	29,2	13,2	8,4	32,5	13,4	9,6	31,0
	w	15,2	11,2	36,7	16,6	10,4	41,5	15,9	10,8	39,4
	gesamt	14,3	10,9	32,7	14,9	9,4	37,0	14,6	10,1	35,2
NL + BE /Ost	m	9,4	9,1	/	4,9	4,3	/	7,4	6,9	35,3
	w	7,7	7,6	/	6,2	5,8	/	7,2	6,8	/
	gesamt	8,7	8,4	/	5,6	5,0	27,3	7,3	6,9	27,8
Deutschland	m	12,6	10,3	29,2	11,7	7,6	32,5	12,2	8,9	31,1
	w	13,8	10,4	36,1	15,0	9,6	41,0	14,3	10,0	38,9
	gesamt	13,2	10,3	32,6	13,3	8,5	36,7	13,2	9,4	35,0

/ In Folge kleiner Fallzahlen ist die Auswertung im Rahmen der Stichprobe des Mikrozensus nicht zulässig.

Quelle: Sonderauswertung des Mikrozensus 2001

Tabelle C1/6 *Abgänger mit Hauptschulabschluss und mit mittlerem Abschluss nach Herkunft aus allgemein bildenden bzw. berufsbildenden Schulen der gleichaltrigen Wohnbevölkerung in % (2001)*

Land	Hauptschulabschluss			Mittlerer Schulabschluss		
	insgesamt	an allgemein bildenden Schulen	an berufsbildenden Schulen	insgesamt	an allgemein bildenden Schulen	an berufsbildenden Schulen
BW	39,9	33,2	6,7	47,7	38,0	9,8
BY	42,2	38,3	4,0	46,9	36,1	10,8
BE	26,3	24,5	1,8	46,5	41,8	4,8
BB	24,6	19,0	5,6	47,0	42,5	4,5
HB	29,8	24,9	4,9	52,1	44,2	7,9
HH	31,3	25,3	6,0	38,5	28,9	9,6
HE	28,4	25,3	3,1	46,5	38,9	7,6
MV	21,7	18,0	3,7	46,1	44,3	1,8
NI	26,0	23,2	2,8	59,9	43,9	16,0
NW	31,2	23,3	7,9	47,4	42,2	5,2
RP	37,1	32,9	4,2	45,7	35,6	10,1
SL	35,0	33,3	1,7	44,6	33,0	11,5
SN	15,5	11,3	4,2	58,5	55,0	3,5
ST	15,8	12,0	3,8	58,3	52,0	6,4
SH	43,5	36,9	6,6	48,0	32,3	15,7
TH	23,7	19,0	4,7	49,8	44,7	5,1
Deutschland	31,2	26,1	5,1	49,4	41,2	8,2

Quelle: Berechnungen nach KMK: Schüler, Klassen, Lehrer und Absolventen der Schulen 1992 bis 2001. Bonn: 2002 und Statistisches Bundesamt (Bevölkerung zum 31.12.2000)

Tabelle C1/7 *Absolventen mit allgemeiner Hochschulreife nach Schulformen in % (2001)*

Schulart	Anteil
Gymnasium	79,2
Berufliche/Fachgymnasien	9,8
Gesamtschulen	5,8
Berufsfachschulen	1,5
Kollegs	1,0
Abendschulen	1,0
Waldorfschulen	0,9
übrige	0,8

Quelle: Statistisches Bundesamt: Fachserie 1, Reihen 1 und 2

Die Tabellen zum Kapitel C2 sowie die Tabellen C3/1 bis C3/15 befinden sich im Text

Tabelle C3/16 Bildungsbeteiligung nach Schulform und Geschlecht im der achten Klasse, Schuljahr 2001/2002 in %

Land	HS			RS			SMB			GY			IGS			Sonderschulen			Freie Waldorf-schulen		
	ges	m	w	ges	m	w	ges	m	w	ges	m	w	ges	M	w	ges	m	w	ges	m	w
BW	33,2	36,4	29,9	33,8	32,6	35,1				30,2	28,0	32,4	0,5	0,5	0,5	0,9	1,3	0,6	1,4	1,3	1,4
BY	39,3	43,2	35,3	28,9	26,5	31,4				27,4	25,1	29,8	0,3	0,3	0,2	3,8	4,7	2,8	0,4	0,4	0,4
HB	22,1	24,9	19,3	26,8	25,6	28,1				29,8	27,7	31,9	15,4	15,0	15,9	4,7	5,8	3,6	1,1	1,0	1,3
HH	11,9	13,5	10,3	14,3	14,7	13,9	5,2	5,3	5,1	35,4	31,7	39,3	25,4	25,4	25,4	6,3	8,0	4,6	1,4	1,4	1,5
HE	18,1	20,3	15,8	28,0	27,3	28,7				32,1	29,1	35,3	16,4	16,7	16,2	4,8	6,0	3,6	0,6	0,6	0,6
NI	30,3	34,5	25,8	33,0	31,4	34,8	0,5	0,5	0,5	27,1	23,5	31,1	3,6	3,5	3,7	4,9	6,2	3,5	0,5	0,4	0,5
NW	24,5	27,3	21,6	26,3	25,1	27,6				29,4	26,6	32,4	14,8	14,9	14,7	4,4	5,6	3,0	0,6	0,5	0,6
RP	27,7	30,2	25,2	24,1	22,6	25,6	11,0	12,0	10,1	28,4	25,3	31,6	4,3	4,3	4,4	4,0	5,3	2,7	0,4	0,4	0,4
SL	0,6	0,7	0,5	2,1	1,9	2,4	49,2	51,3	47,0	31,5	29,2	34,0	15,8	16,1	15,5	0,0	0,0	0,0	0,7	0,8	0,6
SH	29,3	32,3	26,0	32,9	31,3	34,6				26,8	24,8	29,1	5,8	5,7	6,0	4,1	5,1	3,1	1,0	0,9	1,2
BE	11,5	13,6	9,4	22,2	22,3	22,0				33,4	29,5	37,5	28,6	29,7	27,4	3,8	4,5	3,0	0,6	0,5	0,7
BB				17,1	17,1	17,2				29,4	23,9	35,2	48,5	52,8	44,0	4,7	6,0	3,3	0,3	0,3	0,3
MV	11,4	14,2	8,5	42,8	42,1	43,5	5,4	5,7	5,1	30,1	26,1	34,5	4,1	4,4	3,9	5,8	7,2	4,4	0,3	0,3	0,2
SN							61,8	64,5	59,0	32,7	28,5	37,2				5,3	6,9	3,7	0,2	0,2	0,1
ST							58,8	62,0	55,5	33,0	28,0	38,2	1,0	1,0	0,9	7,1	9,0	5,2	0,1	0,1	0,1
TH							58,2	60,9	55,5	33,6	29,0	38,5	1,1	1,1	1,1	6,8	8,7	4,8	0,2	0,3	0,1
D	22,4	24,8	19,8	24,5	23,4	25,7	9,0	9,4	8,5	29,6	26,4	33,0	9,7	10,1	9,4	4,2	5,3	3,0	0,6	0,6	0,6
NL	1,7	2,1	1,2	9,6	9,6	9,6	40,3	42,0	38,4	31,9	27,2	36,8	10,5	11,4	9,6	5,9	7,5	4,2	0,2	0,2	0,2
AL	28,6	31,7	25,4	28,5	27,1	30,1	1,6	1,7	1,5	29,1	26,3	32,0	7,7	7,7	7,6	3,8	4,8	2,7	0,7	0,7	0,7

Quelle: Statistisches Bundesamt (www.destatis.de)

Tabelle C3/17 Wiederholeranteil in den Klassenstufen 1 bis 4, 5 und 6 und 7 bis 10 nach Ländern und Schulform/Schuljahr 2001/02 (in %)

	GESAMT			GS			OS			SMG			GY			RS			HS			IGS		
Land	ges	m	w	ges	m	w	ges	m	w	ges	m	w	ges	m	w	ges	m	w	ges	m	w	ges	m	w
1. – 4. Klasse																								
BB	1,5	1,7	1,2	1,3	1,5	1,2																		
BW				1,8	1,9	1,7																		
HB	2,7	3,0	2,4	2,7	3,0	2,4																		
HE	1,7	1,8	1,6	1,8	1,9	1,6																		
HH	1,7	1,8	1,5	1,9	2,1	1,7																		
MV	2,4	2,8	2,0	2,5	2,9	2,0																		
NI	1,8	2,0	1,6	1,9	2,1	1,6																		
NW	1,7	1,9	1,5	1,7	1,9	1,5																		
RP	2,2	2,4	2,0	2,2	2,3	2,0																		
SH	2,6	2,9	2,1	2,4	2,7	2,0																		
SL	2,5	2,7	2,3	2,5	2,7	2,4																		
SN	2,0			1,8																				
TH	2,7	3,2	2,2	2,5	2,9	2,1																		
5. und 6. Klasse																								
BB	0,9	1,2	0,6	0,9	1,2	0,6																		
BW													1,1	1,5	0,7	1,7	2,3	1,1	2,0	2,6	1,2			
HB	1,4	1,6	1,2				1,5	1,7	1,2															
HE	3,3	4,1	2,4				2,9	3,7	2,0				2,7	3,4	2,1	7,2	8,9	5,6	8,4	10,5	5,4			
HH	1,1	1,3	0,8				0,7	1,0	0,3				1,3	1,5	1,0				2,0	2,5	1,4			
MV	2,4	3,4	1,3							3,5	4,8	1,8	0,5	0,7	0,4	4,0	5,4	2,4	7,4	10,3	2,7			
NI	0,9	1,1	0,7				0,9	1,1	0,7				0,5	0,8	0,2									
NW	2,4	3,0	1,8										1,0	1,3	0,7	2,5	3,0	2,1	4,4	5,2	3,4			
RP	2,3	3,0	1,6							4,1	5,2	2,6	0,6	0,8	0,5	2,1	2,6	1,6	4,3	5,3	3,2	0,6	0,9	0,4
SH	1,8	2,3	1,3										0,6	0,7	0,5	1,4	1,8	1,0	4,3	5,2	3,0	0,5	0,4	0,5
SL	1,6	2,1	1,0							1,3	1,9	0,7	1,5	2,0	1,0	2,3	1,2	3,2	0,6	1,3	0,0	2,2	2,6	1,8
SN	2,2									3,3			0,3											
TH	3,7	5,7	1,9							5,2	6,9	3,1	0,3	0,3	0,2									
7. – 10. Klasse																								
BB	2,9	3,7	2,1										1,0	1,6	0,7	3,0	3,6	2,3						
BW													4,7	5,9	3,6	4,3	5,1	3,5	2,6	2,9	2,1			
HB	6,5	7,3	5,7										5,2	6,4	4,2	11,5	12,7	10,2	6,5	6,9	6,0	2,1	2,5	1,8
HE	5,1	5,7	4,5										4,7	5,8	3,8	7,8	8,7	6,9	6,4	6,6	6,2			
HH	2,5	2,9	2,0							2,5	2,5	2,6	3,1	4,0	2,4	4,8	5,3	4,3	4,7	5,3	3,8			
MV	5,1	6,1	4,0							7,2	9,2	4,9	1,9	2,7	1,2	6,7	7,6	5,8	8,8	9,8	7,2			
NI	3,5	3,9	3,1							2,2	2,3	2,1	2,8	3,4	2,2	4,6	5,1	4,1	3,4	3,6	3,1			
NW	5,6	6,4	4,8										5,5	6,7	4,5	6,5	7,5	5,6	4,9	5,3	4,3			
RP	4,4	5,1	3,7							4,2	5,0	3,4	3,4	4,2	2,8	6,2	7,1	5,5	4,5	5,3	3,6	1,9	2,1	1,6
SH	6,1	6,9	5,2										4,4	5,3	3,6	8,4	9,7	7,3	5,4	5,9	4,7	3,3	3,2	3,3
SL	5,2	5,9	4,5							6,7	7,4	6,1	5,2	6,3	4,2	4,7	5,3	4,2				1,5	1,7	1,3
SN	2,7									3,4			1,6											
TH	3,2	3,8	2,5							4,4	4,9	3,9	1,0	1,5	0,6									

Quelle: Statistische Landesämter, eigene Berechnungen

Tabelle C3/18 Frauen an beruflichen Schulen/Schuljahr 2000/01

	Frauenanteil	Verteilung
Berufsschulen[1]	41,0	55,8
Berufsvorbereitungsjahr	38,7	2,2
Berufsgrundbildungsjahr	29,7	0,9
Berufsaufbauschulen	25,4	0,0
Berufsfachschulen	60,8	19,8
Fachoberschulen	48,6	3,7
Fachgymnasien	48,5	3,8
Kollegschulen[2]	77,6	0,0
Berufsober-/Techn. Oberschulen[3]	35,3	0,3
Fachschulen	53,2	6,0
Fachakademien	84,3	0,5
Schulen des Gesundheitswesens	81,9	7,0
Insgesamt	46,7	100

1 einschließlich Berufsgrundbildungsjahr in kooperativer Form
2 nur Nordrhein-Westfalen, Nachweis 2000 nur noch auslaufende Bildungsgänge
3 die starke Zunahme 1997 gegenüber dem Vorjahr ist bedingt durch die Neustrukturierung der beruflichen Oberstufe

Quelle: Statistisches Bundesamt, eigene Berechnungen

Tabelle C3/19 Studierende, Studienanfänger und Studienanfängerquoten nach Geschlecht 1993 bis 2002

Berichtszeit-raum[1]	Insgesamt	Männlich	Weiblich	Frauenanteil in %
		Studierende		
1993/94	1 867 264	1 116 144	751 120	40,2
1994/95	1 872 490	1 107 724	764 766	40,8
1995/96	1 857 906	1 083 273	774 633	41,7
1996/97	1 838 099	1 054 684	783 415	42,6
1997/98	1 824 107	1 029 640	794 467	43,6
1998/99	1 801 233	999 951	801 282	44,5
1999/2000	1 773 956	970 162	803 794	45,3
2000/2001	1 799 338	970 137	829 201	46,1
2001/2002	1 868 666	995 436	873 230	46,7
2002/2003[2]	1 944 611	1 027 827	916 784	47,1
		Studienanfänger		
1993	279 631	155 395	124 236	44,4
1994	267 946	147 140	120 806	45,1
1995	262 407	137 063	125 344	47,8
1996	267 469	139 279	128 190	47,9
1997	267 445	137 387	130 058	48,6
1998	272 473	140 276	132 197	48,5
1999	291 447	147 634	143 813	49,3
2000	314 956	159 954	155 002	49,2
2001	344 830	174 523	170 307	49,4
2002[2)]	357 907	177 586	180 321	50,4

1 Studierende: Wintersemester; Studienanfänger: Studienjahr, z.B. 2002 = Sommersemester 2002 plus Wintersemester 2002/2003
2 vorläufige Ergebnisse

Quelle: Statistisches Bundesamt

Tabelle C3/20 Anteil weibliche Studierende nach Fächergruppen und Ländern (in %, WS 2001/02)

	Sprach- und Kulturwissenschaften	Sport	Rechts-, Wirtschafts- und Sozialwissenschaften	Mathematik, Naturwissenschaften	Humanmedizin	Veterinärmedizin	Agrar-, Forst- und Ernährungswissenschaften	Ingenieurwissenschaften	Kunst, Kunstwissenschaft	außerhalb Studienbereichsgliederung	zusammen
BW	70,7	44,4	44,6	36,2	54,1		50,9	19,3	65,7		45,2
BY	69,1	43,4	48,8	35,8	53	82,2	46,5	17,5	65,8		47,3
BE	65,7	44,5	47,6	37,6	57,2	80,1	54,5	24,5	63,6		50,4
BB	73,8	49,2	52,1	33,5			52,3	29,8	56,3	65,7	50,1
HB	69,6	34,1	49,8	35,9			63,1	14,9	58,8	67,9	47,6
HH	64,0	48,3	41,6	32,0	57,3		60,4	21,7	64,2	76,5	44,7
HE	67,7	45,8	45,8	34,1	52	82,2	58,8	21,7	62,1		45,4
MV	72,4	44,9	54,8	39,5	56,9		50,1	23,7	68,0	34,6	50,0
NI	69,0	50,4	48,2	38,5	54,8	81,4	43,6	20,7	66,5	52,3	47,4
NW	64,9	40,8	44,3	34,1	53,5		61,2	19,0	61,5		45,3
RP	70,8	41,7	45,9	34,5	53,3		33,2	29,8	63,8		49,2
SL	65,2	30,8	44,3	29,8	53,2			16,0	56,5		45,6
SN	73,3	43,1	53,3	32,1	57,8	81,1	57,3	21,6	64,7		47,6
ST	72,6	44,3	55,4	35,3	56,8		61,2	23,6	62,5		51,1
SH	67,1	38,7	41,9	33,9	56,2		58,8	20,6	64,2	48,2	44,6
TH	72,1	46,3	53,3	33,5	61,5		68,2	24,6	56,8		48,1
D	67,7	43,1	46,8	35,1	54,6	81,5	53,8	20,8	63,3	50,8	46,7

Quelle: Statistisches Bundesamt

Tabelle C3/21 Bildungs- und Berufsabschluss der Väter von 15-jährigen Schülern an öffentlichen und privaten Realschulen und Gymnasien in % (2000)

	Realschule		Gymnasium	
	öffentlich	privat	öffentlich	privat
Schulabschluss Vater				
Kein Abschluss	11,0	9,1	6,9	4,3
Hauptschule, Volksschule	37,5	44,8	17,2	20,2
Mittlere Reife	30,2	20,2	36,2	19,3
FH-Reife, Abitur	21,3	25,9	39,6	56,2
Beruflicher Abschluss Vater				
Kein Abschluss	12,9	7,6	6,0	3,5
Lehre, Berufsaufbauschule	41,8	42,6	23,6	17,5
Berufsfach-, Handelsschule	14,8	17,3	14,3	18,3
Fach-, Meister-, Technikerschule	15,8	14,9	15,1	15,4
Fachhochschule, Diplom (FH)	6,4	8,3	14,3	13,2
Hochschule incl. Promotion	8,4	9,2	26,7	32,1

Quelle: Sonderauswertung PISA 2000

Tabelle C3/22 Bildungsbeteiligung von Deutschen (D) und Ausländern (A) in der Klassenstufe 8 nach Schulform und Geschlecht in % (Schuljahr 2001/02; nur alte Länder)

Land	Hauptschule gesamt		Hauptschule männlich		Hauptschule weiblich		Realschule gesamt		Realschule männlich		Realschule weiblich	
	D	A	D	A	D	A	D	A	D	A	D	A
HH	10,2	18,4	11,5	20,7	8,9	15,8	14,4	14,0	14,9	14,0	13,9	13,9
HE	15,5	33,1	17,7	35,1	13,2	31,0	28,5	24,7	28,2	22,1	28,9	27,5
NI	19,1	48,3					33,8	22,0				
RP	26,0	52,0	28,6	51,7	23,3	52,2	24,8	14,3	23,3	12,9	26,3	15,9
SL	0,4	0,0	0,4	0,0	0,4	0,0	2,0	0,5	2,0	0,2	2,0	0,7
SH	27,8	51,7	31,0	53,6	24,4	49,8	33,0	20,8	31,4	19,3	34,8	22,3
BE	6,3	25,0	7,2	28,3	5,2	21,6	19,3	21,1	18,6	19,4	20,1	22,9

Land	Schulen mit mehreren Bildungsgängen gesamt		Schulen mit mehreren Bildungsgängen männlich		Schulen mit mehreren Bildungsgängen weiblich		Gymnasien gesamt		Gymnasien männlich		Gymnasien weiblich	
	D	A	D	A	D	A	D	A	D	A	D	A
HH	4,6	7,7	4,9	6,7	4,2	8,8	39,4	20,2	35,5	17,7	43,3	23,1
HE							35,1	15,0	31,9	13,4	38,4	16,8
NI	0,5	0,8					28,2	11,7				
RP	9,7	3,9	10,4	6,0	8,1	14,4	29,5	12,4	26,3	11,3	32,8	13,5
SL	47,3	65,1	49,3	65,1	45,1	65,2	32,5	11,8	30,0	11,6	35,3	11,9
SH							27,2	13,5	25,2	11,9	29,3	15,1
BE							35,3	20,3	30,2	17,3	41,0	23,3

Quelle: Statistische Landesämter, eigene Berechnungen

Tabelle C3/23 Verhältnis von ausländischen Wiederholern zu deutschen Wiederholern in den Klassenstufen 1 bis 4, 5 und 6 und 7 bis 10 (Schuljahr 2001/02 alte Länder)

	Land	gesamt			GS			SMG			GY			RS			HS			IGS		
		ges	m	w	ges	m	w	ges	m	w	ges	m	w	ges	m	w	ges	m	w	ges	m	w
1 bis 4	HB	1,6																				
	HE	3,5	3,3	3,7	3,5	3,4	3,7															
	NW	3,4	3,2	3,6	3,4	3,2	3,6															
	RP	6,0	3,1	12,6	3,2	3,2	3,2															
	SH	2,2	2,0	2,5	2,4	2,1	2,7															
5 und 6	HB	1,3																				
	HE	2,2	2,2	2,1							3,1	3,3	2,7	1,8	1,8	1,9	1,5	1,4	1,9			
	NW	2,1	1,9	2,3							1,9	1,9	1,9	1,2	1,1	1,4	1,5	1,5	1,7			
	RP	3,4	1,8	8,1				2,8	1,4	0,8	2,4	2,5	2,2	1,7	1,9	1,5	1,3	1,3	1,1	0,5	0,7	0,0
	SH	2,1	2,1	2,1							2,3	1,1	4,0	1,6	1,8	1,3	1,4	1,5	1,4	3,0	5,2	1,6
7 bis 10	HB	1,5																				
	HE	1,3	1,3	1,4							1,7	1,8	1,7	1,4	1,4	1,4	1,2	1,2	1,1			
	NW	1,1	1,1	1,2							1,4	1,3	1,5	1,2	1,1	1,2	1,2	1,2	1,2			
	RP	2,1	1,3	3,4				3,2	2,1	0,7	1,8	1,8	1,8	1,3	1,2	1,4	1,1	1,3	0,9	1,1	1,4	0,8
	SH	1,1	1,2	1,1							0,9	0,7	1,1	1,6	1,9	1,4	0,9	0,9	1,0	1,0	0,4	1,4

Quelle: Statistische Landesämter, eigene Berechnungen

Tabelle C3/24 Ausbildungsbeteiligung bezogen auf die in Deutschland lebende 18- bis unter 21-jährige Bevölkerung für ausgewählte Staatsangehörigkeiten

Staatsangehörigkeit	Jahr 2000	Jahr 2001
Griechenland	33,2	34,8
Italien	42,7	43,2
Portugal	33,1	33,5
Spanien	50,0	48,8
Jugoslawien (Serbien und Montenegro)	27,0	30,1
Bosnien-Herzegowina	14,8	25,6
Kroatien	44,2	47,2
Polen	20,9	20,6
Türkei	36,6	38,2

Quelle: Statistisches Bundesamt, eigene Berechnungen

Tabelle C3/25 Ausländeranteil an beruflichen Schulen

	2000	2001
Berufsschulen[1]	7,0	6,8
Berufsvorbereitungsjahr	20,0	19,3
Berufsgrundbildungsjahr	12,1	11,2
Berufsaufbauschulen	16,9	17,6
Berufsfachschulen	9,8	9,5
Fachoberschulen	6,4	6,0
Fachgymnasien	5,9	5,5
Kollegschulen[2]	7,5	6,9
Berufsober-/Techn. Oberschulen	5,8	4,5
Fachschulen	4,1	4,3
Fachakademien	6,5	8,1
Schulen des Gesundheitswesens	5,2	5,5
Insgesamt	7,5	7,4

1 einschließlich Berufsgrundbildungsjahr in kooperativer Form
2 nur Nordrhein-Westfalen, Nachweis 2000 nur noch auslaufende Bildungsgänge

Quelle: Statistisches Bundesamt, eigene Berechnungen

Tabelle C4/1 Ergebnisse der IEA-Studie zur politischen Bildung 1971, Population II: 14-Jährige, durchschnittliche z-standardisierte Werte

	Demokratische Werte	Loyalität gegenüber der eigenen politischen Führung	Politisches Interesse/Partizipation
Deutschland[1]	0,98	-0,75	-0,24
Finnland	0,20	-1,33	-1,22
Irland	-0,31	0,30	0,60
Israel	-1,07	1,08	1,32
Italien	-0,42	1,04	0,29
Neuseeland	0,39	-0,39	-0,09
Niederlande	0,88	-0,17	-1,02
Vereinigte Staaten	-0,66	0,23	0,36

1 nur zehn Länder einschließlich Berlin (West)

Quelle: Judith Torney/Abraham N. Oppenheim/Rusell F. Farnen: Civic Education in Ten Countries. An Empirical Study. International Studies in Educartion, vol. VI. Stockholm/New York: 1975, S. 221

Tabelle C4/2 Anteile 14-jähriger Schülerinnen und Schüler (Population II), die ausgewählten sozialen Gruppen unterschiedliche Rechte und Freiheiten zugestehen würden, nach Staaten in % (1971)

	Religiöse Führer			Farbige			Kommunisten		
	mehr	gleich	weniger	mehr	gleich	weniger	mehr	gleich	weniger
Deutschland	14.6	79.3	6.0	1.9	84.0	14.1	2.0	73.1	24.9
Finnland	7.9	85.3	6.8	2.7	89.2	8.1	3.2	73.5	23.2
Irland	21.6	73.0	5.4	1.9	91.0	7.1	1.8	66.6	31.7
Israel	10.1	80.9	9.1	6.9	75.8	17.3	4.1	50.2	45.7
Italien	15.6	75.4	9.0	4.4	91.7	3.9	3.4	78.3	18.3
Neuseeland	8.0	86.6	5.4	1.3	93.2	5.5	2.2	65.2	32.6
Niederlande	6.3	88.9	4.7	1.9	93.3	4.9	2.6	79.4	18.0
Verein. Staaten	7.0	89.5	3.5	3.0	90.0	7.0	1.8	45.2	53.1

	Wirtschaftsführer			Landstreicher			Führende Militärs			Gewichtetes *N*
	mehr	gleich	weniger	mehr	gleich	weniger	mehr	gleich	weniger	
Deutschland	15.8	81.0	3.2				13.8	83.1	3.1	1316
Finnland	10.9	81.5	7.5	3.6	82.4	14.0	18.3	76.2	5.5	2402
Irland	9.6	85.6	4.8	3.3	83.5	13.2	21.0	74.2	4.7	847
Israel	8.7	85.3	6.0	8.6	75.6	15.8	30.4	64.1	5.5	1047
Italien	6.5	84.6	9.0	1.7	60.6	37.7	15.3	77.3	7.4	937
Neuseeland	8.5	88.9	2.6	2.1	83.5	14.4	18.1	79.4	2.6	2007
Niederlande	9.6	85.4	5.0	1.5	79.2	19.2	17.7	77.7	4.6	1697
Verein. Staaten	5.6	91.0	3.4	1.7	76.1	22.2	15.6	80.8	3.6	3208

Anm: In Israel wurde „Farbige" („colored people") durch „nationale oder ethnische Minderheiten" („national or ethnic minorities") ersetzt.

Quelle: Judith Torney/Abraham N. Oppenheim/Rusell F. Farnen 1975 (a.a.O.), S. 224

Tabelle C4/3 *Ergebnisse der IEA-Studie zur politischen Bildung 1971, Population IV: letztes Jahr vor der Hochschulzugangsberechtigung, durchschnittliche z-standardisierte Werte*

	Demokratische Werte	Loyalität gegenüber der eigenen politischen Führung	Politisches Interesse/Partizipation
Deutschland[1]	1,21	-0,25	0,93
Finnland	0,43	-1,32	0,31
Irland	-0,75	0,26	-0,14
Neuseeland	-0,27	0,70	-0,61
Niederlande	-0,01	-0,06	-0,59
Schweden	0,91	-0,10	-0,43
Vereinigte Staaten	-1,53	0,77	0,54

1 nur zehn Länder einschließlich Berlin (West)

Quelle: Judith Torney/Abraham N. Oppenheim/Rusell F. Farnen 1975 (a.a.O.), S. 222

Tabelle C4/4 *Anteile von Schülerinnen und Schülern im letzten voruniversitären Schuljahr (Population IV), die ausgewählten sozialen Gruppen unterschiedliche Rechte und Freiheiten zugestehen würden, nach Staaten in % (1971)*

	Religiöse Führer			Farbige			Kommunisten		
	mehr	gleich	weniger	mehr	gleich	weniger	mehr	gleich	weniger
Deutschland	3.0	94.0	3.0	1.0	95.5	3.5	1.7	89.3	9.0
Finnland	1.9	95.1	3.1	0.4	96.1	3.5	1.1	87.1	11.8
Irland	15.8	82.2	2.0	0.4	95.5	4.0	0.3	66.9	32.8
Neuseeland	3.1	95.1	1.7	0.5	96.6	3.0	0.4	76.0	23.6
Niederlande	3.6	94.3	2.1	0.6	96.4	3.0	0.7	89.2	10.1
Schweden	0.5	96.6	2.9	0.4	86.3	13.3	0.4	88.4	11.2
Verein. Staaten	3.9	94.4	1.7	1.1	93.4	5.5	1.2	47.1	51.7

	Wirtschaftsführer			Landstreicher			Führende Militärs			Gewichtetes *N*
	mehr	gleich	weniger	mehr	gleich	weniger	mehr	gleich	weniger	
Deutschland	2.7	92.5	4.8				2.3	92.4	11.3 [1]	1188
Finnland	3.6	92.9	3.5	1.3	92.6	6.0	6.4	87.6	5.7	2357
Irland	4.0	92.8	3.2	1.7	91.9	6.4	14.2	83.7	2.1	802
Neuseeland	4.1	93.0	2.9	0.9	97.2	11.9	5.6	92.1	2.2	1696
Niederlande	1.7	96.8	1.5	0.8	93.1	6.1	5.3	89.5	5.2	1315
Schweden	1.8	95.7	2.6	1.5	92.2	6.2	3.4	90.1	6.5	1867
Verein. Staaten	3.1	94.8	2.0	1.1	86.5	12.2	10.9	86.2	2.9	3045

1 Die sich fehlerhaft aufsummierenden Prozentangaben fanden sich schon in der Quelle.

Quelle: Judith Torney/Abraham N. Oppenheim/Rusell F. Farnen 1975 (a.a.O.), S. 248

Tabelle C4/5 Unterschiede zwischen Schülern und Schülerinnen an Gymnasien und an anderen Schulformen (aufgeschlüsselt nach Ost und West, Abweichungen vom standardisierten Mittelwert 0 in z-Scores)

		Mittelwerte		
		Gymnasium	Alle anderen Schulformen	Differenz der Mittelwerte in Standardeinheiten
Politisches Wissen	Deutschland	.85	-.25	1.10
	Neue Länder	.85	-.43	1.28
	Alte Länder	.86	-.14	1.00
Demokratische Kompetenzen	Deutschland	.31	-.01	0.32
	Neue Länder	.27	-.22	0.49
	Alte Länder	.33	-.02	0.35
Erfüllung demokratischer Pflichten	Deutschland	.46	-.14	0.60
	Neue Länder	.45	-.30	0.75
	Alte Länder	.44	.05	0.39
Aktive konventionelle politische Beteiligung	Deutschland	.03	-.01	0.04
	Neue Länder	-.01	-.03	0.02
	Alte Länder	.05	-.02	0.07
Soziales politisches Engagement	Deutschland	-.03	.01	-0.04
	Neue Länder	-.05	-.09	0.04
	Alte Länder	-.04	.10	-0.14
Friedliches politisches Protestverhalten	Deutschland	.13	-.04	0.17
	Neue Länder	.22	-.08	0.30
	Alte Länder	.09	-.02	0.11
Illegale politische Aktivitäten	Deutschland	-.13	.04	-0.17
	Neue Länder	-.16	.06	-0.22
	Alte Länder	-.07	.01	-0.08
Individuelles soziales Engagement in der Schule	Deutschland	.05	-.01	0.06
	Neue Länder	-.02	-.17	0.15
	Alte Länder	.08	.09	-0.01
Positive Einstellung zu Ausländern/innen	Deutschland	.26	-.08	0.34
	Neue Länder	.18	-.35	0.53
	Alte Länder	.21	.10	0.11
Gleichstellung von Frauen	Deutschland	.28	-.09	0.37
	Neue Länder	.31	-.07	0.38
	Alte Länder	.28	-.10	0.38
Rechtsextremistische Einstellungen	Deutschland	-.42	.13	-0.55
	Neue Länder	-.31	.31	-0.62
	Alte Länder	-.46	.04	-0.50
Liebe zur eigenen Nation	Deutschland	-.35	.10	-0.45
	Neue Länder	-.26	.28	-0.54
	Alte Länder	-.44	.03	-0.47
Vertrauen in zentrale gesellschaftliche Institutionen	Deutschland	.10	-.03	0.13
	Neue Länder	.05	-.24	0.29
	Alte Länder	.09	.05	0.04
Politische Apathie	Deutschland	-.37	.11	-0.48
	Neue Länder	-.16	.32	-0.48
	Alte Länder	-.48	-.04	-0.44

Quelle: Detlef Oesterreich: Politische Bildung von 14-Jährigen in Deutschland. Opladen: 2002, Tabelle 3.56, S. 198f.

Tabelle C4/6 Schülerangaben zur Nutzung politischer Information nach Ländern

	Prozent der Schüler, die angeben, manchmal oder oft...		
	Artikel über das, was im eigenen Land passiert, zu lesen	Nachrichtensendungen im Fernsehen zu sehen	Nachrichtensendungen im Radio zu hören
Australien	65 (1,2)	80 (0,8)	63 (1,1)
Belgien (Wallonien)	60 (1,5)	81 (1,1)	56 (1,4)
Bulgarien	72 (1,4)	73 (1,7)	47 (1,4)
Chile	61 (1,1)	89 (0,6)	47 (1,1)
Dänemark	65 (1,1)	83 (0,7)	47 (1,2)
Deutschland	68 (1,0)	83 (0,7	65 (1,0)
England	70 (1,2)	78 (0,9)	55 (0,8)
Estland	75 (1,0)	84 (0,8)	70 (0,9)
Finnland	73 (1,0)	89 (0,8)	45 (1,1)
Griechenland	57 (1,1)	89 (0,7)	42 (1,1)
Hongkong (SAR)	73 (0,9)	87 (0,7)	59 (0,9)
Italien	62 (1,2)	90 (0,7)	41 (1,0)
Kolumbien	77 (1,3)	92 (0,7)	56 (2,3)
Lettland	69 (1,4)	89 (1,0)	62 (1,4)
Litauen	71 (1,0)	84 (0,8)	52 (1,1)
Norwegen	82 (0,9)	90 (0,6)	47 (1,1)
Polen	73 (0,9)	91 (0,6)	71 (1,3)
Portugal	69 (1,0)	93 (0,5)	55 (1,0)
Rumänien	60 (1,5)	86 (0,8)	62 (1,3)
Russische Föderation	75 (1,4)	89 (0,7)	57 (1,8)
Schweden	79 (1,2)	84 (1,2)	47 (1,2)
Schweiz	65 (1,1)	84 (0,9)	59 (1,0)
Slowakische Republik	71 (1,1)	92 (0,6)	58 (1,0)
Slowenien	65 (1,1)	84 (1,0)	56 (1,2)
Tschechische Republik	69 (1,1)	94 (0,5)	60 (1,2)
Ungarn	61 (1,2)	90 (0,6)	59 (0,9)
Vereinigte Staaten	62 (1,3)	79 (1,1)	44 (1,6)
Zypern	68 (1,1)	89 (0,6)	55 (1,2)
Internationale Stichprobe	68 (0,2)	86 (0,2)	55 (0,2)

( ) Standardfehler in Klammern. Prozentangaben zur Basis gültiger Antworten.

Quelle: IEA Civic Education Study, Standardpopulation von 14-jährigen Schülern 1999

Tabelle C5/1 Beteiligung an beruflicher Bildung nach Schulabschluss

	ohne Abschluss	Hauptschulabschluss	Realschulabschluss	Abitur
ohne Berufsabschluss	78,4%	26,4%	9,0%	6,3%
Lehre	16,3%	56,7%	50,8%	13,7%
Schule des Gesundheitswesens/Fachschule/ Berufsfachschule/Beamtenausbildung	4,2%	15,1%	32,9%	11,2%
Fachhochschule	0,5%	1,3%	5,9%	16,3%
Universität/Technische Hochschule/ Hochschule im Ausland	0,5%	0,5%	1,4%	52,5%

Quelle: Eigene Berechnungen auf der Basis von Daten des SOEP 2001

Tabellenanhang zum Teil D[1]

Die Tabellen D1 bis D19 befinden sich im Text

Tabelle D/20 Lehrplanrevision in Deutsch (D) und Mathematik (M) in der Grundschule

Kl. 1		Kl. 2		Kl. 3		Kl. 4		Kl. 5[2]		Kl. 6[2]	
D	M	D	M	D	M	D	M	D	M	D	M
BW	BW	BW	BW	BW	BW	BW	BW	BE	BE	BE	BE
BE	BE	BE	BE	BE	BE	BE	BE	BB	BB	BB	BB
BB	BB	BB	BB	BB	BB	BB	BB				
HB	HB	HB	HB	HB	HB	HB	HB				
HH	HH	HH	HH	HH	HH	HH	HH				
MV[1]	MV[1]	MV[1]	MV[1]	MV[1]	MV[1]	MV[1]	MV[1]				
NW	NW	NW	NW	NW	NW	NW	NW				
RP	RP	RP	RP	RP	RP	RP	RP				
SL	SL	SL	SL	SL	SL	SL	SL				
SN	SN	SN	SN	SN	SN	SN	SN				
ST	ST	ST	ST	ST	ST	ST	ST				
TH	TH	TH	TH	TH	TH	TH	TH				

1 2002 überarbeitet
2 eine 6-jährige Grundschule findet sich nur in den Ländern Berlin (BE) und Brandenburg (BB)

Tabelle D/21 Lehrplanrevision in Deutsch (D) und Mathematik (M) in Schulen der Sekundarstufe I[2]

	Kl. 5		Kl. 6		Kl. 7		Kl. 8		Kl. 9		Kl. 10	
	D	M	D	M	D	M	D	M	D	M	D	M
OS	HB	HB	HB	HB								
HS	BW BY HH NW	BW BY HH NW RP	BW BY HH NW	BW BY HH NW RP	BW BY BE[1] HB HH MV[2] NW	BW BY BE[1] HB HH MV[2] NW RP	BW BY BE[1] HB HH MV[2] NW	BW BY BE[1] HB HH MV[2] NW RP	BW BY BE[1] HB HH MV[2] NW	BW BY BE[1] HB HH MV[2] NW RP	BW BY BE[1] HB MV[2] NW	BW BY BE[1] HB MV[2] NW RP
SMB	SN TH	RP SN TH	SN TH	RP SN TH	MV[2] SN ST TH	MV[2] RP SN TH	MV[2] SN TH	MV[2] RP SN TH	MV[2] SN TH	MV[2] RP SN TH	MV[2] SN TH	MV[2] RP SN TH
RS	BW HH NW	BW HH NW RP	BW HH NW	BW HH NW RP	BW BE[1] HB HH MV[2] NW	BW BE[1] HB HH MV[2] NW RP	BW BE[1] HB HH MV[2] NW	BW BE[1] HB HH MV[2] NW RP	BW BE[1] HB HH MV[2] NW	BW BE[1] HB HH MV[2] NW RP	BW BE[1] HB HH MV[2] NW	BW BE[1] HB HH MV[2] NW RP

1 geplant
2 2002 überarbeitet

1 Die Tabellen zum Kapitel D dokumentieren weitere Auswertungen der Erhebung in den Ländern zu den Maßnahmen der Qualitätsentwicklung und Qualitätssicherung im Schulwesen, die im Mai und Juni 2003 durchgeführt wurde (Stand Juni 2003). Bei den Angaben handelt es sich ausschließlich um Selbstauskünfte der Länder. Die Überprüfung der Angaben war im gegebenen Zeitrahmen nicht möglich.

2 Bei der Interpretation der nachfolgenden Tabellen ist zu bedenken, dass nur die Grundschule und das Gymnasium die beiden Schulformen sind, die in allen Ländern gleichermaßen vorkommen. Die schulartunabhängige Orientierungsstufe (bzw. Förderstufe) sowie die Schulen mit mehreren Bildungsgängen gibt es nur in einem Teil der Länder. Ähnliches gilt für die Hauptschule, die Realschule und die Integrierte Gesamtschule (vgl. Ausführungen im Abschnitt A3).

Tabelle D/22 *Lehrplanrevision in Deutsch (D) und Mathematik (M) in Schulen mit den Sekundarstufen I und II*

	Kl. 5		Kl. 6		Kl. 7		Kl. 8		Kl. 9		Kl. 10		Kl. 11		Kl. 12		Kl. 13	
	D	M	D	M	D	M	D	M	D	M	D	M	D	M	D	M	D	M
GY	BW BY HH HE[1] NW SL SN ST TH	BW BY HH HE[1] NW RP SL SN ST TH	BW BY HH HE[1] NW SL SN ST TH	BW BY HH HE[1] NW RP SL SN ST TH	BW BY BE[1] HB HH HE[1] MV[2] NW SL SN ST TH	BW BY BE[1] HB HH HE[1] MV[2] NI NW RP SL SN ST TH	BW BY BE[1] HB HH HE[1] MV[2] NW SL SN ST TH	BW BY BE[1] HB HH HE[1] MV[2] NI NW RP SL SN ST TH	BW BY BE[1] HB HH HE[1] MV[2] NW SL SN ST TH	BW BY BE[1] HB HH HE[1] MV[2] NI NW RP SL SN ST TH	BW BY BE[1] HB HH HE[1] MV[2] NW SL SN ST TH	BW BY BE[1] HB HH HE[1] MV[2] NI NW RP SL SN ST TH	BW BY BE[1] HB HH HE[1] MV SL SN ST TH	BW BY BE[1] HB HH HE[1] MV SL SN ST TH	BW BY BE[1] HB HH HE[1] MV SL SN ST TH	BW BY BE[1] HB HH HE[1] MV SL SN ST TH	BY BE[1] HB HH	BY BE[1] HB HH
IGS	HH NW TH	HH NI NW RP	HH NW TH	HH NI NW RP	BE[1] HB HH MV[2] NW TH	BE[1] HB HH MV[2] NI NW RP	BE[1] HB HH MV[2] NW TH	BE[1] HB HH MV[2] NI NW RP	BE[1] HB HH MV[2] NW TH	BE[1] HB HH MV[2] NI NW RP	BE[1] HB HH MV[2] NW TH	BE[1] HB HH MV[2] NI NW RP	BE[1] HB[1] MV TH	BE[1] HB[1] MV	BE[1] HB[1] MV TH	BE[1] HB[1] MV	BE[1] HB[1]	BE[1] HB[1]

1 geplant
2 2002 überarbeitet
In Bayern werden die Lehrpläne für Grundschule und Realschule seit 2001/2002 sukzessiv eingeführt. In Hessen wurden für die Hauptschule, die Realschule, die Gesamtschule und das Gymnasium die Lehrpläne bereits überarbeitet. Im Saarland werden Lehrpläne an nationale Standards angepasst. In Schleswig-Holstein sind die Lehrpläne in den letzten Jahren basierend auf dem Kompetenzansatz überarbeitet worden.

Tabelle D/23 *Zusammensetzung von Gremien zur Erarbeitung von Standards*

	Erarbeitet durch:
Baden-Württemberg	Lehrer und Wissenschaftler
Bayern	Lehrer und Fachdidaktiker
Berlin	Lehrkräfte, Fachseminarleiter, Wissenschaftler
Brandenburg	Rahmenlehrplangruppen (u.a. Lehrkräfte aus vier Ländern, WissenschaftlerInnen)
Bremen	Lehrer mit externer Beratung
Hamburg	Lehrer, Wissenschaftler, Lehreraus- und -fortbildner unter Leitung ministerieller Fachreferenten
Hessen	Ernannte Ländervertreter
Mecklenburg-Vorpommern	Grundschule: Arbeitsgruppen von Lehrern, Wissenschaftlern und Landesinstitut
Niedersachsen	Lehrer, Wissenschaftler (Fachkommissionen der KMK)
Nordrhein-Westfalen	Kommissionen aus Curriculumexperten des Lf Soest, Schulaufsicht, Lehrkräften und Wissenschaftlern
Rheinland-Pfalz	Fachkommissionen der KMK
Saarland	
Sachsen	Lehrer, Vertreter der Landesinstitute, Experten aus dem Bildungsbereich, Wissenschaftler
Sachsen-Anhalt	Landesinstitut, Lehrer, Fachseminarleiter, Leiter und stellv. Leiter der Studienseminare
Schleswig-Holstein	KMK-Fachkommissionen des Schulausschusses, Institut für Qualitätsentwicklung an Schulen
Thüringen	Lehrer und Wissenschaftler

Tabelle D/24 Entwicklung von Standards in Deutsch (D) und Mathematik (M) in der Grundschule

Kl. 1		Kl. 2		Kl. 3		Kl. 4		Kl. 5[1]		Kl. 6[1]	
D	M	D	M	D	M	D	M	D	M	D	M
BW	BW	BW BE HH NW ST SH	BW BE HH NW ST	BW	BW	BW BE BB HB HH MV NW RP SN ST SH TH	BW BE BB HB HH MV NW RP SN ST TH			BE BB	BE BB

1 eine 6-jährige Grundschule findet sich nur in den Ländern Berlin (BE) und Brandenburg (BB)

Tabelle D/25 Entwicklung von Standards in Deutsch (D) und Mathematik (M) in Schulen der Sekundarstufe I

	Kl. 5		Kl. 6		Kl. 7		Kl. 8		Kl. 9		Kl. 10	
	D	M	D	M	D	M	D	M	D	M	D	M
OS			HB SH	HB SH								
HS	BW BY MV	BW BY MV	BW BY HH MV NW SH	BW BY HH MV NW SH	BW BY MV	BW BY MV	BW BY HH MV NW	BW BY HH MV NW RP	BW BY HH MV RP	BW BY HH MV RP	BW BY BE[1] HB MV NW RP	BW BY BE[1] HB MV NW
SMB	MV	MV	MV ST	MV ST	MV	MV	MV ST	MV RP ST	MV RP SN[2] TH	MV RP SN[2] TH	MV RP SN[3] TH	MV SN[3] TH
RS	BW MV	BW MV	BW HH MV NW SH	BW HH MV NW SH	BW MV	BW MV	BW HH MV NW	BW HH MV NW	BW MV	BW MV RP	BW BE[1] HB HH HE[1] MV NW RP	BW BE[1] HB HH HE[1] MV NW

1 im Rahmen eines mittleren Schulabschlusses (in Berlin schulformübergreifend)
2 Hauptschulabschluss
3 Realschulabschluss

Tabelle D/26 Entwicklung von Standards in Deutsch (D) und Mathematik (M) in Schulen der Sekundarstufen I und II

	Kl. 5		Kl. 6		Kl. 7		Kl. 8		Kl. 9		Kl. 10		Kl. 11		Kl. 12		Kl. 13	
	D	M	D	M	D	M	D	M	D	M	D	M	D	M	D	M	D	M
GY	BW BY MV	BW BY MV	BW BY HH MV NW ST SH	BW BY HH MV NW ST SH	BW BY MV	BW BY MV	BW BY HH MV NW ST	BW BY HH MV NW ST	BW BY MV TH	BW BY MV RP TH	BW BY BE[1] HB HH HE[1] MV NW RP SN TH	BW BY BE[1] HB HH HE[1] MV NW SN TH	BW BY HH	BW BY	BW BY HB[2]	BW BY HB[2]	BY HH	BY
IGS	MV	MV	HH MV NW ST SH	HH MV NW ST SH	MV	MV	HH MV NW ST	HH MV NW RP ST	MV RP TH	MV RP TH	BE[1] HH HE[1] MV NW RP TH	BE[1] HH HE[1] MV NW TH						

1 im Rahmen eines mittleren Schulabschlusses (in Berlin schulformübergreifend)
2 geplant

Tabelle D/27 Externe Leistungserhebungen

	eingeführt	geplant
Baden-Württemberg	X[1]	
Bayern	X	
Berlin	X[2]	X[3]
Brandenburg	X[4]	
Bremen	X[5]	X[6]
Hamburg	X	
Hessen	X	
Mecklenburg-Vorpommern	X	X
Niedersachsen	X	X
Nordrhein-Westfalen		X
Rheinland-Pfalz	X	
Saarland	X	X
Sachsen	X[7]	X[8]
Sachsen-Anhalt	X	
Schleswig-Holstein		X
Thüringen	X	

1 auf freiwilliger Basis
2 Schulversuch
3 flächendeckende Einführung geplant
4 Ausweitung geplant
5 Klasse 3, Klasse 10 (Musteraufgaben)
6 länderübergreifendes Projekt VERA; beteiligte Länder: RP, HB, MV, NW, SH, Abschlussarbeiten Kl. 12/13: Zentralabitur
7 Orientierungsarbeiten sind eingeführt
8 Vergleichsarbeiten werden zusätzlich eingeführt

Tabelle D/28 Zusammensetzung der Gremien zur Aufgabenentwicklung externer Leistungserhebungen

	Erarbeitet durch:
Baden-Württemberg	Lehrer
Bayern	Lehrer[1], wissenschaftliches Konsortium, Lehrer[2]
Berlin	Lehrer,Wissenschaftler, Fachseminarleiter
Brandenburg	Lehrer, Wissenschaftler
Bremen	Lehrer[3]
Hamburg	Wissenschaftler
Hessen	Lehrer
Mecklenburg-Vorpommern	Lehrer, Wissenschaftler, „Abeitsgruppen Vergleichsarbeiten": Landesinstitut, Professoren, Lehrkräfte
Niedersachsen	Lehrer, Lehrkräfte mit besonderen Funktionen[4]
Nordrhein-Westfalen	Kommissionen aus Fachexperten des LfS Soest, Schulaufsicht, Lehrkräften[5]
Rheinland-Pfalz	Lehrer, Wissenschaftler
Saarland	Lehrer, Wissenschaftler, Landesfachkonferenzen mit Erziehungswissenschaftlern der Universität
Sachsen	Lehrer, Wissenschaftler, Vertreter des Landesinstituts
Sachsen-Anhalt	Lehrer, Wissenschaftler
Schleswig-Holstein	Lehrer, Wissenschaftler, Fachdidaktiker der Landesinstitute der an VERA beteiligten Länder
Thüringen	Lehrer, Wissenschaftler

1 gilt für Hauptschule, Realschule, Gymnasium
2 gilt für die Grundschule (Ausweitung auf alle Schulformen geplant)
3 Gegenwärtig wird in der Sek I und Sek II (GyO und BS) ein Fachberatersystem aufgebaut.
4 Fachleiter, Fachberater, Mitglieder der Rahmenrichtlinienkommissionen
5 mit wissenschaftlicher Beratung

Tabelle D/29 Aufgabenstellungen in externen Leistungserhebungen nach Schulformen

	Landeseinheitliche Aufgaben	Für mehrere Schulen einheitliche Aufgaben	Schulspezifische Aufgaben
Grundschule	BW BY BE BB HB HH NI NW[1] RP SL SN ST SH[2] TH	BE	NW[1] RP[3] SH[2]
schulformunabhängige Orientierungsstufe			HB
Hauptschule	BW BY BE HE[4] MV NI NW[1]	HB	NW[1]
Schule mit mehreren Bildungsgängen	MV NI SL SN ST TH		
Realschule	BW BY BE BB HE[4] MV NI NW[1]	HB	NW[1]
Gymnasium	BW BY BE BB HE[4] MV NI NW[1] SL SN ST TH	HB	NW[1]
Integrierte Gesamtschule	BE BB MV NI NW[1] SL ST TH	HB	NW[1]

1 Kombination Modell VERA, verpflichtende landesweite Aufgaben und Aufgaben nach Wahl der Schule aus einem zentralen Aufgabenpool
2 halb landeseinheitlich und halb schulspezifisch
3 aus einem landeseinheitlichen Aufgabenpool
4 je für die drei Bildungsgänge

Tabelle D/30 Externe Leistungserhebungen in der Grundschule und in der schulformunabhängigen Orientierungsstufe nach Jahrgangsstufen und Fächern

Jahrgangsstufe	1	2	3	4	5	6
Baden-Württemberg		D, M	D, M			
Bayern		X	X			
Berlin		D, M		D, M		D, M, E
Brandenburg		D, M				
Bremen			D, M			D, M, E[1]
Hamburg				D, M, E[2], SU		
Hessen						
Mecklenburg-Vorpommern				D, M[3]		
Niedersachsen			D, M			
Nordrhein-Westfalen				D, M		
Rheinland-Pfalz				D, M		
Saarland			D, M			
Sachsen			D, M			
Sachsen-Anhalt			D, M	D, M		
Schleswig-Holstein				D, M		
Thüringen			D, M			

D = Deutsch; M = Mathematik; E= Englisch; SU = Sachunterricht
X keine Fächer angegeben
1 schulartunabhängige Orientierungsstufe
2 Englisch: Hörverstehen
3 ab Dezember 2003

Tabelle D/31 Externe Leistungserhebungen in der Hauptschule nach Jahrgangsstufen und Fächern

Jahrgangsstufe	5	6	7	8	9	10
Baden-Württemberg	D, M	E				
Bayern		D[1], M[1]	M, E[1]	D, M[1]		
Berlin						D, M, E
Bremen						D, M, E
Hessen				M		
Mecklenburg-Vorpommern	D, M		D, M		D, M	
Niedersachsen				M		
Nordrhein-Westfalen					D, M, E	

D = Deutsch; M = Mathematik; E= Englisch; F= Französisch; FS = Fremdsprache; NW = Naturwissenschaft
1 Ausweitung geplant

Tabelle D/32 Externe Leistungserhebungen in Schulformen mit mehreren Bildungsgängen nach Jahrgangsstufen und Fächern

Jahrgangsstufe	5	6	7	8	9	10
Berlin						D, M, E, F
Hessen				M		
Mecklenburg-Vorpommern	D, M		D, M		D, M	
Niedersachsen				M		
Saarland			D[1], M[1], 1. FS[1]	D[1], M[1], 1. FS[1]	D[1], M[1], 1. FS[1]	
Sachsen		D, M, E		D, M, E		
Sachsen-Anhalt			D, M, NW	D, M, NW		
Thüringen		D, M				

D = Deutsch; M = Mathematik; E= Englisch; F= Französisch; FS = Fremdsprache; NW = Naturwissenschaft
1 in Planung

Tabelle D/33 Externe Leistungserhebungen in der Realschule nach Jahrgangsstufen und Fächern

Jahrgangsstufe	5	6	7	8	9	10
Baden-Württemberg		D, M, E		D, M, E		
Bayern		D[1], M[1]	E[1]	D, M[1]	M	
Berlin						D, M, E, F
Brandenburg			D, M, 1. FS			
Bremen						D, M, E
Hessen				M		
Mecklenburg-Vorpommern	D, M		D, M		D, M	
Niedersachsen				M		
Nordrhein-Westfalen					D, M, E	

D = Deutsch; M = Mathematik; E= Englisch; F= Französisch; FS = Fremdsprache
1 Ausweitung geplant

Tabelle D/34 Externe Leistungserhebungen im Gymnasium nach Jahrgangsstufen und Fächern

Jahrgangsstufe	5	6	7	8	9	10
Baden-Württemberg				D, M, E, F		
Bayern		D[1], E[1]		D, M[1]	M	M[1], E[1]
Berlin						D,M, E, F
Brandenburg			D, M, 1. FS			
Bremen						D, M, E, BiLi[2], F[2]
Hessen				M		
Mecklenburg-Vorpommern					D, M	
Niedersachsen				M		
Nordrhein-Westfalen					D, M, E	
Saarland			D[1], M[1], 1. FS[1]	D[1], M[1], 1. FS[1]	D[1], M[1], 1. FS[1]	
Sachsen		D, M, E			D, M, E	
Sachsen-Anhalt			D, M, NW	D, M, NW		
Thüringen		D, M				

D = Deutsch; M = Mathematik; E= Englisch; F= Französisch; FS = Fremdsprache; NW = Naturwissenschaft;
BiLi = bilingual unterrichtete Fächer
1 geplant; in Bayern Ausweitung geplant
2 In bilingual unterrichteten Fächern und Französisch sind Leistungserhebungen möglich

Tabelle D/35 Externe Leistungserhebungen in der integrierten Gesamtschule nach Jahrgangsstufen und Fächern

Jahrgangsstufe	5	6	7	8	9	10
Berlin						D, M, E, F
Brandenburg			D, M, 1. FS			
Bremen						D, M, E
Hessen				M		
Mecklenburg-Vorpommern			D, M		D, M	
Niedersachsen				M		
Nordrhein-Westfalen					D, M, E	
Saarland			D[1], M[1], 1. FS[1]	D[1], M[1], 1. FS[1]	D[1], M[1], 1. FS[1]	
Sachsen-Anhalt			D, M, NW	D, M, NW		

D = Deutsch; M = Mathematik; E = Englisch; F = Französisch; FS = Fremdsprache; NW = Naturwissenschaft
1 geplant

Tabelle D/36 Veröffentlichung der Ergebnisse der externen Leistungserhebungen nach Schulformen

	GS	OS	HS	SMB	RS	GY	IGS
Gesamtergebnisse	BW BY BB HB HH NI NW[1] RP SL SN ST SH TH	HB	BW BY BE HB HE MV NI NW[1]	HE MV NI SL SN ST TH	BW BY BE BB HB HE MV NI NW[1]	BW BY BE BB HB HE MV NI NW[1] SL SN ST TH	BE BB HB HE MV NI NW[1] SL ST TH
Ergebnisse der Einzelschule			HE	HE	BY HE	HE	HE

1 Planungsstand

Tabelle D/37 Rückmeldung der Ergebnisse der externen Leistungserhebungen nach Schulformen

	GS	HS	SMB	RS	GY	IGS
Schüler	BB[2] HB NW[1] RP SL SN ST SH	BY HB HE NW[1]	HE SL SN ST	BY BB[2] HB HE NW[1]	BY BB[2] HB HE NW[1] SL SN ST	BB[2] HB HE NW[1] SL ST
Lehrkräfte	BW BY BB HB HH NW[1] RP SL SN ST SH	BW BY BE[1] HB HE MV NI NW[1]	HE MV NI SL SN ST	BW BY BE[1] BB HB HE MV NI NW[1]	BW BY BE[1] BB HB HE MV NI NW[1] SL SN ST	BE[1] BB HB HE MV NI NW[1] SL ST
Schulleitungen	BW BY BB HB HH NW[1] RP SL SN ST SH TH	BW BY BE HB HE MV NI NW[1]	HE MV NI SL SN ST TH	BW BY BE BB HB HE MV NI NW[1]	BW BY BE BB HB HE MV NI NW[1] SL SN ST TH	BE BB HB HE MV NI NW[1] SL ST TH
Eltern	BY BB[2] HB NW[1] RP SL SN ST SH	BY HB HE NW[1]	HE SL SN ST	BY BB[2] HB HE NW[1]	BY BB[2] HB HE NW[1] SL SN ST	BB[2] HB HE NW[1] SL ST
Schulaufsicht	BY HB HH NW[1] RP SL SN ST SH TH	BY BE HB HE MV NI NW[1]	HE MV NI SL SN ST TH	BY BE HB HE MV NI NW[1]	BY BE HB HE MV NI NW[1] SL SN ST TH	BE HB HE MV NI NW[1] SL ST TH

1 Planungsstand
2 Information vorgesehen

Tabelle D/38 Zentrale Abschlussprüfungen in den Jahrgangsstufen 9 und 10 nach Fächern

	Jahrgangsstufe 9				Jahrgangsstufe 10				
	HS	SMB	RS	IGS	HS	SMB	RS	GY	IGS
BW	D, M, FS				D, M, FS		D, M, FS		
BY	5 Fächer[1]				4 Fächer[6]		alle Fächer[7]		
BB							D, M	D, M	D, M
HH	D[2], M[2], E[2]			D[2], M[2], E[2]			D[2], M[2], E[2]	D[2], M[2], E[2]	D[2], M[2], E[2]
HE[8]	D, M, (E)	D, M, E	D, M, E	D, M, E		D, M, E	D, M, E		D, M, E
MV						D, M, 1. FS	D, M, 1. FS		D, M, 1. FS
NI	X[4]	X[4]		X[4]	X[4]	X[4]	X[4]	X[4]	X[4]
SL		D, M, 1.FS		D, M, 1. FS		D, M, 1. FS			D, M, 1. FS
SN		7 Fächer[5]				7 Fächer[5]			
ST						D, M			D, M
TH		HS: D, M				HS: D, M ; RS: D, M, 1. FS			D, M, 1. FS

D = Deutsch, M = Mathematik, E = Englisch, FS = Fremdsprache HS= Hauptschulabschluss, RS = Realschulabschluss, X keine Fächer angegeben
1 Deutsch, Mathematik, Englisch, Deutsch als Zweitsprache, Muttersprache
2 ab 2005
3 Deutsch, Mathematik, Englisch
4 in Planung
5 schriftlich: Deutsch, Mathematik, 1. Fremdsprache, Biologie, Physik, Chemie, Sorbisch
6 Deutsch, Mathematik, Englisch, Muttersprache
7 außer der praktischen Prüfung in Werken, Haushalt und Ernährung
8 In Hessen werden zentrale Abschlussprüfungen ab 2004 durchgeführt (am Gymnasium ab 2007).

Tabelle D/39 Zentrale Abschlussprüfungen (Abitur) in den Jahrgangsstufen 12 und 13 nach Fächern

	Jahrgangsstufe 12	Jahrgangsstufe13		
	Gymnasium	SMB	Gymnasium	IGS
BW	Kernfächer[1]		Kernfächer[4]	
BY			alle Fächer	
BB			10 Fächer[5]	10 Fächer[5]
HH			10 Fächer[6]	10 Fächer[6]
HE		alle Prüfungsfächer	alle Prüfungsfächer	alle Prüfungsfächer
MV			alle Fächer	alle Fächer
SL	3 Leistungskurse[2]		3 Leistungskurse	3 Leistungskurse[7]
SN	10 Fächer[3]			
ST			Grund- und Leistungskurse	Grund- und Leistungskurse
TH	1. und 2. Leistungsfach, ein Grundfach mündl. Und schriftl.			1. und 2. Leistungsfach, ein Grundfach mündl. und schriftl.

1 achtjähriges Gymnasium
2 ab 2009
3 Deutsch, Mathematik, alle Fremdsprachen, Sorbisch, Musik, Kunst, Geschichte, Biologie, Chemie, Physik (evangelische Religion und katholische Religion ist nur an Schulen in kirchlicher Trägerschaft Prüfungsfach)
4 neunjähriges Gymnasium
5 Deutsch, Mathematik, Englisch, Französisch, Biologie, Physik, Chemie, Geschichte, Geographie, politische Bildung
6 ab 2005; keine Angaben zu den Fächern
7 ab 2009 in Klasse 12

Tabelle D/40 Länder, in denen externe Abschlussprüfungen durchgeführt werden

	HS	SMB	RS	GY	IGS
Baden-Württemberg					
Bayern					
Berlin					
Brandenburg					
Bremen[1]					
Hamburg					
Hessen					
Mecklenburg-Vorpommern	X	X[2]	X	X	X
Niedersachsen					
Nordrhein-Westfalen					
Rheinland-Pfalz					
Saarland		X		X	X
Sachsen					
Sachsen-Anhalt		X		X	
Schleswig-Holstein	X		X	X	X
Thüringen		X			

1 keine (in Planung)
2 ab 06/07

Tabelle D/41 Abschlussprüfungen mit schulischen Aufgaben in den Jahrgangsstufen 9 und 10 nach Fächern

	Jahrgangsstufe 9		Jahrgangsstufe 10				
	HS	SMB	HS	SMB	RS	GYM	IGS
BY	X[1]		Arbeits-lehre		prakt. Prüfung in Werken, Haushalt und Ernährung		
BB					mündl. zu prüfende Fächer[3]	mündl. zu prüfende Fächer	mündl. zu prüfende Fächer
MV				D, M, 1. FS	D, M, 1. FS		D, M, 1. FS
SN		alle Fächer[2]		alle Fächer[2]			
ST				mündliche Prüfungen			mündliche Prüfungen
SH	D, M, E				D, M, E		D, M oder E, Weltkunde
TH		HSA: WIT, 1 Fach nach Wahl (mündl.)		HSA: WIT, 1 Fach nach Wahl (mündl.), / RSA: 2 Fächer nach Wahl (mündl.)			2 Fächer nach Wahl (mündl.)

D = Deutsch, M = Mathematik, E = Englisch, FS = Fremdsprache, WIT = Wirtschaft und Technik, HSA= Hauptschulabschluss, RSA = Realschulabschluss
1 alle Fächer außer den zentral abgeprüften Fächern
2 mündlich
3 mündl. verpflichtend zu prüfende Fächer (Gruppenprüfung in der 1. oder 2. Fremdspr.; das 4. Prüfungsfach und freiwillige mündl. Prüfungen)

Tabelle D/42 Abschlussprüfungen mit schulischen Aufgaben in den Jahrgangsstufen 12 und 13 nach Fächern

	Jahrgangsstufe 12	Gymnasium	IGS
BB		alle Abiturprüfungsfächer, die nicht zentral geprüft werden	alle Abiturprüfungsfächer, die nicht zentral geprüft werden
RP		alle Prüfungsfächer[2]	alle Prüfungsfächer[2]
SN	alle Fächer (mündl.)[1]		
ST		mündl. Prüfungen	mündl. Prüfungen
SH		D, M, FS, 2 Leistungsk.-, 1 Wahlpflichtfach	D, M, FS, 2 Leistungsk, 1 Wahlpflichtfach

1 außer Grundkurs Sport, Ethik, evangelische Religion, katholische Religion (evangelische Religion und katholische Religion ist Prüfungsfach nur an Schulen in kirchlicher Trägerschaft)
2 die Schulen reichen die Abituraufgaben (schriftliches Abitur) beim Ministerium ein, das diese prüft und genehmigt

Tabelle D/43 Veröffentlichung der Ergebnisse zentraler und externer Abschlussprüfungen nach Schulformen

	HS	SMB	RS	GY	IGS
Gesamtergebnis	BY HE NI[1]	HE MV NI[1] SN TH	BY BB HE MV NI[1]	BY BB HE MV NI[1] ST TH	BB HE MV NI[1] ST TH
Einzelschule		SN[2]	BY	SN[2]	

1 in Planung
2 Deutsch, Mathematik

Tabelle D/44 Rückmeldung der Ergebnisse zentraler Abschlussprüfungen nach Schulformen

	HS	SMB	RS	GY	IGS
Schüler	BW BY MV	MV SL SN ST	BW BY BB[1] MV	BW BY BB[1] MV SL SN ST	BB[1] MV SL ST
Lehrkräfte	BW BY MV	MV SL SN ST TH	BW BY BB MV	BW BY BB MV SL SN ST	BB MV SL ST
Schulleitungen	BW BY HE MV	HE MV SL SN ST TH	BW BY BB HE MV	BW BY BB HE MV SL SN ST TH	BB HE MV SL ST TH
Eltern	BW BY MV[2]	MV[2] SL SN[4]	BW BY BB[1] MV[2]	BW BY BB[1] MV[2] SL[3] SN[4]	BB[1] MV[2] SL[3]
Schulaufsicht	BY HE MV	HE MV SL SN ST TH	BY BB HE MV	BY BB HE MV SL SN ST SH TH	BB HE MV SL ST SH TH

1 individuell
2 bis Klasse 10
3 bis zur Volljährigkeit
4 über die Schüler

Tabelle D/45 Schwerpunkte im Qualifizierungsangebot hinsichtlich des Qualitätsmanagements

Thema	Lehrer	Schulaufsichtsbeamte	Schulleiter	Schulpsychologen	Moderatoren/ Multiplikatoren	Fachberater	Päd. Personal im Elementarbereich
Rechtliche Aspekte	BB[1], HB, MV, NI, NW, SN, TH	BW, BY, BE, BB[2], HB, MV, NI, NW, SN, ST, SH, TH	BW, BY, BE, BB[2], HB, HH, MV, NI, NW, RP, SL, SN, ST, SH, TH	BY, TH	MV[5], SH	HB, TH	BB, ST
Umgang mit Finanzmitteln	BB[2], NI	BW, BY, BE, BB[1], HB, MV, NI, NW, SN, SH	BW, BY, BE, BB[2], HB, HH, MV, NW, RP, SL, SN, SH, TH		NI, SH	HB	BB, ST
Steuerung von Schul- und Qualitätsentwicklung	BW, BE, BB[1], HB, HH, HE, MV, NI, RP, TH	BW, BY, BE, BB[2], HB, MV, NI, NW, RP, SN, ST, SH, TH	BW, BY, BE, BB[2], HB, HH, MV, NI, NW, RP, SL, SN, ST, SH, TH	BW, NI, RP, ST, TH	BW, BY, HB, HH, MV[5], NI, RP, SN, ST, SH, TH	BW, BB[3], HB, RP, ST, TH	BB
Aufbau von Kooperationen	BW, BB[2], HB, HH, HE, MV, NI, NW, RP, SH, TH	BW, BY, BE, BB[2], HB, MV, NW, RP, SN, SH	BW, BY, BE, BB[2], HB, HH, MV, NI, RP, SN, SH, TH	TH	BW, BY, HH, RP, SN, SH, TH	BW, BB[3], HB, NI, RP, SN, SH	BB, HB, HH, NI, ST, TH[6]
Personalentwicklung	BW, BB[1], HB, HH, MV, NI	BW, BY, BE, BB[1], HB, MV, NW, RP, SN, SH, TH	BW, BY, BE, BB[2], HB, HH, HE, MV, NI, NW, RP, SL, SN, SH, TH	BW, ST, TH	BW, HB, HH, NI, RP, SH	BB[3], HB	BB, HB, ST
Nutzung von Steuerungs-Wissen	BW, BB[1], HH, NI, RP, TH	BW, BY, BE, BB[2], HB, NI, NW, RP, SN, ST, SH, TH	BW, BY, BB[2], HB, HH, NI, NW, RP, SN, ST, TH	NI, TH	HH, NW, RP, SN, SH	BB[3], HB, HH, RP, TH	BB
Nutzung neuer Medien	BW, BY, BB[2], HB, HH, HE, MV, NI, NW, RP, SL, SN, ST, SH, TH	BW, HB, NI, NW, SN, TH	BW, BY, BB[2], HB, HH, MV, NI, NW, SL, SN, TH	NI, SN, TH	BW, BY, HH, MV[5], NI, RP, SN, ST, SH, TH	BW, BY, BB[3], HB, NI, RP, SN, ST, TH	BB, HB, NI, ST, TH[6]
Konfliktmanagement und Gewaltprävention	BW, BY, BB[2], HB, HH, HE, MV, NI, NW, RP, SL, SN, ST, SH, TH	BW, BE, BB[2], HB, NI, NW, SN, TH	BW, BB[2], HB, HH, MV, NI, NW, RP, SL, SN, ST, SH, TH	BW, BY, BB[2], HB, HH, RP, SN, ST, TH	BW, BY, HB, HH, MV[5], NI, RP, SL, SN, SH, TH	BW, BB[3], HB, NI, TH	BB, HB, NI, ST, TH[6]
Beratung von Schulen	BW, BE, HB, HH, HE, MV, TH	BW, BY, BE, BB[2], HB, HH, MV, NW, RP, SN, ST, SH, TH	BW, BE, HB, HH, MV, NI, NW, RP, SN, SH	BW, BY, BB[2], HH, NI, RP, SN, ST, TH	BW, BY, HB, HH, NI, NW, RP, SN, ST, SH, TH	BW, BB[3], HB, HH, NI, RP, SN, ST, TH	BB[4], HB, HH

1 geplant
2 laufend und geplant
3 Qualifizierungsangebote geplant, richten sich an Schulberater
4 Qualifizierungsangebote umfassen zusätzlich die Beratung von Kitas
5 Qualifizierungsangebote beziehen sich auf Studienleiter
6 Qualifizierungsangebote beziehen sich auf Erzieher und sonderpäd. Fachkräfte

Tabelle D/46 Schwerpunkte im Qualifizierungsangebot hinsichtlich der Unterrichtsqualität

Unterrichts-qualität	Lehrer	Schulauf-sichtsbeamte	Schulleiter	Schul-psychologen	Moderatoren/ Multiplikatoren	Fachberater	Päd. Personal im Elementar-bereich
Entwicklung diagnostischer Kompetenz	BW, BY, BE, BB[1], HB, HH, HE, MV, NI, NW, RP, SL, SN, ST, SH, TH	BE, HB, RP, SN, ST, SH	BE, BB[1], HB, HE, MV, RP, SN, ST	BW, BY, HB, HH, HE, RP, SN, ST, TH	BW, HH, HE, MV[2], NW, RP, SN, ST, SH, TH	BW, BY, BB[1], HB, RP, SN, ST, TH	BE, HB, HH, RP, ST, SH, TH[3]
Entwicklung methodischer Kompetenz	BW, BY, BE, BB[1], HB, HH, HE, MV, NI, NW, RP, SL, SN, ST, SH, TH,	BE, HB, SN, ST, TH	BW, BE, BB[1], HB, MV, RP, SN, ST, TH	SN, ST, TH	BW, BY, HH, MV[2], NI, NW, RP, SN, ST, SH, TH	BW, BY, BE, BB[1], HB, HH[5], RP, SN, ST, TH	BE, HB, HH, ST, TH[3]
Verbesserung der Professio-nalität hinsichtlich der Lesekompe-tenz	BW, BY, BB[1], HB, HH, HE, MV, NW, RP, SL, SN, ST, SH, TH	HB, TH	BB[1], HB, RP	BE	BW, HH, MV[2], RP, ST, SH, TH	BW, BE, BB[1], HB, HH[5], RP, SN, ST, SH, TH	BE, HB, HH, TH[3]
Verbesserung der Professio-nalität hinsicht-lich der math. Kompetenz	BW, BY, BB, HB, HH, HE, MV, NI, NW, RP, SL, SN, ST, SH, T	HB, NI,	HB, NI		BW, BB, HH, MV[2], NI, RP, ST, SH, TH	BW, BY, BB[1], HB, HH[5], NI, RP, SN, ST, SH, TH	HB, ST
Vermittlung innovativer Unterrichts-konzepte	BW, BY, BE, BB[4], HB, HH, HE, MV, NW, RP, SL, SN, ST, SH, TH	BE, BB[4], BE, HB, MV, SN, ST, TH	BW, BY, BE, BB[4], HB, HH, MV, SL, SN, ST, TH	HB, TH	BW, BY, BB[1], HB, HH, MV[2], NW, RP, SN, ST, SH, TH	BW, BY, BE, BB[1], HB, RP, SN, ST, SH, TH	BE, HB, HH, TH[3]
Umgang mit Leistungs- und sozialer Heterogenität	BW, BY, BE, BB, HB, HH, HE, MV, NI, NW, RP,SL, SN, ST, SH, TH	HB, SN, ST, TH	BW, BB[1], HB, HH, HE, RP, SN, ST, TH	BW, BY, HH, HE, SN, ST, TH	BW, BB, HH, HE, MV[2], NW, RP, SN, ST, SH, TH	BW, BY, BB[1], HB, RP, SN, ST, TH	HB, HH, ST, TH[3]
Vermittlung von Maßnahmen zur Verbesserung von. Disziplin und Verhalten	BW, BY, BE HB, HH, HE, MV, NW, RP, SL, SN, TH	HB, SN, TH	BW, HB, HH, RP, SN, TH	BY, SN, TH	BW, RP, SN, SH, TH	BY, HB, SN, TH	TH[3]
Zielgruppen-spezifische Beratung	BW, BE, BB[4], HB, HH, HE, MV, RP, SN	BW, BY, BE, BB[4], HB, HH, MV, NW, RP, SN, ST, SH, TH	BW, BY, BE, BB[4], HB, HH, NW, RP, SN, ST, SH, TH	BW, BY, BE, BB[4], HH, SN, ST, TH	BW, HB, HH, MV[2], NW, RP, SN, ST, SH, TH	BW, BY, BB[1], HB, HH[5], RP, SN, ST, TH	HB, HH, ST, TH[3]

1 geplant (Qualifizierungsangebote in der Spalte Moderatoren/Multiplikatoren beziehen sich auf Fachkonferenzleiter)
2 Qualifizierungsangebote beziehen sich auf Studienleiter
3 Qualifizierungsangebote beziehen sich auf Erzieher und sonderpäd. Fachkräfte
4 weitere Angebote werden zusätzlich zu den schon bestehenden Angeboten geplant
5 Qualifizierungsangebote beziehen sich auf Fachleiter

Fragebogen

Bestandsaufnahme zu Maßnahmen der Qualitätssicherung im Schulwesen

Die Ständige Konferenz der Kultusminister der Länder in der Bundesrepublik Deutschland hat beschlossen, künftig über wichtige Daten und Entwicklungen im Bildungswesen in Deutschland regelmäßig Bericht zu erstatten. Bis zum 31. August 2003 soll ein erster Bericht vorgelegt werden, mit dessen Ausarbeitung ein Konsortium von Wissenschaftlern unter Federführung des DIPF beauftragt wurde. Die im Rahmen des ersten Berichts erforderliche wissenschaftliche Expertise betrifft insbesondere auch die systematische Darstellung der Maßnahmen der Länder zur Qualitätsentwicklung und Qualitätssicherung.

Hinsichtlich der laufenden und geplanten Maßnahmen zur Qualitätsentwicklung und Qualitätssicherung in den Ländern wurde die Rückmeldungen der Länder an die KMK vom 22.02.2002 und 18.09.2002 systematisch ausgewertet. Die Sichtung und Auswertung der erfassten Maßnahmen machte auf eine Reihe von Problemen aufmerksam, u.a. die große Heterogenität und das den Maßnahmen zugrunde liegende vielfältige Verständnis von Qualität.

Das Konsortium zur wissenschaftlichen Beratung der Kultusministerkonferenz zur Bildungsberichterstattung hat sich daher in Abstimmung mit dem Sekretariat der KMK entschieden, eine länderübergreifende teilstrukturierte Befragung durchzuführen.

Ziel der Befragung ist es,

- eine aktuelle Übersicht über die Maßnahmen zur Qualitätsentwicklung und Qualitätssicherung in den Ländern zu erhalten, die eine systematisierte und damit vergleichbare Darstellung ermöglicht, und
- die konzeptionellen Schwerpunktsetzungen der Länder bei der Entwicklung und Sicherung von Qualität in der Schule und im Unterricht zu verdeutlichen.

Bei dieser teilstrukturierten Befragung handelt es sich nicht um einen wissenschaftlichen Fragebogen, sondern um einen Erhebungsbogen, der als Instrument der Erfassung und der systematisierten Darstellung der Maßnahmen der Länder bei der Qualitätsentwicklung und Qualitätssicherung dient. Der Erhebungsbogen ist in folgende Abschnitte gegliedert:

I. Bildungspolitische Schwerpunkte der Qualitätssicherung
II. Laufende und geplante Maßnahmen in den sieben Handlungsfeldern
III. Entwicklungen hinsichtlich der Lehrpläne/Standards
IV. Entwicklungen hinsichtlich der Qualifizierung von pädagogischem Personal
V. Entwicklungen hinsichtlich externer Leistungserhebungen

In einer offenen Frage (Abschnitt I.) erbitten wir zuerst eine kurze Beschreibung der wichtigsten bildungspolitischen Schwerpunkte bezüglich der Qualitätsentwicklung und Qualitätssicherung. Der Abschnitt II. folgt im Wesentlichen den inhaltlichen Bereichen, die sich aus der 297. Plenarsitzung der Kultusministerkonferenz „Konsequenzen aus der PISA-Studie: laufende und geplante Maßnahmen der Länder“ ergeben. Die Abschnitte III. bis V. dienen der Vertiefung ausgewählter Schwerpunkte aus den Handlungsfeldern.

Wir bitten um Verständnis dafür, dass wir mit Rücksicht auf eine einheitliche Auswertung der Angaben aus den Ländern einen teilstandardisierten Fragebogen verwenden. Für Anmerkungen ist freier Raum auf der letzten Seite dieses Fragebogens. Selbstverständlich können Sie auch weitere Materialien beifügen. Bitte beschränken Sie Ihre Angaben auf die Zeit ab Januar 2002. Soweit nicht anders angegeben, interessieren uns die Angaben für allgemein bildende Schulen von der Primarstufe bis zur Sekundarstufe II.
Senden Sie den Erhebungsbogen bitte bis zum

20. Juni 2003
an das
Deutsche Institut für Internationale Pädagogische Forschung,
Forschungsstelle Berlin,
z. Hd. v. Dr. Hans Döbert
Warschauer Straße 34-38, 10243 Berlin.

Bei Rückfragen wenden Sie sich bitte an Prof. Dr. Hartmut Ditton, Universität München (Tel. 089-21805139), oder Dr. Hans Döbert, DIPF (Tel. 030-29336014).

Mit freundlichen Grüßen

Prof. Dr. Hermann Avenarius
Sprecher des Konsortiums

I. Bildungspolitische Schwerpunkte der Qualitätssicherung

Welche bildungspolitischen Schwerpunkte hinsichtlich qualitätsentwickelnder und qualitätssichernder Maßnahmen werden in Ihrem Land gesetzt?

Nennen Sie bitte 3 - 4 der wichtigsten Schwerpunkte.

II. Laufende und geplante Maßnahmen in den sieben Handlungsfeldern

Handlungsfeld 1: Maßnahmen zur Verbesserung der Sprachkompetenz bereits im vorschulischen Bereich

1. Verstärkte Angebote für Sprachförderung, insbesondere für Migrantenkinder und deren Eltern

1.1 Verstärkte Angebote zur Sprachförderung

Eingeführt				Geplant			
Ja	□	Nein	□	Ja	□	Nein	□

1.2 Sprachförderung für Migrantenkinder

Eingeführt				Geplant			
Ja	□	Nein	□	Ja	□	Nein	□

1.3 Sprachförderung für Migrantenkinder und deren Eltern

Eingeführt				Geplant			
Ja	□	Nein	□	Ja	□	Nein	□

2. Weiterentwicklung der Bildungskonzepte für Kindergarten und Vorschulunterricht, unter besonderer Berücksichtigung der Sprachförderung

2.1 Weiterentwicklung der Bildungskonzepte für den Kindergarten

Eingeführt				Geplant			
Ja	□	Nein	□	Ja	□	Nein	□

2.2 Weiterentwicklung der Bildungskonzepte für den Vorschulunterricht

Eingeführt				Geplant			
Ja	□	Nein	□	Ja	□	Nein	□

2.3 Besondere Berücksichtigung der Sprachförderung

Eingeführt				Geplant			
Ja	□	Nein	□	Ja	□	Nein	□

3. Sprachstandsfeststellungen

3.1 Sprachstandsfeststellungen für alle Kinder

Eingeführt				Geplant			
Ja	□	Nein	□	Ja	□	Nein	□

3.2 Sprachstandsfeststellungen für Migrantenkinder

Eingeführt				Geplant			
Ja	□	Nein	□	Ja	□	Nein	□

Handlungsfeld 2: Maßnahmen zur besseren Verzahnung von vorschulischem Bereich und Grundschule mit dem Ziel einer frühzeitigen Einschulung

1. Intensivierung der Zusammenarbeit von Kindergarten und Grundschule

Eingeführt				Geplant			
Ja	□	Nein	□	Ja	□	Nein	□

2. Reduktion der Zahl der Rückstellungen

Eingeführt				Geplant			
Ja	□	Nein	□	Ja	□	Nein	□

3. Flexible Einschulungsmöglichkeiten

Eingeführt				Geplant			
Ja	□	Nein	□	Ja	□	Nein	□

Handlungsfeld 3: Maßnahmen zur Verbesserung der Grundschulbildung und durchgängigen Verbesserung der Lesekompetenz und des grundlegenden Verständnisses mathematischer und naturwissenschaftlicher Zusammenhänge

1. Einführung einer verlässlichen Halbtagsgrundschule bzw. von Ganztagsschulangeboten

1.1 Einführung einer verlässlichen Halbtagsgrundschule

Eingeführt				Geplant			
Ja	□	Nein	□	Ja	□	Nein	□

1.2 Einführung von Ganztagsschulangeboten an Grundschulen

Eingeführt				Geplant			
Ja	□	Nein	□	Ja	□	Nein	□

2. Fortlaufende Lernstandsermittlung

Eingeführt				Geplant			
Ja	□	Nein	□	Ja	□	Nein	□

3. Optimierung der Gestaltung der Lernzeiten

Eingeführt				Geplant			
Ja	□	Nein	□	Ja	□	Nein	□

4. Entwicklung von Instrumenten zur Leistungsdiagnose

Eingeführt				Geplant			
Ja	□	Nein	□	Ja	□	Nein	□

5. Sprachförderung in Förderklassen

Eingeführt				Geplant			
Ja	□	Nein	□	Ja	□	Nein	□

6. Entwicklung von methodisch-didaktischen Konzepten für den Bereich Lesekompetenz/ Textverständnis.

Eingeführt				Geplant			
Ja	□	Nein	□	Ja	□	Nein	□

Handlungsfeld 4: Maßnahmen zur wirksamen Förderung bildungsbenachteiligter Kinder, insbesondere auch der Kinder und Jugendlichen mit Migrationshintergrund

1. Intensivierung der Kooperation Elternhaus – Schule

Eingeführt				Geplant			
Ja	□	Nein	□	Ja	□	Nein	□

2. Intensivierung der Kooperation Schuljugendarbeit – Schule

Eingeführt				Geplant			
Ja	□	Nein	□	Ja	□	Nein	□

3. Einrichtung von Förderklassen

Eingeführt				Geplant			
Ja	□	Nein	□	Ja	□	Nein	□

4. Einrichtung von Praxisklassen

Eingeführt				Geplant			
Ja	□	Nein	□	Ja	□	Nein	□

5. Fördermaßnahmen für Kinder mit Deutsch als Zweitsprache

Eingeführt				Geplant			
Ja	□	Nein	□	Ja	□	Nein	□

Handlungsfeld 5: Maßnahmen zur konsequenten Weiterentwicklung und Sicherung der Qualität von Unterricht und Schule auf der Grundlage von verbindlichen Standards sowie einer ergebnisorientierten Evaluation

1. Neufassung von Rahmenlehrplänen

Eingeführt				Geplant			
Ja	□	Nein	□	Ja	□	Nein	□

2. Erstellung von Schulprogrammen

Eingeführt				Geplant			
Ja	□	Nein	□	Ja	□	Nein	□

3. Durchführung und Auswertung von Vergleichsarbeiten (schulübergreifend)

Eingeführt				Geplant			
Ja	□	Nein	□	Ja	□	Nein	□

4. Intensivierung der externen Evaluation

Eingeführt				Geplant			
Ja	□	Nein	□	Ja	□	Nein	□

5. Erarbeitung von Standards in den Kernfächern

Eingeführt				Geplant			
Ja	□	Nein	□	Ja	□	Nein	□

6. Qualitätsmanagement an Schulen

Eingeführt				Geplant			
Ja	□	Nein	□	Ja	□	Nein	□

Handlungsfeld 6: Maßnahmen zur Verbesserung der Professionalität der Lehrertätigkeit, insbesondere im Hinblick auf diagnostische und methodische Kompetenz als Bestandteil systematischer Schulentwicklung

1. Reform der Lehrerbildung

Eingeführt				Geplant			
Ja	□	Nein	□	Ja	□	Nein	□

2. Lehrerfortbildungen im Hinblick auf diagnostischen und methodischen Kompetenzerwerb

2.1 Lehrerfortbildungen im Hinblick auf diagnostischen Kompetenzerwerb

Eingeführt				Geplant			
Ja	□	Nein	□	Ja	□	Nein	□

2.2 Lehrerfortbildungen im Hinblick auf methodischen Kompetenzerwerb

Eingeführt				Geplant			
Ja	□	Nein	□	Ja	□	Nein	□

3. Berücksichtigung von wissenschaftlichen Erkenntnissen in der Unterrichtspraxis, wissenschaftliche Begleitung von bildungspolitischen Innovationen

3.1 Berücksichtigung von wissenschaftlichen Erkenntnissen in der Unterrichtspraxis

Eingeführt				Geplant			
Ja	□	Nein	□	Ja	□	Nein	□

3.2 Wissenschaftliche Begleitung von bildungspolitischen Innovationen

Eingeführt				Geplant			
Ja	□	Nein	□	Ja	□	Nein	□

Handlungsfeld 7: Maßnahmen zum Ausbau von schulischen und außerschulischen Ganztagsangeboten mit dem Ziel erweiterter Bildungs- und Fördermöglichkeiten, insbesondere für Schülerinnen und Schüler mit Bildungsdefiziten und besonderen Begabungen

1. Freizeitangebote an Schulen

Eingeführt				Geplant			
Ja	□	Nein	□	Ja	□	Nein	□

2. Nachmittagsbetreuung in Kooperation von Schule und Jugendhilfe für besonders Benachteiligte

Eingeführt				Geplant			
Ja	□	Nein	□	Ja	□	Nein	□

3. Ausbau von Ganztagsschulen und Ganztagsangeboten (Sekundarstufe I)

3.1 Ausbau von Ganztagsschulen

Eingeführt				Geplant			
Ja	□	Nein	□	Ja	□	Nein	□

3.2 Ausbau von Ganztagsangeboten

Eingeführt				Geplant			
Ja	□	Nein	□	Ja	□	Nein	□

4. Einrichtung von Ferienakademien

Eingeführt				Geplant			
Ja	□	Nein	□	Ja	□	Nein	□

5. Individuelle Förderung durch Differenzierung

Eingeführt				Geplant			
Ja	□	Nein	□	Ja	□	Nein	□

III. Entwicklungen hinsichtlich der Lehrpläne/Standards

1. Überarbeitung von Lehrplänen, Rahmenrichtlinien, Rahmenlehrplänen

1.1 Lehrplanrevision im Fach Deutsch:
Für welche Schulformen und welche Klassenstufen werden Lehrpläne im Fach Deutsch überarbeitet?

Kreuzen Sie bitte in der jeweiligen Tabelle an. Es werden folgende Abkürzungen verwendet: Grundschule = GS; schulartunabhängige Orientierungsstufe = SUO; Hauptschule = HS; Schulen mit mehreren Bildungsgängen (z.B. Mittelschule, Regelschule, Sekundarschule) = SMB; Realschule = RS; Gymnasium = GY; Integrierte Gesamtschule = IGS

	Kl. 1	Kl. 2	Kl. 3	Kl. 4	Kl. 5	Kl. 6
GS						

	Kl. 5	Kl. 6	Kl. 7	Kl. 8	Kl. 9	Kl. 10	Kl. 11	Kl. 12	Kl. 13
SUO									
HS									
SMB									
RS									
GY									
IGS									

1.2 Lehrplanrevision im Fach Mathematik:
Für welche Schulform und welche Klassenstufen werden Lehrpläne im Fach Mathematik überarbeitet?

Kreuzen Sie bitte in der jeweiligen Tabelle an. Es werden folgende Abkürzungen verwendet: Grundschule = GS; schulartunabhängige Orientierungsstufe = SUO; Hauptschule = HS; Schulen mit mehreren Bildungsgängen (z.B. Mittelschule, Regelschule, Sekundarschule) = SMB; Realschule = RS; Gymnasium = GY; Integrierte Gesamtschule = IGS

	Kl. 1	Kl. 2	Kl. 3	Kl. 4	Kl. 5	Kl. 6
GS						

	Kl. 5	Kl. 6	Kl. 7	Kl. 8	Kl. 9	Kl. 10	Kl. 11	Kl. 12	Kl. 13
SUO									
HS									
SMB									
RS									
GY									
IGS									

2. Entwicklung von Standards

2.1 In welchen Fächern werden Standards entwickelt?

- □ alle Fächer
- □ Kernfächer (Deutsch, Mathematik, Englisch/1. Fremdsprache, Naturwissenschaften)
- □ ausgewählte Fächer (bitte nennen):

____

____

2.2 Wer entwickelt die Standards?

- □ Lehrer
- □ Wissenschaftler
- □ Externe (bitte nennen)
- □ zusammengesetztes Gremium (bitte nennen):

____

____

2.3 Entwicklung von Standards im Fach Deutsch

Für welche Schulformen und Klassenstufen werden Standards im Fach Deutsch erarbeitet?

Kreuzen Sie bitte in der jeweiligen Tabelle an. Es werden folgende Abkürzungen verwendet: Grundschule = GS; schulartunabhängige Orientierungsstufe = SUO; Hauptschule = HS; Schulen mit mehreren Bildungsgängen (z.B. Mittelschule, Regelschule, Sekundarschule) = SMB; Realschule = RS; Gymnasium = GY; Integrierte Gesamtschule = IGS

	Kl. 1	Kl. 2	Kl. 3	Kl. 4	Kl. 5	Kl. 6
GS						

	Kl. 5	Kl. 6	Kl. 7	Kl. 8	Kl. 9	Kl. 10	Kl. 11	Kl. 12	Kl. 13
SUO									
HS									
SMB									
RS									
GY									
IGS									

2.4 Entwicklung von Standards im Fach Mathematik

Für welche Schulformen und Klassenstufen werden Standards im Fach Mathematik erarbeitet?

Kreuzen Sie bitte in der jeweiligen Tabelle an. Es werden folgende Abkürzungen verwendet: Grundschule = GS; schulartunabhängige Orientierungsstufe = SUO; Hauptschule = HS; Schulen mit mehreren Bildungsgängen (z.B. Mittelschule, Regelschule, Sekundarschule) = SMB; Realschule = RS; Gymnasium = GY; Integrierte Gesamtschule = IGS

	Kl. 1	Kl. 2	Kl. 3	Kl. 4	Kl. 5	Kl. 6
GS						

	Kl. 5	Kl. 6	Kl. 7	Kl. 8	Kl. 9	Kl. 10	Kl. 11	Kl. 12	Kl. 13
SUO									
HS									
SMB									
RS									
GY									
IGS									

IV. Entwicklungen hinsichtlich der Qualifizierung von pädagogischem Personal

Welche Qualifizierungsangebote gibt es schwerpunktmäßig für die folgende Personengruppen?
Kreuzen Sie bitte in der jeweiligen Tabelle an. Mehrfachnennungen sind möglich.

Unterrichtsqualität:	Lehrer	Schulaufsichtsbeamte	Schulleiter	Schulpsychologen	Moderatoren/ Multiplikatoren	Fachberater	Päd. Personal im Elementarbereich
Entwicklung diagnostischer Kompetenz							
Entwicklung methodischer Kompetenz							
Verbesserung der Professionalität hinsichtlich der Lesekompetenz							
Verbesserung der Professionalität hinsichtlich der mathematischen Kompetenz							

Vermittlung innovativer Unterrichtskonzepte							
Umgang mit Leistungs- und sozialer Heterogenität							
Vermittlung von Maßnahmen zur Verbesserung von Disziplin							
Zielgruppenspezifische Beratung							

Qualitätsmanagement:	Lehrer	Schulaufsichtsbeamte	Schulleiter	Schulpsychologen	Moderatoren/ Multiplikatoren	Fachberater	Päd. Personal im Elementarbereich
Rechtliche – Aspekte							
Umgang mit Finanzmitteln							
Steuerung von Schul- und Qualitätsentwicklung							
Aufbau von Kooperationen							
Personalentwicklung							
Nutzung von Steuerungswissen							
Nutzung neuer Medien							
Konfliktmanagement und Gewaltprävention							
Beratung von Schulen							

V. Entwicklungen hinsichtlich externer Leistungserhebungen

1. Externe Leistungserhebungen

1.1 Werden externe Leistungserhebungen an den Schulen durchgeführt?

Eingeführt				Geplant			
Ja	□	Nein	□	Ja	□	Nein	□

1.2 Wie lautet die Bezeichnung der Leistungserhebungen?

- □ Orientierungsarbeiten
- □ Vergleichsarbeiten
- □ Jahrgangsstufentests
- □ andere Bezeichnung:

____

____

1.3 Um welches methodische Verfahren handelt es sich?

- □ curriculumorientiert
- □ kompetenzorientiert

1.4 Wer entwickelt die Aufgaben?

- □ Lehrer
- □ Wissenschaftler
- □ Externe (bitte nennen)
- □ zusammengesetztes Gremium (bitte nennen):

____

____

1.5 Wie werden die Ergebnisse veröffentlicht?

Kreuzen Sie bitte in der jeweiligen Tabelle an. Es werden folgende Abkürzungen verwendet: Grundschule = GS; schulartunabhängige Orientierungsstufe = SUO; Hauptschule = HS; Schulen mit mehreren Bildungsgängen (z.B. Mittelschule, Regelschule, Sekundarschule) = SMB; Realschule = RS; Gymnasium = GY; Integrierte Gesamtschule = IGS

	GS	SUO	HS	SMB	RS	GY	IGS
Veröffentlichung der Ergebnisse von Einzelschulen							
Veröffentlichung eines Gesamtergebnisses							

1.6 Wer erhält eine Rückmeldung?

Kreuzen Sie bitte in der jeweiligen Tabelle an. Es werden folgende Abkürzungen verwendet: Grundschule = GS; schulartunabhängige Orientierungsstufe = SUO; Hauptschule = HS; Schulen mit mehreren Bildungsgängen (z.B. Mittelschule, Regelschule, Sekundarschule) = SMB; Realschule = RS; Gymnasium = GY; Integrierte Gesamtschule = IGS

	GS	SUO	HS	SMB	RS	GY	IGS
Schüler							
Lehrkräfte							
Schulleitungen							
Eltern							
Schulaufsicht							

2. Externe Leistungserhebungen bezogen auf Schulformen

2.1 Wie werden die Aufgaben gestellt?

Kreuzen Sie bitte in der jeweiligen Tabelle an. Es werden folgende Abkürzungen verwendet: Grundschule = GS; schulartunabhängige Orientierungsstufe = SUO; Hauptschule = HS; Schulen mit mehreren Bildungsgängen (z.B. Mittelschule, Regelschule, Sekundarschule) = SMB; Realschule = RS; Gymnasium = GY; Integrierte Gesamtschule = IGS

	GS	SUO	HS	SMB	RS	GY	IGS
Landeseinheitliche Aufgaben							
Für mehrere Schulen einheitliche Aufgaben							
Schulspezifische Aufgaben							

2.2 In welchen Fächern und Jahrgangsstufen finden die Erhebungen statt?

	in den Jahrgangsstufen	in den Fächern
Grundschule		
Schulartunabhängige Orientierungsstufe		
Hauptschule		
Schulen mit mehreren Bildungsgängen		
Realschule		
Gymnasium		
Integrierte Gesamtschule		

2.3 In welchen Schulformen werden externe bzw. zentrale Abschlussprüfunen durchgeführt?

2.3.1 Zentrale Abschlussprüfungen

Schulform	HS	SMB	RS	GY	IGS

2.3.2 Externe Abschlussprüfungen

Schulform	HS	SMB	RS	GY	IGS

2.3.3 In welchen Fächern und Jahrgangsstufen finden Abschlussprüfungen statt?

	in den Jahrgangs-stufen	in den Fächern	
		zentrale Aufgaben	schulische Aufgaben
Hauptschule			
Schulen mit mehreren Bildungsgängen			
Realschule			
Gymnasium			
Integrierte Gesamtschule			

2.3.4 Wie werden die Ergebnisse veröffentlicht?

	HS	SMB	RS	GY	IGS
Veröffentlichung der Ergebnisse von Einzelschulen					
Veröffentlichung eines Gesamtergebnisses					

2.3.5 Wer erhält eine Rückmeldung?

	HS	SMB	RS	GY	IGS
Schüler					
Lehrkräfte					
Schulleitungen					
Eltern					
Schulaufsicht					

Abbildungsverzeichnis

Tabellenverzeichnis

Made in the USA
Las Vegas, NV
13 November 2024

11564862R00224